Ludger Schenke
Johannes

Ludger Schenke

JOHANNES KOMMENTAR

Patmos Verlag Düsseldorf

Die Deutsche Bibliothek – CIP-Einheitsaufnahme

Kommentare zu den Evangelien. – Düsseldorf : Patmos-Verl.
ISBN 3-491-99216-8
Schenke, Ludger: Johannes. – 1. Aufl. – 1998
Schenke, Ludger: Johannes : Kommentar / Ludger Schenke. –
1. Aufl. – Düsseldorf : Patmos-Verl., 1998
(Kommentare zu den Evangelien)
ISBN 3-491-77950-2

1. Auflage 1998
Umschlaggestaltung: Volker Butenschön, Lüneburg
Druck und Bindung: Bercker GmbH, Kevelaer
ISBN 3-491-77950-2

Vorwort

Nicht der Text des JohEv braucht einen Kommentar, sondern der Leser, und zwar um so mehr, je weiter er vom Text entfernt ist. Dem Text kann kein Kommentar mehr dabei helfen, seinen Gegenstand "zur Sprache zu bringen", weil er als Sprachereignis bereits abgeschlossen ist. Es nützt auch nichts, nach der Intention seines Autors bei der Abfassung zu fragen, denn von ihr kann niemand etwas wissen, außer durch den Text. Der Kommentator kann daher lediglich ein Helfer des Lesers sein, dessen Blick und Hörvermögen er schärft, mittels der Gestalt und Sprache den Gegenstand des Textes zu ergreifen. Er hilft, die Kommunikation zwischen Text und Leser gelingen zu lassen.

Nach diesem Prinzip habe ich den vorliegenden Kommentar abgefaßt. Ich bin überzeugt, daß das JohEv keinerlei Hilfestellungen oder Verbesserungen nötig hat, sondern seinen Lesern alles, was sie verstehen sollen und können, in durchdachter Form und auf verständliche Weise vermittelt. Die Leser müssen dem Text nur folgen; dabei will der Kommentar helfen.

Die Leser brauchen nicht hinter den Text zu blicken, um ihn zu verstehen. Ich halte die Meinung für falsch, das Verstehen des JohEv hänge von der Einsicht in seine Vorgeschichte ab, ohne leugnen zu wollen, daß solches Wissen interessant und hilfreich sein könnte. Über die Vorgeschichte können wir jedoch lediglich hypothetische Vorstellungen entwickeln. (Wie ich sie mir vorstelle, habe ich deshalb in einem Roman darzustellen versucht.) Wir wissen nicht einmal, ob die ersten Leser des JohEv dessen Vorgeschichte kannten, diese somit ihr Verstehen beeinflußt hat. Das Wissen um sie zum Maßstab für das Verstehen des JohEv zu machen, hieße, Text und Leser dem Kommentator auszuliefern. Es kommt dagegen darauf an, daß sich Kommentator und Leser gemeinsam dem Text ausliefern und nirgendwo anders als in ihm nach seinem Sinn suchen.

Drei Personen haben mir bei der Erstellung des Kommentars in besonderer Weise geholfen. Eva-Maria Selke hat die Druckvorlage erstellt und viele hilfreiche Hinweise auch inhaltlicher Art gegeben, Waltraud Appel die Schemata eingerichtet und Andreas Kempenich den Text sprachlich "poliert". Ihnen bin ich zu tiefem Dank verpflichtet.

Klein-Winternheim, den 12.1.1998 Ludger Schenke

INHALT

Der Aufbau des JohEv

1. Kriterien

Die Aufdeckung von Struktur und Gliederung eines literarischen Werkes kann der erste Schritt zu seiner Interpretation sein. Aber nicht immer liegen die Strukturen offen oder wird eine Gliederung angezeigt. Der Autor des JohEv gibt den Aufbau seiner Schrift jedenfalls nur indirekt preis. Die Leser müssen danach suchen. An welche Kriterien können sie sich halten? Zu hoch können sie nicht greifen, denn noch verstehen sie von Gehalt und Theologie des Werkes zu wenig. Deshalb müssen inhaltliche Erwägungen zunächst zurückgestellt werden. Soll auch Erstlesern möglich sein, einen Einblick in die Gestalt des JohEv zu gewinnen, muß dies an Hand von Beobachtungen und Hinweisen erfolgen, die ein Erstleser auf Anhieb machen und begreifen kann.

Das einfachste Mittel zur Gliederung einer Handlung sind Orts-, Zeit- und Personenangaben. Durch sie entstehen Szenen, so auch im JohEv, und darum muß der Versuch, dieses Werk zu strukturieren, sich vornehmlich an solch einfache Angaben halten.

Vor allem anderen sind die *Ortsangaben* zu beachten. Der Leser wird durch sie ständig darüber informiert, wo die Handlung spielt und sich ihr Hauptakteur Jesus aufhält. Grob gesehen lassen sich Szenen in Jerusalem von solchen außerhalb Jerusalems unterscheiden. Fast rhythmisch wechseln sie ab. In Jerusalem kann der Tempel (2,14; 5,14; 7,14; 8,59; 10,22; 11,55) oder ein anderer markanter (5,2; 18,1.15.28; 19,17.41; 20,1) bzw. nicht näher gekennzeichneter Ort (3,1f; 9,1; 12,20.36; 13,1; 20,19) Schauplatz der Handlung sein. Außerhalb Jerusalems werden die Landschaften Judäa (3,22; 7,1; 11,7), Galiläa (1,43; 2,1; 4,3.43; 6,1; 7,1.9) und Samarien (4,4) genannt. Zu Judäa gehören die Städte Bethanien (11,1) und Efraim (11,54), zu Galiläa die Städte Kana (2,1; 4,46) und Kapharnaum (2,12; 4,46; 6,17.25.59) sowie der "*See von Galiläa, von Tiberias*" (6,1; 21,1). In Samarien wird die Stadt Sychar erwähnt (4,5). Zu Judäa scheint auch Bethanien "*jenseits des Jordan*" zu zählen (1,28; 10,40; vgl. 3,22), der Ort, wo Johannes ursprünglich taufte.

Zwei gegenläufige Bewegungen wiederholen sich dreimal: von "*jenseits des Jordan*" bzw. von Judäa aus wandert Jesus nach Galiläa, speziell zu den Städten Kana und Kapharnaum (1,28.4; 2,1.12 / 3,22; 4,3f.43. 46.47.54 / 6,1.17.25; vgl. 21,1), und umgekehrt geht er von Kapharnaum bzw. Galiläa aus nach Jerusalem hinauf (2,13 / 5,1 / 7,10). Ab 10,40ff ändert sich der Weg: Jetzt berührt Jesus Galiläa nicht mehr, sondern begibt sich von "*jenseits des Jordan*" über Bethanien in Judäa (11,1.7) direkt nach Jerusalem (12,12). Erst nach seiner Auferstehung wird er wieder in Galiläa sein (21,1ff).

Zeitangaben gliedern das Werk ebenfalls. Die in Jerusalem spielenden Abschnitte werden stets durch ein großes jüdisches Fest bestimmt. Jesu erster Jerusalemaufenthalt findet am Paschafest statt (2,13-3,21), die Kontroverse in 5,1-47 an irgendeinem "*Fest der Juden*", und der große Konflikt in 7,10-10,39 zieht sich zwischen dem Laubhüttenfest und dem Tempelweihfest hin. Der letzte Aufenthalt Jesu in Jerusalem wird erneut von einem Paschafest bestimmt (11,55-12,36; 13,1-19,42). Die Ereignisse außerhalb Jerusalems werden von den Festangaben im weitesten Sinne mitgeprägt: Die Eröffnung der gesamten Handlung (1,19-2,12) spielt kurz vor dem ersten Paschafest (vgl. 2,12), die Szene von 6,1-71 in zeitlicher Nähe zum zweiten (6,4) und der Abschnitt 10,40-11,54 kurz vor dem dritten Paschafest (vgl. 11,55).

Mehr als zwei Jahre Wirksamkeit Jesu kommen zur Darstellung. Das erste Jahr umfaßt die Ereignisse von 1,19-5,47, das zweite die von 6,1-12,36. Der Abschnitt 13,1-20,29 findet am dritten, dem eigentlichen Paschafest statt, bei dem Jesus das Paschalamm ist.

Eine gewisse Sonderstellung hat hier, wie schon bei den Ortsangaben, der Abschnitt 10,40-12,36: Durch die Zeitangaben 11,55; 12,1.12 rückt er die dargestellten Ereignisse eng an das dritte Paschafest heran.

Die *Personenregie* des Autors ist gleichfalls zu beachten. Als typische Personengruppen begegnen die Jünger als Anhänger Jesu und die *Juden* als seine Gegner. Zwischen beiden Gruppen stehen unentschiedene Sympathisanten, die anfangs Jesus zugeneigt sind, sich dann aber von ihm abwenden und zu Gegnern werden (vgl. 6,60-65; 8,26-58). Zu den Jüngern zählen auch die Samaritaner (4,6-42), der königliche Beamte und "*sein ganzes Haus*" (4,46-54), der geheilte Blinde (9,1-39) und die Geschwister von Bethanien (11,1-44; 12,1-11). Die gegnerischen *Juden* werden vor allem durch die Pharisäer und Hohenpriester repräsentiert (vgl. 1,19.24; 4,1; 7,32.45-52; 8,13; 9,13.40f; 11,46-53.57; 12,10.19; 18,3 u.a.). Sie versuchen, durch Druck und Drohung die Volksmenge zu bewegen, Jesus abzulehnen und zu denunzieren (vgl. 7,13.52; 9,22f; 11,57). Dadurch entstehen immer wieder Spaltungen im Volk und Situationen, bei denen aus Sympathisanten Gegner werden.

Außerhalb Jerusalems wirkt Jesus Zeichen und gewinnt Jünger, allerdings verringert sich deren Zahl im Zuge der Auseinandersetzungen mehr und mehr. Die Szenen in Jerusalem stellen immer schärfer werdende Kontroversen Jesu mit den gegnerischen *Juden* dar. Die Jünger bleiben in diesen Szenen im Hintergrund; außer in 12,23-26 wendet sich Jesus nie direkt an sie. Das ändert sich in 13,1-16,33 und 20,1-29, wo sie die ausschließlichen Adressaten Jesu sind.

2. Situationslose Textstücke

Bevor die Orts- und Zeitangaben und die Personenregie ausgewertet werden, sind einige auffällige Textstücke im JohEv zu betrachten, die deutlich leserorientiert sind und offensichtlich strukturierende Funktion haben. Sie zeichnen sich dadurch aus, daß sie vollkommen situationslos außerhalb der Handlung des JohEv stehen, diese vielmehr kommentieren. An erster Stelle ist der Prolog zu nennen (1,1-18). Er verweist auf das vorausliegende mythische Urgeschehen (1,1-5), bietet sodann einen kurzen Abriß der im JohEv dargestellten Geschichte (1,6-13) und würdigt sie zuletzt aus dem Blickwinkel von Glaubenden (1,14-18). Auf solche Weise eröffnet er den Lesern die Perspektive für ihre Lektüre.

Das zweite Stück ist 12,37-50: Der Autor und Jesus blicken auf die öffentliche Wirksamkeit Jesu zurück - der Autor faßt sie unter dem Begriff *Zeichen* zusammen -, und beide kommentieren die Ablehnung, die Jesus bei der Mehrheit der "Augenzeugen" erfahren hat. Der Unglaube und seine Konsequenzen stehen im Vordergrund des Interesses: Jesu Wirken hat, wie im Prolog (1,10ff) angekündigt, eine Scheidung der Menschenwelt herbeigeführt. Der kleinen Schar der *Seinen*, die an Jesus glauben, steht die Mehrheit derjenigen gegenüber, die ihn aus den verschiedensten Gründen ablehnen. Das Stück hat den Charakter eines Epilogs, der zurückblickt und ein Fazit zieht. Noch ist jedoch die Handlung des JohEv nicht zu Ende. Es folgen die Abschiedsreden, in denen Jesus sich den *Seinen* widmet, und das Sterben und Auferstehen gehören ebenfalls zu dem *Werk*, das Jesus auf Erden vollbringen muß. Somit schließt der Epilog nur den ersten Teil der Handlung ab, das Wirken Jesu in der jüdischen *Öffentlichkeit*.

Ein analoges Stück - gleichfalls mit dem Charakter eines Epilogs - findet sich in 20,30-31. Es blickt auch auf Jesu Wirken zurück, diesmal auf sein gesamtes Werk einschließlich seines Sterbens und seiner Auferstehung, faßt es erneut unter dem Begriff *Zeichen* und benennt deren Zweck: Die Zeichen sollten Glauben wecken; das haben sie bei den Jüngern bewirkt. Der Autor aber hat sie aufgeschrieben, damit sie bei den Lesern die gleiche Wirkung hervorrufen. Im Brennpunkt dieses Epilogs steht der Glaube, den Jesus gefunden hat und weiterhin mittels des JohEv finden soll.

Auch der zweite Epilog beendet das Buch nicht endgültig. Es folgt noch eine kurze Episode, die den Lesern wichtige Informationen über ihre nachösterliche Situation und die ihnen heiligen Jüngerpersönlichkeiten bietet (21,1-24). Erst dahinter steht der Buchschluß (21,25), das vierte situationslose Stück. Er stellt fest, daß das begrenzte Werk des JohEv für sich genommen zur Begründung des Glaubens der Leser völlig ausreicht.

Diese vier Stücke begrenzen und gliedern das Gesamtwerk. Der Prolog eröffnet den Zugang, der Buchschluß zieht eine Grenze nach außen, auch gegenüber anderen möglichen Büchern. Wird das JohEv den Synoptikern gegenübergestellt? Die beiden Epiloge, die das Wirken Jesu hinsichtlich des Unglaubens und Glaubens bilanzieren, erzeugen zwei große Textblöcke: Der erste stellt das Wirken Jesu dar, das allen offen vor Augen stand und vor dem sich die Menschenwelt entscheiden mußte (1,19-12,36), der zweite zeigt das Gesamtwerk Jesu, wie es von den Glaubenden gesehen werden soll (13,1-20,29). Die Episode 21,1-24 ist ein *Nachspiel*, das den Bogen in die Zeit der Leser schlägt.

Prolog:
1,1-18

Teil I:
1,19-12,36
Das Wirken Jesu vor der Menschenwelt
als "Herabstieg vom Himmel"

Erster Epilog:
12,37-50
Bilanz des Unglaubens

Teil II
13,1-20,29
Das Wirken Jesu vor den Jüngern
als "Aufstieg/Erhöhung zum Vater"

Zweiter Epilog:
20,30-31
Bilanz des Glaubens

Nachspiel:
21,1-24
Zukunftsperspektiven

Buchschluß:
21,25

3. Der erste Textblock: Rhythmus der Orts- und Zeitangaben

Viermal geht Jesus hinauf nach Jerusalem (2,13; 5,1; 7,10; 12,12). Dadurch ergeben sich vier "Bilder" (2,13-3,21; 5,1-47; 7,10-10,39; 12,12-36), in denen die Handlung meist im Tempel spielt (2,14; 5,14; 7,14; 8,20.59; 10,23), den Jesus in 10,39 endgültig verläßt. Danach erwarten ihn zwar die Menschen dort (11,55), er kommt auch nach Jerusalem, geht aber nicht in den Tempel hinein. Jetzt tritt nämlich ein, was Jesus bereits beim ersten Tempelbesuch angekündigt hatte: Er wird innerhalb von drei Tagen einen neuen Tempel errichten, den "*Tempel seines Leibes*" (2,19.21).

Den vier "Bildern" in Jerusalem stehen vier andere gegenüber, die außerhalb Jerusalems angesiedelt sind. In 1,19-2,12 wandert Jesus vom Ort des Johannes in Bethanien "*jenseits des Jordan*" (1,28) nach Galiläa (1,43), Kana (2,1) und Kapharnaum (2,12). In 3,22-4,54 wiederholt er diese Reise (3,22f; 4,3.43.46), wobei er jetzt auch Samarien (4,4) und die Stadt Sychar (4,5.40) berührt. Im nächsten "Bild" spielt die Handlung am "*See von Galiläa*" und in Kapharnaum (6,1-71). In 7,1-9 wandert Jesus dann noch in Galiläa umher, bevor er es endgültig verläßt. Erst als auferstandener "Kyrios" kommt er wieder dorthin (21,1). Im letzten "Bild" außerhalb Jerusalems ist Jesus an seinen Ausgangspunkt, den Ort des Johannes (10,40f) zurückgekehrt, und bricht von dort aus zum letzten Mal nach Judäa und in Richtung Jerusalem auf (11,7).

Durch die Ortsangaben entstehen insgesamt acht "Bilder", die abwechselnd außerhalb oder in Jerusalem situiert sind, paarweise zusammengehören und viermal den Weg Jesu von "*jenseits des Jordan*"/Galiläa nach Jerusalem darstellen.

Der in den acht "Bildern" umschriebene Zeitraum beträgt zwei Jahre. Die Handlung setzt kurz vor dem ersten erwähnten Paschafest ein (2,12.13) und endet wenige Tage vor dem dritten Paschafest Jesu (11,55; 12,1). Dazwischen liegt ein Pascha, an dem Jesus sich in Galiläa aufhält (6,4).

Die vier in Jerusalem spielenden "Bilder" sind jeweils auf ein jüdisches Hochfest bezogen. Die Stücke 2,13-3,21 und 11,55-12,36 haben das Paschafest zum Anlaß. Der Abschnitt 5,1-47 findet am Sabbat eines nicht näher bezeichneten "*Festes der Juden*" statt, und 7,10-10,39 spielt in der Zeit vom Laubhüttenfest bis zum Tempelweihfest, umfaßt also drei Monate.

Die vier "Bilder" außerhalb Jerusalems sind gleichfalls recht genau datierbar. Sie beschreiben Episoden von jeweils wenigen Tagen. In 1,19-2,13 kommt eine Woche zur Darstellung, die "*wenige Tage*" vor Jesu erstem Paschafest liegt. Die Handlung von 3,22-4,54 dauert drei Tage (vgl.

4,40.43). Zwei Tage und eine Nacht umfaßt 6,1-71, und an vier Tagen spielt der Abschnitt 10,40-11,54. Die Zeitangaben legen somit ebenfalls eine Untergliederung des ersten Textkomplexes in acht "Bilder" nahe, die jeweils paarweise zusammengehören.

Prolog: 1,1-18

1. Bild: 1,19-2,12 Von Bethanien/Jordan nach Galiläa/Kana/Kapharnaum eine Woche und "*wenige Tage*"	**2. Bild: 2,13-3,21** Jerusalem/Tempel/Haus vor dem ersten Paschafest

3. Bild: 3,22-4,54 von (Bethanien/) Jordan über Samarien/Sychar nach Galiläa/Kana (Kapharnaum) drei Tage	**4. Bild: 5,1-47** Jerusalem/Bethzatha/Tempel Sabbat/ein "*Fest der Juden*"

5. Bild: 6,1-71 vom "*See von Galiläa*" nach Kapharnaum vor dem zweiten Paschafest	**6. Bild: 7,1-10,39** Jerusalem/Tempel vom Laubhüttenfest bis zum Tempelweihfest

7. Bild: 10,40-11,54 von Bethanien/Jordan über Bethanien nahe Jerusalem nach Jerusalem vier Tage	**8. Bild: 11,55-12,36** von Bethanien nach Jerusalem sechs Tage vor dem dritten Paschafest

1. Epilog: 12,37-50 Bilanz des Unglaubens

4. Der zweite Textblock: Rhythmus der Orts- und Zeitangaben

Der zweite Textblock stellt eine durchlaufende Handlung dar, deren Ort Jerusalem ist. Eine Untergliederung ist gleichwohl leicht möglich aufgrund unterschiedlicher Schauplätze in Jerusalem, Zeitangaben und der dargestellten Situationen.

Die Handlung setzt am Vorabend des Rüsttages zum Paschafest ein (13,1). Jesus und seine Jünger sind (in einem Haus) zum Mahl versammelt (13,2). In dessen Verlauf deutet Jesus den *Seinen* die nahe und ferne

Zukunft (13,1-17,26). Ohne Situationsänderung - die Aufforderung Jesu 14,31 ist keine Situationsangabe! - geht die Handlung in einem durch bis 17,26.

In 18,1 ändert sich der Schauplatz: Jesus betritt einen Garten, wo er verhaftet wird. Von da an laufen die einzelnen Stationen der Passion vor dem Leser ab: Haus und Hof des Hannas, der Palast des Pilatus, Golgotha, erneut ein Garten. Erst in 19,42 endet der Handlungsbogen. Zeitlich beginnt die Handlung noch in der Nacht vor dem Rüsttag - das Verhaftungskommando kommt mit "*Fackeln und Lampen*" (18,3) - und dauert vom Hahnenschrei (18,27) bis kurz vor den Beginn des Vorabends des Paschafestes, an dem das Paschamahl stattfand (19,42; vgl. 18,28; 19,14).

Die Handlung setzt in 20,1 am Tag nach dem Paschasabbat neu ein - dieser bleibt ausgespart -, zunächst frühmorgens am Grab Jesu, danach am Abend in einem verschlossenen Haus (20,19). Der Zeitrahmen umfaßt den ersten und den achten Ostertag (20,26), den Tag der Auferstehung Jesu und den ersten christlichen Sonntag. Wie in Joh 13-17 spielt sich das Geschehen allein zwischen Jesus und den *Seinen* ab.

Es ergibt sich eine Gliederung in drei "Bildern":

9. Bild: 13,1-17,26 Jesu Mahl und Abschied von den *Seinen* am Abend *vor dem Pascha*

10. Bild: 18,1-19,42 Verhaftung, Verurteilung, Hinrichtung und Bestattung am *Rüsttag* des Paschafestes

11. Bild: 20,1-29 Begegnungen der Seinen mit dem Auferstandenen am Tag *nach dem Pascha* und acht Tage später

2. Epilog: 20,30-31 Bilanz des Glaubens

5. Der Aufbau des Johannesevangeliums

Einschließlich des "Nachspiels" 21,1-24 bietet das JohEv zwölf "Bilder". Die ersten acht sind paarweise angeordnet und stellen vier Reisen Jesu nach Jerusalem dar. Sie werden von einem ersten Epilog zusammengefaßt. Die nächsten drei Bilder beschreiben das "Pascha" Jesu. Ein zweiter Epilog schließt die gesamte Darstellung des *Werkes* Jesu ab. Das "Nachspiel" öffnet den Blick in die nachösterliche Zeit.

Abgesehen vom "Nachspiel" lassen sich die "Bilder" in fünf großen Einheiten zusammenstellen:

Der *erste Akt* (1,19-3,21) ist die *Exposition*. Er beginnt mit dem Täuferwirken des Johannes, der Jesus vor *Israel* bekanntmachen soll. *Wahre Israeliten* sammeln sich bei Jesus, sehen seine *Herrlichkeit* und glauben an ihn. In Jerusalem dagegen regen sich Widerspruch, Skepsis und Mißverstehen.

Der *zweite Akt* (3,22-5,47) ist eine *Wiederholung* und *Verdichtung* des ersten. Orte und Situationen folgen in gleicher Weise wie dort nacheinander. Neue Jünger werden gewonnen, darunter Samaritaner, die aber als Kinder Jakobs gleichfalls wahre Israeliten sind. In Jerusalem entwickelt sich der Konflikt: Gegnerische *Juden* wollen Jesus töten. In einer Anklagerede weist Jesus sie zurück.

Der *dritte Akt* (6,1-10,39) bildet den *Höhepunkt*: In Galiläa und Jerusalem verschärft sich der Konflikt in äußerster Weise. Die Jüngerschaft Jesu spaltet sich, und viele Jünger fallen von Jesus wieder ab. Seine Gegner gehen in Jerusalem ständig gegen ihn vor und versuchen mehrmals, ihn auszuschalten. Dieser Akt ist sehr umfangreich, seine Handlung äußerst dramatisch.

Der *vierte Akt* (10,40-12,36) bringt die *Peripetie*: Die Handlung schlägt um. Der zentrale Konflikt führt zum Tod Jesu, der Leben oder Gericht für die Menschenwelt bedeutet.

Der *fünfte Akt* (13,1-20,29) umfaßt drei "Bilder". Das neunte "Bild" ist die *Läuterung* des Jüngerkreises - der Verräter wird ausgeschieden. Jesus rüstet die Jünger für die Bewältigung der Zukunft zu. Das zehnte "Bild" bietet die *Katastrophe*: Der zentrale Konflikt endet scheinbar mit dem Sieg der Gegner Jesu. Das elfte "Bild" bringt die *Lösung*: Der Auferstandene kehrt als Sieger zum Vater zurück.

Bereits der Überblick erweist das JohEv in seiner vorliegenden Form als ein durchdachtes und kunstvolles Gewebe von erzählten und dialogischen Episoden, die miteinander korrespondieren oder gegeneinander kontrastieren und zusammen eine große Handlung mit dramatischer Verwicklung und Lösung ausmachen. Ihre Anordnung ist sorgfältig gestaltet und einem literarischen Plan untergeordnet, dessen eigentliche Muster und Tiefenstrukturen es im Verlauf der Auslegung zu entdecken gilt. Jedenfalls darf kein Teil ohne Schaden für das Ganze entfernt oder ohne Störung des Gesamteindrucks umorganisiert werden. Der Autor der vorliegenden Fassung des JohEv muß als literarisch versierter und theologisch verständiger Denker gelten.

Prolog: 1,1-18
Einstimmung/Perspektive

Teil I: Das Wirken Jesu vor der Menschenwelt
als "Herabstieg vom Himmel"

1. Akt: Exposition 1,19-3,21

1. Bild (1,19-2,12): Jordan/Galiläa
2. Bild (2,13-3,21): Jerusalem/Tempel

2. Akt: Wiederholung/Verdichtung 3,22-5,47

3. Bild (3,22-4,54): Jordan/Galiläa
4. Bild (5,1-47): Jerusalem/Tempel

3. Akt: Zentraler Konflikt 6,1-10,39

5. Bild (6,1-71): Galiläa
6. Bild (7,1-10,39): Jerusalem/Tempel

4. Akt: Peripetie 10,40-12,36

7. Bild (10,40-11,54): Jordan/Bethanien/Jerusalem
8. Bild (11,55-12,36): Bethanien/Jerusalem

1. Epilog: 12,37-50
Bilanz des Unglaubens

Teil II: Das Wirken Jesu vor den Jüngern
als "Aufstieg/Erhöhung in den Himmel"

5. Akt: Läuterung/Katastrophe/Lösung 13,1-20,29

9. Bild (13,1-17,26): Im Haus
10. Bild (18,1-19,42): Stationen der Passion
11. Bild (20,1-29): Im Haus/Garten

2. Epilog: 20,30-31
Bilanz des Glaubens

Nachspiel: 21,1-24
Zukunftsperspektiven

Buchschluß: 21,25

Der Prolog: 1,1-18

1. Gestalt

Mit 1,1 beginnt wohl der Text, nicht aber die Handlung des JohEv. Die Handlung ist das Wirken des Menschen Jesus von Nazaret, seine Taten und Worte. Die Sätze 1,1-5 greifen dem weit voraus: "*Im Anfang...*", d.h. noch vor dem Werden der Welt (vgl. 1,3). Von Ursprünglichem wird hier geraunt, vom Urgeschehen, das allem vorausliegt. Die Handlung hat darin ihren tiefsten Grund und ihr Urbild. Der Text des JohEv bietet also zuerst den *Mythos*, bevor er die *Geschichte* des Menschen Jesus von Nazaret darstellt.

Ist dann 1,6f der Beginn der Handlung: "*Es ward ein Mensch, gesandt von Gott, sein Name: Johannes...*"? Ohne Zweifel ist der Text damit an die Stelle der Weltgeschichte gesprungen, wo die Handlung des JohEv spielt, aber 1,6f ist gleichwohl nicht der Beginn ihrer Darstellung. Zwar kommt die Geschichte Jesu in den Blick, umfassend und als ein Ganzes, angefangen bei Johannes dem Täufer über die Ablehnung des *Lichtes* durch die *Eigenen* bis hin zur Vermittlung der Gotteskindschaft durch ihn an die Glaubenden (1,6-13). Die *ganze* Handlung wird in diese wenigen Sätze zusammengepreßt. Sie sind ihr Extrakt in symbolischer Rätselsprache, der Anfang ihrer *Darstellung* sind sie nicht.

Schon gar nicht fängt diese in 1,14 an. Perspektive und Stimmung wechseln abermals. Der Ton ist jetzt bekennend und preisend, und es wird nun von einem neuen Standpunkt der Geschichte aus zurückgeblickt: "*Wir haben seine Herrlichkeit geschaut... und aus seiner Fülle nahmen wir alle...*" (1,14.16). Das in den Blick genommene Ereignis liegt in der Vergangenheit und bestimmt doch eine Gegenwart: "*Niemand hat Gott je gesehen! Der einziggeborene Gott, der im Schoß des Vaters ist, Er hat vermittelt*" (1,18). Es ist die Gegenwart der Leser, die erst jetzt - ab 1,19! - damit beginnen, das im JohEv dargestellte Wirken Jesu lesend wahrzunehmen.

Wie also verhält sich der Text 1,1-18 zum übrigen JohEv? Er umfaßt alles: das Urgeschehen als Vorgeschichte, das geschichtliche Kommen des *Lichtes* und seines Zeugen und die darauf bezogene Nachgeschichte der Glaubenden. Er bietet mithin eine umfassende Schau. Er beleuchtet Jesu Wirken in Wort und Tat aus allen Perspektiven und sagt an, was sich darin wirklich ereignet hat.

Wir haben uns daran gewöhnt, diesen Text *Prolog* zu nennen, und bezeichnen damit seine Funktion. In der Tat ist er ein *Vorwort*, ein wirklich vorgeordnetes Wort: der Brennpunkt aller Linien, die zentrale Perspektive. Im Gegensatz zu nichtssagenden Vorworten ist dieses unverzichtbar. Es ist der Schlüssel zum Ganzen, das Portal, durch das die Leser eintreten sollen in die Welt des JohEv.

2. Vorwissen

Der Prolog vermittelt eine Perspektive, ein Vorwissen darüber, worum es im JohEv wirklich geht und was dieses Buch eigentlich ist: die Kunde von Gott, wie sie der "*eingeborene Gott*" selbst gebracht hat (1,18). Mit diesem Vorwissen beginnt der Leser die Lektüre des JohEv.

Setzt der Prolog nicht selbst wiederum ein Vorwissen voraus? Könnte ein Nichteingeweihter seine Rätselsprache überhaupt verstehen? Könnte jemand ohne Vorwissen einstimmen in das *Wir* der Sätze am Schluß (1,14.16)? Die Leser werden vom Autor durchaus als solche in Anspruch genommen, die wissen, wer gemeint ist in dem Satz: "*Er, das Wort, ist Fleisch geworden und hat unter uns gezeltet*" (1,14). Sie gehören offenbar zu denen, die bereits "*Gnade um Gnade*" aus der Fülle Jesu Christi empfangen haben (1,16f). Als solchen sollte es ihnen möglich sein, zumindest die Sätze 1,6-13 zu enträtseln. Sie wissen um das "*wahre Licht*" und wer die *Eigenen* waren, die es zurückgewiesen haben.

Haben die Leser auch das notwendige Vorwissen, um die ersten Sätze des Prologs, den *Mythos*, zu entschlüsseln? Sicher soll ihnen beim Lesen von 1,1: "*Im Anfang war Er, das Wort*" der Anfang der Bibel Gen 1,1ff in den Sinn kommen und damit die Schöpfungsgeschichte:

"*Im Anfang schuf Gott den Himmel und die Erde.*
Die Erde aber war wüst und öde,
und Finsternis lag auf der Urflut,
und der Geist des Herrn schwebte über den Wassern.
Und Gott sprach: Es werde Licht!
Und es ward Licht..."

Daß die Welt durch Gottes Wort entstand, wissen die Leser ebenso aus dem Psalm:

"*Durch das Wort des Herrn sind die Himmel gemacht,*
durch den Hauch seines Mundes ihr ganzes Heer...
Denn er, er sprach und es geschah;
er gebot und es stand da." (Ps 33,6.9)

Ein anderer Schöpfungspsalm eröffnet weiteres Vorwissen:

"*O Herr, wie sind deiner Werke so viel!*
Du hast sie alle in Weisheit geschaffen." (Ps 104,24; vgl. Spr 3,19f; Weish 9,1f)

Weil die Leser sich in den heiligen Schriften auskennen, kann der Autor bei ihnen offenbar ein breites Vorwissen über jenes geheimnisvolle Wesen bei Gott voraussetzen, das "Weisheit" genannt wird:

"*Der Herr schuf mich, seines Waltens Erstling,*
als Anfang seiner Werke, vorlängst.
Von Ewigkeit her bin ich gebildet, von Anbeginn,

vor dem Ursprung der Welt.
Noch ehe die Meere waren, ward ich geboren,
noch vor den Quellen, reich an Wasser.
Bevor die Berge eingesenkt wurden,
vor den Hügeln ward ich geboren,
ehe er die Erde gemacht und die Fluren
und die ersten Schollen des Erdreichs.
Als er den Himmel baute, war ich dabei,
als er das Gewölbe absteckte über der Urflut,
als er die Wolken droben befestigte
und die Quellen der Urflut stark machte,
als er dem Meer seine Schranken setzte,
daß die Wasser seinem Befehle gehorchten,
als er die Grundfesten der Erde legte,
da war ich als Liebling ihm zur Seite,
war lauter Entzücken Tag für Tag
und spielte vor ihm allezeit,
spielte auf seinem Erdenrund
und hatte mein Ergötzen an den Menschenkindern.
...
Denn wer mich findet, der findet das Leben
und erlangt Wohlgefallen beim Herrn.
Wer mich aber verfehlt, der schädigt sich selber;
alle, die mich hassen, lieben den Tod." (Spr 8,22-31f)

Im Buch Jesus Sirach sagt die *Weisheit* von sich:
"*Ich ging aus dem Mund des Höchsten hervor,*
und wie Nebel umhüllte ich die Erde.
Ich wohnte in den Höhen,
auf einer Wolkensäule stand mein Thron.
Den Kreis des Himmels umschritt ich allein,
in der Tiefe des Abgrunds ging ich umher.
Über die Fluten des Meeres und über alles Land,
über alle Völker und Nationen hatte ich Macht.
Bei ihnen allen suchte ich einen Ort der Ruhe,
ein Volk, in dessen Land ich wohnen könnte.
Da gab der Schöpfer des Alls mir Befehl;
er, der mich schuf, wußte für mein Zelt eine Ruhestätte.
Er sprach: In Jakob sollst du wohnen,
in Israel sollst du deinen Erbbesitz haben.
Vor der Zeit, am Anfang hat er mich erschaffen,
und bis in Ewigkeit vergehe ich nicht.

Ich tat vor ihm Dienst im heiligen Zelt
und wurde dann auf dem Zion eingesetzt.
In der Stadt, die er ebenso liebt wie mich,
fand ich Ruhe, Jerusalem wurde mein Machtbereich.
Ich faßte Wurzel bei einem ruhmreichen Volk,
im Eigentum des Herrn, in seinem Erbbesitz.
...
Wie ein Weinstock trieb ich schöne Ranken,
meine Blüten wurden zu prächtiger und reicher Frucht.
Kommt zu mir, die ihr mich begehrt,
sättigt euch an meinen Früchten!
An mich zu denken ist süßer als Honig,
mich zu besitzen ist besser als Wabenhonig.
Wer mich genießt, den hungert noch,
wer mich trinkt, den dürstet noch.
Wer auf mich hört, wird nicht zuschanden,
wer mir dient, fällt nicht in Sünde." (Sir 24,3-12.17-22)

Das Buch der Weisheit faßt die *Weisheit* als "Ausstrahlung" Gottes auf:
"Denn die Weisheit ist beweglicher als alle Bewegung;
in ihrer Reinheit durchdringt und erfüllt sie alles.
Sie ist ein Hauch der Kraft Gottes
und reiner Ausfluß der Herrlichkeit des Allherrschers;
darum fällt kein Schatten auf sie.
Sie ist der Widerschein des ewigen Lichts,
der ungetrübte Spiegel von Gottes Kraft,
das Bild seiner Vollkommenheit.
Sie ist nur eine und vermag doch alles;
ohne sich zu ändern, erneuert sie alles.
Von Geschlecht zu Geschlecht tritt sie in heilige Seelen ein
und schafft Freunde Gottes und Propheten;
denn Gott liebt nur den,
der mit der Weisheit zusammenwohnt.
Sie ist schöner als die Sonne
und übertrifft jedes Sternbild.
Sie ist strahlender als das Licht;
denn diesem folgt die Nacht,
doch über die Weisheit siegt keine Schlechtigkeit.
Machtvoll entfaltet sie ihre Kraft
von einem Ende zum andern
und durchwaltet voll Güte das All." (Weish 7,24-8,1)

Spielt der Prolog mit diesem vorausgesetzten Wissen, indem er es aufnimmt und doch überraschend neu wendet? Wie sonst soll man es bewerten, daß er nicht von Gottes *Weisheit*, sondern von seinem *Wort* spricht und dessen Aufnahme in seinem *Eigentum* bestreitet (1,10f). Vielleicht kennen die Leser sogar die Tradition, die Sir 24,10-12 zu widersprechen scheint:

> "*Die Weisheit ging aus, um unter den Menschenkindern zu wohnen,*
> *und sie fand keine Wohnung;*
> *die Weisheit kehrte an ihren Ort zurück*
> *und nahm ihren Sitz unter den Engeln.*
> *Und die Ungerechtigkeit kam hervor aus ihren Kammern:*
> *und die sie nicht suchte, fand sie,*
> *und wohnte unter ihnen,*
> *wie der Regen in der Wüste*
> *und wie der Tau auf dem durstigen Land.*" (äthHen 42,2f)

Nur im Falle des letzten Zitates sind Zweifel möglich. Die Kenntnis aller übrigen zitierten Texte - und noch anderer darüber hinaus - setzt der Autor beim Leser voraus und will sie aktivieren. Er rechnet eben - und das gilt für das gesamte JohEv - mit bibelfesten Lesern, die vor dem Hintergrund ihres Wissens den Prolog zu lesen und zu verstehen vermögen.

3. Gliederung

Es sind bisher schon Hinweise auf eine Dreigliederung des Prologs begegnet. Sie sollen hier nochmals zusammengestellt und ergänzt werden. Die Gliederung wird angezeigt durch die Neueinsätze 1,6 ("*Es ward ein Mensch...*") und 1,14 ("*Fürwahr, Er, das Wort ward Fleisch...*"). Dadurch entstehen drei Abschnitte (1,1-5.6-13.14-18), die grammatisch und sachlich jeweils in sich funktionieren. Allerdings nehmen 1,1f und 1,18 darin eine gewisse Sonderstellung ein, denn beide Sätze thematisieren das präexistente und ewige Sein des Logos bzw. des "*eingeborenen Gottes*", 1,1f im Blick auf seine Schöpferfunktion (1,3-5) und 1,18 im Rückblick auf seine Offenbarerfunktion. Diese beiden Aussagen bilden eine Klammer um den Prolog: Eröffnung und Abschluß.

Die drei Abschnitte unterscheiden sich zunächst in den weltgeschichtlichen *Zeiten*, auf die sie verweisen. Der erste Abschnitt (1,1-5) berichtet, was "*im Anfang*" war. Er redet von der Präexistenz des Logos vor der Schöpfung und von seinem Schöpferwirken (vgl. Gen 1,1f). Der zweite Abschnitt (1,6-13) erzählt eine vergangene Geschichte, nämlich wie das "*wahre Licht in die Welt kam*", von Johannes bezeugt wurde und überraschend abgelehnt worden ist. Im Blick ist das geschichtliche Wirken Jesu auf Erden. Der dritte Abschnitt (1,14-18) reicht bis in die Zeit der Leser hinein. Er blickt aus der Perspektive ihrer Gegenwart auf das geschichtliche Ereignis des Kommens und Wirkens des Logos als Mensch zurück.

Hinsichtlich des *Ortes* unterscheiden sich die Abschnitte ebenfalls. "*Im Anfang*" befindet sich der Logos "*bei Gott*". Das ist sein Ort, außerhalb des Kosmos, den er auch für sein Schöpferwerk nicht verläßt. Dann kommt er als das wahre *Licht* in die Welt, genauer sogar "*in sein Eigentum*", wird aber von den *Eigenen* nicht angenommen. Der dritte Abschnitt greift dies auf: Es wird rückblickend vom *Zelten* des Logos "*bei uns*" gesprochen. Der Ort dieses Abschnitts ist überall dort, wo sich die *Wir* befinden. Es ist also der Ort der bekennenden Gemeinde bzw. der glaubenden Leser.

Verschiedene *Sprecher* lassen sich unterscheiden, freilich nur virtuell, denn tatsächlicher Sprecher bleibt der Autor. Im letzten Abschnitt redet er als Repräsentant der Glaubenden (*Wir*: 1,14.16), die durch das geschichtliche Wirken Jesu zu "*Kindern Gottes*" geworden sind (vgl. 1,12f). Im zweiten Abschnitt ist er der *Erzähler* der Geschichte Jesu, und im ersten nimmt er die Rolle eines Urzeugen an. Durch ihn spricht Gott selbst oder der Logos.

Dem entspricht auch die *Sprache*. Der erste Abschnitt ist *Mythos*, denn vom *Anfang*, von der Präexistenz des Logos und von der Schöpfung läßt sich nur mythisch reden. Der zweite Abschnitt *erzählt* Geschichte, allerdings zurückbezogen auf den Mythos (vgl. 1,10) und unter Aufnahme seiner Sprachform. Es wird das Geschick des "*wahren Lichtes*" (1,9; vgl. 1,4f) erzählt, das dieses in seinem *Eigentum* erfuhr. Der dritte Abschnitt redet in der Sprache der Betroffenheit, des Glaubens und des Bekenntnisses. In ihm werden *Mythos* (1,18) und *Geschichte* (1,14) glaubend aufeinander bezogen und so diese Geschichte als Mysterium für die Sprechenden gedeutet.

Alle drei Teile des Prologs hängen aufs engste miteinander zusammen. Das wird beim dritten Abschnitt am deutlichsten, der den ersten und zweiten aufnimmt und aus der Sicht der Glaubenden bekennend neu durchbuchstabiert. Nicht nur wird in 1,14 der Logos-Name wieder genannt und damit auf 1,1f zurückgegriffen, sondern 1,14.15 bekennt auch mit dem Zeugnis des Johannes die Präexistenz des Logos (vgl. 1,1f). Zugleich aber wird in denselben Sätzen auf das Ereignis der Geschichte verwiesen und gläubig bekannt, daß der präexistente Logos ein Mensch wurde und nach Johannes dem Täufer in die Geschichte eingetreten ist (vgl. 1,6f.9f). Hier, auf dem Höhepunkt des Prologs, kommen diejenigen im Bekenntnis zu Wort, über die in 1,12f gesprochen wurde. Eine besondere Funktion hat die Aussage 1,18, die den Bogen schließt: Der Logos, der *eingeborene Gott* (vgl. 1,14), ist wieder dorthin zurückgekehrt, wo er "*im Anfang*" war (1,1f).

Auch der zweite Abschnitt hängt mit dem ersten eng zusammen. Das Symbolwort *Licht*, das in 1,4f den ewigen Logos in seiner Beziehung zu den Menschen umschreibt, schafft die Verbindung. In 1,7f.9 wird es genau so aufgenommen; jetzt aber wird gesagt, daß das *Licht* auf dem Weg "*in die Welt*" war und in der Welt angekommen ist (1,10). Die Wirkung des *Lichts* in der Welt (1,10f) erscheint als Wiederholung des Urgeschehens von 1,5.

Der ganze Prolog beschreibt in seinen drei Abschnitten das ewige Heilsbemühen Gottes um die Menschen, das nach einer dramatischen Zurückweisung doch bei den Glaubenden ankommt.

4. Mythos: 1,1-5

1[1]Im Anfang war Er, das Wort.
Und Er, das Wort, war bei Gott.
Und Gott war Er, das Wort.
[2]Dieser war im Anfang bei Gott.
[3]Alles ist durch Ihn geworden,
und ohne Ihn ward auch nicht eines.
Was geworden, [4]in Ihm war es Leben,
und das Leben war das Licht der Menschen.
[5]Und das Licht leuchtet in der Finsternis,
und die Finsternis hat es nicht überwältigt.

1,1f: Der Prolog beginnt wie der erste Schöpfungsbericht: "*Im Anfang...*" und spricht wie dieser von der Schöpfung alles Seienden durch Gottes *Wort*, vom *Licht* und von der *Finsternis*. Die Leser sollen an Gen 1,1-5 zurückdenken. Dann aber werden sie Unterschiede feststellen. Der Schöpfungsbericht nennt die Schöpfungstat *Gottes* den *Anfang*; im Prolog ist der *Anfang* das ewige Sein des Logos "*bei Gott*", und die Schöpfung folgt erst darauf. Freilich ist auch in Gen 1 vorausgesetzt, daß Gott seiner Schöpfung wie ein Künstler seinem Kunstwerk voraus ist. Darüber muß dort gar nicht reflektiert werden. Anders im Prolog, wo dies vom Logos ausgesagt wird. Wer ist der Logos?

Um diese Frage geht es in den ersten Sätzen. Sie bilden einen Ring, insofern 1,2 die Aussagen von 1,1a.b aufnimmt und zusammenschmiedet. Damit steht die Aussage: "*Und Gott war Er, das Wort*" (1,1c) im Mittelpunkt. Nicht ein Adjektiv (*göttlich*), sondern das Substantiv *Gott* bestimmt hier den Logos. Es wird nicht gesagt, daß er von gleicher Art wie Gott war, so daß zwei göttliche Wesen existierten. *Gott* ist hier nicht Gattungsbegriff. Allerdings steht auch nicht der Artikel wie in 1,1b. Wenn der Logos "*bei (dem) Gott*" war, so verbietet sich eine einfache Identifizierung in dem Sinne: "Der Logos ist niemand anderes als Gott selbst". Logos ist somit nicht einfachhin ein anderer Name für Gott, sondern bezeichnet ein eigenes Selbst. Von diesem wird gesagt, daß er "*im Anfang*", noch vor der Schöpfung, also von jeher war (1,1a). Er gehört nicht zur Kreatur, sondern hat sein Sein aus sich selbst. Und er war "*bei Gott*" (1,1b); dort war sein Ort, nicht getrennt von ihm, sondern in Unmittelbarkeit zu ihm, und zwar ebenfalls von jeher (1,2). Wenn der Logos seinem Selbstsein nach weder zeitlich noch örtlich jemals von Gott getrennt existierte, dann war er also von jeher *Gott* (1,1c).

Was nicht getrennt ist, ist eine Einheit. Somit ist der Logos eins mit *Gott* und hat doch ein eigenes Selbst. Er heißt eben der *Logos* und nicht (der) *Gott*. Der Monotheismus ist dadurch so wenig gefährdet wie durch Gen 1,2.26. So groß und rätselhaft das hier angesprochene Geheimnis auch ist, an der Einheit Gottes hält der Autor unter allen Umständen fest, nur aus ihr gewinnt ja auch die Darstellung seines Evangeliums ihre Wucht. Der Leser ist aufgefordert, über das Rätsel von 1,1f im Laufe der Lektüre des Evangeliums immer neu nachzusinnen. Er soll an diese Sätze zurückdenken, wenn er 6,46; 8,16.26.55; 10,30.38; 14,7.9.11; 17,5.21.24; 20,28 liest.

Warum aber heißt es: "*der Logos*" und nicht: "*die Weisheit*"? An die alttestamentlichen Texte über die "Weisheit" sollen die Leser ja denken (vgl. Spr 8,22-26.30; Sir 24,3.9). Daß "*die Weisheit*" feminin ist, "*der Logos*" maskulin, wird eine Rolle bei der Wahl dieses Namens gespielt haben; ebenso die Vorstellung von der Schöpfung durch das "Wort Gottes" (Gen 1,3; Ps 33,6.9; Weish 9,1f). Doch ist letztere schwerlich der Ansatzpunkt für den Namen Logos. Denn der Logos ist schon "*im Anfang bei Gott*", und das Schöpfungswerk folgt erst danach. Noch bevor der Logos wirkt, ist er bereits bei Gott. Er ist die nach außen gewandte Seite Gottes, er ist Gott als Offenbarer, der sich öffnen will auf andere hin. Er ist die Sprache Gottes, sein Wort, das von ihm ausgeht, und in dem Gott ganz anwesend ist. Und doch verliert sich Gott nicht in sein Wort hinein; auch wenn er sich *äußert*, bleibt er ganz bei sich. Er gibt sich nicht auf, wenn er sich hingibt. Indem vom Logos gesprochen wird, wird von dem einen geheimnisvollen Gott gesprochen, der sich offenbart und doch verborgen bleibt: "*Und Gott war Er, das Wort*!"

1,3-5: Der Logos ist somit der sich offenbarmachende Gott. Daran schließt nun die Schöpfungsaussage folgerichtig an, denn die Schöpfung ist die erste *Äußerung* Gottes, insofern er darin etwas ins Leben ruft, das ganz von ihm abhängig und doch nicht er selbst ist. Darum ist die Schöpfung notwendigerweise das Werk des Logos. So ist das "*durch ihn*" zu verstehen: Nicht Gott schafft, und der Logos steht ihm dabei hilfreich zur Seite (vgl. Spr 8,27ff), sondern einzig *durch ihn* schafft Gott, so daß "*ohne ihn auch nicht eines*" ward.

Die vom Logos ins Dasein Gerufenen empfingen aber das Leben nicht als etwas, das ihnen von da an zu eigen war, sondern als seine ständige Gabe. Nur "*in ihm*" sind die Geschöpfe Leben, und so ist das Leben, das sie nicht zu eigen haben und über das sie nicht verfügen, für die Menschen "*das Licht*". Es beleuchtet ihnen ihre Existenz: Sie sind lebendige Wesen und verdanken doch ihr Leben nicht sich selbst und können nicht dafür aufkommen. Sie müssen sich als Geschöpfe verstehen, die vom Logos ins Sein gerufen wurden. Ihr begrenztes Dasein weist von sich aus auf die Lebensfülle des Schöpfers, aus der es stammt.

Ist der Schöpfer-Logos Inhaber und Spender des Lebens, dann ist im eigentlichen Sinne *er* das Licht. In Wahrheit erleuchtet *er* des Menschen Existenz, solange er ihm als Schöpfer das Leben schenkt. Folgerichtig mündet die bisherige Aussage ein in den Satz 1,5, dessen Präsens "*das Licht scheint*" die ständige, niemals zurückgenommene Offenbarung Gottes durch den Logos zum Ausdruck bringt. Indem er schafft und Leben schenkt, macht er Gott offenbar.

Woher kommt die *Finsternis*, die es nach 1,4 doch gar nicht geben darf, da alles lebendig Geschaffene mit dem geschenkten Leben auch das Licht besaß? Ein Werk des Schöpfer-Logos kann die *Finsternis* deshalb nicht sein. Sie widerspricht ihm auch wesenhaft, weil er als Lebensspender "*das Licht*" ist. Also muß die *Finsternis* Ablehnung des Lichts und Empörung gegen den Schöpfer sein. Wer das Leben nicht als Geschenk annehmen will und sich selbst nicht als Geschöpf, wer sich in seinem Sein nicht einem anderen verdanken will, in dem erlischt das Licht und er wird *Finsternis*.

Folglich redet 1,5 in verdeckter Weise vom Sündenfall und von der Zurückweisung Gottes durch die Menschen. Das ist die *Finsternis*: Der Schöpfer und Offenbarer wurde abgelehnt. Und doch strahlt der Logos als das Licht unbeirrbar weiter, und "*die Finsternis hat es nicht überwältigt*". Sie hat das Licht nicht zum Verlöschen gebracht, obwohl sie darauf aus war, um *Finsternis* zu bleiben. "*Das Licht leuchtet in der Finsternis*": ein Siegesruf!

Der *Mythos* sagt ein Urgeschehen an, das ewig und allgemeingültig ist. Der Logos als Schöpfer-Gott erschuf sich ein Gegenüber, die Menschen, die ihr Leben von ihm empfingen. So wurden sie erleuchtet, sich als Geschöpfe zu begreifen. Aber sie löschten diese Erkenntnis in sich aus und wurden *Finsternis*, Feinde des Lichts. Und doch strahlt der Logos weiter, das Angebot des Lichtes für jeden. Dies ist das Urgeschehen, aus dem sich alles ableitet.

5. Geschichte: 1,6-13

6Es ward ein Mensch - gesandt von Gott,
sein Name: Johannes. 7Dieser kam zum Zeugnis,
um Zeugnis zu geben über das Licht,
damit alle durch ihn glaubten.
8Nicht war jener das Licht,
sondern: damit er Zeugnis gebe über das Licht.
9Er war das wahre Licht, das jeden Menschen hell macht,
auf dem Weg in die Welt.
10Er war in der Welt,
und die Welt ist durch Ihn geworden,
doch die Welt erkannte Ihn nicht.
11Er kam in sein Eigentum,
aber die Seinen nahmen Ihn nicht auf.
12Denen jedoch, die Ihn aufnahmen,
gab Er Vollmacht, Kinder Gottes zu werden,
denen, die an seinen Namen glauben,
13die also nicht aus Blut und nicht aus Fleischeswillen
und nicht aus Manneswillen gezeugt sind,
sondern aus Gott!

Im zweiten Teil des Prologs wird dargelegt, wie das prägende Urgeschehen, das der *Mythos* erzählte, sich in der Geschichte konkretisiert hat. Dieser Teil kann geradezu als Inhaltsangabe, als Kurzfassung der Handlung des JohEv angesehen werden, als eine Zusammenfassung des Wirkens und der Wirkung des geschichtlichen Auftretens Jesu. Freilich, der Name "Jesus" fällt hier noch nicht. Überhaupt ist der Text nicht am vordergründigen Geschehen interessiert, und so bringt er in einer eher deutenden Sprache, die sich an den *Mythos* anlehnt, seine tiefere Dimension zur Anschauung.

1,6-8: Die im Text dargebotene Geschichte setzt ein mit Johannes dem Täufer. Mit ihm greift Gott unmittelbar in die Menschheitsgeschichte ein, denn er hat ihn gesandt. Zweck seines Kommens war nicht er selbst, sondern sein *Zeugnis*. Dreimal wird darauf verwiesen: "*Dieser kam zum Zeugnis, um Zeugnis zu geben über das Licht..., damit er Zeugnis gebe über das*

Licht". Gibt es einen Grund für solch eindringliche Betonung? Die Leser wissen aus 1,4f, daß Johannes nicht für sich selbst zeugt, wenn er "*über das Licht*" Zeugnis ablegt. Denn das Licht ist der Logos, der Schöpfer-Gott, Johannes aber ist ein *gewordener Mensch*. Andererseits kann das Zeugnis des Johannes auch nicht in dem Hinweis bestehen, daß es ein Licht gibt und der Logos dieses Licht ist, denn nach 1,4f bedarf es eines solchen Zeugnisses gar nicht, weil "*das Licht in der Finsternis scheint*" und alles lebendig Gewordene um dieses Licht weiß. Somit kann nicht die im *Mythos* erzählte Wahrheit Inhalt des Zeugnisses des Johannes sein.

Worin der Inhalt besteht, wird aus 1,8 deutlicher, wenn negativ gesagt wird, daß nicht Johannes "*das Licht*" war. Er hat nicht auf sich selbst verwiesen, sondern auf einen anderen: Dieser ist das Licht! Folglich ist das ewig scheinende Licht (1,5) in den Raum der Geschichte eingetreten, und Johannes hatte den Auftrag, den geschichtlich Erscheinenden zu bezeugen.

Dieses Zeugnis geht alle an: *Alle* sollen durch Johannes zum Glauben kommen (1,7). Da die Leser aber von vornherein wissen, daß nicht alle Zeitgenossen des Johannes auf ihn gehört haben und durch ihn zum Glauben gekommen sind, wird man den Satz so zu verstehen haben, daß all diejenigen, die zum Glauben kommen, *durch Johannes* zum Glauben kommen. Sein Zeugnis ist für alle Zeit gültig, sogar noch für die Leser (vgl. 5,33ff; 10,41f). Deshalb gehört Johannes auch in das Evangelium hinein.

1,9-11: Nach 1,8 muß jetzt über den gesprochen werden, der wirklich das Licht ist und über den Johannes Zeugnis ablegt: Er ist das "*wahre Licht*". Mit dieser Formulierung wird offengehalten, daß auch Johannes etwas Lichtmäßiges an sich hatte (vgl. 5,34); doch das "*wahre Licht*" war er nicht. Der Satz 1,9 ist in seiner Grammatik vertrackt und umstritten. Ist das "*wahre Licht*" sein Subjekt, oder steckt dieses im Verb? Im ersten Fall wäre zu übersetzen: "*Das wahre Licht war... kommend in die Welt*", im zweiten: "*Er war das wahre Licht, ... kommend (auf dem Weg) in die Welt*". (Die Möglichkeit, daß "*kommend*" sich auf die *Menschen* des Relativsatzes bezieht, ist wegen der dann entstehenden Tautologie auszuschließen.) Beide Übersetzungen liegen in ihrem Sinn nicht weit auseinander. In beiden Fällen ist der Logos das heimliche, ungenannte Subjekt des Satzes, von dem die Leser bereits wissen, daß er das Licht ist (1,5). Ausdrücklich weist auch der Relativsatz: "*das jeden Menschen erleuchtet*" auf 1,4f zurück. In jedem Fall aber liegt der Fortschritt des Gedankens in der Aussage: "*(war) kommend in die Welt*". Daß der Logos das Licht war und die Menschen erleuchtet, war ja auf etwas andere Weise bereits gesagt worden. Das Neue ist, daß das "*wahre Licht*", also der Logos, "*in die Welt kommt*" und dort von Johannes bezeugt wird. Johannes verweist somit auf eine Person, die als das "*wahre Licht auf dem Weg in die Welt ist*": den präexistenten (1,1-5), menschwerdenden (1,14) Logos. Allerdings, der Name Logos fällt jetzt nicht mehr. In einem Text, der Geschichte erzählt, hat er nichts zu suchen, dagegen wohl im *Mythos* (1,1f) oder im *Bekenntnis* (1,14).

Die Leser haben natürlich ein Vorwissen darüber, von welcher geschichtlichen Gestalt hier die Rede ist: von dem Menschen Jesus von Nazaret. In ihm ist das "*wahre Licht*" in die Welt gekommen, in ihm ist der Logos selbst leibhaftig unter den Menschen gegenwärtig geworden. Das kommt in 1,10 zum Ausdruck. Wieder nimmt der Text eine Aussage aus dem *Mythos* auf: "*Die Welt ist durch ihn geworden*" (vgl. 1,3). Gemeint ist - wie dann immer im JohEv - die *Menschenwelt*, also die "organisierte und verantwortliche Welt" (C.K. Barrett). Der gedankliche Fortschritt liegt erneut im Schlußteil des Satzes: "*Doch die Welt erkannte ihn nicht*". Wer nicht erkannt wird, findet keine Anerkennung, und der Unbekannte ist ein Fremder, dem Mißtrauen und Feindschaft entgegenschlagen. Aber so hätte es nicht sein dürfen. Die Menschenwelt begegnete ja ihrem Schöpfer. Daß sie ihn nicht erkannte, war nicht Tragik, sondern Schuld.

In 1,11 wird nochmals verschärft: Die Menschenwelt ist das Schöpfungswerk des Logos, somit gehört sie ihm. Die Menschen leben gar nicht aus sich selbst, sondern haben das Leben einzig "*in ihm*" (1,4); sie sind also seine *eigenen* Leute. Nun kommt er selbst dorthin, wo er zu Hause ist, wo alles ihm gehört und doch: Die ihn kennen müßten, anerkennen ihn nicht, die ihn als ihren Besitzer freudig begrüßen sollten, nehmen ihn nicht auf. In diesem Satz wird der erste Teil des JohEv zusammengefaßt: die Darstellung der sich zuspitzenden Auseinandersetzungen zwischen Jesus und den *Juden*. Natürlich sollen die Leser schon hier mithören, daß ausgerechnet das Eigentumsvolk Gottes in einer Mehrheit den Offenbarer abgelehnt hat. Der Satz des *Mythos*: "*Das Licht scheint in der Finsternis...*" hat sich auf dramatische Weise geschichtlich konkretisiert.

1,12-13: Aber die Geschichte des Kommens des "*wahren Lichtes*" war keine Niederlage, sondern ein Sieg. Verloren hat nicht das *Licht*, sondern die *Finsternis* (1,5). Und die eigentlichen Verlierer sind diejenigen aus den *Eigenen*, die ihn nicht aufnahmen (1,11). Es gab aber auch solche, die ihn *aufnahmen*, die "*an seinen Namen glauben*" (vgl. 1,7). Ihnen, obwohl ja schon im eigentlichen Sinne "Leibeigene" des Schöpfer-Logos, hat der in die Welt gekommene Offenbarer-Logos als das "*wahre Licht*" nun die Vollmacht gegeben, in ganz besonderer Weise Gottes Eigentum zu werden: Aus den *Eigenen* sollen "*Kinder Gottes*" werden. Aus solchen, die aus der geschlechtlichen Zeugung und Geburt leibliches Leben empfingen -

auch das haben sie freilich nur "*in ihm*" (vgl. 1,4), - werden "*aus Gott Gezeugte*" (1,13). Der Autor bringt in 1,13 die zeitgenössische biologische Anschauung von der Erzeugung des menschlichen Lebens zum Ausdruck, in der das Blut (Plural!) der Frau und des Mannes die Materie für neues Leben abgab, die Lust ("*der Wille des Fleisches*") und die Potenz ("*der Wille des Mannes*") aber die Form. Nicht, daß die aus Gott Gezeugten ihr leibliches Leben einfach ablegten, aber es bestimmt sie nicht mehr! Ihr Ursprung liegt jetzt in Gott selbst. Er ist nun der Ausgangspunkt ihres Seins, ihres Wollens und Strebens, und nicht mehr "*Blut und Fleisch*". Das alles ist von den *Glaubenden* gesagt. Der "*an seinen Namen*" Glaubende übt jene *Vollmacht* aus, die der in die Welt Gekommene gebracht hat. Der Glaube ist nämlich die Geburt aus Gott, durch die leibliche Menschen zu "*Kindern Gottes*" werden.

Ein Zweifaches wird in 1,12f zum Ausdruck gebracht: Jesus, das in die Welt gekommene Licht, macht nicht einfach zu einem "*Kind Gottes*", sondern verleiht die *Vollmacht*, es zu werden. Der Weg dazu ist der "*Glaube an seinen Namen*". Dieser Weg kann begangen werden, wenn das geschichtliche Wirken des "*wahren Lichtes*" abgeschlossen ist. So öffnet 1,12f die Tür zum nächsten Teil des Prologs.

6. Bekenntnis: 1,14-18

14 Fürwahr: Er, das Wort, ward Fleisch
und hat unter uns gezeltet,
und gesehen haben wir seine Herrlichkeit,
Herrlichkeit gleichsam des Einziggeborenen vom Vater,
voll Gnade und Wahrheit.
15 Johannes gibt Zeugnis über ihn mit dem Ruf:
"Dieser war es, von dem ich sagte:
Er, der nach mir kommt,
ist vor mir geworden, denn er war eher als ich."
16 Denn: Aus seiner Fülle nahmen wir alle,
Gnade um Gnade.
17 Denn: Das Gesetz ist durch Mose gegeben worden,
die Gnade und die Wahrheit wurden durch Jesus Christus.
18 Niemand hat Gott je gesehen!
Der einziggeborene Gott,
der im Schoß des Vaters ist, Er hat vermittelt.

Kennzeichen des dritten Teils ist, daß nun die Betroffenen des Logoswirkens zu Wort kommen, die Menschen also (1,4), allerdings nur diejenigen, "*die ihn aufnahmen*" (1,12). Waren 1,1-5 eine Rede aus der Ewigkeit und 1,6-13 ein Zeugnis aus der Geschichte, so ist in 1,14-18 ein Bekenntnis aus der Gegenwart zu vernehmen. Es blickt auf das ewige Wirken des Logos und das geschichtliche Kommen des "*wahren Lichtes*" zurück, spricht von Erfahrungen damit und sagt deren Bedeutung an. Zentrum dieses Abschnitts ist deshalb 1,16. Um diese Aussage herum sind die anderen ringförmig angeordnet: Der Logos hat als der "*Einziggeborene beim Vater*" bei seiner Menschwerdung die Fülle der "*Gnade und Wahrheit*" aus der göttlichen Herrlichkeit mitgebracht (1,14); aus ihr haben die Glaubenden geschöpft (1,16). "*Gnade und Wahrheit*" waren nämlich zuvor nicht zugänglich, sie sind erst und allein durch Jesus Christus *geworden* (1,17), der als "*einziggeborener Gott*" Gotteskunde gebracht hat (1,18).

1,14-17: Obwohl der zweite Teil des Prologs unzweifelhaft die Geschichte des Jesus von Nazaret, die dann im JohEv dargestellt wird, in den Blick nahm, fiel doch dieser Name nicht. Wohl aber der des Johannes, der über eine andere Person bezeugte, daß sie das "*wahre Licht*" sei. Damit wurde 1,4f aufgenommen. In 1,6-13 wird also vorausgesetzt und indirekt zum Ausdruck gebracht, daß der ewige Logos geschichtlich in einem konkreten Menschen "*in die Welt gekommen*" ist. Wie dies zu denken ist, wird aber erst jetzt deutlich. In 1,14 wird keineswegs ein neues, unverhofftes Ereignis erzählt, vielmehr bekräftigt und pointiert, was der Prolog auf andere Weise bisher schon zur Sprache brachte. 1,14 ist eher eine emphatische Schlußfolgerung aus dem Vorausgehenden: Der ewige Logos wird nun mit einer Person der Geschichte identifiziert. Folglich ist zu übersetzen: "*Fürwahr: Er, das Wort, ward Fleisch!*"

Sorgfältig ist auf die Denkbewegung zu achten, die hinter dieser Schlußfolgerung steht. Die beiden bisherigen Teile des Prologs waren zwar aufeinander bezogen, nichts wies jedoch darauf hin, daß der zweite Teil eine (notwendige) Folge des ersten war. Der *Mythos* vom göttlichen Logos, der das "*Licht der Menschen*" war, setzte die *Geschichte* der Person, die Johannes als das "*wahre Licht*" bezeugte, nicht aus sich heraus in Gang. Das ewige Wissen um den göttlichen Logos und das historische Wissen um den von Johannes Bezeugten stehen zunächst unverbunden nebeneinander. Die Verbindung zieht erst 1,14: Ist der ewige Logos das "*Licht der Menschen*" und bezeugt der gottgesandte Johannes eine geschichtliche Person als das "*wahre Licht*", dann ist dieser Mensch der Logos, oder: "*Er, das Wort, ward Fleisch*" (vgl. 1,6). *Fleisch* meint nichts anderes als die kreatürlich-welthafte Leiblichkeit eines Menschen. In dem in die Welt gekommenen Menschen Jesus ist somit der ewige Logos in die Geschichte eingetreten.

Ist diese Schlußfolgerung logisch, so gleichwohl nur im Sinne einer

Logik des Glaubens, setzt sie doch einerseits voraus, daß das ewige Wissen des *Mythos* (1,1-5) nachvollzogen, und andererseits, daß das Johanneszeugnis (1,6-8) gläubig angenommen wird. Also wird sie nur denen stringent erscheinen, die als Glaubende das "*wahre Licht*" angenommen haben und auf diese Weise "*Kinder Gottes*" geworden sind (1,12).

Die folgenden "Wir"-Aussagen bestätigen den bekenntnishaften Charakter von 1,14. Die Sprecher sagen zunächst, daß der göttliche Logos als ein konkreter Mensch "*unter uns gezeltet hat*". Die Wortwahl ist auffällig und ohne Zweifel symbolisch. Wer *zeltet*, hat keine bleibende Wohnstatt, kein festes Haus, und in diesem Sinne *zeltet* jeder Mensch auf Erden, weil sein Leben begrenzt ist. Der Ausdruck könnte verstärken, was schon in 1,14a impliziert war: Der Logos ist ein sterblicher Mensch geworden und seine leibliche Anwesenheit in der Welt war nicht von Dauer. Die Sprecher wissen, daß die Zeit des "*Zeltens unter uns*" vorbei ist und der Logos inzwischen wieder an seinen ewigen Ort zurückgekehrt ist (vgl. äthHen 42,1f). Aber der Ausdruck *zelten* ruft auch die Überlieferung von Gottes Anwesenheit im Zeltheiligtum des Exodus in Erinnerung (vgl. Ex 35f; Sir 24,8.10). Jedoch soll schwerlich gesagt werden, daß Gott damals im Zelt und jetzt leibhaftig als ein Mensch anwesend war, vielmehr daß die jetzige Anwesenheit des Logos in einem Menschen das eigentliche *Zelten* Gottes "*unter uns*" war und das Exoduszelt nur Hinweis darauf.

Die Sprecher reden von ihren Erfahrungen, die sie mit dem Menschen Jesus von Nazaret gemacht haben: Er war der Logos! Warum sie ein solches Bekenntnis von ihm ablegen können, sagt 1,14b. Auf diesem Teil des Verses liegt, wie die pleonastische Formulierung ausweist, der Ton. Die Sprecher bezeugen, an diesem Menschen göttliche *Herrlichkeit* gesehen zu haben, nämlich die Herrlichkeit des "*Einziggeborenen beim Vater*". Damit ist 1,1f aufgenommen und interpretiert. Aber auch 1,13 klingt nach: Die Glaubenden erlangen eine neue Existenz, die der des Logos vergleichbar ist. Wie der "*Einziggeborene beim Vater*" ein fleischlicher Mensch wurde, so werden die Glaubenden "*aus Gott Geborene*".

Wie aber konnten die "Wir"-Sprecher die göttliche Herrlichkeit *sehen*? Haben sie dem Menschgewordenen angesehen, daß er der Logos war? Wenn das möglich war, warum haben es dann nicht alle gesehen, die ganze Welt, von der es in 1,10 hieß, daß sie "*ihn nicht erkannte*"? Und 1,11 hatte geklagt, daß nicht einmal die *Eigenen* ihn aufnahmen. Also kann das *Sehen*, von dem hier gesprochen wird, kein neutrales, beobachtendes Sehen gewesen sein, sondern ein engagiertes und sympatisierendes. Aber es war ein wirkliches Sehen. Die "Wir"-Sprecher beanspruchen, Augenzeugen zu sein. Sie bezeugen, was man sehen konnte, wenn nicht Vorurteil und Unglaube die Augen verschloß. *Was* es zu sehen gab und *auf welche Weise* es sichtbar wurde, darüber wird das JohEv handeln.

Hier wird allerdings schon gesagt, daß die glaubenden Augenzeugen in dem Menschen Jesus den Gottessohn erkannt haben, "*voll von Gnade und Wahrheit*". Damit ist die dem Menschen zugeneigte göttliche Wirklichkeit umfassend beschrieben, Gottes Huld und Freundlichkeit, mit der er seine Schöpfung wirksam umhegt, und die Treue und Zuverlässigkeit seines Wortes. Wird der ewige Logos in 1,4f als *Leben* und *Licht* bezeichnet, durch den alles Geschaffene Leben hat und eine Sinnerschließung seiner Existenz erlangt, so wird dies nun in anderer Wendung vom Menschgewordenen ausgesagt. In ihm ist die Fülle göttlicher Wirklichkeit, die der Mensch zum Leben braucht, "*unter uns*" erschienen.

Ausgangspunkt des Bekenntnisses der "Wir"-Sprecher ist der Mensch Jesus, der unter ihnen gelebt hat und in dem sie den göttlichen Logos voll Huld und Wahrheit erkannt haben. Nicht eine theologische Spekulation wird in 1,14 vorgetragen, sondern jene Erfahrung, die die Augenzeugen mit einer Gestalt der Geschichte gemacht haben, die Johannes als das "*wahre Licht*" bezeugte (1,6ff). Sein Zeugnis wird jetzt wörtlich zitiert (1,15). Es wird so in den Text eingeführt, daß seine bleibende und aktuelle Relevanz herausgestrichen wird: "*Johannes bezeugt (Präsens!) mit dem Ruf (Perfekt!)...*" Das Zeugnis bezieht sich auf eine Gestalt der Vergangenheit: "*Dieser war es, von dem ich gesagt habe...*" und bekennt von ihr, daß sie Präexistenz besaß. Der Täufer bezeugt also, daß der nach ihm in die Geschichte eingetretene Mensch Jesus der ewige Logos ist, und nichts anderes haben die Augenzeugen auch *gesehen*. Das Zeugnis des Johannes und das, was die Augenzeugen gesehen haben, bilden die Grundlage des Bekenntnisses all derer, die glauben (vgl. 1,7).

In 1,16 nehmen diese beides auf: "*Denn: aus seiner Fülle nahmen wir alle, Gnade um Gnade.*" Die wörtliche Entsprechung zu 1,14 ist offenkundig. Somit bildet 1,16 einen rhetorischen Höhepunkt, denn nun melden sich diejenigen zu Wort, denen das geschichtliche Kommen des Logos galt. Seine Heilsgabe ist bei ihnen angekommen.

Wer sind die *Wir*, die hier sprechen? Sind es dieselben wie in 1,14? Klar dürfte sein, daß sie hier auf das Kommen und Wirken des von Johannes Bezeugten *zurückblicken*. Denn erst sein abgeschlossenes Wirken hat die Gnaden vermittelt, von denen 1,16 spricht. Die zurückblickende Perspektive ist allerdings auch für 1,14 (wie für 1,15) bezeichnend. Selbstverständlich können die Augenzeugen von 1,14 auch 1,16 nachsprechen. Doch auch die Leser gehören auf jeden Fall in dieses *Wir* von 1,16 hinein, insofern sie Glaubende sind. Sind sie dann auch in dem *Wir* von 1,14 eingeschlossen? Freilich, *sehen* kann die lesende Gemeinde nicht mehr. Aber sie kann die *Darstellung* der Augenzeugen und *darin* das von ihnen Geschaute wahrnehmen. Die Darstellung des JohEv, in die der Prolog die Leser einführt, läßt die ganze Geschichte des Logos, von der 1,6-13 sprach, vor dem geistigen Auge der Leser neu entstehen. Sie können am Ende ebenso wie die Augenzeugen bekennen: "*Wir haben seine Herrlichkeit gesehen*", nämlich mit den Augen des Glaubens.

Zum dritten Mal nach 1,14.16 wird in 1,17 von den Heilsgaben gesprochen, die durch das geschichtliche Kommen des göttlichen Logos zugänglich sind, allerdings jetzt in einer spezifischen Zuspitzung: Hatte 1,14 die *Fülle* des im Wirken des menschgewordenen Logos sichtbar gewordenen Heils herausgestellt und 1,16 das Ankommen dieser Gnaden bei den Sprechern betont, so liegt der Ton nun darauf, daß die geschichtliche Person Jesus Christus der alleinige Vermittler der göttlichen Heilsgaben "*Gnade und Wahrheit*" ist. Endlich wird auch sein Name genannt, der schon in 1,6-13 zu erwarten war, und er wird einer anderen Mittlergestalt gegenübergestellt: Mose. Die Aussage besteht aus zwei parallel gestalteten Sätzen, und auch wenn eine Adversativpartikel (z.B. "aber") fehlt, kann doch kein Zweifel daran sein, daß es sich um einen *antithetischen* Parallelismus handelt, bei dem der Ton auf dem Schlußsatz liegt. Zu beachten ist, daß der gesamte Parallelismus das Bekenntnis in 1,16 *begründet*: Weil "*Gnade und Wahrheit*" einzig durch Jesus Christus vermittelt werden, darum können die "*an seinen Namen*" Glaubenden Anteil an diesen Heilsgaben gewinnen (1,16; vgl. 1,12f). Und nur sie!

Damit ist die Frage nach der Tora und ihrem Vermittler Mose gestellt. Der Leser weiß darum, daß in Sir 24,23ff die *Weisheit* Gottes mit der Tora gleichgesetzt wurde. Diese Identifizierung ist durch 1,14-17 überholt und zurückgewiesen: Jesus Christus ist der Logos! Nicht die Tora, sondern er vermittelt Leben (vgl. 1,4f), göttliche Huld und Treue (1,17). Doch heißt das nicht, daß die Tora ohne Wert ist, wurde sie doch durch Mose *gegeben*, an dessen Autorität in 1,17 festgehalten wird. Also muß sie befolgt werden! Es wird keinerlei Polemik erkennbar, auch wenn Mose und seine Tora deutlich den in Jesus Christus *gewordenen* Heilsgaben untergeordnet, weil (zeitlich) vorgeordnet werden. Es stellt sich die Frage, ob nicht gar an ihre *Hinordnung* auf Jesus Christus gedacht werden soll: Worüber die Mose-Tora ständig spricht und worauf sie hinweist, Gottes Huld und Treue, ist durch Jesus Christus Wirklichkeit geworden. Mose ist also nicht Konkurrent Jesu, sondern sein Zeuge. Auf diese Ausrichtung des Mose und seiner Tora sollen die Leser im Lesevorgang weiterhin achten.

1,18: In diesem Vers schließt sich der Ring: Der Prolog kehrt gewissermaßen an seinen Ausgangspunkt 1,1f zurück. Alles wird in einem Jubelruf zusammengefaßt. Sprecher des Schlußsatzes sind noch die *Wir* von

1,14.16, die hier unüberbietbar zum Ausdruck bringen, daß in Jesus Christus der "*einziggeborene Gott*" (vgl. 1,14) selbst die offenbarende *Kunde* vom Vater gebracht hat. Der *Mythos* (1,1-5) ist mit der *Geschichte* (1,9f) zusammengeschlossen. Einzig durch Jesus Christus gibt es ein Wissen über Gott, denn er hat Gott durch sein geschichtliches Wirken in Wort und Tat *ausgelegt*. Er selbst ist dieses Wissen, denn als der Logos ist er der "*einziggeborene Gott*", insofern dieser sich kundgibt (1,1f). Das aber bedeutet, daß die Menschenwelt von Gott nichts wissen kann, außer durch Gott selbst. Damit ist jede menschliche Vermittlung Gottes, sei es durch die Ratio oder durch innere Schau, als per se unmöglich abgewehrt. Keine Religion oder Philosophie kann ein Gotteswissen vermitteln. Gott muß sich selbst kundtun und auslegen, und er hat es in Jesus Christus getan. Darum muß der Glaube bekennen, daß in ihm der Logos Mensch geworden ist.

Im Eröffnungssatz: "*Niemand hat jemals Gott gesehen*" könnte Polemik mitschwingen. Jedenfalls ist hier mitgesagt, daß selbst Mose auf dem Sinai Gott nicht wirklich gesehen hat (vgl. Ex 24,9ff; 34,6ff) und darum keine echte Gotteskunde geben konnte. Die Polemik ist aber nicht gegen Mose gerichtet, sondern gegen seine Vereinnahmung als Offenbarer. Die gläubigen Leser verstehen diesen Satz als Abwehr eines nicht an Jesus glaubenden Judentums (vgl. 1,11), das sich gegen Jesus auf Mose beruft.

Am Ende läßt sich noch die Frage aufwerfen, ob die Aussage über das Sein des einziggeborenen Gottes "*im Schoß des Vaters*" lediglich eine Wiederaufnahme von 1,1f ist oder eine darüber hinausgehende neue Pointe birgt. Auch von der *Weisheit* hieß es ja, sie sei Gottes "Schoßkind" (Spr 8,30) und seine Throngenossin (Weish 9,4). Auffällig ist in 1,18 der Gebrauch des Partizip Präsens; haben wir eine Prädikation vor uns ("*der Seiende*") oder einen Relativsatz ("*der ist...*")? Im ersten Fall wäre zum Ausdruck gebracht, daß der menschgewordene Logos auch während seiner Wirksamkeit auf Erden stets mit dem Vater in inniger Einheit verbunden war. Zahlreiche Aussagen des folgenden JohEv können diese Sicht belegen (vgl. u.a. 5,19f; 8,16.29; 10,30.38; 14,9f; 17,21). Im zweiten Fall käme eher in den Blick, daß der Logos zu seiner Menschwerdung den Schoß des Vaters verlassen hat, nach seinem Offenbarerwirken aber wieder dorthin zurückgekehrt ist. Die Sprecher schauen auf dieses Geschehen des Abstiegs und Aufstiegs zurück. Auch dafür lassen sich genügend Stellen anführen (vgl. u.a. 3,13; 6,62; 8,14; 16,28; 17,13; 20,17). Eine alternative Entscheidung ist kaum möglich und wohl auch unnötig. Alle räumlichen und zeitlichen Kategorien versagen ohnehin vor dem Geheimnis des sich offenbarenden Gottes, der, auch wenn er sich *äußert*, doch ganz bei sich selbst bleibt. Schon 1,1f hatte dieses Geheimnis zu umschreiben versucht. Wahrscheinlich wollten die Sprecher des Prologs in

1,18 beides zugleich zum Ausdruck bringen: die Einheit Jesu Christi mit dem Vater während seiner irdischen Offenbarertätigkeit und die Rückkehr des menschgewordenen Logos an seinen ewigen Ort nach seinem geschichtlichen Wirken. Die eine Perspektive blickt auf den *Menschen* Jesus zurück (1,9f) und sagt aus, daß in ihm Gott erschienen ist, die andere spricht vom *ewigen Logos* (1,1f), der von Gott ausging, Mensch wurde und wieder zu Gott zurückkehrte.

Erstes Bild: 1,19-2,12

I. Die Analyse

1. Abgrenzung

Mit 1,19 beginnt die Handlung des JohEv. Voraus ging der Prolog, in dem sie in Kurzform bereits vorgestellt wurde (1,6-13). Dementsprechend setzt die Darstellung jetzt mit dem "*Zeugnis des Johannes*" (1,19; vgl. 1,6-8) ein.

Innerhalb des auf 1,19 folgenden Textganzen gibt es zahlreiche Gliederungssignale des Autors. In 1,28 steht eine signifikante Ortsangabe, die das Geschehen lokalisiert; sie gilt offensichtlich auch für das folgende. Erst in 2,1 wechselt der Ort der Handlung: Von "*Bethanien, jenseits des Jordan*" geht es nach "*Kana in Galiläa*". Dieser Ortswechsel wird in 1,43 bereits angekündigt. Er gliedert somit das Geschehen, zertrennt es aber nicht. Auch die Zeitangaben (1,29.35.43; 2,1) haben nicht die Funktion, die dargestellten Ereignisse zu trennen, sondern zu verbinden, zumal sie den Zeitraum einer Woche ergeben.

Auch inhaltlich sind die Szenen miteinander eng verknüpft. So greift der Täufer in 1,30f sein Wort vom Vortag 1,26f auf und ergänzt es in 1,33 mit der notwendigen Information. In 1,35 wiederholt der Täufer seinen Hinweis auf Jesus als das "*Lamm Gottes*" (1,29). Und Jesu Ankündigung 1,50f geht offenbar in 2,1-11 bereits - zumindest anfanghaft (2,11) -in Erfüllung.

Erst in 2,12 ist das Ende des Erzählfadens erreicht. Dazwischen hängt alles aufs engste zusammen, räumlich und zeitlich klar gegliedert, mit deutlicher Steigerung. 2,13 eröffnet dann mit dem Hinweis auf das nahe Paschafest und mit der Ortsangabe *Jerusalem* ein neues "Bild".

2. Rückverweise/Wiederaufnahmen/Echos: Was die Leserinnen und Leser schon wissen!

Wie oben bereits angedeutet gibt es direkte Verbindungen zum Prolog. Der Text beginnt damit, daß er die Aussage 1,6f.15 aus dem Prolog aufgreift und in Erzählung umsetzt: "*Dieses aber ist das Zeugnis des Johannes: als ...*" Und in 1,30 verweist der Täufer auf sein eigenes Wort im Prolog (vgl. 1,15).

Auch zu 1,14b: "*... und wir haben seine Herrlichkeit geschaut ...*" besteht eine Verbindung, insofern Jesus in 1,50f den Jüngern *Größeres* verheißt und in 2,11 die Anfangsoffenbarung der *Herrlichkeit* Jesu konstatiert wird.

3. Autorkommentare/Vorverweise/Leerstellen: Worauf die Leserinnen und Leser achten sollen!

Mit dem nachfolgenden Großkontext des JohEv ist unser Abschnitt auf vielfache Weise verbunden, insbesondere durch *Kommentare* des Autors und (verdeckte) Hinweise Jesu, die vorläufig noch unverständlich oder rätselhaft bleiben und sich erst im Verlauf der Handlung erfüllen. Aber die Leser werden schon jetzt aufmerksam gemacht und können darauf achten, ob und wie Jesu *Vorverweise* eintreffen. Schließlich finden sich auch *Leerstellen* im Text, an denen die Erwartungen der Leser nicht erfüllt werden, sondern offen bleiben. Ihre Aufmerksamkeit wird geweckt und auf bestimmte Fragen gelenkt.

Ein *Autorkommentar* ist 1,24: Die jüdischen Abgesandten werden jetzt als Angehörige der Gruppe der *Pharisäer* ausgewiesen (vgl. 1,19). Das ist ein Alarmsignal: Von Anfang an sind die schärfsten Gegner, die Jesus und die Jünger finden werden, auf dem Plan (vgl. 4,1; 7,32.45.48; 8,13; 9,13.40f; 11,46f.57; 12,19.42).

Ein erster *Vorverweis* ist das Wort des Johannes, mit dem er Jesus als "*Lamm Gottes*" einführt, "*das die Sünden der Welt wegnimmt*" (1,29). Wie das geschieht, wird erst im Verlauf des JohEv deutlich (vgl. 6,51; 8,21ff; 9,41; 11,51f; 20,23). Eng damit korrespondiert der Hinweis auf die Wasserkrüge (2,6), die offensichtlich leer sind und somit die jüdischen Reinigungspraktiken als unwirksam erweisen. Es stellt sich die Frage, wie *Reinigung* dann zu erlangen ist (vgl. 3,25; 13,10; 15,3).

Johannes nennt Jesus in 1,33 denjenigen, der in *Heiligem Geist* taufen wird. Dieses Thema durchzieht die ganze Handlung des JohEv, und der Leser wird aufmerksam seine Realisierung verfolgen (vgl. 3,3.5; 4,14; 7,37ff; 19,34f; 20,22f).

In 1,42 verheißt Jesus dem Simon für die Zukunft einen neuen Namen: *Kephas*. Freilich ist Simon schon zuvor vom Autor *Petrus* genannt worden (1,40) und trägt diesen Namen durch das ganze JohEv hindurch (1,44; 6.68; 13,6.24.36), so daß sich die Frage aufdrängt, was Jesus mit der Verheißung des neuen Namens eigentlich gemeint hat. Wann erweist sich Simon als "Fels" (vgl. 21,15-19)?

Wenn Jesus in 2,4 sagt, daß seine *Stunde* noch nicht gekommen ist, muß sich der Leser fragen, wann sie da sein wird. Er kann sich auf die Suche nach einer Antwort machen (vgl. 12,23.27; 13,1; 17,1).

Ein *Vorverweis* besonderer Art ist Jesu *Verheißung* an die Jünger 1,50f. Sie ist geradezu eine Leseanleitung für alles Kommende, denn die Leser sind natürlich auch angesprochen. Was die Jünger *sehen* werden, können sie durch *Lesen* wahrnehmen.

Nun zu der *Leerstelle* des Abschnitts: Aufmerksam werden die Leser registrieren, daß in 1,35-51 alle neugewonnenen Jünger Jesu mit Namen genannt werden, bis auf den einen, der mit Andreas zuerst hinter Jesus herging und als einziger an jenem Tag wirklich bei Jesus blieb (1,35-39). Wer ist dieser ungenannte Jünger, und wird er im Verlauf der Handlung noch einmal auftreten (vgl. 13,23ff; 18,15f; 19,25f; 20,2ff; 21,2.7.20f)?

4. Aufbau/Gliederung

Der Abschnitt 1,19-2,12 wird durch Tagesangaben klar gegliedert (1,29.35.43; 2,1). Sie beschreiben einen Zeitraum von vier plus drei, also sieben Tagen oder einer Woche. Daß dies das Ziel der Angaben ist, zeigt die Schlußnotiz 2,12, die nicht mehr mit "*am anderen Tag*" angefügt wird. Durch die Tageszählung ergibt sich ein Duktus, der auf die letzte Szene in Kana in Galiläa hinführt.

Von den sieben gezählten Tagen werden fünf erzählerisch gefüllt, so daß insgesamt fünf Szenen entstehen. Die erste und die letzte Szene sind von den übrigen abgesetzt. In der ersten tritt Jesus noch nicht auf. Sie spielt zwischen Johannes dem Täufer und der jüdischen Gesandtschaft aus Priestern, Leviten und Pharisäern und wird durch die Ortsangabe 1,28 abgeschlossen. Danach treten die *Juden* nicht mehr auf. Die letzte Szene wird durch die Ortsangabe 2,1 von den übrigen etwas getrennt. Allerdings ist die Ortsangabe in 1,43 bereits vorbereitet worden. Johannes der Täufer kommt in der Szene nicht mehr vor. Jesus offenbart nun seine *Herrlichkeit* vor den Jüngern (2,11). Wurde in der ersten Szene der Unglaube der Vertreter der *Juden* dargestellt, so in der letzten der Glaube der Jünger als Vertreter des "*wahren Israel*" (vgl. 1,47).

Obwohl Jesus in der ersten Szene noch nicht selbst auftritt, ist er im Zeugnis des Johannes doch schon präsent: "*mitten unter euch steht er, den ihr nicht kennt*" (1,26)! In den folgenden vier Szenen tritt Jesus dann - immer aktiver werdend - hervor, bis hin zum "*Anfang seiner Zeichen*" (2,11). So entsteht ein deutliches Gefälle: Johannes der Täufer weist Israel auf Jesus hin und macht ihn bekannt, er gibt seine Jünger an ihn ab, Jesus aber sammelt von da an die "*wahren Israeliten*" um sich und beginnt sein öffentliches Wirken.

1. Szene: 1,19-28

Johannes weist die *Juden* auf den unbekannten Messias hin
(Unglaube)

Ortsangabe: 1,28

2. Szene: 1,29-34

"*am anderen Tag*"

Johannes macht Jesus vor *Israel* als das *Lamm Gottes* bekannt

3. Szene: 1,35-42

"*am anderen Tag*"

zwei Jünger des Johannes gehen zu Jesus über, bleiben bei ihm und rufen Simon zu ihm

4. Szene: 1,43-51

"*am anderen Tag*"

(Hinweis auf Galiläa)
"*wahre Israeliten*" sammeln sich um Jesus

5. Szene: 2,1-11

"*nach drei Tagen*"

in Kana in Galiläa wirkt Jesus den "*Anfang seiner Zeichen*"
Glaube der Jünger

Überleitung: 2,12

II. Die Handlung

1. Das Zeugnis vor den "Juden": 1,19-28

[19]Dies ist das Zeugnis des Johannes, als die Juden aus Jerusalem
Priester und Leviten zu ihm sandten, ihn zu fragen: "Wer bist
du?" [20]Und er bekannte und leugnete nicht, und bekannte: "Ich
bin nicht der Messias!" [21]Und sie fragten ihn: "Was dann? Bist du
Elia?" Und er sagte: "Ich bin es nicht." "Bist du der Prophet?"
Und er antwortete: "Nein!" [22]Da sagten sie zu ihm: "Wer bist du?
Wir müssen doch denen Antwort geben, die uns geschickt haben!
Was sagst du über dich selbst?" [23]Er sagte:

> *"Ich: Stimme eines Rufenden in der Wüste:*
> *Ebnet den Weg des Herrn!*
> *Wie der Prophet Jesaja gesagt hat."*

[24]Die Abgesandten waren aber aus den Pharisäern. [25]Sie fragten
ihn und sagten zu ihm: "Warum taufst du dann, da du doch nicht
der Messias bist und nicht Elia und nicht der Prophet?" [26]Jo-
hannes antwortete ihnen:

> *"Ich taufe mit Wasser.*
> *Mitten unter euch steht er, den ihr nicht kennt:*
> *[27]der nach mir Kommende,*
> *dessen Schuhriemen zu lösen ich nicht wert bin!"*

[28]Dies geschah in Bethanien, jenseits des Jordan, wo Johannes
taufte.

Dargestellt wird "*das Zeugnis des Johannes*" vor dem Forum des offiziellen Judentums. Denn so ist es zu verstehen, wenn die *Juden* aus Jerusalem *Priester, Leviten* und - wie der Autor in 1,24 nachträgt - *Pharisäer* zu Johannes schicken, um ihn über seine Person auszufragen. Diese Gesandtschaft repräsentiert das Judentum.

Der Autor aktiviert hier das Wissen der Leser um die aktuelle jüdische Zeitgeschichte. Da das JohEv etwa ein Vierteljahrhundert nach der Zerstörung Jerusalems und des Tempels 70 n.Chr. geschrieben wurde, haben Priester und Leviten für die Leser wohl keine zentrale Bedeutung mehr. Diese Gruppen verbinden sie mit der Zeit Jesu. Von aktueller Bedeutung dürften hingegen die Pharisäer sein, die nach 70 n.Chr. das Judentum reorganisierten. Ohne weitere Erläuterung können die Leser diese religiöse Partei, die ja kein im Alten Testament begründeter "Stand" war, einordnen. Sie wird an letzter Stelle genannt und damit besonders betont.

Durch die erneute Erwähnung der Gesandtschaft in 1,24 wird die Szene zweigeteilt. Der erste Gesprächsgang hat seitens der jüdischen Fragesteller die Person des Johannes zum Thema (1,19-23), der zweite seine Taufe (1,24-27). Johannes aber weist beide Male in seiner Antwort betont von sich weg auf den hin, der als der nach ihm kommende *Herr* schon *mitten* unter den *Juden* anwesend ist (1,23.26f).

1,19-23: Der Leser weiß aus dem Prolog, daß die Aufgabe des Johannes war, "*Zeugnis zu geben über das Licht*" (1,7), das er nicht selbst ist (1,8), sondern ein anderer, der nach ihm kommt und doch vor ihm geworden ist (1,15). So erwartet er auch hier, daß Johannes nicht von sich selbst reden will, wenn er Zeugnis gibt. Die *Juden* dagegen fragen immer nur nach seiner Person: "*Du, wer bist du?*" Und wenn er noch so sehr beteuert und *bekennt*: "*Nicht ich bin der Christus!*" (1,20), so wollen sie doch von ihm nicht wissen, *wer* denn dann der Christus ist, sondern einzig, *was* er über sich selbst sagt (1,21f).

Eine eigenartige Dissonanz liegt über der Szene. Die *Juden* interessieren sich nur für Johannes: Wenn er schon nicht der Messias ist, dann doch wenigstens der (wiederkommende) Elia (vgl. Mal 3,23) oder der Prophet (wie Mose; vgl. Dtn 18,15.18). Damit sind zentrale Heilbringererwartungen des Judentums genannt, aber Johannes lehnt sie alle für sich ab. Er ist nichts als ein Herold, die "*Stimme eines Rufenden in der Wüste*" (vgl. Jes 40,3), der dazu aufruft, den Weg des Herrn zu bereiten (1,23).

Ausdrücklich verweist Johannes auf den Propheten Jesaja, dessen Weissagung sich in seiner Person, noch mehr aber in dem erfüllt, dessen Kommen er ankündigt und der schon da ist. Aber werden die *Juden* ihrem Propheten glauben (vgl. 12,38-40)? Ihre offiziellen Vertreter jedenfalls bleiben vom Zeugnis des Johannes und des Propheten unberührt.

1,24-27: Statt dessen fragen sie nach der Legitimation der Taufe des Johannes, als habe sie eine besondere Bedeutung für die Rettung oder das Heil. Johannes wiegelt ab: Seine Taufe ist lediglich eine *Wasser*taufe. Wie er als Person in sich keine Heilsbedeutung hat - "*er war nicht das Licht*" (1,8), erinnert sich der Leser -, sondern nur als Zeuge des *wahren Lichtes* (1,9), so hat auch seine Taufe in sich keinen Heilssinn. Sie ist höchstens ein Hinweis auf eine andere Taufe. Doch von der spricht Johannes hier noch nicht (vgl. 1,33)!

Bevor er diese Taufe bezeugen kann, muß er erst den anderen bezeugen, den Fremden, den keiner kennt und der doch schon da ist. Obwohl er *nach* Johannes kommt, ist er *vor ihm geworden* (1,15). Ihm gegenüber ist der Täufer, obwohl er der von Jesaja angekündigte Rufer in der Wüste ist, völlig unwürdig (1,27). Die Leser wissen gemeinsam mit dem Täufer, warum das so ist: Der Kommende ist ja der Mensch gewordene göttliche Logos (1,1f.14.18), das "*wahre Licht*" (1,9), vor dem kein Mensch eine *eigene* Würde hat.

1,28: Die Szene ist schon zu Ende, eigenartig schnell und abrupt. Der Autor besiegelt sie mit einer Schlußbemerkung, die eigentlich noch nicht hierher gehört, denn "*am nächsten Tag*" wird Johannes am gleichen Ort erneut Zeugnis ablegen (1,32.34) und Jesus vor *Israel* bekannt machen. Aber dann wird die offizielle Gesandtschaft der *Juden* nicht mehr dabei sein. Genau das will der Autor mit 1,28 deutlich machen: Priester, Leviten und Pharisäer repräsentieren zwar das Judentum, aber nicht *Israel*! Für das Zeugnis des Johannes haben sie überhaupt kein Ohr. Sie gehören nicht zu denen, die durch ihn zum Glauben gelangten (1,7). Es zeichnet sich schon ab, was der Prolog entwarf: "*Er kam in sein Eigentum, aber die Eigenen nahmen ihn nicht auf*" (1,11), und was von nun an in der Handlung des JohEv ständig dargestellt wird (vgl. 12,37ff).

2. Das Zeugnis vor "Israel": 1,29-34

29 *Am nächsten Tag sieht er, wie Jesus zu ihm kommt, und sagt:*
"Da, das Lamm Gottes, das die Sünde der Welt wegträgt.
30 *Dieser ist es, über den ich sagte:*
Nach mir kommt einer, der vor mir wurde,
denn er war eher als ich.
31 *Auch ich kannte ihn nicht,*
aber damit er Israel offenbar werde,
darum kam ich und taufte mit Wasser."
32 *Und Johannes bezeugte und sprach:*
"Ich habe gesehen: Der Geist kam wie eine Taube
aus dem Himmel herab und blieb auf ihm.
33 *Auch ich kannte ihn nicht,*
aber der mich gesandt hat, mit Wasser zu taufen,
der sagte mir: Auf den du den Geist niedersteigen
und auf ihm bleiben siehst, der ist es,
der mit Heiligem Geist tauft.
34 *Und ich habe gesehen und kann bezeugen:*
Dieser ist der Sohn Gottes."

1,29-31: Nachdem Johannes in der ersten Szene ständig indirekt über Jesus Zeugnis abgelegt hat vor einer Gesandtschaft des Judentums, die daran kein Interesse hatte, gibt er jetzt sein *direktes* Zeugnis. Dies findet am gleichen Ort statt und wird dadurch ausgelöst, daß Jesus aus seiner Verborgenheit, in der niemand ihn kannte (1,26), hervortritt und zu Johannes kommt, der auf diesen Augenblick offenbar gewartet hat. Auch er *kannte* bis dahin denjenigen noch nicht, den er vor *Israel* offenbar machen sollte (1,31). Jetzt, beim Kommen Jesu, hat er ihn erkannt und kann auf ihn hinweisen: "*Siehe, das Lamm Gottes ...*"

Wen weist Johannes eigentlich auf Jesus hin? Er selbst sagt, daß er den Unbekannten vor *Israel* offenbar machen soll (1,31). Die Gesandtschaft der *Juden* ist damit nicht gemeint. Sie ist längst wieder abgetreten. Andere Personen sind aber bisher nicht in die Szene eingeführt worden. Jedoch können die Leser sie erschließen: Johannes ist gekommen, "*mit Wasser zu taufen*". Also zählen zumindest diejenigen zu *Israel*, die sich von ihm haben taufen lassen, darunter seine Jünger (vgl. 1,35). Die Art der Darstellung des Autors, an dieser Stelle keine Hörer des Johannes zu nennen, führt dazu, daß sich die Leser gleichfalls von dessen Zeugnis unmittelbar angesprochen fühlen. Auch sie werden von Johannes auf das "*Lamm Gottes*" hingewiesen. Können sie schon wissen, was dieses Rätselwort über Jesus sagen will?

Im Prolog hatten sie gelesen, daß Jesus der Mensch gewordene göttliche Logos ist (1,14), der im Anfang bei Gott war (1,1f) und aus dem Schoß des Vaters Kunde gebracht hat (1,18). Als den Präexistenten hat auch Johannes ihn schon in 1,26 verdeckt bezeugt, wie er jetzt ausdrücklich erläutert: "*Dieser ist es, von dem ich gesagt habe: Der nach mir kommt, ist vor mir geworden, denn er war eher als ich*" (1,30; vgl. 1,15). "*Mitten unter euch steht einer*" konnte Johannes in 1,26 deshalb vom kommenden *Herrn* aussagen, weil er um seine Präexistenz wußte, nicht weil er ihn schon gesichtet hätte. Auch er kannte ihn ja nicht! So wissen die Leser also schon Entscheidendes über die Würde Jesu. Wie fügt sich der Titel "*Lamm Gottes*" darin ein? Dieses Lamm "*trägt die Sünden der Welt weg*" (1,29), stellvertretend. Damit weist Johannes seine Hörer auf das künftige Wirken Jesu hin, und die Leser sind aufgefordert, diesen Hinweis aufmerksam zu registrieren. Ist an das alttestamentliche Paschalamm gedacht? Bei der *Vollendung* seines Wirkens wird Jesus später tatsächlich als das wahre Paschalamm am Kreuz sterben (vgl. 19,36f).

1,32-34: In 1,32 wird die Rede durch eine unnötige Einleitung unterbrochen. Was folgt, wird erneut als *Zeugnis* des Johannes ausgewiesen (1,32. 34; vgl. 1,19). Es ist legitimiert durch das "Sehen": Johannes ist *Augenzeuge* (1,32.34), der *erste* von vielen (vgl. 1,14), die Zeugnis vom Wirken Jesu geben. Er bezeugt, daß er "*den Geist wie eine Taube aus dem Himmel herabkommen*" und auf Jesus *bleiben* sah (1,32). Wann er dies *gesehen* hat, wird nicht gesagt. Nimmt man jedoch die Darstellung des Autors ernst, so kann es keinen Zweifel geben, daß das bezeugte Geschehen sich ereignete, während Johannes Jesus zu sich kommen sah (1,29). Auf eine *frühere* Begegnung mit Jesus - außerhalb des Textes, etwa anläßlich einer Taufe Jesu - kann Johannes doch nicht verweisen. Dazu würde die zweimalige

Versicherung nicht passen: "*Auch ich kannte ihn nicht*" (1,31.33), wodurch er sich mit den *Juden* im Unwissen zusammenschließt (vgl. 1,26). Also bezeugt Johannes hier, was keiner außer ihm sah, als Jesus zu ihm kam: Gott hat ihm dabei in einer Vision gezeigt, daß Jesus der Geistträger ist. Damit wird klar: Das Zeugnis des Johannes ist Gottes eigenes Zeugnis für seinen Sohn!

Von einer Taufe Jesu durch Johannes wird nichts gesagt. Sie ist durch die Art der Darstellung sogar ausgeschlossen. Die Taufe des Johannes ist ja nur Wassertaufe (vgl. 1,26) und kann den Geist nicht vermitteln. Jesus ist also nicht zu Johannes gekommen, um sich taufen zu lassen, sondern einzig zu dem Zweck, dem vom Täufer anläßlich seiner Wassertaufe zusammengerufenen *Israel* bekannt gemacht zu werden (1,31).

Der Täufer hatte sich selbst als ganz und gar unwürdig gegenüber dem Kommenden bezeichnet (1,27). Der Grund dafür ist: Jener ist der präexistente Gottessohn, er aber nur ein Mensch - wenn auch von Gott gesandt (1,33; vgl. 1,6). Seine Taufe war nur Wassertaufe. Nun verweist er im Kontrast dazu auf die wirkungsvollere Taufe Jesu in Heiligem Geist (1,33). Jesus trägt nicht nur als "*Lamm Gottes*" die Sünden der Welt weg (1,29), er vermittelt auch den Geist Gottes durch sein Wirken, das hier *Taufe* genannt wird. Die Frage bricht auf, wann das sein wird. Wieder ist die Aufmerksamkeit der Leser herausgefordert. Was bedeutet es, daß der Geist bei Jesus *bleibt*? Gewiß, daß Jesus der einzige Geistträger ist und über den Geist verfügt. Aber wird er auch Anteil an ihm geben? Wo wird die *Taufe* in *Heiligem Geist* durch Jesus erfolgen? Solche Fragen sind den Lesern des JohEv bei ihrer Lektüre mitgegeben. Sie können sie lösen, wenn sie genau genug lesen (vgl. 7,37ff; 19,30.35; 20,22).

Noch einmal weist Johannes auf das hin, was er *gesehen* hat, und kann dann sein bleibendes Zeugnis (Perfekt!) zusammenfassen: "*Dieser ist der Sohn Gottes*" (1,34; vgl. 1,30). Der Akzent liegt auf dem "*dieser*", womit Johannes auf den Menschen Jesus von Nazaret hinweist. Zum ersten Mal erklingt im JohEv das Bekenntnis, das auch die Leser nachsprechen. Sie hören es hier aus dem Munde eines gottgesandten Zeugen und vernehmen darin Gottes eigenes Zeugnis (vgl. 1,33). Die Szene endet unvermittelt. Eine Reaktion der (anonymen) Hörer des Täufers wird nicht berichtet. Kommt sein Zeugnis und Bekenntnis überhaupt bei *Israel* an? Und wie wird sich erfüllen, daß "*alle durch ihn zum Glauben kommen*" (1,7)?

3. Die ersten Jünger sammeln sich bei Jesus: 1,35-42

[35]Am nächsten Tag stand Johannes wieder da und zwei von seinen Jüngern. [36]Und er sah Jesus vorbeigehen und sagte: "Da, das Lamm Gottes!" [37]Die beiden Jünger hörten ihn reden und folgten Jesus nach. [38]Jesus aber wandte sich um und sah sie nachfolgen und sagte zu ihnen: "Was sucht ihr?" Sie sagten zu ihm: "Rabbi - was übersetzt heißt: Lehrer - wo wohnst Du?" [39]Er sagte ihnen: "Kommt und seht." Sie kamen nun und sahen, wo er zu Hause war, und sie blieben jenen Tag bei ihm. Es war um die zehnte Stunde. [40]Andreas, der Bruder des Simon Petrus, war einer von den beiden, die auf Johannes gehört hatten und ihm nachgefolgt waren. [41]Der findet als Ersten seinen Bruder Simon und sagt ihm: "Wir haben den Messias gefunden!" Das heißt übersetzt: Christus. [42]Er führte ihn zu Jesus. Jesus blickte ihn an und sagte:

"Du bist Simon, der Sohn des Johannes.
Du sollst Kephas heißen!"
Das ist übersetzt: Petrus.

1,35-39: Die Szenerie wiederholt sich noch einmal "*am nächsten Tag*". Johannes steht *erneut* an seinem Ort (vgl. 1,28), diesmal in Gesellschaft von zwei Jüngern. Wieder *sieht* er Jesus vorbeigehen und weist seine Jünger mit dem bekannten Rätselwort auf ihn hin. Die beiden lassen sich auf das ein, was sie von Johannes hören, und folgen Jesus. Zum ersten Mal wird das Zeugnis des Täufers aufgenommen von zweien, die zu *Israel* gehören. Es kommt auch sofort Bewegung in die Szene. Jetzt wird der "Ort des Johannes" verlassen, und Jesus übernimmt die Initiative: Er lädt die beiden Johannesjünger ein, an seinen *Ort*, wo er zu Hause ist, zu kommen und zu *sehen*. Sie sollen Augenzeugen werden!

Sie nehmen Jesu Einladung an und "*bleiben an jenem Tag bei ihm*". Der Leser ahnt, daß hier mehr dargestellt werden soll als eine Episode. Das Wirken Jesu kommt nun in Gang. Die ersten der *Seinen* (vgl. 1,11f) haben ihn *angenommen*, indem sie sich von ihm aufnehmen ließen. Werden sie bei ihm *bleiben*? Eines der gefülltesten Leitworte des JohEv, mit dem die Jüngerexistenz gültig umschrieben wird, ist hier - ganz unauffällig - erstmals genannt (vgl. 6,56; 8,31; 15,4ff; 21,22).

Der Autor, der sonst mit genauen Ortsangaben nicht spart, sagt dem Leser nicht, wo Jesus wohnt. Auch diese *Leerstelle* deutet auf einen symbolischen Hintersinn hin: Jede Ortsangabe wäre vordergründig, denn Jesus ist ja nicht "*von dieser Welt*".

1,40-42: Durch die Tageszeitangabe in 1,39 wird die Szene gegliedert: Die zehnte Stunde ist etwa vier Uhr nachmittags. Der Tag dauert also an. So kann einer der beiden zu Jesus übergegangenen Johannesjünger noch gehen und ein typisches Jüngerwerk tun. Es zeigt sich, daß das *Bleiben* bei Jesus nicht nur im einfachen Wortsinn verstanden werden darf. Andreas, so wird der Jünger identifiziert, *bleibt* offenbar bei Jesus, auch wenn er sich auf die Suche nach seinem Bruder Simon macht, um ihn zu Jesus zu führen. Der andere Jünger, der namenlose, *bleibt* dagegen auch im wörtlichen Sinne bei Jesus.

Warum hebt der Autor das Inkognito dieses Jüngers nicht auf? Kennt er ihn etwa nicht, obwohl er zu den beiden Jüngern gehört, die zeitlich als erste hinter Jesus hergingen? Wissen die ersten Leser um das Geheimnis dieses Anonymus? Es herrscht ein eigenartiges Schweigen um ihn, obwohl sich der Gedanke aufdrängt, daß gerade er eine noch innigere Begegnung mit Jesus hatte als sein Gefährte.

Andreas wird ganz unverblümt "*der Bruder des Simon Petrus*" genannt. Also ist Simon Petrus den Lesern schon bekannt, obwohl er im JohEv bisher nicht erwähnt wurde. Er wird erst durch Andreas auf Jesus hingewiesen und zu ihm geführt. Zeitlich ist er somit nicht der erste Jünger, obwohl der Autor ihn 1,41 den *Ersten* nennt. Diese Darstellung wirkt nachlässig und ist doch höchst absichtsvoll. Was will sie den Lesern vermitteln? Der Rang des Simon Petrus wird hier anerkannt; er ist *Erster*! Von Jesus wird ihm ein neuer Name verheißen: *Kephas/Petrus*, mit dem ihn der Autor des JohEv stets nennt (vgl. 1,40.44; 6,68; 13,6ff.24f.36; 18,10f.15ff.25ff; 21,2.7.15ff), Jesus aber nie (vgl. 1,42; 21,15ff). Es ist die Amtsbezeichnung des Simon, die er erst tragen wird, wenn Jesus sein Wirken vollendet hat. Autor und Leser gestehen ihm jenen Namen allerdings bereits jetzt zu. Petrus wird von ihnen in seiner Autorität anerkannt. Trotzdem wird seine Bedeutung relativiert: Er kommt eindeutig nach den beiden Johannesjüngern zu Jesus und wird von seinem Bruder geführt. Sein Rang und seine Rolle, die er im Jüngerkreis Jesu einnehmen wird, beruhen also nicht auf äußeren Umständen, nicht auf seiner Initiative oder auf eigenem Verdienst. Darum ist er auch, obwohl *Erster*, nicht seinen Mitjüngern vorgesetzt.

Noch etwas wird hier deutlich: Auch Simon Petrus hört mittelbar auf das "Zeugnis" des Johannes, denn es ist nicht *eigene* Erkenntnis, wenn Andreas ihm mitteilt: "*Wir haben den Messias gefunden*". Andreas hat Jesus ja durch das Zeugnis des Johannes gefunden, der feierlich bekannt hatte: "*Ich (jedenfalls) bin nicht der Christus*" (1,20). Dieses Zeugnis wirkt jetzt im Wort des Andreas an seinen Bruder weiter.

4. "Wahre Israeliten" um Jesus: 1,43-51

[43]Am nächsten Tag wollte er weggehen nach Galiläa, und er findet Philippus. Und Jesus sagt zu ihm: "Folge mir nach." [44]Philippus war von Bethsaida, aus der Stadt von Andreas und Petrus. [45]Philippus findet den Nathanael und sagt zu ihm: "Über den Mose im Gesetz geschrieben hat und die Propheten, den haben wir gefunden, Jesus, den Sohn des Josef von Nazaret." [46]Nathanael aber sagte zu ihm: "Aus Nazaret, kann von da etwas Gutes sein?" Sagt ihm Philippus: "Komm und sieh!" [47]Jesus sah Nathanael zu ihm kommen und sagte über ihn:

"Siehe, wirklich ein Israelit ohne Tücke!"
[48]Nathanael sagt zu ihm:
"Woher kennst du mich?"
Jesus antwortete ihm:
"Bevor Philippus dich rief,
als du unter dem Feigenbaum warst,
sah ich dich."
[49]Nathanael antwortete ihm:
"Rabbi, du bist der Sohn Gottes,
du bist der König Israels."
[50]Jesus antwortete ihm:
"Weil ich dir gesagt habe:
Ich sah dich unter dem Feigenbaum, glaubst du.
Größeres als das wirst du sehen."
[51]Und er sagt ihm:
"Amen, Amen, ich sage euch,
das werdet ihr sehen:
den Himmel geöffnet und die Engel Gottes
heraufsteigen und herabsteigen auf den Menschensohn."

"*Am anderen Tag*" wiederholt sich das Muster der Handlung. Es geschieht hier also etwas Typisches, was sich immer wiederholt, wenn Menschen zu Jesus kommen: Gottes Werben, seine Wahl und das freie Tun des Menschen fallen in eins zusammen. Wer zu Jesus *kommt*, wird zugleich *gezogen*, und wer ihm "*gegeben wird*", muß freiwillig zu ihm *gehen* (vgl. 6,37.39.44).

1,43-44: Jesus übernimmt endgültig die Initiative. Signal dafür ist der angekündigte Ortswechsel nach *Galiläa*, der aber erst in 2,1 vollzogen wird. Warum läßt der Autor die Leser diesen Blick in Jesu Absichten tun, die vorläufig noch nicht zur Ausführung kommen? Soll ihnen schon hier wie in einem Leitmotiv *Galiläa* als Ort der Selbstoffenbarung Jesu angekündigt und so ihre Aufmerksamkeit auf Jesu galiläisches Wirken gelenkt werden? Dort, wo es keiner erwartet, handelt Gott (vgl. 1,46; 7,27.41.52).

Nun zieht Jesus selbst einen neuen Jünger an sich. Er ruft ihn in die *Nachfolge*; aber wie ist der Ruf gemeint? Philippus wird im JohEv wiederbegegnen (vgl. 6,5.7; 13,8f); er ist also Jesu Jünger geworden. War das schon die *Nachfolge*? Auffällig ist, daß er in der Szene - wie zuvor Andreas - Jesus zunächst wieder verläßt, freilich um etwas zu tun, was einem Jünger entspricht: Er wirbt Nathanael für Jesus. Also kann Jesu Aufforderung zur Nachfolge nicht vordergründig wörtlich verstanden sein. *Nachfolgen* umschreibt (wie der Terminus "*Bleiben*"; vgl. 1,39) die Jüngerexistenz umfassend. Das können die Leser hier schon verstehen. Die wahre Bedeutung des Rufes Jesu an Philippus muß dagegen der Darstellung des JohEv als Ganzem entnommen werden (vgl. 8,12; 10,4f; 12,26; 13,36; 21,19.22).

Wie Andreas (1,40) wird auch Philippus durch seine Beziehung zu anderen näher bestimmt: Er stammt aus der gleichen Stadt wie das Brüderpaar Andreas und Petrus. Wozu der Hinweis? Konnten die ersten Leser damit spontan etwas anfangen, was uns Heutigen für immer dunkel bleibt? Jedenfalls zeigt sich: Alle vier bisherigen Jünger gehören eng zusammen; sie sind einander bekannt oder gar Freunde, sei es als Jünger des Johannes oder als Nachbarn.

1,45-51: Das gilt wohl auch für Nathanael, der ohne nähere Kennzeichnung ins Spiel kommt (erst in 21,2 erfahren wir, daß er aus Kana stammt. Wußten das die ersten Leser ohnehin?). Philippus trifft in ihm einen alten Bekannten und gibt ihm das "Zeugnis" über Jesus weiter: "*Von dem Mose im Gesetz geschrieben hat und die Propheten, den haben wir gefunden!*" Johannes der Täufer hatte auf Jesus als den in der Schrift verheißenen Heilbringer verwiesen (1,20-23). Indem Philippus sich in dem "*Wir-haben-gefunden*" mit den anderen Jüngern zusammenfaßt, zeigt er an, woher er sein Wissen über Jesus hat: mittelbar von Johannes.

Er nennt Jesus ganz selbstverständlich den "*Sohn des Josef von Nazaret*" (vgl. 6,42). Von diesem *Menschen* (vgl. 1,14) bezeugt er, daß er der Erwartete ist. Das Menschsein Jesu und seine Herkunft sind kein Gegenargument gegen Jesu Hoheit. Ob Philippus wirklich erfaßt, was er gesagt hat? Am Ende des JohEv scheint er seine Lektion noch nicht gelernt zu haben (vgl. 14,8-10). Aber er ist auf dem besten Weg dahin.

Nathanael antwortet zunächst mit einem Vorurteil, wie es auf Seiten der *Juden* noch öfter begegnen wird (7,27.41f.52). Aber er ist darauf nicht festgelegt, bleibt vielmehr offen für Gottes unberechenbares Wirken. Er folgt der Einladung: "*Komm und sieh*" (vgl. 1,39). Darin erweist er sich *wahrhaftig* als "*Israelit ohne Tücke*".

Doch bevor er selbst *sieht*, wird er *gesehen*. Er kommt zu Jesus und wird gleichwohl *gezogen*. Jesus kennt ja die *Seinen*, bevor sie ihn gesehen oder seine Stimme gehört haben (vgl. 10,3.14). Er hatte Nathanael schon im Blick, noch ehe Philippus ihn rief. Um sein höheres Wissen auszuweisen, sagt Jesus, was er nicht erraten haben kann: wo Philippus den Nathanael angetroffen hat, unter dem Feigenbaum. Was machte der dort? Hat er - wie die Gelehrten es gerne taten - im Schatten des Feigenbaumes die Heiligen Schriften studiert und den Messias erwartet (vgl. Mi 4,4)?

Die Demonstration göttlichen Wissens überzeugt: Nathanael bekennt überwältigt Jesus als "*Sohn Gottes*" und "*König Israels*". Damit hat er das Zeugnis des Johannes wirklich nachgesprochen (vgl. 1,34), und Jesus ist vor *Israel* offenbar geworden, zwar nicht vor allen, die sich zu Israel zählen, aber vor den Israeliten, die "*ohne Tücke*" sind. Nathanael wird hier in Gegensatz gesetzt zu den gegnerischen *Juden*, die für Gottes freies Handeln nicht offen sind, sondern ihm Widerstand entgegensetzen.

Aber noch hat Jesu Wirken gar nicht richtig begonnen. So verheißt er dem Nathanael: "*Größeres als das wirst du sehen!*" Er soll Augenzeuge des Wirkens Jesu werden, das sich von jetzt an - auch vor dem geistigen Auge des Lesers - abspielt.

Den Schlußakkord setzt eine feierliche Ankündigung Jesu, die an die Verheißung für Nathanael anknüpft, sich aber an alle Jünger richtet: "*Ihr werdet den Himmel offen sehen und die Engel Gottes hinauf- und herabsteigen auf den Menschensohn*" (1,51). Der bibelkundige Leser weiß, daß Jesus damit Gen 28,12 aufnimmt, aber den Ort der Anwesenheit Gottes auf Erden neu bestimmt: Weder das Land Israel noch irgendein Bezirk darin ist dieser heilige Ort, sondern der *Menschensohn*, also der Mensch Jesus von Nazaret, in dem Gott Wohnung genommen hat (1,14). Damit ist das Hauptthema des JohEv kräftig angeschlagen (vgl. 2,21f; 4,21.23; 10,30.38; 14,6-10; 20,28). Jesus bringt es mit einem starken mythologischen Bild zur Geltung, das beschreibt, was im folgenden Wirken Jesu wahrhaft zu sehen ist, wenn man es richtig sieht. Freilich, wirkliche Angelophanien werden sich vor den Augen der Jünger nicht abspielen, sondern (miß)deutbare Taten (*Zeichen*), die nur dem glaubenden Sehen zeigen, wer derjenige wirklich ist, der sie vollbringt. (Wo im JohEv tatsächlich Angelophanien stattfinden, werden sie als solche gar nicht wahrgenommen: 20,11ff). Auch der Leser ist aufgefordert, die folgende Darstellung im Lichte der Ankündigung Jesu zu lesen.

5. Der "Anfang" der Zeichen: 2,1-11

2[1]Am dritten Tag war eine Hochzeit in Kana in Galiläa, und die Mutter Jesu war dort. [2]Aber auch Jesus und seine Jünger waren zu der Hochzeit eingeladen. [3]Als der Wein ausging, sagt die Mutter Jesu zu ihm: "Sie haben keinen Wein." [4]Jesus sagt zu ihr: "Was willst du von mir, Frau? Meine Stunde ist noch nicht da!" [5]Seine Mutter sagt zu den Dienern: "Was immer er euch sagt, tut es!" [6]Es standen dort sechs steinerne Krüge gemäß der Reinigungsvorschrift der Juden. Jeder faßte zwei oder drei Metreten. [7]Jesus sagt ihnen: "Füllt die Krüge mit Wasser!" Sie füllten sie bis oben. [8]Und er sagt ihnen: "Schöpft nun und bringt dem Tafelmeister!" So brachten sie es. [9]Wie nun der Tafelmeister das Wein gewordene Wasser kostete - er wußte ja nicht, woher es ist, die Diener dagegen wußten es, denn sie hatten das Wasser geschöpft -, da ruft der Tafelmeister den Bräutigam [10]und sagt zu ihm: "Jedermann setzt zuerst den guten Wein vor und erst, wenn sie betrunken sind, den geringeren. Doch du hast den guten Wein bis jetzt aufbewahrt." [11]Diesen Anfang der Zeichen wirkte Jesus in Kana in Galiläa, und er ließ seine Herrlichkeit aufscheinen. Da glaubten seine Jünger an ihn.

"*Am dritten Tag*" findet eine Hochzeit statt. Es ist der dritte Tag nach dem zuletzt erwähnten (1,43), also insgesamt der siebte, der "Sabbat" der ersten Woche des Wirkens Jesu. Der Erzählbogen, der mit 1,19 begann, endet hier auf dem Höhepunkt. An diesem Sabbat wird die Schöpfung vollendet, an der der Logos ja beteiligt war (vgl. Gen 2,2f).

Die Szene spielt in Kana in Galiläa. Dorthin war Jesus unterwegs (vgl. 1,43). Nun kommt er, wohin er wollte, zusammen mit seinen Jüngern, den wahren Israeliten, die sich um ihn versammelt haben. Ihnen hat er gerade noch *Größeres* verheißen: Den Himmel sollen sie offen und Engel auf- und absteigen sehen über dem Menschensohn (1,51; vgl. Gen 28,10-17). Jesus ist also der "Ort" Gottes auf Erden, an dem Gott seine Herrlichkeit offenbart (vgl. 12,28). Diese Verheißung erfüllt sich jetzt erstmals im "*Anfang seiner Zeichen*" (2,11).

Aber zunächst spricht die Darstellung von etwas anderem als von Erfüllung und Herrlichkeit: Sie spricht vom Mangel. Der Wein ist ausgegangen - so stellt Jesu Mutter fest - und damit die Festfreude. Jesus antwortet darauf mit dem Vorbehalt, daß seine *Stunde* noch nicht gekommen ist. Darin liegt ein doppeltes retardierendes Moment: Ist das Fest nun zu Ende? Wann aber kommt die *Stunde* Jesu, in der er den Mangel aufheben und neue Festfreude schenken wird?

Wie soll der Leser die Antwort Jesu verstehen, da er noch nicht wissen kann, was es mit Jesu *Stunde* auf sich hat? Freilich gilt das nur vom Erstleser. Wer das JohEv einmal gelesen hat, weiß, wie sehr es vom Thema der *Stunde* Jesu bestimmt ist (vgl. 7,30; 8,20; 12,23; 13,1; 17,1; vgl. 7,6).

Da Jesus das Zeichen der Weingabe trotzdem wirkt, bedeutet seine Antwort keine Ablehnung, wohl aber einen Vorbehalt. Der Leser versteht, daß die folgende Handlung ein Vorgriff auf jene *Stunde* ist, daß sie wahrhaft *Zeichen* ist, das über sich hinausweist auf eine größere Wirklichkeit und Tat, die sich in jener *Stunde* ereignen wird und dann die Erfüllung dessen bringt, woran es hier mangelt: Leben und Freude in Fülle. Die jetzige Tat Jesu wird also als etwas gekennzeichnet, das noch nicht das Eigentliche der Sendung Jesu ist, aber darauf hinweisen kann. Der Wein, den Jesus hier gibt, ist noch nicht der wirkliche "Wein", den er bringen will. Richtig gesehen führt somit die Tat Jesu hin zu seiner Person, und der Glaube kann dieses Geschehen schon einordnen (2,11).

Jesu Mutter faßt die Antwort nicht als Ablehnung auf, deswegen sollen auch die Leser es nicht tun. Es genügt, den Vorbehalt gegen die Weingabe wahrzunehmen. Der wirkliche "Wein" ist Jesus selbst, wenn seine *Stunde* da ist. Die Weingabe hier ist nur Zeichen seiner Liebe, sie ist ein Geschenk und nicht die Liebe selbst.

Die Mutter Jesu glaubt an ihren Sohn und seine menschenfreundliche Liebe schon *vor* dem Zeichen, wie die Jünger danach (2,11). Sie gibt Anweisungen an die Diener, als habe Jesus ihr seine Hilfe fest zugesagt. (Hatten die ersten Leser eine besondere Beziehung zur Mutter Jesu? Vgl. 19,25-27). Dem Autor geht es darum, *Überfülle* darzustellen, das Übermaß des Weines, den Jesus schenkt. Die Wasserkrüge "*gemäß der Reinigung der Juden*" sind leer! Werden damit die jüdischen Reinigungsriten als "leer" gekennzeichnet? Der Leser erinnert sich an das Wort des Johannes über Jesus: "*Das Lamm Gottes, das die Sünden der Welt wegträgt*" (1,29). Ist die Reinigung von den Sünden nur bei ihm zu finden? Das Thema "Reinigung" klingt an. Der Leser ist aufgefordert, es weiter durch das JohEv zu verfolgen.

Dann gibt Jesus zwei Befehle, die die Diener widerspruchslos ausführen. Die beiden Weisungen werden nicht zur gleichen Zeit erteilt, sondern durch die Darstellung ihrer Ausführung unterbrochen. So entsteht Spannung. Der Leser beobachtet geradezu voller Erwartung die Szene. Ist der erste Befehl Jesu, die Krüge mit Wasser zu füllen, noch irgendwie verständlich, so ist der zweite doch eher eine Zumutung: Die Diener sollen das *Wasser* dem Speisemeister bringen! Trotzdem führen sie ihn aus, getreu der Weisung der Mutter Jesu (2,5). Wie mag das ausgehen? Die Bewegung der Darstellung drängt auf 2,9f hin: Beim Speisemeister muß sich alles entscheiden!

Daß der das "*zu Wein gewordene Wasser*" vorab kostet, ist natürlich viel eindrucksvoller, als wenn erst die Gäste oder gar schon die Diener das eingetretene Wunder konstatiert hätten. Denn jener gilt als nüchterner "Fachmann", der den Wein beurteilen kann.

Woher ist der Wein? Die Diener wissen es, denn sie haben auf Befehl Jesu Wasser geschöpft, das nun Wein ist. Der Wein stammt also von Jesus. Wissen sie damit wirklich schon, *woher* er ist? Wissen es die Leser? Woher der *Wein* wirklich ist, weiß erst, wer erkannt hat, woher *Jesus* ist. Darum leitet 2,9 zu dieser christologischen Frage hin, die sich die Leser stellen müssen. Sie wird im JohEv ständig aufgegriffen (vgl. 7,27f; 8,14; 9,29f; 19,9; 16,28!).

In der absurden Szene zwischen dem Speisemeister und dem Bräutigam erreicht die Darstellung ihren Höhepunkt. Absurd ist sie, weil falsche Fragen an die falschen Personen gerichtet werden. Die Formulierung von 2,9 ist bemerkenswert: Der Speisemeister kostet "*zu Wein gewordenes Wasser*". Der Wein, und sei er noch so gut, wird damit als lediglich natürlicher Wein gekennzeichnet. Die neugierige Frage nach dem Wundervorgang darf nicht gestellt werden. Das Wort an den Bräutigam hat erhebliches Kopfzerbrechen bereitet. Es klingt wie eine Weinregel: "Zuerst den guten Wein und später - wenn's keiner mehr merkt - den schlechteren." Tatsächlich läßt sich eine solche Regel in der gesamten Antike nicht belegen. Zwar kam es vor, daß schäbige Gastgeber oder betrügerische Wirte betrunkenen Gästen schlechten Wein vorsetzten. Doch wenn es reell zuging, galt wie auch heute die Regel: Die Qualität des Weins wird gesteigert.

Der Ton der Rede des Speisemeisters liegt auf dem letzten Satz: "*Du hast den guten Wein bis jetzt aufbewahrt.*" Auch bisher ist bei der Hochzeit kein schlechter Wein getrunken worden, aber im Vergleich mit dem von Jesus gespendeten war der bisherige nur "Essig", er war *geringer*. Vielleicht soll auch einem möglichen Einwand vorgebeugt werden, man habe den Wein durch Wasser gestreckt.

Die Darstellung ist auf dem Höhepunkt angelangt: Der *gute Wein* ist bis jetzt aufbewahrt worden! Nun ist die Zeit gekommen, ihn zu empfangen und zu trinken. Das Wort, das an den "irdischen" Bräutigam gerichtet ist, gilt eigentlich Jesus, dem wahren Herrn dieser Hochzeit. Mit ihm, mit seiner Gabe erst ist möglich geworden, was Wein, was Fest (Hochzeit), was Freude wirklich sein können. In diesem Sinne soll das Wort des Speisemeisters im Leser wirken und ihn innewerden lassen, was hier eigentlich geschehen ist, was mit Jesus in die Welt hereingebrochen ist. Darum ist auch jede Darstellung der Reaktion des Bräutigams oder der Gäste überflüssig. Das Wort des ahnungslosen Speisemeisters ist Demonstration des Wunders und Reaktion der Zeugen zugleich. Es eröffnet die

Perspektive, aus der Jesu Tat gesehen werden soll: Das Trinken des *guten* Weins ist möglich, wenn Jesu *Stunde* gekommen ist. Um so erstaunlicher ist, daß weder der Speisemeister noch der Bräutigam oder die anderen Gäste dem Zeichen Jesu nachgehen. Sie stellen die entscheidende Frage nicht, *woher* der Wein ist.

Die großartige Tat Jesu war der "*Anfang der Zeichen*", also das erste Zeichen, das Jesus wirkte. Noch weiß der Leser nichts über die Funktion und Wirkung der Zeichen. Aus Jesu Vorbehalt 2,4 kann er entnehmen, daß sie nicht das Eigentliche sind. Das ereignet sich erst in der *Stunde* Jesu. Aus 2,11 entnimmt er nun, daß die Zeichen gleichwohl schon Jesu Herrlichkeit offenbaren. Erst später wird er verstehen, daß Jesu *Stunde* der Zeitpunkt seiner *Verherrlichung* sein wird.

Nur von den Jüngern wird gesagt, daß sie zum Glauben kamen. Aber sie glaubten schon vorher an Jesus (vgl. 1,39.40-42.49f). Überzeugt ein Zeichen nur den, der schon überzeugt ist? Die Diener jedenfalls kommen nicht zum Glauben. Und die Mutter Jesu, die eine so große Rolle spielt? Glaubt sie etwa nicht? Oder glaubt sie schon *vor* dem Zeichen, lockt ihr Glaube das Zeichen geradezu hervor, so daß sie gar nicht durch Vermittlung des Zeichens zum Glauben kommt? Hat sie das Zeichen für ihren Glauben vielleicht gar nicht nötig?

Viele Fragen stellen sich, die den Lesern erst im Verlauf des JohEv beantwortet werden. Sie brechen hier schon auf und warten auf Klärung.

6. Abschlußbemerkung: 2,12

12 Danach ging er nach Kapharnaum hinab, er selbst und seine Mutter und seine Brüder und seine Jünger, aber dort blieben sie nur wenige Tage.

Der Erzählbogen kommt zu einem Ruhepunkt: In Kapharnaum *bleibt* Jesus zunächst einmal, wenn auch nur einige Tage. Der folgende Großabschnitt des JohEv wird also eng mit 1,19-2,12 verknüpft: Gleich geht es weiter!

Die Nennung der Brüder Jesu überrascht. Noch wurden sie nirgends erwähnt. Aber auch sie müssen Gäste der Hochzeit gewesen sein. Der Leser fragt sich: Was haben sie von der Tat Jesu mitbekommen? Kommen auch sie zum Glauben an Jesus, wie die Mutter und die Jünger? Diese Fragen bleiben offen; der Leser wird gespannt sein, ob sie später irgendwo beantwortet werden (vgl. 7,5).

Zweites Bild: 2,13-3,21

I. Die Analyse

1. Abgrenzung

Zwischen 2,12 und 2,13 liegt ein markanter Einschnitt. Das läßt sich an verschiedenen Beobachtungen festmachen: Die Tageszählung, die 1,19-2,12 bestimmte, ist aufgegeben. Jetzt wird auf das "*Pascha der Juden*" verwiesen, anläßlich dessen Jesus sich hinauf nach Jerusalem begibt. Ähnliche Szenenwechsel begegnen von nun an häufiger (vgl. 5,1; 7,2.10; 10,22; 11,55).

Bis wohin läuft der Erzählfaden? Eindeutig greift 2,23 auf die Einleitung 2,13 zurück, führt also weiter, und 3,1 spezifiziert 2,23-25. Das Ende der Szene wird erst in 3,21, allerdings abrupt, erreicht. Mit 3,22 beginnt ein neuer Abschnitt der Darstellung, der nicht mehr in Jerusalem spielt.

2. Rückverweise/Wiederaufnahmen/Echos: Was die Leserinnen und Leser schon wissen!

Trotz der klaren szenischen Trennung gibt es zahlreiche Verbindungen zum vorausgehenden Kontext, insbesondere zu 2,1-12. Ein direkter *Rückverweis* ist die Gesprächseröffnung 3,2, in der sich Nikodemus auf die Zeichen Jesu bezieht. Schwerlich dürfte er damit das erste Zeichen Jesu in Kana meinen, wo er nicht Augenzeuge war. Bezieht er sich dann nur auf die 2,23 erwähnten Zeichen, die aber gar nicht erzählt wurden?

Motive und Themen der Kanageschichte klingen allerdings wie *Echos* in der Darstellung der "Tempelreinigung" nach und werden hier geradezu in neuer Tonart verarbeitet und weitergeführt. Die Technik der Aufnahme und Verarbeitung wird noch häufiger begegnen. Das Weinwunder zu Kana, der "*Anfang der Zeichen*" (2,11), war eigentlich verfrüht, weil die *Stunde* Jesu noch nicht gekommen ist (2,4). Auf diese Weise hat der Autor es mit Tod und Auferweckung als Ereignis der Verherrlichung Jesu in Verbindung gebracht, und insofern konnte es am Ende heißen, daß Jesus damit seine Herrlichkeit offenbarte. Auch in der Tempelszene (2,13-22) geht es um ein Zeichen, das als Beglaubigung der Vollmacht Jesu von den gegnerischen *Juden* gefordert wird. Anders als bei der glaubenden Mutter erfüllt Jesus die Forderung der nichtglaubenden *Juden* nicht, sondern weist verdeckt auf seinen Tod und seine Auferstehung hin. Darin werden sich Jesu Vollmacht (vgl. 10,18) und Herrlichkeit erweisen, aber nur für die, die zu sehen vermögen, indem sie glauben. Also wird dieses

Zeichen, wenn es gegeben wird, denen gar nichts sagen, die es fordern.

Beiden Stücken gemeinsam ist das Motiv der "*drei Tage*": Das Zeichen von Kana und die Aufrichtung des Leibes Jesu finden "*am dritten Tage*" statt (2,11.19.22).

Ein *Echo* der bisherigen Darstellung ist schließlich auch 2,24f: Jesus durchschaut die Herzen der Menschen und erkennt sofort, mit wem er es zu tun hat (vgl. 1,42.47).

Zahlreiche *Wiederaufnahmen* verbinden 2,13-3,21 mit dem Vorausgehenden. So sind die in 2,18 erwähnten *Juden* sicherlich die von 1,19, also offizielle Vertreter des Judentums, die den Tempel verwalten. Zu ihnen gehört auch der führende Pharisäer Nikodemus (3,1; vgl. 1,24).

Wurde in 2,11 gesagt, daß die Jünger aufgrund des Zeichens zum Glauben an Jesus kamen, so wird das in 2,22 weitergeführt: Die Jünger *glauben*, auch wenn sie jetzt noch nicht verstehen. Es wird geradezu der Weg des Glaubens beschrieben: vom Zeichen über die Schrift hin zum Glauben an das Wort Jesu.

Der aufmerksame Leser, der Jesu doppelte Antwort an Nikodemus von der "*Geburt von oben*" und "*aus Wasser und Geist*" vernimmt (3,3.5f), muß natürlich zurückdenken an 1,13 ("... *aus Gott geboren*") und an die Ankündigung des Johannes: "*Dieser ist es, der taufen wird in Heiligem Geist*" (1,33). So wird hier das Thema "Neugeburt aus dem Geist" aufgenommen und weitergeführt.

Wiederaufgenommen wird auch das Stichwort "*Woher*". Es erschien zum ersten Mal in 2,9 in der Frage nach dem Geheimnis der wahren Herkunft des Weines. Das gleiche Geheimnis umgibt den Geist und den aus ihm Geborenen (3,8).

Wie in 1,51 weist Jesus in 3,13 nicht nur auf den *Menschensohn* hin, sondern spricht ebenso vom "*Hinaufsteigen in den Himmel*" und "*Herabsteigen vom Himmel*", was sich hier allerdings nicht auf Engel, sondern auf den *Menschensohn* selbst bezieht. Er ist der Herabgestiegene, der wieder in den Himmel hinaufsteigen wird. Wird damit die Aussage von 1,51 weitergeführt?

Eine *Wiederaufnahme* von 1,18 und der Bekenntnisse von 1,34.49 ist 3,16, wo Jesus vom Erweis der Liebe Gottes zur Welt spricht, der seinen einzigen *Sohn* hingibt. Überhaupt erscheint Jesu Offenbarungsrede in 3,16-21 wie eine *Wiederaufnahme* des Prologs, dessen Thema weitergeführt wird (vgl. 1,5.9.12f).

3. Autorkommentare/Vorverweise/Leerstellen: Worauf die Leserinnen und Leser achten sollen!

Durch *Autorkommentare* wird der Leser in die Lage versetzt, mehr zu verstehen als die Personen der Handlung, manchmal sogar mehr als die Jünger. Ersteres wird durch 2,17 erreicht. Der Autor erschließt den Lesern die Schrifterinnerung der Jünger bei Jesu Tun und ermöglicht ihm dadurch, an dieser Stelle das Wirken Jesu ebenso einzuordnen wie sie. Der Kommentar 2,21f geht darüber noch hinaus: Die Jünger haben Jesu Rätselwort erst *nach* Ostern verstanden. Auf der Ebene der Darstellung begreifen sie so wenig wie die *Juden*. Den Lesern hingegen entschlüsselt der "wissende" Autor Jesu Rätselwort (2,19): Der *Tempel*, von dem Jesus hier spricht, ist sein Leib, *Auflösen* und *Aufstellen* beschreiben also seinen Tod und seine Auferstehung.

Ein weiterer *Autorkommentar* ist 2,24f. Einzig die Leser erfahren vom Vorbehalt Jesu gegen jene Jerusalemer, die "*an seinen Namen glaubten*". Weder sie noch die Jünger ahnen etwas davon, daß der beschriebene Glaube defizitär ist. Die Leser werden in der Folge darauf achten, worin denn der unvollkommene Glaube besteht.

In zwei Rätselworten verweist Jesus schon auf seinen Tod und seine Auferstehung. Das erste Wort (2,19) ist so verschlüsselt, daß es nur der "wissende" Autor und durch ihn der Leser versteht (2,21; s.o.). Das zweite Wort Jesu (3,14) ist ebenfalls rätselhaft: "*... so muß der Menschensohn erhöht werden*". Damit wird die Aufmerksamkeit darauf gelenkt, worin wohl die künftige *Erhöhung* des Menschensohnes (vgl. 1,51) bestehen wird (vgl. 8,28; 12,32). Ein weiterer *Vorverweis* ist 3,13: Der *Menschensohn* wird wieder "*in den Himmel hinaufsteigen*" (vgl. 6,62).

Eine *Leerstelle* ist 2,23: Es werden Zeichen Jesu erwähnt, die nicht erzählt werden. Warum nicht? Sind die erzählten Zeichen des JohEv nur eine Auswahl (vgl. 20,30f)?

Das ganze Gespräch Jesu mit Nikodemus stellt eine einzige *Leerstelle* dar: Nikodemus verschwindet ohne Abschied aus der Szene. Die Leser stehen vor der Frage, was aus ihm geworden ist. Hat er etwas von den Worten Jesu begriffen, oder "bleibt er draußen"? Diese Frage nehmen die Leser mit in die weitere Lektüre. Wenn Nikodemus nochmals auftritt (vgl. 7,50-52; 19,39-41), läßt sie sich vielleicht beantworten.

4. Aufbau/Gliederung

Szenerie und Aufbau des ganzen Abschnittes ergeben sich aus den Zeit- und Ortsangaben, die der Autor macht. Sie sind ausreichend genau, um den Lesern eine Anschauung zu vermitteln.

Zeitangaben

Wenn das "*Pascha der Juden*" als *nahe* ausgegeben wird (2,13), dann soll der Leser in Verbindung mit 2,12 ("*sie blieben dort nicht viele Tage*") wohl annehmen, daß es nur noch wenige *Tage* bis zum Fest sind. In 2,23 wird 2,13 aufgegriffen: Das Paschafest ist jetzt offenbar da, und Jesus wirkt an ihm in Jerusalem *Zeichen*. Die nächste Zeitangabe liegt in 3,2 vor: Das Gespräch mit Nikodemus findet "*in der Nacht*" (nach dem Paschafest?) statt. Auf diese Weise entsteht ein merkwürdiger Eindruck: Das Paschafest der Juden, obwohl Anlaß für Jesu Reise nach Jerusalem, spielt für die dargestellte Handlung selbst keine Rolle. Diese findet kurz vorher und unmittelbar danach "*in der Nacht*" statt. Hat Jesus überhaupt am Fest und seinen Riten teilgenommen? Und welche Zeichen hat er am Festtag getan (2,23)? Das wichtige jüdische Fest huscht am Leser vorüber, ohne daß der sich über die Ereignisse an ihm ein richtiges Bild machen kann. Er muß den Eindruck gewinnen, daß dieses Fest für Jesus etwas anderes bedeutet als für die Juden. Noch etwas wird ihm nicht erklärt: Warum kommt Nikodemus "*in der Nacht*" zu Jesus? Soll der Leser sich das im Verlauf der Lektüre selbst beantworten?

Ortsangaben

Merkwürdig vage verfährt der Autor auch mit den Ortsangaben. Eindeutig ist 2,13: Jesus geht hinauf nach Jerusalem. Ebenso klar ist 2,14: Jesus hat sich in den Tempel begeben. Doch welches Interesse hat er am Jerusalemer Tempel, wenn sein Leib der eigentliche Tempel ist? Und wo findet das Nachtgespräch mit Nikodemus statt? Hat Jesus in Jerusalem ein Refugium, wohin er sich zurückziehen kann? Der Autor sagt es hier nicht, später wird er deutlicher (vgl. 13,1.30; 20,19), und von dorther läßt sich die Frage stellen, ob das Nachtgespräch mit Nikodemus an jenem Ort stattfindet, an dem Jesus zwei Jahre später in der Nacht vor dem Paschafest von seinen Jüngern Abschied nehmen wird.

Personen

Wieder ergeben sich durch die Darstellung zahlreiche offene Fragen. An Jesu Seite stehen die Jünger, deren positive Rolle zweimal kräftig unterstrichen wird (2,17.22), die aber sonst ins Geschehen nicht eingreifen. Fraglich ist die Einstellung der anderen handelnden Personen, die sämtlich, offenbar in abgestufter Weise, als "Gegenspieler" Jesu gezeichnet werden. Zunächst sind da die *Juden* (vgl. 1,19), die im Gegensatz zu den Jüngern das Tun Jesu nicht als schriftgemäß einschätzen, sondern von ihm ein Beglaubigungszeichen verlangen. Wie die Jünger verstehen sie Jesu Rätselwort nicht, anders als die Jünger werden sie es auch später nicht verstehen, sondern bleiben in ihrem groben Mißverständnis gefangen. Die *Juden* gehören nicht zu denen, die an Jesus glauben, sie sind vielmehr seine Gegner oder werden es bald sein; das spürt der Leser.

Was aber soll er von den *vielen* (Jerusalemern?) halten, von denen 2,23ff spricht? Sie glauben wegen der Zeichen Jesu "*an seinen Namen*" (vgl. 1,12f), und doch hat Jesus ihnen gegenüber Vorbehalte. Werden sie keine Jünger, und nehmen sie ihn nicht auf (1,11)?

Nikodemus schließlich scheint jemand zu sein, der zu beiden Personengruppen zugleich gehört: Er ist ein Pharisäer, ein "*Führer der Juden*" (vgl. 1,24), *und* offenbar einer, der von Jesu Zeichen beeindruckt ist. Was aber geschieht mit ihm, als er sich in der Nacht auf einen Disput mit Jesus einläßt? Er mißversteht Jesu Worte (3,4) und begreift anscheinend überhaupt nichts, obwohl er eigentlich verstehen müßte (3,9f). Am Ende der Szene erfährt der Leser nichts mehr über ihn. Später wird Nikodemus noch einmal in der Darstellung auftauchen, dann wird sich zeigen, ob er vielleicht doch noch ein Jünger geworden ist. Hier jedenfalls endet die Darstellung merkwürdig offen.

Es ergibt sich: Die gesamte, durch Zeit-, Orts- und Personenangaben bestimmte Szenerie wandelt sich vom Bestimmten ins Unbestimmte, vom Klareren ins Diffuse. Am Ende weiß der Leser nicht genau, wann und wo das Nachtgespräch mit Nikodemus stattfand und wie dieser sich schließlich verhalten hat. Gleiches gilt für die *Juden*. Was werden sie unternehmen? Die Aufmerksamkeit wird herausgefordert, die offenen Fragen im Verlauf der Lektüre zu klären. Somit hat der Autor durch die Art der Darstellung alles Gewicht auf das Nikodemusgespräch gelegt. Und dieses wird in dem Maß für den Leser immer bedeutungsvoller, als Nikodemus sich als unfähig zum Verstehen erweist. Ist der Leser dazu in der Lage?

Der ganze Textabschnitt ist in zwei Szenen gegliedert: 2,14-22 und 3,1-21. Die Angabe 2,13 leitet die erste Szene ein. Sie wird in 2,23 aufgenommen und um den Zug verstärkt, daß Jesus in Jerusalem am Paschafest Zeichen wirkte und damit bei vielen Glauben fand. Damit wird 2,18f aufgenommen. Da 2,24f nicht Darstellung, sondern ein *Autorkommentar* ist, sollte man 2,23-25 nicht als eigene Szene, sondern als Einleitung/ Überleitung zu 3,1ff ansehen. So ergibt sich - unbeschadet einer weiteren inneren Gliederung - folgender Aufbau:

1. Szene: 2,13-22: **Die Tempelaktion Jesu** Einleitung: 2,13 Ort: Jerusalem/Tempel Zeit: Paschafest ist *nahe* 2,14-16: Aktion Jesu 2,17: *Autorkommentar* 2,18-20: Legitimation Jesu 2,21f: *Autorkommentar*

2. Szene: 2,23-3,21: **Jesu Auseinandersetzung mit Nikodemus** Einleitung mit *Autorkommentar*: 2,23-25 Ort: Jerusalem Zeit: "*am Paschafest*" 3,1-8: *Geist und Fleisch* 3,9-15: *Glaube und Nichtglaube* 3,16-21: *Rettung und Gericht*

II. Die Handlung

1. Die Aktion Jesu im Tempel: 2,13-22

13Nahe war das Pascha der Juden, und Jesus ging hinauf nach Jerusalem. 14Und er fand im Tempel die Verkäufer von Rindern und Schafen und Tauben und die Geldwechsler dasitzen, 15und er machte eine Geißel aus Stricken und trieb alle aus dem Tempel hinaus, auch die Schafe und Rinder, und die Münzen der Wechsler schüttete er aus und die Tische warf er um. 16Und zu den Taubenverkäufern sprach er:

"Schafft das weg von hier!
Macht das Haus meines Vaters
nicht zu einem Kaufhaus!"

17Seine Jünger erinnerten sich, daß geschrieben steht: Der Eifer für dein Haus wird mich auffressen.

18Da antworteten die Juden und sagten zu ihm:
"Welches Zeichen weist du uns vor,
daß du so etwas tun darfst?"
19Jesus antwortete ihnen:
"Brecht diesen Tempel ab,
und in drei Tagen werde ich ihn aufrichten."
20Die Juden sagten nun:
"Sechsundvierzig Jahre wurde an diesem Tempel gebaut,
und du willst ihn in drei Tagen aufrichten?"

21Er aber hatte vom Tempel seines Leibes gesprochen. 22Als er dann von den Toten aufgerichtet war, erinnerten sich seine Jünger, daß er dies gesagt hatte, und sie glaubten der Schrift und dem Wort, das Jesus gesprochen hatte.

Die Handlung hat zwei Teile: die Aktion Jesu im Tempel mit einleuchtender Begründung (2,14-16) und ihre Legitimation, die grob mißverstanden wird (2,18-20). Beide Teile werden durch Autorkommentare abgeschlossen, in denen die Bedeutung des Tuns und des Wortes Jesu dem Leser klargemacht und die positive Rolle der Jünger hervorgehoben werden (2,17/2,21-22).

Jesu Aktion wird von 2,16 her klar: Das Haus seines Vaters darf keine Markthalle sein! Das bedeutet, daß das Eintreiben der Tempelsteuer und der Handel mit Opfertieren darin nichts zu suchen haben. Das Heilige darf mit dem Profan-Weltlichen nicht vermischt werden. Das war und ist aber seit jeher so: An allen "Tempeln" und Wallfahrtsstätten blüht auch der Handel, in allen "Kirchen" und Gemeinden hat auch das weltliche Denken (Profit, Show, Eitelkeit) seinen Stammplatz. Jesus will das austreiben und umstürzen. Wer das tut, darf sich allerdings nicht wundern, wenn er *aufgefressen*, das meint: umgebracht wird. Das begreifen die Jünger (und mit ihnen die Leser), denn sie verstehen Jesu Handeln auf dem Hintergrund der Schrift als Einsatz seines Lebens für Gottes Haus und Sache (vgl. Ps 69,9f). Wer sich wie Jesus für Gott einsetzt, wird von der Welt als Fremdling empfunden und feindlich abgewiesen. Insofern ist die Aktion Jesu ein Symbol seines Gesamtwirkens, wie das JohEv noch ausweisen wird.

Wie fremd Jesus und die *Juden* - wohl die offiziellen Vertreter des Judentums und somit die angeblichen Verwalter des Tempels - einander sind, macht die kleine Disputation um Jesu Legitimation deutlich. Die *Juden* verlangen von Jesus ein göttliches Beglaubigungszeichen, das ihn legitimiert, im Tempel so zu handeln, obwohl sein Tun aus der Schrift und aus sich selbst verständlich ist. Sie sind weder offen für sein Tun noch für die Schrift, nicht bereit, aufgrund seines Handelns Zutrauen zu Jesus zu fassen und, von der Schrift belehrt, ihm zu glauben. Vielmehr sind sie voreingenommen. Auch ein Zeichen würde sie nicht überzeugen. Jesus verweist zu seiner Rechtfertigung auf das größte und bedeutsamste seiner Zeichen: seinen Tod und seine Auferstehung. An diesem letzten Zeichen entscheiden sich alle anderen in ihrer Wahrheit, darum sind alle Zeichen Jesu darauf bezogen.

Diesen Bezug hat Jesus selbst hergestellt, als er 2,4 davon sprach, seine *Stunde* sei noch nicht da. Wer aber dem letzten Zeichen Jesu nicht glaubt, dem nützen auch alle anderen nichts. In Jesu Tempelaktion zeichnete sich ab, was sich beim letzten Zeichen Jesu als Summe seines Wirkens vollenden wird: Er gibt sich für die Sache Gottes hin. Das wollen die gegnerischen *Juden* nicht wahrhaben; darum verharren sie in grobem Mißverstehen.

Die Jünger dagegen haben Jesu Tun als Hingabe an Gott und seine Sache verstanden. Deshalb können sie seinem Rätselwort bereits *glauben*, auch wenn sie es erst später verstehen werden. Wie sie sich im rechten Augenblick an das Wort der Schrift *erinnern* (2,17), so werden sie sich nach Jesu Auferstehung seines Rätselwortes *erinnern* und es dann lösen. Daran glauben können sie schon jetzt, wie sie ja auch der Schrift geglaubt haben.

Es bleibt noch die Frage, warum sich Jesus so für den Jerusalemer Tempel einsetzt, wenn doch sein Leib der eigentliche Tempel Gottes ist. Der Leser hat den Eindruck, daß der Tempel positiv als "*Haus meines Vaters*" gesehen ist und doch unter einem Vorbehalt steht, insofern dies Prädikat ja gar nicht von ihm gelten kann, wenn Gott im Menschen Jesus auf Erden erschienen ist und wohnt. Nicht im Tempel *zeltet* Gottes Logos, sondern im Leib Jesu (1,14). Ist dann der Jerusalemer Tempel nur ein

Symbol für das wirkliche "Haus Gottes"? Doch auch als Symbol ist er heilig und darf nicht profaniert werden.

2. Das Nachtgespräch: 2,23-3,21

[23]Als er aber in Jerusalem war, während des Paschafestes, da ka-
men viele zum Glauben an seinen Namen, sahen sie doch die
Zeichen, die er tat. [24]Jesus selbst aber glaubte ihnen nicht, denn
er kannte sie alle [25]und hatte nicht nötig, daß jemand ein Zeug-
nis über den Menschen ablegt. Er selbst nämlich wußte, was im
Menschen war.

3[1]Da war aber einer von den Pharisäern, Nikodemus sein Name,
ein Oberer der Juden. [2]Der kam zu ihm bei Nacht und sagte:
"Rabbi, wir wissen,
daß du von Gott gekommen bist als Lehrer.
Denn niemand kann diese Zeichen tun, die du tust,
wenn nicht Gott mit ihm ist."
[3]Jesus antwortete ihm:
"Amen, Amen, ich sage dir,
wenn jemand nicht von oben geboren wird,
kann er das Königreich Gottes nicht sehen."
[4]Nikodemus sagt zu ihm:
"Wie kann ein Mensch geboren werden,
der erwachsen ist?
Er kann ja nicht zum zweitenmal
in den Bauch seiner Mutter hinein
und geboren werden."
[4]Jesus antwortete:
"Amen, Amen, ich sage dir,
wenn einer nicht geboren wird aus Wasser und Geist,
kann er nicht in das Königreich Gottes hinein.
[6]Was aus dem Fleisch geboren ist, ist Fleisch,
was aus dem Geist geboren ist, ist Geist.
[7]Wundere dich nicht, daß ich dir sagte:
Ihr müßt von oben geboren werden!
[8]Der Wind weht, wo er will.
Man hört seine Stimme, aber man weiß nicht,
woher er kommt und wohin er geht.
So ist es mit jedem, der aus dem Geist geboren ist."
[9]Nikodemus antwortete ihm:

"Wie kann das geschehen?"
[10]Jesus antwortete ihm:
"Du bist der Lehrer Israels und verstehst das nicht?
[11]Amen, Amen, ich sage dir: Was wir wissen, sagen wir,
und was wir gesehen haben, bezeugen wir.
Aber unser Zeugnis nehmt ihr nicht an.
[12]Wenn ich von Irdischem zu euch sprach
und ihr nicht glaubt, wie wollt ihr glauben,
wenn ich von Himmlischem zu euch spreche?
[13]Niemand ist in den Himmel hinaufgestiegen,
außer dem, der aus dem Himmel herabstieg, der Menschensohn.
[14]Und wie Mose die Schlange in der Wüste erhöht hat,
so muß auch der Menschensohn erhöht werden,
[15]damit jeder, der an ihn glaubt, ewiges Leben hat.
[16]Denn so sehr hat Gott die Welt geliebt,
daß er seinen einziggeborenen Sohn gab,
damit jeder, der an ihn glaubt, nicht verlorengeht,
sondern ewiges Leben hat.
[17]Denn Gott hat den Sohn nicht in die Welt gesandt,
damit er die Welt richte,
sondern damit die Welt durch ihn gerettet wird.
[18]Wer an ihn glaubt, wird nicht gerichtet,
wer nicht glaubt, ist schon gerichtet,
weil er nicht an den Namen
des einziggeborenen Sohnes Gottes geglaubt hat.
[19]Dies aber ist das Gericht:
Das Licht ist in die Welt gekommen,
aber die Menschen liebten die Finsternis mehr als das Licht,
denn böse waren ihre Taten.
[20]Denn jeder, der schlecht handelt,
haßt das Licht und meidet das Licht,
damit sein Tun nicht aufgedeckt wird.
[21]Wer aber die Wahrheit tut, kommt zum Licht,
damit sichtbar wird, daß seine Taten in Gott getan sind."

Gliederung: 2,23-3,21 ist eine literarische Einheit und wird durch 2,23-25 eingeleitet. Denn Nikodemus spricht in 3,2 offensichtlich von jenen Zeichen, die in 2,23 erwähnt wurden, und interpretiert sie, jedoch in einer defizitären Weise, so daß er geradezu als Vertreter jener wenig vertrauenswürdigen Glaubenden von 2,23ff erscheint (3,2: "*wir wissen*"). Dem entspricht, daß er später von Jesus als Vertreter einer Mehrzahl angeredet wird (3,11f).

Die Szene ist nicht sehr deutlich durch äußere Kriterien gegliedert. Dennoch lassen sich drei Abschnitte erkennen: Der erste umfaßt 3,2-8 (3,1 ist Überleitung), ein kurzer Dialog, der um das Thema "*Geburt von oben*" als *Geburt aus dem Geist* geht. Nikodemus mißversteht sie als fleischliche *Wiedergeburt*. Mit der Äußerung seines Unverständnisses 3,9f beginnt der zweite Abschnitt, der durch die gewichtige "Amen"-Formel (3,11) und durch die über Nikodemus hinaus auf einen weiteren Personenkreis zielende Frage (3,12) das Geheimnis von Glaube und Unglaube reflektiert, das seit 2,24f thematisch bestimmend ist. Dieser Abschnitt geht in 3,15 zu Ende. Sein finaler Schlußsatz wird in 3,16 wiederaufgenommen und um das Thema des "Verderbens im Gericht" erweitert. Damit wird der dritte Abschnitt eröffnet (3,16-21), der die Folge von Glaube/Unglaube bespricht.

2,23-25: Die gesamte Szene wirkt auf den Leser außerordentlich irritierend. Die Irritation wird ausgelöst durch Jesu schroffe Zurückweisung der Jerusalemer Augenzeugen. Von ihnen heißt es, daß sie "*an seinen Namen glauben*", wie es auch der Prolog ganz positiv formulierte (1,12). Was sie sehen, sind von Jesus gewirkte Zeichen, also Taten, die Glauben wecken sollen und können (vgl. 1,50f; 2,11). Warum taugt der Glaube dieser Zeugen nichts (2,24f)? Was ist falsch daran, wenn später Nikodemus aus den Zeichen das Wissen ableitet, Jesus sei als Lehrer von Gott gekommen und Gott sei mit ihm (3,2)? Sein entscheidendes Defizit ist offenbar, daß er, obwohl er Jesus als gottgesandten Lehrer anerkennt, gleichwohl nichts begreift und wohl auch nicht begreifen will (3,4.9). Ab 3,9 schweigt er jedenfalls.

Die Auflösung der Irritation und die Antwort auf die damit aufgeworfenen Fragen muß der Leser endgültig aus den Worten Jesu beim Nachtgespräch erwarten. Wird er sie verstehen können? Doch auch der Kontext hilft weiter, wenn man an die Tempelszene zurückdenkt. Dort verlangten die *Juden* von Jesus ein Zeichen, aus dem hervorgehen sollte, ob er wirklich von Gott zu der Tempelaktion legitimiert war oder sie aus sich selbst heraus wirkte. Die Jünger dagegen verstanden Jesu Tun ohne Zeichen einzig aus der Schrift als "Eifer für Gott". Ihnen erschien Jesu Tat allein aus sich legitimiert. Wer wirklich für Gottes Sache eintritt, muß sie als eine Tat im Sinne Gottes ansehen: "Gottes Haus" darf keine Markthalle sein! Wer Jesu Handlung dagegen hinterfragt und nach ihrer göttlichen Legitimation verlangt, zeigt damit bereits an, daß er nicht von Gott her denkt.

Den *Juden* wird ein Zeichen zugesprochen: das Sterben und Auferstehen Jesu. Aber dieses Zeichen nützt ihnen nichts, und sie verstehen es auch nicht. Denn es überzeugt nur den - das ist die Eigenart der Zeichen überhaupt -, der bereits überzeugt ist. Darin gleichen die Zeichen Geschenken, in denen Liebe und Freundschaft zum Ausdruck kommen. Auch Geschenke überzeugen nur, wenn Liebe und Freundschaft im anderen bereits erwacht sind. Niemand darf *wegen* eines Geschenkes lieben, keiner *deswegen* zum Freund werden! Liebe und Freundschaft müssen um ihrer selbst willen beantwortet werden, nicht *wegen* eines Geschenkes.

So führt denn der Kontext bereits zur Frage, ob vielleicht das Defizit der Augenzeugen und des Nikodemus darin besteht, daß sie *wegen* der Zeichen glauben, also aus einem *äußeren* Grund, dem keine innere Haltung entspricht. Das scheint der Autorkommentar 2,24f in der Tat nahezulegen: Jesus traut diesen Augenzeugen nicht, weil er in ihr Inneres schauen kann und darum weiß, daß ihr Glaube nicht halten wird. Sie scheinen wie die gegnerischen *Juden* überzeugt zu sein, daß man göttliches Wirken äußerlich und mit den Methoden der Welt, eben an wunderbaren Zeichen feststellen kann. Anders als die *Juden* akzeptieren sie allerdings, daß Jesus solche Zeichen wirkt, und meinen, darin einen Maßstab zur Bestimmung Jesu zu besitzen.

3,1-8: In diesem Sinne äußert sich auch Nikodemus: *"Wir wissen, daß du von Gott gekommen bist als Lehrer"*. Dieses *Wissen* ist besitzergreifend, definierend, kategorisierend. In ihm steckt kein wahrer Glaube. Denn echter Glaube läßt sich alle seine Inhalte von dem vorgeben, an den er glaubt. Wer also an Jesus wirklich glaubt, wird sich einzig von ihm sagen lassen, wer er ist und woher er stammt. Nikodemus dagegen kommt zu Jesus in der Meinung, aus den Zeichen methodische Rückschlüsse ziehen und ihnen ein vernünftiges, vor der Ratio abgesichertes Wissen entnehmen zu können: In Jesus wirkt Gott. Aber ist das menschliche Erkennen aus sich heraus fähig, Gottes Wirklichkeit festzustellen? Wirkt Gott so in der Welt, daß sein Handeln mit weltlichen Methoden festgemacht werden kann? Gibt es ein gesichertes *Wissen* davon, daß Gott hier oder da gehandelt, dies oder das gesprochen hat, so daß man dieses Wissen unbeteiligt und ohne Engagement ergreifen könnte? Nikodemus scheint das anzunehmen. Die Antworten Jesu dagegen lehnen es ab.

Gottes Wirklichkeit erkennen (*"die Basileia Gottes sehen"*: 3,3) und sein Wirken erfahren (*"in die Basileia Gottes hineingehen"*: 3,5) kann nur, wer von dieser Wirklichkeit bereits berührt ist, wer *"von oben"* stammt (3,3) und aus *"Wasser und Geist geboren"* ist (3,5). Der Leser weiß, was damit gemeint ist, denn der Prolog hatte schon formuliert, daß der Glaube die *Geburt aus Gott* ist (vgl. 1,12f). Diese neue Geburt *"von oben"* aus dem Geist gibt dem natürlich-fleischlichen Menschen eine neue Herkunft. Obwohl aus Fleisch geboren, erhält er im Glauben einen göttlichen Ursprung.

Worin unterscheidet sich der glaubende, von oben und durch den Geist geborene Mensch vom natürlich-fleischlichen Menschen? Dadurch, daß er sich auf eine Wirklichkeit verläßt und ihr vertraut, die nicht die irdisch-weltliche ist. Er vertraut auf das Wirken Gottes, das er aber nicht ergründen und mit seinen Möglichkeiten begründen kann. *Wenn* Gott handelt, dann hat der Mensch keine Möglichkeit, dies zuerst zu prüfen, bevor er es annimmt. Denn Gott unterliegt nicht der menschlichen Kontrolle. Man kann ihn nicht auf die Probe stellen, sondern der Mensch *muß* sein Handeln anerkennen, ohne Absicherung. Das Paradox ist, daß der Mensch nicht einmal fragen darf, *ob* Gott gehandelt hat, denn als Handeln *Gottes* ist es aus sich selbst heraus offenbar und legitimiert. In seinem Handeln wird Gott epiphan. Die Frage nach dem "Ob" distanziert sich dagegen bereits, sie stellt sich über Gott und will die Kontrolle behalten. Genauso ist es auch bei der Liebe. Wo sie erscheint und wirkt, darf niemand nach dem "Ob" fragen, bevor er sich auf sie einläßt. Wer die Liebe kontrollieren wollte, hätte sie schon verraten.

Die einzige Antwort des Menschen auf Gottes Handeln ist darum der Glaube. Das bedeutet aber, daß er eine Haltung einnimmt, die nicht "Selbstvertrauen" ist. Da der natürliche Mensch *Fleisch* ist, begegnet er im Vertrauen auf sich selbst immer nur seinen natürlichen Möglichkeiten. Gott aber ist Geist, nicht Welt. Im Vertrauen auf Gottes Wirklichkeit erhält der Mensch daher ein anderes *Woher* und *Wohin*, einen anderen Seinsgrund und ein anderes Ziel als die Welt. Er wird "*neu geboren*". Er erschöpft sich nicht mehr darin, *Fleisch* und *Welt* zu sein, sondern wird *Geist*. Das ist keine äußerlich feststellbare Seinsveränderung, eben keine fleischliche Wiedergeburt, kein Kindwerden eines Greises, wie Nikodemus es mißversteht (3,4), sondern die Ermöglichung einer neuen geistigen Existenz neben und über der alten, der natürlichen. Mit der Geburt aus dem Geist ist es wie mit der Liebe, die ebenfalls eine neue Existenz ermöglicht, den Menschen innerlich verwandelt, ohne ihn äußerlich zu verändern, und die darum mit natürlichen Mitteln und Methoden nicht feststellbar ist. Mit der Geburt aus dem Geist verhält es sich wie mit dem *Wind*, dessen Wirkung man bemerkt, dessen Ursprung man aber nicht kennt (jedenfalls in damaliger Zeit). Auch sie ist da, und man spürt ihre Wirkung. Aber niemand kann sagen, woher sie kommt.

Nun wird klarer, worin das Defizit des Nikodemus und der anderen Augenzeugen besteht. Die Zeichen Jesu kann nämlich nur begreifen, wer schon überzeugt ist, daß in Jesus Gott am Werk ist, wie auch nur der von der Liebe Bewegte eine Tat der Liebe als solche erkennen kann. Ebenso erfährt und erkennt das Wirken Gottes und das Wehen des Geistes nur, wer aus Gott stammt. Nur mit Gottes Sinnen sieht man Gottes Tun, hört man sein Wort, nimmt man an seinem Leben teil. Um die Wirkung der oberen Welt zu erfahren, muß man von oben sein. Wie aber wird man zu einem, der von oben stammt? Durch den Glauben! So kommt es zu dem Paradox, daß einzig, wer bereits glaubt, Gott erfährt. Gottes Wirken kann niemand unbeteiligt auf sich zukommen lassen, um es kritisch zu prüfen und *danach* zu glauben. Es erschließt sich vielmehr nur dem, der mit Gottes Wirklichkeit rechnet, für sie offen ist und ihr etwas zutraut. Ebenso ist es auch mit den Zeichen Jesu. Daß in ihnen Gott am Werk ist, kann man nicht prüfend diagnostizieren, sondern nur im Glauben erfahren. Darum ist auch ein Zeichen Jesu nie nur ein äußerlich feststellbares Faktum, sondern immer schon deutendes Wort, dem geglaubt werden muß. Nicht die Zeichen erschließen sozusagen von außen, wer Jesus ist und woher er kommt, sondern in den Zeichen erschließt Jesus sich selbst. Verstehen kann sie nur, wer sich schon auf seine Person eingelassen hat und darum bereit ist, sich auf ihn und sein Wort glaubend zu verlassen. Das tun die Jerusalemer Augenzeugen nicht und ebensowenig Nikodemus. Er hält sich nicht an das Wort Jesu, und darum mißversteht er es auch.

3,9-15: Seine wahre Haltung offenbart Nikodemus in der Frage: "*Wie kann das geschehen?*" (3,9). Sie ist Ausdruck des Zweifels, der Skepsis. Er hätte fragen sollen: Wann wird das geschehen? Jesus beantwortet zwar das "Wie" der Geistwerdung des natürlichen Menschen, aber diese Antwort gilt schon nicht mehr Nikodemus, der gar nichts verstehen kann, sondern dem Leser. Aber auch der kann sie nur schwer begreifen. Denn sie ist in mancher Hinsicht rätselhaft, und zwar mit Absicht, nicht aus Unvermögen des Autors: Der Leser soll nachdenken. Er soll offene Fragen mitnehmen auf den Weg der weiteren Lektüre oder die Rätsel durch Beachtung der bisherigen Worte Jesu lösen.

Nochmals wird die Haltung des Nikodemus beleuchtet. Jesus nennt ihn den "*Lehrer Israels*", der eigentlich verstehen sollte und doch nichts begreift. Darin liegt zunächst ein Vorwurf. Nikodemus hätte das Mittel gehabt, das Geheimnis der Worte Jesu zu erfassen: die Schrift. Auch die Jünger haben Jesus ja dadurch verstanden, als sie sein Wirken als Erfüllung der Schrift auffaßten. Da Nikodemus dieses Mittel nicht nutzt, ist er gar kein wirklicher Lehrer. Er beansprucht zwar, Lehrer Israels zu sein, ist es aber nicht. Sein Fehler ist, daß er Jesus für seinesgleichen hält, ihn wegen der Zeichen als *Lehrer* einschätzt, der Dinge lehrt, die er nicht wirklich kennt. Jesus jedoch ist mehr. Er weiß, wovon er spricht, und hat wirklich gesehen, was er bezeugt (3,11). Er ist der wahre Augen- und Ohrenzeuge, wie schon der Prolog hervorgehoben hatte (1,18).

Warum spricht Jesus im Plural? Wie Nikodemus benutzt auch er den Ausdruck "*wir wissen*". Mit wem faßt er sich hier zu einer Mehrheit von Augenzeugen zusammen? Vielleicht soll dies dem Leser ein Rätsel bleiben, das sich erst beim nächsten Disput in Jerusalem löst (vgl. 5,30ff). In jedem Fall kann "*Wir*" nur eine Mehrzahl meinen, in die Jesus eingeschlossen ist. Und auf die anderen neben Jesus muß zutreffen, was für Jesus gilt, nämlich daß sie ein übernatürliches *Wissen* und eine himmlische *Schau* haben. Es könnten die Jünger (zusammen mit Johannes dem Täufer) sein, insofern ihnen die Verheißung von 1,51 gilt (vgl. 1,33f). Auf der Ebene der jetzigen Handlung sind die Jünger allerdings noch keine Zeugen. Dazu werden sie erst nach Jesu Rückkehr zum Vater (15,27) und dann *anstelle* Jesu, nicht gemeinsam mit ihm. Somit ist es doch wahrscheinlicher, daß Jesus sich in dem "*Wir*" mit dem Vater (und Johannes dem Täufer?) zusammenschließt. Denn die folgenden Aussagen 3,14-21 sprechen das Geheimnis des Heilswillens Gottes an, den Jesus im Himmel beim Vater erfahren hat und den zu bezeugen er herabgestiegen ist.

Welches ist aber das *Zeugnis* des Vaters durch Jesus, das Nikodemus und die "*Ihr*" um ihn herum nicht annehmen? Es muß von einer "*himmlischen Sache*" handeln, von der Jesus bisher noch nicht gesprochen, die er aber zuvor schon als "*irdische Sache*" zur Sprache gebracht hat. Als solche ist sie von den "*Ihr*" um Nikodemus jedoch nicht geglaubt worden. Dafür kommt im ganzen Kontext nur Jesu Hinweis 2,19 auf das letzte, größte seiner Zeichen, seinen Tod und seine Auferstehung in Frage. Die *Juden*, zu denen auch Nikodemus gehört, haben ihm nicht geglaubt (2,20; anders die Jünger: 2,22). Werden sie ihm dann glauben, wenn er über die himmlische Bedeutung dieses Geschehens spricht? Denn 3,13-15 weist auf das himmlische Heilsgeheimnis hin, das hinter dem irdischen Sterben und der Auferstehung Jesu nur im Glauben erkannt werden kann: In Tod und Auferstehung wird sich Jesu Aufstieg als Menschensohn dorthin vollziehen, wo er vorher war (vgl. 6,62). Niemand ist nämlich jemals in den Himmel hinaufgestiegen und wird dies je vollbringen, außer dem einzigen, der zuvor aus dem Himmel herabgestiegen ist. Also weist der *Aufstieg* Jesu auf seine Herkunft und damit auf seine Vollmacht hin: Er allein stammt "*von oben*", er kann als einziger Gottes Sache auf Erden vertreten und seine Wirklichkeit glaubwürdig bezeugen. Sein Sterben ist nicht die Widerlegung seines Zeugnisses, sondern in himmlischer Wirklichkeit seine *Erhöhung*, somit die Eröffnung der Geistgabe und daher Zeichen des Heils für alle, die an ihn glauben. Darauf hat schon Mose in der Wüste mit der erhöhten Schlange hingewiesen (vgl. Num 21,9).

Niemand kann dem Menschen Jesus und seinem Tod am Kreuz diese himmlische Bedeutung äußerlich ansehen. Nur im Glauben an sein Wort kann sie erfaßt werden (vgl. 2,22). Dieser ist die einzige Möglichkeit, die himmlischen Geheimnisse, die der "*von oben*", der aus dem Himmel Herabgestiegene als einziger kennt und bezeugt, zu teilen. Niemals könnte der natürliche Mensch sie selbst ergründen. Er muß sich vielmehr darauf verlassen, daß es so ist, wie Jesus sagt. Indem er sich aber darauf verläßt, wird er neu geboren, denn nun lebt er nicht mehr aus dem Verfügbaren, sondern aus dem Unverfügbaren, dem Wohlwollen und der Sorge eines anderen. Darum ist der Glaube die "*Geburt von oben*", "*die Geburt aus dem Geist*", die Geistwerdung des Menschen. Er ist die einzige Möglichkeit, der Wirklichkeit Gottes zu begegnen, des ewigen Lebens teilhaftig zu werden.

3,16-21: In einem dritten Abschnitt setzt Jesus seine Rede fort, jetzt ohne jede Reaktion des Nikodemus. Der Autor hat ihn nicht vergessen. Wenn Nikodemus am Gespräch nicht mehr teilnimmt, so zeigt das nur, daß er Jesu Rede nicht begreifen kann. Aber sie betrifft ihn und die um ihn herum gleichwohl, zeigt sie doch die innere Dimension des Nichtglaubens auf und seine Folgen. Obwohl in der Szene leiblich weiterhin anwesend, steht Nikodemus dennoch draußen.

Im ersten Satz 3,16 nimmt Jesus das zuletzt angesprochene himmlische Geheimnis formal und inhaltlich auf, wendet den Gedanken nun aber erläuternd dahin, daß das Kommen und Wirken Jesu bis hin zu seiner Selbsthingabe am Kreuz als ein Geschehen der Liebe Gottes zur Rettung der Welt erscheint. Das läßt sich wiederum auf natürliche, vernünftige Weise nicht erkennen. Niemand kann neutral und unbeteiligt feststellen und wissen, daß im Menschen Jesus der "*einziggeborene Sohn*" Gottes begegnet, daß sein Erscheinen ein Ereignis der Liebe Gottes ist. Durch kein äußeres Merkmal, durch kein Etikett wird dies angezeigt. Nur wer sich auf sein Wirken einläßt, sich seinem Wort öffnet, erfährt, was es wirklich bedeutet. Darum formuliert der Finalsatz, der das Ziel der Liebe Gottes angibt, auch, daß "*jeder an ihn Glaubende nicht verlorengeht, sondern das ewige Leben hat*".

3,17 nimmt den positiven Aspekt von 3,16 auf: Die Sendung des Sohnes hat einzig die Rettung der Welt zum Ziel, nicht ihre Verurteilung. Sie ist eben ein Ausfluß von Gottes *Liebe*. 3,18 erläutert den Hinweis auf das drohende Verderben in 3,16, dem der Glaubende entnommen ist: Obwohl die Sendung Jesu auf die Rettung der Welt zielt, ereignet sich in ihrem Gefolge auch das Gericht. Das Gericht erfolgt zwar nicht durch Jesus, dennoch ist es die Auswirkung seiner Sendung: "*Wer an ihn glaubt, wird nicht gerichtet, wer aber nicht glaubt, ist schon gerichtet, weil er an den Namen des einziggeborenen Sohnes Gottes nicht geglaubt hat*". Das bedeutet, daß Verderben, Gericht und Verurteilung die Wirklichkeiten sind, in denen sich die Welt bereits vor dem Kommen Jesu befand und die sich unweigerlich auswirken, wenn Gottes liebender Heilswille in Jesus sich nicht durchsetzt. Gott achtet die Freiheit des Menschen, seine Liebe drängt sich nicht auf und ergreift den anderen nicht mit Gewalt. Um anzukommen, muß sie angenommen werden. Das rettende Wirken des "*einziggeborenen Sohnes*" ist ein Geschenk Gottes an die Welt, und darum muß es *empfangen* werden. Die Haltung der Annahme und des Empfangens aber ist der Glaube. Wer glaubt, stimmt damit zu, daß er auf die Liebe Gottes angewiesen ist, daß er ohne die Gabe des Sohnes verloren ist, daß er sich aus eigener Kraft nicht retten kann. Wer glaubt, anerkennt seine Bedürftigkeit und Angewiesenheit, er öffnet sich dem anderen und traut ihm zu, das zu tun, was er selbst nicht vermag. Insofern ist er im Glauben bereits ein anderer geworden, als er vorher war; er ist "*neu geboren worden*".

Wie die Liebe, so kann auch Gott nur wirksam werden, wenn er aufgenommen wird. Wird er aber aufgenommen, dann wirkt seine Liebe zum Heil, niemals zum Verderben. Darum kann Jesus sagen, daß der Glaubende nicht gerichtet wird, sondern ewiges Leben hat. Die Aussage über die Präsenz des Heils ist in der Liebe Gottes begründet, die als Liebe keine Einschränkung kennen darf.

Der Gedanke ist also nicht, daß sich jetzt im Glauben entscheidet, ob Gott *später* einmal rettend handelt oder aber richtet. Auch das Gericht ist ja bereits gegenwärtig, und zwar nicht als Wirkung des Handelns Gottes, sondern als Auswirkung der Verweigerung und Ablehnung seiner Liebesgabe. Wer nämlich an Jesus als den "*einziggeborenen Sohn*" Gottes nicht glaubt, *ist* schon gerichtet!

3,19-21 sollen 3,18 weiter ausführen, indem die Gegenwart des Gerichts als Wirkung der Verweigerung der Menschen erwiesen wird. Merkwürdigerweise ist die Aufteilung der Welt in "Glaubende/Nichtglaubende" verlassen und an ihre Stelle eine andere Scheidung, in solche, "*die das Schlechte verüben*", und in solche, "*die die Wahrheit tun*", getreten. Das Gericht besteht jetzt darin, daß die schlecht Handelnden das Licht scheuen, um die Bosheit ihres Tuns nicht offenkundig werden zu lassen. Sie lieben die Finsternis, in der sie sich befinden, mehr als das Licht (vgl. 1,5.9f), denn das Licht deckt das Böse auf. Das Gericht ist also das bewußte *Bleiben* in der Finsternis als Verhaftetsein mit den eigenen bösen Taten. Das Kommen zum Licht würde mit der Aufdeckung dieser Taten zugleich die Befreiung von ihnen bewirken. Wer die Wahrheit tut, kommt zum Licht, läßt sich erleuchten und durchleuchten.

Wie ist das gemeint? Sind "*das Schlechte verüben*" und "*die Wahrheit tun*" moralische Wertungen? Die Bosheit der schlecht Handelnden steckt nicht so sehr in ihren schlechen Taten als in ihnen selbst. Sie besteht darin, daß sie bei ihrem schlechten Tun *bleiben* wollen. Sie wollen sich nicht verändern, sondern bleiben, was sie sind und wo sie sind. Sie öffnen sich nicht dem Licht, das sie verwandeln könnte. Sie könnten "*neu geboren*" werden, aber das wollen sie nicht. Die Bosheit ist also etwas im Menschen, das das schlechte Tun hervorbringt. Würde sie verlassen, schwänden auch die schlechten Taten. Doch der böse Mensch will bleiben, was er ist. Damit wird klar, daß der Text mit denen, "*die nicht glauben*" (3,18), und denen, "*die das Schlechte verüben*" (3,20), die gleiche Menschengruppe meint. Wer nicht an Jesus, das Licht, glaubt, ist also derjenige, der das Schlechte verübt. Indem er sich im Nichtglauben gegen Jesus entscheidet, wird offenbar, daß er in der Finsternis und Bosheit bleibt, wo er immer schon war. Dementsprechend bleiben seine Taten schlecht und böse, wie sie es stets waren. Eine neue Geburt findet nicht statt.

Dann ist der Glaube aber das "*Tun der Wahrheit*". Wer glaubt, braucht somit bis zu dem Moment seiner Entscheidung gar nicht der moralisch Bessere gewesen zu sein. Er unterscheidet sich vielmehr dadurch, daß er zum Licht kommen, sich erleuchten und verwandeln lassen will. Er will "*von oben geboren*" werden. Diese Entscheidung zur Wahrheit, zum Guten könnte er aber gar nicht fällen, wenn nicht das Gute schon sein Ursprung wäre. Die Wahrheit ist somit keine äußere Qualität, die etwa dem Tun anhaftet, sondern eine innere Macht im Menschen, die sein Tun leitet. Sie führt ihn zum Licht, und im Kommen zum Licht zeigt sich, woher der Mensch wirklich stammt: Wer zum Licht kommt, also an Jesus glaubt, stammt aus Gott, ist "*von oben geboren*", hat seine letzte Herkunft im Geist. Damit ist auch sein Tun letztlich aus Gott, obwohl der Mensch es ist, der handelt. Der Kreis schließt sich: Auch in 3,19-21 geht es um das Thema, das den gesamten Kontext beherrscht: die Geburt "*von oben*".

Drittes Bild: 3,22 - 4,54

I. Die Analyse

1. Abgrenzung

Mit 3,22 beginnt ein neuer Großabschnitt des JohEv: Jesus verläßt nach dem (erfolglosen) Gespräch mit Nikodemus Jerusalem und kehrt an den Taufort des Johannes (vgl. 1,28f) zurück, um von dort ausgehend den Weg zu wiederholen, den er schon in 1,35-2,12 gemacht hat. Unverkennbar markiert 4,54 die Abschnittsgrenze.

Daß das dritte Bild 3,22-4,54 ganz bewußt als *Wiederholung* des ersten Bildes entworfen und gestaltet ist, läßt der Autor mehrmals deutlich werden, zunächst in 4,3.43 und 4,46, wo Jesus "*wieder nach Galiläa*" geht (vgl. 1,43) bzw. "*wieder nach Kana in Galiläa kommt, wo er das Wasser in Wein verwandelt hat*" (vgl. 2,1); auch Kapharnaum spielt erneut eine Rolle (4,46; vgl. 2,12). Das dritte Bild endet wie das erste mit einem aufzählenden Hinweis auf Jesu Zeichen (4,54; vgl. 2,11).

Gegenüber dem ersten Bild ist eine deutliche *Steigerung* zu beobachten, zunächst szenisch dadurch, daß Jesus auf dem Weg nach Galiläa durch Samarien zieht und die Bewohner von Sychar seine Jünger werden (4,3.42.43). In 4,43-45 kommt nun ein erheblicher Vorbehalt gegen die Galiläer zum Ausdruck; in 1,19-2,12 blieb die Frage nach Jesu Wirkung auf andere Personen als die Jünger noch offen. Schließlich ist das nochmalige Zeugnis des Johannes für Jesus und seine damit einhergehende Selbsteinschätzung in 3,29-36 gegenüber 1,19-34 inhaltlich verstärkt. Das dritte Bild des JohEv ist insofern eine Zuspitzung des ersten.

2. Rückverweise/Wiederaufnahmen/Echos: Was die Leserinnen und Leser schon wissen!

Ein ausdrücklicher *Rückverweis* des Autors auf das Weinwunder in Kana findet sich in 4,46. Auch die handlungsinternen Figuren verweisen ausdrücklich auf vorausliegende Ereignisse, zunächst die beim Täufer gebliebenen Jünger in 3,26 (vgl. 1,29-34) und dann dieser selbst in 3,28 (vgl. 1,19-28).

Manche Züge und Themen aus 1,19-2,12 werden in *Echos* aufgegriffen, vertieft und weitergeführt. In 4,1 kommen die 1,24 (vgl. 3,1) erwähnten Pharisäer erneut ins Spiel, diesmal deutlicher als *gefährliche* Größe, vor der sich Jesus in acht nehmen und zurückziehen muß.

In 2,6 spielten beim Zeichen Jesu die (leeren) Wasserkrüge, die bei der jüdischen *Reinigung* benutzt wurden, eine Rolle. Jetzt wird in 3,25 sogar von einem Streit der Johannesjünger mit einem Juden über das Problem der *Reinigung* berichtet. Die Frage entsteht: Wo gibt es eine wirkungsvolle Reinigung des Menschen?

Darauf gibt Johannes der Täufer eine Antwort, die aber nur dem aufgeht, der auf ihn hören will. In 1,33 hatte er schon auf Jesus als den Geisttäufer verwiesen, nun sagt er von ihm: "*Ohne Maß gibt er den Geist*" (3,34).

Ein *Echo* auf 1,33 ist auch die Erwähnung, daß Jesus taufte (4,1). Erfüllt sich darin der obige Hinweis des Johannes?

Vielleicht muß auch das Bildwort des Täufers vom Bräutigam und seinem Freund (3,29) als bewußtes *Echo* der Kanaerzählung angesehen werden. Dort wurde von einer Hochzeit berichtet, und es begegnete bereits ein Bräutigam. Durch das Bildwort des Täufers wird klar, daß der wahre Bräutigam Jesus ist. Er hat bis jetzt den kostbaren Wein aufgespart. Wer aber ist die Braut? Ist es die Samaritanerin als Repräsentantin der Glaubenden? Schließlich hatte sie fünf Männer, und ihr jetziger Partner ist nicht ihr Mann (4,18).

Eine szenische und inhaltliche *Wiederaufnahme* des Kontextes besteht darin, daß die Samaritanerin und ihre Landsleute zu der Erkenntnis gelangen, daß Jesus der Messias ist (4,25f.29). Dies Bekenntnis haben in 1,41.45.49 bereits die erstberufenen Jünger ausgesprochen. Jetzt wird ein neuer Höhepunkt erreicht, wenn am Ende von Jesus bekannt wird: "*Dieser ist in Wahrheit der Retter der Welt*" (4,42).

Das Zeugnis über Jesus, das der Autor in 3,31-36 dem Täufer in den Mund legt, ist eine *Wiederaufnahme* des Selbstzeugnisses Jesu von 3,11-21. Der Täufer verweist auf Jesus als den "*von oben*", "*aus dem Himmel*" Gekommenen (3,31; vgl. 3,3.7.13), auf sich selbst aber als einen, der von der Erde ist (vgl. 3,6; 1,23; 3,28). Sein Wort über Jesus als himmlischen Zeugen in 3,32 nimmt fast wörtlich 3,11 auf. 3,36a wiederholt die Aussage von 3,16.18a. Das Thema von 3,36b schließlich ist - leicht gewendet - das von 3,18b-20. Diese Verbindungen sind kein Zufall, schon gar nicht schriftstellerisches Unvermögen, sondern bewußte Parallelisierungen: Der von Gott gesandte Täufer legt über Jesus ein wahres Zeugnis ab, das sich vom Zeugnis Jesu und des Vaters nicht unterscheidet (vgl. 1,19-34).

Ein weiteres Thema, das im dritten Bild *wiederaufgenommen* wird, ist das von "Ort und Art der Anbetung". Nachdem Jesus in 2,16 das Tempelgebäude als "*Haus meines Vaters*" verteidigt, sich selbst aber als den wahren Tempel ausgegeben hatte (2,19.21), vertieft er dieses Thema im Gespräch mit der Samaritanerin dahin, daß die Anbetung Gottes nicht an einen Ort gebunden ist, sondern an "*Geist und Wahrheit*". Beides sind freilich Früchte des Wirkens Jesu (3,34; 1,17), das in der Hingabe seines Leibes sein Ziel hat.

Als *Wiederaufnahme* ist auch anzusehen, daß in 4,43-45 eine mit 2,23-25 vergleichbare qualifizierende Bemerkung vorliegt. Diesmal wird ein Vorbehalt gegen die Galiläer zum Ausdruck gebracht, die Jesus aufgrund seiner Jerusalemer Zeichen zwar gastlich aufnehmen, ihm aber gleichwohl nicht die *Ehre* geben. Mit dieser Charakterisierung der Galiläer hängt vielleicht auch Jesu Bemerkung 4,48 zusammen (vgl. den Plural "*ihr*"), mit der das Problem des "Zeichenglaubens", das schon in 2,18.23ff; 3,2 eine Rolle spielte, aufgegriffen und vertieft wird.

3. Autorkommentare/Vorverweise/Leerstellen: Worauf die Leserinnen und Leser achten sollen!

In 4,2 greift der Autor durch einen *Kommentar* geradezu korrigierend ein und verhindert so ein Mißverständnis der Leser. In 4,1 konnte die Frage aufkommen, ob das dargestellte Wirken Jesu schon die von Johannes angekündigte Geisttaufe war (vgl. 1,33; 3,34). Der *Kommentar* rückt zurecht: Das Jesus zugeschriebene Taufen nehmen in Wahrheit seine Jünger vor; es kann daher nicht jene Geisttaufe sein, sondern diente vielmehr der Gewinnung neuer Jünger, ist also Wassertaufe wie bei Johannes (1,31).

In 3,24 gibt der Autor einen *Vorverweis*: "*Johannes war noch nicht ins Gefängnis geworfen worden*". Er signalisiert damit, daß das Täuferwirken gewaltsam enden wird. In jedem Fall kann der Leser mit dem Hinweis etwas anfangen, auch wenn im folgenden über die Gefangennahme und gewaltsame Tötung des Johannes nichts erzählt wird. Den kundigen Leser verweist der Autor auf ein Vorwissen, das er aus anderen Schriften - den Synoptikern ? - bezieht; unwahrscheinlich ist aber, daß er bei allen Lesern dieses Vorwissen voraussetzt. Eng mit 3,24 hängt 3,30 zusammen, wo der Täufer selbst auf das Ende seines Wirkens vorausweist: Ist mit *Verblassen* bzw. *Abnehmen* des Täufers das gewaltsame Geschick gemeint, das ihn erwartet?

Zwei *Vorverweise* auf sein Wirken bzw. dessen Wirkung gibt Jesus im Gespräch mit der Samaritanerin. In 4,14 weist er auf das Wasser hin, das er "*geben wird*", ein Rätselwort, das die Leser entschlüsseln sollen (vgl. 7,37f; 19,34). Hängt dieser Vorverweis mit dem zweiten zusammen (4,21. 23), wonach in der zukünftigen Stunde, die jetzt schon da ist, der Vater "*in Geist und Wahrheit*" angebetet wird? Wann wird das sein, und welche Rolle spielt Jesu Gabe dabei?

Eine *Leerstelle* im Text ist der Hinweis auf den Streit der Johannesjünger mit einem Juden "*über Reinigung*" (3,25). Über das Ergebnis dieser Auseinandersetzung wird nichts weiter berichtet. Die Frage bleibt also offen, und die Leser sollen aufmerksam die Antwort erwarten, die der

Text später geben wird (vgl. 13,10; 15,3). Weitere offene Fragen sind: Wer ist die Braut (3,29)? Und: Worin besteht das *Werk*, das Jesus *vollenden* soll (4,34; vgl. 9,4; 10,18; 17,4; 19,30)?

4. Aufbau/Gliederung

Ortsangaben

Es finden sich eine Reihe von Angaben, die eine zweite Wanderung Jesu von Judäa über Samarien nach Galiläa/Kana beschreiben (3,22; 4,1-4; 4,43.45.46). In 3,23 kommt noch eine hinzu, die das Wirken Johannes des Täufers neu ortet. In 4,54 wird die ganze Szene zusammengefaßt: "*Dieses zweite Zeichen wirkte Jesus, als er von Judäa nach Galiläa kam.*"

Bis auf die erste Ortsangabe 3,22 sind alle anderen vollkommen klar. Sie lokalisieren die Handlung an konkret benennbaren Orten: in "*Ainon, nahe Saleim*" (3,23), am *Jakobsbrunnen* bei *Sychar* (4,5f), nach "*Kana in Galiläa*" (4,46). Wo aber spielt sich ab, was 3,22 (vgl. 4,1f) erzählt wird? Die Angabe "*Judäisches Land*" ist jedenfalls zu weit, um die Tauftätigkeit Jesu bestimmen zu können.

Die Leser sind aufgefordert, diese kryptische Angabe aufzulösen. Sie können es, wenn sie beachten, daß 3,23 ihnen indirekt mitteilt, Johannes der Täufer habe den Ort seines Auftretens und Zeugnisses verlassen (vgl. 1,28), nachdem sich sein Wirken erfüllt hat (vgl. 1,33ff). Hat er seine Taufstelle "*in Bethanien, jenseits des Jordan*" Jesus überlassen (vgl. 10,40), der nun seinen Platz einnimmt? Hat er damit bereits verwirklicht, was er in 3,30 seinen Jüngern ansagt: "*Jener muß aufstrahlen, ich aber verblassen*"?

Von Johannes wird hier nochmals erzählt, was die Leser schon aus 1,19-35 kennen: Er tauft immer noch, um Jesus offenbar zu machen (vgl. 1,31). Und doch ist eine Veränderung eingetreten: Er tauft nicht mehr am gleichen Ort, und die Leser erfahren aus seinem eigenen Mund, daß sein Wirken bald beendet sein wird (3,24.30).

Personen

Neben Jesus und seinen Jüngern begegnen erneut Johannes und dessen Jünger, die die Leser bereits kennen. Auch die Pharisäer von 1,24 spielen wieder eine Rolle (4,1f), und unter den Galiläern, die Jesus zwar aufnehmen, aber nicht wirklich ehren, dürften auch seine Brüder (2,12) sowie sonstige Verwandte und Nachbarn sein (4,43f). Neu gegenüber den Personen des ersten Bildes sind dagegen die Samaritanerin, ihre Mitbewohner und der königliche Beamte mit "*seinem ganzen Haus*". Diese neuen Personen - aber nur sie ! - kommen zu einem wirklichen Glauben an Jesus. Die Jüngerschaft Jesu weitet sich aus (vgl. 4,1).

Gliederung

Die Ortsangaben bilden ein klares Gliederungsprinzip. So entstehen - unbeschadet einer weiteren Untergliederung - drei große Szenen, die jeweils durch eine allgemeinere Bemerkung über den Weg Jesu (3,22; 4,1-4; 4,43.45) und eine detaillierte Ortsangabe (3,23; 4,5f; 4,46) eingeleitet werden. Wie im ersten Bild handelt in der ersten Szene Johannes der Täufer (3,23-36; vgl. 1,19-35), dann geht die Handlung auf Jesus über, der neue Jünger gewinnt (4,1-42; vgl. 1,36.51) und ein zweites Zeichen in Galiläa wirkt (4,43-54; vgl. 2,1-12).

Einleitung: 3,22
Jesus kehrt an den Ausgangspunkt zurück

1. Szene: 3,23-36
Ortsangabe: Ainon nahe Saleim (3,23)
3,23-30: weiteres Zeugnis des Johannes über sich selbst (vgl. 1,19-28)
3,31-36: weiteres Zeugnis des Johannes über Jesus (vgl. 1,29-34)

Überleitung: 4,1-4
Jesu Rückzug nach Galiläa

2. Szene: 4,5-42
Ortsangabe: Jakobsbrunnen bei Sychar (4,5f)

4,7-15.16-26: Dialog Jesu mit der Frau in zwei Durchgängen
4,27-42: Darstellung und Besprechung der Samaritanermission

Überleitung: 4,43-45
Weg Jesu nach Galiläa
Bewertung der Galiläer

3. Szene: 4,46-53
Ortsangabe: Kana in Galiläa (4,46)
Das "zweite" Zeichen Jesu

Abschlußbemerkung: 4,54
"*von Judäa nach Galiläa*"

II. Die Handlung

1. Das weitere Zeugnis des Johannes: 3,22.23-36

[22]Danach kamen Jesus und seine Jünger in das Land Judäa, und
dort verweilte er mit ihnen und taufte. [23]Aber auch Johannes
taufte in Ainon, nahe Saleim, weil dort viel Wasser war. Und
man kam und ließ sich taufen. [24]Noch war nämlich Johannes
nicht ins Gefängnis geworfen worden.
[25]Da fingen die Johannnesjünger Streit mit einem Juden an über
Reinigung. [26]Und sie kamen zu Johannes und sagten ihm: "Rab-
bi, der bei dir war jenseits des Jordans, dem du Zeugnis gegeben
hast, sieh, dieser tauft und alle kommen zu ihm." [27]Johannes
antwortete:

> *"Kein Mensch kann etwas nehmen,*
> *wenn es ihm nicht aus dem Himmel gegeben ist.*
> *[28]Ihr selbst seid meine Zeugen, daß ich gesagt habe:*
> *Nicht ich bin der Messias, sondern:*
> *Vor jenem bin ich hergesandt.*
> *[29]Wer die Braut hat, ist Bräutigam.*
> *Der Freund des Bräutigams aber,*
> *der dasteht und ihn hört, ist freudig und froh*
> *über die Stimme des Bräutigams.*
> *Diese meine Freude ist nun erfüllt.*
> *[30]Jener muß aufstrahlen, ich aber verblassen.*
> *[31]Der von oben kommt, ist über allen.*
> *Wer von der Erde ist, ist irdisch und redet Irdisches.*
> *Wer aus dem Himmel kommt, ist über allen.*
> *[32]Was er gesehen und gehört hat, das bezeugt er,*
> *aber sein Zeugnis nimmt keiner an.*
> *[33]Wer sein Zeugnis annimmt, der besiegelt damit,*
> *daß Gott wahrhaftig ist.*
> *[34]Denn der, den Gott gesandt hat, spricht die Worte Gottes;*
> *denn ohne Maß gibt er den Geist.*
> *[35]Der Vater liebt den Sohn,*
> *und alles hat er in seine Hand gelegt.*
> *[36]Wer an den Sohn glaubt, hat ewiges Leben.*
> *Wer aber dem Sohn nicht gehorsam ist,*
> *wird Leben nicht sehen,*
> *sondern Gottes Zorn bleibt auf ihm."*

3,22: Der gesamte Textzusammenhang wird durch die Situationsangabe 3,22 eingeleitet, die sich auf dem Hintergrund des Kontextes und des Vorwissens der Leser als ungewöhnlich schillernd erweist. Zweimal wird im Verlauf der folgenden Darstellung auf diese Angabe zurückgegriffen. Zunächst bewerten die Jünger des Johannes in 3,26 die Tatsache des Taufens Jesu als Erfolg: "*Dieser tauft, und alle kommen zu ihm*". Dann wird die Eröffnungsnotiz in 4,1-3 aufgegriffen und in doppelter Weise so verschoben, daß man den Eindruck haben könnte, die frühere Mitteilung werde zurückgenommen: Nicht Jesus selbst tauft, sondern seine Jünger. Jesus erscheint seltsam unbeteiligt. In 4,1 wird ebenfalls der Erfolg Jesu festgestellt; vielleicht soll aber auch nur zum Ausdruck kommen, daß sein Erfolg lediglich in der Meinung der Pharisäer groß ist, nicht jedoch in Wirklichkeit.

Die Leser dagegen wissen aus dem Prolog, daß Jesus als das "*wahre Licht in sein Eigentum kam, aber die Seinen ihn nicht aufnahmen*" (1,11). Sie haben von Jesu Vorbehalt gegen die Jerusalemer Augenzeugen gerade erst gelesen (2,23-25) und aus Jesu Mund eben noch gehört: "... *ihr aber nehmt unser Zeugnis nicht an*" (3,11). Also müssen sie sich von Beginn des neuen Textabschnitts an fragen, welchen Erfolg das Wirken Jesu tatsächlich hat und wo die von Jesus bzw. den Jüngern Getauften im Verlauf der Handlung eigentlich bleiben, zumal dieses Taufen noch keinesfalls jene Taufe mit Heiligem Geist ist, die der Täufer als Wirkung des nach ihm Kommenden angekündigt hatte (vgl. 1,33). Somit wirft die einleitende Situationsangabe sofort die Frage nach dem Erfolg Jesu auf, und gerade um dieses Phänomen geht es im folgenden.

3,23-30: Die erste Szene 3,23-36 bietet ein erneutes Zeugnis des Johannes über sich selbst und über Jesus. Entsprechend dem ersten Zeugnis 1,19-28.29-34 hat es ebenfalls zwei Teile. In 3,23-30 wird unter direkter Bezugnahme auf 1,20-23 (vgl. 3,28) nochmals die Bedeutung und Aufgabe des Täufers besprochen, in 3,31-36 geht es wie in 1,29-34 (vgl. 3,31.34) um Person und Wirkung Jesu.

Die Ortsangabe 3,23f verweist darauf, daß Johannes inzwischen an einer anderen Taufstelle tätig ist (vgl. 1,28), also seinen Platz freigemacht hat. Aber er tauft noch, d.h. sein Auftrag, Jesus in Israel bekannt zu machen (vgl. 1,31), ist nicht abgeschlossen. Doch wird sein persönliches Wirken bald beendet sein, wie der Leser in 3,24 durch den Autor und in 3,30 durch den Täufer erfährt. Der *Autorkommentar* 3,24 macht einerseits klar, daß das gewaltsame Ende des Täuferwirkens unmittelbar bevorsteht, und will andererseits möglicherweise den Synoptikern (vgl. Mk 1,14) direkt widersprechen und den Widerspruch sogar betonen.

In 3,25 folgt ein vielumrätselter Hinweis auf einen Streit zwischen den Johannesjüngern und "*einem Juden über Reinigung*". Der Streit ist Anlaß, den Täufer auf Jesu Taufen und seine angeblichen Erfolge aufmerksam zu machen. Also muß er wohl die Frage zum Inhalt gehabt haben, ob das Wirken Jesu oder das des Täufers Reinigung bewirkt. Dazu hatte der Täufer bereits eindeutig - wenn auch verdeckt - Stellung bezogen, als er sich lediglich eine Wassertaufe (vgl. 1,26.31), Jesus aber die Geisttaufe (1,33) zuschrieb und ihn als das "*Lamm Gottes, das die Sünden der Welt wegträgt*" (1,29) bezeichnete. Doch die bei ihm verbliebenen Jünger haben davon nichts begriffen. Darum weist der Täufer sie nochmals auf sein erstes Zeugnis hin.

Zunächst stellt er der übertreibenden Feststellung "*alle kommen zu ihm*" entgegen, daß "*kein Mensch sich etwas nehmen kann, wenn es ihm nicht aus dem Himmel gegeben ist*" (3,27). Wer wirklich zu Jesus kommt, ist ihm von Gott gegeben worden (vgl. 6,37.39.44.65). Sodann ruft er seine eigenen Jünger zu Zeugen dafür auf, daß nicht er der Christus ist, sondern nur dessen vorauslaufender Melder. Er ist der *Freund*, der den *Bräutigam* der *Braut* zuführt (vgl. 1,31) und vor der Tür des Brautgemachs voll Freude die Hochzeit verkündet, sobald er von drinnen die Stimme des Bräutigams hört. Das ist eingetreten, und darum ist die *Freude*, aber auch die Aufgabe des Täufers nun erfüllt. Jesus, das Licht, muß aufstrahlen, Johannes indessen verblassen.

Wer aber ist die Braut? Ohne Zweifel Israel (1,31), also diejenigen, die als "*wahre Israeliten*" (1,47) zu Jesus kommen. Das sind, wie der Leser längst weiß, keineswegs *alle*, die ihm folgen, sondern nur jene, die an ihn glauben und so "*von oben geboren*" sind (vgl. 3,3). Die beim Täufer verbliebenen Jünger gehören noch nicht dazu, obwohl sie es eigentlich besser wissen müßten.

3,31-36: Der zweite Teil der Rede des Täufers ist ein neues Zeugnis über Jesus und dessen Wirkung. Man hat nicht den Eindruck, daß es die Gesprächspartner noch erreicht. Es wirkt wie in den Wind gesprochen (vgl. 3,11ff). Dies weitere Zeugnis berührt sich zwar mit dem ersten (vgl. 1,30.33f), hat seine nächsten Parallelen aber in den Worten Jesu 3,3-21. Auf diese Weise wird deutlich, daß der Täufer über Jesus nichts anderes sagt als Jesus selbst. Sein Wort ist wahres Zeugnis und hat einen göttlichen Ursprung. Darum gehörte es auch in den Prolog (vgl. 1,15).

Der Täufer bezeugt Jesus als den "*von oben*", der "*aus dem Himmel*" herabgekommen ist. Er ist daher allen, die "*von der Erde*" stammen, somit auch dem Täufer selbst, wesenhaft überlegen. Von oben kann nur kommen, wer von oben ist. Er allein legt ein wahres Zeugnis ab über Gottes Wirklichkeit, die er oben gehört und gesehen hat. Seine Worte sind daher nicht irdische Rede, sondern Gottes eigenes Wort und damit Geist. Freilich vermag allein der das Zeugnis Jesu als Wahrheit anzunehmen, der selbst "*aus der Wahrheit ist*" (vgl. 18,37), wie auch den Geist nur empfangen kann, wer "*aus dem Geist geboren*" ist (vgl. 3,6ff). Das sind wenige, und darum stellt der Täufer hier, trotz der "Erfolgsmeldung" von 3,26, resignativ fest, daß *niemand* (bis auf die wenigen Ausnahmen) das Zeugnis Jesu annimmt (vgl. 1,11f; 3,11).

3,35 setzt neu an und erklärt nun den Menschen Jesus zum *Sohn* und sein vollmächtiges Wirken zur Frucht der Liebe Gottes. Damit ist alles in 3,31-34 Gesagte noch einmal zusammengefaßt.

3,36 spricht nochmals auf neue Weise aus, was in 3,32b.33 bereits gesagt worden war: Annahme oder Ablehnung des wahren Zeugnisses Jesu erfolgt im "*Glauben an den Sohn*" bzw. im "*Ungehorsam gegen ihn*". Wer im Glauben das Zeugniswort Jesu als wahr annimmt, hat darin die Sache selbst. Sie zeigt sich schon im Wort und kann dadurch empfangen werden: "*Er hat das ewige Leben*". Umgekehrt gilt für den Unglauben, der das Zeugnis Jesu ablehnt, daß er in dem Zustand bleibt, in dem er sich schon befindet, unter dem Zorn Gottes, der als Gegensatz zu seiner Liebe (3,16) Ausschluß vom Leben ist. Das ist - anders gewendet - dasselbe, was Jesus in 3,18ff gesagt hatte. Auch in 3,36 ist die Anschauung nicht, daß der Zorn Gottes das Gericht erst zukünftig nach sich zieht, vielmehr ist er die schon gegenwärtige Folge der sich im Ungehorsam gegen den *Sohn* ereignenden Verweigerung der Menschen.

2. Die Samaritaner werden Jünger Jesu: 4,1-4.5-42

4[1]Da Jesus nun erkannte, die Pharisäer hätten gehört, Jesus mache mehr Jünger und taufe mehr als Johannes - [2]freilich taufte Jesus nicht selbst, sondern seine Jünger -, [3]verließ er Judäa und ging weg, wiederum nach Galiläa. [4]Er mußte aber durch Samaria wandern.

[5]So kommt er in eine Stadt Samarias, Sychar genannt, nahe dem Feld, das Jakob seinem Sohn Josef gegeben hatte. [6]Dort war aber der Jakobsbrunnen. Jesus setzte sich nun ermüdet von der Wanderung, wie er war, am Brunnen nieder. Es war etwa die sechste Stunde. [7]Da kommt eine samaritanische Frau, um Wasser zu schöpfen. Jesus sagt zu ihr:

"Gib mir zu trinken".

[8]Die Jünger waren nämlich in die Stadt gegangen, um Nahrungsmittel zu kaufen. [9]Da sagt die Samaritanerin zu ihm:

"Wie kannst du, ein Jude, von mir,
einer samaritanischen Frau, zu trinken verlangen?
Haben doch die Juden mit Samaritanern keinen Umgang."

[10]Jesus antwortete ihr:

"Wenn du um die Gabe Gottes wüßtest

und wer der ist, der zu dir sagt: Gib mir zu trinken!
Du würdest ihn bitten und er gäbe dir lebendiges Wasser."
[11]*Die Frau sagt ihm:*
"Mein Herr, du hast nicht einmal ein Schöpfgefäß,
und der Brunnen ist tief!
Woher hast du dann das lebendige Wasser?
[12]*Du bist doch nicht etwa größer als unser Vater Jakob,*
der uns den Brunnen gab und selbst aus ihm trank
und seine Söhne und sein Vieh?"
[13]*Jesus antwortete ihr:*
"Jeder der von diesem Wasser trinkt, bekommt wieder Durst.
[14]*Wer aber von dem Wasser trinkt, das ich ihm geben werde,*
der hat in Ewigkeit keinen Durst mehr, vielmehr:
das Wasser, das ich ihm geben werde,
wird in ihm zu einer Quelle von Wasser,
das sprudelt zum ewigen Leben."
[15]*Die Frau sagt zu ihm:*
"Mein Herr, gib mir dieses Wasser,
damit ich nie mehr Durst habe
und nicht mehr hierher kommen muß und schöpfen."
[16]*Jesus sagt ihr:*
"Geh, ruf deinen Mann und komm hierher."
[17]*Die Frau antwortete ihm:*
"Ich habe keinen Mann."
Jesus sagt ihr:
"Schön hast du das gesagt: Ich habe keinen Mann.
[18]*Fünf Männer hattest du nämlich,*
und den du jetzt hast, ist nicht dein Mann.
Das hast du wahr gesprochen."
[19]*Die Frau sagt ihm:*
"Herr, ich sehe, du bist ein Prophet.
[20]*Unsere Väter beteten auf diesem Berg an.*
Ihr aber sagt, in Jerusalem sei der Ort,
wo man anbeten muß."
[21]*Jesus sagt zu ihr:*
"Glaub mir, Frau, es kommt die Stunde,
daß man weder auf diesem Berg noch in Jerusalem
den Vater anbeten wird.
[22]*Ihr betet an, was ihr nicht kennt.*
Wir beten an, was wir kennen.
Denn das Heil kommt aus den Juden.
[23]*Aber es kommt die Stunde - jetzt ist sie da -,*

wo die wahren Anbeter den Vater anbeten
in Geist und Wahrheit. Denn solche Anbeter sucht der Vater.
[24]Gott ist Geist, und die ihn anbeten,
müssen in Geist und Wahrheit anbeten."
[25]Die Frau sagt ihm:
"Ich weiß, daß der Messias kommt,
der Christus genannt wird.
Wenn er kommt, macht er uns alles kund."
[26]Jesus sagt ihr:
"Ich bin es, der mit dir spricht."

[27]Inzwischen waren seine Jünger gekommen, und sie wunderten sich, daß er mit einer Frau sprach. Niemand freilich sagte: "Was suchst du?" Oder: "Warum redest du mit ihr?" [28]Die Frau ließ nun ihren Krug stehen und ging in die Stadt und sagte zu den Leuten: [29]"Kommt mit und schaut euch den Mann an, der mir alles gesagt hat, was ich getan habe. Ob der nicht der Christus ist?" [30]Sie gingen aus der Stadt und kamen zu ihm. [31]Inzwischen forderten die Jünger ihn auf: "Rabbi, iß!" [32]Er aber sprach zu ihnen:

"Ich habe eine Speise zu essen, die ihr nicht kennt."

[33]Da sagten die Jünger zueinander: "Ob ihm jemand zu essen gebracht hat?" [34]Jesus sagt ihnen:

"Meine Speise ist, daß ich den Willen dessen tue,
der mich gesandt hat, und sein Werk zu Ende bringe.
[35]Sagt man nicht bei euch: vier Monate bis zur Ernte?
Siehe, ich sage euch:
Hebt eure Augen und betrachtet die Felder:
weiß sind sie schon für die Ernte.
[36]Der Schnitter empfängt Lohn
und sammelt Frucht zum ewigen Leben,
auf daß sich der Sämann
zugleich mit dem Schnitter freut.
[37]In diesem Punkt freilich ist das Sprichwort wahr:
Einer sät, ein anderer erntet.
[38]Euch habe ich ausgeschickt, zu ernten,
wo ihr nicht gearbeitet habt; andere haben gearbeitet,
ihr aber seid in ihre Arbeit eingetreten."

[39]Aus jener Stadt aber kamen viele der Samaritaner zum Glauben an ihn wegen des Wortes der Frau, die bezeugte: "Er hat mir alles gesagt, was ich getan habe." [40]Als nun die Samaritaner zu ihm kamen, baten sie ihn, bei ihnen zu bleiben. Und er blieb dort zwei Tage. [41]Und noch viele mehr kamen zum Glauben wegen seines Wortes. [42]Der Frau aber sagten sie: "Wir glauben nicht

mehr wegen deiner Rede. Denn wir selbst haben gehört, und wir wissen: Dieser ist wahrhaft der Retter der Welt!"

Gliederung: Die Handlung umfaßt einen Hauptstrang, in den kunstvoll eine Nebenhandlung eingewoben ist. Die Haupthandlung besteht in der Begegnung zwischen Jesus und einer samaritanischen Frau am Jakobsbrunnen vor den Toren von Sychar. Die Frau wird zur Botin Jesu und führt ihm ihre Landsleute als Jünger zu. Die Nebenhandlung (4,31-38) hat das Gespräch bei der Rückkehr der Jünger zum Inhalt. Die waren während der Begegnung Jesu mit der Frau in der Stadt, um Nahrung zu besorgen, und kehren in dem Augenblick zurück, als die Frau Jesus verläßt. Die Nebenhandlung schiebt sich in die Lücke (vgl. 4,31: "*inzwischen*"), die sowieso in der Haupthandlung zwischen Weggang der Frau und Ankunft der Stadtbewohner besteht. Sie wird zwar durch 4,8 und 4,27 innerhalb der Haupthandlung vorbereitet, hat aber keinen natürlichen Zusammenhang mit ihr und wirkt auf den ersten Blick fremd und nachgetragen.

Aber die Nebenhandlung wird durch den Autor eng auf die Haupthandlung bezogen, die sie offenbar interpretieren soll. Das wird durch mehrere formale Beobachtungen nahegelegt, etwa durch die szenischen Angaben 4,8.27, die erzähltechnisch nicht notwendig sind, aber die Aufmerksamkeit der Leser bereits auf die abwesenden Jünger und das spätere Gespräch Jesu mit ihnen hinlenken sollen. Außerdem hat der Autor eine Reihe von Entsprechungen in beiden Handlungssträngen geschaffen, die die enge Bezogenheit zum Ausdruck bringen. Wie es in der Begegnung mit der Samaritanerin um den Durst geht und um das Wasser, das den Durst wirklich löscht, so geht es in der Nebenhandlung zwischen Jesus und den Jüngern um die Speise, die wirklich sättigt. Während die Frau aus der Stadt zu Jesus an den Brunnen kommt, um Wasser zu holen, sind die Jünger in die Stadt gegangen, um Nahrungsmittel zu kaufen. Eine besonders enge Verbindung wird durch die Entsprechung von 4,30 und 4,35b hergestellt: Das Gespräch mit den Jüngern findet statt, während (im Hintergrund?) die Bewohner der Stadt Sychar, durch die Frau bewegt, auf dem Weg zu Jesus sind; auf ihren Zug weist Jesus die Jünger wohl mit der Bemerkung 4,35b hin. Durch all diese Entsprechungen ist der Leser vom Autor während der gesamten Lektüre der Szene vor die Aufgabe gestellt, nach der inhaltlichen Verbindung der beiden Handlungsstränge zu suchen.

(Es ist mit Händen zu greifen, daß die Erzählung über die Begegnung mit der Samaritanerin einmal ohne die Nebenhandlung existierte, also vom Autor wohl in einfacherer Gestalt vorgefunden wurde. Wahrscheinlich schloß dann 4,40b unmittelbar an 4,30 an, doch kann das hier offenbleiben.)

Der Text hat folgenden Aufbau und Duktus: Nach einer umfangreichen Über- und Einleitung (4,1-4.5f), die Umstände und Szenerie klären, folgt die Begegnung Jesu mit der samaritanischen Frau in einem großen Dialog (4,7-26), der in sich zwei Durchgänge hat (4,7-15.16-26). Dem Dialog folgt in einer engen Verschränkung die Darstellung, wie die Frau als Missionarin ihre Landsleute für Jesus gewinnt (4,28-30.39-42) und wie Jesus an diesem Geschehen seinen Jüngern das Wesen allen missionarischen Handelns erläutert (4,27.31-38).

Der Duktus des gesamten Textzusammenhangs wird deutlich, wenn man die Steigerung der Jesuserkenntnis beachtet. Von der skeptischen Frage: "*Bist du etwa größer als unser Vater Jakob...*" (4,12) gelangt die Frau durch die Offenbarung des göttlichen Wissens Jesu zur klaren Erkenntnis: "*Ich sehe, du bist ein Prophet*" (4,19; vgl. 1,48f) und von da zu dem Bekenntnis vor ihren Landsleuten: "*Ob der nicht der Christus ist... ?*" (4,25f. 29). Am Ende bekennen sich viele der Samaritaner zu Jesus: "*Wir wissen, dieser ist wirklich der Retter der Welt!*" (4,42). Das ist ohne Zweifel nach 1,49 ein neuer Höhepunkt der Jüngererkenntnis im JohEv. Die Szene will somit nach 1,35-51 einen zweiten großen Jüngerzulauf zu Jesus darstellen, diesmal in Samarien, wo Jesus wirklich Erfolg hat, im Gegensatz zu 3,22-30 und 4,1-4.

4,1-4.5f: Die Überleitung vermittelt dem Leser, daß Jesus die Pharisäer für gefährliche Gegner hält, die sein Wirken - wie schon das des Täufers (vgl. 1,24) - mißtrauisch und argwöhnisch beobachten und offenbar dagegen einzuschreiten gewillt sind, was sie dann im Verlauf des JohEv auch tun werden (vgl. 7,32; 8,13.20; 9,13.40; 11,46ff; 12,19). Der Sinn von 4,3 ist jedenfalls, daß Jesus vor ihnen aus Judäa flieht. Es bleibt in der Schwebe, welchen Erfolg Jesus wirklich hat: Erstens tauft Jesus nicht selbst, sondern seine Jünger, und zweitens könnte in 4,1 auch nur die Meinung der Pharisäer mitgeteilt sein.

Die Ortsangaben wollen eindringlich klarmachen, daß die Bewohner Samariens, insbesondere Sychars - einer heute unbekannten Stadt - Israeliten sind. Sie wohnen auf dem Land Jakobs und Josefs und trinken aus dem Jakobsbrunnen. Sie nennen Jakob ihren Vater (4,12), verehren auf dem Garizim den Gott Israels (4,21f) und warten auf den Messias (4,25). Sie sind also wirkliche Israeliten, wie Jesus sie sucht (vgl. 1,31.47), wenn auch von den Juden verachtet.

4,7-15: Jesus - wie später seine Jünger auch (vgl. 4,27b) - teilt die allgemeinen Vorurteile der Juden gegen die Samaritaner nicht. Er spricht die Frau, die am Mittag aus der Stadt zum Brunnen kommt, sofort an (vgl. Gen 24): "*Gib mir zu trinken*". Die Bitte ist verständlich, denn Jesus ist müde von der Wanderung (4,6), er hat außerdem kein Schöpfgefäß, um sich selbst Wasser heraufzuholen (4,11), und auch sonst keine Hilfe, weil die Jünger zum Einkaufen von Lebensmitteln in die Stadt gegangen sind (4,8). Seine Bitte zielt auf natürliches Wasser und ist nicht symbolisch gemeint. Dennoch ist es bemerkenswert, daß die Frau im Verlauf des Gesprächs Jesus faktisch nichts zu trinken gibt, jedenfalls kein natürliches Wasser. Daß dahinter keine Nachlässigkeit des Autors steckt, wird klar, wenn man die vergleichbaren Züge der Erzählung beachtet: Die Frau wird später ihren Krug ungefüllt zurücklassen, also gar kein Wasser mehr aus dem Brunnen schöpfen (4,28), und Jesus wird, obwohl ermüdet, keine natürliche Nahrung von den Jüngern annehmen (4,32).

Die Frau verweigert die Bitte Jesu nicht. Sie wundert sich nur darüber, daß Jesus als Jude sich mit einer Samaritanerin abgibt. Sie selbst hätte wohl von sich aus diesen jüdischen Mann nicht angesprochen. Nun aber sieht sie aus Jesu Verhalten, daß sie es nicht nur darf, sondern sogar soll. Sie soll Jesus um "*lebendiges Wasser*" bitten. Geheimnisvoll verweist Jesus auf das "*Geschenk Gottes*" und auf seine eigene Person, die solches Bitten begründen (4,10). Der Hinweis auf das "*Geschenk Gottes*" ruft 3,34 in Erinnerung, dürfte also den Geist meinen, den Jesus bringt. Dann ist die Gabe des "*lebendigen Wassers*" nichts anderes als das Geschenk des Geistes, nur daß die Frau das Wort Jesu so noch nicht verstehen kann.

Sie meint, Jesus spreche von natürlichem Quellwasser, wie auch seine Bitte in 4,7 auf natürliches Wasser zielte. Aber sie versteht, daß er nicht das Wasser meinen kann, das der Jakobsbrunnen führt, da er ja ohne Schöpfgefäß an dieses nicht gelangt. Er muß einen anderen Quell meinen, über den er verfügt. Dann wäre er aber größer als der Stammvater Jakob. Die Frau versteht somit sehr wohl den höheren Anspruch Jesu, und sie ist auch bereit, ihn zu akzeptieren, wenn er sich als wahr erweist. Ihre Reaktion ist eine ganz andere als die der gegnerischen *Juden* in 2,19.

Jesus deutet jetzt noch mehr an: Das Wasser, das er geben wird (Futur! vgl. 6,27), ist nicht nur "*lebendiges Wasser*", sondern es macht auch lebendig zum ewigen Leben, weil sein Genuß den Durst auf ewig löscht - also kann es natürliches Quellwasser nicht sein -, und es in dem, der es genießt, zu einer dauernd sprudelnden Quelle wird.

Dies wunderbare Wasser erbittet die Frau von Jesus. Von einem Mißverstehen kann keine Rede sein. Sie folgt genau der Spur Jesu. Er hat sie in 4,10 doch aufgefordert, diese Bitte auszusprechen, und in 4,13f hat er den Vorteil seines Wassers gegenüber dem natürlichen Wasser hervorgehoben, dessen sich die Frau nun versichern will. Ihre Bitte ist darum den Worten Jesu vollkommen gemäß, und der Leser versteht, daß jetzt folgen muß, was Jesus in 4,10 in Aussicht gestellt hat: "*...und er wird dir* *lebendiges Wasser geben*". Unter diesem Vorzeichen ist der folgende Gesprächsgang zu lesen.

4,16-26: Jetzt offenbart Jesus der Frau, wer er ist (vgl. 4,10). Als Einstieg dazu offenbart er sein übernatürliches Wissen über die Menschen (vgl. 1,48; 2,23-25). Er kennt und "durchschaut ein Schicksal, das sich schlechterdings nicht erraten ließ" (Haenchen). Mehr sollte hier nicht hineingelesen werden. Freilich ist die Frage zulässig, ob der enorme "Männerverschleiß" nicht ein bestimmtes Licht auf die Frau werfen soll, zugleich aber auch auf Jesus, der sich bei seinem Wirken nicht von "moralischen" Vorurteilen leiten läßt. In der Begegnung mit ihm zeigt die Frau allerdings ihre wahren Qualitäten. Sie erkennt, daß Jesus ein Prophet ist, und stellt an ihn die Frage, die nur ein Prophet entscheiden kann: ob der Ort der wahren Anbetung Gottes der Garizim oder Jerusalem sei. Die Samaritanerin erweist sich also als eine Gottsucherin. Ihr liegt Gottes Sache am Herzen.

Jesus erklärt ihre Frage für überholt. Die Gottesverehrung ist nicht an einen Ort gebunden, sondern wahre Anbetung geschieht "*in Geist und Wahrheit*" (4,21.23). Sind damit die "Heiligtümer" der Menschen abgeschafft oder meint Jesus, man könne den Vater auf dem Garizim oder in Jerusalem und sonstwo wahrhaft anbeten, wenn man ihn nur "*in Geist und Wahrheit*" anbetet? Die Leser sollen sich an 2,16.19f.21 erinnern. Dort konnte Jesus in ähnlicher Dialektik das Tempelgebäude ganz positiv "*Haus Gottes*" nennen, obwohl sein Leib der eigentliche *Tempel* ist. Allerdings sind irdische "Heiligtümer" letztlich belanglos, weil Gott Geist ist. An seiner Wirklichkeit kann nur teilhaben, wer selbst Geist ist. Wie der Mensch dazu wird, weiß der Leser aus 3,3-8. Aber er lernt es auch am Beispiel der Frau.

4,22 wirkt wie eine Glosse, weil er den fortlaufenden Gedanken von 4,21.23 zu unterbrechen scheint. Jedoch schließt 4,23 keineswegs problemlos an 4,21 an, so daß eine rein mechanische Einfügung undenkbar ist. Entsprechend dem Kontext (vgl. 4,20) sind mit den "*Ihr*" die Samaritaner gemeint. Aber wer sind die "*Wir*"? Daß sich Jesus hier mit gegnerischen *Juden* in einem "*Wir*" zusammenfaßt, ist kaum denkbar, zumal im letzten Satzteil die *Juden* gesondert genannt werden. Eine Lösung wie in 3,11 ist aber auch nicht möglich: Weil es um die Anbetung des Vaters geht, kann sich Jesus nicht mit diesem im "*Wir*" zusammenschließen. Dann bleibt nur, daß in 4,22 der Leser in die Rede Jesu hineingenommen wird: Durch Jesu Kunde (vgl. 1,18; 3,11.13) weiß er vom Vater. Mit Jesu Kommen ist die *Stunde* da, von der an der Vater "*in Geist und Wahrheit*" angebetet wird.

Daß das Heil "*aus den Juden*" stammt, ist eine mit der Menschwerdung des Logos gegebene Tatsache. Auch die Frau hatte Jesus in 4,9 schon als Juden erkannt. Ihre jetzige Feststellung (4,25) klingt so, als frage sie sich, ob Jesus nicht der kommende Messias ist (vgl. 4,29), hat er doch ihre Anfrage prophetisch entschieden. Dennoch scheint sie nur dem Wort Jesu von der *kommenden* Stunde nachzusinnen, wenn sie auf das noch ausstehende Kommen des Messias verweist ("*wenn er kommt...*"). Jesu Ansage: "*jetzt ist sie da*" hat sie noch nicht aufgenommen, und so kann Jesus mit seinem letzten Wort den Höhepunkt setzen, indem er sich der Frau als der erwartete Heilbringer offenbart, erstmals im JohEv mit der Formel "*Ich bin*".

4,27-42: Die gesamte folgende Reaktion der Frau zeigt an, daß sie vollständig von Jesus überzeugt ist. Wenn sie ihre Landsleute mit der Frage auffordert: "*...ob er nicht der Christus ist*", bedeutet das nicht, daß sie Zweifel hätte. Sie will sich ihr Zutrauen zu Jesus nur von anderen bestätigen lassen. Sie läßt ihren Krug ungenutzt bei Jesus stehen. Heißt das, daß sie ihn nicht mehr braucht, weil sie von dem lebendigen Wasser getrunken hat, das in ihr zu einer Quelle wird? Ihr Handeln erscheint jedenfalls wie eine Illustration zu 4,14: Als Glaubende wird sie zur Missionarin und Zeugin für Jesus. Auf ihr Wort hin glauben viele Samaritaner an ihn (4,39).

Bevor die neue Jüngerin und Zeugin Jesus verläßt, kommen die Jünger aus der Stadt zurück. Sie wissen um die jüdischen Vorbehalte und Vorurteile gegen Frauen und Samaritaner, und darum wundern sie sich. Dennoch akzeptieren sie das Verhalten Jesu.

Zurück bei Jesus werden sie zu Zeugen des Zuges der Samaritaner zu Jesus. Ihn kommentiert Jesus in der kleinen Ansprache an die Jünger. Er braucht ihre leibliche Speise nicht, die sie aus der Stadt besorgt haben, denn er hat eine andere Speise, die sie (noch) nicht kennen, wie er auch ein anderes Wasser zu trinken hat, um das die samaritanische Frau nicht wußte (4,10). Darum war Jesus auf ihren Trank auch nicht angewiesen. Seine Nahrung ist das Tun des Willens Gottes und die Vollendung seines Werkes. Zum erstenmal im JohEv spricht Jesus so vom Willen und Werk Gottes, die er vollziehen muß. Noch können die Jünger nicht wissen, worin beides besteht. Im Verlauf der Handlung wird Jesus es ihnen immer deutlicher sagen. Der Leser - jedenfalls der christliche - ist in einer anderen Situation, weil er bereits das Ende des irdischen Lebens Jesu kennt. Er weiß auch, wie Jesus Willen und Werk Gottes vollenden wird, und ahnt, daß der Glaube der Samaritanerin und das Kommen ihrer Landsleute zu jener Nahrung gehören, von der Jesus lebt.

Die rätselhaften, an die Jünger gerichteten Worte 4,35-38 kann also erst der Leser auflösen. Für die Jünger bleiben sie dunkel. Jesus operiert mit zwei sprichwörtlichen Wendungen. "*Vier Monate noch bis zur Ernte*"; das meint wohl, was wir heute mit der Wendung "eile mit Weile" beschreiben oder mit der Mahnung, "den zweiten Schritt nicht vor dem ersten" zu tun. Das Wort ist aus der Perspektive des Säenden gesprochen: Zwischen seinem Tun und der Ernte liegt ein fester Zeitraum, der sich nicht verkürzen läßt. Aussaat und Ernte fallen nicht zusammen, niemals begegnen sich Sämann und Schnitter bei ihrer Arbeit.

Aber bei jenem Geschehen von Saat und Ernte, das Jesus meint, ist es anders. Hier können sich Sämann und Schnitter gleichzeitig und gemeinsam freuen. Der Schnitter kann schon ernten, während der Sämann noch mit dabei ist. Jesus verweist auf ein Ereignis, das die Jünger sehen können, wenn sie ihre Augen erheben: Der Hinweis auf die zur Ernte weißen Felder dürfte bildhaft auf die Samaritaner aufmerksam machen, die - der Botschaft der Frau folgend - zu Jesus kommen (4,30).

Wer sind Sämann und Schnitter? Die zweite sprichwörtliche Wendung, die Jesus zitiert, macht klar: "*Ein anderer ist es, der aussät, und ein anderer, der erntet*". Sämann und Schnitter sind verschiedene Personen (4,37). Die Jünger sind die Erntenden; dazu hat Jesus sie ausgesendet. Wieder wird ein Ereignis der Zukunft mit einer Vergangenheitsform erzählt (vgl. 3,13). Aus der Perspektive der Darstellung ist die Aussendung der Jünger durch Jesus noch Zukunft - gleichwohl sind sie schon jetzt die Schnitter - , aus der Perspektive der Leser liegt die Aussendung der Jünger tatsächlich in der Vergangenheit. Die Jünger haben in der christlichen Mission die Ernte eingebracht, wo sie nicht gearbeitet haben. Nicht sie waren es, die ausgesät haben. Andere waren es, die den Acker bestellt und den Samen ausgestreut haben: in der vor der Handlung liegenden Zeit Gott selbst durch die Väter Israels und die Propheten (vgl. 4,5f), dann auf der Ebene der Handlung des JohEv gewiß Jesus, sodann die Frau und durch sie wiederum Jesus (vgl. 4,39-42).

Jesus will den Jüngern hier folgendes sagen: Bei all ihrer Erntearbeit, ihrer Mission, wird er immer als der Sämann mit dabei sein und sich an ihrem Tun mitfreuen. Die Mission der Jünger wird stets nur Jesu Wort zur Geltung bringen, niemals ihr eigenes. Jesus wird also in seinem Wort, das die Jünger weitertragen, stets schon gesät haben, wo auch immer die Jünger wirken und Frucht einbringen. "Saat" und "Ernte" werden somit zeitlich nie auseinandertreten, denn Jesu Handeln wird niemals Vergangenheit sein, sondern gegenwärtig bleiben. Auch nach seinem Weggang wird er durch die Jünger wirken, und die Jünger tun ihr Werk in ihm.

So bleibt Jesus also stets der Säende! Sein Werk ist dem Tun der Jünger ständig voraus, auch wenn es mit ihm zusammenfällt. Die Jünger säen nicht. Sie sollen ernten. Ihr Feld ist immer schon bestellt und reif für die Ernte. Niemals müssen sie von vorn beginnen. Stets ist der Anfang durch einen anderen bereits gemacht. So ist ihre Arbeit leicht. Nicht ihr Wort ist die Saat, sondern Jesu Offenbarung, einmalig und vergangen, und doch gegenwärtig im Wort der Jünger. Wo sie als Missionare wirken, ist Jesus zugleich als Sämann tätig. Saat und Ernte fallen zusammen, und doch ist die Arbeit auf mehrere Schultern verteilt.

4,39-42 illustrieren die vorausgehende Belehrung Jesu: Kein Mensch muß allein auf das Zeugnis eines anderen hin zum Glauben an Jesus gelangen; er darf und wird selbst Jesu Wort hören. So auch die Samaritaner: Zwar kommen sie zu Jesus aufgrund des Zeugnisses der Frau, dann aber hören sie ihn selbst. Ihre Glaubensentscheidung für Jesus ist daher authentisch und nicht nur vom Wort eines dritten abhängig. Das gilt für alle Zeit, denn die Leser des JohEv dürfen nach Jesu Belehrung wissen, daß Jesus als Sämann präsent bleibt und in allen Missionaren selbst geheimnisvoll mit am Werk ist.

3. Überleitung und zweites "Zeichen" Jesu: 4,43-45.46-54

43 Nach den zwei Tagen aber ging er von dort weg nach Galiläa.
44 Jesus selbst allerdings bezeugte: Ein Prophet wird in seinem eigenen Vaterland nicht geehrt. 45 Als er nun nach Galiläa kam, nahmen ihn die Galiläer auf, hatten sie doch alles gesehen, was er in Jerusalem am Fest getan hatte, denn auch sie waren zu dem Fest gekommen.
46 Er kam nun wieder nach Kana in Galiläa, wo er das Wasser zu Wein gemacht hatte. Es war aber ein königlicher Beamter, dessen Sohn in Kapharnaum krank lag. 47 Als dieser hörte, daß Jesus von Judäa nach Galiläa kam, ging er zu ihm und bat ihn, herabzukommen und seinen Sohn zu heilen, denn er lag im Sterben.
48 Da sagte Jesus zu ihm: "Wenn ihr nicht Zeichen und Wunder seht, so werdet ihr nicht glauben!" 49 Es sagt zu ihm der königliche Beamte: "Mein Herr, komm hinunter, ehe mein Kind stirbt."
50 Jesus sagt ihm: "Geh! Dein Sohn lebt!" Der Mann glaubte dem Wort, das Jesus zu ihm gesagt hatte, und ging. 51 Während er noch hinabstieg, kamen seine Knechte ihm schon entgegen und sagten, daß sein Knabe lebt. 52 Da erfragte er von ihnen die Stunde, von der an es ihm besser ging. Da sagten sie ihm: "Gestern, zur siebten Stunde verließ ihn das Fieber." 53 Da wußte der Vater, daß es in jener Stunde war, in der Jesus zu ihm gesagt hatte: Dein Sohn lebt! Und er glaubte, er selbst und sein ganzes Haus.
54 Dieses zweite Zeichen wirkte Jesus, als er von Judäa nach Galiläa kam.

4,43-45: Nach den zwei erfolgreichen Tagen in Sychar bricht Jesus von dort nach Galiläa auf (vgl. 1,43). Im ersten Bild des JohEv konnte der Leser nicht den Eindruck gewinnen, daß Jesus in Galiläa besonders erfolgreich war. Beim Weinwunder in Kana wurde nur vom Glauben der Jünger berichtet. Die übrigen Festteilnehmer und Zeugen, auch die Brüder Jesu (2,12), blieben am Schluß unerwähnt. Wie wird es nun sein, wenn Jesus zum zweitenmal nach Galiläa kommt? Diese Frage wird sich der Leser stellen, nachdem er bereits am Anfang des dritten Bildes vom angeblich großen Zulauf zu Jesus gehört hat (vgl. 3,26; 4,1).

Jedoch wird er sofort desillusioniert. Ehe er noch etwas über das Verhalten der Galiläer erfährt, wird ihm das Urteil Jesu über seine Landsleute bezeugt: "*Ein Prophet wird in seinem Vaterland nicht geehrt*". Darin kommt ein Vorbehalt zum Ausdruck, der dem von 2,24 in nichts nachsteht und das scheinbar freundliche Verhalten der Galiläer gegen Jesus und ihr Interesse an ihm ins richtige Licht rückt. Es sind die Wundertaten Jesu in Jerusalem, die die Haltung der Galiläer begründen, nicht seine Person (4,45; vgl. 2,23ff). Nicht Glaube an Jesus als den gottgesandten Heilbringer leitet sie, sondern die Gier nach "Spektakeln".

Somit wird deutlich: Die Galiläer unterscheiden sich nicht von den Bewohnern Jerusalems (2,23ff). Ob Jesus sich in Jerusalem aufhält, in Judäa ist oder "*von Judäa nach Galiläa*" geht (vgl. 4,47.54), überall im jüdischen Land glauben die meisten nicht an ihn, und es gibt nur wenige, die ihn wirklich aufnehmen (vgl. 1,12). Dieses Resümee zieht der Autor schon in 4,44f, noch bevor er vom Fall des königlichen Beamten aus Kapharnaum erzählt.

4,46-54: Inzwischen ist Jesus *wieder* nach Kana in Galiläa gekommen, an den Ort seines ersten Zeichens. Das hört im 26 km entfernten Kapharnaum ein Beamter des Landesfürsten, dessen Sohn im Sterben liegt (4,47). Er macht sich auf den Weg - eine Tagesreise weit -, um Jesus zu bitten, von Kana nach Kapharnaum hinabzugehen und seinen Sohn zu heilen.

Er spricht die Bitte aus (4,47) und erhält von Jesus eine außerordentlich irritierende Antwort: "*Wenn ihr nicht Zeichen und Wunder seht, so werdet ihr nicht glauben!*" Obwohl Jesus den Mann anspricht, meint er doch nicht ihn allein ("*ihr*"). Wer aber ist noch eingeschlossen? Die Galiläer von oben (4,44f)? Aber werden sie denn glauben, *nachdem* sie das Zeichen gesehen haben? Oder sind die Jünger in der Begleitung Jesu mitgemeint? Ihr Glaube ist in der Tat schon durch das erste Zeichen Jesu verstärkt worden (vgl. 2,11). Oder sind gar die Leser in dem "*Ihr*" mit angesprochen? Sie sind allerdings solche, die keine "*Zeichen und Wunder*" Jesu mehr sehen und gleichwohl glauben sollen.

Ist Jesu Wort eine Rüge? Dann müßte man aber wohl fragen, warum Jesus überhaupt Zeichen wirkt. Tatsächlich greifen sie dem Glauben ja wirkungsvoll unter die Arme (1,49f; 2,11; 4,19). Und wer nicht glaubt, dem helfen auch die Zeichen nicht (vgl. 2,19f; 2,23f; 3,1f). So dürfte denn mit 4,48 kaum ein Tadel zum Ausdruck gebracht sein. Will Jesus damit lediglich die Feststellung treffen, daß der Glaube der sichtbaren Zeichen bedarf? Aber auch das trifft nicht ohne weiteres zu. Der Erzähler hat schon Personen vorgeführt, die ohne Zeichen an Jesus glaubten (vgl. 1,35ff; 2,4; 4,41f), und im Verlauf der Handlung werden es noch mehr (vgl. 11,27.32). Schließlich ist auch der Leser jemand, der glauben muß, ohne selbst Zeichen zu sehen. Als solcher wird er am Ende des Evangeliums seliggepriesen (20,29). Also kann Jesus in 4,48 die Zeichen nicht zur *notwendigen* Voraussetzung des Glaubens erklären wollen.

Was aber soll dann die Antwort Jesu an den besorgten Vater, zumal sie die Handlung vollständig bremst - insofern hat sie die gleiche Funktion wie 2,4? Der Beamte bringt die Handlung erst dadurch erneut in Gang, daß er seine Bitte nochmals vorträgt, so als hätte Jesus gar nichts gesagt (4,49) bzw. ihn mit dem Wort überhaupt nicht gemeint. Damit wird deutlich: Jesu Wort gehört im eigentlichen Sinn gar nicht zur Handlung, denn es bewirkt in ihr überhaupt nichts. Es ist ein Kommentar, beiseite gesprochen, in Richtung der Leser. Jesus stellt sich auf deren Seite und konstatiert - vielleicht resigniert -, daß die Jünger, der Beamte und andere seiner Zeitgenossen "*Zeichen und Wunder*" sehen konnten und durch sie zum Glauben kamen. In solcher Lage sind die Leser nicht mehr. Ihnen stehen die Zeichen Jesu zwar als *Erzählungen* zur Verfügung (20,30f), aber eben nicht als *Wunder*. Glauben müssen sie, ohne zu *sehen* (20,29). Jesu Wort ist eher ein Seufzer des Lesers, dem mehr abverlangt wird als dem Zeitgenossen Jesu.

Der Königsbeamte bringt die Handlung wieder in Gang, indem er nochmals auf die Todesgefahr hinweist, in der sich sein Kind befindet (4,49). Aber statt mit ihm, wie erbeten, nach Kapharnaum hinabzugehen, schickt Jesus den flehenden Vater allein auf den langen Heimweg: "*Geh, dein Sohn lebt*". Und dieses *Wort* Jesu reicht dem Mann, er glaubt ihm und geht. Ist er vielleicht doch aus einem anderen Holz geschnitzt, als 4,48 voraussetzt? Glaubt er, ohne das Zeichen zu sehen? Das wird man allerdings so nicht sagen können, denn der Mann ist ja sicher, daß Jesus die Heilung schon gewirkt hat. Darin ist er der Mutter Jesu vergleichbar, die, indem sie an Jesus glaubt, zugleich davon überzeugt ist, daß er helfen wird (2,1-11). Daß Jesu Wort, dem der Vater glaubt, tatsächlich schon gewirkt hat, bestätigen bald die Bediensteten aus dem Haus des Beamten, die ihm am anderen Tag (4,52) mit der Nachricht von der Gesundung seines Kindes entgegenkommen. Ausdrücklich und umständlich wird festgestellt, daß der Heilungsprozeß genau in jener Stunde einsetzte, in der Jesus sein

Heilungswort gesprochen hat. Die Diener, die gar nicht wissen können, was inzwischen geschehen ist, sind somit (wie der Tafelmeister von 2,9) unverdächtige Zeugen des Wunders. Es waren wirklich Jesus und sein Wort, die die Heilung bewirkt haben.

Erneut wird davon gesprochen, daß der königliche Beamte, aber auch "*sein ganzes Haus*", also die Angehörigen seines Hausstandes, zum Glauben an Jesus kamen (4,53). Konkurriert diese Feststellung mit 4,50? Ist der Glaube von 4,50, der noch kein Zeichen sah - obwohl er darauf vertraute -, größer als der 4,53 festgestellte Glaube *nach* dem Zeichen? Das kann nicht die Meinung des Autors sein, der von 4,50 zu 4,53 offensichtlich eine *Steigerung* darstellen will, ähnlich jener im Glauben der erstberufenen Jünger (von 1,41f.49 zu 2,11). Am Beamten und seiner Familie wird vielmehr in sympathischer Weise die Wahrheit des Seufzers Jesu und der Leser zur Darstellung gebracht: Der Beamte empfing zu seinem Glauben das Zeichen noch hinzu, durch das sein Glaube sicherer und fester wurde; den Lesern bleibt dagegen nur die in 4,50 beschriebene Situation: das Vertrauen auf Jesu Wort, ohne seine Erfüllung zu *sehen*. In dieser Situation hilft aber die *Erzählung* weiter; sie ruft zum Vertrauen auf. Auch das *erzählte* Zeichen kann den Glauben fest und zuversichtlich machen (vgl. 20,30f).

Worin besteht das Zeichen, das Jesus gewirkt hat, und welchen Glauben hat es beim königlichen Beamten und seinem Haus hervorgebracht? Die Heilung des Knaben ist jedenfalls noch nicht die Heilsgabe, die Jesus schenkt. Aber sie weist als Zeichen auf Jesus als den wahren Lebensspender hin, der das Leben bleibend schenken kann. Der Glaube des Beamten, der nach 4,50 sich auf Jesu Wort bezog, ist jetzt - nach dem Zeichen - auf Jesus selbst ausgerichtet (4,53).

Viertes Bild: 5,1-47

I. Die Analyse

1. Abgrenzung

In 5,1 beginnt ein neuer Großabschnitt des JohEv, dessen Bogen bis 5,47 gespannt ist: Es wechseln (wie dann wieder in 6,1.4) Schauplatz und Zeit völlig. Jesus geht zum zweitenmal nach Jerusalem und in den Tempel (vgl. 2,13). Als Zeitpunkt dieser Reise wird "*ein Fest der Juden*" angegeben; welches scheint unwichtig zu sein, jedenfalls ist es eines im jüdischen Festzyklus zwischen Pascha (2,13) und Pascha (6,4). Der Abschnitt wirft also ein Schlaglicht auf Jesu Wirken eines ganzen Jahres. Irgendwann im Laufe dieses Jahres geht Jesus erneut nach Jerusalem hinauf. Daß das unbestimmte Fest Anlaß zur Reise ist, wird nicht gesagt, insbesondere nicht, daß Jesus daran teilnehmen will. Die Frage steht erneut im Raum, ob Jesus überhaupt die "Feste der Juden" mitfeiert (vgl. oben zu 2,13-3,21). Darauf werden die Leser im Verlauf der Lektüre zu achten haben.

Daß der Erzählfaden von 5,1 bis 5,47 durchläuft, ist evident. Zwar findet die Handlung an verschiedenen Schauplätzen statt und gliedert sich wegen neu auftretender Personen in verschiedene Szenen (5,1-9a: Jesus und der Kranke; 5,9b-13: der Geheilte und die Juden; 5,14: der Geheilte und Jesus; 5,15: der Geheilte und die Juden; 5,16ff: Jesus und die Juden), aber alles gehört zeitlich eng zusammen: Die ganze Handlung ereignet sich an einem Tag, einem Sabbat (5,9). Die Szenen entwickeln sich eine aus der anderen und steigern sich hin zum großen Auftritt Jesu bei seiner Anklagerede 5,19-47.

2. Rückverweise/Wiederaufnahmen/Echos: Was die Leserinnen und Leser schon wissen!

Natürlich darf der Abschnitt 5,1-47 nicht isoliert werden. Er ist durch zahlreiche Knoten mit dem vorausgehenden Kontext verknüpft, wie er auch durch "offene Stellen" auf die nachfolgende Handlung verweist.

Szenerie und Themen rufen das zweite Bild (2,13-3,21) in Erinnerung. Jesus ist erneut in Jerusalem (vgl. 2,13; 5,1), und wieder wird von den *Juden* nach seiner Vollmacht gefragt (vgl. 2,18f; 5,10), weil er (scheinbar) jüdische Einrichtungen (Tempel/Sabbat) angreift. Die Handlung spitzt sich allerdings zu, denn die Feindschaft der Gegner tritt noch deutlicher als in 2,18ff hervor (5,16.18).

Aber nicht nur der erste Jerusalemaufenthalt Jesu wird den Lesern ins Gedächtnis gerufen, sondern das ganze bisherige Wirken Jesu, ja die vorausgehende Handlung des JohEv überhaupt. Bezeichnend dafür ist 5,33-35, wo die allererste Szene der Handlung durch Jesus authentisch gedeutet wird (vgl. 1,19-28). Dabei müssen die Leser die Charakterisierung des Johannes als *Leuchte* mit 1,8 in Einklang bringen.

Zahlreiche *Echos* der bisherigen Offenbarungsreden finden sich in der großen Rede Jesu 5,19-47. In 5,19 klingt in neuer Wendung die "himmlische Zeugenschaft" Jesu an, von der schon in 3,11.32 die Rede war. Die Aussage von 5,20, daß "*der Vater den Sohn liebt*", ist ein *Echo* auf 3,35; ebenso klingt in 5,36 ("... *die Werke, die mir der Vater gegeben hat, damit ich sie vollende*...") der dunkle Hinweis von 4,36 nach.

Vielfältig sind die thematischen *Wiederaufnahmen* in der Rede Jesu. Jetzt steht das Wirken des Sohnes im Vordergrund (5,19ff.30), während 3,16ff das Handeln des Vaters betonte. Es wird klarer, daß beider Wirken ineinanderfällt und letztlich eines ist. Die bisherigen Lebenszusagen an den Glaubenden (vgl. 3,16.36) werden in 5,24f vertieft. Wiederaufgenommen und in überraschender Weise weitergeführt wird vor allem das Thema des *Gerichts* (5,22.27ff.45; vgl. 3,17.19ff.36), ebenso das des *Zeugnisses* in 5,31-40 (vgl. 1,19ff; 3,11.32).

In diesem Zusammenhang nimmt Jesus auch seine Zeichen (vgl. 2,1-11; 2,23; 3,2; 4,45.54) als *Werke*, die ihm der Vater gegeben hat und die für ihn zeugen, in Anspruch (5,20.36). Ihre Funktion, die in 1,50f; 2,11; 4,48 bereits beschrieben wurde, wird jetzt noch deutlicher: Wer Jesu Wirken nicht als Gotteswirken ansieht, lehnt das Zeugnis des Vaters ab (5,37; vgl. 3,33). Gleiches gilt von den *Schriften* (5,39); die bisherigen Rückgriffe des JohEv auf die Schrift (vgl. 1,23; 1,51; 2,17) werden so legitimiert.

Schließlich kommentiert Jesus geradezu das Verhalten der *Juden* und mancher Augenzeugen, das in der vorangegangenen Darstellung den Lesern nicht recht verständlich werden konnte (vgl. 1,19-28; 2,24f; 4,44f): Er interpretiert es als Verweigerung (5,40) und verweist auf die tieferen Ursachen dieses Verhaltens (5,42f.44).

Der Abschnitt 5,1-47 ist also mit der bisherigen Handlung des JohEv fest verbunden und setzt sie fort. Trotz aller Eigenständigkeit und inneren Geschlossenheit ist er deutlich als Teil eines Ganzen konzipiert. Das darf der Leser nicht vergessen.

3. Autorkommentare/Vorverweise/Leerstellen: Worauf die Leserinnen und Leser achten sollen!

Ein *Autorkommentar* liegt in 5,16.18 vor: Der Autor gibt den Lesern die geheimen Absichten der *Juden* kund, von denen auf der Ebene der Darstellung außer Jesus noch kein Mensch wissen kann. Die Leser nehmen also teil am Wissen Jesu (vgl. 2,24f) und können daher dessen folgende Rede als Anklage verstehen.

Einen ersten *Vorverweis* gibt Jesus in 5,20: Er kündigt "*größere Werke als diese*" an, die er noch tun wird (vgl. 1,51). Welche werden das sein (vgl. 2,19)? Ein weiterer *Vorverweis* Jesu ist 5,43: Wer wird dieser *Andere* sein, der im eigenen Namen kommt? Und wann kommt er? Wer kann ihn identifizieren?

An zwei Stellen bleibt die Darstellung offen und entlockt den Lesern die Fragen: Wie geht das weiter? Was wird daraus? Das gilt zunächst vom Geheilten, als dessen einzige Reaktion erzählt wird, daß er Jesu Namen an die *Juden* weitermeldet (5,15). Wirkt er als Missionar oder als Denunziant?

Die andere Frage der Leser betrifft das Verhalten der gegnerischen *Juden*, die Jesus nach Kundgabe seines Namens als Sabbatübertreter verfolgen und sogar töten wollen (5,16.18). Werden sie von Jesu Rechtfertigungs- und Anklagerede überzeugt, oder besteht ihr Mordwunsch nach 5,47 weiter? Der Rede Jesu folgt jedenfalls keine Reaktion, und so ist das gesamte vierte Bild geradezu eine einzige *Leerstelle* (vgl. 3,3-21).

4. Aufbau/Gliederung

Zwei Ortsangaben bestimmen die Szenerie: Bethzatha (5,2.13) und der Tempel (5,14). In Bethzatha findet Jesu Rettungstat statt, gegen die seine Gegner Einspruch erheben. Im Tempel rechtfertigt Jesus seine Tat als Heilsereignis, die gegnerischen *Juden* aber verfolgen ihn mit Mordabsichten (5,16.18). Die Heilung endet also nicht mit einem Lobpreis Gottes und der Anerkennung Jesu, im Gegenteil! Gegen diese (unerwartete) Reaktion richtet sich dann die Rede Jesu (5,19-47). Sie läßt sich in drei Teile gliedern: 5,19-30 (Apologie); 5,31-40 (Legitimation); 5,41-47 (Anklage).

Der Aufbau des ganzen Abschnitts ist ein Crescendo: Alles läuft auf die Auseinandersetzung zwischen Jesus und den *Juden* zu. Nach 5,9b-13 ist der Leser zunächst gespannt, ob es überhaupt dazu kommt, aber durch den Geheilten und seine zwielichtige Meldung wird der Konflikt schließlich vermittelt. Er wird herausgefordert durch den von vornherein feststehenden Unglauben der gegnerischen *Juden*, die sich durch Jesu Werk nicht berühren lassen, sondern auf ihrem 5,10 geäußerten Standpunkt beharren (5,16).

Die Auseinandersetzung findet im Tempel statt. Durch den Ortswechsel lassen sich also einzelne Szenen unterscheiden, aber sie sind nicht eigenständig, sondern führen auf Jesu große Rede (5,19-47) hin, in der er seine Tat gegen den Widerspruch verteidigt und die tiefere Dimension seines Werkes und des Einspruchs der gegnerischen *Juden* aufweist: Das Werk erweist ihn als den *Sohn*, der jüdische Einspruch aber ist Ablehnung *Gottes*.

Erste Szene: 5,1-9a Jesu Werk an dem Kranken *in Bethzatha*

Zweite Szene: 5,9b-13 Einspruch der *Juden* gegen das Tun des Geheilten *in Bethzatha*

Dritte Szene: 5,14-15 Erneutes Treffen zwischen Jesus und dem Geheilten und Denunziation Jesu an die *Juden* *im Tempel*

Vierte Szene: 5,16-47 Einspruch und Todfeindschaft der *Juden* gegen Jesus (5,16-18) und Jesu Verteidigungsrede Teil I: Apologie (5,19-30) Teil II: Legitimation (5,31-40) Teil III: Anklage (5,41-47) (*im Tempel*)

II. Die Handlung

1. Jesu Werk an dem Kranken: 5,1-9a

5[1]Danach war ein Fest der Juden, und Jesus ging hinauf nach Jerusalem. [2]In Jerusalem aber gibt es beim Schaftor einen Teich, hebräisch Bethzatha genannt, mit fünf Säulenhallen. [3]In diesen lag eine Menge Kranker, Blinder, Lahmer, Ausgezehrter. [5]Dort war aber ein Mann, der achtunddreißig Jahre an seiner Krankheit trug. [6]Diesen sah Jesus daliegen und wußte, daß er schon lange Zeit daran trug, da sagt er ihm: "Willst du gesund werden?" [7]Der Kranke antwortete ihm: "Mein Herr, ich habe niemanden, der mich, sobald das Wasser aufwallt, in den Teich bringt. Bis ich aber hinkomme, steigt ein anderer vor mir hinab." [8]Sagt zu ihm Jesus: "Steh auf, nimm deine Liege und geh umher!" [9]Und sofort wurde der Mann gesund, und er nahm seine Liege und ging umher.

Jesus geht zum zweitenmal nach Jerusalem hinauf. Anlaß dafür ist "*ein Fest der Juden*". Der Autor gibt nicht an, um welches Fest im Jahreskreis es sich handelt - klar ist einzig, daß es nicht das Paschafest ist (vgl. 2,13; 6,4) - und signalisiert damit: Das Fest interessiert als solches nicht. Es ist nur Anlaß, nicht Zweck der Wanderung Jesu nach Jerusalem. Jedenfalls wird nicht gesagt, daß Jesus an dem Fest teilnimmt. Das soll den Lesern auffallen. Die Festangabe kann wegen ihrer Unbestimmtheit auch nicht als Terminangabe verstanden werden. Vielmehr soll der Leser verstehen: Irgendwann im Verlauf des Jahres zwischen dem ersten (2,13) und zweiten Pascha (6,4), in dem Jesus in Galiläa wirkt, begibt er sich hinauf nach Jerusalem.

Mit einer eigenen Bemerkung, die die Erzählung nicht voranbringt, führt der Autor den Ort der folgenden Handlung ein. Es ist ihm wohl wichtig, daß es sich dabei um eine typische antike Heilstätte handelt, die aus fünf um ein zentrales Wasserbecken angeordneten gedeckten Säulengängen besteht, in denen sich wie üblich die Kranken - als Beispiel werden Blinde, Lahme und Ausgezehrte genannt - Tag und Nacht aufhalten. Sie erhoffen hier Heilung, die, wie sich später herausstellt (5,4 ist textkritisch auszuscheiden), vom Wasser ausgeht.

Mit 5,5 beginnt die eigentliche Handlung. Unter den Kranken befindet sich ein Mann, der schon 38 Jahre - ein Leben lang! - an seiner Krankheit, einer Lähmung, leidet und sich wohl ebensolange in der Heilstätte aufgehalten hat. Die Angabe der Dauer der Krankheit veranschaulicht die Hoffnungslosigkeit des Kranken und zugleich die Wirkungslosigkeit antiker Heilstätten, in denen immer nur einzelne Heilung fanden.

Jesus sieht den Kranken daliegen und spricht ihn an. Die Initiative geht also von ihm aus. Vorausgesetzt ist, daß er bei seiner Ankunft in Jerusalem die Heilstätte betreten hat. Da der Kranke nicht der einzige in den Hallen ist (vgl. 5.3), kann man fragen, wieso Jesus gerade diesen Kranken *sieht*. Hier wird mehr als ein zufälliges Hinblicken berichtet; es ist erwählendes Sehen, denn Jesus *weiß* sofort, daß er hier den unglücklichsten aller Fälle vor sich hat.

Er fragt den Kranken: "*Willst du gesund werden?*" Welche Frage, dazu liegt er ja in der Heilstätte! Also meint Jesus vielleicht: "Warum bist du hier noch nicht gesund geworden, wenn du doch gesund werden willst?" In diesem Sinne geht der Kranke auf Jesu Frage ein: Natürlich will er gesund werden, aber er kann es nicht, weil niemand ihm hilft. In all den Jahren hat sich "*kein Mensch*" gefunden, der ihm behilflich gewesen wäre, das rettende Wasser im richtigen Augenblick zu erreichen. Bevor er selbst ins Wasser gelangt, hat längst ein anderer (offenbar weniger Kranker) es vor ihm geschafft. Mit der Antwort des Mannes wird deutlich: Nicht die Krankheit ist sein Hauptübel, sondern seine Einsamkeit und Verlassenheit: Er hat "*keinen Menschen*". Ein Schrei der Verzweiflung und zugleich der Hoffnung, denn endlich findet sich *einer*, der ihn anspricht, der seine Einsamkeit durchbricht, der ihm helfen kann!

Der Kranke hat Jesu Frage als Angebot zur Hilfe verstanden; in der Tat war sie das auch, und gleichwohl mißversteht der Kranke sie. Denn er hat Jesus nicht als Wundertäter und Heiland erkannt, sonst würde er anders, nämlich mit einer Heilungsbitte antworten. Er sieht in ihm nur einen (neugierigen?) Besucher der Heilstätte, der sich aber von allen Besuchern sonst unterscheidet: endlich einer, der ihm helfen will!

Durch seine Antwort werden die Leser darüber aufgeklärt, in welcher Weise das Wasser von Bethzatha Heilung verschaffte: Es hatte nur Heilkraft, "*sobald es aufwallt(e)*", und dann nur für den, der als erster mit ihm in Berührung kam. Was die Bewegung des Wassers jeweils hervorruft, wird nicht gesagt (anders der sekundäre Vers 4).

Jesus heilt den lebenslang Kranken allein durch sein Wort. Eine ungeheure Lebensfülle geht von ihm aus, der gegenüber das gesundheitsspendende Wasser von Bethzatha armselig erscheint. Der Leser erinnert sich an den Prolog: "*in ihm war es Leben ...*" (1,4).

Der Kranke lag auf irgendeinem Bett oder Lager. Das ist den Lesern bei der Krankheitsdauer und dem Krankheitsbild vollkommen klar, und darum mußte es zuvor nicht erwähnt werden. Nun geht der Geheilte zur Demonstration seiner Heilung auf Befehl Jesu mit seinem Bett in den Säulengängen umher. Mit diesem Zug endet die Begegnung zwischen Jesus und dem Kranken recht abrupt. Aber diese Geschichte kann doch so nicht enden, ohne ein Wort des Dankes an Jesus oder des Lobes für Gott!

2. Einspruch der Juden: 5,9b-13

Es war aber Sabbat an jenem Tag. [10]Da sagten die Juden zu dem Geheilten: "Es ist Sabbat, daher ist dir nicht erlaubt, deine Liege zu tragen." [11]Der aber antwortete ihnen: "Der mich gesund gemacht hat, sagte mir: Nimm deine Liege und geh umher." [12]Sie fragten ihn: "Wer ist der Mann, der zu dir sagte: Nimm und geh umher?" [13]Der Geheilte aber wußte nicht, wer es ist, denn Jesus hatte sich entzogen, weil viele Leute an dem Ort waren.

Der Leser erwartet eine Fortsetzung, die auch folgt, aber anders als vermutet. Erst jetzt wird der Hinweis gegeben, daß die Heilung an einem Sabbat stattfand. Der Autor macht deutlich: Diese Tatsache war für Jesus bei der Heilung ohne Bedeutung, spielt im folgenden aber eine Rolle. Die vor Ort anwesenden *Juden* (vgl. 1,19; 2,18) demgegenüber machen den Geheilten auf den Sabbat aufmerksam und verbieten ihm, seine Matratze herumzutragen.

Die *Juden* treten hier wieder als die *typischen* Gegner Jesu im JohEv auf, die sich als die Hüter des Judentums und seiner Einrichtungen, Tempel und Gesetz, verstehen (vgl. 1,19; 2,18ff). Den ersten Lesern war offenbar klar, welche Kräfte und Gruppen sich hinter der Bezeichnung "*die Juden*" verbargen. Man darf vermuten, daß auch sie sich noch mit dieser Größe auseinandersetzen müssen.

Der Geheilte beruft sich in seiner Antwort auf den ihm unbekannten Jesus als jene Autorität, auf dessen Heilungswort hin er sein Bett trägt. Das Wort, das die Heilung bewirkte, war ja zugleich Befehl, die Matratze herumzutragen. Sollen die Leser das Wort des Geheilten als Bekenntnis zu Jesus werten oder als fadenscheinige Ausrede und Denunziation Jesu? Die *Juden* verfolgen den Sabbatbruch des Geheilten jedenfalls nicht weiter, sondern fragen jetzt, wer derjenige sei, der ihm erlaubt hat, am Sabbat sein Bett zu tragen. Sie merken sehr wohl, daß der konkrete Fall zu einer Grundsatzfrage geworden ist: Hat Jesus das Recht, am Sabbat zu heilen und vom Sabbatgebot zu entbinden?

Der Geheilte kann den *Juden* aber Jesus nicht benennen, denn er kennt seinen Namen nicht. Und auf ihn zeigen kann er auch nicht, weil Jesus sich wegen der Volksmenge zurückgezogen hat. Jesus meidet also inzwischen die Volksansammlungen, wohl aus den gleichen Gründen wie in 2,23ff und 4,43ff angedeutet.

Die in Bethzatha spielenden Szenen sind damit zu Ende. Aber der Konflikt ist noch nicht gelöst. Wird es zur Auseinandersetzung zwischen Jesus und den *Juden* kommen?

3. Jesus trifft den Geheilten wieder: 5,14-15

[14]Danach findet ihn Jesus im Tempel und sagt zu ihm: "Siehe, du bist gesund geworden! Sündige nicht mehr, damit dir nicht Schlimmeres geschieht." [15]Der Mann ging hin und meldete den Juden, daß es Jesus ist, der ihn gesund gemacht hat.

Jesus geht seinen Gegnern nicht aus dem Weg. Deshalb hat er den Schauplatz gewechselt und befindet sich jetzt im Tempel. Daß es allerdings zur Auseinandersetzung kommt, ist "Schuld" des Geheilten. Jesus trifft ihn im Tempel und spricht ihn auf seine Heilung an. Erneut geht die Initiative von ihm aus. Sein Wort an den Geheilten klingt wie eine Warnung. Er hebt zunächst die eigentliche und tiefere Dimension seiner Tat hervor: Da die Krankheit Folge der Sünde war, ist mit der Heilung auch die Sünde des Mannes getilgt. Das *Schlimmere*, das ihm widerfahren wird, wenn er wieder in Sünde zurückfällt, kann nur das Gericht sein.

Versteht der Mann die Warnung, und folgt er ihr? Die Leser sind jedenfalls in der Lage, das von Jesus Gemeinte zu begreifen, wenn sie an die letzte Auseinandersetzung in Jerusalem zurückdenken. Dort hatte Jesus gesagt, worin das *Leben* und worin das *Gericht* besteht (3,18-21). Der Geheilte wird aufgerufen, zu Jesus, der ihn gerettet hat, als dem *Licht* zu kommen, an ihn zu glauben. Andernfalls ist er schon gerichtet, verbleibt in der *Finsternis* und bei seinen bösen Taten.

Angesichts dieser Warnung Jesu erscheint das folgende Verhalten des Geheilten in einem Zwielicht. Wird er Jesu "Zeuge" vor den Juden (vgl. 4,25; 16,13.14.15) oder sein Denunziant? Vor diese Frage sieht sich der Leser gestellt. Kann er sie entscheiden? Eine weitere Reaktion oder gar ein Bekenntnis des Geheilten wird nicht berichtet.

Doch wie auch immer: Die gegnerischen *Juden* werden dadurch nicht entlastet. Durch den Geheilten sind sie jetzt vor Jesus und seine Liebestat gestellt und müssen Stellung beziehen. Der Geheilte hat also die Funktion, die sonst Jesu Tat selbst hat. Dieser Mann war lebendig tot - ein Leben lang an sein Bett gefesselt und ohne einen mitleidigen Menschen - und ist nun durch Jesus dem Leben zurückgegeben worden.

4. Jesu Verteidigung: 5,16-47

[16]Und deshalb verfolgten die Juden Jesus, weil er dies am Sabbat getan hatte. [17]Jesus aber erwiderte ihnen:

"Mein Vater ist ständig am Werk, und auch ich wirke."

[18]Deshalb nun suchten die Juden um so mehr, ihn zu töten, nicht

nur, weil er den Sabbat auflöste, sondern auch, weil er Gott seinen Vater nannte und so sich selbst Gott gleich machte.

Jetzt beginnt die Auseinandersetzung Jesu mit seinen Gegnern, die aber stumm bleiben. Dennoch ist ihre Feindschaft gegen Jesus eindeutig. Sie steht von vornherein fest und wird weder durch Jesu Tat noch durch sein Wort überwunden, sondern dadurch nur heftiger und grimmiger. Sie *verfolgen* ihn als Sabbatschänder. Wieder beachten sie nicht die innere Stringenz seiner Tat (vgl. 2,13-17), die aus sich selbst als ein Werk der Liebe leuchtet, sondern messen sie an einem äußeren Kriterium.

Die Antwort Jesu auf den stummen Vorwurf ist von scharfer Prägnanz und höchstem theologischen Gewicht (5,17). Er stellt grundsätzlich fest, daß sein Wirken vollständig dem des Vaters entspricht und mit diesem eine Einheit bildet ("... *und auch ich*..."). Durch das "*bis jetzt*" wird Gottes Wirken hinsichtlich seiner Dauer in den Blick genommen: Gott wirkt allezeit, ununterbrochen seit der Schöpfung; sein Wirken ist durch kein Gesetz, keinen Sabbat eingeschränkt! Wie sollte auch die Welt einen Augenblick ohne ihn existieren? Wie sollten die Menschen ihr Heil finden, wenn Gott von seinem Heilswirken ausruhen wollte?

5,17 verrät eine subtile Kenntnis frühjüdisch-rabbinischer Theologie: Zu Gen 2,2f sagt z.B. Philo: "Nie hört Gott auf zu schaffen, sondern wie es dem Feuer eigentümlich ist zu brennen und dem Schnee zu kühlen, so auch Gott zu schaffen" (Leg alleg I,3). An diesem ständigen göttlichen Wirken partizipiert Jesus. Sein Tun repräsentiert und vergegenwärtigt das verborgene Wirken Gottes. Die Heilung durch Jesus ist damit als ein Handeln Gottes an dem Kranken verstanden. Sie weist über sich hinaus auf das in Jesus hereinbrechende Heil. Dann aber ist Jesus bei seinem Wirken wie Gott selbst durch den Sabbat nicht gebunden.

Die gegnerischen *Juden* suchen nach Jesu Antwort "*erst recht*", ihn zu töten (5,18). Sie wollen sein Tun nicht als Gottes gegenwärtiges Handeln anerkennen. Für sie ist die Heilung nicht Hinweis auf ein darin erfolgtes Wirken Gottes, sondern nichts anderes als Sabbatbruch. In ihrer vermeintlichen "Religiosität" verschließen sie sich dem wirklichen Handeln Gottes, das sich in Jesu Werk vollzieht. Ihr tödlicher Haß gegen Jesus findet in der Antwort Jesu neue Nahrung. Denn sie verstehen völlig zu Recht: Wenn Jesus Gott seinen eigenen Vater nennt, dann macht er sich Gott gleich. In diese Richtung weist Jesu Wort, und das ist ja auch das Bekenntnis der Leser, wie es schon im Anfangssatz des Prologs zum Ausdruck kam (vgl. 1,1).

Damit ist die entscheidende Differenz zwischen dem Anspruch Jesu (zugleich dem Bekenntnis der Leser) und den *Juden* auf den Punkt gebracht. Jesus wird göttliche Würde zuerkannt, wenn er Gott seinen Vater nennt und wenn er als "*Sohn Gottes*" bekannt wird (vgl. 1,34.49). Das ist in den Augen der Gegner ein todeswürdiges Verbrechen, und darum verfolgen sie ihn nicht nur, sondern suchen ihn zu töten. Der Konflikt ist voll ausgebrochen. Wie wird er enden?

4.1 Apologie: 5,19-30

[19]Da antwortete ihnen Jesus:
"Amen, Amen, ich sage euch:
Der Sohn kann nichts von sich aus tun,
außer dem, was er den Vater tun sieht.
Was jener nämlich tut, das tut genauso auch der Sohn.
[20]Denn der Vater liebt den Sohn und zeigt ihm alles,
was er selbst tut,
und größere Werke als diese wird er ihm zeigen,
so daß ihr euch wundern werdet.
[21]Denn wie der Vater die Toten aufweckt und lebendig macht,
so macht auch der Sohn, wen er will, lebendig.
[22]Und der Vater richtet ja auch niemanden,
sondern er hat das ganze Gericht dem Sohn gegeben,
[23]damit alle den Sohn ehren, wie sie den Vater ehren.
Wer den Sohn nicht ehrt,
ehrt den Vater nicht, der ihn gesandt hat.
[24]Amen, Amen, ich sage euch:
Wer mein Wort hört und dem glaubt,
der mich gesandt hat, hat ewiges Leben,
und ins Gericht kommt er nicht,
sondern er ist hinübergegangen
aus dem Tod in das Leben.
[25]Amen, Amen, ich sage euch:
Es kommt die Stunde und jetzt ist sie da,
in der die Toten die Stimme des Sohnes Gottes hören,
und die hören, werden leben.
[26]Denn wie der Vater Leben in sich hat,
so hat er auch dem Sohn gegeben,
Leben in sich zu haben.
[27]Und er hat ihm Vollmacht gegeben, Gericht zu halten,
weil er der Menschensohn ist.
[28]Wundert euch nicht darüber, daß eine Stunde kommt,
in der alle in den Gräbern seine Stimme hören werden,

[29]und herauskommen werden, die das Gute getan haben,
zur Auferstehung des Lebens,
die aber das Schlechte verübt haben,
zur Auferstehung der Verurteilung.
[30]Ich kann von mir aus nichts tun.
So wie ich höre, urteile ich,
und mein Urteil ist gerecht.
Denn ich suche nicht meinen Willen,
sondern den Willen dessen, der mich gesandt hat."

Gliederung: Der erste Teil der Rede Jesu greift 5,17 auf und beschreibt das Verhältnis des Wirkens Jesu zu dem des Vaters. Bei genauerem Zusehen läßt sich eine innere Gliederung erkennen.

Die ersten drei Sätze (5,19-20a) bilden eine argumentative Einheit, in der das Wirken des Sohnes vollständig auf den Einfluß des Vaters zurückgeführt wird. Diese Grundsätze sind zwar generalisierend, beziehen sich aber - wie schon 5,17 - zunächst einmal auf die geschilderte Heilung Jesu am Sabbat. Das ergibt sich insbesondere aus 5,20b, wo Jesus "*größere Werke als diese*" ankündigt, die der Vater ihm zeigen wird (Futur!). Vom zukünftigen Wirken Jesu ist dann im folgenden die Rede, und zwar unter zeitlichem Aspekt. Dabei wird in ständiger Wiederholung der Grundsätze von 5,19-20 auf die völlige Abhängigkeit Jesu vom Vater hingewiesen. 5,21-25 sprechen von der Belebung der *Toten* durch das geschichtliche, gegenwärtige Wirken des Gottessohnes. 5,26-29 weisen auf die zukünftig-eschatologische Rolle des Menschensohnes beim Endgericht hin. Die beiden Aussagereihen 5,21-25 und 5,26-29 sind stilistisch-grammatisch und thematisch weitgehend parallel gestaltet. Sie umschreiben das gesamte Wirken Jesu als des menschgewordenen Offenbarers und Vollstreckers des Willens des Vaters. Mit diesem Gedanken rundet 5,30 den ersten Teil der Rede ab und leitet zum zweiten über.

5,19-20: Es finden sich hier drei Sätze grundsätzlichen Charakters. Der zweite und dritte Satz begründen den ersten und präzisieren ihn. Dieser beginnt negativ: "*Der Sohn kann von sich aus nichts tun...*" Wenn er wirkt, so stammt sein Werk nicht von ihm, sondern von einem anderen. Wer der andere ist, sagt der positive Nachsatz: "*... außer dem, was er den Vater tun sieht.*" Das Verhältnis des Sohnes zum Vater ist das der völligen Abhängigkeit. Wollte der Sohn etwas von sich aus tun, würde er nicht *als Sohn* handeln. Sein Wirken ist deswegen bedeutsam, weil es die genaue, geradezu spiegelbildliche Übertragung des Handelns Gottes in diese Welt ist. Das betont nun der zweite Satz (5,19b).

Man könnte fragen, wann Jesus als der Sohn den Vater wirken sieht.

Gemeint ist gewiß, daß Jesus jetzt auf Erden tut, was er gesehen hat, als er noch beim Vater war, wie er ja auch bezeugt, was er beim Vater gehört und gesehen hat (vgl. 1,18; 3,11.32). Verweist Jesus somit in 5,19f auf seine Präexistenz? Auch 5,17 hatte gesagt, daß der Vater ständig, also auch schon vor Jesu Erdendasein gewirkt hat. Aber wenn hier nur das gemeint wäre, bestünde zwischen dem Tun des Sohnes und dem des Vaters zumindest eine zeitliche Differenz, und es handelte sich um *verschiedenes* Tun. Jesus will jedoch in 5,19f sagen, daß beider Wirken völlig deckungsgleich, geradezu "synchron" ist (vgl. 5,17!). Er vollzieht auf Erden *sichtbar* das gleichzeitige *unsichtbare* Tun des Vaters. Das *Sehen* drückt die Unmittelbarkeit Jesu zum Vater aus, zugleich auch seine Abhängigkeit. Der Sohn ist die sichtbare Erscheinung des Vaters auf Erden. In ihm begegnet Gott selbst. Dessen Wirken ist nicht *verborgen*, sondern in Jesu Tun offenbar geworden.

Dieses Ineinander des Wirkens von Vater und Sohn ist ein Ausfluß der Liebe des Vaters zum Sohn (5,20; vgl. 3,35). Der Sohn maßt sich die Werke des Vaters nicht an. Was aus seiner Sicht ein "Abschauen" ist, ist aus der Sicht des Vaters ein *Zeigen*. Jesu Wirken ist zugleich beim Vater abgeschaut und ihm vom Vater gezeigt. Beides fällt zusammen, sodaß seine Werke ebenso die des Vaters sind. Wie das *Sehen* (5,19) ist auch das *Zeigen* (5,20) kein mythologischer Vorgang. Es will besagen, daß Jesu Tun auf die Weisung des Vaters zurückgeht und seinen Willen in die Tat umsetzt (vgl. 5,30).

5,21-23: Die Grundsätze von 5,19-20 gelten nicht nur für die erzählte Sabbatheilung, sondern für das gesamte Wirken Jesu, für "*alle Werke*" (5,20), die noch größer sein werden als die bereits gezeigten. Von diesen größeren Werken ist nun die Rede.

Wie der Vater Tote erweckt und lebendig macht, so auch der Sohn: Er macht diejenigen *Toten* lebendig, "*die er will*" (5,21; vgl. 5,30). Wieder ist zu beachten, daß das Handeln von Vater und Sohn nicht in zwei Aktionen auseinanderfällt, sondern eines ist: Im lebensspendenden Tun des Sohnes kommt Gott zur Geltung, der die Toten auferweckt, also das Nichtseiende ins Dasein ruft. Die Verben stehen im Präsens. Es ist daher nicht an die endzeitliche allgemeine Auferweckung der Toten gedacht, sondern das gegenwärtige Wirken des geschichtlichen Jesus wird umschrieben. Darum kann es auch heißen: "... *die er will*", was zur Vorstellung einer allgemeinen Totenauferstehung ja nicht paßt. Jesus ist in seinem Wirken frei und souverän wie Gott.

Jesus wirkt als der Sohn nicht nur dasselbe wie der Vater, vielmehr gilt auch, daß der Vater gar nichts tut außer durch den Sohn. Jesus nimmt also nicht nur teil am Wirken des Vaters, sein Tun ist zugleich das Tun des Vaters. Dies bringt 5,22 bezüglich des Gerichts zum Ausdruck: Der Vater hat das Gericht vollständig und endgültig (Perfekt!) in die Hände des Sohnes übergeben (vgl. 5,20). Zu beachten ist, daß in 5,22 dem Sohn noch nicht die *Tätigkeit* des Richtens zugesprochen wird (vgl. 5,27). Es ist vom "*ganzen Gericht*" als einem umfassenden Geschehen die Rede, das wie *Lebendigmachen* (5,21) einen Gegenwartsaspekt hat. In 5,24 wird dies sofort deutlich. Der Leser weiß bereits aus 3,17ff, wie sich das Gericht im Wirken des geschichtlichen Jesus vollzieht, und er soll sich jetzt an jenes Wort Jesu erinnern: Das gegenwärtig sich ereignende Gericht ist nicht ein Tun Jesu, wohl aber dessen Wirkung.

Die Aussagen münden in eine Folgerung (Konsekutivsatz), die dem Sohn aufgrund seines Wirkens die gleiche Ehre zugesteht wie dem Vater (5,23). Wieder darf man nicht mißverstehen, es müsse *neben* dem Vater auch noch dem Sohn Ehre erwiesen werden, als stünden in ihnen zwei Götter getrennt nebeneinander. Wie sich das Wirken von Vater und Sohn nicht unterscheiden läßt, sondern in eins zusammenfällt, so kann auch die Ehre von Sohn und Vater nur eine gemeinsame sein. Man kann den Vater gar nicht anders ehren als dadurch, daß man dem Sohn Ehre erweist. Den Vater ohne den Sohn ehren zu wollen, hieße ja, ihn nicht als denjenigen zu verehren, der den Sohn gesandt hat. Wer dagegen den Sohn ehrt, verehrt damit immer schon den Vater (vgl. 4,23f).

5,24-25: Die beiden in der Mitte der Rede Jesu stehenden Worte werden durch die gewichtige Einleitungsformel "*Amen, Amen, ich sage euch*" besonders herausgestellt. Sie bilden ohne Zweifel den Höhepunkt dieses Redeteils. Der in 5,21f entwickelte Gedanke, daß der Sohn wie der Vater Tote lebendig macht und anstelle des Vaters das ganze Gericht ausführt, wird jetzt näher erläutert, und zwar zunächst bezogen auf die Gegenwart des irdischen Jesus und des Hörers (Lesers) seines Wortes. Da die Wiederbelebung der Toten und das Endgericht traditionell zum Vorstellungsinventar der eschatologischen Endzeit gehören, sind die hier gemachten Aussagen von größtem Gewicht und ungeheurer Wucht. Tod oder Leben, Gericht oder Heil entscheiden sich für den, der Jesus und seinem Wort begegnet, *jetzt*! War zuvor von Jesu Tun die Rede, so nun von seinem Wort. Jedoch fällt beides gar nicht auseinander: Im Anschauen des Wirkens Jesu und im Hören seines Wortes ereignet sich jetzt die eschatologische Stunde (5,25) als Stunde der *Entscheidung*. Denn daß das "*Hören des Wortes Jesu*" (5,24) kein nur akustisches Hören ist, macht die Fortsetzung deutlich: Dem *Hören* entspricht das "*Glauben an den, der mich gesandt hat*". Erst wer glaubt, daß Jesu Wort das Wort des Vaters ist, hat es wirklich *gehört*. In solchem Hören des Wortes *Jesu* verwirklicht sich also Glaube an Gott und umgekehrt: "An Gott glauben" schließt das Hören des

Wortes Jesu notwendig ein, weil Gott Jesus gesandt hat. Gleiches galt ja auch von der Gottesverehrung (5,23).

Das Wort Jesu können auch noch die Leser *hören*, indem sie es lesen (so wie sie die Werke Jesu noch *als Erzählungen* wahrnehmen; vgl. 20,30f). Somit ist die nach 5,25 gegenwärtige eschatologische Stunde nicht nur die geschichtliche Stunde der Ohrenzeugen Jesu und liegt für die Leser bereits wieder in der Vergangenheit, sondern sie ist die *jeweilige* Stunde der Entscheidung. Darum kann es von ihr heißen, daß "*sie kommt und da ist*" (vgl. 4,23). Das Hören des Wortes Jesu, wann auch immer es geschieht, ist die eschatologische Stunde, in der sich alles entscheidet.

Nur die positive Folge der Entscheidung wird hier genannt: Der Glaubende "*hat das ewige Leben*". Diese Zusage greift 3,16.36 auf. Der Glaubende hat das "*ewige Leben*" bereits wirklich, es ist ihm nicht erst für später verheißen. Das macht der zweite Teil des Wortes Jesu deutlich: "*Er kommt nicht ins Gericht*" (vgl. 3,18). Das Gerichtsgeschehen bedroht ihn nicht, ja es betrifft ihn gar nicht mehr, wie 5,29 erläutern wird.

Die Leser sollen sich an dieser Stelle zurückerinnern an den ersten Aufenthalt Jesu in Jerusalem und an sein Gespräch mit Nikodemus. Dort hatte Jesus schon ausgeführt, wie sich das Gericht für diejenigen auswirkt, die ihm als dem *Licht* begegnen und doch nicht glauben (3,19ff). Jene Aussagen sollen die Leser mit den jetzigen zusammendenken. Dann wird klar: Die Glaubenden werden in ihrem Besitz "*ewigen Lebens*" durch kein Gericht mehr bedroht, weder durch ein kommendes Endgericht, noch durch das jetzt ergehende Gericht, das der Unglaube als Entscheidung gegen das *Licht* selbst ist. Sie sind vielmehr bereits "*aus dem Tod in das Leben hinübergegangen*" (Perfekt!). Hören und Glauben sind also die Auferweckung zum "*ewigen Leben*", die Jesus wie der Vater vollzieht (5,21).

Ist aber der Glaube eine "geistige Geburt" (vgl. 3,3.5-8; 1,12f) und die eigentliche Lebensspende (5,21), dann lebt der Mensch vor seiner Glaubensentscheidung gar nicht im wirklichen Sinne, sondern ist tot. Das bringt 5,25 zum Ausdruck, wo Jesus den Gedanken von 5,24 in anderer Begrifflichkeit wiederholt: In der Begegnung mit ihm und seinem Wort ereignet sich eine "Auferstehung der Toten". 5,25 muß von 5,24 her interpretiert werden. Die *Toten* sind nicht die bereits leiblich Gestorbenen, sondern die noch lebenden Menschen, insofern sie das wahre Leben, das Jesus gibt, noch nicht empfangen haben (vgl. 1,4). Diese *Toten* hören jetzt die Stimme des "*Gottessohnes*", des Menschen Jesus von Nazaret (1,14), und diejenigen von ihnen, die wirklich *hören*, also "*glauben an den, der ihn gesandt hat*" (5,24), werden dadurch zu solchen, die der Sohn lebendig macht (5,21). Nun zeigt sich auch, daß das "*die er will*" von 5,21 nicht eine willkürliche Wahl zum Ausdruck bringt, sondern die Entscheidung des Menschen berücksichtigt: Der Glaubende ist derjenige, den Jesus will.

Kann der Glaubende erfahren, was ihm hier zugesagt wird: daß er bereits "*ewiges Leben*" hat und "*aus dem Tod in das Leben hinübergegangen*" ist? Gilt wirklich, daß wer glaubt ein neues Leben beginnt? Wenn Glauben nicht nur ein kognitiver Akt zur Aufnahme von Wahrheiten und Wissen ist, sondern zuallererst eine personale Beziehung des Vertrauens und sich auf einen anderen Verlassens, dann ist es zweifellos so. "*Jesu Wort hören*" heißt ja vor allem, sich darauf verlassen, daß in Jesus Gott begegnet, daß er Gott vermittelt. Wer in diesem Sinn seinem Wort glaubt, hat damit die göttliche Realität, also "*ewiges Leben*" bereits ergriffen. Seine vormalige Existenz ohne diesen Glauben muß ihm als *Tod* erscheinen. Solche Erfahrung, ein neues Leben anzufangen, machen auch diejenigen, die zu lieben beginnen. Sie erfahren, daß ihr Leben zuvor öde, leer, ja "tot" war. Durch die Liebe werden sie wie neugeboren. Die Liebenden partizipieren am Leben des Geliebten, sie empfangen und teilen es mit ihm.

5,26-29: Der jetzt folgende Redeteil entspricht zunächst gänzlich 5,21-23: Erneut wird in einem begründenden Satz die Vergleichbarkeit von Vater und Sohn hinsichtlich der Fähigkeit, das ewige Leben zu geben, ausgesagt (5,26f). Wie der Vater, so hat auch der Sohn "*Leben in sich*". Er ist kein Geschöpf des Vaters, ihm ist nicht wie der Kreatur das Leben verliehen worden, sondern er hat das Leben dauerhaft in sich (vgl. 1,4). Freilich ist ihm diese Fähigkeit, wie alles (3,36), vom Vater *gegeben* worden, sodaß er bei aller Gleichheit des Lebensbesitzes und des Tuns ganz vom Vater abhängig ist, also "*der Sohn*". Weil Jesus das "*Leben in sich*" hat, kann er wie der Vater Tote lebendig machen (5,21). Insofern begründet 5,26 alle vorausgehenden Aussagen (5,21-25).

Aber Jesus hat mit 5,21 auch die folgenden Sätze über die größeren Werke der Zukunft eröffnet, die ihm der Vater zeigen wird (5,20). Das wird spätestens in 5,28f eindeutig erkennbar, wurde jedoch auch in 5,26f bereits angedeutet. Wenn Jesus wie der Vater das "*Leben in sich*" hat, kann niemand es ihm rauben (vgl. 10,18). Daß ihn die *Juden* zu töten suchen (5,18), wird damit von vornherein als undurchführbar erwiesen, es sei denn, Jesus gibt sein Leben freiwillig hin. Dann aber kann er es sich auch wieder zurücknehmen, wann er will. Damit kommt in Jesu Wort 5,26 auf sehr subtile Weise das Geheimnis seiner künftigen Lebenshingabe und Auferstehung zur Sprache (vgl. 3,13ff; 10,15.17-18). Der Leser, der mit einem christlichen Vorverständnis das JohEv liest und daher mehr weiß, als der bisherige Text dargestellt hat, kann diese Anspielung verstehen.

Er weiß auch, daß Jesus durch seine *Erhöhung* in Kreuz und Auferstehung (vgl. 3,13f) wieder in den Himmel zurückkehren wird, woher er gekommen ist. Dadurch wird er zum himmlischen *Menschensohn*, dem Gott die "*Vollmacht gegeben hat, das Gericht abzuhalten*" (5,27; vgl. äthHen

46ff). Hier wird zweifellos auf das zukünftige Endgericht verwiesen, dessen Vollstrecker Jesus als der Menschensohn sein wird. Das Wort entspricht 5,22. Dort war allerdings vom "*ganzen Gericht*" die Rede, also wohl vom umfassenden Gerichtsgeschehen, das sich in der geschichtlichen Entscheidungssituation für die Nichtglaubenden bereits jetzt vollzieht (vgl. 3,18f). In 5,27 ist dagegen das Endgericht als künftiges Werk Jesu im Blick.

Daß sich Jesu Worte auf die Zukunft beziehen, macht ebenfalls 5,28 deutlich. Der Satz wiederholt fast wörtlich 5,25, doch wird hier nicht mehr gesagt, daß die eschatologische Stunde schon da ist. Es wird auch nicht mehr von den *Toten* gesprochen, sondern von denen "*in den Gräbern*", also den leiblich Toten, den Gestorbenen, und zwar *allen*. Wenn sie die *Stimme* des Menschensohnes *hören*, kann damit keine Entscheidungssituation mehr beschrieben sein, denn die Möglichkeit zur Entscheidung ist für die Gestorbenen vorbei. Die *Stimme* muß als ein Signal verstanden sein, auf das hin sie alle aus ihren Gräbern *herauskommen* werden. Eigenartig ist, daß dieser Vorgang selbst noch nicht "Auferstehung" genannt wird. Sie folgt offenbar erst nach, nämlich als eine doppelte: "*Auferstehung des Lebens*", d.h. zum Leben, und "*Auferstehung des Gerichts*", d.h. zur Vernichtung (vgl. 3,16). Kriterium dieser letzten Scheidung sind die Taten des Menschen, die guten und die schlechten.

Hebt Jesus in 5,29 seine Zusage von 5,24 wieder auf, daß der Glaubende bereits "*aus dem Tod in das Leben hinübergegangen*" ist? Und zieht er etwa seine frühere Drohung zurück, daß der Nichtglaubende "*bereits gerichtet ist*" (vgl. 3,18ff)? Einen solchen Selbstwiderspruch wird niemand vermuten wollen. Vielmehr sind die Leser aufgerufen, die jetzige Aussage mit den vorigen zu vereinbaren. Sind hier womöglich diejenigen gar nicht mitgemeint, die sich in Glauben und Nichtglauben für oder gegen ihn entscheiden konnten? Spricht Jesus in 5,28f nur von denen, die vor seinem Kommen in die Welt bereits gestorben sind und damit ihm und seinem Wort nicht begegnen konnten?

Selbstverständlich muß der letztere Personenkreis in 5,28f eingeschlossen sein. Ausdrücklich wird ja von "*allen, die in den Gräbern sind*" gesprochen. Wenn aber von denen, die dem irdischen Jesus und seinem Wort begegnet sind und sich in Glauben bzw. Nichtglauben entscheiden konnten, einige oder sogar die meisten noch vor dem Kommen jener letzten Stunde sterben, dann dürften auch sie mit eingeschlossen sein. Autor und Leser wissen ja, wieviele Glaubende und Nichtglaubende seit den Tagen Jesu schon gestorben sind. Es sind in 5,28f wirklich alle "*Begrabenen*" im Blick.

Dann ergeben sich Konsequenzen:

1. Die Glaubenden haben zwar wirklich schon das "*ewige Leben*", wie 5,24

sagte, aber noch nicht endgültig. Noch leben sie nicht *ewig*. Sie sind der Welt nicht enthoben, sondern leben als fleischliche Menschen noch in ihr und müssen sterben (vgl. 11,25).
2. Deshalb müssen sie ihre Glaubensentscheidung in ihrem noch andauernden irdischen Leben bewähren, indem sie Jesu Wort bewahren im Tun des Guten. Der Glaube selbst ist solch ein gutes Tun (vgl. 3,21). Erst das Sterben beendet diese Zeit der Bewährung.
3. Die leibliche Auferstehung fügt dem bereits gewonnenen "*ewigen Leben*" nicht eigentlich etwas hinzu, bewirkt aber, daß diejenigen, die das "*ewige Leben*" schon haben, nun "*ewig leben*".

Für die Nichtglaubenden gilt umgekehrt: In ihrer Entscheidung gegen Jesus wirkt sich bereits das Gericht aus, wenn sie während ihres irdischen Lebens bei dieser Entscheidung bleiben. Dann handeln sie schlecht. Beide aber, der im Tun des Guten bewährte Glaubende und der im schlechten Handeln verstockte Nichtglaubende, werden erst endgültig in jener Stunde, von der 5,28 spricht, offenbar, und die einen werden zum Leben auferstehen, die anderen zum Gericht.

5,30: Jesus schließt den ersten Teil seiner Rede, die Apologie, ab, indem er seinen Eröffnungssatz fast wörtlich wiederholt. Was für Jesu geschichtliches Wirken gilt, nämlich daß er es nicht aus sich selbst tut, sondern darin das Tun des Vaters nachahmt, gilt ähnlich auch von seinem zukünftigen Wirken als Richter: Sein Urteil hört er vom Vater (3,32). Somit ergeht das Urteil eigentlich durch zwei Personen und ist darum gerecht. Der Schlußsatz faßt das Prinzip allen Handelns Jesu als des Gesandten Gottes zusammen: "*Er sucht nicht den eigenen Willen zu erfüllen, sondern den Willen dessen, der ihn gesandt hat*".

4.2 Legitimation: 5,31-40

31 *"Wenn ich über mich selbst Zeugnis ablege,*
so ist mein Zeugnis nicht wahr.
32 *Ein anderer legt Zeugnis über mich ab, und ich weiß:*
Das Zeugnis ist wahr, das er über mich ablegt.
33 *Ihr habt zu Johannes geschickt,*
und er hat für die Wahrheit gezeugt.
34 *Ich nehme jedoch kein Zeugnis von Menschen an,*
vielmehr sage ich dies, damit ihr gerettet werdet.
35 *Jener war die Leuchte, die brennt und scheint;*
ihr aber wolltet euch eine Stunde an seinem Licht erfreuen.
36 *Aber ich habe ein Zeugnis, größer als das des Johannes:*

die Werke nämlich, die mir der Vater gegeben hat,
damit ich sie vollende.
Eben diese Werke, die ich tue, zeugen über mich,
daß der Vater mich gesandt hat.
[37]Und, der mich sendet, der Vater,
er hat über mich Zeugnis abgelegt.
Ihr habt weder seine Stimme je gehört,
noch seine Gestalt gesehen,
[38]und sein Wort habt ihr nicht bleibend in euch,
weil ihr dem nicht glaubt, den er gesandt hat.
[39]Erforscht doch die Schriften!
Ihr wähnt, in ihnen ewiges Leben zu haben,
aber auch sie legen Zeugnis über mich ab.
[40]Doch ihr wollt nicht zu mir kommen, um Leben zu haben."

5,30 hat eine doppelte Funktion: Da dieser Satz die Einheit zwischen Jesus und dem Vater nicht nur im Tun, sondern auch im Urteil behauptet, schließt er den ersten Teil der Rede Jesu ab und leitet ebenso zu ihrem zweiten Teil über: Was Jesus in 5,19-30 über sich gesagt hat, war nicht nur sein Eigenzeugnis, sondern zugleich Zeugnis eines *anderen*, nämlich des Vaters. Jesus hat also nicht "*aus sich selbst*" geredet, sondern seine Rede war Gottes Wort, wie er schon in 5,24 beansprucht hat.

5,31-32: Daß ein Selbstzeugnis keinen hohen Wert hat, gilt nicht nur im Gerichtsprozeß, sondern auch im Alltag. Jesus stimmt dem zu, denn er legt Wert auf die Feststellung, daß nicht er selbst, sondern ein *anderer* über ihn Zeugnis ablegt.

Dieser *andere* ist der Vater; doch wird das erst im folgenden deutlich (5,37). Ob die Leser es sofort begreifen? Zunächst könnte es scheinen, als sei mit dem *anderen* ein Mensch, wie Jesus einer ist, gemeint, etwa Johannes der Täufer (vgl. 1,6ff. 19ff). Doch der ist jener *andere* nicht, wie 5,33f sofort klarmacht. Damit wird das Zeugnis des Johannes aber nicht abgewertet.

Jesus *weiß*, daß das Zeugnis des *anderen* wahr ist. Wie kann dann sein Selbstzeugnis nicht wahr sein? Es unterscheidet sich ja nicht von dem des *anderen*. Dessen Zeugnis ergeht *in* Jesu Selbstzeugnis. Somit kann 5,31 lediglich zum Ausdruck bringen, daß Jesu Zeugnis über sich nur dann unwahr wäre, wenn in ihm nichts als ein Selbstzeugnis vorläge. Da es aber in Wirklichkeit das Zeugnis des *anderen* ist, ist auch Jesu Selbstzeugnis wahr.

Gottes wahres Wort und Zeugnis ergehen niemals unmittelbar. Er spricht und bezeugt stets durch andere, und alles kommt darauf an, im

Wort der anderen Zeugen Gottes eigenes Zeugnis wahrzunehmen. Die gegnerischen *Juden* erkennen darum die Wahrheit des Zeugnisses *Jesu* nicht, weil sie es nicht als das Zeugnis *Gottes* akzeptieren.

5,33-35: Ähnlich war es auch schon im ersten Bild des JohEv. Die *Juden* wollten vom Zeugnis des Johannes über Jesus nichts wissen, sondern waren einzig an der Person des Zeugen interessiert (vgl. 1,19-28). An diese Szene erinnert Jesus und interpretiert sie authentisch. Er weiß um sie, obwohl er in ihr noch nicht mitgewirkt hat. Johannes hätte den fragenden *Juden* damals wirklich "ein Licht aufstecken" können über Jesus (vgl. 1,8), aber daran lag ihnen nichts. Sie wollten in Johannes das Licht sehen und sich in *seinem* Licht "sonnen". Aber Johannes war nur ein Mensch, nicht der Christus (1,20), nicht das Licht (1,8). Nicht auf seine Person, vielmehr auf sein Zeugnis über Jesus kam es an: nur *dieses* war göttlichen Ursprungs (vgl. 1,33f).

Mit den *Juden* sind alle angesprochen, die damals in Johannes dem Täufer eine Heilbringergestalt sahen, auch die beim Täufer verbliebenen Johannesjünger (vgl. 3,22-30). Sie sollen, haben sie schon auf den Täufer nicht gehört, durch Jesus noch einmal über die wahre Funktion des Johannes aufgeklärt und so auf sein Zeugnis hin zu Jesus kommen und gerettet werden (vgl. 1,8).

5,36: Auch Jesu Werke bezeugen, daß er der Gesandte Gottes ist (vgl. 5,19-20). Warum aber sind die Werke ein größeres Zeugnis als das des Johannes? Weil in ihnen der Vater selbst am Werk ist, während des Täufers Zeugnis zwar auf Gottes Weisung zurückging, aber nicht Gottes eigenes Zeugnis war. Und wie kann man erfahren, daß in Jesu Werken Gott am Werk ist? Dadurch, daß man sie als Werke der Liebe erkennt! Wessen Blick nicht durch Haß getrübt ist, muß das anerkennen, insbesondere wenn er - wie die Leser - auf das *vollendete* Wirken Jesu zurückblicken kann (vgl. 19,30). Es war ein Werk der Liebe (vgl. 15,13), und deshalb zeugt es für Jesus, daß er Gottes Gesandter auf Erden ist.

5,37-40: Der Vater hat auch selbst für Jesus Zeugnis abgelegt, und zwar bereits in der Vergangenheit (Perfekt!), allerdings wiederum nicht unmittelbar, etwa durch persönliche Offenbarung in "Blitz und Donner" (vgl. 12,28f). Eine solche Offenbarung eines göttlichen Zeugnisses haben die *Juden* nicht empfangen. Sie haben Gottes Stimme bisher noch nie gehört und sein Antlitz niemals gesehen. Doch jetzt könnten sie Gott mittelbar hören und sehen, wenn sie nämlich die Schriften als Gottes Zeugnis über Jesus läsen und glaubend zu ihm kämen. Er allein vermittelt Gottes Wort, er wirkt Gottes Tat. Weil sie es aber nicht tun, haben sie Gottes Wort nicht bleibend und lebenbringend in sich (5,40). Die Angesprochenen sind da wohl anderer Meinung: Hat nicht Mose auf dem Sinai Gott gehört und seine Gestalt gesehen? Enthält nicht die Tora Gottes forderndes Wort, und ist das Halten seines Gebotes nicht der Weg zum ewigen Leben?

Jesus bestreitet das: Nicht die *Schriften* enthalten schon das Leben, sondern sie sind Gottes Zeugnis für den, der es wirklich geben wird. Wie bei Johannes dem Täufer greifen die *Juden* zu kurz. Wie sie sich nicht durch den Zeugen zu Jesus führen lassen, sondern ihn selbst für das Licht halten, so wollen sie auch die Schriften nicht als hinweisendes Zeugnis annehmen, sondern als Gottes lebensspendendes Wort selbst. In 5,35 und 5,40 wird das eigene "Wollen" der gegnerischen *Juden* verantwortlich gemacht für ihre Unempfänglichkeit gegenüber dem Zeugnis Gottes. Sie wollen selbst bestimmen, was ihnen Johannes und die Schriften zu sagen haben und verfehlen damit deren Zeugnis und letztlich Gott, der sich in *Jesus* offenbart.

4.3 Anklage: 5,41-47

41 *"Ehre von Menschen nehme ich nicht an.*
42 *Vielmehr habe ich euch erkannt:*
Ihr habt die Liebe Gottes nicht in euch.
43 *Ich bin im Namen meines Vaters gekommen,*
aber ihr nehmt mich nicht auf.
Wenn ein anderer in eigenem Namen kommt,
den werdet ihr aufnehmen.
44 *Wie könnt ihr wohl zum Glauben kommen,*
da ihr doch Ehre voneinander annehmt,
die Ehre von dem einzigen Gott aber sucht ihr nicht?
45 *Meint nicht, ich würde euch beim Vater anklagen.*
Euer Ankläger ist Mose, auf den ihr eure Hoffnung setzt.
46 *Wenn ihr nämlich Mose wirklich geglaubt hättet,*
so hättet ihr auch mir geglaubt,
denn von mir hat er geschrieben.
47 *Da ihr aber seinen Schriften nicht glaubt,*
wie wollt ihr dann meinen Worten glauben?"

Der dritte Teil der Rede Jesu, zu dem 5,40 in gewisser Weise schon überleitet, stellt eine große Anklage und Gerichtsdrohung gegen die gegnerischen *Juden* dar. Doch hat man den Eindruck, daß sich der Vorwurf Jesu weniger gegen ihr augenblickliches Verhalten - sie verfolgen Jesus und suchen ihn zu töten (5,16.18) -, als gegen ihr künftiges richtet: Sie nehmen

Jesus nicht an (vgl. 1,11), obwohl er im Namen Gottes gekommen ist, einen *anderen* jedoch, der in eigenem Namen kommt, *werden* sie annehmen (Futur!). Wer der *Andere* ist und wann das sein wird, kann der heutige Leser dem Wort Jesu nicht entnehmen. Doch könnte es sein, daß er gegenüber den ersten Lesern des JohEv im Nachteil ist. Diese konnten vielleicht den die Zukunft betreffenden Vorwurf Jesu auf ein ihnen bekanntes Ereignis beziehen und damit unmittelbar verstehen.

Die angesprochenen Gegner werden noch weiter gekennzeichnet, zunächst als solche, die "*Gottes Liebe*" nicht in sich haben (5,42). Man könnte die Genitivverbindung verstehen als "Liebe zu Gott", wahrscheinlicher aber ist, daß ihnen jene Liebe (zu Jesus und den Mitmenschen) fehlt, die Gott und seiner Liebe entspricht. Tatsächlich haben die Gegner Jesu Heilungstat nicht als Werk der Liebe erkannt und verfolgen Jesus mit Haß und Mordabsichten. Sie werden weiter als solche charakterisiert, die im Gegensatz zu Jesus, der einzig Gottes Ehre sucht, auf Ehre und Ansehen untereinander aus sind (5,44). Öffentlicher Ruf und Sozialprestige sind ihnen mehr wert als Solidarität und Nächstenliebe. Das alles wird sich dann zeigen, wenn ein *anderer* in eigenem Namen auftreten wird, den die Gegner aufnehmen werden.

Die ersten Leser könnten Jesu Anklage auf eine Personengruppe und Situation ihrer Zeit bezogen haben, die vielleicht durch eine ähnliche Auseinandersetzung geprägt war, wie sie Jesus mit den gegnerischen *Juden* hatte. Aus dem übrigen JohEv und den Johannesbriefen läßt sich folgendes vermuten: Die johanneischen Christen befanden sich in heftigen christologischen Kontroversen mit dem zeitgenössischen Judentum und untereinander, die schließlich zur Trennung zwischen einem Teil der johanneischen Christen und den *Juden* führten. Die johanneischen Christen wurden aus der Synagoge ausgestoßen. Aus den Spannungen mit dem Judentum folgte unmittelbar auch ein Schisma innerhalb der Gemeinde, bei dem sich Christen, die die johanneische Christologie für gefährlich hielten, von der Restgemeinde lossagten und - in den Augen der dem Bekenntnis Treu-Bleibenden - geradezu von Jesus weggingen, um ins Judentum zurückzukehren. Sie verstießen damit gegen die Bruderliebe, indem sie sich von den treuen Bekennern Jesu trennten. Ihr Verhalten wird damit erklärt, daß sie auf öffentliches Ansehen und Prestige aus waren. Es ist denkbar, daß die Anklage Jesu in 5,43f dieser zukünftigen Situation gilt, in der sich Jesu eigene Auseinandersetzung mit den *Juden* wiederholen wird, und daß auch die Leser sie ohne weiteres darauf beziehen konnten. Von dieser Situation her werden die massiven Angriffe gegen die feindlichen *Juden* verständlich. Sie sind kritische Polemik, kein Rassismus!

5,45f zieht die Konsequenz aus 5,39: Wenn die *Schriften* von Jesus sprechen und wenn das durch unvoreingenommenes Lesen jedermann nachvollziehbar ist, dann hat Mose, auf den sie zurückgehen, über Jesus geschrieben. Wer das in den *Schriften* nicht liest, verfehlt das Wort des Mose, indem er ihn bewußt mißversteht. Dann aber wird er schuldig und in Mose einen Ankläger haben.

Hier wird vorausgesetzt, daß nur Voreingenommenheit verhindert, die Schriften des Mose auf Jesus zu beziehen. Sie weisen nach Darstellung des JohEv unmittelbar auf ihn als den Gesandten Gottes hin, und er ist ihre Erfüllung. Die Schriften können - wie auch Jesu Zeichen - den Glauben an ihn wecken. Dieser Sinn wohnt ihnen von Anfang an inne. Mose und seine Schriften sind daher im echten Sinne *Zeugen* für Jesus. Nach dem JohEv ist es keineswegs so, daß der Glaubende im Nachhinein den Sinn der Schriften des Mose neu konstituiert und dann in ihnen auch Hinweise auf Jesus "findet". Vielmehr gilt umgekehrt: Wer die *Schriften* nicht als Rede über Jesus liest, will ihren Sinn nicht verstehen. Wie soll er dann durch Jesu Worte überzeugt werden? Er hat sich schon gegen Jesus verschlossen!

Solche Verschlossenheit durch eigene Schuld klagt Jesu Rede bei den Gegnern an und droht ihnen mit dem Gericht. Das ganze dritte Bild will an den Gegnern Jesu zeigen, wie solche Verstockung sich ereignet. Da keine weitere Reaktion erfolgt, müssen die Leser sich fragen, wie das ausgehen wird.

Fünftes Bild: 6,1-71

I. Die Analyse

1. Abgrenzung

Die Abgrenzung bereitet keine Probleme. In 6,1 wird gesagt, daß Jesus (von Jerusalem) nach Galiläa geht (vgl. 1,43; 2,1; 4,3; 4,43ff), diesmal aufs *jenseitige*, nämlich das Ostufer des "*Sees von Tiberias*" (vgl. 21,1). Damit ist ein eindeutiger Einschnitt angezeigt. Der Handlungsfaden zieht sich von da an, trotz Wechsel des Schauplatzes nach Kapharnaum (6,17) und in die dortige Synagoge (6,59), geradlinig durch. Eine Szene ergibt sich aus der anderen: zuerst Jesu Zeichen (6,2-21), dann der Offenbarungsdialog, der die Zeichen auswertet (6,22-59), daraufhin die Reaktion der Augen- und Ohrenzeugen auf Jesu Worte (6,60-71).

Man könnte erwägen, ob 7,1-9 noch zum fünften Bild hinzugehört, weil Jesus sich weiterhin in Galiläa aufhält und erst in 7,10 wieder nach Jerusalem hinaufgeht (vgl. 2,13; 5,1). Doch spricht alles gegen eine solche Zuordnung: Das gliedernde *danach* findet sich in 7,1 (vgl. 3,22; 5,1; 6,1), und der Hinweis auf das Laubhüttenfest steht schon in 7,2 (vgl. 2,13; 5,1) und nicht erst in 7,10. Zudem ist 7,1-9 für die nachfolgende Darstellung notwendig: Jesus geht nach Jerusalem aus eigener Initiative und in eigener Absicht, und nicht, um das "*Fest der Juden*" zu besuchen. Freilich bindet 7,1-9 den nächsten Großabschnitt des JohEv - das sechsten Bild - eng mit 6,1-71 zusammen und hat darin die gleiche Funktion wie 2,12.

2. Rückverweise/Wiederaufnahmen/Echos: Was die Leserinnen und Leser schon wissen!

Obwohl der Erzähler eine neue Seite der Handlung aufschlägt, hat der Leser nicht den Eindruck, in eine unbekannte Welt einzutreten. Vieles ist vielmehr vertraut. Seit einem Jahr - wieder steht das Paschafest nahe bevor (6,4; vgl. 2,13) - begleiten die Leser das Wirken Jesu und nehmen an seiner Welt teil. Sie wissen auch, daß Jesus bei seinen Aufenthalten in Galiläa gerne Kapharnaum aufgesucht (2,12) und dort einen Schwerkranken geheilt hat (4,46-54). Jetzt hält sich Jesus zunächst am gegenüberliegenden Seeufer auf und lehrt später in der Synagoge der Stadt. Welchen Erfolg wird sein dortiges Wirken haben?

Vertraut sind den Lesern auch die Personen um Jesus herum. Erneut begegnen die aus dem ersten Bild bekannten Jünger: Andreas, Simon Petrus und Philippus (1,40-43). Doch ist dieser Jüngerkreis inzwischen anscheinend mächtig angewachsen (6,60), und wie in den vorausgehenden Abschnitten stellt sich die Frage: Hat Jesu Wirken Erfolg, und bleiben die Jünger bei ihm? Gleiches gilt auch für die Volksmenge, die wie in 2,23f und 4,45 Augenzeuge der Taten Jesu ist. Die Leute haben die Zeichen an den Schwachen (vgl. 5,1-9) gesehen und folgen seither Jesus überallhin nach (6,2.22ff). Ihre Schar ist ungeheuer groß geworden (vgl. 6,10). Werden sie wirklich zu Jesus kommen und zu solchen werden, die ihm der Vater gegeben hat (vgl. 6,37.39f.44.65)?

Wenn die Leser die früheren Vorbehalte Jesu noch im Ohr haben (vgl. 2,23ff; 4,43f; 4,48), müssen sie daran zweifeln und werden darin auch sofort bestätigt. Jesus traut der Anerkennung seines Wirkens durch die Volksmenge nicht, sondern weiß, daß die Leute eigentlich nicht glauben (6,36.64), ihn vielmehr politisch benutzen wollen (6,15; vgl. 2,24f). Tatsächlich verhalten sie sich so, als hätten sie Jesu Zeichen nicht wirklich gesehen (vgl. 6,26), denn sie fordern von Jesus - wie zuvor die gegnerischen *Juden* in 2,18 - ein Beglaubigungszeichen, um zu glauben (6,30), und reagieren auf Jesu Offenbarungswort - wie Nikodemus in 3,4 - mit einem groben Mißverständnis (6,34). Daher nimmt es nicht wunder, daß der Autor sie ab 6,41 nur noch die *Juden* nennt (vgl. 6,52), eine Bezeichnung, die bisher Jesu Gegnern vorbehalten war (vgl. 1,19; 2,18; 3,1; 5,10.15f.18). Die in 6,1-71 dargestellte dramatische Auseinandersetzung trifft also die Leser des Textes keineswegs unvorbereitet. Sie war längst fällig und zu erwarten, um die Haltungen der Leute zu Jesus zu klären und die Fronten abzustecken. In ihr erweist sich, daß die meisten von denen, die Jesus wegen seiner Zeichen anerkannt haben, nicht wirklich zu ihm gehören (6,37.39f.44.65).

In 6,36 weist Jesus selbst auf seine Reden zurück und stellt (resigniert) den Unglauben der Augenzeugen fest. Aber an welcher Stelle hat er so gesprochen? Die Leser sind aufgefordert, zurückzublättern und zwischen den Zeilen zu lesen (vgl. 4,48; 5,17; 5,19f.36-40.43f).

In der Offenbarungsrede 6,26-58 gibt es auch zahlreiche *Echos* auf vorausgehende Reden Jesu, die die Leser wahrnehmen sollen. Seine Zusage an die wahrhaft Glaubenden (6,39-40.44) ruft seine bisherigen Verheißungen des Lebens, der Bewahrung und der Auferweckung in Erinnerung (vgl. 3,16; 3,36; 5,21-29). Wie man "*vom Vater hört und lernt*", zu Jesus zu kommen (6,45), hatte schon 5,37-39 ausgeführt: indem man die Schriften als Zeugnis des Vaters über Jesus liest. Und daß Jesus der einzige Offenbarer ist, der authentisch über Gott sprechen kann (6,46), ist den Lesern seit dem Prolog klar (1,18; vgl. 3,11; 4,22; 5,19).

3. Vorverweise/Autorkommentare/Leerstellen: Worauf die Leserinnen und Leser achten sollen!

Wie der Text durchsetzt ist mit Erinnerungen an Vorausgegangenes, so bereitet er die Leser auch auf das noch Kommende vor. Das geschieht zunächst auf sehr direkte Weise durch den Autor selbst, der die Leser in die Lage versetzt, mehr zu wissen als die Jünger in Jesu Gefolgschaft. Am auffälligsten sind in dieser Hinsicht die Hinweise auf den Verräter 6,64.71, der mit Namen genannt und als einer aus den *Zwölfen* gekennzeichnet wird. Die Jünger in der Szene hingegen wissen nur, daß einer im Kreis der bei Jesus verbleibenden *Zwölf* ein *Teufel* ist (6,70), nicht aber, wer es ist und worin seine "Teufelei" besteht. Damit steht den Lesern bei der Wahrnehmung des Textes zugleich der Ausgang des Wirkens Jesu klar vor Augen, seine Gefangennahme und Hinrichtung am Kreuz.

Dieses Vorwissen gestattet den Lesern, die *Vorverweise* Jesu auf sein künftiges Handeln zu erfassen, die den Hörern Jesu auf der Ebene der Handlung dunkel bleiben. In 6,27 verweist Jesus auf eine "*zum ewigen Leben*" bleibende Speise, die der "*Menschensohn geben wird*". Wer dieser *Menschensohn* ist, haben die Leser aus 3,13f entnommen: der (am Kreuz) erhöhte und in den Himmel zurückgekehrte Jesus. In 6,51 sagt Jesus dann, worin das *Brot* besteht, das er geben wird: Es ist sein *Fleisch* - also sein irdisches Leben - "*für das Leben der Welt*". Damit weist er geheimnisvoll auf sein Sterben als Endpunkt seines Wirkens hin, und die Leser - nur sie! - können es verstehen. Dadurch können sie auch, anders als die Jünger der Szene, das dunkle Wort 6,62 leichter begreifen: Der Aufstieg des Menschensohnes "*dorthin, wo er vorher war*", wird Jesu Auferstehung sein.

Ein *Autorkommentar* besonderer Art ist 6,6: Die Leser werden zu stillen Mitwissern Jesu, der souverän das folgende Geschehen inszeniert und lenkt. Er stellt seinen Jünger auf die Probe. Hat der sie bestanden?

Eine *Leerstelle* im Text ist der Plural "*die Zeichen an den Schwachen*" in 6,2. Die Leser haben zwar Kenntnis von zwei Zeichen (4,46-54; 5,1-9), doch die genannte Volksmenge kann davon nur eines (5,1-9) gesehen haben. Hat Jesus also (in Jerusalem) noch mehr Zeichen gewirkt, die nicht erzählt werden (vgl. 2,23; 20,30f)?

Unter den *Leerstellen* ist noch 6,13 zu nennen: "*Zwölf Körbe*" voller Brocken sammeln die Jünger ein. Doch wird nicht gesagt, was mit ihnen geschieht. Wo sollen die Leser die Lösung suchen? Und schließlich ist der Hinweis des Autors in 6,4 als *Leerstelle* zu werten: Das (zweite) "*Paschafest war nahe*"! Die Bemerkung wirkt wie ein Signal, das die nachfolgende Handlung unter ein Vorzeichen stellen will. In welche Richtung sollen die Gedanken der Leser gelenkt werden?

4. Aufbau/Gliederung

Ortsangaben:
Die Szene beginnt am Ostufer des "*Sees von Tiberias*" gegenüber Kapharnaum. Dahin begibt sich Jesus von Jerusalem aus. Eine eigenartige Rolle spielt der Berg, auf den sich Jesus zweimal zurückzieht (6,3.15). Ausdrücklich sagt der Autor, daß Jesus sich dort "*mit seinen Jüngern*" niederläßt. Jedoch erzählt er nicht, daß das Volk Jesus auf den Berg nachfolgt. Das Brotwunder scheint vielmehr unmittelbar am Seeufer stattzufinden (6,22ff). Jesus hat sich für das Zeichen vom Berg herabbegeben, um anschließend wieder dorthin zurückzukehren, diesmal allein (6,15). Durch die Szenerie wird eine eigenartige Stimmung erzeugt und eine Distanz zwischen Jesus und den Leuten geschaffen, die auch sonst im JohEv zum Ausdruck kommt (6,26.36).

Im Anschluß an die Speisung findet ein Ortswechsel nach Kapharnaum statt, der breit dargestellt wird. Alle Akteure vollziehen ihn getrennt. In der Synagoge von Kapharnaum sind sie dann wieder vereint (6,25.59). Die Jünger fahren ohne Jesus noch am Abend des Tages mit dem Boot nach Kapharnaum ab (6,16f). Jesus geht in der Nacht auf wunderbare Weise zu Fuß über den See und begegnet dort seinen Jüngern (6,19). Die zurückgelassene Volksmenge kommt "*am anderen Tag*" (6,22) mit zufällig vorbeifahrenden Booten nach Kapharnaum, um Jesus zu suchen (6,22-24).

Die Leute finden ihn in der Synagoge (vgl. 6,59). Da der Hinweis 6,59 den Dialog 6,25-58 abschließt, spielt die folgende Szene 6,60-71 auf jeden Fall außerhalb der Synagoge, aber immer noch in Kapharnaum.

Zeitangaben:
Als allgemeine Zeitangabe gilt 6,4: "*Es war aber nahe das Pascha, das Fest der Juden*" (vgl. 2,13). Damit wird ein wichtiges Signal gegeben: Ein Jahr ist inzwischen seit Jesu erstem Auftreten vergangen, und Jesus befindet sich während des Festes nicht in Jerusalem. Doch ein genauer Termin der Handlung ist damit nicht genannt. Klar ist nur, daß sie an zwei Tagen und in der Nacht dazwischen spielt (6,16.17): das Zeichen der Brotvermehrung am Vortag, der Seewandel in der Nacht und der Dialog mit den *Juden* sowie das Schisma im Jüngerkreis "*am folgenden Tag*" (6,22).

Personen:
Jesus ist von zwei Menschengruppen umgeben. Zuerst werden die Jünger erwähnt, mit denen er sich auf den Berg zurückzieht (6,3). Aus ihrer Schar ragen einzelne Personen (Andreas, Philippus, Simon Petrus und Judas Iskariot) und Gruppen (die *Zwölf*) heraus, so daß die Zahl der Jünger als

recht groß erscheint. Aber es erweist sich, daß keineswegs alle, die bisher als Jünger galten, dies auch wirklich sind. Im Laufe der Handlung und insbesondere nach Jesu Offenbarungsrede 6,26-58 wenden sich "*viele von den Jüngern*" von ihm ab und laufen auf die Seite der Gegner über. Und selbst unter den bei Jesus zurückbleibenden ist ein Verräter.

Auch das Volk, das Jesus wegen seiner Wundertaten sucht (vgl. 6,2.26), ist (inzwischen?) überaus zahlreich geworden. Bei der Speisung sind ca. 5000 *Männer* anwesend, die Jesus zum politischen König machen wollen (6,15; vgl. 12,13; 19,12). Die ganze Menge begibt sich dann nach Kapharnaum, um Jesus dort zu suchen (6,22-24). Während des Disputs in der Synagoge werden diese Leute unvermittelt die *Juden* genannt (6,41). Haben sie sich zu Gegnern gewandelt, als sie immer mehr von Jesus Abstand nahmen und seine Worte zunehmend als Zumutung und Skandal empfanden (6,41ff.52)? Am Ende zeigen sie jedenfalls offene Ablehnung, ja Feindschaft Jesus gegenüber.

Der Text erzählt also, wie innerhalb der riesigen Anhängerschaft Jesu eine Scheidung erfolgt. Sie wird durch das Wort Jesu bewirkt. Für die *wahren* Jünger bedeuten Jesu Worte "*Geist und Leben*" (6,63.68), für die anderen, deren latenter Unglaube jetzt aufgedeckt wird (6,26.36.64), gelten sie als harte, skandalöse Anmaßung eines Mannes, der nichts als ein natürlicher Mensch ist (6,61f.41ff).

Gliederung:

In der Mitte des Ganzen steht der Dialog über das Lebensbrot (6,22-59), in dem sich diese Scheidung vollzieht und somit alles entscheidet. Um ihn herum sind die Erzählungen von Jesu Wundertat und seinem nächtlichen Erscheinen einerseits (6,1-21) und vom Schisma unter den Jüngern andererseits (6,60-71) gruppiert, sodaß sich - unbeschadet einer weiteren inneren Gliederung - ein dreiteiliger Aufbau ergibt:

Erster Teil: 6,1-21 (Erzählung)

1. Szene: 6,1-15
Einleitung (6,1-4)
Das Zeichen (6,5-13)
Reaktionen (6,14.15)

2. Szene: 6,16-21
Einleitung mit Zeitangabe (6,16-18)
Begegnung Jesu mit Jüngern (6,19-20)
Ankunft (6,21)

Zweiter Teil: 6,22-59 (Dialog)

Einleitung (6,22-25)
1. Dialog: 6,26-29

2. Dialog (dreiteilig): 6,30-58
Abschluß mit Ortsangabe (6,59)

Dritter Teil: 6,60-71 (Erzählung)

1. Szene: 6,60-66
Abwendung der unechten Jünger

2. Szene: 6,67-71
Bleiben der wahren Jünger

II. Die Handlung

1. Erster Teil: 6,1-21

1.1 Das "Zeichen" für die Volksmenge: 6,1-15

6[1]Danach ging Jesus weg auf die Seite des galiläischen Meeres gegenüber Tiberias. [2]Es folgte ihm aber eine große Volksschar, hatten sie doch die Zeichen gesehen, die er an den Kranken wirkte. [3]Jesus stieg aber auf den Berg, und dort setzte er sich mit seinen Jüngern. [4]Es war aber nahe das Paschafest der Juden.
[5]Als Jesus nun aufblickte und sah, daß eine große Volksschar zu ihm kommt, sagt er zu Philippus: "Woher sollen wir Brot kaufen, damit diese essen können?" [6]Das sagte er, um ihn auf die Probe zu stellen. Er selbst wußte ja, was er tun würde. [7]Philippus antwortete ihm: "Für zweihundert Denare Brot reicht nicht aus, daß jeder auch nur etwas bekommt." [8]Da sagt einer von seinen Jüngern zu ihm, Andreas, der Bruder des Simon Petrus: [9]"Es ist ein Junge hier, der hat fünf Gerstenbrote und zwei Fische. Aber, was ist das schon für so viele?"
[10]Jesus sagt: "Laßt die Leute sich lagern." Es war viel Gras an der Stelle. So lagerten sie. Die Zahl der Männer war etwa fünftausend. [11]Jesus nahm nun die Brote, sprach das Dankgebet und ließ sie weitergeben an die, die zum Mahl dalagen, ebenso von den Fischen, soviel sie wollten. [12]Sobald sie alle reichlich satt waren, sagt er zu seinen Jüngern: "Sammelt die übriggebliebenen Brokken, damit nichts verkommt." [13]Sie sammelten nun ein, und mit den Brocken von den fünf Gerstenbroten, welche die Essenden übriggelassen hatten, füllten sie zwölf Körbe.
[14]Als die Leute das Zeichen sahen, das Jesus gewirkt hatte, sagten sie: "Dieser ist wahrhaftig der Prophet, der in die Welt kommen soll." [15]Da Jesus nun erkannte, daß sie kommen und ihn entführen wollten, um ihn zum König auszurufen, entfloh er wieder auf den Berg, er ganz allein.

6,1-4: Die Szene wechselt erneut von Jerusalem nach Galiläa (vgl. 4,3), diesmal an das Ostufer des "*Sees von Tiberias*" (vgl. 21,1), gegenüber den Städten Tiberias (6,23) und Kapharnaum (6,17.24; vgl. 2,12; 4,46). Die Volksmenge wird wie in 2,23; 4,45 als Augenzeugen der Zeichen Jesu an den Kranken gekennzeichnet. *Darum* folgen sie Jesus nach. Ein Vorbehalt Jesu gegen eine so motivierte Nachfolge wird hier zwar nicht erwähnt (vgl. 2,24f; 4,44), doch wissen die Leser längst, daß solche Art der Akzeptanz Jesu *wegen* der Zeichen nicht ausreicht (vgl. 3,2; 4,48). Von vornherein schwebt die Frage über dem Ganzen, ob sich die Einstellung der Menge zu Jesus wandeln wird. Noch sind die Leute jedenfalls von den Jüngern geschieden, obwohl sie Jesus nachfolgen. Das macht 6,3 sofort deutlich: Jesus sondert sich "*mit seinen Jüngern*" von ihnen ab und nimmt auf dem Berg Platz. Er hat einen Beobachterposten eingenommen. Nicht Miteinander beherrscht die Szenerie, sondern Gegenüber.

Der Autor macht eine vage Zeitangabe. Für die Szenerie hat sie keine Funktion, denn weder Jesus noch die Volksmenge sind auf dem Weg zum Fest nach Jerusalem (vgl. 2,13; 11,55f). Sie gilt den Lesern; sie sollen etwas zum Nachdenken haben. Denn was bedeutet die Nähe zum Paschafest für das folgende Geschehen, wenn Jesus selbst das "*Fest der Juden*" offensichtlich nicht mitfeiert? Sollen die Leser wahrnehmen, daß das gesamte Wirken Jesu, das ab 6,31 im Dialog besprochen wird, das *eigentliche* Paschafest nahebringt (vgl. 1,29.35)? In 19,31-37 wird ihnen klar werden, daß der gestorbene Jesus das wahre Paschalamm ist, und von seiner Lebenshingabe als Ziel- und Höhepunkt seines Wirkens wird auch in 6,51 die Rede sein.

6,5-9: Die Handlung kann beginnen. Sie ist eine bewußte Inszenierung Jesu, "*denn er wußte, was er tun wollte*" (6,6). Durch keinen äußeren Anlaß wird sie hervorgerufen, weder durch Erschöpfung oder Hunger der Volksschar, noch durch ein Erbarmen Jesu, sondern einzig durch die Tatsache, daß die Menge - wohl in Erwartung weiterer Wunder - zu Jesus kommt. Die Leser müssen den Eindruck gewinnen, daß Jesus einen großen "Test" veranstaltet, zunächst mit seinen Jüngern, dann mit der Volksmenge. Wer wird ihn bestehen und wer wird durchfallen?

Philippus (vgl. 1,43ff) stellt fest, daß eine natürliche Versorgung durch Kauf ausscheidet. Selbst der Aufwand von zweihundert Denaren (das Jahreseinkommen eines Arbeiters?) würde zur Sättigung nicht ausreichen. Das ist eine sachliche und angesichts der riesigen Menge (vgl. 6,10) nüchterne Auskunft: Kaufen - danach hatte Jesus ja gefragt - scheidet aus! Hat Philippus damit die Probe bestanden?

Von ganz anderer Art ist der Hinweis des Andreas (vgl. 1,40f). Er hat der Frage entnommen, daß Jesus die Menge speisen will. Da Jesus mit den "*fünf Broten und zwei Fischen*", die Andreas ins Spiel bringt, tatsächlich das Wunder wirkt, kann man seinen Hinweis nicht als dumm bezeichnen. Dann aber muß er gläubig genannt werden und drückt eine Erwartung aus: Jesus kann, wenn er will - und *daß* er will, hatte er schon gesagt (vgl. 6,6) -, mit den genannten Mundvorräten etwas anfangen (vgl. 2,5).

6,10-13: Jetzt folgt das Wunder: Mehr als fünftausend Menschen (nur die Männer sind gezählt) werden satt, und am Ende bleiben noch zwölf Körbe übrig "*von den fünf Broten und zwei Fischen*", mehr als zu Beginn da war.

Woher ist also das Brot (vgl. 2,9)? Die Art der Darstellung soll an die Eucharistie erinnern: "*Jesus nahm die Brote, sprach das Dankgebet und gab sie weiter (ließ sie weitergeben) ....*" Es ist ganz unwahrscheinlich, daß die ersten Leser das nachösterliche Gemeindemahl nicht aus ständiger Praxis und eigener Anschauung kannten und mit ihm den Terminus "Eucharistie" verbanden. Auch die Wiederholung des Ausdrucks "*Danksagen*" in 6,23 legt diese Annahme nahe. Die Leser sollen also bei dem Geschehen an die Eucharistie denken, wie sie sich überhaupt an das nahe Pascha erinnern sollen. Freilich, die wunderbare Speisung ist noch nicht eine Eucharistie. In ihr gibt Jesus nicht sich selbst als das Brot. Sie hatte somit keinerlei Heilskraft. Die Speise, die er hier gibt, ist vielmehr vergänglich und muß vor dem Verderben geschützt werden. Brot und Fisch, die hier gegessen werden, machen auf natürliche Weise satt und lassen wieder Hunger entstehen, so daß sich Bevorratung lohnt. Bringen die zwölf Körbe das zum Ausdruck?

6,14-15: Jetzt muß sich erweisen, ob die Menschen, die Jesus nachgefolgt sind, die Probe bestanden haben. Zunächst wird gesagt, daß sie das Zeichen sahen, das Jesus gewirkt hat. Worin bestand das Zeichen? Der wunderbare Vorgang, wie von fünf Broten so viele satt wurden, kann es nicht sein, denn dafür sind nur die Jünger Zeugen. Die Menschen *sehen* vielmehr, daß Jesus ihnen Brot und Fisch im Überfluß gegeben hat, und zwar praktisch aus dem Nichts. Das ist allerdings ein wunderbarer Vorgang. Darum ziehen sie auch den Schluß, daß "*dieser wahrhaftig der Prophet ist, der in die Welt kommen soll*" (vgl. 1,21; Dtn 18,15.18). Sind sie damit nicht auf dem richtigen Weg (vgl. 4,19)? Die Reaktion Jesu zeigt, daß dies keineswegs der Fall ist. Er zieht sich vor ihnen allein auf den Berg zurück, weil er weiß, wie sie es meinen (vgl. 2,23f). Sie wollen ihn gewaltsam, aus Eigennutz, zum politischen König ausrufen, sich also seiner Wunderkraft irdisch versichern. Sie verlangen "*immerdar dieses Brot*" (6,34), das eine wunderbare Gabe ist. Also sind sie nach dem Zeichen die gleichen geblieben, die sie schon vorher waren (6,2): Leute, die Jesus *wegen* seiner Zeichen nachfolgen, nicht um seiner selbst willen. Sonst würden sie ihn nicht zu ihrem König *machen* wollen, weil er ja längst der König Israels ist (1,49), denn als solcher ist er "*in die Welt gekommen*" (18,37). Die Volksmenge hat also die Prüfung nicht bestanden.

1.2 Das "Zeichen" für die Jünger: 6,16-21

16 Am Abend stiegen seine Jünger zum Meer hinab. 17 Sie stiegen in ein Boot und fuhren ans andere Ufer des Meeres nach Kaphar-

naum. Es war schon dunkel geworden, und Jesus war noch nicht zu ihnen gekommen. [18]Das Meer aber war aufgewühlt, denn es wehte ein heftiger Wind. [19]Als sie nun etwa fünfundzwanzig oder dreißig Stadien gerudert waren, da sehen sie Jesus über das Meer gehen und dem Boot nahe kommen. Da gerieten sie in Furcht.
[20]Er aber sagt zu ihnen:
"Ich bin es, fürchtet euch nicht."
[21]Sie wollten ihn nun ins Boot nehmen, aber sofort geschah es, daß das Boot an dem Ufer war, wohin sie fuhren.

Jesus hat sich der Volksmenge entzogen an einen Ort, an den sie ihm nicht folgen und wo sie ihn nicht finden können (vgl. 7,34; 8,21). Aber zusammen mit der Menge hat er auch seine Jünger alleingelassen (vgl. 13,33), die sich nun am Abend aufmachen und in der *Finsternis* mit dem Boot nach Kapharnaum fahren, in Sturm und Wellen. Die Darstellung ist von tiefer Hintergründigkeit, die erst die Leser erfassen können. Ihnen gilt ja die Feststellung, daß trotz angebrochener Finsternis Jesus "*noch nicht*" zu den Jüngern gekommen war (6,17). Wohl rechnen die Jünger damit, Jesus in Kapharnaum wieder zu treffen, aber erwarten sie sein Erscheinen über dem Wasser? Die Leser dagegen werden durch die Feststellung "*noch nicht*" auf ein *wunderbares* Kommen Jesu vorbereitet.

Auch Jesus ist in der Nacht auf dem Weg nach Kapharnaum. Dabei begegnet er den Jüngern und gibt sich ihnen zu erkennen, erneut nach 4,26 mit der Gottesformel "*Ich bin es*" (vgl. Ex 3,14; Jes 42,8). So offenbart er sich ihnen als der *Sohn Gottes* (1,34), über dem "*der Himmel offen*" ist (1,51), der "*von oben*" stammt, nicht von der Erde (3,31), und der "*aus dem Himmel herabgekommen*" ist (3,31; vgl. 6,32ff). Das können auch die Jünger jetzt schon begreifen. Die kundigen Leser aber sehen noch mehr: Weil sie das Zeichen der Speisung als einen Verweis auf das "*nahe Pascha*" und die Eucharistie lesen, können sie auch hier ahnen, daß das dargestellte Geschehen geheimnisvoll etwas vorausdarstellt und ankündigt, das sich erst in Passion und Auferstehung Jesu erfüllt (vgl. 8,28; 13,33; 14,19; 21,1-14).

Hintergründig ist auch der Schluß: Die Jünger wollen Jesus zu sich ins Boot nehmen. Jedoch kommen sie gar nicht dazu. Indem sie ihn *aufnehmen* (vgl. 1,12), haben sie teil an der oberen Sphäre, aus der er ist, und sind bereits am Ziel.

Nicht den Jüngern in der Szene, einzig dem sympathisierenden Leser kann aus nachösterlicher Perspektive diese Tiefendimension der Darstellung aufgehen. Wie schon das Zeichen der Brotvermehrung zwingt auch Jesu wunderbarer Seewandel nicht zum Glauben, wie der Fortgang der Darstellung zeigen wird. Wenn am Ende Jünger bei Jesus bleiben und nicht von ihm weggehen, dann wird das nicht durch die Zeichen bewirkt, sondern durch Jesus selbst und durch seine Worte (6,66f). Die Taten Jesu mochten, ja sie mußten eigentlich ein Anstoß sein, sich auf ihn und sein Wort einzulassen. Aber erst für den, der solchen Glauben an Jesus hat, werden sie wirklich zu *Zeichen*. Damit gewinnen sie auch für die Leser Bedeutung: Als *erzählte* Zeichen können sie ihnen, die ja an Jesus und sein Wort glauben, zeigen, wer Jesus ist.

Als *Ereignis* konnten sie hilfreich sein, waren aber wie jedes Faktum dem Mißverständnis und der Mißdeutung ausgesetzt. Darum müssen sich die Augenzeugen auch von Jesus sagen lassen, was das Zeichen bedeutet. Das wird beim Zeichen der Speisung besonders deutlich: Die Volksmenge blickt nur auf die Gabe, die aber vergängliches Brot war, das verdirbt. Bedeutung hat das Zeichen hingegen, insofern es etwas von Jesus zeigt und gedeutet wird als Hinweis auf die wirkliche Lebensspeise, die Jesus selbst ist. Das wird das Thema des Dialogs sein. Freilich ist es unmöglich, die Deutung, die Jesus in seinem Offenbarungswort dem Zeichen gibt, schon diesem selbst zu entnehmen. Sonst wären Jesu Worte überflüssig. Allein sie geben seinen Zeichen Bedeutung und nicht der erzählte wunderbare Vorgang. Die Zeichen führen also zu Jesu Worten hin und werden erst in ihrem Lichte wirklich verstanden.

2. Zweiter Teil: 6,22-59

2.1 Der Aufbau der Lebensbrotrede

Die Lebensbrotrede hat die beiden Zeichen Jesu zum Anlaß (6,25.26) und führt zum Schisma unter den Jüngern (6,60-71). Sie ist also eingespannt in einen dramatischen Erzählbogen und selbst Teil davon. Sie richtet sich an Menschen, die Jesus zuerst wegen seines Zeichens suchen (6,24f; vgl. 6,2.14f) und dann gegen seinen Anspruch und seine Worte protestieren (6,41ff.52). Insofern stellt sie selbst eine dramatische Handlung dar, in der sich die Augenzeugen der Zeichen zu Gegnern Jesu (*Juden*: 6,41.52) wandeln. Diese Handlung vollzieht sich in ständigen Fragen, Mißverständnissen und Protesten, durch die Jesu Rede unterbrochen wird. Wir haben somit einen dramatischen Dialog vor uns. Allerdings findet darin keine wirkliche Kommunikation statt. Die Fragen und Einwände dienen nicht dazu, die Gedanken und Aussagen Jesu voranzutreiben, wohl aber bringen sie die wachsende Ablehnung seiner Zuhörer zum Ausdruck, gegen die Jesus anredet. Die Fragen und Einwände eignen sich daher nicht, eine inhaltliche Gliederung der Lebensbrotrede zu gewinnen.

Dazu ist auf sprachliche und inhaltliche Merkmale der Worte Jesu zu achten. Viermal findet sich in der Rede Jesu die Bekräftigungsformel "*Amen, Amen, ich sage euch...*" (6,26.32.47.53). Man hat den Eindruck, hier jeweils an einem Einschnitt innerhalb des Ganzen zu stehen. Das wird durch weitere Beobachtungen unterstützt: Jesus nimmt in 6,48 den thematischen Faden von 6,35 wörtlich wieder auf, und in 6,49-51 treibt er in einem neuen Durchgang das Thema von 6,30-32 weiter, um es dann in 6,58 abzuschließen.

Der Abschnitt 6,47-58 stellt die *letzte* geschlossene Untereinheit der Lebensbrotrede dar. Ihr Thema ist die Lebenshingabe Jesu für die Welt (6,51) und die Teilhabe an diesem Geschehen durch das eucharistische Essen von Fleisch und Blut des Menschensohnes (6,53f). Aus der Perspektive der Darstellung wird dabei von der Zukunft geredet ("... *Brot, das ich geben werde*"), die in der Perspektive der Leser allerdings bereits Vergangenheit ist und ihre Gegenwart bestimmt.

Der *erste* Durchgang der Lebensbrotthematik wird durch die Zeichenforderung 6,30f angestoßen und beginnt in 6,32. Er endet in 6,36, einer offensichtlichen Abschlußbemerkung, die auf ein früheres Wort zurückweist (vgl. 5,40), am ehesten auf 6,26. Dadurch ergibt sich wiederum eine gewisse Abrundung. Thema der Einheit ist die Heilsinitiative des Vaters, der Jesus als das vom Himmel herabsteigende Brot *gibt* und damit der Menschenwelt ermöglicht, im Kommen zu Jesus das Leben zu erlangen. Aus der Perspektive der Darstellung betrifft das Thema zwar die Gegenwart ("*er gibt*"), insofern Jesus als das "*vom Himmel herabgekommene Brot*" jetzt vor den aktuellen Hörern steht. Tatsächlich liegt aber auch für sie wie für die Leser die Heilsinitiative des Vaters in der Vergangenheit, weil sie dem Auftreten Jesu vorausgeht.

Zwischen den beiden Redeabschnitten 6,32-36 und 6,47-58 liegt die Texteinheit 6,37-46, die das Bildfeld "Brot" zu verlassen scheint. Doch bleibt dieses insofern präsent, als jetzt das geschichtliche Wirken Jesu, der das "*Brot Gottes*" ist, beschrieben wird. Als Gesandter und Offenbarer des Vaters vollzieht er dessen Willen, indem er alle, die der Vater ihm gibt und die zu ihm kommen, zum ewigen Leben hin bewahrt (6,39.40.44).

Die deutlich erkennbaren Unterabschnitte der Lebensbrotrede behandeln also der Reihe nach die vorausliegende Heilsinitiative Gottes, das geschichtliche Wirken des Menschen Jesus als Offenbarer des Vaters und schließlich die Hingabe seines Fleisches und Blutes als Menschensohn. Dieses umfassende Heilsgeschehen kommt unter dem Bild des "Himmelsbrotes", das der Welt das Leben gewährt, zur Sprache. Das Bild war Jesus durch seine Zuhörer mit dem alttestamentlichen Zitat (Ps 78,24), das das Mannageschehen des Exodus reflektiert, vorgegeben worden (6,30f). Jesus legt in seiner Rede das Schriftwort neu aus (6,32f.49f.58). Damit kommt die Zeichenforderung 6,30f doch zum Zuge, allerdings auf eine ganz unerwartete Weise (vgl. 2,18ff).

Wie verhält sich die Lebensbrotrede 6,30-58 zu dem einleitenden Abschnitt 6,22-29? In 6,26 spricht Jesus seine Zuhörer auf ihr Verhalten während und nach der Speisung an, das in 6,14f und 6,22-25 dargestellt wurde: Die Volksmenge sucht Jesus wegen des sattmachenden Brotes, das er gegeben hat. 6,22-25 ist darum eine szenische Einleitung, die den gesamten folgenden Textkomplex mit den beiden Zeichen Jesu verknüpft. Pendant dazu ist die szenische Abschlußbemerkung 6,59.

Der kleine Dialog 6,26-29 wirkt wie eine Redeeinheit für sich. Er enthält bereits die Aufforderung, sich die eschatologische Speise zu verschaffen, die Jesus als Menschensohn "*geben wird*" (Futur!), und nimmt damit den dritten Teil der Lebensbrotrede 6,47-58 schon vorweg. Ebenso spricht er aus, daß das einzige Tun des Menschen bei der Annahme des Heils der Glaube an Jesus, den Gesandten Gottes, ist. Das wird in der folgenden Rede in immer neuen Wendungen weiter eingeschärft (6,35.40. 47). Man könnte 6,26-29 als eine *Einleitung* in die Thematik der Lebensbrotrede ansehen. Doch wäre dabei nicht genügend beachtet, daß dieser kleine Dialog durchaus in sich gerundet ist und alles Notwendige über das Heil und die Heilsaneignung aussagt. Die Lebensbrotrede 6,30-58 stellt sich dann als eine zweite Rede Jesu dar, die jene erste (6,26-29) in einem Dreischritt entfaltet. Ihr Anlaß ist die Zeichenforderung der Zuhörer 6,30f (vgl. 2,18), die nach Jesu Aufforderung zum Glauben damit die Legitimationsfrage stellen.

Es ergibt sich folgender Aufbau des gesamten Textkomplexes:

Szenische Einleitung: 6,22-24

Dialog I: 6,25-29
Besprechung des Verhaltens der Volksmenge
nach den *Zeichen*:

Dialog II: Lebensbrotrede: 6,30-58	
Einleitung:	6,30f: Legitimationsforderung
Teil I:	6,32-36: Heilsinitiative des Vaters
Teil II:	6,37-46: geschichtliches Wirken des Sohnes
Teil III:	6,47-58: eschatologische Hingabe des Menschensohnes

Szenische Abschlußbemerkung: 6,59

2.2 Einleitung und erster Dialog: 6,22-29

[22]Am nächsten Tag machte sich die Volksschar am anderen Ufer des Meeres klar, daß kein anderes Boot als jenes eine dort war und daß Jesus nicht mit seinen Jüngern das Boot bestiegen hatte, sondern seine Jünger allein abgefahren waren. [23]Es kamen aber andere Boote aus Tiberias in die Nähe der Stelle, wo sie das Brot gegessen hatten, nachdem der Herr das Dankgebet gesprochen hatte. [24]Als die Menge nun bemerkte, daß Jesus nicht da war und auch nicht seine Jünger, da bestieg sie die Boote und kam nach Kapharnaum, um Jesus zu suchen. [25]Als sie ihn aber jenseits des Meeres fanden, sagten sie zu ihm: "Rabbi, wann bist du hierhergekommen?" [26]Jesus antwortet ihnen:

"Amen, Amen, ich sage euch:
Ihr sucht mich nicht, weil ihr Zeichen gesehen,
sondern von den Broten gegessen habt und satt geworden seid.
[27]Erwirkt euch nicht verderbliche Speise,
sondern die Speise, die bleibt bis ins ewige Leben,
die der Menschensohn euch geben wird.
Denn diesen hat der Vater Gott besiegelt."
[28]Die Leute sagten nun zu ihm:
"Was sollen wir tun, um die Werke Gottes zu wirken?"
[29]Jesus antwortete:
"Das ist das Werk Gottes,
daß ihr an den glaubt, den er gesandt hat."

6,22-25: Die Einleitung zu den beiden folgenden Dialogen ist ziemlich umständlich; darum gilt sie auch als eine der verworrensten Stellen des JohEv. Doch trifft das nicht zu. Offensichtlich verfolgt der Autor eine ganz bestimmte Absicht, die in der merkwürdigen Frage der Leute, als sie Jesus überraschend in Kapharnaum gefunden haben, zum Ausdruck kommen dürfte: "*Rabbi, wann bist du hierhergekommen*?" Merkwürdig ist sie deshalb, weil die Leser nach der umständlichen Einleitung eine ganz andere Frage erwarten, nämlich nach dem "Wie".

Darauf führen alle Feststellungen hin, die zuvor gemacht werden. Die Situation ist so vorgestellt: Nachdem die Jünger abgefahren sind und Jesus sich ins Gebirge zurückgezogen hat, haben die mehr als fünftausend Augenzeugen der wunderbaren Speisung die Nacht am Seeufer zugebracht. Hier stellen sie am nächsten Morgen fest, daß es nur ein einziges Boot gab und daß Jesus nicht im Boot der Jünger mitgefahren ist. Als zufällig "*andere Boote*" von Tiberias vorbeikommen, bemerken die Leute, daß Jesus sich nicht mehr am Ostufer des Sees aufhält, ebensowenig seine

Jünger. Die Menge fährt daher mit diesen Booten nach Kapharnaum hinüber, um Jesus dort zu suchen, wohin auch seine Jünger abgefahren sind. Tatsächlich finden sie ihn in der Stadt, ohne sich seine Anwesenheit allerdings erklären zu können.

Gewiß steht auch die *Zeit* der Ankunft Jesu in Frage. Da die Jünger am Abend abgefahren sind (6,16), die Leute aber am anderen Tag kein weiteres Boot entdecken, können sie fragen: "*Wann bist du hierhergekommen?*" Für eine Wanderung Jesu um den See herum blieb ja keine Zeit. Mit einer wunderbaren Überquerung des Sees mitten in der Nacht rechnen sie nicht - die Leser und die Jünger wissen es besser -, weil sie Jesus nicht als den ansehen, der "*von oben*" ist. Gleichwohl wäre eine Frage nach dem "Wie" durchaus angemessen gewesen. Sie hätte signalisiert, daß die Augenzeugen des Zeichens sich der überweltlichen Wirklichkeit, die in Jesus erschienen ist, geöffnet haben. Nun aber fragen sie lediglich nach der *natürlichen* Erklärung des Umstandes, daß Jesus vor ihnen in Kapharnaum angelangt ist.

6,26: Ihren diesseitig-natürlichen Sinn sagt Jesus den Leuten auf den Kopf zu: Obwohl sie das Zeichen wahrgenommen haben (vgl. 6,14) - sie haben von den Broten gegessen und sind satt geworden -, haben sie es doch nicht *gesehen* (6,26). Wer Zeichen wahrnimmt, kann trotzdem nichts sehen. Die Zeichen Jesu besitzen mithin zwei Seiten: eine Außenseite, den wunderbaren Vorgang, die jedermann beobachten kann, und eine Innenseite, die über sich hinaus auf Jesus verweist. Im Vorgang des Wunders erweist sich Jesus als derjenige, der natürliches, vergängliches Brot geben kann. Ihn um dieser Gabe willen zu suchen, ist deshalb falsch, weil solches Brot das Leben nicht zu sichern vermag. Wer solches Brot ißt, bekommt wieder Hunger. Das Zeichen ist erst dann richtig gesehen, wenn es als Aufforderung und Anstoß erfaßt wird, von Jesus die Erfüllung des tiefsten Lebensverlangens zu erwarten und ihn deshalb zu suchen. Hätten die Augenzeugen in der wunderbaren Speisung mit vergänglichem Brot ein Zeichen gesehen, so würden sie von Jesus die zum ewigen Leben *bleibende*, d.h. den Hunger wirklich und endgültig stillende Speise erwarten, die er ihnen als der *Menschensohn* wird geben können (6,27). Worin diese bleibende Speise besteht, kann dem Zeichen nicht entnommen werden. Das muß Jesus selbst den Hörern sagen (6,32-58). Aber das Zeichen zeigt, daß bei Jesus und nur bei ihm solch *bleibende* Speise zu erwarten ist.

Die Verbform "*geben wird*" verweist Jesu Zuhörer auf die Zukunft; dahin weist auch die Bezeichnung *Menschensohn*. Der Leser kennt sie schon (1,51; 3,13f), als eine Selbstbezeichnung Jesu. Jesus spricht darin über sich selbst als den in Zukunft am Kreuz Erhöhten und in den Himmel Hinaufgestiegenen. Die zum ewigen Leben *bleibende* Speise muß daher etwas mit Erhöhung und Aufstieg Jesu als Menschensohn zu tun haben. Das Tod und Auferstehung umfassende Geschehen der Erhöhung steht so sicher und notwendig fest (vgl. 3,13ff), daß Jesus davon schon in der Vergangenheitsform sprechen kann: Der "*Vater Gott*" hat Jesus als den Menschensohn *besiegelt*, d.h. bestätigt (vgl. 6,27). Worin diese Bestätigung besteht, wird erst im Laufe des JohEv klarer. Vom Prolog her kann es der Leser ahnen, vom Ende des JohEv her wissen: Es ist die *Verherrlichung* Jesu durch den Vater mit der *Herrlichkeit*, die er "*bei ihm hatte vor Beginn der Welt*" (17,5; 1,14; vgl. 2,11).

6,27-28: Die Hörer Jesu innerhalb der dargestellten Szene wissen all dies nicht, aber sie könnten danach fragen. Jedoch, sie fragen nicht nach dem, was Jesus und der Vater tun werden, sondern danach, was sie selbst *schaffen* müssen (6,28). Sie haben aus Jesu Aufforderung herausgehört, sie sollten sich etwas durch eigenes Tun verschaffen, und denken an das ewige Leben als Lohn für das Tun der "*Werke Gottes*", d.h. des im Gesetz festgelegten Gotteswillens. Die Leute fragen so, als hätte Jesus nicht von sich selbst als dem alleinigen Spender der Lebensspeise gesprochen. Wie schon bei den Zeichen ignorieren sie ihn als den Garanten des Lebens und fragen, was sie selber tun müssen. Aber könnten sie sich denn diese zum ewigen Leben *bleibende* Speise an Jesus vorbei besorgen?

Das ist unmöglich: Es gibt keine "*Werke Gottes*" - dem Willen Gottes gemäße Taten -, die nicht auf Jesus bezogen sind. Das grundlegende "*Werk Gottes*" ist vielmehr der Glaube, daß Jesus der von Gott Gesandte ist (6,29). Er allein ist der Spender ewigen Lebens, und er allein ist auch der Vermittler des göttlichen Willens, so daß Gott gemäße Werke nur wirken kann, wer das eine und einzige Werk Gottes vollzogen hat, an seinen Gesandten zu glauben. Das bedeutet zugleich, auf jedes eigene Werk verzichten, denn der Glaube ist Gottes Wirken in uns. Glauben heißt: "sich verlassen", Glaube ist "Zutrauen". Der Glaubende läßt sich selbst los und verläßt sich ganz auf einen anderen, hier: auf Jesus. Freilich muß man sich den Glauben etwas kosten lassen: Doch der Preis ist man selbst, nicht etwas außerhalb, das zu leisten wäre, auf das man pochen und sich berufen könnte. Glauben an den Gesandten Gottes bedeutet, das Leben von einem anderen zu empfangen und nicht mehr zu wähnen, es selbst wirken zu können.

Damit ist eigentlich schon alles gesagt. Die Hörer Jesu sind vor die Entscheidung gestellt. Sie haben die Zeichen, die auf Jesus verweisen, und sie haben Jesu eigenes Wort. Nur eines fehlt ihnen noch: Sie müssen anfangen, an Jesus als den Gesandten Gottes zu glauben.

2.3 Die Lebensbrotrede: 6,30-59

[30]Die Leute sagten nun zu ihm:
"Was für ein Zeichen tust du denn,
damit wir sehen und dir glauben? Was wirkst du?
[31]Unsere Väter aßen in der Wüste das Manna,
wie geschrieben steht:
Brot vom Himmel gab er ihnen zu essen."
[32]Jesus sagte ihnen nun:
"Amen, Amen, ich sage euch:
Nicht Mose hat euch das Brot vom Himmel gegeben, sondern:
Mein Vater gibt euch das wahre Brot vom Himmel.
[33]Denn das Brot Gottes ist der,
der aus dem Himmel herabsteigt und der Welt Leben gibt."
[34]Die Leute sagten nun zu ihm:
"Herr, gib uns immer dieses Brot."
[35]Jesus sagte ihnen:
"Das Brot des Lebens bin ich!
Wer zu mir kommt, wird nie mehr hungern,
und wer an mich glaubt, hat nie mehr Durst.
[36]Aber ich habe euch gesagt:
Ihr habt mich gesehen, doch ihr glaubt nicht.

[37]Jeder, den mir der Vater gibt, wird zu mir kommen.
Und wer zu mir kommt, den werde ich nicht hinauswerfen.
[38]Denn ich bin nicht vom Himmel herabgekommen,
um meinen eigenen Willen zu tun,
sondern den Willen dessen, der mich gesandt hat.
[39]Das aber ist der Wille dessen, der mich gesandt hat:
Jeden, den er mir gibt, soll ich nicht verderben,
sondern auferwecken am letzten Tag.
[40]Das nämlich ist der Wille meines Vaters,
daß jeder, der den Sohn sieht und an ihn glaubt,
ewiges Leben hat,
und ich werde ihn auferwecken am letzten Tag."
[41]Da murrten die Juden über ihn, weil er gesagt hatte: Ich bin das
Brot, das aus dem Himmel herabsteigt! [42]und sie sagten:
"Ist der nicht Jesus, der Sohn Josefs,
dessen Vater und Mutter wir kennen?
Wie kommt er dazu, zu sagen:
Ich bin aus dem Himmel herabgestiegen?"
[43]Jesus antwortete ihnen:

"Murrt nicht miteinander.
44 Niemand kann zu mir kommen,
außer der Vater, der mich gesandt hat, zieht ihn,
und ich werde ihn auferwecken am letzten Tag.
45 Es steht doch bei den Propheten:
Alle werden Belehrte Gottes sein.
Jeder, der vom Vater hört und lernt, kommt zu mir.
46 Denn: Keiner hat den Vater gesehen,
außer dem einen, der vom Vater ist; er hat den Vater gesehen.

47 Amen, Amen, ich sage euch: Wer glaubt, hat ewiges Leben.
48 Das Brot des Lebens bin ich.
49 Eure Väter haben in der Wüste das Manna gegessen
und sind doch gestorben.
50 Dieses ist das Brot, das aus dem Himmel herabkommt,
damit man von ihm ißt und nicht stirbt.
51 Ich bin das lebende Brot,
das aus dem Himmel herabgekommen ist.
Wenn einer von diesem Brot ißt,
wird er leben bis in die Ewigkeit.
Das Brot aber, das ich geben werde,
ist mein Fleisch für das Leben der Welt."
52 Da stritten sich die Juden miteinander und sagten:
"Wie kann der uns sein Fleisch zu essen geben?"
53 Jesus sagte ihnen nun:
"Amen, Amen, ich sage euch:
Wenn ihr das Fleisch des Menschensohnes nicht eßt
und sein Blut nicht trinkt, habt ihr kein Leben in euch.
54 Wer mein Fleisch verzehrt und mein Blut trinkt,
der hat ewiges Leben,
und ich werde ihn auferwecken am letzten Tag.
55 Mein Fleisch ist ja wirklich Speise
und mein Blut ist wirklich Getränk.
56 Wer mein Fleisch verzehrt und mein Blut trinkt,
der bleibt in mir und ich in ihm.
57 Wie mich der lebende Vater gesandt hat
und ich durch den Vater lebe,
so wird auch der, der mich verzehrt, durch mich leben.
58 Dies ist das Brot, das aus dem Himmel herabgekommen ist:
nicht wie es die Väter gegessen haben und doch gestorben sind.
Wer dieses Brot verzehrt, wird leben bis in die Ewigkeit."
59 Das lehrte Jesus in der Synagoge von Kapharnaum.

6,30-36: Statt dem Zeichen und den Worten Jesu zu folgen und an ihn als den Gesandten Gottes zu glauben, fordern die Hörer von Jesus ein Legitimationszeichen (vgl. 2,19). Er soll sich durch eine Tat ausweisen, "*damit wir sehen und dir glauben*". Pikanterweise verweisen die Augenzeugen der wunderbaren Speisung dabei auf das Mannawunder in der Wüste (Ex 16).

Krasser könnten absichtliche Skepsis und verweigerter Glaube nicht dargestellt werden. Das Zeichen Jesu reicht den Leuten nicht: Ihre Väter haben in der Wüste "*Brot vom Himmel*" gegessen, und zwar vierzig Jahre lang! Die Speise Jesu dagegen war irdisches, nach seiner eigenen Aussage verderbliches Brot. Wenn er nun beansprucht, zum ewigen Leben *bleibendes* Brot zu geben, dann muß er sich an Mose messen lassen.

Jesus widerlegt die ihm entgegengehaltene Zitatkombination aus Ex 16,4 (LXX) und Ps 78,24 (LXX) Wort für Wort: Nicht Mose hat das "*Brot vom Himmel*" gegeben (Perfekt), sondern "*mein Vater gibt es*" (Präsens). Die Gabe des Mose von damals war somit noch gar nicht das "*Brot vom Himmel*", sondern nur ein Hinweis auf das "*wahre Brot vom Himmel*", das jetzt durch Gott gegeben wird. Das *Zeichen*, nach dem die Hörer Jesu verlangen, ist also längst gegeben worden, denn die Manna-Gabe des Mose war wie die wunderbare Speisung Jesu ein Zeichen, das auf Jesus hinwies. So hat der Vater seinen Gesandten und so hat Mose ihn in den Schriften bezeugt (vgl. 5,39). Aber erneut erweist sich, daß die Hörer Jesu auch der Schrift des Mose nicht glauben (vgl. 5,40.45f).

Das "*wahre Brot vom Himmel*" ist mehr als eine leibliche Speise, wie das Manna es war. Es ist das "*Brot Gottes*", somit die Erfüllung alles dessen, was Speise bedeutet, eben Speise, die ewiges Leben schenkt (vgl. 6,27). Gottes Brot ist nämlich sein Gesandter, der "*aus dem Himmel herabsteigt und der Welt Leben gibt*" (6,33; vgl. 3,16).

Die Leute bitten Jesus, ihnen dieses Brot *ständig* zu geben (6,34). Haben sie gar nichts begriffen? Anders als die Samaritanerin, die sich mit ihrer vergleichbaren Bitte genau in der von Jesus vorgezeichneten Spur bewegte (vgl. 4,15), gehen hier die Leute auf Jesu Worte überhaupt nicht ein. Das Brot, von dem er zuvor sprach, ist ja nicht seine *Gabe*, sondern er selbst, insofern er als der Gesandte des Vaters "*vom Himmel herabgekommen*" ist. Er ist ein einmaliges Geschenk Gottes und somit auch *ein für allemal* gegeben! Das macht auch Jesu Offenbarungswort 6,35 nochmals eindrucksvoll klar, indem es die Frage beantwortet, wer oder was denn die *Speise* (6,27) bzw. das *Brot* (6,32f) ist, von dem Jesus zuvor gesprochen hat: "*Das Brot des Lebens bin ich*!"

Jesus spricht hier nicht metaphorisch: Brot ist nicht Bild für ihn. Sondern: Jesus erfüllt, was Lebensbrot eigentlich meint. Alles Brot, das nicht Jesus ist, ist an ihm gemessen nur vergängliche Speise, wie auch das Leben, das solche Speise gewährt, nur vergängliches, nicht wirkliches

Leben ist. Der Mensch ersehnt und sucht jedoch wirkliches Leben, wenn er ißt und trinkt. Solches Leben ist aber nur bei Jesus zu finden. Das sagt das Verheißungswort 6,35: Das Brot Jesus zu essen bedeutet, "*zu Jesus kommen*" (vgl. 4,30; 5,40) "*und an ihn glauben*" (vgl. 3,16; 3,36). Wer das tut, dem wird das Verlangen nach Leben gestillt. Er hat keinen Hunger und keinen Durst mehr (vgl. 4,13f).

Drückt die Bitte der Leute Unverständnis aus? Das sollen die Leser nach allem, was sie bisher über ihr Verhalten erfahren haben, doch gewiß annehmen (vgl. 6,15.26.30f). Jesus bestätigt dies in 6,36: Die Leute haben ihn gesehen und glauben nicht! Sie sind die Augenzeugen seines Zeichens, sie finden ihn unverhofft in Kapharnaum, aber sie glauben ihm nicht! Ihre Bitte war also die Bitte von Ungläubigen. Aber könnte man sie nicht auch gläubig aussprechen? Hatte Jesus nicht davon gesprochen, er werde eine Speise *geben*, die zum ewigen Leben, also immerdar *bleibt* (6,27)? Diese Frage bleibt für die Leser offen; sie weist voraus auf 6,47-58.

6,37-46: Jesus spricht nun von seinem Wirken als aus dem Himmel herabgekommener Gesandter und Offenbarer des Vaters: Seine Aufgabe ist das Bewahren zum ewigen Leben und das Belehren aller, die Gott ihm gibt und die an ihn glauben. Schon in 6,29 hatte er den Glauben als das "*Werk Gottes*" bezeichnet. Jetzt wird klar, daß und inwiefern Gott selbst daran beteiligt ist. Jesus knüpft an 6,35 an, wo "*Kommen zu ihm*" und "*Glauben an ihn*" parallel stehen. Im Kommen vollzieht der Mensch nach, was Gott zuvor in Gang gesetzt hat (6,37). Gott übergibt Menschen an Jesus, *indem* diese zu ihm kommen, d.h. an ihn glauben. Das sind die beiden Aspekte eines einzigen Geschehens, eben das "*Werk Gottes*", das Gott wirkt und das der Mensch dennoch selbst tut. Jesu Aufgabe in diesem Doppelgeschehen ist, die zu ihm Kommenden nicht davonzujagen, sondern aufzunehmen, zu bewahren und schließlich "*aufzuerwecken am letzten Tag*" (6,39.40; vgl. 5,21-29). Der Vater ergreift die Initiative zum Heil der Welt, indem er den Sohn sendet (6,32f; vgl. 3,16), und der Sohn führt auf Erden diesen Willen des Vaters aus (6,38ff). Das Wirken des Vaters und des Sohnes fallen damit in eins zusammen (vgl. 5,19-23). Der Heilswille des Vaters kommt nicht anders zum Zuge als im irdischen und eschatologischen Wirken des Sohnes: "*Wer den Sohn sieht und an ihn glaubt, hat das ewige Leben*" (6,40). Es ist der Mensch Jesus von Nazaret (vgl. 1,45f), der solch ungeheuerlichen Anspruch erhebt.

Dagegen protestieren ("*murren*" 6,61; vgl. Ex 16,7ff) die Zuhörer. Der Autor nennt sie ab jetzt die *Juden*; sie unterscheiden sich somit inzwischen nicht mehr von den Gegnern Jesu (vgl. 1,19; 2,18; 5,16ff). Aus Augenzeugen der Zeichen Jesu sind Gegner geworden, weil sie Jesu Wort als Anmaßung empfinden. Sie sehen in ihm nur einen Menschen, den Sohn Josefs. Seine leiblichen Eltern sind allgemein bekannt (vgl. 1,45; 2,1f). Also kann er nicht "*aus dem Himmel herabgestiegen*" sein. Ihr Mißverständnis ist, daß sie hier eine Alternative sehen: Wenn Jesus aus dem Himmel stammt, dann kann er kein Mensch sein, und umgekehrt: Ein Mensch kann nicht "*von oben geboren*" sein. Es ist das Mißverstehen des Nikodemus, das hier waltet (vgl. 3,4.9), der auch nicht verstehen konnte, daß ein Mensch durch das Wirken des Geistes "*von oben geboren*" wird.

Die Leser indes wissen es besser. Im Prolog haben sie schon bekannt, daß der göttliche Logos *Fleisch*, also ein wirklicher Mensch wurde, und daß die Glaubenden, obwohl Menschen aus Fleisch und Blut, "*aus Gott geboren*" werden. Der Protest der *Juden* ist daher grundlos. Natürlich haben sie recht, Jesus einen Menschen zu nennen und als Sohn des Josef zu bezeichnen, "*dessen Vater und Mutter man kennt*". Und doch stammt dieser Mensch "*von oben*", ist er in Wahrheit *Gottes Sohn*.

Die Antwort Jesu geht auf den Protest der *Juden* nicht direkt ein. Wie er ihre Legitimationsforderung nicht erfüllte, so läßt er sich auch nicht mit ihnen auf einen Streit mit Argumenten ein. Er wiederholt vielmehr - nun in charakteristischer Umkehrung - seinen Anspruch. Nur der Glaube kann ihn verstehen und akzeptieren, dem natürlichen Denken erscheint er absurd. Den Glauben aufbringen kann jedoch nur, wer bereits von Gott *gezogen* und bewegt wird (6,44). Es geht hier freilich nicht um willkürliche Prädestination zum Heil auf Seiten Gottes, sondern um das Geheimnis der Kundgabe und des Verstehens Gottes überhaupt. Wo Gott sich kundgibt in Tat und Wort, entfallen für den Menschen alle Möglichkeiten des Prüfens. Gottes Anspruch ist absolut und unmittelbar. Antwort kann nur der Glaube sein, alles andere ist Ablehnung. Aber der Glaube ist dennoch nicht blind. Da er *Antwort* ist, wird er durch den sich kundgebenden Gott selbst mitgeprägt. Er folgt der Spur, die dieser ausgelegt hat, und um ihr zu folgen, muß er diese Spur schon in sich aufgenommen haben. So ist es mit allem personalen Verstehen, mit der Liebe, mit der Freundschaft. Um anzufangen, den Anderen zu verstehen, muß man schon ein wenig dieser Andere geworden sein, um Liebe zu erkennen, muß man ein Liebender werden, um Freundschaft anzunehmen, Freund sein. Daher kann man sagen: Der Andere, die Liebe, der Freund bewegen uns schon, ehe wir antworten. Wer nicht bewegt wird, kann auch nicht erwidern. So ist es auch mit dem Glauben. In diesem Sinn ist Jesu Vorwurf 6,36 zu verstehen: Die gegnerischen *Juden* glauben nicht an Jesus als den Gesandten Gottes, weil sie sich nicht von Gott bewegen lassen.

Wie man sich bewegen läßt, zeigt 6,45: Der Prophet (Jes 54,13) verheißt, daß "*alle Belehrte Gottes sein werden*". Wer auf die Erfüllung dieser Verheißung hofft, muß zu Jesus kommen. Im Hören auf sein Wort erfährt er Gottes Worte (vgl. 3,34), ja er hört den Vater selbst. Aber er hat dann auch zuvor schon von Gott "*gehört und gelernt*", weil er die Verheißung des Propheten vernommen, die Schriften gelesen hat (5,39). Damit ergibt sich als hermeneutischer Grundsatz des JohEv: Die Schriften vernimmt nur derjenige wirklich, der sich von ihnen zu Jesus führen läßt, und nur bei Jesus hört und lernt man vom Vater. Ist aber sein Wort die wahre Kunde von Gott, dann muß Jesus "*von oben*" sein, dann ist er zuvor beim Vater gewesen (6,46; vgl. 1,18; 3,11.32). Erneut hat Jesus seinen atemberaubenden Anspruch vorgetragen, der einzige Offenbarer des Vaters zu sein. In seinem menschlichen Wort begegnet Gottes Wort. Dabei wird es durch nichts ausgewiesen als durch sich selbst.

6,47-58: Nur scheinbar hat Jesus in 6,37-46 das Thema "Himmelsbrot" verlassen. Da er von seinem Wirken als Offenbarer des Vaters sprach, ist er tatsächlich ganz bei ihm geblieben. Schon Dtn 8,3 hatte das Manna der Wüste als ein Zeichen dafür genommen, daß "*der Mensch nicht vom Brot allein lebt, sondern von allem, was das Wort des Herrn schafft*". Jesus ist als der gesandte Offenbarer des Vaters das "*Brot aus dem Himmel*". Sendung und geschichtliches Wirken des Menschen Jesus wurden bisher beschrieben, jetzt bringt Jesus sein eschatologisches Handeln in den Blick.

Dazu wiederholt er das Offenbarungswort 6,35 und greift nochmals den Einwand seiner Zuhörer 6,30f auf: Das Manna war nicht das "*Brot des Lebens*", denn die es damals in der Wüste aßen, sind alle gestorben. Es war lediglich verderbliche irdische Speise. *Himmelsbrot* kann man dagegen nur nennen, was unvergängliches Leben spendet (6,49f). Ein solches *Himmelsbrot* kann aber unmöglich eine seelenlose, materielle Speise sein, sondern nur eine lebendige Person. Dieses "*lebendige Brot*" ist Jesus selbst. Wie aber kann man ein solch lebendiges Brot *essen*? Bisher hatte Jesus diesen Ausdruck vermieden, selbst in 6,35. Er hatte vom "*Kommen zu ihm*" und "*Glauben an ihn*" gesprochen. Soll der Ausdruck "*essen*" in 6,51 bildhaft dasselbe aussagen? Das ist wenig wahrscheinlich, weil dann *essen* in 6,49 und 6,51 Verschiedenes bedeuten würde. Es muß doch an ein wirkliches *Essen* der Person Jesus als "*lebendiges Brot*" gedacht sein.

Jesus geht noch weiter: Das "*Brot, das ich geben werde*" (vgl. 6,27), wird sein *Fleisch* sein, also er selbst als das menschgewordene Himmelsbrot (vgl. 1,14), indem er sich selbst für das Leben der Welt hingibt. Damit bringt Jesus seinen Tod als Heilstod in den Blick: Das künftige Brot Jesu ist er selbst, nachdem er für das Leben der Welt in den Tod gegangen sein wird.

Die Zuhörer haben sich schon so weit in Gegner verwandelt, daß sie Jesus in grober Weise mißverstehen, weil sie seine Worte materiell verstehen. Als fordere Jesus zur Menschenfresserei auf, reagieren sie entsetzt feindlich: "*Wie kann dieser uns sein Fleisch zu essen geben!*" Sie sehen Jesu *Fleisch* als ein seelenloses materielles Nahrungsmittel an, als totes Fleisch. Dabei hatte er ausdrücklich gesagt, daß er als "*lebendiges Brot*" gegessen werden will (6,51). Somit darf 6,51 unter keinen Umständen so aufgefaßt werden, wie die gegnerischen *Juden* es verstehen. Jesus fordert nicht dazu auf, das *Fleisch* eines Toten zu essen, sondern einen Lebenden!

Das wird in der "eucharistischen" Rede 6,53-58 vollends deutlich. Sie umschreibt das Geheimnis des eucharistischen Mahles, wie es der Autor und seine Gemeinschaft (seine ersten Leser) begehen. Dort wird Brot gegessen und Wein getrunken, aber *als* Fleisch und Blut des Gekreuzigten und Auferstandenen. Nicht das Fleisch und Blut des irdischen Menschen Jesus sind die eucharistische Speise, sondern Fleisch und Blut des *Menschensohnes*, des durch Tod und Auferstehung *erhöhten* Jesus (6,53; vgl. 3,14f). Die eschatologische Brotgabe Jesu ist also nicht ein totes Lebensmittel, sondern er selbst in seiner pneumatisch-himmlischen Wirklichkeit. In dem Brot, das verzehrt wird, und in dem Wein, der getrunken wird, ist er selbst geheimnisvoll präsent als der erhöhte pneumatische Mensch Jesus. Insofern ist "*mein Fleisch wirklich Speise und mein Blut wirklich Getränk*" (6,55). Und wie materielle Speise in den Essenden eingeht und seine Kraft an ihn abgibt, so wird es auch beim Essen des Fleisches Jesu und beim Trinken seines Blutes sein: Der Essende und die Speise werden eins (6,56), und die Lebenskraft der Speise geht auf den Essenden über (6,57). Ist aber die Speise eine lebendige, himmlische, dann ist ihre Wirkung "*ewiges Leben*" (6,58).

6,58 faßt Jesu ganze Rede zusammen. Sie umschrieb das gesamte Heilsgeschehen, das in der Heilsinitiative des Vaters seinen Ausgang nahm. Er sandte Jesus als den Vermittler seiner Werke und Worte und darin als Brot für das Leben der Welt. Der Sohn vollbringt durch sein irdisches Wirken den Willen des Vaters, indem er dessen Wort verkündet und sein Fleisch dahingibt für das Leben der Welt. Durch beides erweist er sich als das *Himmelsbrot*. Die Teilhabe am Wirken des irdischen Jesus war das "*Kommen zu ihm*", worin der Glaube an ihn seinen Ausdruck fand. Nach der Erhöhung des irdischen Jesus ist das Essen und Trinken beim eucharistischen Mahl dafür der sichtbare Ausdruck. Auffälligerweise fehlt im gesamten eucharistischen Abschnitt die Verheißung für den Glauben fast ganz. Statt dessen wird vom Essenden gesagt, was sonst vom Glaubenden gilt: "*Er lebt in Ewigkeit*" (6,58; vgl. 6,40). Doch bildet 6,58 mit 6,47 eine Klammer um den gesamten Abschnitt, sodaß deutlich wird: Essen und Trinken sind Ausdruck eben des Glaubens an Jesus als den *menschgewordenen* Gesandten Gottes.

6,59: Die szenische Bemerkung ist ein starker Trennungsstrich zum Folgenden (vgl. 1,28): Die Auseinandersetzung Jesu mit den gegnerischen *Juden* ist zu Ende, jetzt folgt eine Auseinandersetzung mit den Jüngern. Darin geht es um dieselbe Sache, nämlich Jesu Worte und Anspruch in 6,26-58.

3. Dritter Teil: 6,60-71

Mit 6,60 beginnt eine neue Szene. Sie kennt als Akteure nur Jesus und die Jünger. Das Volk (6,22.24) bzw. die *Juden* (6,41.52) sind aus dem Blickfeld verschwunden. Umgekehrt setzt der Dialog zuvor die Jünger zwar als Hörer voraus, nicht aber als Diskussionspartner.

Trotz dialogischer Elemente hat das Stück 6,60-71 im Unterschied zum Dialog *Erzähl*charakter. Dargestellt wird die Reaktion der *Jünger* auf Jesu Rede. *Viele* von ihnen stoßen sich an ihr und trennen sich von Jesus (6,60.66). Andere, unter ihnen die *Zwölf* mit Simon Petrus, nehmen sie an und bleiben bei Jesus. Aber selbst unter den *Zwölfen* ist einer, der von Jesus abfallen wird (6,64.70f). Der Autor ist außerordentlich engagiert bei der Sache. In auffälliger Häufung finden wir kommentierende Bemerkungen von ihm, die die Aufmerksamkeit der Leser herausfordern und ihr Verständnis lenken sollen (6,61.64.71).

Es ergibt sich eine klare Zweiteilung: Die erste Szene stellt den Abfall unechter Jünger dar (6,60-66), die zweite das Bleiben der echten Jünger bei Jesus, unter ihnen die *Zwölf* (6,67-71).

3.1 Der Abfall der unechten Jünger: 6,60-66

60Viele von seinen Jüngern aber, die zugehört hatten, sagten: "Hart ist diese Rede! Wer kann ihr zuhören?" 61Jesus aber wußte bei sich, daß seine Jünger darüber murrten und sagte zu ihnen:

> *"Das ärgert euch?*
> *62Wenn ihr nun den Menschensohn dorthin hinaufsteigen seht,*
> *wo er vorher war?*
> *63Der Geist ist es, der lebendig macht,*
> *das Fleisch nützt gar nichts.*
> *Die Worte, die ich zu euch gesprochen habe,*
> *sie sind Geist und Leben.*
> *64Aber unter euch sind einige, die nicht glauben."*

Jesus wußte ja von Anfang an, wer die sind, die nicht glauben und wer ihn ausliefern wird. 65Er sagte: "Darum habe ich euch

gesagt: Niemand kann zu mir kommen, wenn es ihm nicht vom Vater gegeben ist."
[66]*Von da an liefen viele seiner Jünger zur anderen Seite über und zogen nicht mehr mit ihm umher.*

Diejenigen, die hier Jesu Wort *hart* nennen, werden als *Jünger* bezeichnet. Erst nach Jesu Erwiderung 6,62ff ändert sich ihr Status: Sie trennen sich von Jesus und werden - so muß man ergänzen - zu *Juden*. Aber bis dahin sind sie Jesus gefolgt und haben ihn aufgrund seiner Zeichen zumindest als gottgesandten Propheten anerkannt (6,14f; vgl. 3,2). Der Umschlag ihrer Haltung gegenüber Jesus wird durch die Offenbarungsrede 6,26-58 hervorgerufen, die sie nicht akzeptieren wollen.

Woran sie *Anstoß* nehmen, wird in 6,60 nicht zum Ausdruck gebracht und muß aus Jesu Erwiderung 6,61-64a erhoben werden. Sie will dem *Ärgernis* entgegenwirken, indem sie es auf die entscheidende Kernfrage reduziert. Sie bildet ein in sich geschlossenes Gegenargument mit deutlichem rhetorischen Gefälle. In 6,62 weist Jesus die angesprochenen *Jünger* auf das Faktum seines *Aufstiegs* hin. Werden sie es richtig deuten? Den Schlüssel dazu dürfte 6,63a bieten, eine antithetische Sentenz, der auch die *Jünger* wohl zustimmen dürften. 6,63b wendet diese Sentenz auf die Offenbarungsrede 6,26-58 an: Die Worte Jesu gehören nicht zum Bereich des *Fleisches*, sondern sind "*Geist und Leben*". 6,64a stellt die Vergeblichkeit der Erwiderung Jesu fest (vgl. 6,36). Die angeblichen "Jünger" haben sich auf den Unglauben festgelegt. Der Vers macht aber auch klar, daß Jesu Antwort - richtig verstanden - aus dem Ärgernis herausführen könnte.

Der Sinn der Frage Jesu 6,62 ist umstritten. Soll das Ärgernis gesteigert werden: "...dann wird es erst recht groß sein"? Aber kann der Aufstieg des Menschensohnes in den Himmel, von dem hier die Rede ist (vgl. 3,13; 13,1; 14,2f; 16,5.7.28; 20,17), für Jünger überhaupt ein Ärgernis sein? Jesu Frage kann doch nur meinen, daß der Anstoß der *Jünger* durch den *Aufstieg* Jesu überwunden werden kann, wenn sie sich darauf einlassen. Aus der Perspektive der Leser bedeutet das: Der Anstoß ist überwunden, denn die Leser blicken als Glaubende bereits auf die Auferstehung Jesu und seine Rückkehr zu Gott zurück (vgl. 1,18).

Worin der Anstoß liegt, verdeutlicht 6,62 ebenfalls: Der *Aufstieg* führt den Menschensohn dorthin, "*wo er vorher war*"! Das ist wohl das entscheidende Gegenargument. Die protestierenden "Jünger" lehnen wahrscheinlich wie zuvor die *Juden* (6,41f) den Anspruch Jesu ab, er sei "*aus dem Himmel herabgestiegen*" (6,33.38.50f.58). Demgegenüber sagt 6,62: Jesus wird als der *Menschensohn* bei seiner *Erhöhung* (vgl. 3,13f) dorthin hinaufsteigen, "*wo er vorher war*". Also stammt er "*von oben*" (3,31), war vorher "*beim Vater*" (6,46), ist "*aus dem Himmel herabgestiegen*" (6,33.38. 50f.58). All diese Aussagen müssen vom Menschen Jesus gemacht werden, dessen Vater und Mutter man kennt (6,42).

Schon in 3,6.13 hatte Jesus gegenüber Nikodemus ausgeführt, daß wer in die himmlische Sphäre hinaufsteigt, aus ihr stammen muß. Das gilt ja auch vom Glaubenden. Er muß zuerst "*von oben*" geboren werden, bevor er in die Basileia Gottes hineingelangt (3,3.5). Durch Geburt "*von oben*", "*aus Wasser und Geist*" wird er zu einem Pneumawesen (3,8), ohne damit aufzuhören, ein fleischlicher Mensch zu sein. Er wird ein "*Kind Gottes*" und ist doch zugleich ein irdischer Mensch. Nicht mehr seine fleischliche Abstammung bestimmt sein wirkliches Wesen, sondern seine pneumatische Herkunft (vgl. 1,12f).

Gilt dies vom Glaubenden, so erst recht vom "Menschen Jesus". Stammt er "*von oben*", dann ist er pneumatisch (3,31.34). Steigt er in die himmlische Sphäre hinauf, so muß er "*von oben*" stammen (3,13). In diesem Sinne schließt nun 6,63 folgerichtig an 6,62 an: Nicht erst die *Erhöhung* wird den "Menschen Jesus" in ein pneumatisches Wesen verwandeln, er war es vorher schon. Sonst wäre der "Mensch Jesus" als solcher ein bloßer Mensch und nichts anderes, "*Fleisch, das nichts nützt*". Seine Worte könnten "*Geist und Leben*" nicht vermitteln. Aber Jesu Menschsein schließt seine pneumatische Herkunft nicht aus. Er ist fleischlich und pneumatisch zugleich. Solange die angeblichen "Jünger" in ihm aber nicht mehr sehen als einen gottgesandten *Lehrer* (3,2), wundermächtigen *Propheten* (6,14f) oder den irdisch-politischen *Messias* (1,41; 4,25; 6,15; 7,40f), beurteilen sie ihn als "*Fleisch, das nichts nützt*". Damit stehen sie auf einer Stufe mit den *Juden*, die ihn "*nach dem Fleisch*" (8,15), "*nach dem Augenschein*" (7,24) beurteilen. Der *Aufstieg* Jesu könnte ihnen jedoch zeigen, daß Jesus als "*Fleisch*" zugleich "*Geist*" ist, eben der menschgewordene Logos (1,1f.14), der *Sohn Gottes* (3,34; 10,30.36; 20,38.31).

Jesus schließt seine Erwiderung resigniert ab (6,64; vgl. 6,36). Er weiß, daß die Angesprochenen seine Argumente nicht würdigen werden, weil sie nicht glauben wollen. Der Autor erläutert: Jesus kennt sie "*von Anfang an*" (vgl. 2,24f; 4,44). Und dennoch hat sich Jesus um sie bemüht; ihr Unglaube ist somit selbstverschuldet und ihre eigene freie Entscheidung. Er ist Verstockung. Ebenso wird es mit demjenigen sein, der Jesus verraten wird (vgl. 13,2.27); darauf weist der Autor die Leser hier bereits hin.

Jesus fügt noch einen Rückverweis auf sein Wort 6,44 (vgl. 6,37) an, der begründet, warum die Angesprochenen keine echten Jünger werden konnten: weil der Glaube, obwohl freie Tat des Jüngers, zugleich ein *Geschenk* des Vaters ist (vgl. 6,29). Das entschuldigt den Unglauben nicht, sondern betont nur die göttliche Souveränität, die durch das Faktum des

Unglaubens nicht gemindert wird. Die angeblichen "Jünger" waren also in Wahrheit gar keine Jünger. Hätten sie Gottes Gabe wirklich empfangen, wären sie bei Jesus geblieben (vgl. 15,1ff). Jetzt aber fallen sie von ihm ab, folgen ihm nicht mehr "auf seiner Spur", sondern laufen zu den Gegnern über. Gegenüber den bleibenden Jüngern sind sie in der Mehrheit (6,60.66).

Die ersten Leser konnten in den hier dargestellten Vorgängen Ähnlichkeiten mit bereits zurückliegenden Ereignissen in ihrer eigenen Gemeinschaft erkennen, wie sie in 1Joh 2,18ff; 4,1ff erwähnt und theologisch aufgearbeitet werden: Die Gemeinde hat sich in christologischen Auseinandersetzungen gespalten und ein Großteil ihrer Mitglieder ist aus ihr ausgezogen und vom wahren Christusbekenntnis abgefallen. Auch in 5,41-44; 8,28-58 hat diese Erfahrung Spuren hinterlassen.

3.2 Das Bleiben der echten Jünger: 6,67-71

67Da sprach Jesus zu den Zwölf: "Wollt auch ihr weggehen?" 68Da antwortete ihm Simon Petrus: "Herr, zu wem sollten wir weggehen? Du hast Worte ewigen Lebens. 69Auch wir haben den Glauben und wissen: Du bist der Heilige Gottes." 70Jesus antwortete ihnen: "Habe ich nicht euch, die Zwölf, auserwählt? Aber einer von euch ist ein Teufel!" 71Er sprach aber von Judas, dem Sohn Simon Iskariots. Dieser sollte ihn ja ausliefern, einer von den Zwölf.

Zu den (wenigen) Jüngern, die bei Jesus bleiben, gehören auch die *Zwölf*, aber keineswegs nur sie. Die *Zwölf* werden (von 20,24 abgesehen) im JohEv nur hier erwähnt. Selbst an Stellen, wo der heutige Leser einen Hinweis auf sie erwartet, werden sie nicht genannt (vgl. 12,4 trotz 6,71; 13,1; 21,2). Daraus kann man schließen, daß für den Autor die *Zwölf* keineswegs mit den Jüngern Jesu deckungsgleich sind und daß ihr Kreis für ihn (und seine Leser?) vielleicht nicht die überragende Bedeutung hat. Zum engsten Jüngerkreis im JohEv gehören stets mehr und noch andere Personen als nur die *Zwölf* (vgl. 3,26; 4,1; 10,41f; 21,2). Nathanael ist hier zu nennen (1,45ff; 21,2) und vor allem der *geliebte Jünger* (1,36f; 13,23; 19,26f; 20,2ff; 21,7.20). Daß zumindest diese beiden, die nicht dem Zwölferkreis angehören, auch nach der Lebensbrotrede bei Jesus bleiben, ist selbstverständlich. Nun kann man aus 6,60.66 ohnehin nicht ablesen, einzig die *Zwölf* seien bei Jesus geblieben bzw. der vorher umfangreichere Jüngerkreis sei auf ihre Zahl zusammengeschmolzen. Die *Zwölf* sind nur *eine* Gruppe unter den bei Jesus bleibenden Jüngern. Wenn das die Meinung des Autors ist, dann stellt sich die Frage, warum er ausgerechnet hier die *Zwölf* erwähnt.

Petrus als ihr Sprecher erkennt ausdrücklich die Lebensbrotrede Jesu (6,26-58) und die Erwiderung Jesu an die abgefallenen "Jünger" (6,62f) als "*Worte ewigen Lebens*" an. Er bestätigt damit geradezu im Namen der *Zwölf* das Kerygma Jesu (und des Autors). *Auch* die *Zwölf* haben wie die anderen bei Jesus verbleibenden Jünger "*geglaubt und erkannt*" (vgl. 8,31), daß Jesus "*der Heilige Gottes*" ist. Der Titel ist bewußt gewählt. Er führt über den von Petrus bereits vollzogenen Messiasglauben weit hinaus (vgl. 1,41f). Petrus ist auf dem Weg zum gültigen Christusbekenntnis, das im JohEv aber erst in 20,28 erreicht wird. Und doch ist mit diesem Titel schon Entscheidendes erfaßt: Jesus steht "der Welt schlechthin als der Jenseitige gegenüber" (R. Bultmann). Das christologische Bekenntnis des Petrus und der *Zwölf* stimmt daher mit dem Bekenntnis des Autors des JohEv (und seiner Leser) überein.

In 6,70 werden - quasi im Gegenzug - die *Zwölf* durch Jesus als echte Jesusjünger ausgewiesen. Auch sie sind wie alle wahren Jünger (einschließlich der Leser) von ihm *auserwählt* worden (vgl. 15,16.19). Doch bleiben sie von Glaubensabfall nicht verschont. Einer von ihnen ist ein Teufel. Schon in 6,64b hatte der Autor den *Verräter* in einem Atemzug mit den angeblichen "Jüngern" erwähnt. In 6,71 folgt nun ein erneuter Kommentar, in dem der Name des Verräters genannt wird (aber nur den Lesern!). Emphatisch schließt der Autor mit dem Ausruf: "*einer von den Zwölfen*". Sicher wird an dieser Stelle auf die durch den Verrat eines der *Zwölf* mitverursachte Passion Jesu vorausgewiesen, aber ebenso gewiß dürften noch andere Intentionen in dem engagierten Kommentar mitschwingen. Vielleicht wollte der Autor seine Leser damit trösten, daß auch die Gruppe der *Zwölf* nicht frei von Glaubensabfall war, und die christlichen Gemeinden und Gruppen, die sich auf die *Zwölf* beriefen, ermahnen, nicht überheblich auf die kleine Schar der "rechtgläubigen" johanneischen Christen, seine Leser, herabzublicken, die durch ein Schisma hindurchgegangen war.

Sechstes Bild: 7,1-10,39

I. Die Analyse

1. Abgrenzung und Kohärenz

Abgrenzung

Mit 7,1-10 markiert der Autor einen deutlichen Einschnitt im Aufbau seines Werkes. Dabei soll das spannungsvolle Nebeneinander von 7,1-9 und 7,10 darauf aufmerksam machen, daß Jesu Wirken jetzt in die entscheidende Phase eintritt, die unter dem in 7,7 ausgesprochenen Leitmotiv steht. Wo aber endet der mit 7,1.10 begonnene Abschnitt? Zwar begegnen im folgenden gliedernde Hinweise (z.B. 7,14.28.37), ihr Gewicht ist allerdings gering, und sie können keine neue Abschnittsgrenze begründen, sondern strukturieren lediglich den mit 7,1.10 begonnenen Text.

Ein Ende des Abschnitts scheint in 8,59 erreicht zu sein. Doch geht einerseits die Auseinandersetzung Jesu mit den *Juden*/Pharisäern auch nach 8,59 weiter (vgl. 9,40f; 10,22ff.31.39), und 9,1 ist andererseits nicht so markant, daß darin die Einleitung eines neuen Großabschnitts im JohEv erblickt werden könnte. Das scheint erst für 10,22f zu gelten. Ein anderes Fest und die Jahreszeit Winter bestimmen nun die Szene. Ihr Ort (Jerusalem/Tempel) ist jedoch noch derselbe wie zuvor. Nirgends wird gesagt, daß Jesus inzwischen Jerusalem verlassen hat. Da der Autor sonst nie vergißt, dem Leser einen Ortswechsel Jesu anzuzeigen, setzt er offenkundig die seit 7,10 ununterbrochene Anwesenheit Jesu in Jerusalem voraus. Das mit 10,22f eingeleitete Textstück wirkt daher eher wie eine "Fortsetzung" und nicht wie ein neuer Großabschnitt. Tatsächlich führt 10,22-39 die bisherige Auseinandersetzung Jesu mit den *Juden* so weiter, als lägen keine drei Monate dazwischen (10,24; vgl. 7,12.31.40ff.52; 9,16f). In 10,26-29 findet sich sogar eine Wiederaufnahme der Aussagen Jesu von 10,7-18, und in 10,31 wird ein erneuter Versuch der gegnerischen *Juden* geschildert, Jesus zu steinigen.

Eine eindeutige Abschnittsgrenze ist erst mit 10,40-42 erreicht. Diese szenische Bemerkung steht den sonstigen Textmarkierungen in nichts nach (vgl. 2,13; 3,22; 5,1; 6,1). Sie schlägt sogar den Bogen zurück bis zum Anfang des Evangeliums (vgl. 1,28.29). Das Ergebnis lautet somit: Der Autor hat den Text 7,1-10,39 als literarische Einheit verstanden.

Kohärenz

Es läßt sich sowohl in formaler als auch inhaltlicher Hinsicht zeigen, daß Joh 7-10 ein kohärentes Textganzes ist, in dem ein schriftstellerischer Gestaltungswille zum Zuge kommt. Der Eindruck eines diffusen und wirren Durcheinanders von Szenen und Stoffen, der sich beim Lesen zunächst aufdrängt, ist durchaus nicht zu halten. Allerdings sind Geduld und Sympathie nötig, um die Kohärenz des Textabschnitts zu begreifen.

Einheit des Raumes: Zwischen 7,10 und 10,39 spielt das gesamte dargestellte Geschehen in Jerusalem. Zunächst befindet sich Jesus noch außerhalb Judäas in Galiläa. Dort wird er von seinen Brüdern aufgefordert, nach Judäa zu gehen, um sich dem *Kosmos* zu offenbaren (7,1-9). Das lehnt er ab. In spannungsreicher Weise wird so die folgende Szene vorbereitet, in der Jesus dann doch nach Jerusalem hinaufgeht, aber eben nicht *öffentlich* und nicht als Festbesucher (7,10-13). Er verläßt die Stadt erst wieder in 10,40 und geht an den Ort Johannes des Täufers "*jenseits des Jordan*". Innerhalb Jerusalems ist Jesus zumeist im Tempel (7,14.28; 8,20), den er 8,59 verläßt, 10,22f aber erneut betritt. Dazwischen (9,1-10,21) befindet er sich irgendwo in der Stadt (vgl. 7,10-13). Im Tempel haben auch die Gegner, Pharisäer und Hohenpriester, ihr "Hauptquartier", von wo aus sie operieren (7,32.45-52; 9,13).

Einheit der Zeit: Nicht ein *Zeitpunkt* bestimmt die Szene (vgl. 2,13ff; 5,1; 6,4), sondern eine *Zeitspanne* bzw. ein *Zeitraum*. Die Darstellung setzt kurz vor dem Laubhüttenfest ein (7,2). Als Jesus Jerusalem erreicht, hat das Fest bereits begonnen (7,10). In 7,14.37 wird der Fortgang des mehrtägigen Festes angezeigt; damit erweckt der Autor den Eindruck verstreichender Zeit. Die Zeitangabe 9,14 verweist auf irgendeinen Sabbat nach dem Laubhüttenfest. Erst in 10,22 wird wieder ein festes Datum gesetzt: Das Tempelweihfest findet nun statt. Inzwischen ist es Winter geworden. Der Eindruck ist, daß sich die erzählten Ereignisse in dem Zeitraum zwischen Laubhüttenfest und Tempelweihfest abgespielt haben. Von 7,2.10 bis 10,22f spannt sich ein Zeitbogen, der alle dazwischen erzählten Ereignisse umfaßt. "Nur in fingierter Weise liegt nämlich eine Zeit von mindestens 3 Monaten, in Wirklichkeit ein Raum von 30 Zeilen dazwischen. Das beide Ereignisse trennende Vierteljahr steht nur auf dem Papier. In Wahrheit erinnert der Schriftsteller sich und seine Leser an das, was er kurz vorher geschrieben hat" (H. J. Holtzmann).

Einheit der handelnden Personen: Auf der einen Seite steht Jesus der Offenbarer, der einen einsamen Kampf gegen eine übermächtige Mehrheit der *Juden* kämpft. Nur einmal werden die Jünger an seiner Seite erwähnt (9,2); zu ihnen gehört später noch der geheilte Blinde, der sich entschieden zu Jesus bekennt (9,17.28.33.38). Erst außerhalb Jerusalems ist Jesus wieder inmitten von Menschen anzutreffen, die an ihn glauben (10,41f).

Auf der anderen Seite stehen die *Juden*. Doch man muß differenzieren: Häufig wird das *Volk* erwähnt (7,12.20.31.40); dann ist meist von einem Schisma die Rede (7,12.43). Im *Volk* gibt es auch solche, die sich dem Anspruch Jesu öffnen (7,31). Aber sie sind voller Angst vor den *Juden* (7,13; 9,22f), und sie werden von den führenden Pharisäern als Unwissende verflucht (7,49). Einmal erscheinen mitten unter der zuhörenden Volksmenge Glaubende (8,30ff). Im Verlauf des Dialogs verschwinden sie wieder, wie aufgesogen von der Masse der nichtglaubenden *Juden*.

Die Zahl der *Juden*, die Jesu Anspruch dagegen ablehnen, überwiegt. Sie scheint allmählich zu wachsen. Zu ihnen gehören auch seine *Brüder* (7,5), die ebenfalls in Jerusalem anwesend sind (7,10). Aus den *Juden* ragen die Pharisäer und Hohenpriester besonders hervor (7,32.45ff; 8,13; 9,13.40). Sie sind die Anführer des Volkes (7,26.48) und organisieren den Widerstand und Haß gegen Jesus. Sie üben Druck auf das Volk aus (7,13; 9,22f) und disziplinieren diejenigen, die sich zu Jesus bekennen (7,49; 9,34) oder seinen Anspruch zumindest prüfen wollen (7,46). In ihren Reihen gibt es keinen, der an Jesus glaubt (7,48), obwohl die Jerusalemer vorübergehend diesen Eindruck haben (7,26). Ganz einig sind sich allerdings auch die Pharisäer nicht (9,16); Nikodemus will sich jedenfalls einer Vorverurteilung Jesu widersetzen und wird deshalb abgekanzelt (7,50ff).

Die Pharisäer und Hohenpriester sind nicht allein. Sie haben *Diener*, die Jesus verhaften sollen (7,32.45ff), und andere Anhänger, die sich in ihrem Sinne (7,12; 10,20) an Jesus vergreifen wollen, es aber nicht können (7,30.44; 8,20.59; 10,31.39). Das Gesamtbild ist: Die *Juden* bilden bis auf wenige Ausnahmen eine einheitliche Front der Ablehnung und des tödlichen Hasses gegen Jesus, zumal sich die "Gegenkräfte" nicht öffentlich zu rühren wagen.

2. Rückverweise/Wiederaufnahmen/Echos: Was die Leserinnen und Leser schon kennen!

Die auffälligste Eigenart der in Joh 7-10 dargestellten Handlung ist, daß sie unmittelbar an die Auseinandersetzungen Jesu mit den *Juden* von Joh 5 anknüpft und sie fortzusetzen scheint, und zwar ohne Rücksicht darauf, daß auf der Ebene der "erzählten Zeit" fast ein Jahr dazwischen liegt. Freilich kommt es für das Verständnis der Leser auf diese Ausdehnung der "erzählten Zeit" nicht an. Für sie gilt zuerst die "Erzählzeit", und in ihr liegen die Ereignisse von Joh 5 höchstens eine halbe Stunde zurück.

Rückverweise

Der deutlichste *Rückverweis* findet sich in 7,1. Er wirkt wie eine Überschrift, die die Leser daran erinnert, daß die *Juden* Jesus aufgrund seines

Wirkens und seines Anspruchs töten wollen. Der in 5,18 nur vom Autor mitgeteilte Mordwunsch schwebt drohend über allen Szenen von Joh 7-10, wird mehrmals direkt angesprochen (7,19.25; 8,37.40) und entlädt sich in dem zweimaligen Versuch, Jesus zu steinigen (8,59; 10,31). Daneben wird die weiterbestehende feindliche Haltung, die die *Juden* seit 5,16 gegen Jesus einnehmen, indem sie ihn *verfolgen*, in Joh 7-10 ständig dadurch in Erinnerung gerufen und steigernd dargestellt, daß bestimmte Personen ihn *ergreifen* wollen, es aber nicht können (7,30.32.44.45; 8,20; 10,39).

Waren in Joh 5 die *Juden* insgesamt die Gegnerfront, so wird jetzt differenziert. Zwar kann der Autor nach wie vor sagen, daß die feindlichen Aktionen gegen Jesus (und seine Anhänger!) von den *Juden* ausgehen (7,1.15; 8,48.52; 9,18.22; 10,24.31), doch wird nun klarer, wer die eigentlich treibenden Kräfte innerhalb der *Juden* sind, nämlich die Pharisäer und Hohenpriester (vgl. 1,19.24; 4,1f). Die Beseitigung Jesu liegt in ihrem Interesse (7,25f); darum wollen sie Jesus festnehmen lassen (7,32. 45f; 8,20), verhören seine Anhänger (9,13ff) und schüchtern sie gewaltsam ein (7,13.47f.52; 9,22f). Ihre Rolle spricht Jesus in 9,41 offen und in 10,8. 10.12 in verdeckter Rede an. Neben diesen "Erzgegnern" Jesu treten jetzt auch *Juden* auf, die glauben (8,30f; 10,21); wir hören von Leuten aus der Volksmenge, die positiv über Jesus denken (7,12.31.40ff), von Tempeldienern, die von Jesu Rede beeindruckt sind (7,45), sogar unter den Pharisäern gibt es nachdenklichere Stimmen (7,50ff; 9,16). Die Handlung von Joh 7-10 ist somit eine Steigerung und Zuspitzung von Joh 5. Die feindliche Front gegen Jesus nimmt deutlichere Konturen an, ihre Taktik wird erkennbar, ihre geplanten und spontanen Aktionen zur Beseitigung Jesu werden konkreter, und auch die Anhänger Jesu werden in die Feindschhaft mit hineingezogen. Die Spannung gelangt auf einen Höhepunkt. Wie wird der Konflikt ausgehen?

Daß in Joh 7-10 der Knoten der gesamten Handlung des JohEv geschürzt wird, dem nur noch der dramatische Umschlag folgen kann, darauf weist auch 10,40-42 hin, wo Jesus zum Ausgangspunkt seines Wirkens zurückkehrt (1,29.35). Dort wird dann das Zeugnis des Täufers über Jesus vom Anfang ausdrücklich von den Glaubenden bekräftigt (vgl. 1,19-34; 3,26-36). Durch die szenische Wiederholung zeigt der Autor an, daß der Erzählbogen jetzt geschlossen ist.

Die gesamte Handlung des JohEv bis dahin ist somit eine gegliederte literarische Einheit und will eine große Entwicklung - wie sie der Prolog in 1,10ff in Kürze formuliert hatte - darstellen, deren integraler Bestandteil Joh 7-10 ist.

Wiederaufnahmen
In die gleiche Richtung weisen auch die zahlreichen *Wiederaufnahmen* in Joh 7-10, durch die einzelne Erzählzüge oder ganze Themenkomplexe aus Joh 5 und Joh 6 aufgegriffen und erneut behandelt werden. Am aufschlußreichsten ist in diesem Zusammenhang 7,21-24, wo Jesus nach 5,17 nochmals seine Sabbatheilung von 5,1-8 rechtfertigt. Damit verteidigt er vorweg bereits seine zweite Sabbatheilung, die dann im Rahmen von Joh 7-10 erzählt wird (9,1-7.14). Hier kommen immerhin einige der Pharisäer zum Nachdenken über Jesus (9,16). Gleichwohl führt auch sie zur Ablehnung Jesu und darüber hinaus zur Drangsalierung seiner Bekenner.

In 8,13-18 wird das Thema des *Zeugnisses* wiederaufgenommen und dialektisch weitergeführt. Ging es in 5,31-39 um das vermittelte Zeugnis des Vaters für Jesus, so geht es jetzt um das Zeugnis des Vaters im Selbstzeugnis Jesu. Dementsprechend fehlt der Hinweis auf Jesu Werke (5,36; vgl. 5,19-29). Gleichwohl wird auch das Zeugnis der Werke Jesu in Joh 7-10 durchgehend argumentativ zur Geltung gebracht, zunächst in falscher Intention von den Brüdern Jesu (7,3), dann von Jesus selbst und vom geheilten Blinden bezüglich der Blindenheilung (9,3f; 9,30-33) und schließlich als schlagendes Argument in der letzten Auseinandersetzung Jesu mit den gegnerischen *Juden* (10,25.32.37f).

Wie in seinem Wirken ist Jesus auch in seinem *Urteilen* ganz vom Vater abhängig und mit ihm einig. Das hatte 5,22.30 grundsätzlich herausgestellt. Jetzt wird dieser Gedanke dialektisch wiederaufgenommen (8,15f; 9,39; vgl. 3,19ff). Joh 5 hatte überhaupt verdeutlicht, daß Jesus in seinem Wirken nicht sich selbst verwirklicht, sondern allein den Willen des Vaters vollbringt (5,30). Er sucht nicht seine eigene Ehre, sondern nur die des Vaters, die dann aber auf ihn zurückfällt (5,41ff.23). Das ist in Joh 7-10 ebenfalls ständiges Thema: Jesu Werke sind die des Vaters (9,3f; 10,37), "*in seinem Namen*" (10,25) bzw. "*von ihm her*" (10,32) gewirkt; genauso seine *Lehre* (7,16f). Mit beiden bringt Jesus die *Ehre* des Vaters zur Geltung (7,18), der dafür im Gegenzug Jesus die ihm gebührende *Ehre* verschaffen wird (8,49f.54).

Auf diese Weise wird in Joh 7-10 in einer Steigerung gegenüber Joh 5,17.19-23.26 die Einheit Jesu mit dem Vater zum Ausdruck gebracht. Jesus und der Vater sind bezüglich ihres Wirkens *eines* (10,30; vgl. 5,28-30): "*In mir der Vater und ich im Vater*" (10,38). Dieser höchste Anspruch Jesu führt zur schärfsten Anklage der jüdischen Gegner (10,33), der allerdings ihr stummer Protest in 5,18 in nichts nachsteht. All diese Wiederaufnahmen von Erzählzügen und Themen von Joh 5 zeigen, daß Joh 7-10 vom Autor als Fortsetzung und Steigerung der vorausgehenden Darstellung konzipiert worden ist.

Es sind noch einige Wiederaufnahmen von Themen aus Joh 6 zu

verzeichnen. Da ist zunächst das Thema der Herkunft Jesu, das in 6,42 scharf angeschnitten worden war, indem die *Juden* auf Jesu menschliche Herkunft verwiesen und damit seine himmlische Herkunft bestritten. In 7,27.41f.52 ist die allseits bekannte galiläische Herkunft des Menschen Jesus ebenfalls ständiges Argument gegen ihn. Schon Nathanael hatte so argumentiert (1,46), sich aber von Jesus überzeugen lassen. Und die Leser wissen längst, daß der Hinweis auf Jesu menschliche Abstammung seine himmlische Herkunft nicht widerlegt (vgl. 1,14). Mit dem Zeugnis des Johannes bekennen auch sie das Paradoxon: "*Der nach mir Kommende ist vor mir geworden, denn er war eher als ich*" (1,15.30; vgl. 8,58). Auch dieser Themenkreis, die Herkunft Jesu "*von oben*" (vgl. 6,33.50.62) und seine himmlische Präexistenz (vgl. 6,46), wird in Joh 7-10 immer wieder zur Sprache gebracht (vgl. 7,28f; 8,23; 10,36).

Das zweite aus Joh 6 aufgenommene Thema ist das der wahren Jüngerschaft (6,37.39.44) und des Schismas (6,61-71). In Joh 7-10 hören wir ständig von Spaltungen unter den Hörern Jesu (7,12.40-43; 9,16; 10,19-21). Diejenigen, die an Jesus glauben oder für ihn eintreten (7,12.31.45-52; 8,30f; 9,22f; 10,21), weichen vor Meinungsterror und physischer Gewalt zurück (vgl. 9,22f). Sie scheinen von den Gegnern absorbiert, geradezu aufgesogen zu werden. Die Leser müssen sich fragen, wohin eigentlich die *Glaubenden* von 7,31 und 8,30f und die gegenüber Jesus positiv Eingestellten im Verlauf der Auseinandersetzungen verschwinden. Jesus fordert sie auf, bei seinem Wort zu *bleiben* (8,31; vgl. 6,56.67f). Aber wo sind sie am Ende? Jedenfalls sind nur diejenigen, die sich später "*jenseits des Jordan*" bei ihm sammeln (10,41f), seine "*wahren Jünger*" (8,31), während die in Jerusalem Zurückbleibenden offensichtlich zu den Gegnern übergelaufen sind oder sich aus Angst verborgen halten. Die Situation von Joh 6 wiederholt sich in Joh 7-10 in größerem Stil.

Echos

Daß Joh 7-10 nicht nur ein integraler Bestandteil der Großhandlung des JohEv, sondern ein bewußt gestalteter Höhepunkt, ja "Siedepunkt" des gesamten Vorausgehenden ist, zeigen die zahlreichen *Echos* in den Worten Jesu, durch die die Leser an frühere Aussagen erinnert werden. Jesus steigert z.B. seine Selbstoffenbarung, indem er frühere verdeckte Selbstaussagen nun klar ausspricht. Oder er nimmt deutlicher und "aggressiver" als zuvor Stellung zu dem ihm begegnenden Unglauben. Die Leser nehmen eine Entwicklung und Steigerung wahr, bemerken jedoch zugleich, daß das Ende damit noch nicht erreicht ist. Sie müssen noch weitere Hinweise und Auflösungen erwarten.

In diesem Zusammenhang ist zuerst der Ruf Jesu 7,37f zu nennen. Er ist ein klares *Echo* dessen, was Jesus in 4,10.14 der Samaritanerin und in 6,35 den Leuten in der Synagoge gesagt hat. Nun wird klar, daß das Wasser Jesu der Geist ist, den der *Verherrlichte* den Glaubenden vermitteln wird. Wie das geschieht, werden die Leser später noch deutlicher erfahren (vgl. 14,26ff; 16,13ff; 19,34; 20,22).

Auch das markante Offenbarungswort 8,12, das in 9,5 sofort einen Widerhall findet, ist im Vorausgehenden vorbereitet. Seit dem Prolog wissen die Leser, daß der präexistente und auf Erden erschienene Logos das "*Licht der Welt*" genannt werden muß (1,5.9). Und in 3,19ff hatte Jesus selbst bereits in verdeckter Weise von sich als dem Licht gesprochen.

Ein wirkliches *Echo* bisheriger Rätselrede Jesu ist 8,28. Denn nur dem "Wissenden" erschließt sich, was es mit der Erhöhung des Menschensohnes auf sich hat, von der schon 3,13f (vgl. 6,62) gesprochen hatte. Deutlich wird allerdings: Jesu *Erhöhung* ist auch ein Tun der Angesprochenen.

In 8,43.47 (vgl. 10,26f) spricht Jesus in unerhörter Schärfe das Problem des Unverständnisses der gegnerischen *Juden* als Folge ihres Unglaubens (vgl. 8,45; 10,25) an. Hier ist ohne Zweifel der Höhepunkt der Polemik erreicht, mit der Jesus auf die ungeheuerliche Tatsache antwortet, daß der Logos "*in sein Eigentum*" kam, die Eigenen ihn aber nicht aufnahmen (1,11f). Es klingt in schriller Form der Vorwurf der Verweigerung nach, den Jesus schon früher den *Juden* gemacht hat (vgl. 3,10-12; 5,40.44.47; 6,36).

Ergebnis: Joh 7-10 ist durch ein ganzes Geflecht von Rückverweisen, Wiederaufnahmen und Echos mit dem bisherigen Textganzen eng verbunden.

3. Vorverweise/Autorkommentare/Leerstellen: Worauf die Leserinnen und Leser achten sollen!

Joh 7-10 enthält zahlreiche deutliche *Vorverweise*, z.T. auf im JohEv noch dargestellte zukünftige Ereignisse, z.T. auf eine Zukunft, die außerhalb des Textes liegt. Sie sind Signale an die Leser, innezuhalten und sich zu fragen: Welches Ereignis ist gemeint, und wann wird das sein? Die Aufmerksamkeit und Spannung der Leser wird so herausgefordert, zugleich aber der ganze Text mit dem nachfolgenden Kontext fest verknüpft.

Vorverweise

Wir betrachten zunächst die Vorverweise, die Jesus selbst in seinen Reden gibt. Im Vorgespräch mit seinen Brüdern erklärt er betont: "*Ich gehe nicht auf dieses Fest, weil meine Zeit noch nicht erfüllt/da ist*" (7,8.6). Wie in 2,4, wo Jesus von seiner *Stunde* sprach, müssen sich die Leser fragen, wann die Erfüllung der *Zeit* Jesu da sein wird und ob er dann, etwa zu einem anderen Fest, öffentlich nach Jerusalem hinaufgehen wird, wie ihm seine Brüder angeraten haben. Das wird tatsächlich der Fall sein: In 12,12ff wird berichtet werden, wie Jesus in aller Öffentlichkeit zum Paschafest in Jerusalem einziehen und dabei erklären wird, daß die *Stunde* seiner *Verherrlichung* jetzt gekommen sei (12,23.27). Auf die Verherrlichung Jesu weisen wiederum Jesu Worte in 8,50.54 hin.

Wie schon Jesu Rückverweise auf die Tötungsabsicht der *Juden* (s.o.), so ziehen sich auch seine teils verdeckten Vorverweise auf seinen in Kürze (7,33) bevorstehenden Tod wie ein Leitthema durch den ganzen Text (7,33; 8,21f; 10,11.15). Wenn sich die *Juden* fragen (7,35), ob er etwa in der Diaspora Griechen bekehren wolle, wird damit erneut auf Joh 12 verwiesen, wo in der Tat Griechen mit Jesus bekannt gemacht werden wollen (12,20ff). Und der verdeckte Tötungshinweis 8,28 wird ebenfalls in 12,32f aufgelöst, wo in einem Erzählerkommentar die Leser endgültig über die tiefere Bedeutung des Wortes *Erhöhung* aufgeklärt werden. Einen geheimnisvollen Hinweis auf seinen Tod gibt Jesus auch in 9,4f: Die Nacht ist natürlich jene *Nacht*, die dann herrscht, wenn Jesus in den Tod geht (vgl. 13,30).

Zuletzt sind noch zwei geheimnisvolle Vorverweise Jesu zu nennen, die über den Text des JohEv hinausweisen. Das ist für 10,16 eindeutig, denn die "*anderen Schafe*" Jesu sind jene Jünger, die auf das Wort der Erstjünger hin an Jesus glauben werden (17,20), also u.a. die Leser selbst. Wahrscheinlich wird dann auch in 10,12 die "Zeit" der Leser beschrieben, die nach der "dargestellten Zeit" liegt. In ihr wird es die *Mietlinge* und *Wölfe* geben, die Jesu Herde gefährden. Die Leser können sie vermutlich ohne weiteres identifizieren.

Autorkommentare

Wie Jesus weist auch der Autor öfter auf die noch nicht gekommene *Stunde* Jesu hin - gemeint ist die Stunde der Passion bzw. der Verherrlichung -, weshalb die Feindschaft der *Juden* gegenüber Jesus noch nicht greift (7,30; 8,20; 10,39). Aus seinen *Kommentaren* geht überdies hervor, daß Jesu Anhänger ebenfalls von dieser Feindschaft bedroht sind (7,13; 9,22f): Wer Jesus als den Christus bekennt, soll aus der Synagoge ausgeschlossen werden. Hier werden die ersten Leser besonders aufmerksam geworden sein, denn gerade diese Bedrohung kennzeichnet ihre eigene Situation (16,2).

In dem markanten Kommentar 7,39 erklärt der Autor, daß es die vom Verherrlichten ausgehende Geistgabe ist, von der Jesus zuvor gesprochen hat. Erneut wird damit auf den Tod Jesu verwiesen (vgl. 19,34).

Drei *Autorkommentare* in Joh 7-10 sind anderer Art; sie blicken nicht auf den späteren Text voraus, sondern fordern, indem sie den Unglauben oder das Unverständnis der Hörer Jesu konstatieren, vom Leser höchste Aufmerksamkeit. Durch 7,5 wird er angewiesen zu prüfen, worin denn der Unglaube der Brüder genau besteht. Ähnliches gilt für 8,27: Hat der Leser verstanden, daß Jesus vom Vater gesprochen hat? Und schließlich ist 10,6 Frage und Aufforderung an ihn, ob vielleicht er die Rätselrede Jesu zu lösen vermag.

Leerstellen
Es findet sich nur eine wirkliche Leerstelle im gesamten Text, die nicht im Verlauf der Darstellung ausgefüllt wird, sondern tatsächlich offenbleibt und die Leser einigermaßen ratlos zurückläßt, nämlich die an sich gar nicht nötige, aber ausdrückliche Erwähnung solcher Zuhörer Jesu, die auf seine Rede hin zum Glauben an ihn kommen (8,30). Jesus spricht sie auch sogleich direkt an und fordert sie auf, wirkliche Jünger zu werden (8,31). Was passiert im folgenden mit diesen Personen? Wohin verschwinden sie?

4. Aufbau/Gliederung

Eine Gliederung des sehr umfangreichen Textganzen muß sich an den handelnden Personen, den Orts- und Zeitangaben und bestimmten wiederkehrenden Motiven und Handlungen orientieren.

Personen
7,1-9 hebt sich deutlich vom Ganzen ab. Hier sind die *Brüder* Jesu einziges Gegenüber. In 7,10 begeben sie sich nach Jerusalem und gehen dort in der Menge der *Juden* auf, die nicht an Jesus glauben (vgl. 7,5).

In 7,10-31 steht Jesus zunächst einer relativ amorphen Masse von *Juden* (7,11.15) gegenüber. Es handelt sich dabei überwiegend um Leute aus dem Volk (7,12.20.31) oder um "einfache" Jerusalemer Bürger (7,25f); über ihnen stehen die führenden *Juden* (7,13.26). Ihre Haltung zu Jesus ist gespalten (7,12.30f).

Ab 7,32 treten dann die Pharisäer und Hohenpriester mit ihren Helfern stärker hervor. Sie bestimmen im weiteren Fortgang die Auseinandersetzung mit Jesus. Ihre 7,32 begonnene Aktion gegen Jesus verläuft zunächst im Sande: Die ausgeschickten Tempeldiener ergreifen Jesus nicht (7,44). In 7,45 werden daher die Hohenpriester und Pharisäer persönlich aktiv; sie disziplinieren zunächst die von Jesus beeindruckten Tempeldiener und den Abweichler Nikodemus und sind danach bis 8,20 selbst die Dialoggegner Jesu (vgl. 8,13).

Von 8,21 bis 8,59 ist Jesus wieder von *Juden* umgeben, die aufgrund seiner Rede zum Glauben kommen (8,30). An die "Glaubenden" richtet Jesus seine Rede ab 8,31. Doch diese *Juden* wechseln im Verlauf der Rede dann vollkommen die "Farbe". Gerade sie unternehmen am Ende den ersten Steinigungsversuch gegen Jesus (8,59).

In 9,1-39 kommen individuelle Personen in den Blick, der *Blinde*, seine *Nachbarn* (9,8) und *Eltern* (9,18ff). Diese Personengruppen agieren allerdings vor dem Hintergrund einer größeren Menge von *Juden* (vgl. 10,19f), unter denen sich die erklärten Feinde Jesu, die Pharisäer, befinden (9,13ff.40), die jetzt auch gegen die Bekenner Jesu aktiv vorgehen (9,22.34).

Die Hirtenrede 10,1-18 richtet sich zunächst an die Pharisäer (vgl. 9,40f), die sie jedoch nicht verstehen (10,6.19f). Daneben gibt es noch andere Hörer, die von Jesu Worten und Taten beeindruckt sind (10,21). Erneut ist somit Jesu Hörerschaft gespalten.

In 10,22-39 erscheinen die *Juden* wieder als amorphe Masse. Der Leser kennt aber nun ihre innere Verfassung und differenzierte Struktur, und er weiß, daß unter den *Juden* die Pharisäer den Ton angeben (7,13; 7,32.45-52; 9,22f).

Orts- und Zeitangaben

Außer in 7,1-9 spielt der gesamte Abschnitt in Jerusalem. 7,10 erreicht Jesus die Stadt, 7,14 begibt er sich in den Tempel, wo er sich bis 8,59 aufhält (7,28; 8,20). Danach ist er ab 9,1 irgendwo in Jerusalem. Erst 10,23 geht er erneut in den Tempel, den er 10,39 endgültig verläßt.

Bei den Zeitangaben nimmt 7,1-9 erneut eine Sonderstellung ein. Das Stück spielt in einer unbestimmbaren Zeitspanne vor dem *nahen* Laubhüttenfest (7,2). Zwischen Laubhüttenfest und Tempelweihfest (10,22) findet die gesamte Handlung von Joh 7-10 statt, die ersten öffentlichen Auftritte Jesu an zwei verschiedenen Tagen des Laubhüttenfestes (7,14. 37), der letzte Auftritt am Tempelweihfest (10,22f). In 9,1-10,21 werden Ereignisse an einem Sabbat in der "Zwischenzeit" beschrieben.

Die Anschläge gegen Jesus

Strukturierende Funktion haben auch die Anschläge auf Jesus. Sie schließen die einzelnen Szenen ab. Der erste Hinweis findet sich 7,30; in 7,13.19.25 wird er vorbereitet. Der zweite Anschlag wird 7,44 dargestellt; er ist durch 7,32 vorbereitet. Seine Vergeblichkeit wird in 7,45-52 besprochen. In 8,20 wird erneut das Unvermögen der Pharisäer festgestellt, Jesus zu ergreifen. Der 8,59 erwähnte Steinigungsversuch ist ein erster dramatischer Höhepunkt der Aggression gegen Jesus. Er geht ausgerechnet von *Juden* aus, die an Jesus geglaubt haben (vgl. 6,61ff).

In 9,1-10,21 findet sich erstaunlicherweise kein Hinweis auf eine Aktion gegen Jesus. Die "jüdische" Aggression richtet sich jetzt gegen den geheilten Blinden und seine Eltern (9,22f.28.34). Sie sind Beispiele dafür, wie die *Schafe* Jesu von *Dieben*, *Räubern* und dem *Wolf* bedroht werden (10,10.12).

In 10,22-39 richtet sich die Aggression wieder gegen Jesus (10,31-39). Ohne Zweifel haben wir hier den vom Autor geplanten Höhepunkt des gesamten Textes vor uns. Erneut wollen die *Juden* Jesus steinigen, zum wiederholten Mal ihn ergreifen. Jesus entzieht sich noch einmal. Bei der nächsten Konfrontation werden die *Juden* ihre Tötungsabsicht ins Werk setzen (18,1ff; vgl. 11,53.57).

Gliederung

Aufgrund all dieser Beobachtungen kann der Text leicht gegliedert werden. 7,1-9 bildet eine Art "Vorspiel", in dem Thematik und Dramatik des Folgenden (vgl. 7,1.7) vorbereitet werden.

Der Abschnitt 7,10-8,59 wird durch den Ort *Tempel* (7,14.28; 8,20.59) und durch die Zeit *Laubhüttenfest* (7,10f.14.37) zusammengehalten. Doch teilt er sich deutlich in mehrere Szenen auf. Eine Steigerung wird erkennbar, insofern die Pharisäer immer stärker in den Vordergrund treten. Die erste Szene schildert die Volksbewegung für Jesus (7,10-31). Dagegen wollen die Pharisäer in der zweiten Szene vorgehen, ihre ausgesandten Häscher kehren aber unverrichteter Dinge wieder zu ihnen zurück (7,32-44). In der dritten Szene treten daher die Pharisäer selbst als "harter Kern" gegen Jesus an (7,45-8,20). Sie können ihn aber ebenfalls nicht festnehmen. Die vierte Szene endet mit dem Versuch ehemals an Jesus Glaubender, ihn zu steinigen: ein Akt der Lynchjustiz (8,21-59).

Der Abschnitt 9,1-10,21 ist charakteristisch hervorgehoben. Er spielt an irgendeinem *Sabbat* nach dem Laubhüttenfest irgendwo in Jerusalem. In ihm wird eigentlich keine Auseinandersetzung der *Juden* bzw. Pharisäer mit *Jesus* dargestellt, sondern mit dem geheilten Blinden *über Jesus*. Die Aggression der *Juden* richtet sich gegen den Geheilten, gegen alle, die Jesus als Messias bekennen (9,22f) und schließlich - im Medium der *Rätselrede* Jesu (10,6) - gegen die Jüngerschar überhaupt (10,10.13). Thema und Dramatik des Gesamtkontextes sind in 9,1-10,21 zwar durchgehalten, allerdings in einer gegenüber 7,10-8,59 und 10,22-39 veränderten Perspektive.

Im Abschnitt 10,22-39 sind auffälligerweise der zweite Steinigungsversuch und der letzte Versuch einer Festnahme Jesu miteinander verknüpft (10,31.39), also haben sich die feindlichen Pharisäer mit den ehemaligen Jesusanhängern zu einer feindlichen Front zusammengeschlossen.

1. Vorspiel: 7,1-9

Ort: Galiläa
Zeit: nahe dem Laubhüttenfest

Auseinandersetzung mit Jesu Brüdern

2. Erster dramatischer Knoten: 7,10-8,59

Ort: im Tempel
Zeit: am dritten und am letzten Tag des Laubhüttenfestes

1. Szene: 7,10-31
Volksbewegung für/gegen Jesus
(Schisma)
1. Festnahmeversuch

2. Szene: 7,32-44
Einschreiten der "Führer" gegen Jesus
(Schisma)
2. Festnahmeversuch

3. Szene: 7,45-8,20
Pharisäer gegen Jesus
3. Festnahmeversuch

4. Szene: 8,21-59
Glaubende werden zu Gegnern Jesu
1. Steinigungsversuch

3. Zwischenspiel: 9,1-10,21

Ort: Jerusalem
Zeit: an einem Sabbat

1. Szene: 9,1-39
Die "erzählte Welt":
Feindschaft gegen Jünger

2. Szene: 9,40-10,21
Die "besprochene Welt":
Feindschaft gegen Jünger
(Schisma)

4. Zweiter dramatischer Knoten: 10,22-39

Ort: Tempel
Zeit: Tempelweihfest

Wiederaufnahme der Auseinandersetzungen von 7,10-8,59
Wiederaufnahme der Hirtenrede 10,1-18
2. Steinigungsversuch

II. Die Handlung

1. Vorspiel: 7,1-9

7[1]Danach zog Jesus in Galiläa umher. Er wollte nämlich nicht in Judäa umherziehen, weil die Juden ihn zu töten suchten. [2]Es war aber nahe das Laubhüttenfest der Juden. [3]Da sagten seine Brüder zu ihm: "Brich auf von hier und geh nach Judäa, damit auch deine Jünger die Werke sehen, die du tust! [4]Denn niemand, der die Öffentlichkeit sucht, handelt im Verborgenen! Wenn du schon solche Werke tust, dann zeige dich auch der Welt." [5]Auch seine Brüder glaubten nämlich nicht an ihn. [6]Jesus sagte zu ihnen:

> *"Meine Zeit ist noch nicht da.*
> *Eure Zeit ist immer da.*
> *[7]Euch kann die Welt nicht hassen.*
> *Mich aber haßt sie, denn ich zeuge gegen sie,*
> *daß ihre Werke schlecht sind.*
> *[8]Geht ihr hinauf zum Fest.*
> *Ich gehe nicht hinauf zu diesem Fest,*
> *denn meine Zeit ist noch nicht voll."*

[9]Dies sagte er, und er blieb in Galiläa.

Der Autor tut alles, um die Leser zu irritieren. Er erinnert sie zunächst an die seit 5,18 bestehende Tötungsabsicht der gegnerischen *Juden*. Darum will Jesus nicht hinauf nach Jerusalem gehen, sondern bleibt lieber in Galiläa. Aber wie lange? Schon kurze Zeit später ist er dennoch in Jerusalem, obwohl er seinen Brüdern gesagt hatte, daß seine *Zeit* noch nicht da ist und er nicht auf das Fest geht. Ist seine *Zeit* jetzt doch schon erfüllt? Die Leser erfahren jedoch im Verlauf der weiteren Darstellung, daß Jesu *Zeit* und *Stunde* keineswegs da ist (7,30; 8,20). Jesus widerspricht sich somit nicht. Sein Wort 7,6-8 gilt nach wie vor. Wenn er sich gleichwohl ab 7,10 in Jerusalem aufhält, dann eben nicht, weil seine Zeit erfüllt wäre. Nach wie vor ist er, jetzt sogar in gesteigerter Weise, der Feindschaft seiner Gegner ausgesetzt, die ihn töten wollen. Sie können ihm aber nichts anhaben, bis seine *Stunde* da sein wird. So werden die Leser eingestimmt: Jesu Aufenthalt in Jerusalem bringt zwar den Höhepunkt der Auseinandersetzung mit sich, aber noch nicht die Vollendung seiner *Zeit*.

Weiter sollen sie im folgenden realisieren, daß Jesus während des Laubhüttenfestes zwar in Jerusalem und im Tempel, aber nicht "*zum Fest*" da ist (7,8). Er nimmt an diesem Fest - wie auch an den übrigen Festen (vgl. 2,13.21; 5,1; 6,4) - offenbar gar nicht teil. Nicht er geht wegen des Festes nach Jerusalem hinauf, sondern eher müßte man sagen: Das Fest findet erst statt, wenn er da ist, denn es verweist auf ihn. Er ist der eigentliche Anlaß und Höhepunkt des Festes (vgl. 7,37).

Obwohl Jesus trotz der Tötungsabsicht der *Juden* nach Jerusalem hinaufgeht, dort öffentlich im Tempel auftritt und in der Stadt ein unerhörtes großes Werk vollbringt - "*seit Ewigkeit hat man nicht gehört, daß jemand die Augen eines Blindgeborenen geöffnet hat*" (9,32) -, tut er damit dennoch nicht, was seine Brüder ihm raten. Was ist falsch an ihrem Ratschlag, und worin zeigt sich, daß sie nicht an ihn glauben (7,5)?

Die Brüder sind den Lesern bisher nur nach der Hochzeit in Kana begegnet (2,12). Damals haben sie keinen Glauben an Jesus gezeigt. Und jetzt? Ihr wohl gutgemeinter Public-Relations-Ratschlag enthält einen Vorwurf. Jesus hat nämlich auch bisher schon in Jerusalem in aller Öffentlichkeit seinen Anspruch erhoben und Zeichen gewirkt (vgl. 2,13-20.23ff; 5,1-18). Die Brüder scheinen ihm jetzt die Schuld daran zu geben, daß sein Wirken dort nicht die nötige Resonanz gefunden hat. Er hat ihrer Meinung nach die falsche Taktik angewendet, seine "Öffentlichkeitsarbeit" war unzureichend. Sie setzen voraus, daß spektakuläre Taten, in der Weltöffentlichkeit gewirkt, einfach überzeugen müssen. Wenn die Menschenwelt nicht an Jesus glaubt, so liegt das einzig daran, daß Jesus das überzeugende Werk noch nicht öffentlich vollbracht hat.

Auch die Brüder Jesu warten somit noch auf das überzeugende Zeichen Jesu, dem sich niemand entziehen kann. Sie zeigen dieselbe Haltung wie die *Juden*, die von Jesus trotz seines aus sich selbst sprechenden Wirkens immer weiter Beglaubigungszeichen verlangen (2,18; 6,30f), weil sie sich nicht überzeugen lassen wollen.

Der Ratschlag der Brüder enthält eine gefährliche Illusion, als wäre die *Welt* - gemeint ist die Welt der Menschen, also die Gesellschaft - guten Willens und offen für Gottes Wort und Willen, wie ihn Jesus in seinem Wirken offenbart, und man müsse ihr sein Anliegen nur mit der richtigen Methode nahebringen. Jesu Wirken bedeutet aber für die Welt einen schmerzlichen Prozeß: Ihr wird darin der Spiegel vorgehalten, daß ihre Taten schlecht sind. Sie müßte sich selbst und ihr bisheriges Tun aufgeben, wenn sie sich von Jesus überzeugen ließe. Sie müßte aufhören, *Welt* zu sein. Doch nichts ist schwerer, als sich selbst in Frage zu stellen, nichts fordert mehr Überwindung, als sich der Schlechtigkeit überführen zu lassen. "*Die Menschen liebten die Finsternis mehr als das Licht, denn böse waren ihre Taten. Denn jeder, der schlecht handelt, haßt das Licht und meidet das Licht, damit sein Tun nicht aufgedeckt wird*" (3,19f). Darum wird die *Welt* Jesus hassen, weil er ihre Schlechtigkeit aufdeckt, und sie wird ihn zu vernichten trachten, weil er ihr widersteht und widerspricht.

Die Brüder Jesu stehen der Welt - anders als Jesus - nicht distanziert gegenüber. Sie sind im Einvernehmen mit ihr, passen zu ihr und sind auf die Weltzeit eingestellt. Dazu fordern sie auch Jesus auf. Er soll sein Wirken so einrichten, daß es den Beifall der Welt findet. Das aber ist

Illusion! Als gebe es zwischen dem Anliegen Jesu und der Welt Berührungspunkte, und es käme nur auf die rechte Werbemethode an, damit sich die Gesellschaft Jesu Sache zu eigen mache. Vielmehr steht Jesus der Welt stets als Ankläger gegenüber; sie kommt durch ihn in die Krise. Angesichts seines Kommens kann sie nicht bleiben, was sie ist. Öffnet sie sich seiner Anklage, dann glaubt sie an ihn und muß sich ändern. Verschließt sie sich ihr, muß sie ihn und die Seinen hassen und töten. Damit ist das Thema des Folgenden angeschlagen.

2. Erster dramatischer Knoten: 7,10-8,59

2.1 Volksbewegung für und gegen Jesus: 7,10-31

[10]Als aber seine Brüder auf das Fest hinaufgegangen waren, da
ging auch Jesus hinauf, aber nicht öffentlich, sondern geheim.
[11]Also suchten die Juden ihn auf dem Fest und sagten: "Wo ist er
denn?" [12]Und ein Getuschel war über ihn unter den Leuten. Die
einen sagten: "Er ist gut!" Andere aber sagten: "Nein, im Gegenteil! Er verführt das Volk!"
[13]Keiner aber sprach offen über ihn aus Furcht vor den Juden.

[14]In der Mitte des Festes ging Jesus hinauf in den Tempel und
lehrte. [15]Da wunderten sich die Juden und sagten:
"Wie kann dieser die Schriften verstehen,
ohne studiert zu haben?"
[16]Jesus antwortete ihnen:
"Meine Lehre ist nicht die meine,
sondern die Lehre dessen, der mich gesandt hat.
[17]Wenn jemand seinen Willen tun will,
wird er bezüglich der Lehre erkennen,
ob sie aus Gott ist, oder ob ich aus mir selbst rede.
[18]Wer aus sich selbst redet, sucht eigene Ehre.
Wer aber die Ehre dessen sucht, der ihn gesandt hat,
ist wahrhaftig und kein Unrecht ist in ihm.
[19]Hat nicht Mose euch das Gesetz gegeben?
Aber keiner von euch tut das Gesetz!
Warum sucht ihr mich zu töten?"
[20]Die Menge antwortete:
"Du bist besessen! Wer sucht dich zu töten?"
[21]Jesus antwortete ihnen:
"Ein Werk habe ich getan, und alle wundert ihr euch.

[22]Weshalb eigentlich?
Mose hat euch doch die Beschneidung gegeben
- sie stammt nicht einmal von Mose,
sondern von den Vätern -,
und ihr beschneidet einen Menschen auch am Sabbat.
[23]Wenn nun ein Mensch selbst am Sabbat beschnitten wird,
damit ja nicht das Gesetz des Mose verletzt wird,
was zürnt ihr mir da, weil ich den ganzen Menschen
am Sabbat gesund gemacht habe?
[24]Urteilt doch nicht so oberflächlich,
sondern fällt ein gerechtes Urteil!"

[25]Da sagten einige von den Jerusalemern:
"Ist das nicht der, den sie zu töten suchen?
[26]Sieh, er redet ja öffentlich,
und sie sagen nichts zu ihm.
Haben etwa die Oberen wirklich erkannt,
daß dieser der Christus ist?
[27]Dabei wissen wir von diesem, woher er stammt.
Wenn aber der Christus kommt,
weiß niemand, woher er ist!"
[28]Da rief Jesus, der im Tempel lehrte:
"Wohl kennt ihr mich und wißt, woher ich bin.
Aber ich bin nicht von mir selbst gekommen,
sondern da ist einer, der wahrhaftig ist,
der hat mich gesandt.
Ihn kennt ihr nicht. [29]Ich kenne ihn,
denn von ihm bin ich und er hat mich gesandt."

[30]Da suchten sie ihn festzunehmen, doch niemand legte Hand an ihn, denn seine Stunde war noch nicht gekommen. [31]Viele aus dem Volk aber kamen zum Glauben an ihn. Sie sagten: "Der Christus, wenn er kommt, wird er etwa mehr Zeichen tun, als dieser getan hat?"

Die Szene läßt sich in drei Abschnitte gliedern. Der erste Abschnitt gibt die *heimliche* Stimmung der Juden über Jesus auf dem Laubhüttenfest wieder, während sich Jesus in Jerusalem verborgen hält (7,10-13). Der zweite Abschnitt ist der Hauptteil: Jesus tritt mitten am Fest in aller *Öffentlichkeit* auf (vgl. 7,26) und verteidigt seine *Lehre* (7,16-18) und sein Wirken (7,21-24). Dieses Auftreten Jesu führt - das ist der dritte Abschnitt - zu einer *offenen* Auseinandersetzung über ihn (7,25-31).

Die Bewegung der Szene tritt klar hervor: Aus einer heimlichen

Auseinandersetzung über Jesus wird durch Jesu öffentlichen Auftritt eine offene, wodurch die Anführer des Volkes auf den Plan gerufen werden. Ihre Tötungsabsicht besteht noch immer und soll in die Tat umgesetzt werden. Die erste Szene ist somit auf Fortsetzung in den nächsten Szenen hin ausgerichtet.

7,10-13: Nach seinen Brüdern kommt auch Jesus nach Jerusalem hinauf. Aber er geht doch nicht, wie er schon 7,8 gesagt hatte, auf das Fest, zeigt sich nicht öffentlich, sondern hält sich zunächst verborgen. Der Leser soll wahrnehmen, daß Jesus sich nicht *wegen* des Festes in Jerusalem aufhält, sondern souverän die Festtage seinen Zwecken unterwirft und dazu nutzen wird, seine Sendung öffentlich zur Sprache zu bringen, wann er es will. Also müssen ihn die Juden auf dem Fest suchen, bis er sich freiwillig zeigt. Geradezu hinter vorgehaltener Hand äußern sich die Leute über ihn, denn eine offene Stellungnahme für ihn ist wegen der feindlichen Atmosphäre nicht möglich. 7,13 signalisiert bereits, daß sich die Feindschaft der gegnerischen *Juden* inzwischen auch auf die Anhänger Jesu erstreckt.

7,14-24: In der Mitte des siebentägigen Festes tritt Jesus lehrend im Tempel auf. Was er lehrt, wird nur indirekt deutlich: "*Wie kann dieser die Schriften verstehen, ohne studiert zu haben?*" (7,15). Jesus setzt fort, womit er in 5,39.46f begonnen hatte.

Jesus bestätigt: Er hat nicht studiert. Aus ihm spricht somit nicht eigene Gelehrsamkeit, sondern - Idealfall der Schriftinterpretation - der Autor der Schrift selbst. Seine *Lehre* ist nichts Angelerntes, sondern die authentische "*Lehre Gottes*". Jesus ist der ideale Interpret Gottes (vgl. 1,18), weil in ihm Gott selbst zu Wort kommt. Was kein Studium vermitteln kann und doch die höchste Kunst des Interpreten ist, beherrscht er: Er spricht die Sprache Gottes. Gerade weil seine Lehre nichts Eigenes enthält, ist sie authentisch und darum wahrhaftig. Von wie vielen Theologen und Exegeten, Künstlern und Interpreten kann man dies sagen? In ihren eigenen Fähigkeiten sehen sie ihre Autorität begründet. Aber nicht erst die Interpretation macht ein Werk wahrhaftig und richtig. Der wirkliche Interpret tut durch sein Wirken nichts zu dem hinzu, was er auslegt. Seine Aufgabe ist es, die Wahrheit des Ausgelegten ansichtig zu machen.

Wer beurteilt das? Wer kann die Richtigkeit und die Wahrhaftigkeit des Interpreten feststellen? Welches Kriterium gibt es dafür, wenn nicht Gelehrsamkeit und Kunst? Und doch wissen wir: Keine Gelehrsamkeit, keine Interpretation kann uns ein Werk aufdrängen, von dessen Wahrheit wir nicht bereits überzeugt sind. Kein Interpret kann uns die Schrift nahebringen, wenn wir nicht schon in ihren Bannkreis getreten sind. Die Wahrheit einer Interpretation geht demjenigen unmittelbar auf, der mit der interpretierten Sache übereinstimmt. Wer den Willen Gottes sucht, der erkennt, daß Jesus Gottes Wort wahrhaftig zur Geltung bringt. Es ist wie bei jeder Art der Interpretation: Ihre Wahrheit erweist sich durch die Übereinstimmung mit der Sache, und die erkennt nur, wer in ihr bereits zu Hause ist.

Jesu Zuhörer, die ab 7,19 unmittelbar angesprochen werden, gehören nicht zu denen, "*die Gottes Willen tun wollen*" (7,16). Darum haben sie nach *äußeren* Kriterien für die *Lehre* Jesu gefragt und damit erwiesen, daß sie ihre innere Wahrheit nicht begreifen können. Das hatte sich zuletzt schon in Jerusalem gezeigt, als die *Juden* Jesus töten wollten (5,18). Darauf spricht Jesus sie jetzt an. Die *Volksmenge* (!) aber weist Jesu Wort zurück: "*Du hast einen Dämon! Wer will dich töten?*" (7,20). Schwerlich unterstellt der Autor, die Leute heuchelten und wollten ihre Mordabsicht verstecken. Es waren ja keineswegs alle Juden, die in 5,18 Jesus umbringen wollten, sondern diejenigen, die sich als Hüter des Sabbats und des Gottesgedankens ansahen, die führenden Schichten der Priester und die pharisäischen Lehrer (vgl. 3,10). Die Volksmenge ist wohl wirklich ahnungslos, wenngleich nicht alle (vgl. 7,25). Trotzdem gehören sie auf die Seite der gegnerischen *Juden*, weil auch sie wie diese das Wirken Jesu als gegen Gottes Sabbatgebot gerichtet ansehen.

Kann aber eine Tat, die einen Menschen heilt, gegen Gottes Willen sein? Wer unvoreingenommen Jesu Wirken beurteilt, muß in ihm eine Wirkung der Liebe Gottes erkennen, der darin Heil und Leben spendend den Menschen begegnet (vgl. 3,16). Der angebliche Schutz des Sabbats und der orthodoxen Gotteslehre ist daher nur ein Vorwand. Jesu *Lehre* und Handeln stellen die (jüdische) Welt und ihre vermeintliche Ordnung in Frage. Darum will die *Welt* Jesus vernichten. Sie will den töten, der gegen sie im Recht ist. Angeblich schützt die Gesellschaft Gott und die Religion, tatsächlich schützt sie jedoch nur sich selbst und ihr Machtgefüge gegen den Einbruch der befreienden Liebe Gottes.

7,25-31: Jesu öffentlicher Auftritt (7,16) führt zur offenen Auseinandersetzung um ihn. Manche Jerusalemer sind nicht so ahnungslos wie die Volksmenge. Sie wissen, daß die Volksführer Jesus töten wollen, es sei denn, daß sie inzwischen zur Erkenntnis gelangt sind, Jesus sei der Messias. Dagegen spricht jedoch die Messiasdogmatik: Man kennt Jesu Herkunft - er stammt aus Nazaret in Galiläa (vgl. 1,47) -, und man kennt seine Eltern (vgl. 1,42; 6,42). Die Herkunft des Messias aber wird, wenn er kommt, niemand kennen.

Die Antwort Jesu - ein Ruf aus einer anderen Welt - ist voll tiefer Ironie. Er gibt den Einwänden recht: Die Leute kennen ihn und wissen, woher er ist. Er ist der Sohn des Josef aus Nazaret (6,42). Doch damit wissen sie über seine Herkunft noch nichts. Erst wenn sie den kennen würden, der ihn gesandt hat, wüßten sie auch etwas über ihn. Also stimmt ihre Dogmatik, er ist wirklich der unbekannte Messias, als den ihn schon Johannes der Täufer verkündet hatte (vgl. 1,26.31.33).

Jesus hat damit das Thema von 7,16ff - anders gewendet - nochmals angesprochen. Wer keinen Zugang zu seiner Lehre hat und in seinem Wirken nicht seine Liebe anerkennen will, der weiß tatsächlich nicht, woher er ist.

Zum erstenmal manifestiert sich der Vernichtungswille der Gegner gegen Jesus. Wer ihn festnehmen will, wird nicht gesagt - gewiß nicht alle Zuhörer (vgl. 7,31). Und doch löst sich die Aggression aus ihrer Mitte. Weil die Gegner nicht anerkennen wollen, daß Jesus ihnen mit der Autorität Gottes gegenübertritt, müssen sie sein Wirken als Anmaßung empfinden und ihn deswegen ausschalten. Zwar gibt es auch Nachdenklichere in der Menge, die von den Zeichen Jesu beeindruckt sind. Aber wirklichen Glauben an ihn fassen sie nicht, sonst könnten sie nicht so über ihn sprechen, wie sie es tun (7,31; vgl. 2,23f; 4,43).

2.2 Einschreiten der "Führer": 7,32-44

32 Die Pharisäer hörten, daß das Volk über ihn tuschelte, und die Hohenpriester und Pharisäer schickten Büttel, um ihn festzunehmen. 33 Jesus sagte nun:

"Noch kurze Zeit bin ich bei euch,
dann gehe ich zu dem, der mich gesandt hat.
34 Ihr werdet mich suchen und nicht finden.
Und: Wo ich bin, dorthin könnt ihr nicht kommen."

35 Da sagten die Juden zueinander:

"Wohin will er gehen, daß wir ihn nicht finden werden?
Er will doch nicht in die griechische Diaspora gehen
und die Griechen belehren?
36 Was soll das heißen, was er sagte:
Ihr werdet mich suchen und nicht finden?
Und: Wo ich bin, dorthin könnt ihr nicht kommen?"

37 Am letzten, dem großen Tag des Festes, stand Jesus da und rief:

"Wenn jemand Durst hat,
soll er zu mir kommen und trinken!
38 Wer an mich glaubt, aus seinem Leib werden,
wie die Schrift sagt, Ströme lebendigen Wassers fließen."

[39]Das sagte er über den Geist, den die empfangen würden, die an ihn glauben. Noch war ja der Geist nicht da, weil Jesus noch nicht verherrlicht worden war. [40]Aus dem Volk hörten einige nun diese Worte und sagten: "Dieser ist wirklich der Prophet!" [41]Andere sagten: "Er ist der Christus!" Doch sie sagten: "Kommt denn etwa der Christus aus Galiläa? [42]Sagt nicht die Schrift: 'Aus dem Samen Davids und aus Bethlehem, dem Heimatort Davids, kommt der Christus'?" [43]Es entstand seinetwegen eine Spaltung im Volk.
[44]Einige von ihnen wollten ihn festnehmen, aber keiner legte Hand an ihn.

Die zweite Szene nimmt Situation und Thematik der ersten auf. Es treten aufgrund der ständigen christologischen Vermutungen bei den Leuten die in 7,26 erwähnten Anführer der *Juden* selbst auf den Plan. Sie bedienen sich zunächst der ihnen zur Verfügung stehenden Polizeikräfte, um Jesus auszuschalten. Ihre Absicht ist, ihn festzunehmen, um ihm dann den Prozeß zu machen.

Der Aufbau ist klar und z.T. parallel zur ersten Szene. Im ersten Abschnitt spricht Jesus die *Juden* verdeckt auf ihre Absicht an, ihn zu töten (7,32-36; vgl. 7,14-24). Der zweite Abschnitt (7,37-42) bringt auf dem Höhepunkt des Laubhüttenfestes einen eindrucksvollen Offenbarerruf Jesu (vgl. 7,28), an den sich die christologische Auseinandersetzung unter den Leuten diesmal anschließt (7,40-43; vgl. 7,25ff). Die Erwähnung eines erneuten vergeblichen Versuchs, Jesus festzunehmen, schließt die ganze Szene ab (7,44; vgl. 7,30).

7,32-36: Die Pharisäer werden - wohl durch ihre Spitzel - über die Meinungen der Leute über Jesus unterrichtet (vgl. 7,13); und sie reagieren. Bevor sie in der nächsten Szene selbst handgreiflich werden (vgl. 8,13-20), schicken sie zunächst die Tempelpolizei aus. Sie steht ihnen offensichtlich zur Verfügung. Das bedeutet, daß die Pharisäer die Hohenpriester auf ihrer Seite haben (vgl. 1,19.24). Die Fortsetzung wird zeigen, daß sie die eigentlich führende politische Kraft sind (vgl. 11,46f; 12,19). Die ersten Leser wissen dies für ihre Situation aus eigener Anschauung ohnehin.

Jesus deckt die geheimen Absichten in einem Rätselwort auf. Tatsächlich werden die *Juden* ihn in Kürze beseitigen, aber das wird dann seine Rückkehr zu dem sein, der ihn gesandt hat. Unerbittlich drohend sagt Jesus an, daß dann für sie die Möglichkeit einer Begegnung mit ihm vorbei sein wird. Es gibt ein "Zu-Spät"! Das Rätselwort muß die Leser beschäftigen. Gilt es auch ihnen (vgl. 13,33)? Ist Jesus nach seiner Rückkehr zum Vater für die Glaubenden ebenfalls nicht mehr zu finden? Doch wer glaubt, hat ihn ja schon gefunden! Somit gilt ihm das "Zu-Spät" nicht. Jesus fordert hier dazu auf, jetzt, in der kurzen Zeit der Begegnung mit ihm und seinem Wort die Glaubensentscheidung zu treffen. Sie darf nicht aufgeschoben werden! Wie für alle wichtigen Dinge - Güte, Liebe und Freundschaft - gibt es auch für den vertrauenden Glauben die "richtige Zeit" (vgl. 7,6.8), die nicht versäumt werden darf.

Die gegnerischen *Juden* verstehen das Rätselwort Jesu nicht, weil sie seinen entscheidenden Hinweis nicht begreifen wollen: Jesus geht weg zu dem, der ihn gesandt hat. Er kehrt zu seinem Ursprung, Gott, zurück. Solange sie das nicht anerkennen, können sie auch selbst nicht dorthin gelangen, sind sie von Gott abgeschnitten (7,28f). Spottend rätseln sie, wohin Jesus wohl gehen wird: Die Heiden belehren? Tatsächlich wird das geschehen: Die glaubenden Heiden werden an die Stelle derjenigen *Juden* treten, die Jesus nicht aufgenommen haben (vgl. 10,16; 12,20ff; 17,20).

7,37-43: Auf dem Höhepunkt des Laubhüttenfestes offenbart sich Jesus im Tempel als der wahre Ort des Heils. Sein Leib ist Tempel (vgl. 2,21), der Ort der wahren Anbetung Gottes (vgl. 4,21-23). Aus seinem Innern strömen die lebendigen Flüsse (7,38), die die fromme Erwartung mit dem Tempel (Ez 47,1-12) oder Jerusalem (Sach 14,8) verband. Die Leser sollen beim Ruf Jesu jene Verheißung von 4,10.14 mithören, in der Jesus der Samaritanerin *lebendiges Wasser* ankündigte, das denjenigen, der es trinkt, selbst zur sprudelnden Quelle macht. Der Autor erläutert jetzt: Ausgangspunkt ist Jesu Leib, aus dem die *lebendigen Wasser* hervorströmen werden. Denn sie sind der Geist, den die Glaubenden von Jesus empfangen *werden*. Wann das sein wird, wird den Lesern schon hier erklärt: bei Jesu Verherrlichung, im Geschehen von Kreuz und Auferstehung. Dieses Geschehen sollen die Leser im Licht des jetzigen Offenbarungswortes Jesu betrachten und von ihm her die Szenen 19,34f und 20,19-23 lesen. Das ganze Wirken Jesu ist damit bereits in den Blick genommen.

Die Reaktion auf Jesu Ruf ist erneut ein Schisma (vgl. 7,25f.31). Manche aus der Volksmenge halten Jesus für den endzeitlichen Propheten, manche für den Messias (7,40f; vgl. 1,20f; 1,41). Ein Vorbehalt gegen solche Einschätzung Jesu wird nicht spürbar (vgl. 6,14f), zumal andere erneut die Herkunft Jesu aus Nazaret in Galiläa gegen ihn ins Spiel bringen (7,41f). Freilich widerspricht die jetzt vorgebrachte Messiasdogmatik derjenigen von 7,27; nach jener weiß niemand, woher der Messias stammt, nach der nun vorgetragenen geht er aus dem Stamm Davids und aus Bethlehem hervor. In 7,42 waltet die gleiche Ironie wie in 7,27f, denn die Leser wissen doch wohl, was den Leuten nicht bewußt ist: Jesus stammt wirklich aus Davids Geschlecht und ist in Bethlehem geboren.

7,44: Vom Kontext her wird man die Position der positiv für Jesus eingestellten Personen aus der Volksmenge nicht überbewerten, sondern darauf achten, ob sich ihr Glaube an Jesus tatsächlich gegen die Machenschaften der Pharisäer bewährt. Deren ausgeschickte Tempelpolizei jedenfalls kann gegen Jesus nichts unternehmen (7,44).

2.3 Die Pharisäer gegen Jesus: 7,45-8,20

45Nun kamen die Büttel zu den Hohenpriestern und Pharisäern
zurück, und die sagten zu ihnen: "Warum habt ihr ihn nicht
hergebracht?" 46Die Büttel antworteten: "Noch nie hat ein Mensch
so geredet!" 47Da antworteten ihnen die Pharisäer: "Seid etwa
auch ihr verführt? 48Glaubt denn einer von den Oberen an ihn,
oder einer von den Pharisäern? 49Nur dieses Volk, das vom Ge-
setz nichts versteht - verflucht sind sie!" 50Da sagt Nikodemus zu
ihnen, der früher zu ihm gekommen war, einer, der zu ihnen
gehörte: 51"Verurteilt unser Gesetz einen Menschen nicht erst,
nachdem man ihn zuvor angehört hat und festgestellt hat, was er
tut?" 52Sie antworteten ihm: "Bist auch du etwa aus Galiläa? Lies
doch nach und sieh: Aus Galiläa steht kein Prophet auf!"

8 12Wiederum redete nun Jesus zu ihnen:
"Das Licht der Welt bin ich!
Wer mir folgt, tappt nicht in der Finsternis umher,
sondern er wird das Licht des Lebens haben."
13Die Pharisäer sagten ihm nun:
"Du legst Zeugnis ab über dich selbst.
Dein Zeugnis ist darum nicht wahr."
14Jesus antwortete ihnen:
"Auch wenn ich über mich selbst Zeugnis ablege,
ist mein Zeugnis wahr,
denn ich weiß, woher ich gekommen bin und wohin ich gehe.
Ihr aber wißt nicht, woher ich komme und wohin ich gehe.
15Ihr urteilt nach dem Fleisch, ich beurteile niemanden.
16Wenn ich aber urteile, so ist mein Urteil wahr,
denn ich bin nicht allein, sondern:
ich und der mich gesandt hat, der Vater.
17In eurem Gesetz steht doch geschrieben:
Das Zeugnis von zweien ist wahr.
18Ich bin Zeuge für mich selbst, und es zeugt für mich,
der mich gesandt hat, der Vater."

[19]Die Pharisäer sagten ihm nun:
"Wo ist dein Vater?"
Jesus antwortete:
"Ihr kennt weder mich noch meinen Vater!
Würdet ihr mich kennen,
dann würdet ihr auch meinen Vater kennen."
[20]Diese Rede hielt er in der Halle des Opferkastens, als er im Tempel lehrte. Aber niemand ergriff ihn, denn noch war seine Stunde nicht gekommen.

Die dritte Szene schließt an die zweite unmittelbar an: Die Tempelpolizei kehrt unverrichteter Dinge zu ihren Auftraggebern zurück. Daraufhin entschließen sich die Pharisäer, selbst gegen Jesus vorzugehen. Diese Entwicklung bestimmt den Aufbau der Szene. Sie ist in zwei Abschnitte geteilt: Der erste bietet einen Blick in das "Hauptquartier" der Pharisäer und Hohenpriester bei ihrer Beratung (7,45-52), der zweite schildert die Auseinandersetzung zwischen Jesus und den Pharisäern (8,12-19), die mit dem erneuten vergeblichen Versuch endet, Jesus festzunehmen (8,20).

8,20 ist ein starker Schlußstrich, der die drei vorausgehenden Szenen zusammenfassen und abschließen soll (vgl. 7,12.28). Der Leser wird darauf achten müssen, weshalb der Autor die nachfolgende Auseinandersetzung durch 8,20 derart deutlich vom Vorausgehenden absetzt.

7,45-52: Die Tempeldiener bekunden bei ihrer Rückkehr, wie sehr sie von Jesu Reden beeindruckt sind: "*Noch nie hat ein Mensch so geredet!*" Das ist der Grund, warum sie ihn nicht haben festnehmen können. Die Pharisäer aber beschimpfen sie, sie hätten sich ebenso verführen lassen (vgl. 7,12) wie das Volk (vgl. 7,12.19.40), "*das vom Gesetz nichts versteht*". Das Argument von 7,15 kehrt zurück: Die Pharisäer sind der Meinung, daß von den heiligen Schriften wie vom Gesetz nur etwas versteht, wer sie studiert hat. Darum beanspruchen sie die Meinungsführerschaft: Sie sind studierte Theologen, Jesus dagegen nicht, und schon gar nicht das Volk, das deshalb verflucht ist, weil es auf Jesus vertraut und sich nicht an seine "Führer" hält. Welche Ironie!

Die wird auch durch Nikodemus aufgedeckt, den die Leser bereits kennen: Obwohl die Pharisäer meinen, vom Gesetz etwas zu verstehen, halten sie sich nicht an das Gesetz (vgl. 7,19), das vorschreibt, einen Angeklagten zuerst anzuhören und sein Tun anzuschauen, bevor man ihn verurteilt. Das hat Nikodemus in jenem Nachtgespräch immerhin getan. Seinen Kollegen wirft er deshalb Voreingenommenheit gegen Jesus vor. Ihr Urteil steht fest, ehe sie noch sein Wort gehört und sich seinem Wirken gestellt haben. Wieder ist die Reaktion Beschimpfung: Offenbar ist es eine Schande, aus Galiläa zu stammen. Die Pharisäer fassen nochmals die Messiasdogmatik zusammen, die schon mehrmals gegen Jesus geltend gemacht wurde: "*Aus Galiläa steht kein Prophet auf*" (7,27f.41)!

8,12-19: Jesus stellt sich den Pharisäern in einem Offenbarungswort. Schon der Prolog hatte den menschgewordenen Logos "*das wahre Licht der Menschen*" genannt (1,4.9), und gegenüber Nikodemus hatte Jesus geheimnisvoll vom Kommen des Lichtes in die Welt gesprochen (3,19). Damit ist das jetzige Offenbarungswort vorbereitet.

Der religiösen Erwartung des Judentums galt die Weisheit bzw. die Tora als Licht und *Erleuchtung* (Weish 7,26; Ps 119,105). Darin besteht die Verbindung zum ersten Abschnitt und zum ganzen vorausgehenden Kontext: Nicht die Pharisäer verfügen über das Gesetz und die Weisheit Gottes, sondern Jesus allein lehrt Gottes Willen (7,16), er allein gibt Gottes Geist (7,37f). Nur wer ihm folgt, wandelt nicht weiterhin in der Finsternis. Jesus stellt also seinen Anspruch dem der Pharisäer entgegen (7,48f).

Diese kontern: Das Selbstzeugnis Jesu ist kein wahres Zeugnis! Das hatte Jesus doch in 5,31 selbst zugestanden. Die Leser werden zurückverwiesen auf Jesu Zeugnisrede in 5,30-40: Die sollen sie mitlesen, wenn sie jetzt Jesu neue Argumente hören. Beide Aussagen scheinen sich zu widersprechen: 8,14-16 klingt so, als wolle Jesus das Gegenteil zu seinen früheren Worten behaupten. Doch die sympathisierenden Leser werden keinen Selbstwiderspruch Jesu annehmen und sind darum vor die Frage gestellt, wie die Worte Jesu wohl zusammenpassen.

Jesu erstes Argument lautet: Auch sein Selbstzeugnis ist wahr, weil er weiß, woher er kommt und wohin er geht (8,14). Damit ist erneut das Geheimnis seiner wirklichen Herkunft angesprochen, das im Kontext eine große Rolle spielte (7,28f.33). Sie entschied über die Wahrheit seiner *Lehre* (7,16ff). Da Jesus weiß, daß er "*von Gott gekommen ist und zu Gott zurückkehrt*" (13,3; 16,28), und da dies das Geheimnis seiner Person ausmacht, kann er es auch wahrhaftig bezeugen. Und da er Gesandter Gottes ist, ist sein Zeugnis gar nicht *Selbst*zeugnis, sondern muß als Zeugnis *Gottes* gehört werden. Also sagt Jesus an dieser Stelle gar nichts anderes als in 5,31, wo der Tenor ja war, daß nicht Jesus, sondern der Vater über ihn zeugt. Jesu Selbstzeugnis ist im eigentlichen Sinne ein Fremdzeugnis und darum wahrhaftig. Anders als im Selbstzeugnis Jesu ist aber Gottes Zeugnis gar nicht zu hören (vgl. 1,18). Die innere Logik der Worte Jesu bleibt den Pharisäern verschlossen, weil sie weder wissen, *woher* Jesus wirklich ist, noch *wohin* er geht.

Sie beurteilen ihn "*nach dem Fleisch*" (8,15), somit nach dem, was sie äußerlich wahrnehmen (vgl. 7,24). Sie sehen einen Menschen aus

Galiläa, dessen Eltern man kennt (6,42). Danach bestimmen sie sein *Woher* und *Wohin*. Nikodemus hatte ihnen aber vorgeworfen, daß sie schon laut Gesetz verpflichtet wären, zumindest die Worte und Taten Jesu zu würdigen. Dann würden sie nicht mehr "*nach dem Fleisch*" und "*Augenschein*" urteilen, sondern nach der Wahrheit. Denn Jesu Worte und Taten haben eine innere Wahrheit, die dem evident wird, der sich auf sie einläßt.

"*Ich beurteile niemanden*": Wieder scheint Jesus einer früheren Aussage zu widersprechen (5,30). Wie paßt sein jetziges Wort dazu, daß ihm das ganze Gericht vom Vater übertragen wurde (5,22)? Doch erneut besteht kein Widerspruch. Nach 5,30 war Jesu Urteil identisch mit dem des Vaters, und nichts anderes sagt 8,16: "*Wenn ich aber urteile, so ist mein Urteil wahr, weil ich nicht alleine bin, sondern: ich und der mich gesandt hat, der Vater.*" Der Mensch Jesus beurteilt niemanden, er urteilt somit auch nicht "*nach dem Fleisch*" und dem "*Augenschein*", vielmehr ergeht in seinem Urteil das wahrhaftige Urteil *Gottes*, das erkennt, was im Menschen ist.

Hatte schon Nikodemus die Pharisäer auf das Gesetz verwiesen, so kann Jesus das auch tun (vgl. 7,19). Sein Hinweis ist von kühler Distanz ("*euer Gesetz*") und kühner Dialektik. Nach der jüdischen Prozeßordnung bedarf es zweier Zeugen, um die Wahrheit festzustellen; das ist hier gegeben. Für Jesus zeugen zwei: er selbst und der Vater, der ihn gesandt hat (vgl. 5,31-40). Die Pharisäer begreifen freilich die Dialektik Jesu nicht. Sie schließen von zwei Zeugnissen auf zwei unterscheidbare Personen. Darum müssen sie fragen: "*Wo ist denn dein Vater?*" Wie allerdings im Urteil Jesu das Urteil Gottes ergeht, so daß es ein einziges Urteil ist, so erfolgt auch im Selbstzeugnis Jesu das Fremdzeugnis Gottes für ihn. Die zwei Zeugnisse sind wirklich *eines* und darum wahrhaftig. Die Forderung des Gesetzes ist damit im tiefsten Sinne erfüllt, insofern zwei Zeugen ein identisches Zeugnis abgeben. Mithin trifft der Vorwurf von 8,13 nicht zu.

Aber nicht nur das Zeugnis der beiden Zeugen ist eines, sie selbst sind eins. Denn wie gilt, daß Jesus Gottes *Lehre* lehrt (7,16ff), Gottes *Zeugnis* bezeugt (8,14) und Gottes *Urteil* spricht (8,16), so gilt auch, daß der Vater, der ihn gesandt hat, nirgendwo anders lehrt, bezeugt und urteilt als *in Jesus*. Nur in ihm wird darum der Vater erfahren. Da jedoch die Pharisäer an Jesu wahre Herkunft nicht glauben, haben sie auch von Gott keine Ahnung. "*Würdet ihr mich kennen, dann würdet ihr auch meinen Vater kennen*" (8,19). Die Chance dazu haben sie, aber sie nutzen sie nicht.

8,20: Das grandiose Wort Jesu 8,19 faßt seine bisherigen Auseinandersetzungen mit den gegnerischen *Juden*/Pharisäern zusammen (vgl. 5,17.19-30; 7,16ff) und führt sie auf einen ersten Höhepunkt. Daß hier ein erster

Abschluß erreicht ist, deutet auch 8,20 an, in dem die Situation von 7,14 an zusammengefaßt wird (vgl. 1,28; 4,54; 6,59): Die Pharisäer können Jesus ebenfalls nicht festnehmen; seine *Stunde* (vgl. 7,6.8) ist noch nicht gekommen.

2.4. Glaubende werden zu Gegnern: 8,21-59

21*Wiederum sagte er ihnen:*
"Ich gehe weg, und ihr werdet mich suchen,
aber ihr werdet in eurer Sünde sterben.
Wohin ich gehe, dahin könnt ihr nicht kommen."
22*Die Juden sagten nun:*
"Will er sich etwa umbringen?
Er sagt doch: Wohin ich gehe, dahin könnt ihr nicht kommen?"
23*Jesus sagte ihnen:*
"Ihr seid von unten, ich bin von oben.
Ihr seid aus dieser Welt, ich bin nicht aus dieser Welt.
24*Darum sagte ich zu euch:*
Ihr werdet in euren Sünden sterben.
Wenn ihr nämlich nicht glaubt, daß ich es bin,
werdet ihr in euren Sünden sterben."
25*Die Juden sagten ihm nun:*
"Wer also bist du?"
Jesus sagte ihnen:
"Was rede ich überhaupt noch weiter mit euch?
26*Vieles habe ich über euch zu sagen und zu urteilen.*
Doch der mich gesandt hat, ist wahrhaftig,
und was ich bei ihm gehört habe, das rede ich zur Welt."
27*Sie merkten nicht, daß er zu ihnen vom Vater sprach.*
28*Jesus sagte ihnen nun:*
"Wenn ihr den Menschensohn werdet erhöht haben,
dann werdet ihr erkennen, daß ich es bin
und von mir selbst aus nichts tue, sondern
was mich der Vater gelehrt hat, das rede ich.
29*Und der mich gesandt hat, ist mit mir.*
Er hat mich nicht allein gelassen,
denn immer tue ich, was ihm gefällt."
30*Auf diese Rede hin begannen viele, an ihn zu glauben.* 31*Da*
sagte Jesus zu diesen Juden, die Glauben an ihn hatten:
"Wenn ihr in meinem Wort bleibt,
dann seid ihr wirklich meine Jünger.

32 Ihr werdet die Wahrheit erkennen,
und die Wahrheit wird euch befreien."
33 Die Juden entgegneten ihm:
"Wir sind Nachkommen Abrahams,
und niemals waren wir jemandes Knechte!
Wie kannst du sagen: Ihr werdet Freie werden?"
34 Jesus antwortete ihnen:
"Amen, Amen, ich sage euch!
Wer die Sünde tut, ist Knecht der Sünde.
35 Der Knecht aber bleibt nicht für immer im Haus.
Der Sohn aber bleibt ewig.
36 Wenn nun der Sohn euch befreit,
dann werdet ihr wirklich Freie sein.
37 Ich weiß, daß ihr Nachkommen Abrahams seid.
Aber ihr wollt mich töten,
denn mein Wort wohnt nicht in euch.
38 Was ich bei dem Vater gesehen habe, das sage ich!
Und ihr tut das, was ihr vom Vater gehört habt."
39 Die Juden antworteten ihm:
"Unser Vater ist Abraham!"
Jesus sagt ihnen:
"Wenn ihr Kinder Abrahams wäret,
dann würdet ihr Abrahams Werke tun.
40 Nun aber wollt ihr mich töten, mich,
der ich euch die Wahrheit gesagt habe,
die ich von Gott gehört habe.
Das hat Abraham nicht getan.
41 Ihr tut die Werke eures Vaters."
Die Juden sagten ihm:
"Wir stammen doch nicht aus der Unzucht!
Einen Vater haben wir: Gott!"
42 Jesus sagte ihnen:
"Wenn Gott euer Vater wäre, würdet ihr mich lieben.
Von Gott bin ich ja ausgegangen und gekommen.
Denn ich bin nicht von mir aus gekommen,
sondern er hat mich gesandt.
43 Weshalb versteht ihr wohl meine Rede nicht?
Weil ihr mein Wort nicht hören könnt!
44 Ihr seid aus dem Vater Teufel,
und die Gelüste eures Vaters wollt ihr tun.
Er war ein Mörder von Anfang an.
Und er stand nicht in der Wahrheit,

denn in ihm ist keine Wahrheit.
Wenn er redet, ist's Lüge, das ist nach seiner Art.
Denn ein Lügner ist er, der Vater der Lüge!
45*Ich aber rede die Wahrheit;*
deshalb glaubt ihr mir nicht.
46*Wer von euch kann mich einer Sünde überführen?*
Wenn ich Wahrheit rede, weshalb glaubt ihr mir nicht:
47*Wer aus Gott ist, der hört die Worte Gottes.*
Deshalb hört ihr nicht, weil ihr nicht aus Gott seid!"
48*Die Juden antworteten ihm:*
"Sagen wir nicht mit Recht,
daß du ein Samaritaner bist und einen Dämon hast?"
49*Jesus antwortete:*
"Ich habe keinen Dämon.
Vielmehr ehre ich meinen Vater, doch ihr entehrt mich.
50*Aber ich suche nicht meine Ehre.*
Einer ist da, der sucht und urteilt.
51*Amen, Amen, ich sage euch,*
wenn jemand mein Wort bewahrt,
wird er den Tod nicht schauen in Ewigkeit".
52*Die Juden sagten ihm nun:*
"Nun wissen wir, daß du einen Dämon hast.
Abraham ist gestorben und die Propheten.
Und du sagst: Wenn jemand mein Wort bewahrt,
wird er den Tod nicht kosten in Ewigkeit.
53*Bist du etwa größer als unser Vater Abraham,*
der doch gestorben ist?
Auch die Propheten sind gestorben.
Wozu machst du dich?"
54*Jesus antwortete:*
"Wenn ich mich selbst ehre,
dann ist meine Ehre nichts wert.
Mein Vater ist es, der mich ehrt,
den ihr 'Unser Gott' nennt.
55*Aber ihr habt ihn nicht erkannt, ich aber kenne ihn.*
Wenn ich sagte, ich kenne ihn nicht,
wäre ich ein Lügner wie ihr.
Aber ich kenne ihn, und sein Wort bewahre ich.
56*Abraham, euer Vater, jubelte,*
daß er meinen Tag sehen sollte.
Er sah ihn und freute sich."
57*Die Juden sagten nun zu ihm:*

"Noch keine fünfzig Jahre bist du alt
und hast Abraham gesehen?"
58*Jesus sagte ihnen:*
"Amen, Amen, ich sage euch,
bevor Abraham wurde, bin ich!"
59*Da hoben sie Steine auf, um nach ihm zu werfen. Jesus aber verbarg sich und ging aus dem Tempel hinaus.*

Gliederung: Jesus redet weiter, doch die Frage ist, zu wem er eigentlich spricht. Die Pharisäer kommen als seine Gesprächspartner nicht mehr in Frage; 8,20 bildet einen zu starken Abschluß. Und da der Autor die Pharisäer sonst immer nennt, wenn sie im Spiele sind (vgl. 1,24; 4,2; 8,13; 9,40; 12,19), können sie ab 8,21 nicht mehr Jesu Zuhörer sein. Vielleicht helfen die Formulierung (*wiederum*) und der Inhalt von 8,21 weiter: Jesus greift zu Beginn sein Wort 7,33f auf. Sind somit die Hörer Jesu jetzt wieder jene *Juden* (vgl. 8,22), die 7,10-44 um ihn herum waren: die in ihrer Einschätzung Jesu gespaltene Volksmenge? Dafür spricht, daß Jesus auf seine bisherigen Reden zurückverweist, ein weiteres Sprechen über sich jedoch für zwecklos hält (8,25) und daß die Situation von 7,10-44 wieder auflebt: Viele von den Hörern kommen zu einem gewissen Glauben an Jesus. Aber ihr Glaube hält nicht lange vor und reicht nicht aus (8,30f). Wenn also wieder die gleichen Hörer angesprochen werden wie zuvor in 7,10-44, dann muß der Leser allerdings beachten, daß die Auseinandersetzung mit ihnen jetzt *nach* der Intervention der Pharisäer stattfindet. Hat sie damit eine andere Qualität? Sollen die Leser vielleicht an bestimmte Situationen der eigenen Geschichte erinnert werden?

Die in 8,21-59 dargestellte Auseinandersetzung ist zweifellos die härteste im gesamten JohEv (vgl. noch 10,1-18). Jesus greift seine Zuhörer in scharfer Form direkt an. Um so bemerkenswerter ist, daß diese Schelte solchen Personen gilt, die zumindest eine kurze Zeit lang an Jesus glaubten (8,30ff). In 8,33 schlägt ihre Stimmung um: Die Zuhörer berufen sich gegen Jesus auf ihre Abstammung von Abraham. Von da an bis 8,47 definiert Jesus aus ihrem Tun ihre wahre Herkunft, er nennt den Teufel ihren Vater, denn sie tun, was jener ständig tut. 8,33-47 ist somit eine scharfe Zurückweisung des Selbstverständnisses der Hörer in dreifacher Steigerung (8,33-38.39-40.41-47) und eine erschreckende Abrechnung mit ihrem Glaubensabfall.

Ein gliederndes Element darin ist der Autorkommentar 8,27. Er schließt den Abschnitt 8,21-26 ab, in dem Jesus weitere Selbstaussagen verweigert. Die meisten jüdischen Zuhörer sind, wie zuvor schon die Pharisäer (8,19), unfähig, die Selbstoffenbarung Jesu als Gottesoffenbarung zu begreifen. Wenn Jesus in 8,28f dennoch weiterredet, dann wohl im

Blick auf *andere* Juden, die zum Glauben fähig sind (8,30). Sie werden aufgefordert, bei Jesu Wort zu *bleiben*, um dadurch seine wahrhaftigen Jünger zu werden und durch ihn die wahre Frucht der Jüngerschaft zu empfangen: die Freiheit, die nur der Sohn gibt (8,32.36). Die Fortsetzung zeigt an, daß diese Glaubenden keine wirklichen Jünger geworden sind, sich vielmehr sofort wieder gegen Jesu Wort auf ihr jüdisches Selbstbewußtsein zurückgezogen haben und, wie der Ausgang zeigt, zu noch schärferen Gegnern und Kritikern Jesu wurden als die gegnerischen *Juden*. In 8,48 greifen sie den Vorwurf der Besessenheit auf, der schon 7,20 Jesus entgegengehalten wurde, und verschärfen ihn beleidigend (*"du bist ein Samaritaner"*), um schließlich zu versuchen, ihn mit Steinen zu töten (8,59). Bisher schienen die Gegner immerhin gewillt zu sein, gegen Jesus in einem Prozeß mit vorheriger Festnahme vorzugehen, von jetzt an herrscht Lynchstimmung.

Mit 8,21-59 ist unter kompositionellen Gesichtspunkten 6,26-71 vergleichbar. Auch dort wurden aus zustimmenden Zeugen des *Zeichens* Jesu recht unvermittelt harte Gegner (6,41), und *nach* der Auseinandersetzung mit den *Juden* fallen *Jünger* von Jesus ab, um zur Gegenseite überzulaufen (6,60-66).

8,21-27: Jesus eröffnet das Gespräch, indem er sein Wort 7,33f wiederholt und nochmals geheimnisvoll und rätselhaft auf seinen Tod hindeutet (vgl. 7,1.19.25). Allerdings variiert er das Wort: Anstelle von *"ihr werdet mich nicht finden"* steht nun *"ihr werdet in eurer Sünde sterben"*. Damit dürfte freilich dasselbe ausgesagt sein. Das Nicht-finden war in 7,34 die Konsequenz des Unglaubens; für den Glaubenden bleibt Jesus auch nach seinem *Weggang* präsent. Der Unglaube ist eben *die* Sünde, in der die *Juden* sterben werden, wenn sie an ihm festhalten. Das wird etwas später in 8,24 deutlich werden.

Daß Jesus mit der Aussage vom *Weggang* an einen für die *Juden* unerreichbaren Ort von seinem Tod gesprochen hat, begreifen die Hörer an dieser Stelle sehr wohl. Ironischerweise vermuten sie, Jesus wolle sich selbst umbringen, wofür er in die Hölle verdammt würde. Mit dieser verdrehten, ja bösartigen Deutung geben sie preis, wes Geistes Kind sie sind, woher sie also stammen. Denn nicht deswegen können sie Jesus nicht folgen, weil er in die Hölle hinabfährt, sondern weil er durch seinen *Weggang*/Tod dorthin zurückkehrt, woher er gekommen ist, nach *oben*, woher er stammt. Durch den Glauben könnten sie ihm folgen, ist doch der Glaube eine Geburt von oben (3,3.5ff).

In welchem Sinne sie an Jesus glauben sollen, bringt die Gottesformel "*Ich bin es*" (vgl. 6,20; vgl. Jes 43,10f.25; Ex 3,14) zum Ausdruck. Jesus ist die Erscheinung Gottes auf Erden. In ihm offenbart sich Gott und bleibt doch verborgen. Das hat Jesus in all seinen Reden bisher immer wieder beansprucht.

Wenn die gegnerischen *Juden* das nicht von Jesus glauben, werden sie "*in ihren Sünden sterben*" (8,24). Der Leser muß sich fragen, warum hier der Plural steht. Sind andere Sünden als die von 8,21 gemeint? Wenn der Satz keine Tautologie sein soll, muß das so gemeint sein: *Die Sünde* des Unglaubens schließt von der Frucht des Jesusgeschehens aus, der Vergebung *der Sünden* (vgl. 1,29).

Die *Juden* fragen, wer Jesus sei - als ob sie es nicht längst wissen müßten. Gerade das wirft Jesu kaum übersetzbare Antwort ihnen vor. Gegen den gewollten Unglauben kann Jesus auch durch ständig neue Selbstaussagen nicht anreden. Er hat zwar viel über die *Juden* zu sagen und zu urteilen - da er nur das sagt, was er bei dem gehört hat, der ihn gesandt hat (vgl. 7,16.28; 8,16), ist eigentlich Gott der Redende -, aber alles Reden und Urteilen nützt nichts, weil sich der Unglaube durch keine Überredung überzeugen läßt, wenn er nicht will.

Der Autor macht die Leser in einem Kommentar aufmerksam: Die *Juden* begreifen erneut nicht, daß Jesus vom Vater spricht, wenn er über sich selbst redet (vgl. 8,19). Haben die Leser es schon verstanden?

8,28-32: Jesus setzt neu an, spricht jedoch wohl nur zu einer Teilmenge seiner bisherigen Zuhörer. Er wiederholt seine Aussage mit neuem Tenor. Die *Erhöhung* des Menschensohnes ist natürlich gar nichts anderes als sein *Weggehen*, von dem Jesus in 8,21 gesprochen hat, das Geschehen von Kreuz und Auferstehung (vgl. 3,13f; 6,62). In diesem Geschehen werden die jetzt angesprochenen Hörer ihn als den "*Ich bin es*" (8,24) erkennen. Das kann nur bedeuten, daß sie nach Tod und Auferweckung an ihn glauben werden als den, der Gottes Werke tut (vgl. 5,19-22) und seine Worte spricht (vgl. 3,34; 7,16), der also auf Erden Gott repräsentiert und darum von Gott niemals, nicht einmal in seinem Sterben, alleingelassen wurde (vgl. 8,16.19).

Nach diesem Wort Jesu kommen viele zum Glauben an ihn (8,30). Daß nicht nur ein kurzes Aufflackern ihrer Glaubensbereitschaft angezeigt werden soll, sondern mehr, eine Haltung, macht der Autor in 8,31 deutlich: Jesus spricht die *Glauben-habenden* direkt an. Ein Vorbehalt gegen sie kommt nicht zum Ausdruck. Allerdings müssen die Glaubenden bei Jesu Wort *bleiben*, um *wahre* Jünger zu werden. Welche Vorstellungen, Assoziationen will der Autor bei den Lesern mit seiner Darstellung wekken? Ohne Zweifel sollen sie die Angesprochenen zunächst nicht mit den übrigen *Juden* in eine Front stellen. Im Gegensatz zu den meisten *Juden* sind die Angeredeten vielmehr Jesusanhänger geworden, und wenn sie bei Jesu Wort geblieben wären, gehörten sie jetzt zu den Lesern. Aber der

Fortgang der Darstellung zeigt an, daß sie unter Berufung auf ihre jüdische Identität davon wieder abgefallen sind. Die ersten Leser dürften diese subtile Darstellung unmittelbar durchschaut und in ihr (ähnlich wie in 5,41ff; 6,41ff; 6,61ff) auf Anhieb ihre eigene Geschichte wiedererkannt haben. Sie haben die *Glaubenden* von 8,30f mit den Schismatikern in den eigenen Reihen identifiziert, die das hohe Bekenntnis zu Jesus verlassen haben und zu den Gegnern übergelaufen sind.

Die Frucht des *Bleibens* bei Jesu Wort ist die Erkenntnis der Wahrheit (8,32). Die ist aber nichts anderes als das Erkennen der Wirklichkeit Gottes in Jesus (vgl. 8,28). Sie ist nicht irgendeine theologische Dogmatik oder christologische Theorie, die noch hinzukäme, sondern die geheimnisvolle Anwesenheit des wahrhaftigen Gottes in Jesus. Nichts weniger als das Eindringen in solche Wirklichkeit und die daraus resultierende Freiheit wird dem Glaubenden verheißen. Schon 8,24 hatte indirekt den Glaubenden die Befreiung von den Sünden angekündigt. Die im Glauben erfahrene Wirklichkeit: "Gott ist in Jesus" befreit von der Sünde und stellt den Jünger so in die *wahre* Freiheit.

Der berühmt gewordene Satz: "*Die Wahrheit wird euch freimachen*" legt sich selbst aus. Er ist unmittelbar einsichtig. Aber seine tiefe Dimension, die die ganze menschliche Existenz erfaßt, geht verloren, wenn er zu früh in einem profanen Sinn verstanden wird. Die *Wahrheit* ist hier Gott selbst als die allumfassende Wirklichkeit, die den Menschen umgibt. Sie im Gesandten Gottes und in seinem Wort erkennen, bedeutet Freiheit in dem Sinne, daß der Mensch von Wahnvorstellungen über sich und von falschen Bindungen frei wird, sich im Angesicht Gottes selbst erkennt. Der Satz muß mit 8,12 (vgl. 1,4) zusammengelesen werden, denn "*Licht des Lebens haben*" ist dasselbe wie "*die Wahrheit erkennen*".

8,33-47: Die Stimmung wechselt. Die von Jesus angesprochenen "Glaubenden" berufen sich auf ihr Judesein, werden zu *Juden*. Gerade das, was Jesus ihnen als Frucht der wahren Jüngerschaft verheißt, behaupten sie längst zu besitzen: jene Freiheit, die durch ihr enges Gottesverhältnis vermittelt wird. Sie verstehen Jesus durchaus richtig und begreifen ihre Freiheit nicht politisch - seit Jahrhunderten wurden sie unterdrückt -, sie berufen sich vielmehr darauf, als leibliche Nachkommen (*Same*) Abrahams im richtigen Gottesverhältnis zu stehen und somit frei zu sein.

Jedoch, ihr Selbstbewußtsein ist Wahn, weil sie die versklavende Macht der Sünde nicht wahrnehmen. Wer "*die Sünde tut*", verfehlt die Wirklichkeit Gottes, verfällt der Finsternis (1,5), verliert die Freiheit. Sünde nimmt gefangen. Wer sich auf sie einläßt, muß ihr dienen, wer ihr folgt, fesselt sich an sie, und wer in ihre Falle tappt, kann sich selbst nicht mehr befreien.

Das *Tun* des Menschen wird hier ganz ernst genommen. Denn nur das Tun, nicht die Absicht schafft Realität. Tut der Mensch die Sünde, dann setzt er das Böse in Kraft. Dadurch wird es zu seiner Wirklichkeit, die der Täter repräsentiert. Er selbst wird dieses Böse, ohne die Möglichkeit, sich wieder davon zu lösen, weil er sein Tun nicht ungeschehen machen kann. Er wird Unfreier, Sklave, der kein Hausrecht besitzt.

Entweder verkennen die angesprochenen *Juden* diese versklavende Macht der Sünde, oder sie behaupten, ohne Sünde zu sein. Beides wäre ein Wahn. Jesus hat sie schon darauf angesprochen, daß sie das Gesetz des Mose nicht halten (7,19), daß sie Sünder sind (8,24). Sie sind bereits an die Sünde gefesselt. Das zeigt sich auch darin, daß sie Jesus töten wollen (8,37; vgl. 7,19).

Wirklich frei können auch die Abrahamsnachkommen nur durch "*den Sohn*" werden, denn nur er befreit von der Sünde (vgl. 8,24; 1,29) und vermittelt so die Wahrheit Gottes (vgl. 3,21). Jesus klagt seine Hörer, die er gerade noch aufgefordert hatte, bei seinem Wort zu *bleiben*, jedoch jetzt in scharfer Polemik an, daß sein Wort nicht in ihnen *wohnt*. Darum wollen sie ihn töten, und sie tun damit, was sie von "*ihrem Vater*" gehört und somit gelernt haben (8,38).

Wer ist damit gemeint? Die *Juden* bestehen darauf, daß ihr Vater Abraham ist. Aber sind sie Abrahams Kinder? Kindschaft erweist sich im nachahmenden Tun. Umgekehrt gilt: Wessen Werke man tut, dessen Nachkomme ist man. Jesus bleibt dabei: Die gegnerischen *Juden* wollen ihn töten, obwohl er ihnen Gott vermittelt (8,40); damit erweisen sie, daß nicht Abraham, sondern ein anderer ihr Vater ist (8,41; vgl. 8,38). Die Streitgegner Jesu führen jetzt die höchste Ausformung jüdischen Selbstverständnisses ins Feld: Ihr Vater ist Gott, sie sind somit aus Gott geboren (8,41)! Sie nehmen für sich in Anspruch, was nach dem JohEv einzig Jesus und der Glaube an ihn bewirken können (vgl. 1,12f). Damit behaupten sie, Jesus und sein Wirken gar nicht nötig zu haben; den Glauben an ihn erklären sie für überflüssig. Darum wollen sie ihn ja auch töten.

Die Antwort Jesu (8,42-47) ist die schärfste Polemik gegen jüdische Gegner im Neuen Testament überhaupt. Allerdings ist der Text weder "antijudaistisch", noch stellt er bezüglich des Judentums eine "protorassistische Doktrin" auf. Wer beachtet, gegen wen sich Jesu Antwort richtet, wird solche Interpretationen für abwegig ansehen, zumal auch die "*Geburt aus Gott*" (vgl. 1,12) in keiner Weise rassistisch interpretiert werden kann. Damit wird vielmehr zum Ausdruck gebracht, daß der *Glaube* dem Menschen einen neuen Ursprung aus Gott verleiht. Der Autor ist das Gegenteil eines Rassisten. Das macht 8,37.39 deutlich: Jesus gesteht den Gegnern zu, leiblich von Abraham abzustammen, doch damit sind sie noch nicht "*Kinder Abrahams*". Nur wer tut, was Abraham tat, ist sein Kind. Im

Tun, nicht in der "Rasse", zeigt sich, wessen Kind der Mensch tatsächlich ist.

Die *Juden* lehnen Jesus jedoch ab, weil sie seinen Anspruch, von Gott ausgegangen und gekommen zu sein, nicht verstehen können. Und warum können sie ihn nicht verstehen? "*Weil ihr mein Wort nicht hören könnt!*" (8,43). Dieses als problematisch empfundene Wort redet keineswegs von negativer Prädestination oder Verstockung durch Gott, die dem Menschen von vornherein alle Wege abschneidet. 8,43 muß vielmehr mit 8,47 zusammengelesen werden und bildet mit ihm eine Klammer um das gesamte Wort Jesu: Weil die *Juden* nicht "*aus Gott*" sind (vgl. 8,41), können sie Jesu Wort nicht hören. "*Aus Gott geboren*" wird nur der Glaubende (1,12f). Also: *Weil* sie nicht an Jesus glauben, können sie ihn nicht verstehen. So ist es freilich bei jedem Verstehen: es bedarf dazu der Sympathie!

Die gegnerischen *Juden* wollen Jesus umbringen (8,40) - und sie werden es tun, wie der Leser weiß -, und erweisen sich damit als Kinder des Teufels, des "*Menschenmörders von Anfang an*". Der hat an der Wahrheit, Gottes Wirklichkeit (vgl. 8,32), nicht den geringsten Anteil. Sein Wesen ist Lüge, also Widerspruch gegen Gott. Lug und Trug sind die Wirklichkeiten, die er aus sich heraus setzt. Wer "*die Sünde tut*" (8,33), stammt aus ihm und muß, der eigenen Entscheidung folgend, der Wahrheit in Lüge widersprechen (8,45).

Jesus wäre auf der Stelle widerlegt, könnte jemand ihn einer Sünde überführen, weil ja das Tun erweist, woher ein Mensch ist. Ist er aber - wie keiner sonst - ohne Sünde, dann stammt er aus der Wahrheit und vermittelt Gott durch sein Wirken. Wer daran Anteil gewinnen will, muß an ihn glauben. Wer glaubt, "*ist aus Gott geboren*" und hört durch Jesus Gottes Worte (4,46f). Mit eherner Wucht schließt Jesus seine Polemik: "*Deshalb hört ihr nicht, weil ihr nicht aus Gott seid*" (8,47).

8,48-58: Die *Juden* antworten mit einer Beschimpfung Jesu und greifen dabei den Ausruf des Volkes von 7,20 auf. Dämonische Besessenheit ist für sie *das* Kennzeichen der Samaritaner. Sie sehen in Jesus einen Dämon am Werk. Damit entehren sie aber nicht nur ihn. Denn wenn zutrifft, daß er der Gesandte Gottes ist und Gott aus ihm spricht, ist die Beleidigung Jesu zugleich Blasphemie Gottes (8,49). Schon 7,18 hatte Jesus darauf verwiesen, daß sein Wirken einzig die Ehre des Vaters im Auge hat. Der wiederum wird für Jesu Ehre Sorge tragen und die Beleidigung Jesu beurteilen (8,50). Seit 7,39 wissen die Leser, wie Jesu Ehre hergestellt wird; in 8,54 wird Jesus das Thema nochmals aufgreifen.

Zunächst aber verheißt er - die Amenformel gewichtet - denen, die sein Wort bewahren, sie würden "*den Tod nicht schauen in Ewigkeit*" (8,51).

Eine analoge Verheißung hatte Jesus seinen Hörern in 8,31f gegeben. Der wahre Jünger *bleibt* in Jesu Wort, indem er es *bewahrt*, und er "*schaut nicht den Tod*", indem er "*die Wahrheit erkennt*", also an Gottes Wirklichkeit teilhat. Diese neue Verheißung geht jedoch bereits an die Leser; die konkreten Hörer Jesu höhnen und spotten nur. Dabei haben sie nicht einmal genau zugehört und verdrehen Jesus das Wort im Munde: "*Er wird den Tod nicht kosten*" (8,52). Sie verweisen zur Widerlegung auf Abraham und die Propheten, die doch auch gestorben sind, und fragen, ob Jesus größer sein wolle als sie. Wird er etwa nicht sterben? Aber Jesus hatte nicht gesagt, daß er selbst oder seine Jünger nicht sterben werden. Er wird sterben; er hat es den *Juden* mehrmals schon angedeutet (7,33f; 8,14; 8,21; 8,28). Allerdings haben sie nicht verstanden, daß sein Sterben nicht Tod, sondern Rückkehr zu dem sein wird, der ihn gesandt hat. Er ist in der Tat mehr als Abraham und die Propheten. Der Jünger in der Nachfolge Jesu muß ebenfalls sterben. Doch *schaut* er den ewigen Tod nicht, sondern *bleibt* in der Wirklichkeit Gottes, die er erkannt hat. Er hat schon das ewige Leben (vgl. 5,24; 6,40.51), selbst wenn er stirbt.

Jesus gibt in 8,54 eine indirekte und rätselhafte Antwort auf die Frage der *Juden*: Er ist größer als Abraham und die Propheten (vgl. 4,12), denn der Vater wird ihn verherrlichen "*mit der Herrlichkeit, die ich bei dir hatte, bevor die Welt war*" (17,5). Das alles können die *Juden* nicht begreifen, weil sie das Geheimnis Jesu nicht wahrhaben wollen (vgl. 8,42f.47). Die Leser jedoch verstehen. Sie blicken auf Tod und Auferstehung, auf Erhöhung und Rückkehr Jesu zum Vater zurück. Sie glauben, daß Jesus der präexistente, fleischgewordene, göttliche Logos (1,14f; 1,30; 3,31) ist, der bei Gott war (6,45) und wieder im Schoß des Vaters ist (1,18); daher kennt Jesus Gott und kann ihn als Einziger vermitteln (8,55). Die *Juden* dagegen kennen Gott nicht, obwohl sie ihn "*Unser Gott*" nennen; sie sind somit gar nicht besser dran als die Samaritaner (4,22). Ihre angebliche Gotteskenntnis ist *Lüge*, weil sie nicht durch den vermittelt worden ist, der als einziger Gott und sein Wort kennt. Weil die gegnerischen *Juden* Jesu Wort nicht *bewahren* (8,31.43.51), hören sie auch Gottes Wort nicht (8,47) und haben Gott "*nicht erkannt*" (8,55; vgl. 8,22).

Auch darin folgen sie Abraham nicht. Der jubelte nämlich, daß er *den Tag* Jesu sehen sollte. Bezugstext ist Gen 17,1-17, wo dem Abraham eine unendliche Schar von Nachkommen und ein ewiger Gottesbund verheißen wird: "*Und ich will ihnen Gott sein*" (Gen 17,8). Der Tag, an dem sich die Verheißung endgültig erfüllt, ist der Tag des Kommens Jesu. Im Zeichen der Geburt Isaaks, also im Glauben hat Abraham diesen Tag schon gesehen und freute sich (8,56). Ebenso müßten die *Juden*, wenn sie wahre Kinder Abrahams wären, jetzt jubeln, da Jesus vor ihnen steht. Durch ihn erfüllt sich die Abrahamverheißung.

Wieder verdrehen die Gegner Jesu Wort. Er hatte nicht gesagt, er habe Abraham gesehen, sondern umgekehrt: Abraham sah *seinen* Tag. Erneut beurteilen sie Jesus "*nach dem Fleisch*" (8,15): Der Mensch Jesus ist keine fünfzig Jahre alt und kann darum Abraham nicht gesehen haben. Die *Juden* wissen eben nicht, *woher* Jesus wirklich stammt. Weil er der präexistente Logos ist, hat er tatsächlich Abraham in dessen Tagen gesehen, denn "*bevor Abraham wurde, bin ich*" (8,58; vgl. 8,24.28). Mit dieser Aussage ist ein neuer Höhepunkt der Selbstoffenbarung Jesu erreicht (vgl. 8,19).

8,59: Die Reaktion ist, Jesus durch Lynchmord zu beseitigen. Die Hörer Jesu heben dazu schon die Steine auf. Jesus aber kann sich verbergen und verläßt den Tempel. Es ist jetzt keine Rede davon, daß die *Juden* Jesus festnehmen wollen, wie die Pharisäer es zuvor versucht hatten. Die gegenüber der bisherigen Darstellung (vgl. 7,30.44; 8,20) veränderte Reaktion der Gegner muß beachtet werden. Vielleicht konnten die ersten Leser damit direkt eigene Erfahrungen und Erinnerungen verbinden (vgl. 16,2). Heute können darüber nur noch Vermutungen angestellt werden.

3. Zwischenspiel: 9,1-10,21

Unbeschadet einer weiteren Untergliederung hat der Autor den gesamten Textkomplex als Einheit konzipiert. Es finden sich keinerlei trennende Szenenangaben. Vielmehr herrscht Einheit von Szene, Zeit und Personen.

Die Szene schließt mit 9,1 unmittelbar an 8,59 an: Jesus hat den Tempel verlassen. Sie spielt dann durchgehend an der Stelle vor den Toren des Tempels, wo der Bettler anscheinend seinen "Stammplatz" hatte (vgl. 9,8). Auch wenn der Blinde (9,7.13ff.24ff) oder Jesus (9,12.35) jeweils kurzfristig diesen Ort verlassen, kehren sie doch immer wieder dorthin zurück. Die übrigen Personen - Nachbarn, Bekannte, später auch Pharisäer/die *Juden* - sind dagegen wohl ständig "vor Ort". Die Verhöre (9,13-34) finden im "Hauptquartier" der pharisäischen Behörde (vgl. 7,32. 45ff) statt.

Zwischen 9,39 und 9,40 bricht die Handlung um. Ab 9,40 spricht Jesus zu den Pharisäern. Der vormals Blinde steht dabei wie die Jünger auf Jesu Seite. War die Handlung in 9,1-39 in erster Linie ein *Handeln* (Dialoge, Heilung, Verhöre), so besteht sie in 9,40-10,18 in einer *Rede* Jesu. In ihr kommen allerdings die vorherige Handlung und die handelnden Personen in verdeckter Weise "zur Sprache". In 9,1-39 wird dargestellt, wie das "*Werk Gottes*" an dem leiblich Blinden offenbar wird: Er wird zum einzigen wirklich *Sehenden*, indem er an Jesus glaubt. Die Pharisäer/*Juden* dagegen werden durch ihren verstockten Unglauben zu Blinden, obwohl sie behaupten, Sehende zu sein (vgl. 9,41). In 9,40-10,18 verallgemeinert Jesus dies dialektische Einzelgeschehen in einer Rätselrede, mit der er sein Wirken an den Seinen und das der Gegenspieler in allegorischer Erzählung darbietet.

Durch den Umbruch der Handlung teilt sich das Ganze in zwei große Szenen. Die eine kann man als "dargestellte Welt", die andere als "besprochene Welt" charakterisieren. Beide werden jeweils durch einen kleinen Dialog eingeleitet (9,3ff.40ff).

Die erste Szene 9,1-39 wird durch die beiden Offenbarungsworte Jesu 9,3ff.39 umschlossen, die Entsprechungen aufweisen und aufeinander bezogen werden müssen. Während in 9,4 von Tag und Nacht die Rede ist, die das Wirken der "*Werke Gottes*" ermöglichen oder verhindern, wird in 9,39 davon gesprochen, daß ein und dasselbe Wirken Jesu die einen zum *Sehen* und die anderen zum *Blindsein* bringt. Das *Sehen* ist der Glaube an Jesus als das *Licht der Welt* (9,5; vgl. 1,4; 8,12), das *Blindsein* aber die Ablehnung des Lichtes. Das Kommen des *Lichtes* Jesus ist also zugleich Heil und Gericht (vgl. 3,19ff).

In sich ist die Szene mehrfach gegliedert. Das Wort Jesu 9,3ff und die Heilung 9,6f sind eng aufeinander bezogen ("*dieses sagend...*") und gehören daher zusammen. Sie bilden gemeinsam die Eröffnung der Handlung. Abschluß der Geschichte des Blindgeborenen ist seine erneute Begegnung mit Jesus (9,35-39). Das zuvor im zweifachen Verhör bereits bewährte Bekenntnis zu Jesus mündet ein in die Gemeinschaft mit ihm. Der geheilte Blinde wird zum wahren Jünger.

Dazwischen wird in vier Abschnitten am Beispiel des geheilten Blinden dargestellt, wie ein Jünger Jesu von einer jüdischen Behörde scharf verhört (9,13-17), des Betrugs verdächtigt (9,18-23), beleidigt und schließlich drangsaliert wird (9,24-34). Das erste Gespräch mit den Nachbarn und Bekannten ist Auftakt zu den Verhören (9,8-12). Der geheilte Blinde steht die Situationen mit Ironie souverän durch und weicht vor den Repressalien nicht zurück. So wird er zum Beispiel für die Leser.

Die zweite Szene 9,40-10,18 ist - abgesehen von dem kleinen Eingangsdialog (9,40f) - durch den Erzählerkommentar 10,6 (vgl. 8,27) gegliedert in die Rätselrede (10,1-5) und deren Auflösung (10,7-18) durch Jesu Selbstoffenbarung; viermal spricht Jesus mit einem "*Ich bin*"-Wort von sich.

Der gesamte Textkomplex 9,1-10,21 wird durch ein erneutes Schisma unter den *Juden* abgeschlossen (10,19-21; vgl. 7,12.31.43; 9,16). Insbesondere 10,21 bindet dabei die Heilungstat Jesu (9,1-39) mit der Rätsel- und Offenbarungsrede (9,40-10,18) eng zusammen und bezieht auf diese Weise beide Szenen aufeinander.

3.1 Die "erzählte Welt": 9,1-39

9[1]Im Vorübergehen sah er einen Mann, der blind war von Geburt an. [2]Und seine Jünger fragten ihn: "Rabbi, wer hat gesündigt, der oder seine Eltern, daß er blind geboren wurde?" [3]Jesus antwortete:

> *"Weder er noch seine Eltern haben gesündigt.*
> *Vielmehr, an ihm sollen offenbar werden die Werke Gottes.*
> *[4]Wir müssen die Werke dessen tun,*
> *der mich gesandt hat, solange noch Tag ist.*
> *Es kommt die Nacht, in der niemand wirken kann.*
> *[5]Solange ich in der Welt bin,*
> *bin ich das Licht für die Welt."*

[6]Nach diesem Wort spuckte er auf den Boden und machte einen Brei aus der Spucke, und er strich den Brei auf seine Augen [7]und sagte zu ihm: "Geh, wasch dich im Teich Siloah." Das ist übersetzt: Gesandter. Da ging er weg und wusch sich, und er kam sehend wieder.

[8]Die Nachbarn nun, und die ihn von früher als Bettler kannten, sagen: "Ist das nicht der, der hier saß und bettelte?" [9]Einige meinten: "Der ist es", andere: "Nein, er sieht ihm nur ähnlich." Jener sagte: "Ich bin es." [10]Da sagten sie zu ihm: "Wie wurden deine Augen geöffnet?" [11]Er antwortete: "Der Mann mit Namen Jesus machte einen Brei, strich ihn auf meine Augen und sagte zu mir: Geh zum Siloah und wasch dich. Ich ging nun hin und wusch mich, da konnte ich sehen." [12]Und sie sagten zu ihm: "Wo ist er?" Er sagte: "Ich weiß es nicht."

[13]Sie brachten ihn zu den Pharisäern, den vormals Blinden. [14]Es war aber Sabbat an dem Tag, als Jesus den Brei machte und ihm die Augen öffnete. [15]Nun fragten ihn ebenfalls die Pharisäer, wie er sehend geworden war. Der aber sagte: "Er legte mir einen Brei auf die Augen, und ich wusch mich, und jetzt sehe ich." [16]Da sagten einige der Pharisäer: "Dieser Mann ist nicht von Gott, weil er den Sabbat nicht hält." Andere sagten: "Wie könnte ein Sünder solche Zeichen tun?" Und eine Spaltung war unter ihnen. [17]Da wandten sie sich wieder an den Blinden: "Du, was sagst du über ihn, dir hat er ja die Augen geöffnet?" Er aber sagte: "Er ist ein Prophet."

[18]Da glaubten die Juden nicht von ihm, daß er blind gewesen und

wieder sehend geworden war, bis sie die Eltern des Sehendgewordenen gerufen hatten, [19]und sie fragten sie: "Ist das euer Sohn, von dem ihr behauptet, daß er blind geboren wurde? Wie kommt es, daß er jetzt sieht?" [20]Da antworteten seine Eltern: "Wir wissen: Das ist unser Sohn, und: Blind wurde er geboren. [21]Wieso er nun sieht, das wissen wir nicht. Auch, wer ihm die Augen geöffnet hat, wir jedenfalls wissen es nicht. Fragt ihn selbst, er ist erwachsen, er soll selbst für sich sprechen." [22]Das sagten seine Eltern, weil sie die Juden fürchteten. Denn schon hatten die Juden vereinbart: Wer ihn als den Christus bekennt, wird aus der Synagoge ausgeschlossen. [23]Deswegen sagten seine Eltern: Er ist erwachsen, fragt doch ihn!

[24]Sie riefen nun den Mann, der blind gewesen war, zum zweitenmal und sagten zu ihm:

"Gib Gott die Ehre!
Wir wissen, daß dieser Mensch ein Sünder ist."
[25]Der Blinde antwortete:
"Ob er ein Sünder ist, weiß ich nicht.
Eines aber weiß ich: Ich war blind und nun sehe ich."
[26]Die Juden sagten ihm:
"Was hat er mit dir gemacht?
Wie hat er dir die Augen geöffnet?"
[27]Der Blinde antwortete ihnen:
"Ich habe es euch schon gesagt, ihr habt aber nicht zugehört.
Warum wollt ihr es noch einmal hören?
Ihr wollt doch nicht seine Jünger werden?"
[28]Da schmähten sie ihn und sagten:
"Du bist sein Jünger, wir sind Jünger des Mose!
[29]Wir wissen, daß zu Mose Gott gesprochen hat,
von diesem dagegen wissen wir nicht, woher er ist."
[30]Der Blinde antwortete ihnen:
"Das ist das Erstaunliche,
daß ihr nicht wißt, woher er ist;
er hat mir doch die Augen geöffnet.
[31]Wir wissen ja, daß Gott Sünder nicht erhört,
sondern einen Gottesfürchtigen, der seinen Willen tut,
den erhört er.
[32]Seit Ewigkeit hat man nicht gehört,
daß jemand die Augen eines Blindgeborenen geöffnet hat.
[33]Wenn dieser nicht von Gott wäre,
so hätte er nichts tun können."

[34]Die Juden antworteten ihm:
"Du bist ganz in Sünden geboren und willst uns belehren?"
Und sie warfen ihn hinaus.

[35]Jesus hörte davon, daß sie ihn herausgeworfen hatten. Und er fand ihn und sagte:
"Glaubst du an den Menschensohn?"
[36]Der Blinde antwortete:
"Wer ist es, Herr, damit ich an ihn glauben kann?"
[37]Jesus sagte ihm:
"Du hast ihn gesehen. Der mit dir redet, der ist es."
[38]Der Blinde sagte:
"Ich glaube, Herr!"
Und er fiel vor ihm nieder. [39]Jesus aber sprach:
"Zum Gericht bin ich in diese Welt gekommen,
damit die Nichtsehenden sehen,
die Sehenden aber Blinde werden."

9,1-7: Wer 9,1 nach 8,59 liest, muß annehmen, daß die folgende Handlung beim Verlassen des Tempels spielt. Jesus trifft in Begleitung seiner Jünger (9,2) wahrscheinlich bei einem der Tempeltore einen Blinden an, der hier als Bettler seinen "Stammplatz" (9,8) hat. Der Autor weiß, daß die Blindheit seit Geburt besteht, nicht erst erworben wurde und darum ein besonders schweres Los darstellt. Der Mann sitzt sein Leben lang (vgl. 5,5f) in Finsternis (vgl. Jes 35,5ff; 42,16; 61,1), ohne eine Ahnung vom Licht. Die Heilung von angeborener Blindheit galt als ärztlicher Kunst unmöglich. Nur Gott oder ein von ihm bevollmächtigter Wundertäter konnte Blinde heilen (vgl. 9,32f).

Die Schwere der Krankheit wirft nach jüdischer Vergeltungslehre die Frage nach Art und Schwere der zugrundeliegenden Sünde auf, die Tatsache der Blindheit seit Geburt macht diese Frage besonders kompliziert. Muß der Blinde etwa für die Sünden seiner Eltern büßen? In diesem Sinne fragen die Jünger Jesus. Sie nennen ihn *Rabbi* (vgl. 1,38). Für sie ist er, nicht die Pharisäer (vgl. 9,34), die entscheidende Autorität, obwohl er nicht *studiert* hat (vgl. 7,15).

Jesus weist die Alternative der Jünger und damit das jüdische Vergeltungsdogma überhaupt zurück. Die Fragerichtung wird von ihm umgedreht: Nicht nach dem Woher des Leidens soll in grüblerisch-selbstquälerischem Gotteszweifel gefragt werden, sondern nach dessen Wozu. Diese Frage beantwortet Jesus: An dem von Geburt an Blinden werden "*die Werke Gottes offenbar*" (9,3).

Die Antwort ist nur auf den ersten Blick klar: Jesus will an dem

Blinden eine wunderbare Heilung, ein "*Werk Gottes*" (vgl. 5,19f) vollziehen. Ist der Blinde somit nur Demonstrationsobjekt für Jesu Herrlichkeit (vgl. 2,11)? Doch warum benutzt Jesus den Plural *Werke* und formuliert: "*Wir müssen die Werke ... wirken*", womit er die Jünger (und Leser?) mit einschließt? Weitet nicht der Nachsatz, daß in der Nacht *niemand* wirken kann, den Kreis der Handelnden sogar nochmals aus (9,4b)? Schließlich kann man noch fragen, ob etwa Tag und Nacht auch *Jesu* eigenes Wirken begrenzen, da er doch das "*Licht der Welt*" ist (9,5). Jesu Antwort ist somit wie so oft ein Rätsel, das die Jünger und Leser lösen sollen. Sie sind aufgefordert, dem Wort Jesu nachzusinnen und es mit anderen seiner Worte in Beziehung zu setzen.

Ohne Zweifel spricht Jesus von seinem eigenen Wirken, wenn er von den "*Werken Gottes*" spricht, die gewirkt werden müssen. Darin besteht ja seine Sendung, Gottes Werke zu tun (vgl. 5,19ff.36). Aber Jesu Wirken soll eine Antwort im Glauben finden, und den Glauben an ihn als den Gesandten Gottes hatte Jesus in 6,29 ebenfalls "*das Werk Gottes*" genannt. Jesus antwortet daher den Jüngern, daß durch den Blindgeborenen sowohl *Gottes Werk* der Heilung als auch *Gottes Werk* des Glaubens offenbar werden soll.

Diese "*Werke Gottes*" müssen jetzt getan werden, solange dafür die "*rechte Zeit*" (vgl. 7,6.8) ist, "*am Tage*". Solange Jesus in der Welt ist, hält der Tag an, denn Jesus ist "*das Licht der Welt*" (9,5; vgl. 8,12). Wieder ist ein Doppeltes gemeint: Jesus wirkt als der Offenbarer Gottes, *solange* er in der Welt ist. Er verläßt jedoch die Welt wieder und kehrt zum Vater zurück; dann wird für die Welt die Nacht anbrechen (vgl. 13,30). Jesu Wirken auf Erden ist somit begrenzt. Doch auch die "*rechte Zeit*", um zu glauben, ist begrenzt. Das Tun dieses Werkes darf nicht hinausgezögert werden, sonst ist es zu spät! Die Nacht, in der niemand mehr dieses "*Werk Gottes*" vollbringen kann, ist jene Finsternis der Verweigerung, in die sich selbst hineinbegibt, wer nicht zum Licht kommt. Sie ist das Gericht. Wieder sollen die Leser - wie schon in 8,12 - das entscheidende Wort Jesu 3,19f mithören: Das Kommen des Lichts in die Welt, das der Offenbarer Jesus ist, ist zugleich Heil für den, der zum Licht kommt und glaubt, und Gericht für den, der das Licht scheut und nicht glaubt.

"*Dieses sagend*" setzt Jesus das angesprochene Geschehen von *Heil/Glaube* und *Gericht/Unglaube* erneut in Gang, indem er dem Blinden einen Brei aus Speichel und Erde auf die Augen streicht und ihn zur Waschung an die Tempelquelle Siloah schickt, ein Symbol für Jesus selbst, wie der Autor erklärt (vgl. 7,37ff). Es mindert also das Wirken Jesu in keiner Weise, daß die Heilung nicht unmittelbar, sondern erst bei der Waschung eintritt. In Jesu Berührung *und* im Wasser der Quelle erfährt der Blinde Gottes Kraft, die ihn aus der Finsternis in das Licht versetzt.

9,8-12: Der vormals Blinde kehrt sehend an den Platz zurück, wo er zuvor saß und bettelte. Dort trifft er Nachbarn und andere, die ihn von früher kannten und jetzt im Zweifel sind, ob sie den Bettler oder seinen "Doppelgänger" vor sich haben. Man kann wohl von außen feststellen, daß der Mann sehen kann. Er gibt sich selbst zu erkennen, und so wird die eingetretene Heilung eindrucksvoll durch unverdächtige Zeugen bestätigt (vgl. 2,9f; 4,51ff; 6,22ff). In dem kurzen Referat über den Vorgang nennt der Geheilte seinen Retter den "*Mann mit Namen Jesus*". Bei dieser neutralen Bezeichnung wird er nicht bleiben. Je öfter er von da an seine Heilung bezeugen muß, desto klarer erkennt er, daß Jesus von Gott kommt.

9,13-17: Wie in 5,13 hat sich Jesus entfernt und überläßt den Geheilten zunächst allein den *Juden*. Wird der sich - anders als der Mann von 5,14f - als Zeuge Jesu bewähren? Die Szene wandelt sich nämlich zum Verhör. Da der Geheilte bezeugt hat, Jesus habe einen Brei aus Speichel und Erde angerührt, schleppen seine Bekannten ihn - der Täter Jesus ist nicht zu fassen - vor die Pharisäer (vgl. 7,32.45): Jesus soll mit seinem Tun den Sabbat entweiht haben (vgl. 5,9).

Die Tatsache der unerhörten Heilung eines Blinden interessiert die Pharisäer nicht (vgl. 7,51f), sondern nur das *Wie*, insofern die Heilung am Sabbat geschah und mithin das *Wie* darüber entscheidet, ob ein Sabbatbruch vorliegt oder nicht. Vergeblich weist der Geheilte auf das hin, *was* Jesus gewirkt hat: "*Und jetzt sehe ich!*" Für den Teil der Pharisäer jedenfalls, der das Sagen hat, steht aufgrund des formalen Kriteriums "Sabbatobservanz" fest, daß Jesus nicht von Gott sein kann. Es kommt hier das typische Besserwissen von Theologen und Gottesdienern zum Ausdruck, die Gott in ihr Begriffssystem einzwängen wollen und über sein wunderbares Wirken nicht mehr staunen können. Allerdings gibt es auch andere Stimmen unter ihnen (vgl. 7,50f), so daß sogar in ihren Kreisen eine Spaltung entsteht. Die über Jesu Zeichen nachdenklich gewordenen Pharisäer spielen jedoch im weiteren Verlauf keine Rolle mehr und sind sofort verschwunden.

In ihrer sonderbaren Verwirrung und Spaltung wenden sich die Pharisäer an den Geheilten. Er soll sagen, was er von Jesus hält, hat er doch das Zeichen an sich erfahren. Sind die Pharisäer auf einmal bereit, auf das Zeugnis dessen hin, dem Jesus tatsächlich die Augen geöffnet hat, zu glauben? Der vormals Blinde bekennt: "*Er ist ein Prophet!*" (9,17; vgl. 4,19). Mit diesem Bekenntnis fängt er an, wirklich zu *sehen*.

9,18-23: Die Szene wird zur Satire! Voller Ironie schildert der Autor, wie die *Juden* - gegen Jesus eingenommene Pharisäer und ihr Anhang - jetzt die Eltern des Blindgeborenen verhören. Sie unterstellen Betrug. Mit der Tatsache der Blindheit von Geburt an wollen sie auch das Zeichen Jesu aus der Welt schaffen. Doch sie widersprechen sich selbst, wenn sie gleichwohl die Eltern fragen, wieso der Blinde nun sehe (9,19). Aber die Eltern befreien die *Juden* nicht aus ihrer Verlegenheit. Das wunderbare Zeichen Jesu hat Bestand. Denn die Eltern bezeugen, daß ihr Sohn von Geburt an blind war. Anders als die *Juden,* die nach dem *Wie* der Heilung fragten, stellen sie denjenigen in den Mittelpunkt, der das Zeichen wirkte. Allerdings wollen sie über Jesus nichts wissen und weisen die *Juden* an ihren volljährigen Sohn. Damit ist die Szene wieder dort angekommen, wo sie vor dem Elternverhör stand.

Warum die Eltern derart vorsichtig-ausweichend antworten, erklärt der Autor in einem Kommentar (9,22f): Sie fürchten sich vor den *Juden* (vgl. 7,13) und wollen nicht aus der Synagoge ausgeschlossen werden. Die ersten Leser dürften hier besonders aufmerksam geworden sein, denn sie kannten die beschriebene Situation. Auch solche Menschen wie die Eltern des Blindgeborenen waren ihnen vertraut, sowie ihr Verhalten, aus Furcht vor gesellschaftlichen Repressalien das Bekenntnis zu Jesus abzustreiten (vgl. 5,41). Der Autor führt in der Geschichte des Blinden und seiner Eltern den ersten Lesern die eigene erfahrene Geschichte vor Augen: Verhöre und Drohungen, Standhaftigkeit und Versagen, Bekennermut und Verrat.

9,24-34: Die *Juden* lassen sich nicht überzeugen. Sie geben nicht auf, gegen die bezeugte und auf der Hand liegende Wahrheit anzukämpfen. Sie lassen den Geheilten ein zweites Mal rufen und eröffnen das neue Verhör mit einer Vorverurteilung Jesu: "*Wir wissen, daß dieser Mensch ein Sünder ist.*" Es hat sich also die gegen Jesus eingenommene Gruppe durchgesetzt. Der Geheilte als Zeuge des Tuns Jesu soll dem Urteil beipflichten, indem er "*Gott die Ehre*" gibt. Er soll wohl sein früheres Zeugnis widerrufen. Meinen die gegnerischen *Juden* im Ernst, sie ehren Gott, indem sie Jesus verurteilen? Das Gegenteil ist der Fall, wie Jesus ihnen schon gesagt hat (8,49f; vgl. 7,16ff). Der Geheilte dagegen gibt Gott wirklich die Ehre, indem er bei der Wahrheit bleibt und damit Jesus ehrt.

Der Autor zeigt, in welcher Verlegenheit die *Juden* sind. Erneut fragen sie nach dem Vorgang der Heilung. Wollen sie den Zeugen Jesu in Widersprüche verwickeln? Doch der durchschaut sie und lehnt eine Wiederholung seines Berichtes ab (vgl. 8,25). Ironisch fragt er sogar, ob sie vielleicht Jesu Jünger werden wollen. Das wäre in der Tat die einzig richtige Antwort auf sein Zeugnis, denn das bezeugte Zeichen soll zum Glauben führen (vgl. 2,11; 4,53; 20,30f).

Jetzt verlieren die *Juden* ganz und gar ihre Fassung. Sie schmähen den Geheilten und berufen sich auf ihr jüdisches Selbstverständnis, "*Jünger des Mose*" zu sein (vgl. 8,33). Den Namen Jesu nehmen sie nicht einmal in den Mund: "*Du bist ein Jünger von jenem.*" Daß Gott mit Mose gesprochen hat, mit Jesus dagegen nicht, stellt die Dinge auf den Kopf, wie der Leser längst weiß (vgl. 1,18; 3,32; 6,46; 8,38). Richtig ist allerdings, daß die *Juden* nicht wissen, *woher* Jesus wirklich ist (8,14), obwohl sie bisher stets das Gegenteil behaupteten (9,29; vgl. 7,27.41.52; 8,28). Weil sie es nicht wissen, sind sie in Wirklichkeit auch keine Jünger des Mose, denn Mose hat ja mit Wort und Tat auf Jesus hingewiesen (5,45ff; 6,31). Sie sind somit gar nicht das, wofür sie sich halten. Genau das macht ihnen auch der Geheilte klar: Es ist doch verwunderlich, daß sie, die so sicher über Gott Bescheid zu wissen meinen, nicht wissen, *woher* Jesus ist. Wer Gottes "Art" wirklich kennt, weiß, woher Jesus stammt (vgl. 7,17; 8,42). Sein Tun weist ihn aus. Somit ist angesichts des Zeichens Jesu nicht der Glaube, sondern der Unglaube das *Verwunderliche* (9,30).

Dem "*Wir wissen*" der *Juden* (9,24) stellt der Geheilte ein ganz anderes Gotteswissen gegenüber, eine wirklich schlüssige Theologie: Wäre Jesus nicht "*von Gott*", dann hätte er "*gar nichts*", am wenigsten ein solch unerhörtes Wunder tun können. Man muß schon "die Augen verschließen", um dieser Logik des Glaubens nicht zu folgen. So erweisen sich die Pharisäer/*Juden* als Blinde, als Verblendete, weil sie nicht sehen wollen, was sie sehen. In ebenso verblendeter Reaktion - sie merken gar nicht, daß sie sich selbst widersprechen - werfen sie dem vormals Blinden vor, "*ganz und gar in Sünden geboren*", also wie Jesus ein Sünder zu sein. Hatte Jesus zu Beginn der Szene das jüdische Vergeltungsdogma abgelehnt, so kramen die *Juden* es wieder hervor als das, was es ist: Instrument zur ideologischen Unterdrückung. Ihnen geht es um ihre eigene Autorität, ihren theologischen Anspruch und ihre wissenschaftliche Ehre. Sich von Gottes Wort und Handeln als überwunden zu erklären, liegt ihnen nicht. Darum werfen sie den Zeugen Jesu hinaus; die ersten Leser hören mit: aus der Synagoge (9,34; vgl. 9,22f).

9,35-39: Die ersten Leser konnten sich wohl mit dem Blindgeborenen identifizieren. In seinem Geschick - Öffnung der Augen, Auseinandersetzung mit den *Juden* und Ausschluß aus der Synagoge - erleben sie ihr eigenes Schicksal nach (vgl. 16,2). Auch ihnen hat Jesus die Augen geöffnet, so daß sie bekennen: Jesus ist "*von Gott*" gekommen. Dieses Bekenntnis hat ihnen gleichfalls Repressalien und Ächtung seitens einer jüdischen Umwelt eingebracht. Somit lesen sie die Szene als symbolische Erzählung.

Die Leser gleichen dem Blindgeborenen noch in einer weiteren Hinsicht: Wie der Jesus nicht gesehen hat und nicht weiß, wo Jesus ist (9,12), so haben auch sie Jesus nicht gesehen, obwohl er ihnen die Augen geöffnet hat und sie ihn als den Messias und von Gott Gekommenen bekennen und bezeugen. Jesus ist ja längst aus dieser Welt weggegangen an einen Ort, "*wohin sie nicht kommen können*" (13,33; vgl. 7,34; 8,21). In der letzten Szene läßt der Autor die Leser miterleben, wie der vormals blinde Bekenner Jesus erstmals leiblich sieht. In diesem Geschehen sollen auch sie den Tag ihrer eigenen Begegnung mit dem erhöhten Jesus symbolisch vorab erfahren (vgl. 16,16-22).

Nicht der Geheilte findet Jesus - er kennt ihn ja gar nicht von Angesicht, sondern nur seine Stimme (vgl. 10,4) -, vielmehr findet Jesus ihn (vgl. 5,14) und fragt ihn: "*Glaubst du an den Menschensohn?*" (9,35). Deutlich zeigt sich die symbolische Absicht des Autors. Den Titel *Menschensohn* hatte Jesus bereits öfter im Blick auf seine himmlische Existenz nach der Rückkehr zum Vater in Anspruch genommen (vgl. 3,14; 5,27; 6,53.62). So auch jetzt. Jesu Frage geht an den Geheilten und an die Leser zugleich: Glauben sie an Jesus, der von Gott gekommen ist und zu Gott zurückkehrt bzw. zurückgekehrt ist. Der Geheilte will glauben, aber er will ebenso *sehen*. Darum gibt sich Jesus ihm zu erkennen: "*Du hast ihn erblickt* (Perfekt: *Du siehst ihn nun*): *Der mit dir redet, der ist es*." (9,37; vgl. 4,26). Warum das Perfekt? Wann hat der Geheilte Jesus zuvor schon gesehen? Will der Autor andeuten, daß der Glaube des Geheilten aufgrund des Zeichens bereits ein wirkliches *Sehen* war, das sich jetzt in der Begegnung mit ihm leibhaftig erfüllt? Nun kann der Geheilte seinen Glauben zum Ausdruck bringen: Er fällt anbetend vor Jesus nieder (9,38). Damit sind die "*Werke Gottes*" endgültig an ihm offenbar geworden (9,3).

Sprach Jesus in 9,4 vom Glauben als einem "*Werk Gottes*", der seinem Wirken der "*Werke Gottes*" am Tage antwortet, und vom Unglauben als dem *Nicht-mehr-Wirken-Können* in der Nacht, so nennt er jetzt dementsprechend als Zweck seines Daseins, eine Scheidung herbeizuführen, nämlich das Gericht (9,39), "*damit die Nicht-Sehenden sehen, die Sehenden aber Blinde werden!*" Wie solche Scheidung geschieht, hat die erste Szene beispielhaft gezeigt. Damit ist dem Wort Jesu auch jeder Anstoß genommen, als ginge es Jesus um eine *willkürliche* Scheidung der Menschen, um Prädestination zu Heil oder Unheil. Vielmehr: Jesus und sein Wirken stellen die Menschen in die Entscheidung; die aber vollziehen sie selbst. Wer weiß, daß er nicht sieht, kommt zu ihm, und es werden ihm die Augen aufgetan, wer aber meint, schon ein "Sehender" zu sein, und darum nicht zu ihm kommt, der blendet sich selbst. Beim Gericht sind somit die Menschen, indem sie glauben oder nicht glauben, in höchstem Maß persönlich beteiligt (vgl. 7,12f.25ff.40; 9,16).

Wieder ist das Wort Jesu ein Rätsel. Jesus spricht metaphorisch, denn die Begriffe meinen natürlich nicht leibliches Sehen und Blindsein. Zu beachten ist, daß sich die Bedeutungen ständig verschieben. Die

"Nicht-Sehenden" des Vordersatzes sind nicht mit den "Blinden" des Nachsatzes identisch, und die "Sehenden" des Nachsatzes haben keineswegs schon das "Sehen" des Vordersatzes verwirklicht. Wieder ist der Leser aufgefordert, über das Wort Jesu nachzudenken und seine rätselhafte Sprache aufzulösen.

3.2 Die "besprochene Welt": 9,40-10,18

40Das hörten einige Pharisäer, die bei ihm waren, und sie sagten:
"Sind etwa auch wir blind?"
41Jesus sagte ihnen:
"Wenn ihr blind wäret, hättet ihr keine Sünde.
Nun aber sagt ihr: Wir sehen! - Eure Sünde bleibt!
10,1Amen, Amen, ich sage euch:
Wer nicht durch die Tür in den Hof der Schafe hineingeht,
sondern auf andere Weise hineinsteigt,
der ist ein Dieb und Räuber.
2Wer durch die Tür hineingeht, ist der Hirt der Schafe.
3Diesem öffnet der Türhüter,
und die Schafe horchen auf seine Stimme,
und er ruft seine eigenen Schafe mit Namen
und führt sie hinaus.
4Hat er all die Seinen hinausgetrieben,
geht er vor ihnen her,
und die Schafe folgen ihm, weil sie seine Stimme kennen.
5Einem Fremden aber werden sie nicht folgen,
sondern vor ihm fliehen,
weil sie die Stimme der Fremden nicht kennen."
6Dieses Gleichnis erzählte ihnen Jesus, sie aber begriffen nicht den Sinn dessen, was er ihnen sagte.

7Jesus sagte wieder:
"Amen, Amen, ich sage euch:
Ich bin die Tür zu den Schafen.
8Alle, die vor mir kamen, sind Diebe und Räuber.
Aber die Schafe hörten nicht auf sie.
9Ich bin die Tür.
Wer durch mich hineingeht, wird gerettet werden,
er wird ein- und ausgehen und Weide finden.
10Der Dieb kommt nur,
um zu stehlen, zu töten und zu verderben.

Ich bin gekommen, damit sie das Leben haben
und es im Überfluß haben.
[11]Der gute Hirt bin ich.
Der gute Hirt gibt sein Leben hin für die Schafe.
[12]Der Lohnarbeiter, der kein Hirt ist
und dem die Schafe nicht gehören,
der sieht den Wolf kommen,
läßt die Schafe im Stich und flieht
- der Wolf aber raubt und zerstreut sie.
[13]Denn wer nur Lohnarbeiter ist,
dem liegt nichts an den Schafen.
[14]Ich bin der gute Hirt, ich kenne die Meinen,
und die Meinen kennen mich,
[15]wie mich der Vater kennt und ich den Vater kenne.
Und mein Leben gebe ich hin für die Schafe.
[16]Noch andere Schafe habe ich,
die nicht aus diesem Hof sind.
Auch jene muß ich führen,
und sie werden meine Stimme hören,
und dann wird sein: eine Herde, ein Hirt.
[17]Darum liebt mich der Vater,
weil ich mein Leben hingebe,
um es dann wieder zurückzunehmen.
[18]Niemand raubt es mir,
sondern ich selbst gebe es freiwillig hin.
Ich habe die Vollmacht, es hinzugeben,
und ich habe die Vollmacht, es wieder zu nehmen.
Diese Weisung habe ich von meinem Vater erhalten."

9,40-41: Im folgenden Dialog mit den Pharisäern setzt sich das Verwirrspiel fort (9,40f), jedoch erfolgt durch Jesus eine Auflösung. Die Pharisäer sind "*bei Jesus*"; wie eine feindliche Eskorte begleiten sie ihn und sind ständig zu Auseinandersetzungen bereit. Auch jetzt fragen sie ihn süffisant: "*Sind etwa auch wir Blinde?*" Dabei beziehen sie sich auf den Vordersatz des Wortes Jesu und wollen ihn als absurden Unsinn widerlegen. Will Jesus behaupten, sie seien Blinde, wo sie doch die eigentlich "Sehenden" zu sein meinen (vgl. 9,24.28f)?

Die Antwort Jesu sagt ihnen in scharfer Polemik, daß für sie, die sich auf den Vordersatz von 9,39 berufen, einzig der Nachsatz zutrifft: "*Sehende werden zu Blinden!*" Natürlich sind sie nicht leiblich blind. Wären sie es nur! Sie würden dann nämlich an sich selbst erfahren, wie sehr sie darauf angewiesen sind, daß ihnen die Augen wunderbar aufgetan werden.

So wären sie offen für die "*Werke Gottes*", die Zeichen Jesu und den Glauben an ihn, und würden frei sein von ihren Sünden; das Thema von 9,2f.34 klingt erneut an. Jetzt sagen sie von sich: "*Wir sehen!*" und behaupten damit, auf die "*Werke Gottes*" nicht angewiesen zu sein. Sie blenden sich selbst, scheiden sich vom *Licht* und werden so zu Blinden: "*Eure Sünde bleibt!*" (vgl. 3,36). Jesus spricht hier vom Gericht, das die Pharisäer sich selbst zuziehen. Blindheit ist es deshalb, weil sie nicht sehen wollen, was sie sehen könnten. Die Leser sollen sich erinnern, wie Jesus schon in 3,19f grundsätzlich über das Gericht gesprochen hat. Nichts anderes sagt er hier polemisch zu den Pharisäern: "*Ihr werdet in euren Sünden sterben!*" (8,21.24).

10,1-6: Die Hörer Jesu und die Leser des JohEv sind damit in eine Gerichtssituation gestellt (9,39), in der es um Leben und Tod geht. Deshalb gibt Jesus ihnen jetzt ein *Rätsel* auf (10,6). Wer es lösen kann, hat im Prozeß gewonnen.

Es lassen sich drei Aussagekomplexe unterscheiden:

- In 10,1-2 steht die Tür zum Hof der Schafe im Mittelpunkt. Ihr wird die Funktion der Scheidung zugesprochen. Wer die Tür benutzt, ist der Hirt. Räuber und Diebe dagegen kommen nicht durch die Tür hinein, sondern steigen *anderswo* in den Hof ein. Es geht somit um den legitimen und illegitimen Zugang in den Hof und zu den Schafen.
- In 10,3 wird das Verhalten der Schafe zum Hirten und das Verhältnis des Hirten zu den *eigenen* Schafen geschildert, nachdem der Hirt den Hof betreten hat.
- In 10,4-5 wird schließlich gesagt, was der Hirt tut und was die Schafe tun bzw. auf gar keinen Fall tun werden (Futur!), nachdem sie dem Hirten aus dem Hof heraus gefolgt sind.

Was in 10,1-5 mitgeteilt wird, könnte banal erscheinen. Es sind Selbstverständlichkeiten, um die jeder weiß, der die orientalische Schafhaltung in einem Dorf oder einer Kleinstadt kennt. Natürlich gelangt der Schafdieb und Räuber nicht durch die Tür in den Hof hinein, in dem die Schafe verwahrt werden, zumal die Tür durch einen Türhüter bewacht wird. Er muß über die Mauer des Schafhofes einsteigen. Ebenso klar ist, daß der Hirt durch die Tür in den Hof hineingeht. Ihm öffnet, wohl auf ein Erkennungszeichen hin, der Türhüter von innen die Tür.

Diese Selbstverständlichkeiten werden nicht erzählt, sondern in Definitionssätzen zur Sprache gebracht: "*Wer nicht durch die Tür geht, ist Dieb/Räuber, wer durch die Tür hineingeht, ist Hirte!*" Die Tür ist das Kriterium. Ist dann *jeder*, der durch die Tür in den Hof geht, legitimer Hirte?

Oder gibt es nur *einen* Hirten, nämlich nur den, von dem in 10,3 *erzählt* wird, daß ihm der Türhüter öffnet? Schon ist zu spüren, was das Redestück sein will: Es ist ein *Rätsel* (10,6), eine Rede mit verborgenem Hintersinn, den aufzudecken die Hörer Jesu und die Leser aufgerufen sind.

Das Folgende ist ebenfalls rätselhaft, so vertraut die dargestellte Szene auch wirken mag. Der Türhüter öffnet dem Hirten, die Schafe horchen auf seine Stimme, er ruft seine *eigenen* Schafe mit Namen auf und führt sie (durch die Tür) hinaus. Die Sache ist scheinbar klar: Es gibt nicht nur eine Herde im Hof und nicht nur einen Hirten. Wozu wäre sonst der Türhüter nötig! Allerdings, für die *eigenen* Schafe gibt es jeweils nur den einen Hirten, dessen Stimme ihnen vertraut ist und der sie mit Namen ruft. Die Rätselfrage steht im Raum: Gibt es noch andere Schafe und andere Hirten? Warum wird nur von einem erzählt? In 10,3 wird in der Tat *erzählt*, und die Leser können sich die Szene lebhaft vorstellen: Genauso geht es zu, wenn ein Hirt am frühen Morgen *seine* Schafe aus dem Hof abholt, in dem sie über Nacht verwahrt waren.

Doch mit 10,4 wird die Erzählhaltung sofort wieder verlassen. Jetzt wird gesagt, was geschehen wird, *sobald* der Hirt "*alle die Seinen*" aus dem Hof hinausgetrieben hat: Dann geht er vor ihnen her und sie folgen ihm nach, weil sie seine Stimme kennen. Der Ton, mit dem 10,4 (trotz 10,3) nochmals den Auszug der Schafe aus dem Hof feststellt, hat etwas Drängendes und Gewaltsames. Ist der Auszug etwa endgültig? Kommen Hirt und Herde am Abend nicht zurück in den Hof? Sollen die Leser verstehen, daß der Hirt die Seinen zu einem neuen Ziel wegführt? Wieder ein rätselhafter Zug, der Auswirkungen auf die Erzählung von 10,3 hat: Wenn die Folge seines Kommens ist, daß der Hirt die Schafe endgültig aus dem Hof wegführt, dann kann in 10,3 nicht geschildert werden, was immer wieder jeden Morgen geschieht. Wird hier ein einmaliges Ereignis dargestellt, das erstmalige und endgültige Kommen des Hirten in den Hof?

Der letzte Zug des *Rätsels* stellt wie 10,1 neben den Hirten einen Gegenspieler, diesmal den *Fremden*. Er scheint - anders als der *Dieb/Räuber* - eine dem Hirten ähnliche Beziehung zu den Schafen zu haben: Auch er lockt sie wohl mit seiner Stimme und will sie führen, doch die Schafe *werden* ihm nicht folgen, weil sie die Stimme "*der Fremden*" (!) nicht kennen. Die Rede wird vollends rätselhaft: Aus *dem* Fremden ist unter der Hand eine Mehrzahl von Feinden geworden, vor denen die Schafe regelrecht fliehen müssen. Auffällig ist das Futur der Verben. Nimmt man es ernst, kann die Aktion der *Fremden* und die Flucht der Schafe nur verstanden werden als drohendes Ereignis nach dem Auszug der Schafe aus dem Hof. Die *Fremden* treten mit dem Hirten nicht im Hof in Konkurrenz, sondern erst außerhalb. Unterscheidungskriterium zwischen Hirt und

Fremden ist auch nicht mehr die Tür - die liegt längst hinter Hirt und Schafen -, sondern die *Stimme*. Die Stimme der *Fremden* will die Schafe verführen, doch an ihrer Stimme werden sie von den Schafen erkannt und darum gemieden. Dann muß der Hirt wohl abwesend sein. Oder locken die *Fremden* die Schafe vom Hirten weg, während er vor ihnen hergeht, und nicht erst, wenn er fern ist? Jedenfalls wollen sie dem Hirten seine Schafe rauben - wie die *Diebe/Räuber* -, und darum müssen die Schafe vor ihnen fliehen. Kehren also in den *Fremden* die *Diebe/Räuber* von 10,1 zurück, sobald Hirt und Schafe den Hof verlassen haben?

Zu solchen Fragen drängt der Text. Verständlich und klar sind die Sachverhalte, die er mitteilt, nur im ersten Augenblick. Wer genauer hinhört, ist vor ein *Rätsel* gestellt, dessen Sinn nicht offen zutage liegt (10,6; vgl. 16,25.29). Es kommt darauf an, den Hintersinn zu erfassen. Die gegnerischen Pharisäer vermögen dies jedenfalls nicht. Können es die wohlwollenden Hörer Jesu? Können es die Leser?

10,7-18: Wer ein Rätsel lösen will, braucht oft nur das Wissen in einem einzigen Punkt, um das Ganze zu entschlüsseln. Es muß allerdings der entscheidende Punkt sein. Für die Lösung des Rätsels Jesu ist das Wissen maßgeblich, wer Hirte ist. Und weil der Hirt vor *Dieben/Räubern* dadurch legitimiert wird, daß er durch die Tür kommt, ist ebenso maßgeblich zu wissen, was die Tür ist.

Jesus gibt die entscheidende Lösungshilfe in einer Offenbarungsrede: Er identifiziert sich selbst mit der Tür *und* mit dem Hirten; doch damit wird seine Offenbarungsrede, die das *Rätsel* lösen helfen soll, gleichfalls zur Rätselrede. Alle anderen Aussagen des *Rätsels* werden nicht entschlüsselt. Aber nachdem Tür *und* Hirte mit Jesus identifiziert sind, läßt sich weiter fragen: Wer sind dann die *Diebe/Räuber*, der *Türhüter*, die *eigenen* (und die anderen) Schafe, die *Fremden* und der *Lohnarbeiter*? Dazu bietet Jesu Offenbarungsrede keinen Schlüssel, doch kann derjenige sie aufschließen, der die "Ich bin"- Aussagen Jesu annimmt. Wer dagegen Jesus ablehnt, hat eine "verrückte" Rede vor sich.

Durch die "Ich bin"- Aussagen kommt ein gewisser Rhythmus in die Rede. Zweimal bezeichnet sich Jesus als die Tür, womit 10,1f aufgenommen wird. In 10,7 nimmt er in Anspruch, der legitime Zugang *zu den Schafen* zu sein, den die *Diebe/Räuber* nicht haben (10,8). In 10,9 ist er der Zugang zum Heil und Leben *für die Schafe*, während die *Diebe/Räuber* ihnen das Verderben bringen. Zweimal nennt Jesus sich den "*echten Hirten*", der sein Leben für die Schafe einsetzt. In 10,11ff redet er von sich im Gegensatz zum *Lohnarbeiter*, der vor dem *Wolf* flieht, und in 10,14f umschreibt er sein Verhältnis zu seinen Schafen, wie es in 10,3f schon angeklungen war. 10,16 nimmt Bezug auf 10,1 und stellt den aus dem Hof stammenden Schafen noch andere an die Seite, die alle vom Hirten zu einer Herde vereinigt werden.

Die Aussagen 10,17f erläutern, daß die Lebenshingabe des Hirten Jesus kein Unfall oder Unglück, auch keine Niederlage sein wird, sondern seine freie Tat in Erfüllung des Auftrags seines Vaters.

Teil I: **Die Tür**	10,7-8:	Jesus ist die Tür *zu den Schafen*; im Gegensatz zu Dieben und Räubern hat er den legitimen Zugang zu ihnen
	10,9-10:	Jesus ist die Tür *für die Schafe*; durch ihn finden die Schafe Leben im Überfluß.
	Zielsatz und Überleitung 10,10b	
Teil II: **Der Hirt**	10,11-13:	Jesus ist der echte Hirt; im Gegensatz zum Lohnarbeiter gibt er sein Leben für die Schafe hin
	10,14-16:	Jesus ist der echte Hirt; durch seine Lebenshingabe führt er *alle* Schafe seiner Herde zusammen
Teil III: **Theologische** **Erläuterung**	10,17-18:	Jesu Lebenshingabe ist Auftrag des Vaters

10,7-10: Jesus identifiziert sich selbst mit der "*Tür der Schafe*" (10,7). Gemeint ist beides: Tür als Zugang zu den Schafen und als Ausgang der Schafe zur Weide. Aus dem Rätsel ist ein Bildwort geworden: Nur durch Jesus gibt es einen legitimen Zugang in den Hof zu den Schafen, und nur durch ihn *werden* sie zur Weide hinauskommen. Er allein garantiert den Schafen Nahrung und Leben.

Ist aber Jesus die Tür, dann gab es zuvor keinen legitimen Zugang zu den Schafen. Es gab vor ihm keinen Hirten. Dann existierte auch keine Herde, wird sie doch durch den Hirten konstituiert. Es gab nur eine Ansammlung von Schafen in der Abgeschlossenheit des Hofes. Und jeder, der sich vor Jesus (und ohne ihn) Zugang zu den Schafen verschaffte, sie leiten und führen wollte, war und ist daher Dieb und Räuber. Er könnte sie gar nicht aus dem Hof hinaus zur Weide und ins Leben führen, weil nur Jesus die Tür dorthin ist. Er kann nur "*stehlen, schlachten und verderben*" (10,10a). Wer sind die Diebe/Räuber, die das Verderben über die

Schafe bringen wollen? So viel dürfte klar sein: Die im Hof versammelten Schafe sind die Zeitgenossen Jesu. Der Hof ist Israel. Jesus beansprucht die Israeliten als sein Eigentum: Er allein hat legitimen Zugang zu ihnen und ist der Weg für sie zu Weide und Leben. Diebe/Räuber sind somit alle, die ohne Anerkennung Jesu und seines legitimen Anspruchs sich der Israeliten zu bemächtigen suchen, die Pharisäer und Hohenpriester also, wie sie im Kontext des JohEv dargestellt werden (vgl. 1,19.24; 7,32.45ff; 9,13-41; 11,45-53; 12,19). Sie beanspruchen, "Führer" des Volkes zu sein, führen es aber ins Verderben. Sie behaupten zu sehen, sind jedoch blind (9,39ff).

10,11-16: Jesu Kommen dagegen bringt den Schafen Leben im Überfluß (10,10b). Damit wird zur zweiten Entschlüsselung, die Jesus ausdrücklich seinen Hörern bietet, übergeleitet. Zum Bildwort: "*Ich bin die Tür...*" paßt schlecht die Aussage "*Ich bin gekommen...*" Im *Rätsel* ist es der Hirt, der *kommt* (10,2), und als der *echte* Hirt bezeichnet sich Jesus jetzt in 10,11. Die zweite Selbstidentifizierung folgt konsequent aus der ersten. Wenn Jesus die Tür ist, der einzig legitime Zugang zu den Schafen im Hof, und wenn er zu den Schafen *gekommen* ist, dann ist er auch der legitime Hirt, der erste und der beste, den die Schafe überhaupt haben können.

Im *Rätsel* wurde nach dem Kommen des Hirten erzählt, daß er seine *eigenen* Schafe mit Namen anruft und sie dann *alle* (!) aus dem Hof hinaustreibt. Danach geht er vor ihnen her und seine Schafe folgen ihm (10,3f). Dieser Gedanke wird in der Offenbarungsrede anscheinend nicht aufgegriffen. Zwar war schon in 10,9 davon die Rede, daß die Schafe durch die Tür, die Jesus selbst ist, zur Weide hinausgelangen werden, und in 10,12f ist vorausgesetzt, daß die Schafe sich außerhalb des Hofes - wohl auf freiem Feld - befinden. Der Hirt Jesus muß sie somit hinausgeführt haben. 10,14 greift sodann 10,3 auf: Das Hören der Stimme des Hirten und die Benennung der Schafe mit Namen wird nun ein gegenseitiges Kennen von Hirt und Schafen genannt.

Dennoch fehlt in der Offenbarungsrede der Zug, daß der Hirt den Schafen vorausgeht und sie ihm folgen. In 10,4 war dieser Zug durch den vorangehenden Temporalsatz sogar noch besonders betont und gegenüber dem *Kommen* des Hirten als etwas Zukünftiges ausgewiesen worden. Stattdessen wird in 10,11 (vgl. 10,15) gesagt, daß der "*echte Hirt sein Leben für die Schafe hingibt*". Die Lebenshingabe muß mit 10,10b verbunden werden: Durch sie gewinnen die Schafe Leben im Überfluß. Besteht darin das "Vor-den-Schafen-Hergehen" des Hirten, von dem das *Rätsel* in 10,4 sprach? Ist in ihr das "Weidefinden" und "Lebenhaben" der Schafe begründet (10,9.10)? Der Kontext des JohEv spricht dafür, daß dies gemeint ist (vgl. 6,51; 11,51f; 12,24-26; 13,36-14,4).

Die Lebenshingabe für die ihm gehörenden Schafe ist das Kennzeichen des echten, wahren Hirten. Darin unterscheidet er sich vom "*Lohnarbeiter, der nicht Hirte ist, dem also die Schafe nicht zu eigen sind*" (10,12). Der läßt die Schafe beim Kommen des *Wolfes* im Stich und flieht, so daß der Wolf die Schafe reißen und zerstreuen kann. Das Wirken des *Lohnarbeiters* ist somit eine Gefahr für die Schafe: Sie sind schutzlos dem Wüten des Wolfes ausgesetzt, gehen zugrunde und werden zerstreut. Ähnliche Gefahren für die Schafe im Hof und außerhalb gingen von den Dieben/Räubern - sie "*rauben und schlachten und vernichten*" (10,10a) - und von den Fremden aus (10,5).

Der Lohnarbeiter ist freilich von den Dieben/Räubern zu unterscheiden. Nicht er vernichtet die Schafe, sondern scheint sie zu hüten und zu leiten, doch gerade dadurch gefährdet er sie. Es ist der Wolf, der die Schafe reißt und zerstreut. Inwieweit unterscheidet sich der Lohnarbeiter dagegen von den *Fremden*? Sie *wollen* die Schafe (anstelle des Hirten) führen, der Lohnarbeiter leitet sie tatsächlich. Die Schafe erkennen die Fremden an ihrer Stimme; sie folgen ihnen nicht, sondern fliehen vor ihnen. Den Lohnarbeiter indessen halten sie zumindest eine Zeitlang für einen Hirten, bis sich eben zeigt, daß ihm nichts an den Schafen liegt und er sie beim Kommen des Wolfes im Stich läßt. Also ist der Lohnarbeiter mit den Fremden keineswegs identisch, wohl aber ist er derjenige, der dem letzten Gegenspieler des echten Hirten, dem Wolf, Raum gibt, so daß er gegen die Schafe wüten kann. Auch er ist somit, obwohl den Schafen zeitweise verbunden, letztlich ein Gegenspieler des echten Hirten. Wie die Fremden tritt er erst in der Zukunft - gesehen vom Standpunkt der Rede Jesu - auf den Plan. Es ist eine fernere Zukunft: Während die Fremden noch zu Lebzeiten des echten Hirten agieren können, kann der Lohnarbeiter seinen Platz erst einnehmen, wenn der Hirt sein Leben für die Schafe hingegeben hat.

Nachdem Jesus sich von den Gegenspielern abgesetzt hat, kann er in völlig offener "Ich-Rede" noch einmal sein Wirken beschreiben (10,14-16). Er ist der gute und "*echte Hirt*", "*weil ich die Meinen kenne und die Meinen mich kennen*" (10,14; vgl. 10,3). Sein Verhältnis zu den Schafen ist so innig wie das zwischen dem Vater und ihm. "*Und ich gebe mein Leben für die Schafe*" (10,15). Vom Standpunkt der Hörer Jesu aus verweist diese Aussage voraus auf Jesu *zukünftige* Lebenshingabe am Kreuz, vom Standpunkt der Leser aus weist sie zurück.

Das Geschehen der Lebenshingabe und - wie 10,17 zeigen wird - der Neugewinnung des Lebens ist, wie oben vermutet, der Vollzug der Hirtentätigkeit Jesu, sein "Vor-den-Schafen-Hergehen" und sein Leiten und Führen. Durch sein Wirken als Hirte bis hin zur Lebenshingabe am Kreuz hat Jesus die *eigenen* Schafe, die auf seine Stimme hören, aus dem Hof hinausgetrieben (10,3f) und geht von da an - als der Erhöhte - vor ihnen her. Daß dies so gemeint ist, macht 10,16 vollends deutlich. Jesus verweist auf weitere Schafe, die nicht aus dem Hof "Israel" sind. Die spätere, nachösterliche Mission außerhalb Israels kommt in den Blick, die auch an anderen Stellen des JohEv angedeutet wird (vgl. 4,35-38; 11,51f; 12,24; 17,20f). Der Erhöhte wird auch die anderen Schafe leiten, denn sie hören ebenso wie die eigenen Schafe aus dem Hof (10,3) auf seine Stimme, und auf diese Weise werden die aus dem Hof "Israel" herausgeführten zusammen mit jenen anderen Schafen *eine* Herde sein, und *ein* Hirt wird sein, der alle zum Leben führt.

10,17-18: Die wie ein Anhang wirkenden Erläuterungen 10,17-18 beziehen sich einzig auf die Lebenshingabe als der entscheidenden Tat des Hirten Jesus. Dadurch wird noch einmal deutlich, wie wichtig dieser Gedanke im Ganzen ist. Was der gute und wahre Hirt Jesus für seine Schafe tatsächlich ist, kommt im Einsatz seines Lebens für sie am klarsten zum Ausdruck. Dadurch rettet er sie vor dem Verderben durch den Wolf (10,12) und erwirkt ihnen Leben im Überfluß (10,10b). In seiner Lebenshingabe zeigt sich, daß ihm an den Schafen liegt (10,13), die er durch und durch kennt und liebt (10,14). Seine Lebenshingabe wird Sterben für die Seinen und somit höchster Ausdruck der Liebe sein (vgl. 15,13).

Das kann sie natürlich nur sein, wenn sie freiwillig ist, also stellvertretender Einsatz des Lebens, um dadurch Tod und Verderben durch den Wolf von den Schafen abzuwenden. Das machen nun die Verse 10,17-18 deutlich. 10,17 schließt dabei an 10,15 an, ja wiederholt die Aussage in neuer Prägung; denn inniges, gegenseitiges "Kennen" ist Lieben, und die Liebe besteht darin, das Geliebte immer besser zu erkennen. Der Vater weiß ebenfalls um die beabsichtigte Tat der Lebenshingabe des Sohnes, und gerade deshalb liebt er ihn (vgl. 10,18fin). Neu gegenüber 10,15 (vgl. 10,11) ist, daß jetzt auch von der Auferstehung gesprochen wird. Jesus hat die Vollmacht, sein Leben hinzugeben und es wieder zu nehmen. Weil er sie vom Vater empfangen hat (vgl. 5,26), ist das *Wiedernehmen* seines Lebens - obwohl eine Tat Jesu - zugleich eine Wirkung des Vaters.

Die abschließenden Bemerkungen, die mit dem Hinweis auf Auftrag und Gebot des Vaters eindrucksvoll enden, binden alle vorher gemachten Aussagen an den Vater zurück. Er steht hinter Jesus, der als echter und wahrer Hirt zu den Schafen im Hof kommt. Auch hier zeigt sich wie so oft im Evangelium, daß johanneische Christologie zugleich Theologie ist. Man kann demnach mit Recht fragen: Gehören der Hof und die Schafe darin, die der Hirte beansprucht, dem Vater als Besitzer (vgl. Ps 23; Jer 23,1-8; Ez 34)? Ist er der Verursacher und eigentliche Beweger all der Ereignisse, die in Jesu Rede rätselhaft verschlüsselt werden?

3.3 Der Abschluß: 10,19-21

> *19Wegen dieser Worte kam es wieder zu einer Spaltung unter den Juden. 20Viele von ihnen sagten: "Er hat einen Dämon und ist verrückt. Was hört ihr auf ihn?" 21Andere sagten: "Das sind keine Worte eines vom Dämon Besessenen! Kann ein Dämon etwa Blinden die Augen öffnen?"*

Das dem Hörer Jesu gestellte *Rätsel* gilt natürlich ebenso dem Leser. Nur mit Hilfe der "Ich bin"-Worte der Offenbarungsrede können beide es lösen. Die Offenbarungsrede ist selbst rätselhaft. Sie stellt verschlüsselt Ereignisse der Zukunft dar und muß entschlüsselt werden. Es stellen sich daher zwei Fragen: Was konnten die Hörer Jesu auf der Ebene der Darstellung des JohEv von seiner Rede verstehen, und was blieb ihnen auch nach Jesu Offenbarungsrede noch rätselhaft? Vermögen die Leser diese Resträtsel zu lösen?

In 10,19ff treten zwei Sorten von Hörern Jesu auf. Zum einen gibt es da die Gegner, die bereits das *Rätsel* nicht verstanden haben (10,6) und am Ende ablehnend konstatieren, Jesus habe einen Dämon und sei verrückt. Nach *ihrem* Verstehen der Rede kann also gar nicht gefragt werden. Sodann sind da jene Hörer, die im Blick auf die wunderbare Heilung des Blindgeborenen Jesus und seinen Worten Bedeutung zubilligen. Was können sie verstehen, wenn sie die entschlüsselnden Selbstaussagen Jesu ("*Ich bin ...*") akzeptierten? Inwieweit können sie das Rätsel lösen?

Sie verstehen, daß der Hof "Israel" ist mit der schützenden Mauer seiner Institutionen. Durch sie wurden die Schafe des Volkes Gottes aufbewahrt, bis der einzig echte Hirt, der Messias, kommt, um sie hinauszuführen. Nur er hat einen legitimen Anspruch auf die Schafe, nur er ist als Beauftragter Gottes Eigentümer der Schafe und dazu berechtigt, durch die Tür einzutreten. Vor seinem Kommen gibt es keinen legitimen Zugang zu den Schafen und keinen Ausgang für sie, und insofern ist es völlig verständlich, wenn Jesus sich zugleich die "*Tür der Schafe*" nennt. Jeder andere Führungsanspruch in Israel, der sich nicht von diesem Messiashirten herleitet, ist Diebstahl und Räuberei. Die angeblichen "Führer" des Volkes, Pharisäer und Hohenpriester, müßten sich ihm unterstellen, auf ihn hören und selbst hinter ihm hergehen. Nachdem in Jesus der Hirt gekommen ist, kommt für die Schafe alles darauf an, seinem Ruf zu folgen und hinter ihm her den Hof zu verlassen. Jetzt formiert sich nämlich erst die Herde, und es erweist sich, wer zu des Hirten *eigenen* Schafen gehört. Wer jetzt noch im Hof verbleibt, um einen anderen Hirten zu erwarten, kommt nicht zum Leben (10,9), sondern geht durch das Wirken der anmaßenden Autoritäten zugrunde (10,10).

Die Hörer Jesu haben also in verdeckter Weisc gehört, wie sich Israels Heilsgeschichte mit dem Kommen Jesu erfüllt hat. Sie konnten auch vernehmen, daß Jesus klar und offen beansprucht hat, der Messias zu sein (vgl. 10,24f), ebenso, daß er sein Leben hingeben wird für das Leben seiner Schafe und (nach seinem Sterben) weitere Schafe mit denen, die aus "Israel" stammen, zusammenführen wird. Es mußte ihnen klar werden, daß das Wirken des messianischen Hirten Jesus den alten Hof "Israel" mit seinen Mauern hinter sich läßt. Niemals mehr wird die *eine* Herde dorthin zurückkehren.

Das alles können Jesu Hörer verstehen, sofern sie sich auf seinen Anspruch einlassen. Haben sie damit alle Rätsel gelöst? Was bleibt offen? Zunächst die Gestalt des *Türhüters* (10,3), dann die der *Fremden* (10,5) und des *Lohnarbeiters* (10,12f). Fremde und Lohnarbeiter sind Figuren der Zukunft; sie treten erst auf den Plan, sobald die Schafe mit dem Hirten den Hof verlassen haben bzw. wenn der Hirt sein Leben hingegeben haben wird und nicht mehr leibhaftig bei den Schafen ist. Der Türhüter dagegen ist jemand, der für das *Kommen* des Hirten in den Hof Bedeutung hat. Mit seiner Erwähnung in 10,3 beginnt der *erzählende* Teil. Weil Jesus hier von seinem eigenen *Kommen* erzählt, muß der Türhüter eine Gestalt seiner Geschichte sein. Da er die Tür von innen öffnet, befindet er sich im Innern des Hofes bei den Schafen, und da es nur einen einzigen Hirten der Schafe gibt, dessen einmaliges geschichtliches Kommen erzählt wird, ist die Aufgabe des Türhüters einzig auf diesen Augenblick ausgerichtet. So liegt es nahe, ihn mit Johannes dem Täufer zu identifizieren. Dessen Aufgabe war es, nach dem messianischen Hirten, dem Sohn Gottes, Ausschau zu halten und ihn, sobald er angekommen war, "*Israel bekannt zu machen*" (1,29-30). Diese Identifizierung konnten auch die Hörer Jesu vornehmen, weil ihnen die Selbsteinschätzung des Täufers bekannt war (vgl. 1,19.24; 10,40f).

Die Identität der *Fremden* muß den Hörern Jesu dagegen zunächst dunkel bleiben. Zwar können sie verstehen, daß die Fremden die aus dem Hof ausgezogene Herde in Zukunft dem Hirten abspenstig machen wollen. Sie werben um die Schafe und locken sie mit ihrer Stimme. Darum müssen die Schafe vor ihnen fliehen. Indem sie fliehen, *bleiben* sie weiter bei dem *echten Hirten*. Aber wer ist der *Fremde*, der zugleich eine Vielzahl von *Fremden* in sich einschließt? Tritt ihre Identität im Verlauf der Handlung des Evangeliums deutlicher hervor, wenn die Hohenpriester und die Pharisäer mit Gewalt versuchen, die Schafe Jesus wieder abzuwerben (vgl. 7,13.47ff.52; 8,13-20; 9,22.34; 11,48.50.57; 12,10f.19.42)? Unmöglich dürfte es für die Hörer Jesu sein, den *Lohnarbeiter* zu identifizieren. Mit ihm kommt eine noch spätere Zeit in den Blick, in der die Herde nicht mehr durch den Hirten persönlich geleitet wird, sondern dem Wüten des *Wolfes* ausgesetzt ist, dem sich bereits der Hirt entgegengestellt hat, als er sein Leben hingab für seine Schafe.

Mit den Gestalten der Fremden, des Lohnarbeiters und der *anderen Schafe* (10,16) verweist Jesu Rede auf eine spätere Zeit, die für die Hörer Jesu ferne Zukunft ist. Die Leser des JohEv dagegen können mit diesen Hinweisen etwas anfangen und sie entschlüsseln, insbesondere die ersten Leser. Sie vermögen die rätselhaften Gestalten mit Figuren zu identifizieren, die in der weiteren Handlung des Evangeliums eine entsprechende Rolle spielen oder im Leben der Leser gespielt haben.

Die Gemeinde der ersten Leser des JohEv hatte eine äußere und eine innere Gefährdung zu überstehen. In der Zeit nach dem Jüdischen Krieg geriet sie unter den Druck eines sich orthodox ausbildenden Judentums pharisäischer Prägung, das andere jüdische Gruppen, darunter Judenchristen, zu disziplinieren suchte oder gewaltsam aus dem Judentum ausschied. Diese gefährliche Situation, in der in den *Fremden* die Pharisäer und Hohenpriester, mit denen sich schon Jesus im Verlauf der Handlung auseinandersetzen mußte, zurückkehrten, wird wohl in 10,5 verschlüsselt dargestellt. Die Fremden lockten die Christen, den "*echten Hirten*" Jesus zu verlassen und hinter ihnen her zu gehen, also vom christologischen Bekenntnis abzulassen und zum Judentum zurückzukehren.

Für diejenigen johanneischen Christen, die dem Ruf der Fremden nicht folgten, ergaben sich schlimme Konsequenzen. Es kam seitens der jüdischen Führung zu "lehramtlichen" Prozessen gegen Christen um das christologische Bekenntnis, zu Maßnahmen wie Synagogenausschluß und zu gewalttätigen Ausschreitungen oder gar Mord.

Hinter der Darstellung des JohEv wird die Situation der johanneischen Gemeinde in späterer Zeit nicht nur in der "Hirtenrede" erkennbar; sie spiegelt sich überall. Im Konflikt Jesu mit den *Juden* und deren "Führern", den Pharisäern und Hohenpriestern erkennen die Leser ihr eigenes Geschick und ihre eigenen Auseinandersetzungen. Was Jesus in 15,18.20 den Jüngern beim Abschied sagt, gilt ihnen: Sie werden das gleiche Geschick erfahren wie Jesus selbst. Jesus sagt es ihnen in 15,18-16,11 in aller Eindringlichkeit voraus. Auch der geheilte Blinde in Joh 9 ist ein Beispiel dafür, wie die pharisäische Obrigkeit später mit den Christen verfahren wird, wenn der Hirte Jesus persönlich abwesend sein wird.

Die "Hirtenrede" fordert in verschlüsselter Rede die Christen auf, dem Locken der *Fremden* nicht zu verfallen, sondern vor ihnen zu fliehen. Wer sich von ihnen verführen läßt, ist aus der einen Herde des einzigen und "*echten Hirten*" Jesus ausgebrochen. Er gehört nicht mehr zu den *eigenen* Schafen, sondern kehrt in den Hof zurück, aus dem der Hirte die *Seinen* herausgeführt hatte, und wird ein Opfer der Diebe/Räuber, die den dort verbliebenen Schafen das Verderben bringen.

Daneben gab es eine innere Gefährdung der johanneischen Gemeinde. Sie wird besonders aus den Johannesbriefen erkennbar, steht aber im JohEv ebenfalls mehrfach im Hintergrund. Sie war eine Konsequenz der äußeren Bedrohung. Zahlreiche Christen hielten dem Druck des Judentums nicht stand - manche ließen sich wohl von der Gegenseite überzeugen - und gaben ihre Position auf. Ein Schisma brach auf. Unter den Abtrünnigen waren wahrscheinlich auch Gemeindeleiter und andere christliche Persönlichkeiten. Im *Lohnarbeiter* kann der Leser sie erkennen. Als solcher erweist sich ein scheinbarer Hirte erst im Augenblick der Gefahr. Statt dem Wolf entgegenzutreten und die Schafe zu schützen, flieht er und überläßt sie dem Raub.

Das Schisma der johanneischen Gemeinde kommt im JohEv in 6,60-71 in den Blick, daneben noch in den zahlreichen Hinweisen auf "Jünger" Jesu oder Sympathisanten, die aus Angst vor den *Juden*/Pharisäern ihren Glauben an Jesus nicht offen zeigen oder verleugnen (vgl. 7,13.45-52; 9,22; 12,42f; 18,15-18.25f). Die Leiter der Gemeinde werden in 10,12f verschlüsselt aufgerufen, wie der wahre Hirt Jesus ihr Leben für die Herde daranzugeben (vgl. 12,24-26; 15,13f); Petrus ist positives Beispiel dafür, daß das dem Jünger möglich ist (13,36; 21,18f). Darum wird er auch von Jesus zum Hirten eingesetzt (21,15ff). Judas ist negatives Beispiel. Von ihm wird in 12,6 gesagt, daß ihm an den Armen "*nichts liegt*" (vgl. 10,13).

Die ersten Leser des JohEv können somit im Gegensatz zu Jesu Hörern die rätselhafte "Hirtenrede" Jesu vollständig entschlüsseln. Es zeigt sich, daß *sie* deren eigentliche Adressaten sind. Die verschlüsselten Hinweise und Darstellungen beleuchten ihnen ihr eigenes Geschick. Sie dienen als Warnung und Mahnung, in der Bedrohung der Herde Jesu nicht zu versagen, sondern bei dem einen Hirten zu bleiben, auf seine Stimme zu hören und hinter ihm herzugehen. Solches "Nachfolgen" muß die Bereitschaft einschließen, das eigene Leben für die "befreundeten" Schafe einzusetzen. Das sagt Jesus an anderem Ort ausdrücklich (15,13f).

4. Zweiter dramatischer Knoten: 10,22-39

22*Dann war das Tempelweihfest in Jerusalem. Es war Winter.*
23*Und Jesus ging im Tempel in der Säulenhalle Salomos umher.*
24*Da umringten ihn die Juden und sagten zu ihm:*
"Wie lange willst du uns auf die Folter spannen?
Wenn du der Christus bist, so sage es uns offen heraus."
25*Jesus antwortete ihnen:*
"Ich habe es euch gesagt, ihr aber glaubt nicht.
Die Werke, die ich im Namen meines Vaters tue,

sie geben Zeugnis über mich.
26Ihr aber glaubt nicht,
weil ihr nicht zu meinen Schafen gehört.
27Meine Schafe hören meine Stimme;
ich kenne sie, und sie folgen mir.
28Und ich gebe ihnen ewiges Leben,
und in Ewigkeit gehen sie nicht zugrunde,
und keiner wird sie aus meiner Hand reißen.
29Mein Vater, der sie mir gegeben hat, ist größer als alle,
und niemand kann sie der Hand des Vaters entreißen.
30Ich und der Vater sind eines."

31Erneut hoben die Juden Steine auf, um ihn zu steinigen. 32Jesus antwortete ihnen:

"Viele gute Werke habe ich euch vom Vater gezeigt.
Wegen welches dieser Werke wollt ihr mich steinigen?"
33Die Juden antworteten ihm:
"Nicht wegen eines guten Werkes
wollen wir dich steinigen, sondern wegen Blasphemie.
Obwohl du ein Mensch bist, machst du dich selbst zu Gott."
34Jesus antwortete ihnen:
"Steht nicht in eurem Gesetz geschrieben:
'Ich habe gesagt, ihr seid Götter'?
35Wenn es jene Götter nannte,
denen das Wort Gottes zuteil wurde,
und wenn die Schrift nicht aufgelöst werden kann,
36wie könnt ihr dann zu dem, den der Vater geheiligt
und in die Welt gesandt hat, sagen: Du lästerst Gott,
weil ich gesagt habe: Ich bin Gottes Sohn?
37Wenn ich die Werke meines Vaters nicht tue,
dann glaubt mir nicht!
38Da ich sie aber tue, so glaubt,
wenn schon nicht mir, doch den Werken,
damit ihr erkennt und wißt:
in mir der Vater und ich im Vater!"

39Wieder suchten sie ihn zu fassen. Er aber entzog sich ihren Händen.

Nach dem umfangreichen Zwischenspiel 9,1-10,21, dessen Thema die Aussperrung der *Jünger* Jesu aus der Synagoge durch die *Juden* (9,22.34) bzw. umgekehrt der Auszug der Schafe Jesu aus dem Hof (10,3f) war, folgt nun eine erneute Auseinandersetzung mit den *Juden* um *Jesus*, seinen Anspruch und sein Wirken. Unterdessen sind seit den dramatischen Szenen am Laubhüttenfest (7,10-8,59) drei Monate vergangen, und das Tempelweihfest ist gekommen. Ausdrücklich stellt der Autor fest, daß jetzt Winter ist, und will damit seinen Lesern wohl mehr als eine Jahreszeit andeuten: Jesu Wirken nähert sich seinem Ende (vgl. 7,6.8.33f.39; 8,21; 9,4f). Im nächsten Frühjahr, beim Paschafest, wird Jesus es vollenden.

Wo sich Jesus inzwischen aufgehalten hat, wird nicht erzählt. Offenbar hat er nicht wie sonst Jerusalem nach dem Fest verlassen, sondern ist in der Stadt geblieben, wohl verborgen (7,10; 8,59). Nun begibt er sich am Tempelweihfest noch einmal - zum letzten Mal! - in den Jerusalemer Tempel, obwohl er doch selbst der wahre Tempel ist, der Ort der Anbetung Gottes (vgl. 2,21; 4,23; 7,37ff), das Heiligtum der Begegnung mit der Wirklichkeit Gottes (vgl. 1,14; 8,19.24.32), denn ihn hat "*der Vater geheiligt*" (10,36). Wenn die Leser diese Anspielungen und Andeutungen mitvollziehen, erweisen sie, daß sie zu Jesu Schafen gehören und auf seine Stimme hören.

Wer sind Jesu Streitpartner? In 7,10-8,59 konnte man differenzieren: Es gab die Volksmenge, die über Jesus geteilter Meinung war (7,12f.25ff. 40ff), es traten die jüdischen "Führer" auf, die Jesus festnehmen lassen wollten (7,30. 32.44; 8,20), und an Jesus Glaubende, die unter Berufung auf ihr jüdisches Selbstverständnis nicht bei seinem Wort blieben, sondern Jesus durch Steinwürfe lynchen wollten (8,30ff.59). Die Streitgegner der jetzigen Szene werden durch zwei Reaktionen gekennzeichnet: Sie wollen Jesus erneut lynchen (10,31) und zum wiederholten Male festnehmen (10,39).

Soll der Leser daraus entnehmen, daß die jüdischen "Führer" und die von Jesus wieder abgefallenen *Juden* jetzt *gemeinsam* gegen Jesus antreten? Dann könnte sich in dieser Szene unmittelbar eine Situation spiegeln, wie sie die ersten Leser aus eigener Anschauung kannten, über die heute jedoch nur noch Vermutungen angestellt werden können.

Schon diese Beobachtungen weisen darauf hin, daß nun der Höhepunkt der Auseinandersetzungen zwischen Jesus und den *Juden* im JohEv erreicht ist. Das wird aus den Reaktionen der gegnerischen *Juden* ebenfalls deutlich (10,24). Sie wollen zu einem Ende kommen und fordern Jesus auf, endlich *offen* heraus zu sagen, ob er der Messias ist. Ähnliche *Offenheit* hatten zu Anfang des Bildes schon die Brüder Jesu gefordert (7,4). Wie sie dadurch das vorausgehende Wirken Jesu abwerteten, so sehen die *Juden* jetzt sein bisheriges Reden als vorläufig und unverbindlich an: Jesus soll endlich zur Sache kommen! Sie fordern von Jesus ein *entscheidendes* Wort. Doch wozu? Werden sie danach etwa glauben? Auf Jesu Seite zeigt sich dagegen, daß er gar nichts mehr zu sagen hat, weil alles gesagt ist, wenn auch vergeblich. Was ihm noch zu sagen bleibt, kann nur ein Schlußwort, ein Resümee, eine Anklage sein.

Dieses Resümee bezieht sich auf Jesu Selbstoffenbarung in Worten (10,26-30) und Werken (10,34-38). Die Werke erweisen, daß der in den Worten zum Ausdruck gebrachte Anspruch Jesu wahr ist (10,25). Sie legitimieren Jesus (5,36; 9,33; 10,21). Ohne sie wäre Unglaube schuldlos (10,37; vgl. 15,24), nun ist er unentschuldbar, denn die Gegner verweigern sich absichtlich und verschließen bewußt ihre Augen vor Jesu Taten (vgl. 9,13-34). In der Rede Jesu sind entsprechend den beiden Sätzen in 10,25 zwei Gedankengänge zu unterscheiden, die eine gewisse parallele Struktur haben und aufeinander zugeordnet bleiben. Beide Gedankengänge enden mit einem Spitzensatz johanneischer Theologie: "*Ich und der Vater sind eines!*" (10,30) und "*In mir der Vater und ich in ihm!*" (10,38), auf die jeweils eine aggressive Handlung der Gegner folgt (10,31.39).

10,22-31: Die Situation ist der von 7,2ff; 8,24ff ähnlich: Die *Juden* fordern Jesus auf, nun endlich "*offen heraus*" zu sagen, ob er der Messias ist. Aber was heißt denn "*offen heraus*"? Eigentlich ist die Aufforderung eine klare Verweigerung des Glaubens (vgl. 7,5). Denn würden sie überhaupt glauben *wollen*, müßten ihnen Jesu bisherige Worte genügen. In ihnen hat Jesus längst - wenn auch nicht *offen* - gesagt, wer er ist. Sogar, daß er der Messias ist, hat er gesagt (vgl. 10,11.14), und seine Worte sind durch seine *Werke* bestätigt worden (10,25; vgl. 5,36; 9,4). Wer dem Glauben in sich Raum geben will, dem genügt Jesu bisheriges Wort. Eines *offeneren* Wortes bedarf es nicht. Es würde den Verweigerer nicht überzeugen, den Verschlossenen nicht öffnen.

Jesus fällt über die gegnerischen *Juden* das Urteil: "*Ihr aber glaubt nicht, weil ihr nicht zu meinen Schafen gehört*" (10,26; vgl. 8,47). Gehörten sie dazu, würden sie auf Jesus hören (10,27). Wieder riecht Jesu Anklage nach Prädestination. Jedoch, ein Blick zurück zur "Hirtenrede" (10,1-5) beweist, daß die Scheidung in die *eigenen* und fremden Schafe, die der Hirt durch seinen Ruf auslöst, die Entscheidung der Schafe miteinschließt. Vor diesem Hirten gab es ja gar keinen anderen und somit überhaupt noch keine Scheidung bei den Schafen. Unterschiedslos waren alle im Hof versammelt, und wer von ihnen sich entschloß, auf den Ruf des Hirten zu hören und ihm zu folgen, gehörte von da an zu den *Seinen* (vgl. 1,11ff).

Es ist somit ihre eigene Entscheidung, wenn die gegnerischen *Juden* nicht zu Jesu Schafen gehören. Sie verschließen sich seinem Ruf und glauben ihm nicht. Und doch ist der Glaube, anders als der Unglaube, auch von Bedingungen geprägt, die außerhalb der Entscheidung des Menschen liegen. Wie Liebe vom Geliebten ausgelöst wird und Freundschaft vom Freund, so gleichfalls der Glaube: Er ist nicht nur Ausdruck einer bewußten Entscheidung, nach der er erst wirklich da ist. Vielmehr ist er ein Angezogenwerden von dem, dem er traut, ein Eingenommenwerden von dem, was er hört (6,44). Im Glaubenden ist das Geglaubte schon verborgen präsent, und der Glaube ist ein Wiedererkennen, ein Echo. Darum kann Jesus so von sich als dem Hirten und den *Seinen* als den "*eigenen Schafen*" sprechen, wie er es hier und in der "Hirtenrede" tut (10,27; vgl. 10,14). Zwischen ihm und den *Seinen* herrscht ein inniges Verhältnis, das in Ewigkeit hält und durch keine Macht gestört werden kann (10,28). Niemand kann die Schafe aus Jesu Hand *rauben*. Die Situation von 10,13 - die ersten Leser können sie wahrscheinlich unmittelbar an ihrer eigenen Geschichte verifizieren - wird erneut angesprochen, jetzt als Versicherung für die Jünger, daß sie immer in der Hand des Hirten Jesus bleiben. Die Sicherheit, die Jesus bieten kann, ist die Geborgenheit in Gott selbst (10,29). Wer in seiner Hand ist, ist in Gottes Hand (vgl. Weish 3,1), der größer ist als jede Gegenmacht. Die parallele Formulierung von 10,28 und 10,29 mündet darum folgerichtig in den ersten absoluten Spitzensatz johanneischer Theologie ein: "*Ich und der Vater sind eines!*" (10,30; vgl. 1,2). Diese mythische Einheit gilt, obwohl der Mensch Jesus auf Erden ist, der Vater aber im Himmel, obwohl Jesus einst "*von Gott ausgegangen*" ist und später wieder "*zu ihm zurückkehren*" wird. Sie ist im raum-zeitlichen Sinne nicht objektivierbar. Es wird keine Identität behauptet, sondern ein Paradoxon. Jesus ist nicht der Vater in Person, und doch kann er mit der Offenbarungsformel "*Ich bin*" (vgl. Jes 43,10f; Ex 3,14) geheimnisvoll auf sich selbst hinweisen: In ihm ist Gott unter den Menschen in Zeit und Geschichte erschienen und anwesend. Der Satz faßt zusammen, was Jesus bisher über das Verhältnis zwischen ihm und dem Vater gesagt hat: 3,35; 5,17.19-29; 6,20.45; 8,19.24.28.58; diese Aussagen sollen mitbedacht werden.

Die Rede Jesu galt am Ende nur noch den *Seinen*. Nur der Glaubende kann seinen Anspruch aushalten. Für die gegnerischen *Juden* ist er unerträglich. Für sie ist Jesus nur ein Mensch. Stellt er einen solchen Anspruch, muß er entweder wahnsinnig (vgl. 8,48) oder *gottlos* sein. Daher reagieren sie wie in 8,59 erneut mit der Absicht, Jesus mit Steinwürfen zu lynchen.

10,32-39: Hätte Jesus nur geredet, nicht auch gewirkt, könnten die *Juden* sogar im Recht sein. Aber er hat seine Worte durch *Wohltaten* - gemeint sind seine Zeichen - unterstrichen, die ihn ausweisen (10,25). Worte können lügen, *Werke* nicht! Ihre Wahrheit liegt in ihnen offen zu Tage und jeder kann sie beurteilen. Darum fragt Jesus die Gegner jetzt, wegen welcher *Wohltat* sie ihn steinigen wollen. Sie jedoch wollen die *guten Werke* Jesu beiseite lassen und sich allein an sein Wort halten, das eine Gotteslästerung sei, weil Jesus sich darin, obwohl ein Mensch, selbst zu Gott gemacht habe (10,33; vgl. 5,18).

Die Leser kennen diesen Vorwurf. Es ist *der* jüdische Vorwurf gegen die Christologie der johanneischen Jüngerschaft: Sie vergöttliche einen Menschen! Um ihn ging es wohl in den Kämpfen und Auseinandersetzungen, die zu Haß und Synagogenausschluß durch die *Juden* führten (vgl. 15,18ff; 16,2).

Jesus widerlegt den Vorwurf aus der Schrift, die die *Juden* als "*ihr Gesetz*" beanspruchen. Gott selbst sagt den Lesern der Schrift zu: "*Ihr werdet Götter sein*" (Ps 82,6). Lästert Gott gegen sich selbst, wenn er verheißt, die Menschen in seine Wirklichkeit - Wahrheit und Leben - hineinzuziehen, sie zu *vergöttlichen*? Wollen die *Juden* mit ihren theologischen Urteilen Gott vor den Konsequenzen seines eigenen Heilshandelns in Schutz nehmen? Nicht Jesus "*macht sich*" zu Gott, sondern der Vater hat ihn "*geweiht und in die Welt gesandt*" (10,36). Darum steht er - auch als ein Mensch von Fleisch und Blut -ganz auf der Seite Gottes. Zurecht spricht er von sich als dem *Sohn Gottes*. Erkannt wird das an seinen Werken, die Werke des Vaters sind. Schon der geheilte Blinde hatte den *Juden* eindringlich zu Bewußtsein gebracht: "*Wenn dieser nicht von Gott wäre, so hätte er nichts tun können*" (9,33; vgl. 5,19.36).

Jesus spricht die Gegner sogar von der Verpflichtung zum Glauben frei, falls er die Werke des Vaters *nicht* tut (10,37), um sie dann um so unerbittlicher in die Pflicht zu nehmen. Es ist ja unbestreitbar, daß er "*Gottes Werke*" tut, und darum ist der Glaube Pflicht. Den Werken zu glauben, bedeutet Zustimmung im Sinne des geheilten Blinden: Wer derartiges wirkt, muß von Gott sein! Damit würde das Recht Jesu anerkannt, von sich so zu reden, wie er es tut: "*In mir der Vater und ich in ihm!*" (10,38). Das ist der zweite Spitzensatz und mit 10,30 zusammen der Höhepunkt der Auseinandersetzung Jesu mit den gegnerischen *Juden*. Jetzt ist wirklich alles und in völliger *Offenheit* (vgl. 7,4) gesagt. Doch vergeblich! Die *Juden* versuchen erneut, ihn festzunehmen. Noch einmal entkommt Jesus ihnen.

Siebtes Bild: 10,40-11,54

I. Die Analyse

1. Abgrenzung

Die Frage ist, wo der neue Abschnitt beginnt, in 10,40 oder in 11,1? Die Formulierung von 11,1 entspricht nicht den bisherigen Eröffnungen von Großabschnitten im JohEv (vgl. 2,13; 3,22; 5,1; 6,1; 7,1). Dort wird stets vom Aufenthaltsort *Jesu* gesprochen. Mit 11,1 vergleichbar sind 1,40; 3,1; 4,46; 5,5, wo entweder eine untergeordnete Szene beginnt oder ein Gesprächspartner Jesu bzw. ein Kranker in die Handlung eingeführt werden (vgl. 3,1; 5,5).

Somit spricht alles dafür, daß der jetzt folgende Großabschnitt mit 10,40 eröffnet wird, entsprechend 3,22 (vgl. 1,19.28); 6,1. Die Bemerkung 10,39 genügt vollauf, um die vorausgehende letzte Tempelszene abzuschließen (vgl. 8,59), zumal abschließende Szenenangaben im JohEv durchaus auch fehlen können (vgl. Joh 3; Joh 5). Außerdem setzt die folgende Handlung den in 10,40 angezeigten Szenenwechsel voraus: Die Botschaft der beiden Schwestern erreicht Jesus (zu spät!) an seinem Aufenthaltsort "*jenseits des Jordan*" (11,3); Jesus verbleibt daraufhin noch "*zwei Tage*" dort (11,6) und bricht erst dann nach Judäa auf (11,7). Die szenische Vorstellung ist, daß man für die Entfernung zwischen dem Aufenthaltsort Jesu "*jenseits des Jordan*" und Bethanien "*nahe Jerusalem*" (11,18) eine Tagereise benötigt.

10,40 weist auf 1,19-28 zurück, den Ausgangspunkt des Wirkens Jesu. Von Bethanien "*jenseits des Jordan*" geht Jesus nach dem anderen Bethanien "*nahe Jerusalem*" und von da - nach einem Zwischenaufenthalt in der "*Wüste von Judäa*" (11,55) - nach Jerusalem, dem Ort der Vollendung seines Wirkens. Von 10,40 her erweist sich die gesamte Handlung zwischen 1,19-10,39 als weitgespannter Bogen, und der mit 10,40 beginnende Abschnitt bildet vom selben Ausgangspunkt ausgehend diesen Bogen im Kleinen ab, dazu in gesteigertem Erzähltempo, geradezu "ohne Umschweife". Der szenischen Situierung entspricht die thematische: Jetzt fallen auf allen Seiten die Entscheidungen: Jesus geht *entschlossen* auf Jerusalem zu, die Gegner *beschließen* seinen gewaltsamen Tod, die vom Vater gesetzte Stunde ist da! 10,40 eröffnet somit jenen Abschnitt, der nach dem zentralen Konflikt (6,1-10,39) die "Wendung" bringt: die Peripetie.

Wo endet der mit 10,40 eröffnete Abschnitt? Stellt man die letzte Beobachtung in Rechnung, dann ist klar, daß erst 12,36 das Ende sein kann. Die bisherige Darstellung war insgesamt so strukturiert, daß stets ein außerhalb Jerusalems (Transjordanien/Galiläa/Samarien) spielender Abschnitt und ein in Jerusalem/Tempel spielender nebeneinander standen.

Das gilt auch für 10,40-12,36: Es lassen sich sowohl szenisch (11,54) als auch zeitlich (11,55-12,1) zwei Bilder voneinander unterscheiden, das eine in Bethanien "*nahe Jerusalem*", das andere in Jerusalem selbst. Doch sind beide szenisch und thematisch eng ineinander verschlungen: Die letzte Szene des ersten, die als Wirkung der Auferweckung des Lazarus den Todesbeschluß des Synedriums gegen Jesus erzählt, spielt bereits in Jerusalem (11,46-53), und zu Beginn des zweiten Bildes befindet sich Jesus zunächst erneut in Bethanien (12,1ff), ehe er endgültig nach Jerusalem aufbricht. Das Thema des ersten Bildes - die Auferweckung des Lazarus als Tat Jesu - ist auch im zweiten ständig präsent und treibt die Handlung voran (12,1.9.10f.17-19). Ebenso sind die Themen des zweiten Bildes - die Stunde der Verherrlichung Jesu (12,23.27f), sein Tod (12,32f) und die nur "*kurze Zeit*" der Anwesenheit des Lichtes Jesus in der Welt (12,35f) - im ersten gegenwärtig und handlungsfördernd (11,4.9f.16.40).

Gleichwohl darf 11,54 nicht übersehen oder unterbewertet werden. Diese szenische Zwischenbemerkung markiert einen Einschnitt, den der Autor absichtsvoll setzt: Jesus zieht sich noch einmal an einen geheimen Ort, "*Ephraim in der Wüste von Judäa*" zurück. Die Angabe ist an sich überflüssig und gerade darum bedeutsam. Der Autor zieht damit einen Trennungsstrich zwischen den beiden Bildern, ohne sie jedoch völlig voneinander zu scheiden.

2. Rückverweise/Wiederaufnahmen/Echos: Was die Leserinnen und Leser schon wissen!

Der deutlichste *Rückverweis* ist 10,40f (s.o.): Jesus kehrt an seinen Ausgangspunkt zurück; der Kreis des öffentlichen Offenbarerwirkens schließt sich. Die Leser werden erinnert an die Anfangsszenen der Darstellung, in denen Jesus an den Taufort des Täufers kam und von dort aus zu wirken begann (vgl. 1,28.29.35). Aber nicht nur die Szenerie wird in Erinnerung gerufen, sondern ebenso das Zeugnis des Täufers über Jesus (1,19-28.29-34). Im Rückblick auf das bisherige Wirken Jesu bestätigen die vielen Glaubenden von 10,41 die Wahrheit jenes Zeugnisses (vgl. 5,33). Ein weiterer Zug unterstreicht den übergreifenden und umfassenden Charakter von 10,40: Die Wahrheit des Täuferzeugnisses wird festgestellt, obwohl der Täufer im Unterschied zu Jesus keine *Zeichen* gewirkt hat. Den Lesern wird auf diese Weise nahegebracht, daß Jesu eigenes Zeugnis gerade wegen der Zeichen um vieles vertrauenswürdiger und wahrhaftiger als das des Täufers ist.

10,40f signalisiert einerseits, daß im öffentlichen Wirken Jesu ein gewisser Schlußpunkt erreicht ist. Tatsächlich betritt Jesus ab 10,39 den

Tempel nicht mehr (vgl. 11,55f), und die scharfen Auseinandersetzungen mit den *Juden* sind zu Ende. Andererseits wirkt Jesus jetzt das größte Zeichen, die Auferweckung des Lazarus, und redet noch einmal - zum letztenmal! - in der Öffentlichkeit (12,20-36). Durch 10,40ff wird somit das letzte öffentliche Wirken Jesu eröffnet mit der Folge, daß es mit dem vorausgehenden Wirken zugleich verbunden *und* davon abgesetzt wird: Joh 11-12 ist einerseits Höhepunkt und höchste Steigerung der bisherigen Handlung, andererseits besitzt der Abschnitt einen eigenen Akzent und wirkt wie ein Schlußakkord. Den Lesern soll bewußt werden, daß sie vor einer Wende stehen. Das wird vor allem am Ende des Abschnitts deutlich: Die Pharisäer und Hohenpriester verweisen auf das zurückliegende Wirken Jesu in vielen Zeichen (11,47f). Für sie ist die Auferweckung des Lazarus das letzte Signal, daß mit dem Wirken Jesu endgültig Schluß sein muß.

Eine eigenartige Notiz liegt in 11,2 vor, der Form nach ein *Rückverweis*: Maria wird den Lesern vorgestellt als diejenige, die "*den Herrn mit Myrrhe gesalbt und seine Füße mit ihren Haaren abgewischt hat*". Die entsprechende Szene bietet der Autor aber erst in 12,1-9, so daß die Vergangenheitsform der Verben deplaziert zu sein scheint. Allerdings muß man bedenken, daß ein solches Urteil höchstens vom Erstleser gefällt werden könnte. Wer das JohEv zum zweitenmal oder öfter gelesen hat - auch mit solchen Lesern rechnet der Autor -, wird mit 11,2 durchaus an etwas erinnert, was er bereits kennt. Eine weitere Eigentümlichkeit kommt noch hinzu: Der Autor bezeichnet hier - wie sonst nur in Szenen nach Ostern (vgl. 20,2.13.28; 21,7.12) - Jesus als "*den Herrn*", er informiert somit die Leser aus nachösterlicher Perspektive über Maria. Sie ist die Frau, die "*den Herrn gesalbt hat*". Dadurch ist sie bleibend qualifiziert - wie Simon durch seine spätere Ernennung zu *Petros* (1,42), Judas Iskariot durch seinen Verrat (6,71) und der *geliebte Jünger* durch die Zuneigung Jesu (13,23). Die Funktion von 11,2 dürfte daher gerade darin bestehen, daß die Leser mit Maria von vornherein eine Szene in Verbindung bringen, durch die diese Frau immer schon und bleibend qualifiziert ist als diejenige, die aus tieferer Einsicht Jesus als "*den Herrn*" für den Tag seiner Bestattung gesalbt hat (12,7). Die Tat, die Maria im Verlauf der Handlung des JohEv erst tun wird, kennzeichnet sie schon jetzt und wird, wenn sie getan ist, eine Auswirkung der ständigen Haltung Marias sein. Damit ist den Lesern ein klarer Wink gegeben, wie sie Person und Verhalten der Maria in der folgenden Handlung bewerten sollen: Sie ist eine *Freundin* Jesu (vgl. 11,5).

Mit 11,2 korrespondieren die Charakterisierungen der übrigen Personen in 11,3.5: Jesus liebt den Lazarus und seine beiden Schwestern. Die Leser werden damit über eine Freundschaft informiert, die in der Darstellung bisher nicht erzählt und schon gar nicht in Szene gesetzt wurde. Gleichwohl wissen sie natürlich längst, daß Jesus auch in Judäa und sogar in Jerusalem Anhänger und Jünger hat (vgl. 7,3.31; 9,38; 10,21). Die Freundschaft zwischen Jesus und den drei Geschwistern besteht offenbar seit langem und ist allgemein bekannt (11,11.36). Vor ihrem Hintergrund muß die folgende Handlung, insbesondere das Verhalten Jesu und der beiden Schwestern gelesen und verstanden werden.

Gerade die Freundschaft zwischen Jesus und Lazarus veranlaßt einige der anwesenden *Juden* zu einer süffisanten Kritik an Jesus: Hätte er nicht bewirken können, daß Lazarus nicht stirbt (11,36)? Dabei erinnern sie an die Blindenheilung in Joh 9: Angesichts solcher Fähigkeiten Jesu wäre die Hilfe für den kranken Lazarus eine Kleinigkeit gewesen. Warum unterblieb sie?

Nicht nur die *Juden*, auch die Jünger verweisen auf die zurückliegende Handlung, wenn sie in 11,8 meinen, Jesus daran erinnern zu müssen, daß die jüdischen Gegner ihn gerade zweimal zu steinigen versuchten (8,59; 10,31). Als wüßte Jesus das nicht selbst! So kann er mit 11,9f - eine deutliche *Wiederaufnahme* von 9,4f - Jünger (und Leser) erneut eindringlich darauf hinweisen, daß sein irdisches Wirken zwar begrenzt, die Grenze jedoch jene bestimmte *Stunde* ist, auf die hin Jesus von Anfang an unterwegs war (2,4; 7,30; 8,20; vgl. 7,8). Daß diese *Stunde* jetzt nahe, ja erreicht ist, wird 12,24 deutlich zeigen.

Darauf verweist ebenfalls die letzte Szene (11,46-53): Die Gegner Jesu *beschließen* im Synedrium, Jesus zu töten. Der Leser erinnert sich, daß die Todfeindschaft gegen Jesus sich seit längerem profilierte (5,18; 7,1.19.30.32 u.a.) und in spontanen Aktionen äußerte (8,59; 10,31). Nun wird die Tötung Jesu beschlossen und ihre Notwendigkeit begründet.

3. Autorkommentare/Vorverweise/Leerstellen: Worauf die Leserinnen und Leser achten sollen!

Den wichtigsten *Kommentar* zum folgenden Geschehen, der von vornherein das Ganze ins richtige Licht rückt, gibt Jesus selbst ab (11,4; vgl. 9,3). An wen richtet er sich? Anders als in 11,7.11 wendet sich Jesus nicht ausdrücklich an die Jünger, obwohl auf der Ebene der Darstellung natürlich nur sie die Hörer seines Wortes sein konnten. Aber der Fortgang zeigt, daß sie mit dem Hinweis Jesu nichts Rechtes anfangen können. Es scheint geradezu, als wende sich Jesus im Sinne des Autors aus der Szene heraus an die Leser und gebe ihnen eine Anweisung, wie die folgenden Ereignisse zu lesen und einzuordnen sind: Die Krankheit des Lazarus führt zur *Verherrlichung* des Gottessohnes, die eins ist mit der *Herrlichkeit* Gottes. Was auch geschieht, die Leser sollen im Auge behalten: es geschieht zur Verherrlichung Gottes und Jesu.

Eng mit 11,4 gehört 11,40 zusammen. Jesus verweist Martha auf sein Wort: Sie wird, wenn sie glaubt, die Herrlichkeit Gottes schauen. Da Martha eine Glaubende ist (vgl. 11,27), vermag sie in Jesu großartiger Tat die Kundgabe der Herrlichkeit Gottes zu erblicken (vgl. 2,11). In der Auferweckungstat Jesu offenbart sich Gottes Herrlichkeit (vgl. 5,21). Wann Jesus das der Martha allerdings angedeutet hat, bleibt unklar, hat sie doch sein Wort 11,4 gar nicht gehört. Oder richtet sich Jesu Wort über Martha hinweg erneut an die Leser, um ihnen zu zeigen, daß *Gottes* Herrlichkeit jetzt sichtbar wird, also der diesbezügliche Teil des Wortes 11,4 sich erfüllt? Sollen sie sich dann fragen, wann und wie die Verherrlichung *Jesu* ebenfalls aus der Auferweckung des Lazarus folgt? Die Antwort darauf bietet der nachfolgende Kontext (12,23.28; 13,31f).

Einen *Kommentar des Autors* finden wir in 11,13: Er macht den Lesern das Verhalten der Jünger verständlich. Ihnen wird gesagt, daß Lazarus inzwischen gestorben ist, was sie sich freilich schon hatten denken können (vgl. 11,6). Für die Jünger ist die Situation dagegen undurchschaubar. Seit 11,4 mußten sie annehmen, die Krankheit des Lazarus sei nicht gefährlich. Ihre Reaktion von 11,12 liegt daher durchaus nahe. Gleichwohl behindern sie Jesus in dem, was er tun will und muß. Aus guten Gründen, wie sie meinen (vgl. 11,8)! Doch sie dürfen sich ihm nicht in den Weg stellen. Jesus geht aus freiem Entschluß nach Judäa seinem Tod entgegen. Der Leser wird durch 11,13 in die Lage versetzt, das alles früher zu verstehen als die Jünger.

Obwohl formal ein Rückverweis, ist 11,2 ebenso ein *Vorverweis*, weil die Salbung Jesu durch Maria erst später dargestellt wird (dazu s.o.). Weitere Vorverweise finden wir am Schluß des Bildes: In 11,48 sprechen die Pharisäer die Befürchtung aus, die Römer könnten kommen und ihnen Jerusalem, Tempel und Volk wegnehmen. Die Leser wissen, daß es genauso gekommen ist. Sie blicken auf den Jüdischen Krieg, die Einnahme Jerusalems und die Zerstörung des Tempels zurück. Doch nicht Jesu Wirken trug dafür die Verantwortung, sondern der jüdische Aufstand und Krieg. Die Pharisäer weisen, ohne es zu ahnen, über die im Text dargestellte Zeit hinaus; in ihrem Wort liegt eine tiefe, ihnen unbewußte Ironie. Gleiches gilt vom Rat des Kajaphas (11,50), der als Hoherpriester eine Prophetie ausspricht, ohne sich dessen bewußt zu sein, wie der Autor im Anschluß kommentiert (11,51f).

Eine *Leerstelle* im Text stellt 11,15 dar: Jesus hat das ganze Geschehen "inszeniert", damit die Jünger glauben. Aber ausgerechnet ihr Glaube wird am Ende nicht vermerkt (vgl. 11,26f.45). Wann werden die Jünger wirklich glauben?

In gewissem Sinne markiert die Bemerkung des Thomas 11,16, die unkommentiert bleibt, eine *Leerstelle* im Text. Er fordert seine Mitjünger auf, mit Jesus zu sterben. Wird ihnen dies Geschick blühen? Müssen sie als Märtyrer den Weg Jesu nachgehen? Die Leser blicken wohl auf den Tod der ersten Jünger bereits zurück. Sie werden deshalb darauf achten, wie sich das Thema im weiteren Verlauf der Darstellung entwickeln wird (vgl. 12,24; 13,36ff; 14,2; 16,2f; 21,18f.23).

4. Gliederung/Aufbau

Ortsangaben
Die Handlung spielt in ihren einzelnen Szenen an verschiedenen Orten; sie wird durch Ortsangaben gegliedert.

Die erste Angabe ist 10,40: Jesus befindet sich mit seinen Jüngern und glaubenden Anhängern in "*Bethanien jenseits des Jordan, wo Johannes taufte*" (1,28). Hier spielt die gesamte in 10,40-11,16 dargestellte Szene; in 11,1-3 wirft der Leser zwar einen kurzen Blick nach dem anderen Bethanien "*nahe Jerusalem*", doch ein eigentlicher Ortswechsel findet nicht statt. Die Botschaft von der Krankheit des Lazarus erreicht Jesus an dem in 10,40 angegebenen Ort, und dort verbleibt er weitere zwei Tage. Erst in 11,15 gibt er das Signal zum Aufbruch nach Judäa.

Die nächste Ortsangabe findet sich in 11,17.18: Jesus hat (mit den Jüngern) den Ortsrand von Bethanien erreicht, geht jedoch nicht in das Dorf (und das Haus) der Schwestern hinein. Ausdrücklich wird festgestellt, daß Bethanien "*nahe Jerusalem*" liegt, nur "*fünfzehn Stadien*" (ca. 3 km) davon entfernt. Wieder wird dem Leser ein Blick in das Dorf und in das Haus der Schwestern gestattet (11,19-20), ohne daß ein richtiger Szenenwechsel erfolgte. Vielmehr geht die Szene in 11,21 am Ortseingang weiter. Hier finden die Begegnungen zwischen Jesus und Martha (11,21-27) und - nach Einblendung einer erneuten Zwischenszene im Hause der Schwestern (11,28f) - zwischen Jesus und Maria (und den *Juden*: 11,32f) statt. In 11,34 wird der nächste Ortswechsel vorbereitet, der 11,38 erfolgt.

Die Ortsangabe 11,38 eröffnet die Szene am Grab des Lazarus, wo schließlich alle Personen der Handlung versammelt sind. Auf diesen Ort sind alle anderen Szenen ausgerichtet, so daß eine spannungssteigernde Linie deutlich wird: Bei Jesu Ankunft liegt Lazarus schon vier Tage tot im Grab; Jesus geht nicht sofort zum Grab (11,17), und auch Marias Weg führt zuerst zu Jesus, ehe sie mit ihm das Grab des Bruders aufsucht (11,31.34). Die Szene *am Grab* (11,38-44/45) ist somit Höhepunkt der Handlung.

In 11,46 wird nach Jerusalem umgeblendet. Dort wird den Pharisäern und Hohenpriestern Jesu Zeichen durch Denunzianten unter den jüdischen Zeugen hinterbracht, und sie beschließen im Synedrium seinen Tod. Der eigentliche, auf den Hauptakteur Jesus bezogene Ortswechsel erfolgt erst in 11,54: Jesus meidet die Öffentlichkeit (vgl. 7,1.10) und zieht sich mit seinen Jüngern heimlich nach Ephraim, "*nahe der Wüste*", zurück. Dieser Rückzug ist offensichtlich motiviert durch die Todfeindschaft der jüdischen "Führer".

Der Mittelteil der Handlung spielt somit - dreifach szenisch gegliedert - am Ortsrand von Bethanien (11,17-27.28-37.38-45). Höhepunkt ist die letzte Szene am Grab. Der Mittelteil ist gerahmt von zwei Szenen, die außerhalb Bethaniens liegen. Sie führen Jesus aus dem einen Ort seiner Zurückgezogenheit ("*Bethanien jenseits des Jordan*": 10,40; vgl. 1,28) in eine andere Fluchtstadt ("*Ephraim, nahe der Wüste*": 11,54). Grund der Zurückgezogenheit Jesu ist die Todfeindschaft der jüdischen "Führer", die in der ersten Szene *besprochen* (11,7-16) und in der letzten Szene *dargestellt* (11,46-55) wird.

Zeitangaben

Von 11,17 an läuft die Zeit ohne deutliche Differenzierung ab. Nicht einmal die Synedriumsverhandlung 11,46-53 wird zeitlich vom Lazaruswunder abgesetzt. Sie findet anscheinend in unmittelbarem Anschluß daran am selben Tage statt, zumal Jerusalem von Bethanien nur knapp eine Wegstunde entfernt ist. Umso auffälliger sind die Zeitangaben in der eröffnenden Szene (11,6) und in 11,17 (vgl. 11,39): Jesus verbleibt auf die Nachricht über die Krankheit des Lazarus hin zwei weitere Tage "*jenseits des Jordan*" und findet Lazarus bei seiner Ankunft bereits vier Tage "*im Grabe liegen*". Der Leser soll nachrechnen: Wenn Jesus zwei Tage an seinem Standort verbleibt, der Freund bei seiner Ankunft - nach einer Tagesreise - schon vier Tage tot und begraben ist, dann war Lazarus bereits gestorben, als die Nachricht über die Erkrankung Jesus erreichte; für ihre Übermittlung muß ja ebenfalls ein Tag angesetzt werden. Am selben Tag, als die Schwestern die Botschaft an Jesus abschickten, ist Lazarus also gestorben und begraben worden. Es kann gar keine Rede davon sein, daß Jesus den Freund durch sein Zögern absichtlich und geradezu zynisch habe sterben lassen. Selbst bei sofortigem Aufbruch hätte er Lazarus nicht mehr lebend angetroffen. *Darum* kann er den Gang nach Judäa verzögern. Er will damit die Situation von 11,38f erzeugen.

Freilich kennt nur Jesus diese Zusammenhänge, und die Jünger werden durch sein Verhalten und seine Worte zunächst in eine falsche Richtung gelenkt. Sie müssen Jesu Wort 11,4 als Ankündigung verstehen, daß Lazarus an der Krankheit nicht sterben wird. Dementsprechend folgern sie aus 11,11, daß er sich auf dem Weg der Besserung befindet.

Durch die Zeitangaben 11,6.17 wird die Eröffnungsszene deutlich von der Auferweckung des Lazarus abgesetzt. Die Ereignisse kommen nur zögernd in Gang, während ab 11,17 mit innerer Notwendigkeit rasch eines aus dem anderen folgt. Die Eröffnung erhält damit den Charakter einer Entscheidungsszene: Jesus entschließt sich, wieder nach Judäa hinaufzugehen, und die Jünger entscheiden sich mit ihm (11,16).

Personen

Die Jünger: Sie spielen lediglich in der ersten Szene eine aktive Rolle; in 11,54 werden sie noch einmal kurz erwähnt. Sonst kommen sie nicht vor, sind aber selbstverständlich bei der Wundertat in Jesu Begleitung vorgestellt, ja die Auferweckung des Lazarus erfolgt sogar, damit sie glauben (11,15). Doch anders als in 2,11 wird ihr Glaube am Ende nicht konstatiert.

In der Eröffnungsszene spielen die Jünger eine etwas widersprüchliche Rolle: Zweimal versuchen sie, Jesus von seinem Entschluß abzubringen, nach Judäa (11,8) und zur "Erweckung" des Lazarus (11,12) aufzubrechen. Daß sie dabei einem Mißverständnis unterliegen, wissen die Leser (11,13). Hätten die Jünger das Mißverständnis vermeiden können? Es wird durch Jesu Wort 11,4 ausgelöst: Wenn die Krankheit nicht zum Tod des Lazarus führt, besteht keine Notwendigkeit, daß sich Jesus in Judäa erneut in Gefahr bringt. Dann ist auch 11,12 plausibel: Wenn Lazarus eingeschlafen ist, befindet er sich auf dem Wege der Besserung. Also braucht Jesus nicht hinaufzugehen. Das Verhalten der Jünger hat durchaus eine Logik für sich.

Und doch wird es den Vorgaben Jesu nicht gerecht. Wie soll die Krankheit des Freundes der Herrlichkeit Gottes und der Verherrlichung Jesu dienen, wenn Jesus nicht nach Judäa hinaufgeht? Und warum nehmen die Jünger nicht ernst, daß Jesus Lazarus *erwecken* will? Er kann somit nicht vom Heilungsschlaf gesprochen haben!

Die Jünger agieren *vor den Lesern*, d.h. die Leser sind aufgerufen, das Verhalten zu bewerten, nach den Gründen des Mißverständnisses zu fragen und es bei sich zu überwinden. Das "Versagen" bleibt den Lesern durchaus verständlich, und sie sympathisieren wahrscheinlich mit den Jüngern, die schließlich von Jesus auch dahin geführt werden, seine wahren Absichten zu begreifen. Thomas reagiert darauf durchaus angemessen: Er will mit Jesus sterben (11,6; vgl. 12,26).

Martha: Wie ist ihr Verhalten zu beurteilen? Ausgangspunkt muß 11,5 sein: Martha gehört - wie Lazarus und ihre Schwester Maria (vgl. 11,2.3.11.36) - zu den "Freunden" Jesu. Dementsprechend verhält sie sich, wenn sie gemeinsam mit Maria Nachricht an Jesus sendet, Lazarus sei krank. Die Bitte um Jesu Kommen und um Heilung wird nicht ausgesprochen, aber der Leser soll wohl mithören, welch großes Vertrauen Martha in Jesus setzt: Bei seiner Anwesenheit könnte die Krankheit ihrem Bruder nichts anhaben (11,21). Ihr Vertrauen geht noch weiter: "*Aber auch nun weiß ich: Was immer du von Gott erbitten wirst, Gott wird es dir geben*" (11,22; vgl. 3,35; 5,20).

Ein Vorwurf, daß Jesus sich verspätet habe, kann aus diesem Wort nicht herausgehört werden, insbesondere wenn zutrifft, was wir oben zu den Zeitangaben gesagt haben. Welche Erwartung drückt Martha dann in 11,21f aus? Erhofft sie die wunderbare Erweckung ihres Bruders durch Jesus? Dagegen spricht ihre Reaktion in 11,24, mehr noch die von 11,39. Wie könnte sie dies auch erwarten, war doch die Blindenheilung Jesu in Joh 9 bereits eine so *unerhörte* Tat (9,32), daß niemand mit ihr rechnen konnte? Hätte Martha, die von Gottes *eschatologischem* Handeln an den Toten überzeugt ist (11,24), dies Handeln von sich aus überhaupt schon *jetzt* erwarten dürfen? Erst nachdem Jesus sich ihr als "*die Auferstehung und das Leben*" offenbart hat (11,25f), darf sie es tun. Aber nun braucht sie das Wunder gar nicht mehr, wenn gilt, was Jesus ihr in 11,25 sagt: "*Wer an mich glaubt, wird leben, auch wenn er stirbt.*" Dann lebt ihr Bruder Lazarus, und sein verwesender Leichnam ist kein Gegenargument.

Martha erscheint als eine, die als "Freundin" wirklich glaubt, bereits *vor* dem Zeichen. Ihren Glauben bringt sie in 11,27 in mustergültigem Bekenntnis zum Ausdruck (vgl. 1,34; 20,31).

Maria: Marthas Schwester Maria wird ebenfalls als "Freundin" Jesu bezeichnet (11,5). Sie begegnet ihm mit dem gleichen Zutrauen wie ihre Schwester (vgl. 11,3), fällt ihm sogar zu Füßen und spricht ihn mit denselben Worten an (11,32). Nur, ein Wort wie 11,22 findet sich in ihrem Munde nicht. Sind ihre Zuneigung und ihr Vertrauen zu Jesus vielleicht geringer als Marthas? Und weshalb geht sie Jesus später entgegen als ihre Schwester? Der Leser muß hier sorgfältig auf das hören, was der Autor ihm über Maria sagt und was nicht. In 11,20 heißt es, daß Martha hört: Jesus kommt. Maria hört es offensichtlich nicht, und Martha teilt es ihr auch nicht mit. Wenn Maria im Hause bleibt, dann nicht aus Mißachtung, sondern in Unkenntnis. Erst in 11,28 erfährt sie - heimlich - von Jesu Ankunft, und jetzt läuft sie ihm eilig entgegen (11,29). Der Leser kann in Marias Verhalten keinerlei Vorbehalte gegen Jesus entdecken.

Vielmehr ist er umgekehrt bereits in 11,2 vom Autor dazu angehalten worden, in Maria von vornherein diejenige zu sehen, die "*den Herrn gesalbt und seine Füße mit ihren Haaren abgewischt hat*". Die in dieser Tat zum Ausdruck kommende Haltung gegenüber Jesus bestimmt Maria bereits jetzt. Jesus wird ihre Salbungstat später so auslegen: "*Für den Tag meiner Bestattung hat sie es aufbewahrt*" (12,7). Sie hat mit ihrer Salbung den Tod Jesu antizipiert und erweist damit ihre Glaubenseinsicht. Sie ist mit Jesu notwendigem Weg in den Tod einverstanden. Der Tod gilt ihr nicht als eine Grenze des Wirkens Jesu. Hatte Martha diesen Gedanken mit dem Wort 11,22 zum Ausdruck gebracht, so glaubt Maria *wortlos* an Jesus. Darum sorgt sie sich auch im letzten nicht um ihren Bruder Lazarus, weil sie an Jesus glaubt, der durch den Tod hindurch das ewige Leben garantiert. Schließt solcher Glaube Trauer um den Toten aus? Maria wird als eine Frau gezeichnet, die um ihren Bruder (und um Jesus) menschlich trauert, jedoch nicht hoffnungslos, sondern in der Sicherheit des Glaubens an Gottes Herrlichkeit.

Die Juden: Neben Martha und Maria, den "Freundinnen" Jesu, begegnen in der Handlung "*viele Juden*" (11,19). Sie haben sich von Jerusalem aus auf den nicht weiten Weg (vgl. 11,18) zu Martha und Maria gemacht, um die Schwestern wegen ihres verstorbenen Bruders zu trösten. Wie sie zu Jesus stehen, wird nur indirekt und erst im Verlauf der Handlung klarer. Einerseits werden sie positiv gezeichnet. Zweimal erwähnt der Autor, daß sie Trost spenden wollen (11,19.31). In dieser Absicht begleiten sie Maria, als sie das Haus verläßt (11,31), und weinen mit ihr (11,33). Da selbst Jesus auf dem Gang zum Grab weint (11,35), wird man das Verhalten der *Juden* nicht desavouieren dürfen, zumal sie ein Gespür entwickeln für die besondere Beziehung zwischen Jesus und Lazarus: "*Seht, wie sehr er ihn geliebt hat*" (11,36). Jesus steht ihnen keineswegs mit Vorbehalten oder gar Ablehnung gegenüber. In seinem Gebet betont er vielmehr ausdrücklich, daß es ihm um ihren Glauben geht: "... *damit sie glauben, daß du mich gesandt hast*" (11,42).

Andererseits liegt trotz allem ein Schatten auf den *Juden*. Sie sind aus Jerusalem gekommen, wo die letzte und entscheidende Auseinandersetzung Jesu mit seinen Gegnern stattgefunden hat (Joh 7-10), wo die jüdischen "Führer" und ihr Anhang Jesus festnehmen und wegen Blasphemie steinigen wollten; darauf weisen die Jünger zu Recht hin (11,8). Tatsächlich geben sich die bei Martha und Maria anwesenden *Juden* auch als Zeugen der Jerusalemer Ereignisse zu erkennen: Sie wissen von der unerhörten Tat Jesu an dem Blindgeborenen (11,37). Wie stehen sie zu Jesus? Gehören sie nur zu den Jerusalemer *Juden*, die mit Jesus sympathisieren (vgl. 7,12.31.41; 10,21)? Oder sind unter ihnen Anhänger der Pharisäer und Hohenpriester (vgl. 7,12.30.44; 10,20), die auf Jesu Tod aus sind? Warum ruft wohl Martha ihre Schwester Maria *heimlich* zu Jesus? Und klingt nicht in 11,37 - anders als in Marthas und Marias Wort (11,21.32) - doch ein süffisanter Vorwurf mit, den zumindest *einige* der *Juden* Jesus machen?

Am Ende der Zeichentat Jesu klärt sich die Frage. Jesus hat es wirklich mit zwei Arten von *Juden* zu tun, wie 11,36f bereits andeutete. Viele von ihnen kommen zum Glauben an ihn, nachdem sie sahen, was er tat (11,45). Jesu Absicht bei seinem Zeichen erreicht also ihr Ziel (11,42). "*Einige von ihnen aber gingen hin zu den Pharisäern und berichteten ihnen, was Jesus getan hatte*" (11,46). Sie werden zu Denunzianten und führen damit den Todesbeschluß des Synedriums gegen Jesus herbei. Jesu Tat hat somit zum letzten Mal eine Scheidung bewirkt.

Wie die Denunzianten unter den *Juden* knüpfen die Pharisäer ebenfalls an ihr in Joh 7-10 gezeigtes Verhalten an (vgl. 7,25f.45ff; 9,13.22). Sie erscheinen, wie auch sonst im JohEv (vgl. 1,24; 4,1), als die eigentlichen Drahtzieher gegen Jesus, mehr noch als die Hohenpriester, die von ihnen offenkundig politisch beherrscht werden. Die bisher unausgesprochenen (vgl. 5,16.18) feindlichen Absichten gegen Jesus nehmen jetzt Gestalt und Wille an: Auf Vorschlag des Hohenpriesters *beschließen* sie in Abwesenheit Jesu (vgl. 7,30.44; 8,20) seinen Tod.

Gliederung

Durch die Ortsangaben und die beteiligten Personen ergibt sich der Aufbau des Ganzen. Die Angaben 10,40-42 und 11,54 bilden den Rahmen: In 10,40 ist Jesus an einem sicheren Ort, den er entschlossen verläßt, um sein größtes Zeichen zu wirken; in 11,54 zieht er sich mit seinen Jüngern danach an einen einsamen und darum sicheren Ort zurück, während in Jerusalem sein Tod beschlossen wird.

Eng mit den Rahmennotizen verbunden sind die erste und die fünfte Szene. In 11,1-16 sind die Jünger die Partner Jesu. Ihnen eröffnet Jesus die Bedeutung des folgenden Ereignisses: Es wird Gottes Herrlichkeit zur Anschauung bringen und Jesu Verherrlichung in Gang setzen (11,4). Die Jünger sollen dadurch zum Glauben kommen (11,15). In 11,46-53 sind nur die Feinde Jesu in Jerusalem auf dem Plan. Ihr Beschluß, Jesus zu töten, wird tatsächlich seine Verherrlichung herbeiführen.

Der Mittelteil, die Zeichentat Jesu, ist in drei Szenen gegliedert. Zwei davon spielen am Ortsrand von Bethanien. Hier sind nacheinander Martha (11,17-27) und Maria (11,28-32) die Partner Jesu. Beide Frauen zeigen, noch bevor sie das Zeichen gesehen haben, daß sie an Jesus glauben. Die nächste Szene spielt am Grab. Die Glaube der *Juden* ist es, auf den Jesus mit der Auferweckungstat zielt (11,42). Durch Jesu Tat wird wirklich Gottes Herrlichkeit offenbar (11,40; vgl. 11,4), und Jesu Absicht kommt zum Ziel: "*Viele Juden glauben an ihn*" (11,45). Am Ende der Handlung bleibt nur offen: Wann werden die Jünger im Sinne von 11,15 glauben?

Einleitung: 10,40-42
"jenseits des Jordan"
am Ort des Johannes
Jesu Zurückgezogenheit

Erste Szene: 11,1-16
Entschluß Jesu:
Seine Tat führt Gottes und
seine *Verherrlichung* herbei

Zweite Szene: 11,17-27
am Ortsrand von Bethanien
Marthas ausgesprochener Glaube
vor dem Zeichen

Dritte Szene: 11,28-32
am Ortsrand von Bethanien
Marias stiller Glaube
vor dem Zeichen

Vierte Szene: 11,33-45
am Grab (am Ortsrand von Bethanien)
die *Juden* sollen durch das Zeichen
zum Glauben kommen

Fünfte Szene: 11,46-53
in Jerusalem
Beschluß der Pharisäer/Hohenpriester,
Jesus zu töten

Abschluß: 11,54
"in der Wüste"
am sicheren Ort
Jesu Zurückgezogenheit

II. Die Handlung

1. Einleitung: 10,40-42

10[40]Und er ging wieder weg an den Ort jenseits des Jordans, wo Johannes zuerst taufte. Dort blieb er. [41]Viele kamen zu ihm und sagten: "Johannes hat zwar kein Zeichen gewirkt, alles aber, was Johannes über diesen gesagt hat, ist wahr." [42]Und viele kamen dort zum Glauben an ihn.

Jesus kehrt an den Ausgangspunkt seines Wirkens zurück, nach "*Bethanien, jenseits des Jordan*" (1,28). Von hier war er mit den ersten Jüngern, die der Täufer auf ihn aufmerksam gemacht hatte, aufgebrochen (1,29.34). Der Kreis hat sich also geschlossen. Geht Jesu Wirken nun zu Ende? Diese Frage soll sich der Leser stellen und von ihr her das folgende Geschehen wahrnehmen: Dargestellt werden der *Entschluß* Jesu, nach Judäa zu seiner *Verherrlichung* hinaufzugehen, und der *Beschluß* der jüdischen Gegner, ihn zu töten.

Die Menschen um Jesus herum erinnern sich an das *Zeugnis* des Johannes (10,41; vgl. 1,29-34; 3,27-36). Sie blicken damit ebenso auf Jesu bisheriges Wirken zurück. Indem nämlich gesagt wird, daß Johannes "*keine Zeichen*" gewirkt hat, werden indirekt *Jesu* Zeichen ins Gedächtnis gerufen. Gerade sie sind es, die die *Wahrheit* des Johanneszeugnisses bestätigen (vgl. 5,33).

Jetzt noch, am Ende des öffentlichen Wirkens Jesu, kommen viele Menschen aufgrund des Zeugnisses des Johannes zum Glauben an Jesus (vgl. 1,7). Sein Zeugnis hat Jesu Wirken somit still begleitet und kommt gleichzeitig mit diesem an sein Ziel (vgl. 5,34). Der Leser wird darauf eingestimmt, die folgende Darstellung als "Wende" wahrzunehmen.

2. Der Entschluß Jesu: 11,1-16

11[1]Da war aber einer krank, Lazarus von Bethanien, aus dem Dorf Marias und Marthas, ihrer Schwester. [2]Es war aber Maria, die den Herrn mit Myrrhe gesalbt und seine Füße mit ihren Haaren abgewischt hat. Deren Bruder Lazarus war krank. [3]Da schickten die Schwestern zu ihm und ließen sagen: "Herr, sieh dein Freund ist krank." [4]Jesus hörte es, sagte aber:

"Diese Krankheit führt nicht zum Tod,
sondern ist da um der Herrlichkeit Gottes willen,
auf daß der Sohn Gottes durch sie verherrlicht werde."

[5]Jesus liebte aber Martha und ihre Schwester und Lazarus. [6]Als er nun hörte, daß er krank sei, da blieb er dennoch zwei Tage an

dem Ort, wo er war. [7]Erst danach sagt er zu den Jüngern:
"Wir wollen wieder nach Judäa gehen."
[8]Seine Jünger sagen ihm:
"Rabbi, eben noch versuchten die Juden,
dich zu steinigen,
und du gehst wieder dorthin?"
[9]Jesus antwortete:
"Hat der Tag nicht zwölf Stunden?
Wer bei Tage wandert, stolpert nicht,
denn er sieht das Licht dieser Welt.
[10]Wer aber bei Nacht wandert, stolpert,
denn das Licht ist nicht in ihm."
[11]Das sprach er. Und dann sagt er ihnen: "Lazarus, unser Freund,
ist eingeschlafen, aber ich gehe hin, um ihn aufzuwecken." [12]Da
sagten die Jünger zu ihm: "Herr, wenn er schläft, wird er gesund."
[13]Jesus hatte jedoch über seinen Tod gesprochen. Sie aber mein-
ten, er rede vom Einschlafen beim Nachtschlaf. [14]Da nun sagte
Jesus in Klarheit zu ihnen:
"Lazarus ist gestorben.
[15]Aber euretwegen - damit ihr glaubt -
freue ich mich, daß ich nicht dort war.
Doch laßt uns zu ihm gehen."
[16]Da sagte Thomas, Zwilling genannt, zu den Mitjüngern: "Wir
wollen mitgehen, um mit ihm zu sterben."

Bevor die eigentliche Handlung beginnt, läßt der Autor die Leser einen Blick nach Bethanien "*nahe Jerusalem*" tun, um die Personen einzuführen, die im folgenden eine Rolle spielen. Seine erzählerische Technik ist dabei nicht ungewöhnlich (vgl. 1,40.44; 3,1; 4,46; 5,5). Es entsteht der Eindruck, als seien die Personen den ersten Lesern nicht völlig unbekannt. Ob sie sie allerdings aus anderen *Texten* - wie wir - oder aus einem Vorwissen kennen, das sie mit dem Autor teilen, ist kaum sicher zu entscheiden. Schwerlich läßt sich an 11,1 festmachen, daß der Autor bei allen seinen Lesern Kenntnisse der Synoptiker voraussetzt.

Gleiches gilt für die Charakterisierung der Maria in 11,2. Der Autor verweist damit nicht auf die Synoptiker, sondern auf seine eigene Erzählung, die in 12,1-9 folgt, die er selbst allerdings aus den Synoptikern geschöpft hat (vgl. Lk 7,37f; Mk 14,3-9 par). Die Verbformen wie auch die Bezeichnung "*der Herr*" zeigen eine nachösterliche Perspektive an (vgl. 20,20; 21,7). Der Autor tritt quasi aus dem Vorgang des Erzählens heraus und kommentiert seine eigene Schrift. Den Erstlesern wird über Maria bereits mitgeteilt, was sie erst später lesen werden (vgl. 1,6.15; 2,21; 3,24;

6,71), die Zweitleser aber werden an etwas erinnert, das sie schon beim ersten Lesen des JohEv wahrgenommen haben. Auf diese Weise wird Maria bleibend gekennzeichnet (vgl. 1,42; 13,23).

In 11,1 wird den Lesern vom Autor, in 11,3 Jesus von den Schwestern mitgeteilt, daß ihr Bruder Lazarus akut erkrankt ist. Dem antiken Leser ist damit ohne weiteres klar, daß eine gefährliche Situation vorliegt, denn akute Infektionen sind in der Regel Krankheiten "*zum Tode*" (vgl. 4,46.49). Darum ist die Benachrichtigung Jesu durch die Schwestern auch zugleich eine Bitte um Hilfe für den Kranken. Jesus allerdings beruhigt: "*Diese Krankheit ist nicht zum Tode...*" (11,4). Doch erweist sich im Fortgang der Handlung sein Wort als höchst doppelsinnig. Lazarus ist ja, wie die Kombination der Zeitangaben (11,6.17) ergibt, in diesem Augenblick bereits tot. Jesus kündigt also mit seinem Wort an, daß er seinen Freund dem Tod wieder entreißen wird, und insofern ist die Krankheit des Lazarus "*um der Herrlichkeit Gottes willen*" da. In der Auferweckungstat wird Jesus als der Sohn die Herrlichkeit Gottes zur Anschauung bringen (vgl. 5,21.26), "*damit durch sie der Sohn Gottes verherrlicht werde*". Gottes Herrlichkeit und Jesu *Verherrlichung* hängen aneinander, und zwar so, daß Jesus Gottes Herrlichkeit sucht (7,18) und der Vater im Gegenzug für Jesu Verherrlichung Sorge trägt (8,50). Die wechselseitige Verherrlichung zwischen Vater und Sohn wird durch die Auferweckung des Lazarus in Gang gesetzt.

Worin besteht die Verherrlichung des Sohnes Gottes? Da Jesus durch sein Wirken den Vater verherrlicht (vgl. 17,4), muß die Verherrlichung des Sohnes als eine Folge dieses Vorgangs etwas anderes sein als das Wirken Jesu selbst. Jesus wird somit nicht durch das Zeichen verherrlicht, das er tut. Seine Verherrlichung wird vielmehr ein Handeln des Vaters sein, das jenseits des Wirkens Jesu liegt, nämlich die Rückkehr des Sohnes zum Vater ist (vgl. 17,5), die durch die Erhöhung am Kreuz beginnt (vgl. 3,14; 8,28). Auch diesem Geschehen dient die Krankheit des Lazarus, indem sie es herbeiführt. Es kreuzen sich in der dargestellten Handlung der Auferweckung des Lazarus alle Linien des Wirkens Jesu. Das Wechselgeschehen der *Verherrlichung* von Vater und Sohn wird im folgenden immer wieder angesprochen werden (vgl. 12,28; 13,31f; 17,1.4f).

Aus Jesu doppeldeutigem Wort entwickelt sich auf der Ebene der Handlung ein dramatisches Mißverständnis der Jünger. Sie verstehen es in dem Sinne, daß die Krankheit nur leicht und darum ein Eingreifen Jesu nicht erforderlich sei. Ihre folgenden Reaktionen erklären sich aus diesem Mißverständnis. Könnten sie mehr verstehen? Oder richtet sich Jesu Wort gar nicht in erster Linie an sie, sondern an die Leser? Die können, weil sie den Ausgang des Wirkens Jesu schon kennen, die tiefere Dimension in Jesu Wort erahnen und die folgenden Ereignisse in ihrem Licht sehen.

Ihnen gilt auch die Information, daß Jesus die drei Geschwister von Bethanien liebte (11,5). Sie ist vor allem im Blick auf Jesu folgendes Verhalten wichtig. Jesus macht sich nämlich nicht sofort auf den Weg zu Lazarus (vgl. 4,49), vielmehr gibt er erst nach zwei Tagen seinen Jüngern das Signal zum Aufbruch nach Judäa. Von 11,5 her begreift der Leser, daß nicht Gleichgültigkeit Jesu Verhalten bestimmt, sondern der in 11,4 genannte Zweck: "*die Herrlichkeit Gottes*". Die Jünger bringen den Aufbruchbefehl Jesu nach den zwei Tagen jedoch gar nicht mehr mit Lazarus' Krankheit in Verbindung. Sie warnen Jesus vor den Anschlägen der *Juden*. Ohne es zu ahnen, bringen sie damit das zweite in 11,4 genannte Ziel ins Spiel: "*die Verherrlichung des Sohnes Gottes*", die paradoxerweise darauf beruht, daß die gegnerischen *Juden* mit ihrer Tötungsabsicht gegen Jesus zum Zuge kommen.

Aber noch ist es nicht so weit! Das macht Jesu Wort 11,9f deutlich, das sich eng mit 9,4f berührt. Sein erster Teil muß auf Jesu Geschick bezogen werden. "*Das Licht dieser Welt*" meint darin zunächst nichts anderes als die Sonne. Jesus drückt hier mit anderen Worten aus, daß seine *Stunde* noch nicht gekommen ist (vgl. 2,4; 7,8.30; 8,20). Der Zeitpunkt seines Sterbens ist vielmehr durch Gottes Plan festgelegt. Noch ist Tag, und Jesus kann nicht fallen; er muß weiter zur *Herrlichkeit* Gottes wirken. Der zweite Teil des Wortes kann dagegen nicht mehr auf Jesus bezogen werden, denn Jesus wandelt niemals in der Nacht, weil er selbst das Licht ist (vgl. 9,5). Wer ist dann derjenige, der in der Nacht wandelt und stolpert, weil er das Licht nicht in sich hat? Auf die Jünger, überhaupt auf die Glaubenden paßt das Wort ebenfalls nicht. Sie sind ja bereits "*zum Licht gekommen*" (3,21), "*wandern nicht in der Finsternis umher, sondern haben das Licht des Lebens*" (8,12). So muß 11,10 also auf die Gegner und die abgefallenen Jünger zielen. Sie "*liebten die Finsternis mehr als das Licht*" (3,20), und die *Nacht* ist die Zeit ihres Handelns (13,30; 18,1-27).

Jesus hat damit seinen Jüngern klargemacht, daß die Anschläge der gegnerischen *Juden* ihn nicht überraschen können. Er wird sein Leben zur festgesetzten *Stunde* freiwillig hingeben (vgl. 10,15.17f). Nun kann er ihnen deutlicher sagen, wozu er nach Judäa hinaufgehen will (11,11). Wieder spielt sich vor den Lesern ein dramatisches Mißverständnis ab. Ihnen wird vom Autor erklärt, wovon Jesus tatsächlich gesprochen hat: vom Tod des Lazarus. Hätten die Jünger ihn ebenso verstehen können? Vielleicht hätten sie sich fragen können, warum Jesus den Freund *aufwecken* will, wenn der in Heilschlaf verfallen wäre. Soweit scheinen sie allerdings nicht zu denken, weil sie noch immer bemüht sind, Jesus von Judäa fernzuhalten: Wenn Lazarus auf natürliche Weise gesund wird, ist eine Reise Jesu nach Judäa unnötig. Also haben die Jünger Jesu Wort 11,9 nicht wirklich verstanden.

Darum muß Jesus jetzt offen reden: Lazarus ist gestorben, und zwar schon, als Jesus die Nachricht von seiner Krankheit erhielt (11,3f). Jesus wußte es von Anfang an, aber um der Jünger willen freut er sich, nicht bei dem kranken Lazarus gewesen zu sein: "*damit ihr glaubt*" (11,15). Haben die Jünger bisher trotz 2,11; 6,69 nicht geglaubt? Das kann der Autor nicht meinen. Vielmehr: Das größte Zeichen Jesu wird den Glauben der Jünger stärken und vermehren (vgl. 20,30f). 11,15 weist noch weiter! Auffällig ist doch, daß nach dem Zeichen gar nicht erwähnt wird, ob die Jünger nun glauben (vgl. 11,45). Wann also werden sie es tun? Will Jesus (und mit ihm der Autor) hier im Sinne von 11,4 auf jenen Glauben hinweisen, den die Jünger erst aufgrund der Verherrlichung Jesu haben werden (vgl. 20,8.29; 21,12)?

Solchen umfassenden, das gesamte Wirken Jesu einschließenden Glauben können die Jünger jetzt noch gar nicht ergreifen, selbst wenn sie in der "Schule" Jesu auf dem Weg dahin sind. Das beweist das ein erneutes Mißverständnis ausdrückende, aber echte Wort des Thomas (11,16). Noch müssen die Jünger nicht mit Jesus sterben, wenn sie mit ihm nach Judäa hinaufziehen. Jesu Wort 11,9 gilt ja auch ihnen: Solange das Licht Jesus bei ihnen ist, werden sie bewahrt (vgl. 6,39; 17,12). Die Stunde ihres Martyriums wird später kommen (vgl. 12,25f; 13,36f; 16,2f; 21,18f).

3. Jesu Begegnung mit Martha: 11,17-27

[17]Als Jesus nun ankam, fand er ihn bereits vier Tage im Grabe. [18]Bethanien aber lag nahe bei Jerusalem, etwa fünfzehn Stadien entfernt. [19]Viele der Juden waren aber zu Martha und Maria gekommen, um sie wegen ihres Bruders zu trösten. [20]Als Martha nun hörte: Jesus kommt, ging sie ihm entgegen. Maria aber blieb zu Hause. [21]Martha sagte nun zu Jesus:

"Herr, wärst du hier gewesen,
dann wäre mein Bruder nicht gestorben.
[22]Aber auch so weiß ich:
Was immer du von Gott erbitten wirst,
Gott wird es dir geben."
[23]Jesus sagt ihr:
"Dein Bruder wird auferstehen."
[24]Martha sagt ihm:
"Ich weiß, daß er auferstehen wird
bei der Auferstehung am letzten Tag."
[25]Jesus sagte ihr:
"Die Auferstehung und das Leben bin ich!

Wer an mich glaubt, wird leben, selbst wenn er sterben sollte.
[26]Und jeder, der lebt und an mich glaubt,
wird gewiß nicht sterben in Ewigkeit. Glaubst du das?"
[27]Martha sagt ihm:
"Ja Herr, ich bin zum Glauben gekommen:
Du bist der Christus, der Sohn Gottes,
der in die Welt gekommen ist."

Als Jesus nach Bethanien kommt - nach einer Tagesreise -, ist Lazarus bereits vier Tage tot und begraben. Warum hat Jesus den Aufbruch nach Bethanien um zwei Tage hinausgeschoben? Wollte er, daß bei seiner Ankunft am Grab genau vier Tage verstrichen sind? Das würde Sinn machen, wenn hier die jüdische Vorstellung im Hintergrund stünde, die "Seele" eines Gestorbenen halte sich drei Tage in der Nähe des Toten auf, dazu bereit, sich wieder mit dem Leib zu vereinigen, und erst am vierten Tag verlasse sie endgültig den Leichnam. Wollte Jesus diesen endgültigen Todeszustand eintreten lassen und dadurch das Wunder steigern?

Die Erwähnung der geringen Entfernung zwischen Bethanien und Jerusalem (11,18) soll wohl erläutern, warum "*viele Juden*" als Trauergäste bei Martha und Maria sind: Sie sind von Jerusalem gekommen und werden später Jesu Tat dort denunzieren (11,46) oder bezeugen (12,17). So werden die *Juden* durch den Autor schon an dieser Stelle der Handlung ins Spiel gebracht, obwohl sie erst später in sie eingreifen werden. Die gesamte Szene wird von vornherein durch ihre Anwesenheit bestimmt.

Martha freilich entwischt ihnen zunächst. Als sie hört, Jesus kommt, verläßt sie unbemerkt das Haus, allerdings auf Kosten Marias, die zurückbleibt. Martha teilt ihr Jesu Ankunft erst in 11,28 mit. Ob man in diesem Zug mehr sehen darf als Erzählökonomie - der Autor will von beiden Schwestern eine analoge und doch verschiedene Begegnung mit Jesus erzählen -, ist zweifelhaft.

Die Leser sollen auf die Charaktere achten. Martha begegnet Jesus mit der Zusicherung ihrer Gewißheit, daß er den Tod des Bruders verhindert hätte, wenn er anwesend gewesen wäre. Doch sie bleibt dabei nicht stehen, sondern weiß als Glaubende: "*Was immer du von Gott erbitten wirst, Gott wird es dir geben*" (11,22). Mit diesem Satz vollzieht sie glaubend und bekennend nach, was Jesus über sich selbst gesagt hatte (5,20; vgl. 3,35). Ihr Glaubenswissen ist auf Gott gerichtet, der alles geben wird, was Jesus erbittet. Fordert sie damit Jesus zugleich auf, etwas Bestimmtes, etwa das Lebendigmachen eines Toten (vgl. 5,21), jetzt von Gott zu erbitten? Wenn das der geheime Hintersinn ihres Wortes wäre, könnte man ihr Unverständnis schwer begreifen, das in 11,24 zum Ausdruck kommt. Vielmehr ist Marthas Wort ganz absichtslos gesprochen und drückt ihre vollkommene Ergebenheit in Gottes und Jesu Absichten und darum ihren wirklichen Glauben aus.

Ihre Gottergebenheit und Gelassenheit gewinnt Martha aus ihrem Glaubenswissen, daß ihr Bruder "*auferstehen wird bei der Auferstehung am letzten Tag*" (11,24). Auch damit vollzieht Martha glaubend nach, was Jesus bisher von seinem Wirken gesagt hat (vgl. 5,28f; 6,39.40.44.54). Als ein "Freund" Jesu ist Lazarus durch sein Sterben nicht "*verloren gegangen*", sondern wird das Grab zur "*Auferstehung des Lebens*" wieder verlassen (5,28f). Martha hat Jesu Verheißung: "*Dein Bruder wird auferstehen*" (11,23) somit durchaus nicht mißverstanden. Aber sie erwartet ihre Erfüllung am "*letzten Tag*". Jesus hatte jedoch bereits für die Gegenwart verheißen: "*Jeder, der den Sohn sieht und an ihn glaubt, hat das ewige Leben*" (6,40; vgl. 5,24f).

Das eschatologische Heil ist in Jesus schon präsent. Das bringt er jetzt durch das Offenbarungswort 11,25f zum Ausdruck: "*Die Auferstehung und das Leben bin ich!*" Darin wird zunächst über Jesu bisherige Verkündigung hinaus deutlich, daß Auferweckung und Leben nicht *Gaben* sind, die von Jesus zu trennen wären. Wer Auferweckung und Leben empfängt, wird mit ihm verbunden und "*lebt durch ihn*" (6,57). Es ist ein anderes, ein ewiges, eben das göttliche Leben, das Jesus vermittelt. Es ist nicht von Gott ablösbar, sodaß es zu *unserem* Leben werden könnte. Haben kann man es nur "*durch ihn*", insofern der Jünger in ihm und er im Jünger bleibt (6,56). Das ist das Geschehen des Glaubens und der Liebe: Wer glaubt, macht sich vollkommen im anderen fest, und wer geliebt wird, ist im anderen ganz aufgehoben.

Darum ist Lazarus in Jesus geborgen; er ist ja sein "Freund", ein Glaubender und Geliebter (11,3.5). Er lebt, auch wenn er gestorben ist, und wird "*auferstehen am letzten Tag*". Der leibliche Tod hat für ihn keine Bedeutung (11,25). Ebenso hat für Martha, die lebt und an Jesus glaubt, leibliches Sterben keine Bedeutung mehr. Es ist kein Sterben für die *Ewigkeit* (11,26). Hier wird der Glaubende vom Sterben nicht freigesprochen oder ausgenommen. Auch er wird "*den Tod kosten*" müssen (8,52), aber ihn "*nicht schauen*" (8,51).

Nun wird klar, warum Jesus von sich nicht einfach nur gesagt hat: "*Ich bin das Leben*". Er gewährt ein Leben, das unser irdisches Leben weit hinter sich läßt und mit ihm unvergleichbar ist. Wer solches Leben erlangt, ist "*aus dem Tod in das Leben hinübergegangen*" (5,24), selbst wenn er gar nicht leiblich gestorben ist. Er ist "*von oben*", "*aus Gott geboren*" (3,3; 1,13), also ein *neuer* Mensch. Darum ist das Leben, das Jesus ist und gewährt, immer schon geprägt durch *Auferstehung*, weil es das alte Leben hinter sich läßt und übersteigt. Es setzt ein Sterben und Abschiednehmen von dem voraus, was bisher als Leben galt, eine Preisgabe seiner selbst, seines eigenen Lebensentwurfes. Nur unter der Bedingung solchen "Sterbens" wird es geschenkt.

Jesus fragt Martha, ob sie *dieses* glaubt. Der Akkusativ ist auffällig, weil es sonst stets auf den Glauben *an ihn* ankommt. Martha hat diesen Glauben als ihr sicheres Wissen bereits in 11,22 zum Ausdruck gebracht, denn *dieses* zu glauben heißt, *an ihn* zu glauben. Anders ist dieser Glaubens*inhalt* gar nicht zu gewinnen. Darum antwortet Martha auch mit einem Bekenntnis: Jesus ist der Sohn Gottes, der in die Welt gekommen ist (11,27). In ihm ist das Leben Gottes wirklich in der Welt anwesend.

Marthas Bekenntnis ist ein volles und ausreichendes Bekenntnis, wie es der Autor ebenso im Leser befestigen will (vgl. 20,31). Sie gelangt zu ihrem Glauben noch *vor* dem Zeichen der Auferweckung ihres Bruders. Nimmt man Jesu Worte und ihr Bekenntnis ernst, war dieses Zeichen für ihren Glauben eigentlich gar nicht nötig, vielleicht sogar überflüssig. Sie ist jemand, die bereits glaubt, bevor sie gesehen hat (vgl. 20,29). Darin ist sie vorbildlich für die Leser. Allerdings wird sie als Augenzeugin sogleich "*die Herrlichkeit Gottes*" sehen (11,40). Doch auch der Leser ist von dieser Tat nicht ausgeschlossen. Kann er sie nicht mit eigenen Augen sehen, so wird sie ihm doch bezeugt, und er kann mit den "Augen des Glaubens" wahrnehmen, daß Gottes Herrlichkeit in Jesus auf Erden erschienen ist.

4. Begegnung mit Maria: 11,28-32

28 Nachdem sie das ausgesprochen hatte, ging sie weg und rief Maria, ihre Schwester, indem sie leise zu ihr sagte: "Der Lehrer ist da und ruft dich." 29 Die aber sprang auf, als sie es hörte, und ging zu ihm. 30 Noch war Jesus aber nicht ins Dorf hineingegangen, sondern noch an der Stelle, wo ihm Martha begegnet war. 31 Als nun die Juden, die bei ihr im Haus waren und sie trösteten, sahen, wie Maria eilig aufstand und hinausging, folgten sie ihr in der Meinung, sie ginge zum Grab, um dort zu weinen. 32 Als Maria dorthin kam, wo Jesus war, hatte sie ihn kaum erblickt, da warf sie sich ihm zu Füßen und sagt zu ihm: "Herr, wärst du hier gewesen, dann wäre mein Bruder nicht gestorben."

Jetzt erst ruft Martha ihre Schwester Maria zu Jesus, der sie an der Stelle erwartet, wo er mit Martha gesprochen hat. Die Heimlichkeit erklärt sich am besten so, daß die *Juden* nichts von Jesu Anwesenheit erfahren sollen. Martha kann ja nicht wissen, daß Jesus gerade um des Glaubens der Leute willen das Wunder der Erweckung wirken wird, das sie selbst für ihren Glauben gar nicht nötig hat. Sie kann ein Zusammentreffen zwischen Jesus und den *Juden* dennoch nicht verhindern, denn sie folgen Maria, sobald sie das Haus eilig verläßt, um zu Jesus zu gelangen. Damit läßt der Autor die Leser begreifen, daß die *Juden* mit Jesus *zufällig* zusammentreffen, während Martha und Maria in ihm ihrem "Freund" begegnen (11,5) und von ihm gerufen und erwartet werden (11,28).

Maria ist ebenfalls eine Glaubende, wie der Autor bereits in 11,2 ausdrücklich in *Erinnerung* gebracht hat. Es wundert daher nicht, daß ihre Reaktion auf Jesu Ruf (11,29) und bei der Begegnung mit ihm (11,32) die gleiche ist, wie die der Schwester. Auch sie bringt ihr Zutrauen zu Jesus mit dem Ausruf zum Ausdruck: "*Wenn du hier gewesen wärest, wäre mein Bruder nicht gestorben!*" Mehr allerdings sagt sie nicht. Fehlt ihrem Glauben etwas? Das ist nicht anzunehmen, wie ihr Verhalten zeigt: Maria fällt Jesus zu Füßen, die Geste einer wirklichen Jüngerin (vgl. 9,38). Die Leser sollen die zwei Schwestern vergleichen und feststellen, daß beide in vollkommener Weise an Jesus glauben - noch vor seiner Zeichentat -, jede aber auf andere Art, die eine auf rationale Weise (11,22.24: "*ich weiß ...*"; vgl. 6,68) und durch ein ausdrückliches Bekenntnis (11,27: "*ich habe den Glauben ...*"; vgl. 6,69), die andere durch stille und symbolische Gesten (11,2.32; vgl. 13,23).

5. Die Zeichentat Jesu: 11,33-45

[33]Als Jesus sah, wie sie weinte und wie die mit ihr gekommenen Juden weinten, da wurde er tief erschüttert und geriet ganz außer sich. [34]Er fragte: "Wo habt ihr ihn hingelegt?" Sie sagen ihm: "Herr, komm und sieh." [35]Jesus weinte.

[36]Da sagten die Juden: "Seht, wie sehr er ihn geliebt hat." [37]Einige aber sagten: "Konnte er, der die Augen des Blinden geöffnet hat, nicht auch für diesen etwas tun, damit er nicht sterben mußte?" [38]Jesus, erneut tief erschüttert, kommt nun zum Grab. Es war aber eine Höhle, und ein Stein lag darauf. [39]Jesus sagt: "Nehmt den Stein weg." Es sagt ihm Martha, die Schwester des Verstorbenen: "Herr, er riecht schon, es ist ja der vierte Tag!" [40]Jesus sagt zu ihr: "Habe ich dir nicht gesagt: Wenn du glaubst, wirst du die Herrlichkeit Gottes schauen?" [41]Da hoben sie den Stein weg. Jesus aber blickte nach oben und sagte:

"Vater, ich danke dir, daß du mich erhört hast.
[42]Ich weiß ja, daß du mich immer erhörst.
Aber wegen der Volksmenge hier habe ich es gesagt,
damit sie glauben, daß du mich gesandt hast."

[43]Und dann schrie er mit lauter Stimme: "Lazarus, hierher, her-

> *aus!" [44]Es kam der Verstorbene heraus, an Füßen und Händen mit Binden umwickelt, und sein Gesicht war mit einem Schweißtuch umbunden. Es sagt Jesus zu ihnen: "Bindet ihn los und laßt ihn gehen."*
> *[45]Viele der Juden, die zu Maria gekommen waren und gesehen hatten, was er tat, glaubten nun an ihn.*

Schließt der Glaube die Trauer aus? Darf Maria, wenn sie glaubt, nicht mehr über den Tod ihres Bruders, über den Tod als Geschick des Menschen überhaupt weinen? Das wäre ein harter, zynischer und unmenschlicher Glaube. Darum kann sich die Darstellung, daß Jesus beim Anblick der weinenden Maria und der sie begleitenden Juden "*außer sich geriet und sich erregte*" (11,33), nicht gegen ihre Emotionen richten. Ihr Weinen darf nicht als Zeichen des Unglaubens angesehen werden, gegen den sich Jesus wendet. Jesus weint schließlich selbst (11,35), und zwar, wie die Juden richtig feststellen, über den Tod des Lazarus (11,36). Erschütterung und Erregung Jesu beziehen sich einzig darauf. Sie lösen bei ihm die Frage nach dem Grab des Freundes aus (11,34) und werden danach vor Ort noch einmal neu entfacht (11,38). Es handelt sich dabei um jene existenzielle Erschütterung, die der Tod und das Wissen um ihn stets in uns auslösen, jenen zornigen Protest gegen das harte Geschick des Sterbenmüssens, dem kein Sterblicher entgeht, selbst der Glaubende nicht, obwohl er das wahre Leben schon in sich trägt. Dieses Leben wird nur bewahrt durch den leiblichen Tod hindurch, als Leben aus der Auferstehung. Der leibliche Tod ist der Preis für den Sündenfall, und darin liegt das Recht der Trauer und des Zorns gegen das Sterben.

Auch Jesus, der Gesandte Gottes, unterliegt als Menschgewordener diesem allgemeinen Geschick. Seine Rückkehr zum Vater (vgl. 7,33f; 8,21f), seine *Erhöhung* (3,14f; 8,28) und *Verherrlichung* (11,4) setzen sein Sterben voraus, in das er nicht kalt und gefühllos hineingehen (vgl. 12,27) und das ebenfalls seine "Freunde" tief erschüttern wird (vgl. 12,1-8; 14,1). Da Jesu eigener Tod so eng mit dem seines Freundes Lazarus verbunden ist (11,4), dürften seine Emotion und Erregung hier zugleich seinem eigenen Sterben gelten.

Jesu Trauer läßt *einige* der Juden vorwurfsvoll fragen, ob Jesus das Sterben des Lazarus nicht hätte verhindern können (11,37). Der Ton ist hier ein anderer als bei den Schwestern. Sie waren im Vertrauen zu Jesus überzeugt, daß er das Sterben des Freundes verhindert hätte, wäre er dagewesen. Die Juden, die jetzt reden, zweifeln eher süffisant an Jesu Macht oder gutem Willen. Ihre Frage ist die Frage des skeptischen Zweifels: Warum läßt Gott zu, daß der Mensch stirbt, wenn er ihn doch vom Tod auferwecken will? Auf solches Fragen gibt es keine Antwort, weil es

Ausdruck des Unglaubens ist. Es melden sich hier also wohl eher die *Juden* zu Wort, die Jesus später in Jerusalem denunzieren werden.

Jesus hat sich bisher nur äußerst langsam dem Grab des Freundes und damit der Tat der Auferweckung genähert; jetzt am Grab gibt es ein letztes Ritardando. Martha ruft nach Jesu Befehl, das Grab zu öffnen, warnend aus, daß vom Leichnam bereits Verwesungsgeruch ausgeht. Drastischer kann der unbedingt eingetretene Tod nicht festgestellt, deutlicher die Haltung Marthas, die kein Zeichen mehr braucht und erwartet, nicht beschrieben werden.

Jesus sagt ihr (und erinnert zugleich die Leser): "*Wenn du glaubst, wirst du die Herrlichkeit Gottes sehen*" (11,40). Dem Glauben wird das Zeichen dazugegeben. Das gilt nicht nur für Martha, die ihren Bruder wird leben sehen, sondern ebenso für die Leser. Auch sie werden einmal die "*Herrlichkeit Gottes*" schauen (vgl. 17,24), ja sie sehen sie schon durch das Medium der *Erzählung* und mit den "Augen des Glaubens".

Der paradoxe Doppelcharakter der Zeichentaten Jesu kommt in 11,40-42 gut zur Geltung. Sie sind wie Geschenke, die Liebe und Freundschaft ins Leben rufen und, wenn sie auf Liebe und Freundschaft treffen, sie verstärken und sichern. Die Zeichen sollen den Glauben hervorrufen (11,42) und den erweckten Glauben stark und sicher machen (11,40; vgl. 20,31). Im Blick auf die Juden wirkt Jesus sein größtes Zeichen, um sie zum letzten Mal zum Glauben aufzurufen. Sie sollen erkennen, was Jesus ihnen schon 5,19-30 gesagt hatte: Gott wirkt in ihm. Sein Tun ist Gottes Tat.

Tatsächlich kommt das Zeichen zu seinem Ziel. "*Gottes Herrlichkeit*" wird offenbar (11,4.40), und viele der bei Maria anwesenden Juden kommen zum Glauben (11,42). Das wird ohne Vorbehalt in 11,45 ausgesagt. Noch einmal scheiden sich am Tun Jesu die Geister.

6. Der Todesbeschluß: 11,46-53

46Einige von ihnen aber gingen hin zu den Pharisäern und berichteten ihnen, was Jesus getan hatte. 47Da beriefen die Hohenpriester und Pharisäer den Hohen Rat ein. Sie sagten: "Was sollen wir machen? Denn dieser Mann tut viele Zeichen. 48Wenn wir ihn so weitermachen lassen, dann glauben noch alle an ihn, die Römer aber werden kommen und uns Stadt und Volk abnehmen." 49Einer von ihnen jedoch, Kajaphas, Hoherpriester jenes Jahres, sprach zu ihnen:

> *"Ihr wißt überhaupt nichts.*
> *50Ihr bedenkt ja nicht, daß es besser für euch ist,*

daß einer für das Volk stirbt,
als daß das ganze Volk zugrunde geht."
[51]Das sprach er nicht aus sich heraus, sondern als Hoherpriester jenes Jahres sprach er prophetisch, Jesus würde für das Volk sterben, [52]aber nicht nur für das Volk allein, sondern auch um die verstreuten Kinder Gottes zur Einheit zu versammeln.
[53]Von jenem Tag an waren sie nun entschlossen, ihn zu töten.

Durch Jesu Zeichen kommt ebenfalls die zweite Absicht Gottes, die Verherrlichung des Sohnes, ihrem Ziel näher (11,4). Da diese sich, wie der Leser aus seinem christlichen Vorwissen weiß, im Geschehen der *Erhöhung* Jesu durch Kreuz und Auferstehung vollzieht, ist sie paradoxerweise an den Unglauben gekoppelt. Damit wird der nicht gerechtfertigt. Er bleibt, was er ist: Ablehnung und Haß des *Lichtes* (3,20.36).

Solcher Haß tobt sich jetzt, nach der Erweckung des Lazarus, gegen Jesus aus. Einige der *Juden*, die Augenzeugen des größten Wunders Jesu wurden, zeigen die Tat in Jerusalem bei den Pharisäern an, und diese initiieren nun, was sie seit 5,18 (vgl. 7,32; 8,20.59; 10,31) planen, seine Tötung. Gemeinsam mit den Hohenpriestern berufen sie das Synedrium zu einer Sitzung ein. Die Pharisäer erscheinen - wie auch sonst im JohEv - als die treibende Kraft (vgl. 1,24; 4,1; 7,32.45ff; 8,13.20; 11,57; 12,19), die das Vorgehen der Gegner Jesu gegen ihn voranbringen und koordinieren. Sie wirken wie eine Behörde. Diese anachronistische Darstellung dürfte die Erfahrungen des Autors und der ersten Leser widerspiegeln, die die Pharisäer so erlebt haben.

Daß der Unglaube nicht Zweifel oder Unvermögen ist, sondern bewußte und gewollte Verweigerung, läßt die Diskussion der Gegner Jesu klar erkennen. Angesichts des unbestreitbaren Zeichens Jesu müssen sie etwas unternehmen. Denn Jesu Taten führen bei denen, die sich ihrer Wirkung nicht von vornherein verschließen, zum Glauben. Sie leuchten aus sich selbst und sind überzeugend (vgl. 9,31f). Wer sie nicht anerkennt, muß verstockt oder verblendet sein (9,40f).

Die im Synedrium wortführenden Pharisäer und Hohenpriester fürchten um ihren politischen Einfluß: Durch den Erfolg Jesu könnte es zum militärischen Eingreifen der Besatzungsmacht Rom und damit zum Machtverlust für sie kommen (11,47f). So fragen sie sich besorgt: "*Was sollen wir machen?*" Der Leser durchschaut von seinem Standpunkt aus die tiefe Ironie, die hier waltet, blickt er doch auf den jüdischen Aufstand gegen Rom und den Jüdischen Krieg zurück, in dessen Folge die Priesterschaft sowohl ihre Machtstellung als auch ihr Zentrum, den Tempel, verlor. Aber nicht Jesu Wirken hat dazu geführt, sondern die eigene Rebellion. Der Vorsitzende des Gremiums, der amtierende Hohepriester

Kajaphas - das meint der Ausdruck: "*Hoherpriester jenes Jahres*" - tadelt die Begriffsstutzigkeit: "*Ihr wißt überhaupt nichts*". Sein Vorschlag ist die simple Konsequenz aus ihren Überlegungen, wie sie nur kaltes Machtkalkül zu ziehen in der Lage ist: Der Mann Jesus muß sterben "*für das Volk*", damit nicht das ganze Volk zugrundegeht (11,50).

Der vom Haß eingegebene Ratschlag enthält zugleich das ganze Geheimnis der Sendung Jesu. Wider Willen und ohne es zu begreifen muß Kajaphas die Wahrheit des göttlichen Ratschlusses formulieren (vgl. 3,16); er ist zum Werkzeug Gottes geworden, ohne damit von eigener Schuld entlastet zu sein. Der Autor macht in einem Kommentar die Leser auf den unbeabsichtigten Doppelsinn des Wortes aufmerksam. Jesus wird wirklich "*für das Volk*" Israel sterben, und nicht nur für dieses Volk, sondern "*um die zerstreuten Kinder Gottes zur Einheit zu versammeln*" (vgl. 10,16; 17,20f). Gottes und Jesu Sorge gehen über Israel hinaus auch auf das Heil der Heiden. Auch diesem Ziel dient Jesu Tod, zu dem das Synedrium auf den prophetischen Ratschlag des Hohenpriesters hin von diesem Tag an entschlossen ist.

7. Abschluß: 11,54

> [54]*Jesus ging jetzt nicht mehr öffentlich unter die Juden, sondern zog sich von dort zurück in die Gegend nahe der Wüste, in die Stadt Ephraim, und dort hielt er sich mit den Jüngern auf.*

Jesus ist auf dem Weg zu seiner Verherrlichung bereits bis ins Land Judäa gelangt (vgl. 11,7). Hier bleibt er, aber er zeigt sich nicht öffentlich, sondern zieht sich zunächst in die Nähe der Wüste nach Ephraim zurück. Diese Szenenbemerkung, die einen deutlichen Einschnitt zwischen den zusammengehörenden Bildern 10,40-11,53 und 11,55-12,36 markiert, ist keineswegs singulär, sondern hat Parallelen; die deutlichste ist 7,1-9. Die vorgestellte Situation wirkt wie ein letztes Atemholen vor der Entscheidung, zu der alle Beschlüsse bereits gefaßt sind.

Achtes Bild: 11,55-12,36

I. Die Analyse

1. Abgrenzung

Wie in 2,13; 5,1; 6,4; 7,2 wird auch hier durch den Hinweis auf ein jüdisches Fest ein neues Bild eingeleitet (11,55). Zum drittenmal während des öffentlichen Wirkens Jesu ist das "*Pascha der Juden*" (2,13; vgl. 6,4) *nahe*; der Leser blickt auf mehr als zwei Jahre Wirksamkeit Jesu zurück.

Die Tagesangaben 12,1.12 greifen die allgemeine Zeitangabe von 11,55 auf und binden die folgenden Stücke zusammen, die zunächst nicht an einem einheitlichen Schauplatz spielen. Wie das Paschafest allmählich näherkommt und dann ab 13,1 die Handlung bestimmt (vgl. 18,28; 19,31), so ist auch Jesus anfangs noch auf dem Weg nach Jerusalem (12,1.12), und erst ab 12,20 spielt die Handlung durchgehend in der Stadt.

Mit 12,36 ist das Ende des Erzählbogens erreicht; eine kurze Szenenangabe beschließt ihn. Jesus verbirgt sich erneut (vgl. 8,89; 11,54), nun innerhalb Jerusalems (vgl. 7,10) und vielleicht in jenem Haus, wo er von den Jüngern Abschied nehmen (13,1ff) und sie nach der Auferweckung wiedertreffen wird (20,19). Das folgende Stück 12,37-43 ist ein einziger umfangreicher Autorkommentar, der zusammen mit 12,44-50 einen Rückblick auf Jesu öffentliches Wirken bildet (erster Epilog).

2. Rückverweise/Wiederaufnahmen/Echos: Was die Leserinnen und Leser schon wissen!

Zur Darstellung kommt das letzte öffentliche Auftreten Jesu in Jerusalem, nachdem Jesus sein größtes Zeichen gewirkt hat und die führenden *Juden* den Todesbeschluß gegen ihn gefaßt haben. Diese beiden Tatsachen bleiben im Verlauf der Handlung im Blick: In 12,1.9 weisen der Autor, in 12,17 die Augenzeugen ausdrücklich auf die Auferweckung des Lazarus zurück; in 12,10 beschließen die Hohenpriester, Lazarus gleichfalls zu töten, wie sie Jesus töten wollen (11,50.53); in 12,19 erinnern die Pharisäer daran, daß gegen Jesus nichts auszurichten ist, es sei denn, er wird - wie bereits entschieden - gewaltsam aus dem Weg geräumt (11,47f).

Weil Jesus jetzt vor der Wende seines Wirkens steht, wundert es nicht, daß zahlreiche Themen und Stränge nochmals aufgenommen und zu Ende geführt werden. Eine erste *Wiederaufnahme* liegt in 12,1-8 vor: Im Hause des Lazarus findet im Kreis der Freunde Jesu ein Mahl statt, bevor Jesus zum letztenmal nach Jerusalem - in den Tod - geht. Dabei erfolgt Jesu Salbung durch Maria, auf die 11,2 schon hingewiesen hatte.

Das Wort Jesu 12,23 wirkt wie ein Signal: Die *Stunde*, von der Jesus (bzw. der Autor) während seines Wirkens immer wieder gesprochen hat (2,4; 4,23; 5,25; vgl. 7,8; 7,30; 8,20; 11,9f), ist gekommen als die Stunde seines Sterbens (vgl. 12,24.27) und der *Verherrlichung* (12,28; vgl. 11,4. 40). Jesu Sendung kommt nun zu ihrem Ziel (vgl. 3,16ff). Damit hängt eng das Thema des *Gerichts* zusammen (12,31). Jesu Wirken in der Welt, das sich dem Ende nähert, bedeutete ja eine Scheidung der Menschen in solche, die an ihn glauben, und solche, die ihn ablehnen (vgl. 1,10f; 3,19ff; 9,39). Diese Scheidung kommt in ihr letztes Stadium. Noch ist Jesus, das *Licht*, bei den Menschen (12,35; vgl. 1,5.9ff; 8,12; 9,4f; 11,10), und sie können noch eine "*kurze Zeit*" (12,35; vgl. 7,33; 8,20) im *Licht* wandeln, d.h. zu ihm kommen und an ihn glauben (8,12). In 12,20-36 werden also die Themen *Stunde*, *Gericht* und *Licht*, die eng zusammenhängen und aufeinander bezogen sind, wiederaufgenommen und gebündelt.

Zahlreiche *Echos* in 11,55-12,36 lassen ebenfalls Züge und Themen aus der bisherigen Darstellung anklingen und zeigen den engen Zusammenhang des Abschnitts mit dem vorausgehenden Ganzen. Gemäß 11,55 wollen sich die Leute in Jerusalem für das nahe Paschafest *heiligen*. Das ruft weit zurückliegende Hinweise auf das Problem der *Reinigung* in Erinnerung (2,6; 3,25), denn der Ausdruck *heiligen* meint nichts anderes als kultische Reinigung (vgl. 18,28). Dieses Thema und die damit verbundene Frage nach der wahren Reinheit und Heiligung vor Gott werden also erneut aufgeworfen und die Leser aufgefordert, ihre Durchführung im folgenden Kontext aufmerksam zur Kenntnis zu nehmen (vgl. 13,10; 15,3; 17,19).

Ein *Echo* des anfänglichen Wirkens Jesu ist auch die Szene 12,20-22, insbesondere die Erwähnung der beiden Erstjünger Andreas und Philippus (vgl. 1,40-43). Sie wollen Jesus weitere Jünger zuführen - Heiden; aber dazu kommt es jetzt noch nicht. Im Heilsplan Gottes ist das erst für die Zeit nach dem Sterben Jesu vorgesehen (10,16; vgl. 7,32): Wenn Jesus "*von der Erde erhöht sein*" wird, zieht er alle an sich (12,32). Diese Ankündigung ist ein *Echo* von 3,14; 8,28 (vgl. 6,62). Das macht auch die Rückfrage der Gesprächspartner Jesu deutlich; sie fragen nach der Erhöhung des *Menschensohnes* (vgl. 3,14), obwohl Jesus in der Ich-Form gesprochen hatte.

3. Autorkommentare/Vorverweise/Leerstellen: Worauf die Leserinnen und Leser achten sollen!

Ein *Autorkommentar* und zugleich ein *Vorverweis* besonderer Güte ist 12,28, der einzige dieser Art im JohEv und damit von überragendem Gewicht. Gott selbst, der Initiator des Wirkens Jesu, kommentiert das bisherige und künftige Geschehen als sein Werk: "*Ich habe verherrlicht und werde wieder verherrlichen!*" Es ist darauf zu achten, wer das Wort wohl versteht. Die bei Jesus anwesende Volksmenge begreift jedenfalls nichts (12,29), obgleich die "*Stimme vom Himmel*" ihretwegen ergeht (12,30). Dann sind die Leser die eigentlich Angeredeten. Sie können die Stimme deshalb verstehen, weil ihnen der Autor den Wortlaut mitteilt. Autor und Leser nehmen hier die Perspektive Gottes und Jesu ein, aus der das ganze Jesusgeschehen die Verherrlichung des Namens Gottes ist (17,4f.6.26).

Jesus kommentiert ebenfalls die dargestellten Ereignisse und weist dabei auf Kommendes voraus, wenn er in 12,7 die Salbung durch Maria eine symbolische Vorwegnahme seines Begräbnisses (vgl. 19,38-42) nennt. Auf die Wirkung seines Sterbens weist er in 12,24.32 hin: Seine Erhöhung am Kreuz wird *allen* das Heil eröffnen, auch den Heiden, deren Vertreter in 12,20ff bereits auftreten. Die Zeit der nachösterlichen Wirksamkeit Jesu durch die Jünger kommt in den Blick (vgl. 17,20f).

Schließlich informiert der Autor die Leser unmittelbar über die Motive beteiligter Personen und die Bedeutung der Handlung, womit sie in die Lage versetzt werden, im Lesevorgang mehr zu verstehen als die an der Handlung beteiligten Personen. In 12,6 nennt er Judas einen Dieb und erklärt dessen Habgier zum Motiv der an sich berechtigten Rückfrage. Sie ist also gar nicht ernst gemeint. In 12,15f deutet der Autor den Einzug Jesu in Jerusalem auf dem Rücken eines Esels, und in 12,33 lüftet er das Geheimnis um die *Erhöhung* Jesu. Was die Leser bisher ahnen konnten, wird ihnen - im Gegensatz zu den Gesprächspartnern Jesu - jetzt offen gesagt: Jesu *Erhöhung* von der Erde ist sein Tod *am Kreuz*.

Zwei *Leerstellen* enthält der Text. Eine davon ist bereits oben unter den *Echos* erwähnt worden: Die Frage nach der wahren Heiligung und Reinheit, die durch 11,55 aufgeworfen wird, bleibt offen. Im Verlauf des JohEv wird sie allerdings deutlicher beantwortet werden (vgl. 13,10; 15,3; 17,19). Eine weitere *Leerstelle* weist über den Text des JohEv hinaus: Wann werden die Heiden, die in 12,20ff Jesus sehen wollen, zu ihm kommen? Noch geht Jesus auf ihren Wunsch nicht ein. Eine verdeckte Antwort darauf gibt er in 12,32, einen Hinweis hat der Autor bereits in 11,52 gegeben. Daß die Nichtbeachtung der heidnischen Bittsteller durch Jesus in 12,20ff keine Zurückweisung ist, ahnen die Leser, wenn sie sich nur an das Zeugnis des Johannes (1,29), der Samaritaner (4,42) und an Jesu

Hinweis auf weitere Schafe (10,16) erinnern. Bald wird Jesus die Andeutungen noch verstärken (17,20f.23): Die Stunde des Zugangs der Heiden zu Jesus kommt nach seiner *Erhöhung* und *Verherrlichung*, also nach der im JohEv dargestellten Zeit.

4. Aufbau/Gliederung

Zeitangaben
Der Abschnitt ist wie öfter im JohEv (vgl. 1,29.35.43; 2,1; 6,16.22; 7,2.14.37) durch Zeitangaben sehr bewußt gegliedert (11,55; 12,1.12). Nimmt man sie mit 18,28; 19,31 zusammen, wonach der Tod Jesu auf den Freitagnachmittag fällt, an dem die Paschalämmer im Tempel geschlachtet wurden, das Pascha aber auf einen Sabbat, dann findet das Mahl der Freunde Jesu in Bethanien am Abend nach dem vorausgehenden Sabbat statt (12,1), eine Woche vor dem "Ostersonntag". Diese Beziehung dürfte vom Autor geplant sein.

Die Handlung ist auf drei Tage verteilt. Die unbestimmte Angabe 11,55 leitet die Szene ein. Die Leute im Tempel drücken skeptische Erwartung aus: Wird Jesus zum Paschafest kommen oder nicht? Mit 12,1 wird der Tag bestimmt, an dem Jesus inmitten seiner Freunde in Bethanien Mahl hält und dabei symbolisch zur Bestattung gesalbt wird. Die Angabe 12,12 eröffnet den Einzug Jesu in Jerusalem und das letzte öffentliche Auftreten dort.

Ortsangaben
Die Handlung spielt an verschiedenen Schauplätzen in der Nähe von Jerusalem und in der Stadt selbst. Sie ist dadurch gekennzeichnet, daß Jesus sich in ihrem Verlauf in allmählicher Annäherung zum letzten Mal nach Jerusalem begibt. Eingeleitet wird sie durch die kleine Szene im Tempel, wo die Menschen in Erwartung Jesu sind (vgl. 7,10ff). Tatsächlich betritt Jesus den Tempel aber nicht mehr. Die erste Szene (12,1-11) spielt in Bethanien "*nahe Jerusalem*" (vgl. 11,18). Von dort macht sich Jesus auf den Weg nach Jerusalem (12,12). Ab 12,20 spielt die Handlung in der Stadt, wo Jesus sich sodann im Anschluß an seinen letzten öffentlichen Aufruf verborgen hält (12,36; vgl. 7,10; 8,39).

Personen
Charakteristisch für den Abschnitt als Abschlußszene des öffentlichen Wirkens Jesu ist, daß der Leser alle handelnden Personen bereits kennt - bis auf die in 12,20 erwähnten *Griechen*. Sie sind die einzigen Unbekannten, aber sie kommen gar nicht richtig "ins Spiel". Der Leser hört zwar von

ihnen, er erfährt sogar Wichtiges über sie aus Jesu eigenem Mund (12,24. 32), doch lernt er sie nicht kennen.

Alle anderen Personen der Handlung sind bekannt. Da sind zunächst die Leute, die Jesus in Jerusalem und im Tempel erwarten (11,55); es handelt sich um dieselben Personen, mit denen Jesus bisher zu tun hatte, wissen sie doch um sein Wirken (12,9.18) und um die Feindschaft der Hohenpriester und Pharisäer (11,57). Darin ist ihre skeptische Frage, ob Jesus sich traue, am Paschafest teilzunehmen (11,56), begründet.

Die Freunde Jesu in Bethanien (12,1ff) sind dem Leser ebenfalls vertraut, wie auch die Jünger (12,16) mit den bekannten Namen Philippus und Andreas (12,20ff; vgl. 1,40-43; 6,7.8) und schließlich Judas Iskariot (vgl. 6,71), über dessen Art er jetzt noch mehr erfährt (12,6). Ebenso kennt er bereits die Feinde Jesu, die Hohenpriester und Pharisäer, die inzwischen die Auslieferung Jesu angeordnet haben (11,57). Sie wollen sogar Lazarus töten (12,11), weil er als lebendiges Zeugnis des größten Zeichens die Menschen zum Glauben an Jesus bringt. Widerwillig müssen sie anerkennen, daß sie gegen Jesus nichts ausrichten können und "*alle Welt ihm nachläuft*" (12,19).

Wie in 10,40-11,54 wird die Volksschar, mit der Jesus zu tun hat, differenziert. Die *Vielen* von 11,55 teilen sich in gläubige Anhänger und skeptische Unentschiedene. Die Aufteilung wird in 12,9 vollzogen, wo "*viele von den Juden*" - gemeint sind die in Jerusalem auf Jesus Wartenden (11,55) - nach Bethanien gehen, um Jesus und Lazarus zu sehen, und wegen Lazarus zum Glauben an Jesus kommen (12,11; vgl. 11,45). Sie begleiten Jesus auf seinem Weg nach Jerusalem und *bezeugen* dabei das Wunder der Totenerweckung (12,17), während die in Jerusalem verbliebenen ihnen *entgegenziehen* (12,13) und die Bezeugung des Zeichens hören (12,18). Von letzteren wird nicht gesagt, ob sie zum Glauben kommen, und gerade sie dürften jene Volksmenge von 12,29.34 sein, der Jesu allerletzte dringende Aufforderung zum Glauben gilt (12,35f).

In der Personenregie des Autors liegt ein gewisser Rhythmus: Zweimal ist Jesus von Freunden, Jüngern und Glaubenden (12,1-11.20-28) umgeben, zweimal ist er mit solchen Leuten konfrontiert, die ihm zwar neugierig, aber skeptisch und fremd gegenüberstehen (12,12-19.29-36). In 11,55ff sind beide Gruppen vereint. Noch einmal - zum letzten Mal - stellt die Handlung dar, wie Jesu Kommen eine Scheidung der Menschen herbeiführt.

Gliederung

Der Abschnitt läßt sich aufgrund der vorstehenden Beobachtung in vier Szenen gliedern. Die erste Szene ist 11,55-57, eine Art Vorspiel (vgl. 7,11-13): Die im Tempel versammelten Festbesucher erwarten Jesus. Die zweite Szene (12,1-11) spielt nach dem Sabbat vor dem Pascha in Bethanien: Jesus hält Mahl inmitten von Freunden und wird von Maria in Vorwegnahme der Bestattung gesalbt. Die dritte Szene (12,12-19) schildert Jesu Aufbruch nach Jerusalem am nächsten Tag. Die in Jerusalem weilenden *Juden* ziehen ihm entgegen und begrüßen ihn, während die Anhänger bei ihm seine Taten bezeugen. Die vierte Szene (12,20-36) hat Jerusalem zum Schauplatz. Sie enthält eine kurze Einleitung (12,20-22) und die letzte Rede Jesu in der Öffentlichkeit. Darin ereignet sich eine Himmelsstimme (12,28), durch die Jesu Rede geteilt wird: In 12,23-28 spricht Jesus seine Anhänger an, in 12,30-36 die skeptische Volksmenge. Die Bemerkung 12,36 schließt die Szene ab.

II. Die Handlung

1. Das Vorspiel: 11,55-57

11[55]Es war aber nahe das Pascha der Juden, und viele aus der Gegend gingen vor dem Pascha hinauf nach Jerusalem, um sich zu heiligen. [56]Sie suchten nun Jesus und redeten miteinander, wenn sie im Tempel waren: "Was meint ihr, ob er wohl nicht zum Fest kommt?" [57]Die Hohenpriester und Pharisäer aber hatten angeordnet: Sobald einer wisse, wo er sich aufhält, habe er Anzeige zu machen, damit sie ihn festnehmen lassen könnten.

Das dritte Paschafest im Wirken Jesu steht *nahe* bevor. Wieder wird es (wie in 2,13; 6,4) "*das Pascha(fest) der Juden*" genannt: Es ist also nicht das eigentliche Pascha. Das findet statt, wenn Jesus in Jerusalem "*für das Leben der Welt*" stirbt (vgl. 6,51; 19,36). Wegen des nahen Paschafestes suchen die Leute im Tempel *Heiligung*. Sie wollen *rein* sein vor Gott; das Thema *Reinigung* klingt erneut an (vgl. 2,6; 3,25). Im Verlauf der weiteren Handlung wird klar, daß *Heiligung/Reinigung* nur durch Jesus erlangt wird (vgl. 13,10; 15,3; 17,17-19). Sowenig das Fest der *Juden* das wahre Paschafest ist, sowenig kann der Jerusalemer Tempel *Heiligung* vermitteln.

Wie in 7,10f erwarten die Festbesucher Jesus im Tempel (11,56). Sie äußern zu Recht Zweifel, ob er wirklich dorthin kommen wird, zumal sie um die drohenden Absichten der Hohenpriester und Pharisäer wissen (11,46-53), die Jesu "Auslieferung" schon befohlen haben und zur Denunziation seines Aufenthaltsortes aufrufen (11,57). Daß es einen gibt, der dazu bereit sein wird, wissen die Leser längst (vgl. 6,65.70).

Die Themen von 7,1-13 sind in gedrängter Weise präsent. Die letzte Entscheidung naht! Wie werden sich die Menschen am Ende verhalten?

2. Das Mahl in Bethanien: 12,1-11

12[1]Jesus nun kam sechs Tage vor dem Pascha nach Bethanien, wo Lazarus lebte, den Jesus von den Toten erweckt hatte. [2]Sie bereiteten ihm nun dort ein Mahl, und Martha bediente, Lazarus aber war einer von denen, die mit ihm bei Tisch lagen. [3]Da nahm Maria ein Pfund echten, kostbaren Nardenöls und salbte Jesus damit die Füße, und mit ihren Haaren wischte sie seine Füße ab. Das Haus aber wurde erfüllt vom Duft des Öls. [4]Doch Judas, der Iskariote, einer seiner Jünger, der ihn ausliefern sollte, sagt: [5]"Warum ist dieses Öl nicht für dreihundert Denare verkauft und der Erlös den Armen gegeben worden?" [6]Aber er sagte das nicht aus

Sorge um die Armen, sondern weil er ein Dieb war. Als Verwalter der Kasse unterschlug er die Spenden. [7]*Jesus sagte nun:*

"Laß sie in Ruhe, denn:
Für den Tag meiner Bestattung hat sie es aufbewahrt.
[8]*Die Armen habt ihr ja stets bei euch,*
mich aber habt ihr nicht immer."

[9]*Eine Menge Juden erfuhr nun, daß er dort ist, und sie kamen, nicht allein wegen Jesus, sondern auch, um Lazarus zu sehen, den er von den Toten erweckt hatte.* [10]*Die Hohenpriester aber beschlossen, auch Lazarus umzubringen,* [11]*weil viele Juden seinetwegen hingingen und an Jesus glaubten.*

Die zweite Szene hat eine innere und eine äußere Handlung. Ihre innere Handlung sind das Mahl der Freunde Jesu sechs Tage vor dem Pascha (vgl. 13,1), also am Abend des Sonntags (vgl. 20,19.26), und die Ereignisse beim Mahl (12,1-8); die äußere Handlung schildert, was sich dabei außerhalb des Hauses der Geschwister von Bethanien abspielt (12,9-11). Beide Handlungsebenen stellen sowohl eine positive, gläubige Hinwendung zu Jesus dar - zuerst die einer "Freundin", dann eines Teils des Volkes -, als auch jeweils das Gegenteil dazu.

Die Szene knüpft an 11,1f an: Zweimal wird ausdrücklich die Auferweckung des Lazarus in Erinnerung gerufen (vgl. 12,1.9). Die Geschwister geben sechs Tage vor dem Pascha für Jesus ein Abendessen, bei dem jetzt jene Salbung Jesu durch Maria stattfindet, die der Autor schon in 11,2 erwähnt hat. Sie ist auffälligerweise auf die Füße Jesu beschränkt (vgl. 13,8ff) und außerordentlich verschwenderisch. Maria verwendet einen ganzen Liter kostbarsten Salböls und wischt das herablaufende Öl mit ihren Haaren auf.

Ihre anstößig-verschwenderische Tat wird sofort gerügt, ausgerechnet von dem Jünger, der Jesus den Gegnern ausliefern wird (vgl. 11,57). Doch das weiß nur der Autor, der es den Lesern mitteilt. Judas selbst weiß darum wohl noch nicht (vgl. 13,2); noch gehört er zu den Jüngern. Trägt er einen Einwand vor, der den anderen Jüngern (und den Lesern) gleichfalls plausibel erscheint? Er verweist auf den Preis des Salböls; dreihundert Denare sind in der Tat viel Geld, mehr als das Jahreseinkommen eines Tagelöhners! Sein Argument ist nicht in sich falsch, wie der Autor durch seinen Kommentar deutlich macht (12,6), sondern nur vorgeschoben; ihm liegt gar nichts an den Armen, sondern er hätte den Verkaufserlös gern in die eigene Tasche entwendet. Also ist an seinem Argument etwas dran: Die Sorge für die Armen darf nicht vernachlässigt werden und ist eine wichtige Aufgabe.

Das betont auch Jesus, der sich im letzten Teil seiner Antwort nicht nur an Judas, sondern an alle Jünger (und Leser) richtet (12,8). Er verteidigt dennoch Marias Tun. Die Fürsorge für die Armen wurde nämlich dadurch gar nicht eingeschränkt; ihnen können - und sollen! - die Jünger (und Leser) in Zukunft noch genug Gutes erweisen. Was hingegen Maria getan hat, ist künftig unmöglich, weil Jesus nicht mehr da sein wird (vgl. 6,62; 7,33f; 8,21). Die Leser begreifen, wovon Jesus redet, ist ihre Zeit doch durch die leibliche Abwesenheit Jesu geprägt. Ihnen bleiben nur die Armen, und der Dienst an ihnen ist der *zukünftige* Jesusdienst.

Der erste Teil der Antwort Jesu (12,7) richtet sich nur an Judas: Er soll Maria in Ruhe lassen! Wie Judas als künftiger Auslieferer die Tötung Jesu durch die Gegner repräsentiert, so nimmt Maria durch ihre Tat den Tod Jesu als freiwilligen Heilstod vorweg: Sie hat die Füße dessen gesalbt, der aus eigenem Willen in das Grab geht (vgl. 10,18; 12,24.27.32). Ihre Tat ist in tiefstem Sinn Totensalbung, wie auch die spätere Fußwaschung der Jünger durch Jesus Symbol seines Sterbens am Kreuz und dessen Wirkung sein wird (vgl. 13,4-10). Maria ist sich der Bedeutung ihres Tuns und somit des kommenden Todesgeschicks Jesu offensichtlich bewußt. Darum kann Jesus sagen, daß sie das Öl dafür *aufbewahrt* hat. Sie weiß, was sie tut; als wahre Jüngerin weiß sie um das Heilssterben Jesu und stimmt ihm zu.

Die äußere Ebene der Handlung spielt außerhalb des Hauses. Eine Menge *Juden*, die in Jerusalem auf Jesus warteten - die Volksschar hat sich wohl geteilt (vgl. 12,12) -, erfahren, daß Jesus sich in Bethanien bei den Geschwistern aufhält. Sie kommen, um nicht nur ihn, sondern auch den auferweckten Lazarus zu sehen. Die neue gläubige Hinwendung der Leute zu Jesus um Lazarus willen (12,11) wollen die Hohenpriester verhindern, indem sie beschließen, Lazarus ebenfalls zu töten (vgl. 11,46-53).

3. Jesu Aufbruch nach Jerusalem: 12,12-19

12Es war am nächsten Tag. Viele Festbesucher hörten, Jesus komme nach Jerusalem. 13Da brachen sie Palmzweige ab, zogen ihm entgegen und riefen: "Hosanna, gepriesen der kommt im Namen des Herrn, der König Israels!" 14Jesus aber fand einen jungen Esel und setzte sich auf ihn, wie geschrieben steht: 15Fürchte dich nicht, Tochter Sion. Siehe, dein König kommt! Er sitzt auf einem Eselsfohlen. 16Dies verstanden seine Jünger zuerst nicht, als aber Jesus verherrlicht worden war, da erinnerten sie sich, daß dies über ihn geschrieben stand und daß sie dies mit ihm gemacht hatten. 17Die Volksmenge, die bei ihm war, bezeugte nun, daß er Lazarus aus dem Grab gerufen und ihn von den Toten auferweckt hatte. 18Deswegen war ihm auch die Menge entgegengezogen, hatten sie doch gehört, daß er dieses Zeichen getan hatte. [19]Da sagten die Pharisäer zueinander: "Seht ihr, daß ihr nichts ausrichtet? Schaut doch, alle Welt läuft ihm nach."

Die dritte Szene "*am nächsten Tag*" (vgl. 1,29.34.43) spielt auf dem Weg zwischen Bethanien und Jerusalem. Die Volksmenge, die Jesus im Tempel erwartete (vgl. 11,55f), hört nun, daß er nach Jerusalem kommt. Sie zieht ihm mit Palmzweigen entgegen und begrüßt ihn als den im Namen Gottes kommenden "*König Israels*". So hatte schon Nathanael Jesus ganz richtig bezeichnet (1,49). Also haben die Leute recht: Jesus ist dieser König. Das macht er selbst durch eine geheimnisvolle Handlung deutlich (12,14f) und wird es bald vor Pilatus offen bekennen (vgl. 18,37). Freilich ist er ein König anderer Art, als die Menge erwartet, nämlich einer, der den Weg der Niedrigkeit geht, dessen "*Reich nicht von dieser Welt*" ist (vgl. 18,36). Von der wahren Art des Königtums Jesu wissen die Leute jedoch nichts (vgl. 6,15). Nicht einmal die Jünger haben sie damals schon erkannt; sie wird erst mit Jesu Verherrlichung offenbar.

Die gesamte Darstellung empfängt somit von Ostern ihr Licht und wird von dort her verständlich. Die Augenzeugen konnten das Eigentliche nicht begreifen. Alles, was in der Szene passiert, geschieht somit für die Leser. Ihnen gilt die Erinnerung der Jünger (12,16). Daher sind die Aktionen der Jesus entgegenziehenden Volksmenge positiv zu beurteilen. Sie begrüßt in Jesus den König Israels, der von Gott gesandt wurde. Zu solcher Einschätzung gelangen die Leute durch das Zeichen Jesu an Lazarus, und zwar nicht aufgrund eigener Augenzeugenschaft, sondern durch das Zeugnis derjenigen, die mit Jesus von Bethanien nach Jerusalem gekommen sind und den auferweckten Lazarus gesehen haben (12,17; vgl. 12,9). Der Autor stellt dar, wie die Zeichen nicht nur unmittelbar bei den Zeugen, sondern ebenso als vermittelte Anerkennung Jesu und Zuwendung zu ihm bewirken (12,17f). Als *Erzählungen* sind Jesu Zeichen im JohEv auch den Lesern zugänglich.

Die Hinwendung zu Jesus ist so groß - von *Glauben* spricht der Autor hier allerdings nicht! -, daß erneut die Pharisäer auf den Plan treten und feststellen: "*Seht doch, alle Welt läuft ihm nach!*" Sie sehen sich in ihrer Entschlossenheit bestätigt, Jesus zu beseitigen (vgl. 11,48.53): Wenn sie Jesus weitermachen ließen, würden sie gegen ihn nichts ausrichten.

4. Jesu letzter Aufruf in der Öffentlichkeit: 12,20-36

[20]Es waren aber einige Griechen unter denen, die hinaufkamen, um am Fest anzubeten. [21]Diese nun kamen zu Philippus aus

Bethsaida in Galiläa und baten ihn: "Mein Herr, wir möchten
Jesus sehen." [22]Philippus kommt und sagt es Andreas. Andreas
und Philippus kommen und sagen es Jesus. [23]Jesus aber antwor-
tete ihnen:

"Die Stunde ist da, daß der Menschensohn verherrlicht wird.
[24]Amen, Amen, ich sage euch:
Wenn das Weizenkorn nicht in die Erde fällt und stirbt,
bleibt es allein. Wenn es aber stirbt, bringt es viel Frucht.
[25]Wer sein Leben liebt, verliert es,
wer aber sein Leben in dieser Welt haßt,
wird es zu ewigem Leben bewahren.
[26]Wer mir dienen will, der folge mir nach,
und wo ich bin, wird auch mein Diener sein.
Wenn einer mir dient, so wird ihn der Vater ehren.
[27]Nun bin ich aufgewühlt. Aber was soll ich sagen:
Vater, rette mich aus dieser Stunde?
Aber gerade deswegen kam ich ja in diese Stunde.
[28]Also: Vater, verherrliche deinen Namen."

Da kam eine Stimme vom Himmel: "Ich habe verherrlicht und
werde wieder verherrlichen." [29]Die Dabeistehenden hörten es und
sagten: "Es hat gedonnert." Andere meinten: "Ein Engel hat mit
ihm geredet." [30]Jesus sprach daraufhin:

"Nicht meinetwegen ertönte diese Stimme, sondern euretwegen.
[31]Jetzt findet das Gericht über diese Welt statt,
jetzt wird der Herrscher dieser Welt hinausgeworfen.
[32]Ich aber - wenn ich erhöht sein werde von der Erde,
werde ich alle an mich ziehen."

[33]Das sagte er und deutete damit an, auf welche Art er sterben
werde. [34]Die Volksmenge entgegnete ihm nun:

"Wir haben aus dem Gesetz gehört:
Der Christus bleibt in Ewigkeit.
Wie kannst du da sagen:
Der Menschensohn muß erhöht werden?
Wer ist das, dieser Menschensohn?"

[35]Jesus sagte ihnen nun:

"Kurze Zeit noch ist das Licht bei euch.
Wandelt, solange ihr das Licht habt,
damit euch nicht Finsternis überfällt.
Wer in der Finsternis wandelt, weiß nicht, wohin er geht.
[36]Solange ihr das Licht habt, glaubt an das Licht,
damit ihr Söhne des Lichtes werdet."

Das sprach Jesus und ging weg und verbarg sich vor ihnen.

12,20-28a: Unter den Festbesuchern in Jerusalem, die auf Jesus warten (vgl. 11,55f), sind *Griechen* (vgl. 7,35), wohl gottesfürchtige Heiden, die im Tempel den Gott Israels verehren wollen (vgl. 4,21). Sie möchten mit Jesus zusammentreffen, dem wahren "Ort" Gottes auf Erden (vgl. 4,23). Mit diesem Wunsch treten sie an die bekannten Erstjünger heran, und die Situation von Joh 1,35-50 wiederholt sich. Das Wort der Pharisäer trifft zu, wenn sie es auch despektierlich meinten: Die Menschenwelt kommt zu Jesus (12,19).

Jesus geht auf das Verlangen scheinbar gar nicht ein: Ein Treffen kommt nicht zustande. Die Griechen verschwinden wieder aus der Szenerie, und die Frage stellt sich: Werden sie von Jesus abgelehnt? Will er von ihnen nichts wissen? Jedoch zieht Jesus aus dem Kommen der Heiden den Schluß, die *Stunde* seiner Verherrlichung, die bisher noch nicht da war (vgl. 2,4; 7,6.7.30; 8,20), sei jetzt gekommen (Perfekt!). Gerade die Anwesenheit der Griechen zeigt das an. Das Geschehen der *Verherrlichung* hat nicht nur für Jesus Bedeutung, sondern auch für die Menschenwelt und damit ebenso für die Heiden, die zu ihm streben.

Die *Verherrlichung* beginnt mit Jesu Sterben; denn wie ein Korn sterben muß, um neues Leben hervorzubringen, so auch er (vgl. 10,18). Auf ihn trifft zu, was er in 11,25f gesagt hat: Auch sein Leben als Verherrlichter ist Leben aus der Auferstehung.

Jesu Tod ist Heilstod (vgl. 6,51): Wie ein sterbendes Korn bringt er "*viel Frucht*" (12,24). Auf welche Weise das geschieht, sagt er in 12,25f: durch Nachfolge! Jesus geht den Weg zum ewigen Leben voran, indem er sein Leben "*in dieser Welt*" nicht achtet und es so "*zum ewigen Leben bewahrt*". Daraus spricht keine Selbstverneinung, geht es doch gerade um das eigene Leben, das Selbst. Die Frage ist nur, *wo* man es gewinnt: in dieser Welt oder im ewigen Leben, aus eigenem Tun oder als Geschenk Gottes? Jesus hat den Weg dorthin gezeigt, wo der Vater *ehrt*: Wo menschliche Möglichkeiten enden, beginnt Gottes Macht. Dahin soll der Jünger Jesus folgen (12,26).

Auch Jesus hat Angst vor dem Tod. Er drückt sie freimütig aus (12,27), und der Leser kann sich trösten. Doch Jesus überwindet die Angst durch das Vertrauen zum Vater, der ihn in "*diese Stunde*" geführt hat. So endet der erste Teil der Rede Jesu mit einem Gebet: "*Vater, verherrliche deinen Namen!*" (12,28). Jesus bittet nicht um *seine* Verherrlichung (12,23), sondern um die Gottes. Seine Ehre ist darin allerdings vollkommen aufgehoben (vgl. 11,4; 13,31f; 17,2).

12,28b-36: Jetzt, an der Wende des Wirkens Jesu, greift Gott selbst ins Geschehen ein: Eine *Himmelsstimme* antwortet dem Gebet Jesu. Darin zeigt sich, was Jesus in 8,16 und 11,42 zum Ausdruck gebracht hatte: Er ist nicht allein, sondern mit ihm ist der Vater und erhört ihn alle Zeit. Es ist kein anderer als Gott, der hier vom Himmel her redet und das gesamte Wirken Jesu bespricht: "*Ich habe verherrlicht und werde wieder verherrlichen!*" Der Glaubende erkennt in Jesu irdischem Wirken das Erscheinen der Herrlichkeit Gottes (vgl. 1,14; 2,11; 11,4.40). Er weiß aber auch, daß Tod und Auferweckung die Rückkehr Jesu in die vormalige Herrlichkeit sind (13,31; 17,5.24). Darum werden an dieser Stelle das Kommen Jesu in die Welt und seine Rückkehr zum Vater Verherrlichung genannt.

Wem gilt die Himmelsstimme? Sie ist nicht um Jesu willen ergangen, sondern wegen seiner Hörer (12,30; vgl. 11,42). Jesus weiß ohnehin um das, was die Stimme sagt. Die Volksschar indessen versteht die Stimme gar nicht. Die einen meinen, einen Donner gehört zu haben, die anderen, ein Engel habe mit Jesus gesprochen. Also hat niemand außer Jesus die Himmelsstimme verstanden. Jesus gibt ihren Inhalt jedoch nicht bekannt; das tut vielmehr der Autor. Dann gilt die Himmelsstimme dem Leser. Er wird aufgerufen, das Wirken Jesu im Rückblick als Offenbarwerden der göttlichen *Herrlichkeit* zu verstehen, das zugleich ein Geschehen des Gerichts und der Scheidung ist (12,31; vgl. 3,19f; 9,39). Denn wo Gottes *Herrlichkeit* Platz greift, muß der "*Herrscher dieser Welt*" (vgl. 16,11) weichen. Das Wirken Jesu hat die Menschen schon geschieden, in die *Seinen* (vgl. 1,12f) und in solche, die an der Welt festhalten und daher ihrem Herrscher gehören (vgl. 12,25). Dieser Prozeß der Scheidung setzt sich nach Jesu Weggang weiter fort: Als Erhöhter "*werde ich alle an mich ziehen*" (12,32). Der Gedanke von 12,23f wird - anders gewendet - aufgegriffen, und der Ring schließt sich: Durch Jesu Kreuzestod (12,33) werden auch die Heiden (12,20f) zu ihm gelangen.

Zum letzten Mal hält die Volksmenge dem Anspruch Jesu die jüdische Messiasdogmatik entgegen (vgl. 7,26f.41f.52; 9,29). Die Leute meinen, der Schrift entnehmen zu können, der Messias errichte eine ewige Herrschaft *auf Erden* (vgl. Ps 89,37; PsSal 17,4). In diesem Sinne hatten sie Jesus bei seinem Kommen nach Jerusalem begrüßt (vgl. 12,13). Jetzt nehmen sie Anstoß daran, daß Jesus von seiner Erhöhung "*von der Erde*" spricht und sein irdisches Wirken damit für begrenzt erklärt (vgl. 7,33f; 8,21f). Sie sind zwar bereit, ihn als Messias zu akzeptieren (vgl. 12,12-19), wenn er ein irdisches Königtum im Sinne der nationalen Hoffnung aufrichtet. Aber daß der Messias ein "Menschgewordener" ist, der sein Amt als *erhöhter Menschensohn* ausübt, begreifen sie nicht. Es zeigt sich, daß sie dem Selbstzeugnis Jesu letztlich doch nicht glauben und lediglich ihrer eigenen Vorstellung folgten, als sie in Jesus den "*König Israels*" begrüßten. Sie haben Jesu wahre Herkunft und göttliche Art nicht erkannt: daß in ihm das Licht in die Welt kam (3,19; vgl. 1,9f), um für kurze Zeit in der Welt zu leuchten (12,35f; vgl. 9,5), damit alle, die an ihn glauben, die

Finsternis hinter sich lassen, das "*Licht in sich haben*" (8,12) und "*Kinder des Lichtes werden*" (12,36).

Zum letzten Mal ruft Jesus dazu auf, an ihn zu glauben. Noch haben die Hörer dazu Gelegenheit, denn noch "*haben sie das Licht*", solange Jesus "*unter ihnen weilt*". Aber es gibt ein "Zu-Spät"! Heißt das, nach Jesu Weggang sei ein "*Wandeln im Licht*" und der "*Glaube an das Licht*" nicht mehr möglich? Das kann nicht gemeint sein. Vielmehr beschreibt Jesus erneut das Geheimnis des Glaubens: Der Glaubende hat "*das Licht des Lebens in sich*" (8,12; vgl. 11,10), auch nachdem Jesus die Welt verlassen hat. Doch ist sein Glauben durch das Kommen des *Lichtes* Jesus erst ermöglicht worden und insofern ein "*Kommen zum Licht*" (vgl. 3,19ff; 1,9f). Der Glaube, durch den der Mensch zum "*Kind des Lichtes*" wird, ist daher niemals nur das eigene Werk, anders als das Wandeln in der Finsternis. Er ist an die Bedingung gebunden, daß das Licht scheint. Er zündet das Licht nicht an, sondern folgt ihm nur (8,12). Darum kann es ein "Zu-Spät" geben: Wer freiwillig in der Finsternis bleibt, der findet nicht mehr den Weg zum Licht.

Erster Epilog: 12,37-50

12[37]So große Zeichen hatte er vor ihren Augen getan, und doch glaubten sie nicht an ihn. [38]Denn es sollte sich das Wort des Propheten Jesaja erfüllen, das er gesprochen hat:

Herr, wer hat unserer Rede geglaubt?
Und der Arm des Herrn -
wem ist er offenbar geworden?

[39]Sie konnten deswegen nicht glauben, weil Jesaja an anderer Stelle sagt:

[40]Blind hat er ihre Augen gemacht
und hart hat er ihr Herz gemacht,
damit sie mit den Augen nicht sehen
und mit dem Herzen nicht einsehen
und nicht umkehren und ich sie nicht heile.

[41]Das hat Jesaja gesagt, weil er seine Herrlichkeit geschaut und über ihn gesprochen hat. [42]Gleichwohl glaubten doch viele von den Oberen an ihn, aber wegen der Pharisäer bekannten sie sich nicht dazu, um nicht aus der Synagoge ausgestoßen zu werden.
[43]Denn sie liebten das Ansehen bei den Menschen mehr als das Ansehen bei Gott.

[44]Jesus aber rief:

"Wer an mich glaubt, nicht an mich glaubt er,
sondern an den, der mich gesandt hat,
[45]und wer mich sieht, der sieht den, der mich gesandt hat.
[46]Als Licht bin ich in die Welt gekommen,
damit jeder, der an mich glaubt, nicht in der Finsternis bleibt.
[47]Und wenn einer meine Worte hört, sie aber nicht bewahrt,
so bin nicht ich es, der ihn verurteilt.
Ich bin ja nicht gekommen, um die Welt zu richten,
sondern um die Welt zu retten.
[48]Wer mich ablehnt und meine Worte nicht annimmt,
der hat seinen Richter.
Das Wort, das ich gesprochen habe,
richtet ihn am letzten Tag.
[49]Denn ich habe nicht aus mir selbst geredet,
sondern der Vater, der mich gesandt hat,
er hat mir geboten, was ich sagen und reden soll.
[50]Ich weiß aber, daß sein Gebot ewiges Leben ist.
Was ich nun rede, rede ich so,
wie der Vater es mir gesagt hat."

Ein gewisses Problem innerhalb des Textabschnitts stellt der *Ruf* Jesu 12,44ff dar. In 12,35f hatte Jesus seine Offenbarungsreden in der *Öffentlichkeit* abgeschlossen. An wen richtet sich somit sein Rufen? Es erfolgt völlig situationslos. Jesus tritt geradezu aus der dargestellten Handlung heraus und spricht eindringlich zu den Lesern. Er kommentiert sein bisheriges Offenbarerwirken und dessen Wirkung.

Faßt man den Ruf Jesu in diesem Sinne als situationslosen Kommentar auf, dann verschwindet das Problem. Die literarkritische Schere ist für 12,44-50 ebensowenig nötig wie für den analogen Ruf Johannes des Täufers im Rahmen des Prologs (1,15). Das Zeugnis des Täufers über Jesu Präexistenz eröffnete den Lesern die Perspektive für die nachfolgende Handlung, der Ruf Jesu resümiert vornehmlich die negativen Folgen, die sein offenbarendes Wirken für diejenigen hat, die ihn ablehnen.

Der dem Ruf Jesu vorausgehende Abschnitt 12,37-43 ist gleichfalls ein Resümee, eine Bilanz der Verweigerung. Dreimal wird ausdrücklich der Unglaube bzw. der unzulängliche Glaube hervorgehoben, auf den Jesu Wirken bisher getroffen ist, und es werden die Gründe dafür bedacht (12,37f.39ff.42f). 12,44-50 schließt durchaus folgerichtig an, indem Jesus die katastrophalen Konsequenzen des Unglaubens vor Augen stellt.

Von seiner literarischen Funktion im Ganzen des Kontextes her ist der Textabschnitt 12,37-50 eine Einheit. Er ist ein Epilog, ein Rückblick auf die bisherige Handlung, die an markanter Stelle - am Ende der öffentlichen Wirksamkeit Jesu - für einen Augenblick unterbrochen wird, um ein Fazit des Unglaubens zu ziehen (vgl. 1,10f). Drei Sprecher sind beteiligt: der Autor, Jesus und Jesaja. Da letzterer als Prophet das göttliche Vorwissen repräsentiert, muß eigentlich Gott selbst zu den Sprechern dieser Bilanz gezählt werden.

Der Epilog ist gegliedert. Durch die Redeeinleitung 12,44 wird er geteilt: In 12,44-50 redet Jesus allein, in 12,37-43 der Autor, der in zwei Zitaten aus dem Prophetenbuch das göttliche Vorwissen ins Spiel bringt.

1. Bilanz des Unglaubens durch den Autor: 12,37-43

Es lassen sich drei Aussagen unterscheiden: (1) Der Jesus entgegenschlagende Unglaube war Verweigerung und Trotz (12,37f). (2) Folge und Antwort waren Verstockung: Weil "*sie*" nicht glauben wollten, *konnten* sie es auch nicht (12,39-41). (3) Wo der Glaube gleichwohl aufkeimte, haben viele ihn aus Menschenfurcht oder Rücksicht auf ihr Ansehen unterdrückt (12,42f).

12,37-38: Fassungslos konstatiert der Autor den Unglauben, obwohl Jesus "*so große Zeichen vor ihnen gewirkt hatte*". Das Wirken Jesu wird keineswegs auf das Tun von Zeichen reduziert - die Offenbarungsreden sind nicht vergessen -, vielmehr bringt hier der Autor zum Ausdruck, was in 10,37f Jesus bereits den gegnerischen *Juden* vorgeworfen hat: Wenn sie seinen Worten auch nicht glauben wollten, seinen Zeichen hätten sie glauben müssen (4,48; 5,36; 9,30ff; vgl. 15,24)! Trotz Zeichen am Unglauben festzuhalten, war Verstockung und böser Wille (11,47f; 12,9f.19).

Der Unglaube kam nach der bisherigen Darstellung "aus tiefstem Herzen". Er war nicht die Folge von Dummheit, Nachlässigkeit oder Bequemlichkeit, sondern entschiedene Ablehnung und bewußter Haß. Er war die freie Tat von Menschen, die "*die Finsternis mehr liebten als das Licht*" (3,19f). Hinter ihm stand kein anderer Wille als der eigene. Deshalb kann 12,38 unmöglich in einem finalen Sinn ("damit") angeschlossen werden. Der Unglaube ist von Gott weder gewollt noch geplant, sondern nur vorhergewußt worden. Das göttliche Vorwissen hat Jesaja (Jes 53,1) prophetisch zum Ausdruck gebracht. Im Jesusgeschehen erweist sich seine Richtigkeit: Genau entsprechend der Weissagung ist es eingetroffen. Jesus wurde durch den Unglauben nicht überrascht und Gottes Heilsplan nicht durchkreuzt. Der Prophet hat mit seiner Klage nicht nur die eigene Erfahrung, sondern auch die *Jesu* zum Ausdruck gebracht. Der Unglaube bleibt daher vollkommen in der Verantwortung derjenigen, die nicht glauben wollten. Die Zeichen sollten ihren Glauben wecken, haben jedoch gegen den inneren Widerstand der Menschen nichts ausrichten können.

12,39-41: Jesu Zeichen waren ein Angebot zum Glauben, kein Zwang. Wer nicht sehen *wollte*, worauf sie hinwiesen, dem blieben sie verschlossen, und darum *konnten* die Verblendeten auch gar nichts sehen. Jeder kennt das geheimnisvolle Paradox: Menschen sind uneinsichtig, obwohl sie sehen, bleiben verständnislos, obwohl sie verstehen, verhärten ihr Herz, obwohl es überwunden ist. Dieses Paradox war Gegenstand der Handlung des JohEv und wurde immer wieder von Jesus und vom Autor reflektiert (vgl. 1,10f; 3,10f; 5,40.44; 6,26; 8,43-47; 9,39).

In 12,39-41 wird herausgestellt, wie Ablehnung und Verweigerung auf den Menschen zurückschlagen. Gott bricht den Willen des Menschen nicht, sondern respektiert ihn: Dem Nicht-Glauben-Wollen folgt daher der Umschlag in ein Nicht-Glauben-Können (vgl. 5,40.44). Nicht Prädestination zum Unheil wird hier vertreten, sondern es wird deutlich, daß Gott den Menschen auch in seiner Ablehnung ernst nimmt. Dabei ist aber nicht vergessen, daß der Mensch zwar die Möglichkeit hat, sich Gott zu verweigern, jedoch nicht die Fähigkeit besitzt, die Verweigerung von sich aus beliebig zurückzunehmen, aus eigenem Antrieb wieder in Gottes Heilsbereich zurückzukehren und so selbst Herr über Unheil oder Heil zu sein.

Das ist der Sinn des zweiten Zitates des Propheten Jesaja (Jes 6,10): Nachdem die Nichtglaubenden ihre Augen verschlossen und ihr Herz verhärtet haben, ist ihnen der Rückweg abgeschnitten. Nicht eigene Initiative kann sie jetzt noch retten. Es steht ihnen nicht mehr frei, doch noch umzukehren, so daß Gott geradezu gezwungen wäre, sie zu heilen. Nur ein erneutes Handeln Gottes könnte sie retten. Aber ist Gott dazu verpflichtet?

Gab das erste Zitat des Jesaja die Perspektive Jesu wieder ("...*wer hat unserer Rede geglaubt?*"), so nimmt das zweite Zitat die Perspektive Gottes ein ("...*und ich sie nicht heile!*"). Wer aber ist derjenige, der "*ihre Augen blind gemacht und ihre Herzen verhärtet hat*"? Unmöglich ist es, darin Satan am Werk zu sehen. Der Autorkommentar 12,41 verbietet eine solche Deutung: Jesaja hat (wie Abraham: 8,56) die *Herrlichkeit* Jesu gesehen und über ihn prophetisch gesprochen. In 12,40 wird wie in 9,39 auf das Wirken Jesu geblickt, insofern es zugleich das Gericht war (12,47f; vgl. 3,18ff; 12,31.35f).

12,42-43: In der bisherigen Darstellung traten neben den Gegnern, die Jesus Anerkennung und Glauben verweigerten, immer wieder auch Personen auf, die ihn wegen seiner Zeichen schätzten und an ihn glaubten, deren Glaube jedoch unzulänglich war und sich nicht bewährte (vgl. 2,23ff; 3,1f; 6,2.14f.26; 7,12.31.41f; 8,30; 9,16.22f; 10,21). Auf sie blickt der Epilog ebenfalls zurück. Sogar viele angesehene und führende Persönlichkeiten gehörten zu den heimlichen Anhängern Jesu. Mit Nikodemus (3,1f; 7,50ff) haben die Leser einen von ihnen kennengelernt (vgl. 9,16), ein anderer wird ihnen in 19,38 begegnen. Aber ein heimlicher Glaube, der sich nicht offen zu Jesus bekennt, ist kein wirklicher Glaube, weil er auf sich selbst bezogen bleibt. Die heimlichen Sympathisanten Jesu schrecken vor den Pharisäern zurück, die sie als Bekenner Jesu aus der Synagoge ausschliessen könnten. Dieses Geschick bedrohte die Anhänger Jesu tatsächlich (9,22; vgl. 16,2). Nicht ein Ausschluß auf Zeit, eine Bewährungsstrafe ist damit gemeint, sondern die endgültige Entfernung aus der Synagogengemeinschaft, was gesellschaftliche und soziale Ächtung bedeutete. Besonders die öffentlich Angesehenen und sozial Hochstehenden müssen sie fürchten, verlieren sie doch mit ihr, was ihr Leben ausmachte: Anerkennung und Hochschätzung innerhalb der Gesellschaft. Diese sind ihnen mehr wert als die *Ehre* vor Gott, die sie durch Jesus gewinnen könnten (17,22. 24; vgl. 5,44).

In die Bilanz des Autors gehen eigene Erfahrungen und die seiner ersten Leser ein. Das legt vor allem die Rolle nahe, die die Pharisäer spielen. Sie sind diejenigen, die über den Ausschluß aus der Synagoge befinden. Solche Vollmacht besaßen sie aber zur Zeit Jesu nicht. Überhaupt wurde das Verfahren des Synagogenausschlusses, wie es an dieser Stelle vorausgesetzt wird, erst ungefähr ab dem Jahr 80 n.Chr. angewendet. Die Darstellung ist anachronistisch und spiegelt die Erfahrungen einer späteren Zeit wieder, die Autor und Leser gemacht haben. Für die Einschätzung des Epilogs ist das von Bedeutung, weil in ihm somit nicht nur ein Resümee des Wirkens Jesu, sondern zugleich eine Bilanz der bisherigen Geschichte des Autors und seiner Leser gezogen werden. Es kommen in ihm Erfahrungen mit dem Unglauben zur Sprache, die immer gültig waren, angefangen beim Propheten Jesaja über Jesus bis hin zur johanneischen Gemeinde.

2. Das Resümee Jesu
Konsequenzen des Unglaubens: 12,44-50

Der Aufbau ist kreisförmig. Ausgangspunkt des Argumentationsbogens sind zwei parallele Sendungsaussagen, in denen Jesus auf Gott verweist, den er auf Erden vertritt und der in ihm sichtbar geworden ist (12,44f). Eine knapp formulierte Verheißung für diejenigen, die an Jesus glauben, schließt sich an (12,46). Gewichtiger und umfangreicher ist demgegenüber die folgende Passage (12,47f), in der Jesus in einer kreisenden, sich steigernden Argumentation die negativen Konsequenzen des Unglaubens anspricht. Sie bestehen im Gericht, das schon gegenwärtig ist und in die Zukunft hineinreicht. Zweimal wird gesagt, worin das Nicht-Glauben besteht: Es ist Mißachtung der Worte Jesu. Den Abschluß bilden wieder Sätze, in denen Jesus von sich weg auf den Vater weist (12,49f). Sie begründen die Androhung einer endgültigen Verurteilung, denn Jesu Worte sind *Gebote* des Vaters; wer sie verwirft, verwirft Gott. Der Gedankengang hat somit die Form A - B/B'- A', und das Gewicht liegt auf Teil B' (12,47f).

12,44-46: Wie Johannes der Täufer im Prolog (1,15) *schreit* Jesus (vgl. 7,28.37) sein Kerygma außerhalb der Handlung den Lesern zu. Sein Ruf hat ewige Gültigkeit. In ihm zieht Jesus Schlußfolgerungen aus seinem dargestellten Wirken in Tat und Wort: Wenn er auf Erden die Werke des Vaters vollbracht (vgl. 4,34; 5,19ff) und seine Worte und Lehre offenbart hat (vgl. 6,45; 7,16f; 8,26), wenn er und der Vater *eines* sind (10,30), "*in ihm der Vater und er im Vater*" ist (10,38), dann gilt, daß der Glaube an ihn Gottesglaube ist (vgl. 14,1) und Gott in ihm sichtbar erschienen ist (vgl. 14,9ff). Die Christologie ist hier wie stets im JohEv eine Funktion der Theologie. In Jesus ist das göttliche *Licht* in die Welt gekommen (vgl. 1,5.9; 8,12). Darum hat jeder, der an Jesus glaubt, bereits Zugang zur Lichtwelt Gottes und "*bleibt nicht in der Finsternis*" (vgl. 8,12; 12,35f).

"An Jesus *glauben*" und "Jesus *sehen*" werden in 12,44f identifiziert. Die *Sehenden* sind nicht einfach alle Augenzeugen. Zum leiblichen Sehen muß der Glaube hinzukommen, damit es zum echten Sehen wird (vgl. 6,26). Dann kann der Glaube das leibliche Sehen auch ersetzen und wird selbst zu einem Sehen.

12,47-48: Nun erfolgt der Umschlag: Jesus stellt die negativen Konsequenzen des Unglaubens und der Ablehnung vor Augen. Glaube und Unglaube lassen sich letztlich an Jesu Worten festmachen, an seiner Offenbarung. Nur wer sie annimmt und *bewahrt*, hat Jesus als die Erscheinung Gottes auf Erden *gesehen*. Gerade in seinen Worten ist Jesus bleibend erfahrbar und in ihm Gott. Worte stellen vor die Entscheidung; man kann ihnen zustimmen oder sie ablehnen. Darum ist das Wort Kriterium. An ihm entscheidet sich Leben oder Tod: Ist es ein Wort des ewigen Lebens, so verbleibt, wer sich ihm verweigert, im Tod. Deshalb kann Jesus zu Recht sagen, nicht er richte denjenigen, der sein Wort nicht bewahrt; das Gericht ist nicht eine kleinliche Rache oder Vergeltung, sondern die Kehrseite der eigenen Entscheidung. Wer das Licht ablehnt, bleibt in der Finsternis (vgl. 3,19f), wer die Wahrheit nicht annimmt, ist Gefangener der Lüge, wer die Liebe zurückweist, verfällt dem Haß. Jesus ist als "*das Licht in die Welt*" gekommen (12,46), damit die Menschen gerettet werden (vgl. 3,16f), nicht um sie an Tod, Finsternis, Lüge und Haß auszuliefern. Das vernichtende Gericht schafft sich der Mensch selbst, indem er Jesu Worte ablehnt.

Das Wort ist freilich nicht von seinem Sprecher zu trennen. Zusammen mit der Botschaft wird auch der Bote angenommen oder verworfen. Darum kann Jesus sich mit seinen Worten identifizieren: "*Wer mich ablehnt und meine Worte nicht annimmt, der hat seinen Richter*" (12,48; vgl. 1,5.11)! Mit diesem Satz wird zunächst soviel klar: Auch wenn derjenige, der Jesus und seine Offenbarung ablehnt, für seine Verurteilung verantwortlich bleibt, so ist doch nicht er selbst es, der über sich richtet. Niemand ist sein eigener Richter. Nicht einmal im trotzigen Untergang gewinnt der Mensch Autonomie, sondern bleibt einem fremden Richter unterstellt, der immer schon präsent ist. Wer aber ist der Richter, wenn nicht Jesus es ist (12,47; vgl. 8,15) und nicht der Vater (5,22) und gleichwohl Jesus als der Menschensohn die Vollmacht zum Richten hat (5,27)? Antwort darauf gibt der letzte Satz des Abschnitts: Richter wird das Wort des irdischen Jesus sein! Es wird als Belastungszeuge auftreten gegen den, der es verworfen hat (vgl. 5,45). Damit übernimmt es die eschatologische Funktion, die im Judentum der Tora zugeschrieben wurde (Dtn 31,19.26; Röm 2,12). Seitdem Jesus das Wort gesprochen hat, ist es in der Welt. Im Buch des JohEv liegt es vor. An ihm scheiden sich die Geister bis hin zu jenem "*letzten Tag*", an dem die vollzogene Scheidung endgültig und unrevidierbar wird.

12,49-50: Wenn Jesu einmalig gesprochenes Wort der künftige Richter ist, dann übt in ihm doch wiederum Jesus selbst das Richteramt aus, und 5,22.27 hat neben 12,47 gleichwohl seine Berechtigung. Der Vater hat Jesus dadurch das "*ganze Gericht*" übergeben, daß er ihm "*geboten hat, was er sagen und reden soll*". Jesu Wort stammt nicht aus ihm, sondern aus Gott (7,16ff; vgl. 3,34), ja Jesus ist dieses Wort Gottes in Person (1,14). Darum ist es letztlich der sich offenbarende Gott selbst, vor dem sich der Mensch entscheiden muß, sobald er Jesu Wort hört: für das Leben oder den Tod, für das Licht oder die Finsternis, für die Wahrheit oder die Lüge (vgl. Dtn 30,15ff). In dieser Entscheidung ist alles entschieden, Gegenwart und Zukunft: Wird Gottes Wort angenommen, schenkt es das Leben, wird es verworfen, beläßt es im Tod.

Weil Jesus nicht gekommen ist, "*die Menschenwelt zu richten, sondern zu retten*" (12,47), ist die Absicht des Wortes Gottes nur, "*ewiges Leben*" zu eröffnen. Daß das Wort denjenigen, der es ablehnt, am Ende auch richtet, ist gegen seine eigentliche Intention; der sich verweigernde Mensch macht es zum Richter. Gottes Wort ist nämlich zugleich *Gebot*, seine Zurückweisung somit Ungehorsam und zieht Folgen nach sich. In diese Richtung wendet 12,50 den Duktus der Argumentation Jesu. Dadurch erhält sein Wort, in dem Gottes Wort ertönt, eine neue Dimension: Es nimmt den Platz der Tora ein; es wird zur wirksamen "Tora", die bewirkt, was sie verheißt: "*die Gnade und Wahrheit*" (1,17).

Neuntes Bild: 13,1-17,26

I. Die Analyse

1. Abgrenzung und Kohärenz

Nachdem der Autor durch den Epilog 12,37-50 den Abschluß des öffentlichen Wirkens Jesu markiert hat, leitet er in 13,1 mit einer theologisch gefüllten, hochbedeutsamen Eröffnungsbemerkung einen neuen Großabschnitt ein. Darin beschäftigt sich Jesus einzig mit den *Seinen* und bereitet sie auf ihre Zukunft vor, in der er nicht mehr leibhaftig bei ihnen sein wird. Die Szene findet am Vorabend des Rüsttages zum Paschafest statt (13,1; vgl. 18,28; 19,14.31), auf das die Leser seit 11,55; 12,1.12 eingestimmt sind. Das ist dann die *Stunde*, in der Jesus "*aus dieser Welt hinübergeht zum Vater*".

Die Handlung besteht fast ausschließlich aus Gesprächen, die Jesus mit seinen Jüngern anläßlich eines gemeinsamen Mahles (13,2.4.12.21-30) führt, aus Monologen Jesu und einem großen Gebet. Die "erzählte Zeit" fällt mit der Erzählzeit fast zusammen. Szenische Unterbrechungen sind äußerst selten (13,12.30; 17,1), womit die Frage nach der äußeren Kohärenz des ganzen Abschnitts eigentlich schon klar beantwortet ist. Frühestens in 18,1 wird die Szenerie aufgehoben: Jesus verläßt dann mit seinen Jüngern den Raum des Abschiedsmahles und begibt sich an einen neuen Ort.

Die szenischen Unterbrechungen 13,30 und 17,1 haben nur gliedernde Funktion (s.u.). Wenn in 13,30 Judas den Jüngerkreis verläßt, wird damit die Spannung von 13,1f.10f aufgehoben: Von jetzt an ist Jesus wirklich mit den *Seinen* allein. Die Gebetseinleitung 17,1 hebt die neue Sprechrichtung Jesu auf den Vater hin hervor, dem Jesus im Gebet vorträgt, was er den Jüngern gerade schon gesagt hat.

Die Kohärenz des Abschnitts wird durch 14,31: "*Steht auf, laßt uns von hier weggehen!*" in Frage gestellt. Erst in 18,1 wird die Aufforderung Jesu an die Jünger eingelöst, und davor stehen noch drei umfangreiche und inhaltsschwere Kapitel. Die Forscher haben nach Lösungen und Erklärungen dieser eigenartigen Spannung gesucht, sei es, daß sie den Text so umstellten, daß 14,31 und 18,1 (wieder) unmittelbar nebeneinander zu stehen kamen, sei es, daß sie Joh 15-17 für nachgetragene Ergänzungen ansahen, durch die der Zusammenhang von Aufforderung (14,31) und Durchführung (18,1) gestört werde. Doch gibt es keinerlei Hinweise, daß der jetzige Text in Unordnung ist - im Gegenteil -, und die Annahme von Nachträgen kann das Problem des *vorliegenden* Textes nicht lösen.

Das von Jesus in 14,31 gegebene Signal ist ernst zu nehmen, aber man darf es nicht überfordern. Eine Textstörung oder gar ein Bruch wird darin nicht sichtbar. 14,31 ist noch kein Szenenwechsel, der im folgenden ohne Wirkung bliebe, sondern lediglich eine Aufforderung Jesu, die vorläufig nicht zum Tragen kommt. Vergleichbar ist 1,43; dort bringt der Autor das Wegziel Galiläa frühzeitig ins Spiel, und der Szenenwechsel erfolgt erst 2,1. Jesu Aufforderung zum Aufbruch in 14,31 hebt - so könnte man sagen - die Mahlgemeinschaft und damit das Tischgespräch mit den anwesenden Jüngern auf, nicht jedoch die Kommunikationsgemeinschaft, die mit ihnen und durch sie mit den Lesern weiter besteht. Was die Jünger "vor Ort" angeht, hat Jesus in 14,31 alles gesagt, und mit 18,1 könnte eine neue Szene beginnen, nicht hingegen was die späteren Jüngergenerationen betrifft, zu denen auch die ersten Leser des JohEv gehören. Das Signal Jesu in 14,31 gliedert nur seine Gespräche und Reden: Als unmittelbare Zielgruppe von 13,31-14,31 werden die um Jesus versammelten Jünger ausgewiesen, als Zielgruppe von 15,1-16,27 die späteren Jünger einschließlich der Leser.

Beachtet man diese Funktion von 14,31, dann kommt die innere Kohärenz des gesamten Textgefüges erst wirklich in den Blick: Der aus der Welt scheidende Jesus erschließt den *Seinen* von den anwesenden Jüngern bis hin zu den Lesern, an die der Autor denkt, die Zukunft und deutet sie. Aus der Perspektive der in der Abschiedssituation anwesenden Jünger sind alle Ansagen Jesu ausstehende Zukunft, auch solche, die sich noch innerhalb der Handlung des JohEv erfüllen: der Weggang Jesu als Rückkehr zum Vater, also sein Tod und seine Auferstehung (13,33), das Versagen des Petrus (13,38), das Wiederkommen Jesu als Auferstandener und sein Erscheinen vor den Jüngern (14,18ff) und die Gabe des "*Geistes der Wahrheit*" (14,17). Den Jüngern werden aber ebenso Ereignisse und Wirklichkeiten angekündigt, die sich nicht innerhalb der Handlung des JohEv erfüllen: das *spätere* Nachfolgen und Martyrium des Petrus (13,36. 38), das Kommen Jesu zu den Jüngern, um sie dorthin zu holen, wo er ist (14,2f), die Anwesenheit des Vaters und Jesu bei ihnen (14,23) und das erinnernde Wirken des *Heiligen Geistes* (14,26). Diese Vorhersagen betreffen die Zeit der Jünger nach Jesu Weggang bis zu ihrem Tod. Die Leser blicken auf diese Zeit bereits als Vergangenheit zurück. Für sie dürften auch jene Ereignisse zurückliegen, die Jesus in 15,18-16,4a als Zukunft voraussagt, wenngleich sie ihre Gegenwart immer noch bestimmen: der Haß der Welt und die Erfahrung von Ausgrenzung und Verfolgung.

Die in der Abschiedssituation anwesenden Jünger sind dagegen von ihnen gar nicht betroffen, wie das Signal 14,31 deutlich macht. Absolut Zukünftiges sagt Jesus mit 16,16-27 an: Nach einer "*kurzen Weile*" des Nicht-Sehens werden sie ihn endgültig sehen (16,16.22) und dann unmittelbaren Zugang zum Vater haben (16,26f). Damit ist von Jesus die *eschato-*

logische Zukunft in den Blick genommen. Wird auf diese Weise unter Beachtung der jeweiligen Wahrnehmungsperspektive die innere Kohärenz der Gespräche und Reden Jesu ansichtig, können weitere Beobachtungen sie noch bekräftigen. Unter der Vorgabe, daß 13,1-17,26 eine kohärente literarische Einheit ist, läßt sich 13,33-35 als Themenangabe verstehen: Zuerst bespricht Jesus mit den Jüngern um ihn seinen *Weggang* und dessen Folgen für die Jüngerschar (13,33 als Thema von 13,36-14,31), um in der folgenden Rede sein Gebot der gegenseitigen Liebe einzuschärfen (13,34f als Thema von 15,1-16,15).

Daß die "Abschiedsrede" eine großangelegte kohärente Komposition ist, zeigt sich schließlich darin, daß Jesus an ihrem Anfang und Ende auf das Verhalten der konkreten Jünger während der Passion eingeht (13,36ff; 16,31f). Eine bewußte Inklusio kann man zudem in 13,1 und 16,28 sehen. Am Ende wird die innere Kohärenz des Ganzen auch durch das Gebet Joh 17 erwiesen, das dem Duktus der Reden in Joh 13-16 folgt: Jesus bittet zuerst für die Jünger, die um ihn versammelt sind (17,9-13), dann für die späteren Jünger, die unter dem Haß der Welt leiden (17,14-19); danach geht er auf die neu gewonnenen Jünger ein (17,20-23), um endlich die eschatologische Zukunft anzusprechen (17,24).

2. Rückverweise/Wiederaufnahmen/Echos: Was die Leserinnen und Leser schon wissen!

Rückverweise

Naturgemäß tritt der Autor in diesem Großabschnitt des JohEv vollständig zurück. Fast ausschließlich spricht Jesus selbst. Nur in der ausführlichen Einleitung 13,1.2-3 meldet sich der Autor zu Wort. Doch ist sein *Rückverweis* lediglich indirekt: Er erwähnt Jesu Wissen um seine Vollmacht (13,3; vgl. 17,2) und Herkunft vom Vater und erinnert damit an 3,35 und 8,14.

Es ist Jesus, der auf seine Worte und Werke, also auf die bisherige Handlung des JohEv zurückverweist. Zunächst bringt er in 13,18 (vgl. 15,16; 17,12) in Erinnerung, daß er die Jünger ausgewählt hat, wohl wissend, daß einer von ihnen "*ein Teufel*" ist (vgl. 6,70).

In 13,33 weist Jesus ausdrücklich auf seine Worte an die *Juden* zurück (7,33f; 8,21), die jetzt ebenso den Jüngern gelten. Gelten sie im selben Sinne? Oder haben die *Seinen* beim Weggang Jesu den Nichtglaubenden doch etwas voraus? Das könnte 14,2 nahelegen, wo Jesus erneut auf ein Wort von sich verweist; doch wo finden wir es?

In 15,3.22.24 bringt Jesus sein gesamtes Wirken in Erinnerung, zuerst seine Worte, deren Zeugen die Jünger (und Leser!) bis dahin gewesen sind: Sie wirken reinigend bei denen, die sie annehmen (15,3; vgl. 12,47), verurteilend bei denjenigen, die sie ablehnen (15,22; vgl. 12,48). Auch auf seine Werke weist Jesus zurück (15,24): Sie waren überzeugende Taten; nur böser Wille konnte sie mißdeuten und mißverstehen (vgl. 12,37f; 9,30f; 11,47f).

Ein einziger großer *Rückverweis* Jesu - allerdings im Medium des Gebetes an den Vater - ist 17,6-14: Jesus faßt als aus der Welt Scheidender sein Handeln an den Jüngern zusammen und überantwortet sie der Fürsorge seines Vaters (17,15.17).

Es sind noch die *Rückverweise* zu besprechen, die sich nicht auf das übrige vorausgehende JohEv beziehen, sondern auf Worte Jesu innerhalb der "Abschiedsrede", also nicht ihrer Verbindung mit dem übrigen Evangelium, sondern ihrer Teile untereinander dienen. Als erstes ist 14,28 zu nennen, womit 13,33 dem Sinne nach und 14,18 wörtlich aufgenommen werden. In 15,20 werden die Hörer (Leser) von Jesus direkt aufgefordert, sich an sein Wort 13,16 zu erinnern, das in der Situation des Hasses und der Verfolgung neue Aktualität erhält. Schließlich ist auf 14,25 und 16,25 zu verweisen, wo Jesus sein Reden - gemeint sind wohl nicht nur die "Abschiedsrede", sondern alle Worte des Irdischen - bleibend bestimmt: Sie werden durch Vermittlung des Heiligen Geistes in ihrem Bestand und Gehalt gesichert; der Leser liest wirklich die Worte *Jesu* (14,25)! Und sie sind "Rätselworte", die ihren Gegenstand ebenso verbergen wie offenbaren (16,25) und darum des Beistandes des "*Geistes der Wahrheit*" bedürfen, um zu bewirken, was sie sollen (vgl. 16,12f). Darin steckt eine ganze Hermeneutik des JohEv.

Wiederaufnahmen

Ein Stück besonderer Art ist der kleine Dialog 14,5-11. Er ist nicht nur eine direkte *Wiederaufnahme* jener hochbedeutsamen Selbstaussagen aus den öffentlichen Auseinandersetzungen, in denen Jesus das Verhältnis zwischen sich und dem Vater bestimmt hat (vgl. 8,19.26-29; 10,30-38; 12,45.49f), sondern reflektiert dies auch ausdrücklich. Jesus spricht Philippus und die übrigen Jünger unmittelbar darauf an, daß sie im christologischen Lernprozeß die Fortschritte nicht gemacht haben, die sie eigentlich hätten machen können: "*So lange bin ich schon bei euch, und du hast mich nicht erkannt...*" Aus den Worten und Werken Jesu hätten die Jünger bereits erkennen können, daß Jesus im Vater und der Vater in ihm ist (14,10; vgl. 3,34; 7,16; 8,16; 5,19).

Echos

In den zahlreichen Hinweisen auf den Verräter (13,2.18.21) und den Bemerkungen darüber, daß Jesus ihn und seine Tat sehr wohl kennt (13,10f.18; 17,12), klingt für die Leser deutlich 6,64f.70f nach, wo Jesus den Jüngern den Verrat angedeutet hat, ohne den Verräter mit Namen zu nennen. Der Autor hatte allerdings beides offengelegt.

14,12 ist ein *Echo* auf 5,20: War dort von "*größeren Werken*" die Rede, die der Vater *Jesus* zeigen wird, so werden hier den *Glaubenden* noch "*größere Werke*" als die Jesu für die Zeit nach seinem Weggang zugesagt. Welcher Art werden diese Werke sein? Da der Vordersatz von 14,12 festgestellt hatte, daß die Glaubenden *Jesu* Werke tun, dürften ihre "*größeren Werke*" genau jene Werke Jesu von 5,20 sein.

Ein weiteres *Echo* früherer Aussagen Jesu findet sich am Ende der "Abschiedsrede", wenn Jesus seine menschliche Verlassenheit während der Passion ins Auge faßt. Er tröstet seine Jünger (vgl. 16,33) damit, daß der Vater ihn nicht *allein* läßt (16,32; vgl. 8,16.29).

Wenn man alle Beobachtungen zusammenfaßt, kann man festhalten, daß Jesus in der gesamten "Abschiedsrede" nicht nur faktisch immer wieder Themen und Motive aus dem vorangehenden JohEv anklingen läßt und aufgreift, sondern es ganz bewußt tut. Sie bietet bezüglich des zurückliegenden Wirkens Jesu geradezu einen hermeneutischen Schlüssel (vgl. 14,25; 16,12.25), setzt die frühere Jüngerunterweisung fort (14,9) und stellt ihren Höhepunkt dar.

3. Vorverweise/Autorkommentare/Leerstellen: Worauf die Leserinnen und Leser achten sollen!

Vorverweise

In Joh 13-17 wird eine mächtige Abschiedsszene dargestellt, in der Jesus die *Seinen* auf seinen Weggang und die Zeit ohne seine leibhaftige Anwesenheit vorbereitet. Die "Abschiedsrede" ist somit als Ganzes ein einziger *Vorverweis*; ständig wird auf Künftiges vorausgeblickt. Jesus kündigt den Jüngern Ereignisse und Situationen an, die ihre Zukunft bestimmen werden. Von dieser allgemeinen Charakterisierung auszunehmen sind, abgesehen von der Erzählung 13,4-17, lediglich drei größere Textabschnitte: In 14,5-11; 17,1-19 herrscht eine zurückblickende Perspektive vor (s.o.), und 15,1-17 ist Paränese, die als solche freilich auch zukünftige Geltung hat.

Der übrige Text ist ein Geflecht von Ankündigungen und Voraussagen unterschiedlicher Art und Ausrichtung, deren jeweilige Perspektive zu beachten ist. Stets muß gefragt werden, auf welcher Zeitebene das angekündigte Ereignis angesiedelt ist: auf der Ebene der "erzählten Zeit", der Zeit *nach* der dargestellten Handlung des JohEv, der Zeit der Leser oder der absoluten Zukunft. Jesus gibt seine Vorverweise vom zeitlichen Standpunkt der Abschiedssituation aus, wahrgenommen werden sie vom

Standpunkt des Lesers aus, der mithin in den meisten Fällen das richtige Eintreffen der Ansagen Jesu kontrollieren kann.

In einer *ersten Gruppe* von Vorverweisen spricht Jesus von seinem *Weggang* und realisiert damit den Autorhinweis von 13,1. In 13,33 kündigt er an, nur noch "*kurze Zeit*" mit den Jüngern zusammen zu sein, weil er *weggeht*, wohin sie ihm nicht folgen können. Jesus weist auf diese Weise auf seinen nahe bevorstehenden Kreuzestod hin; das wird einmal durch den Verweis auf frühere, gleichlautende Aussagen gegenüber den *Juden* sichergestellt, die eindeutig Todesprophetien waren (vgl. 7,33f; 8,21), zum anderen dadurch erwiesen, daß der Ankündigung Jesu unmittelbar der Hinweis vorausgeht, Gott werde den Menschensohn "*sofort verherrlichen*" (13,32; vgl. 12,23.28).

In 14,28 nimmt Jesus seine Ankündigung von 13,33 (und 14,2.18) betont auf und vertieft sie: Sein *Weggang* ist ein "*Gehen zum Vater*" (vgl. 13,1) und deshalb kein "Trauerfall", sondern Grund zur Freude. Erneut wird das Ereignis von Passion und Kreuzestod Jesu angesprochen, das macht der direkt folgende Verweis völlig klar: Dem Weggang Jesu entspricht das Kommen des "*Herrschers dieser Welt*", des Satans und seiner ausführenden Organe (vgl. 13,27). Dazwischen findet sich eine - nach 13,19 weitere - Bemerkung über den Zweck des Vorverweises Jesu (14,29). Sie geht nur die anwesenden Jünger an, weil nur ihnen die Tatsache, daß Jesus seinen Tod als "*Gehen zum Vater*" vorausgesagt hat, dabei helfen kann, diesen Tod bei seinem Eintreten glaubend zu bewältigen. Der Leser, der auf Jesu Verherrlichung schon zurückblickt (vgl. 13,31f), braucht die Voraussage nicht, um zu glauben.

Ein weiteres Mal spricht Jesus von seinem *Weggang* in 16,5. Er löst keine Freude, wie in 14,28 gefordert, sondern Trauer bei den Zuhörern aus. Wieder wird (vgl. 14,30) im unmittelbaren Kontext auf das Kommen eines anderen anstelle Jesu verwiesen, diesmal des *Parakleten* (16,7), des "*Geistes der Wahrheit*" (16,13). Sein Kommen und künftiges Wirken (vgl. 16,8-10.13-15) wird durch den *Weggang* Jesu ermöglicht und ausgelöst. Das Weggehen Jesu kann daher an dieser Stelle nicht nur seinen Tod meinen (wie in 13,33; 14,28), sondern ihn *und* Jesu nachösterliches Entzogensein für die *Seinen*, das die Leser gleichfalls aushalten müssen.

In einer *zweiten Gruppe* von Vorverweisen spricht Jesus von seinem *(Wieder-)Kommen* bzw. von einem *(Wieder-)Sehen* zwischen ihm und den *Seinen*. In 14,3 verheißt er den Jüngern, nach seinem Weggang zurückzukommen, um sie mit sich in das Haus seines Vaters zu nehmen, "*damit, wo ich bin, auch ihr seid*". Soll diese Ankündigung nicht im Widerspruch zu 13,33 stehen, muß sie im Sinne von 13,36 damit vermittelt werden: Die

Jünger können *jetzt* noch nicht dorthin kommen, wo Jesus ist, doch *später* wird er sie nachholen. Somit kann sich das verheißene *Wiederkommen* in 14,3 nicht auf Jesu Erscheinen als Auferstandener beziehen - die Jünger bleiben nach diesem ja "*in der Welt*" (17,11; vgl. 17,15) -, sondern muß ein ganz anderes, eschatologisches *Wiederkommen* meinen, das nur die in der Abschiedsszene anwesenden Jünger betrifft.

Auf das Erscheinen des Auferstandenen hingegen verweist eindeutig 14,18. Das wird vor allem durch die im unmittelbaren Kontext folgenden und mit 14,18 zusammenhängenden Vorverweise erwiesen. 14,19 wiederholt den Hinweis auf die "*kurze Zeit*" bis zur Passion Jesu (vgl. 13,33); danach wird "*die Welt*" Jesus "*nicht mehr sehen*", wohl aber die Jünger, weil sich der Auferstandene nur ihnen als der Lebendige zeigen wird (14,21). Es gibt keinen Zweifel, daß hier auf das Ostergeschehen vorausverwiesen wird (vgl. 20,19-23).

Ein weiterer Vorverweis auf Jesu Kommen, diesmal gemeinsam mit dem Vater, findet sich 14,23. Das wird keine vorübergehende Erscheinung sein (vgl. 14,21), sondern ein Kommen zu einer dauerhaften Anwesenheit: Der Vater und Jesus werden *Wohnung* bei demjenigen nehmen, der Jesus liebt und sein Wort bewahrt. Ein solcher Jünger wird zum Ort der Anwesenheit Gottes unter den Menschen. Schon die Sprachform ("*wenn jemand...*") macht deutlich, daß dies verheißene Kommen des Vaters gemeinsam mit Jesus kein geschichtlich einmaliges Ereignis der Zukunft meint, sondern ein immer wieder neues Geschehen, das sich in der Zeit der Leser weiter ereignet.

Ein letzter *Vorverweis* Jesu dieser Art ist 16,16.22. Er spricht davon, daß ihn die Jünger "*in Kürze nicht mehr sehen*" und nach "*erneut kurzer Zeit schauen*" werden, bzw. daß Jesus sie nach einer Zeit der Trauer *wiedersehen* wird. Es läge darin ein offener Widerspruch zu 14,19, wo nur die *Welt* vom Sehen des Auferstandenen ausgeschlossen war, nicht aber die Jünger, wenn in beiden Worten die "*kurze Zeit*" denselben Zeitraum meinte (vgl. 13,33). Das ist aber durchaus unwahrscheinlich. In 16,16.22 verstehen die Jünger überhaupt nicht, was Jesus mit der "*kurzen Zeit*" meint. In 13,33; 14,19 war damit die "erzählte Zeit" bis zum Kreuzestod Jesu angesprochen. Das kann für 16,16 jedoch nicht gelten, denn der Augenblick, von dem an die Jünger Jesus nicht mehr sehen werden, liegt außerhalb der "erzählten Zeit" des JohEv - bis dahin ist es allerdings nur eine "*kurze Zeit*" -, und die "*erneut kurze Zeit*", die danach vergehen muß, bis sie ihn *schauen* bzw. bis er sie *wiedersieht*, ist jene Zeit der *Trauer*, in der die *Welt* über die Jünger zu triumphieren scheint (16,20.22). Sie wird in 15,18-16,4 besprochen (vgl. 16,6.33). Das *(Wieder-)Sehen* von 16,16.22 kann somit nur auf ein Ereignis der Zukunft abzielen, mit dem alle traurige Vergangenheit und Gegenwart ihr Ende haben wird, auf "*jenen Tag*" also (16,23.26), der das absolute Eschaton bringt, die Trauer in ewige Freude umschlagen läßt (16,20), die "*niemand wegnehmen*" wird (16,22). Alles Fragen der Jünger wird dann überflüssig sein (16,23), weil alle Geheimnisse geöffnet (16,25) und die Jünger unmittelbaren Zugang zum Vater haben werden (16,26). Dieses Geflecht von *Vorverweisen* macht den Abschnitt 16,16-27 zu einem zukunfts-eschatologischen Ausblick. Er gilt nicht mehr den in der Abschiedsszene anwesenden Jüngern, die dann längst gestorben sein werden, sondern den Lesern.

In einer *dritten Gruppe* von *Vorverweisen* kündigt Jesus fünfmal das Kommen und Wirken des *Heiligen Geistes* als *Parakleten* an. Da dieser als "*anderer Paraklet*" an Jesu Stelle tritt und statt des weggehenden Jesus "*in Ewigkeit*" bei den Jüngern *bleiben* wird (14,16), ja Jesu Weggang sein Kommen erst möglich macht (16,7), kann der Zeitpunkt, auf den sich die Ankündigungen beziehen, nicht fraglich sein: Der Geist kommt, wenn Jesus geht. Differenziert wird in den fünf Worten über den Parakleten dagegen hinsichtlich der Funktion und Wirkung des Heiligen Geistes. In 14,16f ist er eine künftige *Gabe* des Vaters anstelle Jesu (vgl. 3,16) - ein "*anderer Paraklet*" -, den die Jünger bei sich und in sich haben werden. Er wohnt geradezu in ihnen (vgl. 14,23), wie er zuvor in Jesus wohnte (vgl. 1,32). In 14,26 wird ihm die Aufgabe zugewiesen, die Jünger über *alles* zu belehren, indem er sie an "*alle Worte*" Jesu *erinnert*. Er wird also das Prinzip der lebendigen Überlieferung der Worte Jesu in der Jüngerschaft sein, durch das es möglich sein wird, an Jesu Wort festzuhalten (14,23). Ähnlich in 15,26: Der "*Geist der Wahrheit*" wird für Jesus *Zeugnis* ablegen! Da in 15,27 unmittelbar folgt, daß die Jünger ebenfalls *Zeugnis* ablegen, dürfte beides ineinanderfallen: Das Zeugnis des Geistes ergeht im Zeugnis der Jünger. In 16,8-11 wird die anklagende Funktion des Parakleten beschrieben: Er wird die *Welt* überführen und übernimmt darin die Rolle Jesu (vgl. 3,19-21; 7,7; 15,22-24). In ihm wirkt Jesus selbst weiter. Schließlich wird in 16,13f der Geist als der *Wegführer* in die "*ganze Wahrheit*" und als Ankündiger des *Zukünftigen* ausgewiesen. Erneut übernimmt er die Rolle Jesu (14,6); er ist nichts anderes als sein Sprachrohr. Er "*redet, was er hört*", und *verkündet*, was er von Jesus empfängt (16,14).

Eine *vierte Gruppe* von *Vorverweisen* Jesu bezieht sich auf das Verhalten der Jünger und das Schicksal der *Seinen* in der Welt. Es lassen sich Ankündigungen unterscheiden, die innerhalb der "erzählten Zeit" in Erfüllung gehen, und solche, die in die Zeit nach der Handlung des JohEv fallen bis hin in die Zeit der Leser.

In 13,21 (vgl. 13,18) kündigt Jesus an, daß einer aus dem Jüngerkreis ihn verraten wird. Der Leser weiß natürlich längst, daß Jesus seinen

Verräter kennt (vgl. 6,64.71; 13,11). Jetzt werden auch die Jünger - nach zahlreichen verdeckten Anspielungen (vgl. 6,64.70; 13,10.18) - mit der Tatsache des Verrates konfrontiert. In 18,5 werden sie dann erfahren (trotz 13,24-30), wer der Verräter in ihrer Mitte war. Dieses ganze Geschehen von Vorhersage und Erfüllung soll die Jünger nicht zum Zweifel, sondern zum vollen Glauben an Jesus führen (13,19; vgl. 6,20; 8,28).

Das Verhalten des Petrus wird in 13,36.38 besprochen. Jesus kündigt ihm an, daß er, statt sein Leben für Jesus hinzugeben, ihn dreimal verleugnen wird. Das Ereignis wird in 18,15ff.25ff erzählt werden. Petrus erhält jedoch die Zusage, *später* werde er Jesus dorthin nachfolgen, wohin dieser jetzt weggeht (vgl. 13,33). Jesus weist damit geheimnisvoll auf den Märtyrertod des Petrus, von dem die Leser wissen (vgl. 21,18f).

Zuletzt wird in 16,32 auch das Verhalten aller Jünger während der Passion von Jesus angekündigt: Sie werden ihn "*allein lassen*" (vgl. 18,8) und jeder "*zu sich nach Hause*" gehen (vgl. 19,27; 20,10). Der Hinweis ist jedoch kein Vorwurf, im Gegenteil: Das Verhalten der Jünger entspricht der Fürsorge Jesu (vgl. 17,12; 18,9); in ihm haben sie Trost und Frieden (16,33; vgl. 14,27).

Das künftige Geschick der *Seinen* sagt Jesus in 15,18-16,4 an: Sie haben die Rolle Jesu zu übernehmen (15,20). Die *Welt* wird sie hassen, wie sie schon Jesus gehaßt hat (15,18f), sie verfolgen, wie sie Jesus verfolgt hat (15,20), und das alles um Jesu willen. Die Anhänger Jesu werden aus den Synagogen ausgeschlossen und (einige von ihnen) sogar getötet werden (16,2). Das alles wird Klagen, Tränen und Trauer bei ihnen auslösen, die *Welt* jedoch wird triumphieren (16,20). Offensichtlich werden Erfahrungen einer späteren Zeit angesprochen; nicht nur den anwesenden Jüngern gilt daher dieser Vorverweis - die meisten von ihnen dürften die angekündigten Ereignisse nicht mehr erlebt haben -, sondern vor allem den Lesern. Ihnen gilt insbesondere die ausdrückliche Aufforderung, beim Eintreffen der schlimmen *Stunde* sich zu erinnern, daß Jesus das vorausgesagt hat (16,4), und darum nicht von ihm abzufallen (16,1; vgl. 13,19; 14,29).

Zusammenfassend können wir die *Vorverweise* Jesu in der "Abschiedsrede" strukturieren:

1. Vorverweise, die sich auf die nahe bevorstehende Passion Jesu beziehen: 13,18.33.38; 14,19a.28.30; 16,32
2. Vorverweise, die sich auf die Ostererscheinungen vor den Jüngern beziehen: 14,18.19.21
3. Vorverweise, die sich auf die nachösterliche Zeit der Jünger und der Anhänger Jesu beziehen: 13,36; 14,16f.23.26; 15,18.19.21.26.27; 16,2f.5.7ff.13f.16a.20a.b

4. Vorverweise, die sich auf das zukünftige Eschaton beziehen: 14,3; 16,16b.20c.22.23.25b.26f

Autorkommentare

Lesehilfen des Autors finden sich nur im erzählenden Teil des Großabschnittes. Die gewichtige Eröffnungsbemerkung 13,1.2f ist als erstes zu nennen, ist sie doch zugleich ein *Kommentar*, mit dem der Autor das folgende Geschehen der Fußwaschung und der "Abschiedsrede" in das Gesamtwirken Jesu einordnet. Die Fußwaschung ist mehr als eine "rührende" Abschiedsszene: Sie ist wirksames Symbol der vollendeten Liebe Jesu zu seinen Jüngern und als Ansage vollmächtiges Handeln an den *Seinen*.

In 13,11 versichert der Autor den Lesern nochmals (vgl. 6,64.71), daß Jesu *Wissen* (13,1.3) auch den Verrat und denjenigen umfassen, der ihn begangen hat. Obwohl Jesus wußte, daß Judas auf Verrat sinnt (13,2), hat er ihm dennoch die Füße gewaschen. Judas wird jedoch an der Frucht dieser Handlung nicht teilhaben: Er ist nicht rein!

Auch der letzte *Autorkommentar* 13,28f dreht sich um Judas und erläutert, daß außer dem *geliebten Jünger* kein anderer Jünger begriffen hat, wie Jesus mit der Gabe des Brotstückes den Verräter bezeichnet (13,26) und ihn mit seiner Anrede zur raschen Ausführung seines Planes aufgefordert hat (13,27). Die Jünger ergehen sich vielmehr in allerhand ahnungslosen Vermutungen, und nur der *geliebte Jünger* weiß Bescheid. Hat er dem Petrus sein Wissen nicht mitgeteilt (vgl. 13,24)?

Leerstellen

In 13,23 wird ein Jünger ins Spiel gebracht, der durch Jesus und den Autor in besonderer Weise ausgezeichnet wird: Er darf auf dem Ehrenpolster rechts von Jesus ("*in seinem Schoß*") liegen, sodaß sich sein Kopf beim Zurückwenden in der Höhe der Brust Jesu befindet (13,25), und er wird vom Autor der von Jesus *geliebte Jünger* genannt. Ihn muß Petrus um Vermittlung bitten (13,24), und ihm (allein!) vertraut Jesus das Geheimnis an (13,26). Wer ist dieser geheimnisvolle Jünger, der zu Jesus im gleichen Verhältnis steht, wie Jesus zum Vater (vgl. 1,18)? Auffällig ist, daß ausgerechnet er nicht mit Namen genannt wird, obwohl der Autor sonst nicht mit Namen spart und neben dem Verräter Judas die Jünger Petrus, Thomas, Philippus und einen anderen Judas nennt. Sollte er den Namen dieses bevorzugten Jüngers etwa nicht kennen? Das ist kaum anzunehmen. Wenn der Autor ihn jedoch kennt, dann dürften auch die ersten Leser zumindest ahnen, um wen es sich handelt. Will der Autor durch das bewußte Verschweigen des Namens auf den Jünger aufmerksam machen? Er hat ein ähnliches Verfahren bereits in 1,37-40 angewendet, wo ebenfalls ein Jünger anonym blieb. Ist der *geliebte Jünger* von 13,23 mit jenem Anonymus identisch? Und in welcher Beziehung steht er zu den Lesern? Das bleibt offen, und die Leser sollen darauf achten.

4. Gliederung/Aufbau

Bezüglich Ort und Zeit ändert sich die Szenerie nicht. Die allgemeine Zeitangabe 13,1 wird in 13,2 präzisiert; ein Mahl findet in der Regel am Abend statt. Im Folgenden gibt es eine weitere Zeitangabe: "*Es war aber Nacht*" (13,30). Sie hat zweifellos symbolischen Gehalt, aber ebenso die Funktion, die Darstellung zeitlich zu gliedern; insofern liegt sie auf einer Linie mit 13,1f.30; 18,28; 19,14.42; 20,1.19.26.

Hinzukommt, daß die Zeitangabe "*Es war aber Nacht*" noch ein anderes Ereignis kommentiert: Der Verräter Judas verläßt den Kreis der Jünger Jesu. Danach erst hält Jesus seine "Abschiedsrede", wie der Autor in 13,31 ausdrücklich betont. Eine weitere Autorbemerkung, die die neue Sprechrichtung Jesu, den Vater, angibt und dadurch gliedernde Funktion hat, ist 17,1. Damit sind alle äußeren Gliederungselemente bereits aufgezählt. Durch sie wird das Textganze in drei Blöcke geteilt.

Generaleinleitung: 13,1

Block I 13,2-30: Erzählung Die *Reinigung* der Jünger

Block II 13,31-16,33: Abschiedsrede Die *Zukunft* der Jünger

Block III 17,1-26: Gebet Die *Bewahrung/Heiligung* der Jünger

4.1 Block I: 13,2-30

Die Einteilung ist relativ einfach durchzuführen. Dreimal leitet der Autor ein Handeln (und Reden) Jesu neu ein; jedesmal wird dabei auf Vorausgehendes zurückverwiesen:

13,2f: "*es fand ein Mahl statt...; (Jesus) wußte, daß ihm der Vater alles in die Hände gegeben hatte...*"

13,12: "*als er nun ihre Füße gewaschen hatte...*"

13,21: "*als er das gesagt hatte...*"

Durch diese Einleitungsbemerkungen werden drei Untereinheiten des Textes konstituiert, die jedoch aufeinander bezogen bleiben. Äußerlich werden sie durch die Situation des Mahles zusammengehalten, das in 13,2 einleitend erwähnt, in 13,12 fortgesetzt wird (vgl. 13,18) und in 13,23.26 noch in vollem Gang ist. Inhaltlich/thematisch sind die drei Episoden eng miteinander verwandt. Die erste (13,2-11) hat die Reinheit der Jünger zum Thema: Sie werden rein durch Jesu Wirken (13,10), außer der Verräter (13,10fin.11). Die zweite Episode (13,12-20) hat das künftige Wirken der Jünger als *Gesandte* Jesu zum Gegenstand: In ihrem Tun kommt Gott bei den Menschen an (13,20). Wieder wird verdeckt auf den Verräter als Ausnahme hingewiesen (13,18). Die dritte Episode (13,21-30) ist Jesu offene Ansage des Verrats: Er stellt den Verräter bloß. Die Jünger - bis auf einen (13,23.25) - bleiben über die Identität des Verräters allerdings im Ungewissen (13,28f).

1. Szene: 13,2-11 *Reinheit* der Jünger durch Jesu Wirken (verdeckte Verräteraussage)

2. Szene: 13,12-20 Wirken der Jünger als *Nachahmung Jesu* (verdeckte Verräteraussage)

3. Szene: 13,21-30 offene Verratsansage der *geliebte Jünger* kennt den Verräter der Verräter verläßt Jesus

4.2 Block II: 13,31-16,33

Der Autor gibt fast keine Anhaltspunkte, die zu einer Gliederung der "Abschiedsrede" herangezogen werden könnten. Äußerlich fällt nur eines sofort auf: In 13,33-14,31 wird die Rede Jesu öfter durch namentlich genannte Jünger unterbrochen, die mit Jesus beim Mahl zusammen sind und auf seine Worte mit Fragen oder Einwürfen reagieren (13,36.37: Simon Petrus; 14,5: Thomas; 14,8: Philippus; 14,22: Judas - nicht der Iskariote). In 15,1-16,15 findet sich nichts Vergleichbares, obwohl weiterhin eine Gruppe von Jüngern direkt angesprochen wird. Auf der Ebene der Szene richtet sich die ständige Anrede "Ihr" auf jeden Fall an die Jünger um Jesus herum (z.B. 15,3 vgl. 13,10; 15,20 vgl. 13,16; 15,16 vgl. 13,18; 15,27; 16,4b.5f u.a.). Aber sie bleiben jetzt - anders als in 13,33-14,31 - *stumme* Zuhörer Jesu. In 16,16-33 finden wir dagegen wieder Reaktionen der Jünger (16,17f; 16,29f). Die werden jedoch nicht mehr mit Namen genannt und stellen in 16,17f auch keine Frage an Jesus, sondern beraten *untereinander* und *wollen* eine Frage stellen, zu der es allerdings nicht kommt (16,19). Auch in diesem Gesprächsgang müssen in der vorgestellten Szene die beim Mahl anwesenden Jünger als Jesu Gesprächspartner angesehen werden, zumal 16,28-33 zur Ausgangssituation der Abschiedsszene zurücklenkt und wie in 13,38 das Verhalten der konkreten Jünger während der Passion bespricht. Auf der Ebene der Szene ändern sich die an der Handlung beteiligten Personen nicht, und dennoch haben wir den eigenartigen Befund, daß die von Jesus Angesprochenen im Verlauf der Szene ihre Individualität zu verlieren scheinen, eine neue Rolle einnehmen und geradezu stellvertretend für spätere Jüngergenerationen, für deren Geschick und Fragen "im Spiel" bleiben, bis es am Ende wieder um sie als konkrete Personen und um ihr Verhalten bei der Passion Jesu geht.

Dieser "Rollentausch" der um Jesus versammelten Jünger, die zuerst für sich selbst stehen und dann die spätere Jüngergeneration (einschließlich der Leser) repräsentieren, erfolgt zwischen 14,30f und 15,1 und wird wohl durch Jesu Aufforderung: "*Steht auf, wir wollen von hier weggehen!*" (14,31) signalisiert. Wer sie liest, muß den Eindruck gewinnen, Jesus habe seinen Jüngern nichts Wesentliches mehr zu sagen, und in der Tat wirkt 14,25-31 wie ein Schlußwort. Folgte 18,1 auf 14,31, niemand würde die nachfolgenden Worte Jesu vermissen. Doch ist das kein Argument dafür, der Text müsse so gelesen werden. Trotz 14,31 folgen weitere Worte Jesu, und zwar mit Willen des Autors! Somit muß man nach der Funktion der Aufforderung Jesu im Gesamtzusammenhang der "Abschiedsrede" fragen. Natürlich ist der Autor für dieses grelle Signal verantwortlich, jedoch nicht in der Rolle des Erzählers. Er läßt es vielmehr durch Jesus setzen, der aber trotzdem weiterspricht. Da die um Jesus versammelten Jünger, wie gezeigt, weiterhin "im Spiel" sind, kann das Signal nur bedeuten: Insofern die "Abschiedsrede" auf die anwesenden Jünger zielte, ist jetzt alles gesagt; was jetzt noch folgt, richtet sich an andere, nicht anwesende Anhänger Jesu, in deren Stellvertretung die Jünger die Worte Jesu hören sollen.

Jesus selbst teilt somit durch die Aufforderung zum Aufbruch in 14,31 seine "Abschiedsrede" in zwei große Teile: Der erste Teil (13,33-14,31) richtet sich an die anwesenden Jünger, der zweite (15,1-16,27) redet zwar ebenfalls die Jünger an, aber als Stellvertreter einer späteren Jüngergeneration (einschließlich der Leser). In 16,28-33 wendet sich Jesus wieder direkt an die Anwesenden und kehrt zur Ausgangssituation seiner Rede zurück. Dies Ergebnis korrespondiert mit der obigen Beobachtung, daß bis 14,31 die am Gespräch beteiligten Jünger mit Namen genannt werden, ab 15,1 nicht mehr.

Jesus hält in der einen "Abschiedsrede" eigentlich zwei Reden, eine, die die Zukunft der um ihn versammelten Jünger bespricht, und eine andere, in der es um das Geschick späterer Jüngergenerationen geht. Die Zukunftsansagen beider Reden sind aus der Perspektive der Abschiedssituation gesprochen. Die Leser des JohEv dagegen schauen aus ihrer Perspektive auf die meisten Ansagen Jesu als bereits eingetroffen zurück. Die "Zeit der ersten Jünger" einschließlich ihres (Märtyrer-)Todes ist für die Leser längst Vergangenheit. In 15,1-16,27 ist hingegen die "Zeit der ersten Leser" im Blick, und zwar als ihre nicht abgeschlossene, konkrete Geschichte. Die Leser finden in dieser Rede ihre Vergangenheit und Gegenwart abgebildet (15,1-16,15). Nur der letzte Teil der "Abschiedsrede" (16,16-27) behandelt die noch offene, in Bälde erwartete eschatologische Zukunft. Dennoch ist der eschatologische Ausblick keine dritte Rede innerhalb der einen "Abschiedsrede", sondern lediglich ein Teil jener Rede, mit der Jesus nach 14,31 auf spätere Jüngergenerationen zielt. Die bei ihm anwesenden Jünger sind bei diesem Ausblick nicht mit angesprochen und von ihm nicht betroffen; ihnen gilt 14,1-3, ebenfalls ein eschatologischer Ausblick. Er leitet die Rede Jesu an die anwesenden Jünger ein, wie 16,16-27 die Rede Jesu an die spätere Jüngergeneration beendet.

Neben diese strukturellen Entsprechungen lassen sich inhaltliche stellen, die deutlich machen, daß die beiden Reden Jesu innerhalb der einen "Abschiedsrede" weitgehend parallel aufgebaut und thematisch aufeinander abgestimmt sind. Das geht aus dem nebenstehenden Schema hervor.

Aufbau der "Abschiedsrede" Jesu (13,31-16,33)

Eröffnung und Thema: 13,31-35

13,31f: Eröffnung: *Verherrlichung*
13,33: Erstes Thema: *Weggang Jesu*
13,34f: Zweites Thema: *Liebesgebot*

Erster Teil der Rede: Durchführung des 1. Themas **Die Zeit der Jünger**	**Zweiter Teil der Rede:** Durchführung des 2. Themas **Die Zeit der Jünger/Leser**
13,36-14,4 Ausgangssituation: Versagen in der Passion (13,36-38) eschatologischer Ausblick für die Jünger (14,1-4)	vgl. 16,28-33 vgl. 16,16-27
14,5-24 - Rückblick auf die Jesuszeit: Einheit Jesus/Vater (14,5-11) - Wirken der Jünger durch Beistand Jesu (14,12-14) - Liebe ist Halten der Gebote/ Worte Jesu (2. Thema: 14,15-24)	**15,1-17** - Rückblick auf Jesuszeit: Einheit Jünger/Jesus (15,1-6) - Fruchtbringen der Jünger durch Beistand Jesu (15,7-8) - Liebesgebot (15,9-17)
	15,18-16,4a Der Haß der *Welt* gegen die Jünger/Leser
14,25-31 - Rückblick auf bisherige Rede - Geistverheißung (14,25-29) - Redeabschluß (14,30-31)	**16,4b-15** - Rückblick auf Rede und Weggang Jesu (1.Thema: 16,4b-7) - Geistverheißung (16,8-11) - Redeabschluß: Der Geist als Wegführer (16,12-15)
	16,16-27 eschatologischer Ausblick für Jünger/Leser
	16,28-33 Rückkehr zur Ausgangssituation: Verhalten in der Passion

4.3 Block III: 17,1-26

Eine Gliederung des Gebetes Jesu kann sich nicht nur an den Gebetsanreden orientieren: Fünfmal spricht Jesus seinen Vater betend an (17,1.11. 21.24.25), dreimal davon wendet er sich an ihn mit einer konkreten Bitte für die Jünger. Neben der Gebetsanrede "*Vater*" sind weitere Signale zu beachten. In 17,9.15.29 äußert Jesus ausdrücklich, daß er den Vater *bittet*, in 17,24 spricht er analog von dem, was er selbst wünscht. Jesus spricht vier Bitten und einen Wunsch aus. Die Bitten sind: Der Vater soll die Jünger als eine Einheit *bewahren* (17,9-13), sie in einer feindlichen und hassenden Welt *bewahren* (17,14-16), sie *heiligen* (17,17-19) und alle künftigen Jüngergenerationen zur Einheit führen (17,20-23). Jesu Wunsch ist die eschatologische *Vereinigung* der Jünger mit ihm am Ort seiner Verherrlichung (17,24; vgl. 14,3).

Dem Komplex der vier Bitten und des einen Wunsches Jesu folgt ein kurzer Rückblick/Ausblick auf das Offenbarerwirken Jesu und seine doppelte Wirkung: Verweigerung und Glaube (17,25f). Ein ebensolcher Rückblick geht den Bitten auch voraus (17,6-8). Eingeleitet wird das Gebet Jesu durch eine selbstbezogene Bitte um *Verherrlichung*, in der Jesus sein Wirken und dessen Zweck zusammenfaßt (17,1-5; vgl. 13,31f).

17,1-5: Gebetseinleitung

17,6-8: Rückblick auf Jesu Offenbarerwirken

> **17,9-13: Erste Bitte**
> Bewahrung der Jünger als Einheit

> **17,14-16: Zweite Bitte**
> Bewahrung der Jünger in feindlicher Welt

> **17,17-19: Dritte Bitte**
> Heiligung der Jünger

> **17,20-23: Vierte Bitte**
> Einheit der Jüngerschaft
> Ziel: Vollendung

> **17,24: Fünfte Bitte (Wunsch)**
> Vereinigung Jesu mit den Jüngern

17,25-26: Rückblick/Ausblick auf Jesu Offenbarerwirken

II. Die Handlung

1. Die zentrale Perspektive: 13,1

13[1]Es war vor dem Paschafest. Da wußte Jesus, daß seine Stunde gekommen war, um aus dieser Welt hinüberzugehen zum Vater, und da er die Seinen, die in der Welt waren, liebte, liebte er sie bis zur Vollendung.

Der Autor hat in 13,1.2f zwei außerordentlich gefüllte Einleitungswendungen nebeneinander gestellt. Die Eröffnung der neuen Texteinheit bekommt auf diese Weise großes Gewicht. Formuliert der Autor hier nur redundant und tautologisch? Will er lediglich eine rhetorische Wirkung erzielen? Das wird oft unterstellt, um die literarkritische Schere ansetzen zu können. Gesteht man dem Autor allerdings mehr literarisches Geschick und die Fähigkeit feiner Abstufung und Nuancierung zu - und das muß jeder tun, der das JohEv bis hierher gelesen hat -, dann ist in 13,1.2f zu differenzieren. Die Bemerkung 13,2f ist unmittelbar auf die nachfolgende Handlung der Fußwaschung und Verratsansage bezogen. Das Prädikat "*er stand auf*" (13,4) schließt direkt an 13,2f an, und in 13,27.30 wird geschildert, was 13,2 einleitend anklingen ließ: Judas setzt als Werkzeug Satans die Auslieferung Jesu in Gang. Ist 13,2f somit die spezielle Einleitung zu dem Textteil 13,4-30, dann ist 13,1 als Generaleinleitung mindestens der "Abschiedsrede" (Joh 13-17), wenn nicht sogar des ganzen fünften "Aktes" (Joh 13-20) anzusehen. Letzteres wird zum einen durch die Erwähnung des *Wissens* Jesu um die gekommene *Stunde* nahegelegt, womit auf die Passion verwiesen wird (vgl. 2,5; 7,30; 8,20; 12,23; 17,1; vgl. 7,6), zum anderen durch den Umstand, daß in 13,1 das *gesamte* Wirken Jesu bis hin zum Tod (vgl. 19,30) als Liebesgeschehen ausgewiesen wird.

Die Zeitangabe steht in sich, will sie doch weder den Zeitpunkt des *Wissens* Jesu angeben, noch einen Termin für seine *Liebe* nennen. Beides entspräche nicht dem Stil des Autors. Sie verlegt die im folgenden dargestellten Ereignisse auf den mit dem Vorabend beginnenden Tag "*vor dem Paschafest*", den Rüsttag, der mit Jesu Bestattung zu Ende gehen wird (19,14.31.42). Dieser Tag ist die *Stunde*, in der Jesus "*aus dieser Welt zum Vater hinübergeht*". Jesus weiß das nicht erst jetzt (vgl. 7,33; 12,23f), aber jetzt weiß er gewiß darum, und das ganze Geschehen soll von dieser Gewißheit her als ein bewußtes Tun Jesu gelesen und verstanden werden. In der "Abschiedsrede" bespricht er mit seinen Jüngern seinen "Weggang", und in seinem Sterben *vollendet* er sein Wirken (19,30), das übergreifend *Liebe* genannt wird: Er hat die *Seinen* bisher geliebt (Aorist!) und erweist nun in letzter Konsequenz noch einmal und endgültig seine Liebe (vgl. 15,30); das ist die zentrale Perspektive für das Folgende.

Die Formulierung 3,16 kommt ins Gedächtnis. War dort in dem

Nachtgespräch beim ersten Paschafest die Hingabe des "*einziggeborenen Sohnes*" eine Tat der Liebe *Gottes* zur Welt genannt worden, so wird jetzt deutlich, wie die Liebe Gottes sich verwirklicht: in der freien Liebestat Jesu für die "*Seinen in der Welt*". Das könnte und sollte die ganze Menschenwelt sein (vgl. 1,10f; 1,29; 4,42; 6,51; 10,3f), tatsächlich sind es nur - wie das JohEv gezeigt hat - die wenigen Glaubenden (vgl. 1,12f; 10,26f). Die Frage, ob dann die letzte Liebestat Jesu den anderen, die den Glauben verweigerten, nicht gilt, darf im Sinne des JohEv gar nicht gestellt werden. Solange sie nicht glauben, verbleiben sie in der *Finsternis* und im *Gericht* (3,19), sind bereits gerichtet (3,18; 12,48), werden "*in ihren Sünden sterben*" (8,21.24), und ihre "*Sünde bleibt*" (9,41). Die letzte Liebestat Jesu erreicht sie nicht, obwohl Gott ihnen seine Liebe angeboten hat (3,16).

2. Die Erzählung von Liebe und Verrat: 13,2-30

2.1 Erste Szene: 13,2-11

[2]Es fand ein Mahl statt. Der Teufel hatte schon dem Judas, Sohn des Simon Iskariot, ins Herz gesenkt, daß er ihn ausliefern sollte. [3]Da wußte Jesus, daß ihm der Vater alles in die Hände gegeben hatte und daß er von Gott ausgegangen war und zu Gott zurückkehrt. [4]Er erhebt sich vom Mahl und legt die Kleider ab und nimmt ein Leinentuch und bindet es sich um. [5]Dann gießt er Wasser in die Waschschüssel und fing an, die Füße der Jünger zu waschen und mit dem Leinentuch abzutrocknen, das er umgebunden hatte. [6]Nun kommt er zu Simon Petrus. Der sagt zu ihm:

"Herr, du willst mir die Füße waschen?"
[7]Jesus antwortete ihm:
"Was ich tue, verstehst du jetzt nicht,
danach wirst du es aber verstehen."
[8]Petrus sagt ihm:
"Du sollst mir die Füße in Ewigkeit nicht waschen."
Jesus antwortete ihm:
"Wenn ich dich nicht wasche, hast du nicht Teil an mir."
[9]Petrus sagt ihm:
"Herr, dann nicht nur die Füße,
sondern auch die Hände und den Kopf."
[10]Jesus sagt ihm:
"Wer gebadet ist, hat nicht nötig gewaschen zu werden,
außer die Füße. - Er ist doch ganz rein.
Auch ihr seid rein, aber nicht alle."

[11]Denn er kannte den, der ihn ausliefern sollte. Deshalb sagte er: Nicht alle seid ihr rein.

13,2-5: Das angegebene Mahl ist nicht das Paschamahl. Das ist an sich völlig klar und muß offenbar doch betont werden. Das eigentliche Paschalamm ist ja Jesus (vgl. 1,29), der in dem Augenblick, da die Paschalämmer im Tempel geschlachtet werden, sterben wird (19,30-37). Ebenso ist das Mahl, obwohl es das letzte Abendmahl Jesu mit seinen Jüngern ist, kein eucharistisches Einsetzungsmahl. Der Autor ist sich im Klaren darüber, daß er damit den Synoptikern widerspricht. Für ihn ist die Eucharistie unmittelbar im Tod Jesu begründet (vgl. 6,51ff). Auf dem Mahl scheint somit nicht der Ton zu liegen; es ist nur Anlaß für die Fußwaschung (13,4.12) und die sich anschließenden Mahlgespräche. Wenn überhaupt der Vorgang des Essens erwähnt wird, dann, um den Verräter zu bezeichnen (vgl. 13,18.26f.30).

Mit einem Hinweis auf ihn beginnt die Darstellung. Als ein dunkler, drohender Kontrapunkt ist der Verräter in ihr ständig anwesend (vgl. 13,11.18), bis er schließlich in 13,21-30 selbst zum Thema wird. Gesagt wird hier, daß Judas Iskariot, den die Leser seit 6,64.70f kennen, bereits plant, Jesus seinen Gegnern auszuliefern, wie sie es verlangt haben (11,57). Der Plan des Judas wird auf den Einfluß des Teufels zurückgeführt (vgl. 6,70; 8,44). Noch ist der Verrat allerdings nur gedacht, nicht getan, und der Teufel steht außerhalb und hat noch keinen Ort in Judas. Erst im Entschluß, den Plan auszuführen, öffnet sich der Verräter dem Satan und läßt ihn ein (13,27).

Jesus weiß um alles und deshalb auch um Judas Iskariot und seine Pläne. Er weiß vor allem, daß Gottes Heilsplan vollkommen in seiner Hand liegt (vgl. 3,35; 4,34; 10,18); er ist Gottes ausführendes Organ. Und er weiß um sich selbst: Von Gott ist er ausgegangen (vgl. 7,28; 8,14) und kehrt zu ihm zurück (6,62; 7,33; 8,14.21; 13,1; vgl. 16,28; 20,17). In diesem *Wissen* vollzieht Jesus die Fußwaschung der Jünger. Folglich ist die Handlung höchst bedeutsam, vom übergreifenden Wissen Jesu um sich und seine Rolle bestimmt und bringt das Wissen symbolisch zur Darstellung. Die Fußwaschung ist alles andere als ein Akt der Demütigung und Selbsterniedrigung - es ist ja der vollmächtige *Sohn*, der hier handelt, der von Gott ausging und zu Gott zurückkehrt! Mochte das Waschen von Füßen bisher als ein *niederer* Dienst gelten, den damals Sklaven ihren Herren oder Frauen ihren Männern zu leisten hatten, so jetzt nicht mehr. Nachdem Jesus diesen Dienst getan hat, ist er geadelt und kein Sklavendienst mehr.

13,6-11: Es ist begreiflich, daß Petrus das noch nicht verstehen kann. Noch ist sein Glaube nicht zur höchsten Erkenntnis Jesu durchgedrungen. Er hält Jesus zwar für den "*Heiligen Gottes*" (6,69), gerade deshalb aber fürchtet er, daß dieser sich durch sein "erniedrigendes" Tun etwas vergibt. Wüßte er, daß sich in Jesus die Liebe *Gottes* ihm zuneigt (vgl. 13,1), er würde anders sprechen. Das sagt Jesus ihm: *Später* wird Petrus das Tun Jesu verstehen, wenn ihm wirklich aufgegangen sein wird, wer ihm in Jesus begegnet ist. Der Leser hat als Betrachter der Szene jenes "*Später*" bereits erreicht. Hat er verstanden, um was es hier geht?

Jesu Antwort (13,7) klärt: Die Bedeutung der Fußwaschung erschöpft sich nicht im Vordergründigen. Sie hat verweisenden Charakter, ist ein Symbol. Doch wofür steht sie? Diese Frage drängt sich mit Jesu nächster Antwort noch mehr auf. Petrus ist durch den Hinweis auf einen tieferen Sinn nicht nachdenklich geworden, sondern hat Jesu Dienst kategorisch zurückgewiesen. Er will sich von Jesus nicht in solcher Weise *bedienen* lassen. Aber darf man ein Geschenk ablehnen, ohne Gefahr zu laufen, die darin sich kundtuende Freundschaft und Liebe zurückzuweisen? Jesus und sein Tun sind untrennbar eines. In seinem Wirken ist Jesus ganz anwesend. Petrus kann nicht teil an Jesus haben, wenn er ihn nicht ganz, nämlich auch mit seinem (unverständlichen) Tun an sich heranläßt.

Nach der neuerlichen Antwort scheint Petrus endlich zu begreifen, und er bittet - überschwenglich - um die "volle" Zuwendung Jesu. Jedoch, wieder hat er mißverstanden: Jesu zuwendendes Tun und die Teilhabe an ihm läßt sich nicht in ein "Mehr" oder "Weniger" quantifizieren. Jesu Wirken ist ein Ganzes, das Petrus schon an sich erfahren hat. Es fehlt nur noch die *Vollendung*. Ein Vergleich (13,10) verdeutlicht: Hat jemand im Badehaus gebadet, dann ist er am ganzen Körper rein und muß, nachdem er vom Bad ins Haus gegangen ist, nur noch die Füße waschen. Die Fußwaschung *vollendet* die Reinigung im Bad.

So ist es auch bei den Jüngern: "*Sie sind rein*"; es fehlt nur noch die Fußwaschung. Der Einleitungssatz 13,1 erläutert diesen Gedanken umfassend: Jesu Liebe ereignet sich als ein Geschehen, das auf eine *Vollendung* zuläuft. Die Leser können somit den Sinn des Tuns Jesu verstehen: Die Fußwaschung ist Symbol der Vollendung des Wirkens Jesu, seines letzten und abschließenden Dienstes, des Kreuzestodes (19,30). In ihm kommt Jesu Liebe zu ihrer höchsten Ausformung (vgl. 15,13). Der Tod Jesu ist nicht, was er vordergründig zu sein scheint: Sklaventod, sondern der größtmögliche Freundschafts- und Liebesdienst, kein Fluch, sondern ein Segen, der die Reinen vollständig reinigt.

Aber nicht durch die Fußwaschung sind die Jünger "*ganz rein*" geworden - sie ist kein Sakrament -, sondern durch Jesu vorausliegendes Wirken als Offenbarer, dem sie geglaubt haben (vgl. 15,3). Die Fußwaschung verweist lediglich auf Jesu ausstehende Liebestat am Kreuz; in ihr ist diese schon geheimnisvoll anwesend, doch ist sie nicht selbst diese letzte Tat Jesu. Sie ist ein Zeichen. Darum darf Petrus sie nicht zurückweisen. Nimmt er sie an und läßt sie an sich geschehen, dann hat er damit bereits den letzten Dienst Jesu ebenfalls angenommen (vgl. 12,7).

Der abschließende Gedanke Jesu und des Autors gilt dem Verräter. Auch er hat den Dienst der Fußwaschung empfangen und war Zeuge des bisherigen Wirkens Jesu. Doch hat er daran gar nicht wirklich teilgenommen, weil er nicht an Jesus geglaubt hat (vgl. 6,64). Er ist nicht *rein* geworden, und die Frucht des im Kreuz vollendeten Wirkens Jesu erreicht ihn nicht.

2.2 Zweite Szene: 13,12-20

[12]Als er nun ihre Füße gewaschen, seine Kleider angezogen und wieder Platz genommen hatte, sagte er zu ihnen:

"Versteht ihr, was ich euch getan habe?
[13]Ihr nennt mich 'Lehrer' und 'Herr',
und mit Recht, denn ich bin es.
[14]Wenn nun ich, der Herr und der Lehrer,
euch die Füße gewaschen habe,
dann müßt auch ihr einander die Füße waschen.
[15]Denn ich habe euch ein Beispiel gegeben,
damit, wie ich euch tat, auch ihr tut.

[16]Amen, Amen, ich sage euch:
Ein Knecht ist nicht größer als sein Herr,
und ein Gesandter nicht größer als der ihn Sendende.
[17]Wenn ihr das doch wißt, selig seid ihr, sofern ihr so handelt.
[18]Nicht von euch allen spreche ich.
Ich weiß, welche ich ausgewählt habe.
Aber die Schrift soll erfüllt werden:
Er, der mein Brot ißt, hat seine Ferse gegen mich erhoben.
[19]Ab jetzt sage ich es euch, bevor es geschieht,
damit ihr, sobald es geschieht, glaubt, daß ich es bin.
[20]Amen, Amen, ich sage euch: Wer einen aufnimmt,
den ich senden werde, der nimmt mich auf,
wer aber mich aufnimmt, nimmt den auf,
der mich gesandt hat."

Die Szene besteht aus einer Rede Jesu, die sich zunächst auf die Fußwaschung zurückbezieht, aus ihr Folgerungen für die Jünger ableitet (13,12-

15) und danach allgemeine Grundsätze formuliert (13,16.20), die eine nochmalige verdeckte Erwähnung des Verräters rahmen (13,17-19). Gliederungssignal ist die gewichtige Amen-Einleitung in 13,16, die in dem inhaltlich verwandten Schlußwort 13,20 wiederholt wird.

13,12-15: Jesus erläutert den Jüngern, welche Konsequenzen sein Tun für ihr eigenes Tun hat. Seine Eingangsfrage: "*Versteht ihr, was ich euch getan habe?*" konkurriert nicht mit 13,7, weil ihm jetzt nichts an der *tieferen* Symbolik seiner Handlung als Hinweis auf seinen letzten Liebesdienst im Tod liegt, sondern es im folgenden um das geht, was die Jünger bei einer *vordergründigen* Betrachtung der Fußwaschung für ihr eigenes Verhalten lernen können. Denn diese ist zugleich ein nachvollziehbares *Beispiel*, das ihnen ihr "*Lehrer und Herr*" gegeben hat. Handelt schon er so an ihnen, müssen auch sie entsprechend aneinander handeln, indem sie beispielsweise einander die Füße waschen. Das Tun der Jünger hat vollständig dem ihres "*Lehrers und Herrn*" zu entsprechen (vgl. 13,34; 15,12). Aber es gilt ebenso: *Weil* Jesus den Jüngern diesen Dienst erwiesen hat, ist er ihnen überhaupt möglich. Nur wer geliebt worden ist, kann lieben!

13,16-20: Der erste mit der Amen-Einleitung gewichtete Grundsatz, den Jesus anfügt, unterstreicht den vorherigen Gedanken. Ein Sklave hat keine höhere Stellung inne als sein Herr, sondern umgekehrt: Er kann somit nicht weniger tun als dieser. Vielmehr, was der Herr getan hat, zu dem ist der Sklave ebenso verpflichtet. Gleiches gilt vom Verhältnis zwischen einem Gesandten und dem ihn Sendenden. Das Handeln Jesu ist daher das Maß für das Tun der Jünger; dahinter dürfen sie nicht zurückbleiben. Der Grundsatz 13,16 kann jedoch nur dann Geltung beanspruchen, wenn die Jünger auch in der Lage sind, zu leisten, was Jesus getan hat. Das wird in 13,17 vorausgesetzt: Sie werden selig gepriesen, falls sie nach dem Grundsatz Jesu handeln. Also haben sie die Fähigkeit dazu; das Wirken ihres "*Lehrers und Herrn*" hat sie freigesetzt. Es kommt nur noch darauf an, daß die Jünger tun, was sie tun können.

Erneut verweist Jesus auf den Verräter. Der hat *keinen Teil* an Jesus, weil er die Gemeinschaft mit ihm hinterhältig verlassen hat (vgl. Ps 41,9). Deshalb gilt alles zuvor Gesagte nicht von ihm. Die Voraussage soll den Jüngern Sicherheit geben. Sobald eintritt, was Jesus ansagt, sollen sie erkennen, daß er tatsächlich um alles wußte und "*ihm der Vater alles in die Hände gegeben*" hat (13,3), daß er der "*Ich bin*" (vgl. Jes 43,10; Ez 24,24), die Erscheinung Gottes auf Erden ist (vgl. 8,28).

Der wieder mit *Amen* eingeleitete Schlußsatz 13,20 unterstreicht den Gedanken: Wer Jesus aufnimmt, nimmt Gott selbst auf! In 13,16 hatte Jesus dieses Prinzip auf seine eigenen Gesandten, die Jünger, angewendet.

Sie sind nicht *größer* (13,16), aber auch nicht geringer als der sendende Jesus selbst, wenn sie nur sein Tun nachvollziehen. In ihrem Dienst wirkt sein Dienst weiter, also repräsentieren sie ihn und in ihm Gott in der Welt. Darin allein zeigt sich gerade ihr Gesandtsein, daß sie sein Tun nachmachen. *Apostolos* ist, wer tut, was Jesus tat. Das ist die Sendung der Jünger durch Jesus.

2.3 Dritte Szene: 13,21-30

21 Als er das gesagt hatte, wurde Jesus zutiefst erschüttert, und er bezeugte: "Amen, Amen, ich sage euch: Einer von euch wird mich ausliefern." 22 Die Jünger schauten einander an, ratlos von wem er sprach. 23 Es lag einer von den Jüngern im Schoße Jesu, der, den Jesus liebte. 24 Diesem winkte nun Simon Petrus, um zu erfahren, wer der sei, von dem er rede. 25 Jener lehnte sich nun zurück an die Brust Jesu und sagt zu ihm: "Herr, wer ist es?" 26 Jesus antwortet: "Jener ist es, dem ich den Brocken eintunken und geben werde." Und er tunkte den Brocken ein und gab ihn dem Judas, dem Sohn Simon Iskariots. 27 Nach dem Brocken fuhr der Satan in ihn. Es sagt nun Jesus zu ihm: "Was du tun willst, tue rasch!" 28 Es verstand aber keiner der zu Tisch Liegenden, warum er es ihm sagte. 29 Einige nämlich meinten, weil Judas die Kasse führte, Jesus hätte zu ihm gesagt: Kaufe, was wir für das Fest brauchen; oder für die Armen, daß er denen etwas gebe. 30 Als jener nun den Brocken genommen hatte, ging er sofort hinaus. Es war aber Nacht.

Die dritte Szene stellt die Konfrontation Jesu mit seinem Verräter dar. Im Beisein *eines* Zeugen spricht Jesus den Judas auf seinen Plan (vgl. 13,2) an. Die Szene läßt sich in drei Teilszenen gliedern: Ansage des Verrats und Ratlosigkeit der Jünger (13,21-22); Mitwissen des einen herausgehobenen Jüngers (13,23-26); Ausführung der Tat (13,27-30).

13,21-22: Die Ungeheuerlichkeit des Verrats war bereits in 13,18 angeklungen: Ein enger Vertrauter, ein Tischgenosse wird Jesus verraten. Obwohl Jesus längst um das Faktum weiß, läßt es ihn doch nicht unberührt. Er ist durch diese Treulosigkeit zutiefst erschüttert (vgl. 11,33; 12,27). Die Jünger aber (anders als die Leser) sind ratlos, von wem die Rede ist.

13,23-26: Petrus will das als Sprecher aller Jünger wissen. Jesus soll den

Verräter in ihrer Mitte bloßstellen. Er ist sich somit sicher, nicht selbst der Verräter zu sein. Und noch einer scheidet für Petrus aus dem Kreis der Verdächtigen aus, ein geheimnisvoller Jünger ohne Namen. Der Autor unterbricht geradezu die Darstellung, um ihn in die Handlung einzuführen. Zweifach wird er vor allen anderen, auch Petrus, ausgezeichnet: Er liegt auf dem Ehrenplatz "*im Schoße Jesu*" (vgl. 1,18), sodaß im Zurückwenden sein Kopf an Jesu Brust liegt, und er wird der Jünger genannt, "*den Jesus liebte*". Er ist Jesu vertrautester Freund mit Zugang zu dessen Innerstem.

Wer ist dieser Jünger? Sollte der Autor, der sonst stets die Jünger, die in die Handlung eingreifen, mit Namen nennt, ausgerechnet seinen Namen nicht kennen? Weil das wenig plausibel wäre, muß man annehmen, daß er ihn verschweigt. Doch warum? Muß er ihn gar nicht nennen, weil er den ersten Lesern ohnehin bekannt ist? Kennen sie ihn aber als den Jünger, "*den Jesus liebte*"? Und schließlich: Hat nicht jeder Leser des JohEv den Jünger vorher schon kennengelernt, als den ersten, der bei Jesus blieb (vgl. 1,35-39)? Fragen über Fragen, die hier noch nicht zu beantworten sind. Der Leser ist aufgefordert, im Verlauf der weiteren Lektüre nach Klärung auszuschauen.

Jenem Intimus Jesu bedeutet Petrus - wohl durch entsprechende Gesten -, Jesus nach der Identität des Verräters zu fragen, und zwar vertraulich, denn sonst hätte Petrus auch selbst fragen können (vgl. 13,36ff). Will Petrus den Verrat verhindern, den Verräter "kaltstellen"?

Jesus offenbart seinem *geliebten Jünger* mit einer bei einem Mahl völlig unverdächtigen Geste, wer ihn verraten wird. Nur der *geliebte Jünger* kann Jesu Hinweis verstehen und weiß nun - als einziger(!): Der Verräter ist Judas Iskariot.

13,27-30: Allerdings versteht auch der Verräter, warum Jesus ihm den Bissen eintunkt und gibt: Er muß Jesus ja dabei in die Augen schauen. Jetzt fährt Satan, der ihm bisher nur die Gedanken und Pläne eingab (13,2), in ihn hinein. Es ist keine "Satanskommunion", die Jesus dem Judas reicht - nicht *in* dem Brotbissen, sondern "*nach ihm*" geht der Satan in Judas -, vielmehr Anteil am gemeinsamen Mahl unter Freunden (13,18), das durch Satan und Judas pervertiert wird. 13,30 muß an dieser Stelle bereits mitgelesen werden. Dort wird gesagt, daß Judas, *indem* er den Bissen nimmt, mit der Ausführung seines Planes beginnt. Satan und Judas handeln gemeinsam: In Judas wirkt Satan (vgl. 14,30), und doch ist Judas der Täter. Er verrät Jesus, weil er es "*tun will*"!

Darauf spricht ihn Jesus an: Wenn er es schon tun will, so soll er es bald tun. Jesus weiß ohnehin, daß "*seine Stunde*" jetzt gekommen ist (13,1). Nun soll sie ihren Lauf nehmen.

Merkwürdig dumpf erscheint die Reaktion der Jünger, die *alle* Zeugen der Ansprache Jesu an Judas geworden sind. Sie ordnen Jesu Aufforderung völlig falsch ein, wie sie auch Judas ganz verkehrt einschätzen (vgl. 12,6). Das ist ein Hinweis darauf, daß der Inhalt des Gesprächs zwischen Jesus und dem *geliebten Jünger* unter diesen beiden geblieben ist. Der Jünger hat somit dem Petrus nichts weitergesagt! Ist er im Einvernehmen mit Jesus, der sein Wirken jetzt vollenden will, und möchte er - wie Jesus selbst - gerade nicht, daß der Verrat verhindert wird? Er jedenfalls muß Jesu Wort an Judas richtig verstanden haben, das den übrigen Jüngern - selbst dem Petrus - unklar blieb. Ist für die Jünger das Thema "Verrat" längst wieder "abgehakt"? Eines bleibt festzuhalten: Der *geliebte Jünger* weiß mehr als Petrus; er nimmt am Wissen Jesu teil, gibt es aber (noch) nicht preis.

Eine symbolisch gefüllte Zeitangabe beendet die Szene. Mit dem Aufbruch des Verräters zur Ausführung seines Plans beginnt jene *Nacht*, in der das *Licht* Jesus nicht scheint: die Zeit zwischen Passion und Ostern (9,4f; vgl. 11,9f; 12,35f).

3. Die "Abschiedsrede". Erster Teil: 13,31-14,31

3.1 Eröffnung und Thema: 13,31-35

31 *Als er nun hinausgegangen war, sagt Jesus:*
"Nun wurde verherrlicht der Menschensohn,
und Gott wurde verherrlicht in ihm.
32 *Wenn Gott in ihm verherrlicht wurde,*
so wird Gott auch ihn in sich verherrlichen,
und sofort wird er ihn verherrlichen.

33 *Kinder, noch kurze Zeit bin ich bei euch.*
Ihr werdet mich suchen.
Aber wie ich den Juden gesagt habe:
Wohin ich weggehe, könnt ihr nicht kommen!
So sage ich es jetzt auch euch.
34 *Ein neues Gebot gebe ich euch, daß ihr einander liebt,*
daß auch ihr einander liebt, wie ich euch geliebt habe.
35 *Daran werden alle erkennen, daß ihr meine Jünger seid,*
wenn ihr Liebe habt zueinander."

13,31-32: Jesus eröffnet seine große Rede mit einem Rätselwort. Wer kann es lösen? Die Jünger in der dargestellten Situation können es gewiß nicht, denn bereits die Szenen zuvor haben ihre Verständnislosigkeit gezeigt für das, was jetzt an Jesus geschieht. Zwar wissen sie, daß Jesus in seinem Wirken Gottes *Ehre* gesucht (8,50; 11,4.40; 12,28a) und darum erwartet hat, selbst vom Vater *verherrlicht* zu werden (8,54; 11,4). Können sie aber wirklich schon wissen, daß sich das Geschehen der Verherrlichung *jetzt*, da Judas Iskariot den Raum verließ, ereignet hat?

Die Leser haben es leichter. Sie können das Rätselwort Jesu entschlüsseln, weil ihre Augen durch den Autor für die Tiefendimension des Jesusgeschehens geöffnet wurden. In 7,39 hatte der ihnen gesagt, daß Jesu Wirken in seiner Verherrlichung zum Ziele kommen wird. Und in 12,28b haben allein die Leser (durch Vermittlung des Autors) die Himmelsstimme verstanden: "*Ich habe verherrlicht und werde wieder verherrlichen.*"

Jesus wiederholt, nachdem der Verräter an sein *finsteres* Werk gegangen ist, dieses Wort Gottes vom Himmel geradezu und verweist dadurch auf die wahre Dimension seines Wirkens und Geschicks. Fünf kurze Sätze bilden eine Kette: Die zwei, die von der Verherrlichung als einem *jetzt* geschehenen Ereignis sprechen, werden durch den in der Mitte stehenden Konditionalsatz ("*Wenn Gott in ihm verherrlicht wurde...*") mit den beiden Sätzen verbunden, die auf die *baldige*, damit zukünftige Verherrlichung ausblicken. Die Verherrlichung, die im jetzt zum Ende kommenden Wirken Jesu sich ereignet, wird als ein wechselseitiges Geschehen aufgefaßt: Heimliches Subjekt des ersten Satzes ist Gott (Passiv!), das des zweiten Jesus (vgl. 8,50.54; 11,4; 17,1). Im Wirken Jesu einschließlich seiner Passion ist Gott verherrlicht, somit als Gott in seiner Herrlichkeit offenbar gemacht worden (vgl. 17,4.6), und in dem gleichen Geschehen hat Gott Jesus verherrlicht, indem er ihn bereits auf Erden in seiner Herrlichkeit sichtbar werden ließ (vgl. 1,51; 2,11; 11,4). Das große Thema des JohEv wird an dieser Stelle erneut angeschlagen: Jesus und sein irdisches Wirken bis hin zum Tod waren eine *Erscheinung* Gottes. Und *wenn* es so war und ist, dann wird Gott den Menschensohn wieder "*in/bei sich verherrlichen mit der Herrlichkeit, die ich bei dir hatte, bevor die Welt war*" (17,5; vgl. 6,26.63). *Sofort* wird das geschehen, in kürzester Zeit. Das "*Jetzt*" des ersten Satzes ist vom "*Sofort*" des letzten Satzes kaum zu trennen. Die *Verherrlichung* wird im Eröffnungswort Jesu zwar ausgefaltet auf Gott und den Menschensohn, auf Vergangenheit und Zukunft, und doch bleibt sie ein einziges Geschehen, das sich *jetzt* und *sofort* ereignet.

13,33-35: Jetzt erst spricht Jesus seine Zuhörer direkt an, ein Hinweis, daß nun die eigentliche "Abschiedsrede" beginnt. Die Anrede "*Kinder*" (vgl. 21,5) klingt heutigen Ohren fremd; den ersten Lesern war sie vertraut (vgl. 1Joh 2,1.12.14.18.28; 3,7.18; 4,4; 5,21). Zärtlichkeit und Fürsorge Jesu kommen in ihr zum Ausdruck: Jesus bereitet Jünger und Leser behutsam und tröstend auf eine Zukunft vor, in der sie ohne seine leibliche Gegenwart in der Welt zurückbleiben müssen; das ist das eine Thema der "Abschiedsrede".

Jesus spricht von seinem Tod, der unmittelbar bevorsteht, aber er spricht davon in Rätselform. Ebenso hatte er früher die *Juden* auf sein bevorstehendes Sterben aufmerksam gemacht (7,33f; 8,21). Darauf bezieht er sich nun und sagt seinen Jüngern dasselbe: Sie werden ihn *suchen*, er wird ihnen fehlen (vgl. 20,1-18), sie können ihn jedoch auf seinem Todesweg nicht begleiten. Das Martyrium eines Jüngers ist immer Nachfolge, niemals ein "*Mit-Sterben*", wie Thomas in gewaltiger Selbstüberschätzung 11,16 meinte. Zuerst muß Jesus durch den Tod hindurchgegangen sein, ehe dieser Weg auch für die Jünger begehbar wird. Deswegen können sie nicht dorthin kommen, wohin Jesus geht, weil dieser Weg vor Jesu Auferstehung noch nicht ins Leben führt.

Sind dann die Jünger in der Situation des Sterbens Jesu gar nicht besser daran als die nichtglaubenden *Juden*? Es ist genau auf den Wortlaut zu achten. In 7,33f hatte Jesus den *Juden* gesagt, daß sie ihn "*suchen, aber nicht finden*" werden, und in 8,21 gar, daß sie "*in ihrer Sünde sterben*" werden (vgl. 8,24). Das jedoch sagt er den glaubenden Jüngern nicht: Sie werden ihn finden, weil er sich ihnen als der Auferstandene zeigen wird, und sie werden Sündenvergebung als Frucht seines Sterbens erlangen (vgl. 1,29; 20,19-23)!

Als zweites Thema seiner "Abschiedsrede" formuliert Jesus ein "*neues Gebot*": Die Jünger sollen "*einander lieben*"! In welcher Hinsicht ist das ein *neues* Gebot? Gilt nicht schon immer und überall, daß Familienmitglieder und Freunde sich untereinander lieben? Jesu Gebot ist aber nicht in einem herkömmlichen, allgemeinen Ethos begründet, sondern in seinem eigenen Tun: "*wie ich euch geliebt habe*". Deshalb ist es *neu*!

In seiner Liebe, die jetzt zur Vollendung kommt (13,1), hat die gegenseitige Liebe der Jünger ihren Grund, ihr Maß und ihr Ziel. Ohne die erwiesene und erfahrene Liebe Jesu gäbe es die *neue* Liebe zueinander nicht. Bei der Fußwaschung war deutlich geworden, daß dieser Dienst, weil ihn der "*Herr und Lehrer*" vollzogen hat, eine neue hoheitliche Qualität gewonnen hat (vgl. 13,12f). Wenn die Jünger von nun an einander dasselbe tun, üben sie nicht erniedrigenden Sklavendienst, sondern tun, was Jesus tat. Ebenso beim *neuen Gebot* gegenseitiger Liebe. Grund der Liebe untereinander ist das erfahrene Liebeswirken Jesu. Um dies einzuschärfen, wiederholt Jesus den Wortlaut des Gebotes am Ende noch einmal, wodurch der begründende Satz sehr betont in der Mitte steht.

Jesu Liebe ist das Maß der Jüngerliebe untereinander, denn Jesu Tun ist unbedingt verpflichtend (13,15). Darin liegt keine Überforderung, weil die Jünger die Liebe nicht aus sich selbst hervorbringen müssen. Was sie tun *müssen*, finden sie in sich schon vor. Sie antworten in der Liebe zueinander auf Jesu Liebe und geben sie weiter. Wie im Dienst gegenseitiger Fußwaschung der Dienst Jesu weiterhin präsent bleibt, ebenso seine erwiesene Liebe im gegenseitigen Lieben der Jünger. Die Präsenz der Liebe Jesu auf Erden ist das Ziel des neuen Gebotes. Wer geliebt wird, muß und kann Liebe weitergeben. Es wird an dieser Stelle aber nicht davon gesprochen, daß die Jünger *Jesus* "zurücklieben" sollen. Das versteht sich zum einen von selbst (vgl. 14,15ff), zum anderen ist es gerade die Liebe zu den Mitjüngern, in der sie Jesus lieben.

Wenn die Jünger tun, was Jesus tat (13,15), und sich untereinander so lieben, wie er sie geliebt hat, bleibt Jesu Liebeswirken in der Welt anwesend und fordert diese zur Stellungnahme heraus. *Alle* werden und sollen dann erkennen: Hier sind Jünger *Jesu* am Werk! Ihre Liebe hat also werbende Kraft, und jeder, der sich in den Bannkreis dieser Liebe begibt, kann davon erfaßt werden. Ausgeschlossen ist nur, wer sich ihr verweigert.

Wie Jesu Wirken in der Liebe Gottes zur Welt gründete (3,16) und sich als Liebe zu den Seinen vollendet hat (13,1), so kommt es in der Liebe der Jünger zueinander bei den Menschen aller Zeiten an (13,35; vgl. 17,23). Darin wird eine fruchtbare Dynamik erkennbar, doch ebenso eine furchtbare Verantwortung!

3.2 Die Nachfolge der Jünger: 13,36-14,4

36 Petrus sagt ihm:
"Herr, wohin gehst du weg?"
Jesus antwortete ihm:
"Wohin ich weggehe, kannst du mir jetzt nicht folgen,
später wirst du aber nachfolgen."
37 Petrus sagt ihm:
"Herr, weshalb kann ich dir jetzt nicht nachfolgen?
Mein Leben werde ich für dich hingeben."
38 Jesus antwortet:
"Dein Leben wirst du für mich hingeben?!
Amen, Amen, ich sage dir:
Du wirst mich dreimal verleugnen, ehe der Hahn kräht.

***14** 1 Ängstigt euch doch nicht!*
Ihr glaubt an Gott - glaubt auch an mich!
2 Im Haus meines Vaters sind viele Wohnungen.
Wenn nicht, hätte ich euch sonst gesagt:

Ich gehe hin, euch einen Ort zu bereiten?
[3]Und wenn ich gegangen bin und euch einen Ort bereitet habe,
dann komme ich wieder und nehme euch mit mir,
damit auch ihr dort seid, wo ich bin.
[4]Und ihr kennt den Weg, wohin ich weggehe."

13,36-38: Jesus hat in Rätselsprache geredet. Wirklich verstanden hat ihn Petrus noch nicht, darum fragt er nach: "*Wohin gehst du weg?*" Lag der Ton des Wortes Jesu in 13,33 bei den *Jüngern* ("*... dorthin könnt ihr nicht kommen*"), so will Petrus nun das Tun und Geschick *Jesu* ergründen. Wie er gewünscht hatte, ganz und gar an Jesus teilzuhaben (13,9), will er jetzt durchaus nicht zulassen, daß Jesus weggeht und ihn zurückläßt. Er begreift den Wert des Weggangs Jesu und seines Sterbens nicht, und Jesus hat auch noch nicht gesagt, daß die Zeit der Trennung zwischen ihm und den Jüngern nur kurz sein wird. Oder hätte Petrus das aus dem Eröffnungswort Jesu 13,32 entnehmen können?

Die Antwort Jesu geht auf die Frage des Petrus nicht direkt ein. Was hätte Jesus denn antworten sollen: "Ich werde in den Tod gehen"? Der Weggang, von dem er an dieser Stelle spricht, meint nicht seine Rückkehr dorthin, wo er vorher war, zum Vater, der ihn gesandt hat (vgl. 3,13; 6,62; 7,33; 8,14; 13,1.3), sondern ist das dunkle Geschick des Todes Jesu, das Petrus jetzt überhaupt nicht begreifen könnte, selbst wenn Jesus es ihm sagen würde, vielmehr erst "*danach*" (13,7).

Jesus spricht deshalb in seiner Antwort nur von den Konsequenzen, die sein Weggang für Petrus hat: *Jetzt* kann er nicht nachfolgen! Jesus muß seinen Tod allein bestehen. Doch über 13,33 hinausgehend verheißt er dem Petrus gleichwohl: "*Später wirst/sollst du aber nachfolgen!*" Da sich "*nachfolgen*" im Vordersatz auf den Tod Jesu bezieht, muß es im Nachsatz ebenfalls diesen Bezug haben. Jesus kündigt somit den späteren Märtyrertod des Petrus an (vgl. 21,18f). Das "*Später*" verweist auf eine Zeit, die außerhalb der Darstellung des JohEv liegt. Damit wird zugleich etwas anderes angekündigt: Zwischen "*jetzt nicht*" und "*später aber*" muß eine Wende eingetreten sein, die eine Nachfolge des Petrus ermöglicht. Der Leser ahnt, worin sie besteht: in der *Verherrlichung* Jesu durch Gott (13,32), in seiner *Rückkehr* zum Vater (13,1.3).

Die Antwort Jesu müßte Petrus eigentlich genügen, zollt sie ihm doch die größte Anerkennung. Aber wie in 13,9 schießt er in gutgemeinter Selbstüberschätzung über die ihm gesetzte Grenze hinaus. Er will "*schon jetzt*" nachfolgen und ist - wie vorher Thomas (vgl. 11,16) - bereit, sein Leben für Jesus hinzugeben. Freilich, eine solche Tat wäre höchste Freundschaftsliebe (15,13). Würde Petrus dazu fähig sein, dann wäre er der "*gute Hirt*" (10,11.15), der "*Retter der Welt*" (4,42; 6,51).

Jesu neuerliche Antwort an Petrus bringt nicht nur Ironie zum Ausdruck: *Später* wird Petrus tatsächlich das Leben für Jesus hingeben (vgl. 21,18f). Jedoch wird das keine heroische, selbstbestimmte Tat sein, sondern *Nachfolge*: Ein anderer wird Petrus dorthin führen, wohin er nicht will. Petrus wird dann tun, was Jesus getan hat (13,15.34), denn Jesu Lebenshingabe macht sein Martyrium erst möglich. Zuvor aber wird Jesus von den Jüngern verlassen sterben. Auch Petrus läßt ihn im Stich.

14,1-4: Mit der Verratsansage (13,21) und dem Hinweis, daß Petrus ihn in dieser Nacht dreimal verleugnen wird, hat Jesus auf eine tiefe Krise hingewiesen, die die Jünger durchstehen müssen. Jetzt spricht er sie alle an: Sie sollen keine Angst haben (vgl. 14,27)! Wie an Gott, so sollen sie auch an ihn glauben. Der Gottesglaube kann deshalb zum Grund für den Glauben an Jesus werden, weil "*Jesus und der Vater eines*" sind (10,30) und weil der Vater Jesus nicht "*allein lassen wird*" (8,16.29). Die Jünger sollen eben glauben, daß ihm "*der Vater alles in die Hände gegeben hat*" und er "*zum Vater zurückgeht*" (13,3).

Es kann Jesus nicht nur darum gehen, den Jüngern die Angst *um ihn* zu nehmen. Vorher war vom späteren Märtyrertod des Petrus die Rede; im Umfeld dieses Gedankens ist Jesu Trost anzusiedeln. Die Jünger können im Vertrauen auf Gott und Jesus die Nachfolge wagen und ohne Angst um sich selbst das tun, was Jesus tat. Wenn sein Weg zu ihrem Weg wird, dann wird auch sein Ziel zu ihrem Ziel.

Jesu Ziel ist der Vater, von dem er ausgegangen ist. Von ihm spricht er nun als dem Ziel der Jünger. Jesus redet in mythischen Bildern vom "*Haus des Vaters*" mit "*vielen Wohnungen*" (vgl. äthHen 39,4f; 41,2; 48,1 u.a.). Diese sind für die Jünger bestimmt, und Jesus geht hin, um ihnen dort einen Platz vorzubereiten.

Wann hat Jesus das den Jüngern bereits so gesagt? Weist er auf 13,33 zurück? Das scheint unmöglich zu sein, denn allein schon die verwendeten Termini sind verschieden. In 13,33 hat Jesus einzig sein Sterben als *Weggehen* bezeichnet (vgl. 13,36), in 14,2 dagegen ist darin auch seine Rückkehr zum Vater eingeschlossen. Eine wörtliche Entsprechung zu 14,2 läßt sich im JohEv nirgends finden. Eigentlich ist das jedoch gleichgültig, denn wenn Jesus sagt, daß er so zu den Jüngern bereits gesprochen hat, dann trifft es zu, auch wenn der Leser ein entsprechendes Wort nicht gelesen hat. Der Sache nach hat Jesus auf jeden Fall schon so gesprochen, allerdings ohne die mythischen Bilder vom "*Haus des Vaters*" und den *Wohnungen* darin zu benutzen: In 12,25f hat er z.B. zur konsequenten Nachfolge aufgerufen, die das Martyrium einschließen kann. Dadurch gelangen die Jünger dahin, wo Jesus ist. Dieses Wort ruft er jetzt in Erinnerung - für die Leser ein Anreiz, zurückzublättern und nachzudenken.

Waren gemäß 12,25f Lebenshingabe und Nachfolge freie Taten des Jüngers, so wird jetzt dem Kontext entsprechend (13,15.34) der Anteil Jesu daran hervorgehoben. Jesus bereitet die Wohnungen im Haus des Vaters vor, damit die Jünger dort ewig *bleiben/wohnen* können (vgl. 8,35), und er wird *kommen*, um sie mitzunehmen, damit sie dort sind, wo er ist (14,3; vgl. 12,26). Stellt man beide Worte Jesu nebeneinander, zeigt sich eine doppelte Bewegung, die sich gegenseitig ergänzt: Der Jünger folgt Jesus nach, doch Jesus kommt ihm entgegen und holt ihn zu sich. Vielleicht erinnert sich der Leser, diese Bewegung aufeinander zu schon einmal wahrgenommen zu haben, als Jesus die ersten Jünger bei sich aufnahm (vgl. 1,36ff).

Ohne Zweifel spricht Jesus in 14,3 von jenem eschatologischen Augenblick, in dem die Jünger je für sich im (Märtyrer-)Tod ihre Nachfolge vollenden werden. Dann, im jeweils persönlichen Tod wird Jesus kommen, um sie ins *Haus* des Vaters heimzuholen.

Jesus hat den Jüngern tröstend ihr Ziel vor Augen gestellt: Sie werden einst ebenfalls dort sein, wohin er jetzt *weggeht* (14,4). Die Bedeutung von *Weggehen* hat sich erweitert: Das Wort umfaßt von nun an auch die Rückkehr Jesu als Verherrlichter zum Vater. Jetzt ruft Jesus den Jüngern den Weg zu diesem Ziel ins Gedächtnis. Sie sollten den Weg kennen, war doch zuvor von *Nachfolge* die Rede; *nachfolgen* kann man nur auf bekanntem Weg.

3.3 Der Weg zum Vater: 14,5-11

5 Thomas sagt ihm:
"Herr, wir wissen nicht, wohin du weggehst.
Wie können wir den Weg kennen?"
6 Jesus sagt ihm:
"Der Weg, die Wahrheit, das Leben bin ich.
Niemand kommt zum Vater, außer durch mich.
7 Sobald ihr mich erkannt habt,
werdet ihr auch meinen Vater erkennen.
Und jetzt schon kennt ihr ihn und habt ihn vor Augen."
8 Philippus sagt ihm:
"Herr, zeige uns den Vater, und es genügt uns."
9 Jesus sagt ihm:
"So lange bin ich schon bei euch
und du kennst mich noch nicht, Philippus?
Wer mich gesehen hat, hat den Vater gesehen.
Wie kannst du sagen: Zeige uns den Vater?

[10]Glaubst du nicht, daß ich im Vater bin
und der Vater in mir ist?
Die Worte, die ich euch sage, rede ich nicht aus mir.
Vielmehr der Vater, der in mir ist, tut seine Werke.
[11]Glaubt mir: Ich im Vater und der Vater in mir!
Wenn aber nicht, so glaubt doch wegen der Werke."

14,5-7: Bisher hat Jesus über sein *Weggehen*/Sterben und über die *Nachfolge* gesprochen (13,36-38), dann über das Ziel der Jünger, wohin er sie holen wird (14,1-3). Schließlich hat er auf den Weg zum Ziel hingewiesen (14,4). Eigentlich sollten die Jünger den Weg kennen, ist doch ein "Weg" die Strecke zwischen einem Ausgangspunkt und einem Ziel. Daß Jesus der "Ausgangspunkt" ist, hatte Petrus durch seine Bereitschaft zur Nachfolge schon anerkannt. Ziel jedoch ist der jenseitige Vater und seine *Wohnungen*. Ist dann der Weg nicht bekannt?

Worin besteht er also? Und warum kennt Thomas ihn dennoch nicht? Wollte er nicht mit Jesus sterben (11,16)? Hatte er damit nicht den Weg erkannt? Heroisch und wagemutig scheint er zu sein. Auch jetzt will er den Weg mit Jesus gehen, doch er will *wissen*, wohin er führt. Nur dann meint er, sich des zu gehenden Weges gewiß zu sein. Er wiederholt die Frage des Petrus (13,36): "*Wir wissen nicht, wohin du weggehst. Wie können wir den Weg kennen?*" Nach wie vor anerkennt er, daß der Jünger Jesus zu folgen hat. Das will er tun, aber als ein *Wissender*, nicht als ein *Wagender*. Darum fragt er, *wohin* Jesus weggeht. Jesu eschatologisch-mythische Rede (14,2f) genügt ihm nicht. In ihr wurde in keiner Weise davon gesprochen, wie die Jünger zum Haus des Vaters gelangen werden. Jesus wird sie dorthin abholen. Von ihrem eigenen Weg, den sie gehen sollen, findet sich kein Wort. Kann jedoch vom Weg anders gesprochen werden als so, daß Ausgangspunkt und Ziel *gewußt* werden?

Die Antwort Jesu in 14,6f ist ebenso überraschend wie rätselhaft: "*Der Weg bin ich!*" In ihm ist das Wissen um Ausgangspunkt und Ziel vereint, und ihn kennen heißt beides kennen. Die Frage des Thomas ist aufgehoben: In *Jesus* kennt er den Weg (14,4)!

Jesus bezeichnet sich nicht nur als den *Weg*, sondern auch als die *Wahrheit* und das *Leben*. Als *Wahrheit* ist er die offenbare göttliche Wirklichkeit (vgl. 1,14.17; 4,23; 8,32; 17,17.19; 18,37), Gott selbst, insofern er sich kundgibt, eben der Logos (vgl. 1,1-5)! *Leben* ist der Inbegriff des göttlichen Heils und höchstes Ziel. In Jesus ist alles vereint, was Thomas wissen will: Er ist der Weg und zugleich das Ziel, er ist die Wahrheit und die "Methode" zu ihrer Erkenntnis, er ist als das Leben das Ziel und der Weg dorthin. Wer sich auf ihn einläßt, weiß, *wohin* es geht, weil er auf diesem Weg immer schon am Ziele ist.

In den folgenden Sätzen erläutert Jesus sein grandioses Offenbarungswort. Weil er der *Weg* schlechthin ist, kann niemand zum Vater kommen außer durch ihn. (Vielleicht sollen die Leser wahrnehmen und bedenken, daß dieser Satz auch eine Umkehrung hat: 6,44!) Wie das beim (Märtyrer-) Tod der Jünger eschatologisch geschieht, hatte Jesus 14,2f im Mythos erzählt: Er wird kommen und die Jünger zu sich in die Wohnungen des Vaters heimholen. Steht das mythische Bild in Spannung zur Selbstprädikation Jesu in 14,6? Zweifellos entfaltet es diese zu einem anschaulichen Vorgang: Im Eschaton gelangen die Jünger auf dem Weg, den Jesus sie führt, dorthin, wo Jesus selbst ist, zum "*Haus des Vaters*". Ist das ein Widerspruch zu 14,6, wo Weg und Ziel zusammenfallen?

Freilich, Jesus redet in 14,6 in Präsensformen über sich: Schon im irdischen Menschen Jesus sind Weg und Ziel da: "*Wenn ihr mich erkannt habt, werdet ihr auch meinen Vater erkennen*". Dieser Satz legt den Weg aus als Erkenntnis Gottes und bindet diese ganz an Jesus. Er kann auf Gegenwart und Zukunft bezogen werden und deckt das Wirken des irdischen Jesus *und* sein eschatologisches Tun (14,2f) ab. Der nächste Satz jedoch umschreibt einzig die Gegenwart der Jünger: Sie kennen "*schon jetzt*" durch Jesus den Vater und "*haben ihn gesehen*" (Perfekt!), haben ihn vor Augen! Die eschatologische Zukunft, von der Jesus in 14,2f mythisch sprach, bringt zum Abschluß und vollendet, was die Jünger in Jesus "*schon jetzt*" erfahren haben: Begegnung mit Gott.

14,8-11: Philippus hat verstanden: Jesus meint wirklich, daß der Vater nicht mehr in transzendenter Unzugänglichkeit verborgen, sondern innerweltlich anwesend ist. Deshalb kann er die ernsthafte Bitte aussprechen: "*Zeige uns den Vater!*" Allerdings hätte er wissen können, daß der Vater keine innerweltliche Größe *neben* Jesus ist. In der gleichen Weise hatten schon die Gegner Jesus mißverstanden (8,19). Jesus hat jetzt nichts Neues gesagt, und die folgenden Erläuterungen stellen in der Tat die Quintessenz seiner bisherigen Offenbarungsreden dar (vgl. 5,17.20; 8,19.38; 10,30.38; 12,44f.49).

Was ist falsch an dem Wunsch, den Philippus äußert? Jesus hat doch gesagt, daß niemand zum Vater kommt außer durch ihn (14,6). Folgt Philippus nicht genau seinem Wort, wenn er an Jesus die Bitte richtet: "*Zeige uns den Vater*"? Aber Jesus hatte zuvor im Perfekt gesprochen: "*Ihr habt ihn gesehen!*" Somit braucht er ihn nicht mehr zu zeigen. Die Jünger haben den Vater "*vor Augen*", wenn sie Jesus ansehen. Gerade das hat Philippus noch nicht begriffen. Er hat mithin noch gar "*nicht erkannt*", wer in Jesus eigentlich vor ihm steht.

Philippus bringt die Sehnsucht aller Religionen zum Ausdruck: Gottesschau. Mose durfte nur den Rücken Gottes anschauen (vgl. Ex

33,18-23), Philippus dagegen hat ihn "von vorne" gesehen, freilich im Angesicht Jesu. Es war eine echte sinnliche Wahrnehmung, das Sehen des Menschen Jesus. Die Perfektformen drücken aus, daß die Augen- und Ohrenzeugen des Wirkens Jesu wirklich Gott gesehen, sein Wort gehört und seine Werke erfahren haben (vgl. 5,19ff), allerdings *in* Jesus, *in* seinem Wort und *in* seinen Werken.

Jesus bringt diesen Sachverhalt geradezu in einem Lehrsatz des Glaubens zum Ausdruck, den er zur Bekräftigung einmal wiederholt. Er wird zuerst dem Philippus, dann allen Jüngern gesagt: "*Glaubst du nicht... ... glaubt mir: Ich bin im Vater und der Vater ist in mir!*" (14,10f; vgl. 10,38). Der Glaubenssatz ist ringförmig in sich geschlossen, und auf diese Weise wird ihm höchste Bedeutung und Gültigkeit verschafft, auch für die Leser. Sie wissen bereits durch den Prolog, daß im Menschen Jesus von Nazaret der Logos/Gott auf Erden erschienen ist. Dieses Glaubenswissen über Jesus ist zugleich Wissen über Gott und wird ihnen hier im Stil eines Symbolums erneut zugesagt.

Läßt sich solches "Wissen" auch verifizieren? Darauf zielen die beiden konkretisierenden Sätze, die von den Glaubenssätzen gerahmt werden. Jesu Worte sind keine nur menschlichen Worte, sondern "*Geist und Leben*" (6,63.68), "*Worte Gottes*" (3,34; 12,49f). Wer aus Gott ist, kann sie als solche identifizieren (vgl. 7,17; 8,47), denn "*niemals hat ein Mensch so geredet*" (7,46; vgl. 10,21). Gleiches gilt von den Werken, die Jesus gewirkt hat (8,28): In Wahrheit sind sie Gottes Werke. In ihnen wirken Jesus und der Vater zusammen (5,17.19f). Es sind unerhörte Taten, aus denen Rückschlüsse auf den eigentlich ursächlichen Täter möglich sind (vgl. 9,30-33; 10,37f; vgl. Ex 34,10). Aus dem Wirken des Menschen Jesus geht hervor, daß er im Vater und der Vater in ihm ist. Diesen Rückschluß sollen die Jünger als Augenzeugen ziehen. Und die Leser? Das ganze Buch JohEv dient dazu, ihnen dieselbe Überzeugung nahezubringen (vgl. 20,30f).

3.4 Das Weiterwirken Jesu: 14,12-14

12 *"Amen, Amen, ich sage euch:*
Wer an mich glaubt,
der wird die Werke tun, die ich tue,
und größere als diese wird er tun,
denn ich gehe zum Vater.
13 *Und was immer ihr erbittet in meinem Namen,*
das werde ich tun,
damit der Vater im Sohn verherrlicht wird.

[14]Wenn ihr etwas in meinem Namen von mir erbittet,
werde ich es tun."

Es kommt die Zeit der Jünger in den Blick, die nach der im JohEv dargestellten Zeit liegt. Über sie muß Jesus nun sprechen, weil der Eindruck entstehen könnte, eine Begegnung mit dem Vater in Jesus sei nur den Zeitgenossen Jesu möglich gewesen und alle späteren Jünger einschließlich der Leser seien davon ausgeschlossen. Deshalb unterstreicht Jesus seine folgenden Worte mit der gewichtigen Amen-Einleitung: Sein Wirken auf Erden ist mit seinem *Weggang* zum Vater nicht beendet, sondern beginnt damit erst, denn die Glaubenden werden nicht nur die Werke Jesu fortsetzen, sondern größere tun als er. Jesus kündigt an, daß die Jünger sein Wirken, in dem der Vater am Werke war, vervielfältigen und steigern werden.

Worin bestehen die "*größeren Werke*" der Jünger? In 5,20 hatte Jesus schon einmal von "*größeren Werken*" gesprochen, die der Vater ihm zeigen wird. Damals hat er auf sein eschatologisches Wirken verwiesen: das Lebendigmachen der Toten und die Scheidung im Gericht. Meint er, daß diese Werke nach seinem Weggang von den Jüngern ebenfalls vollbracht werden? Da sie gleichwohl *seine* Werke und ebenso Werke des Vaters sind, kann das durchaus gemeint sein: Die Jünger setzen das Wirken Jesu fort, das die "Toten" lebendig macht und eine Scheidung heraufführt. In ihren Werken bleibt Jesu Wirken und damit Gott in der Welt präsent.

Zu diesem Zweck muß Jesus jedoch die Welt verlassen und zum Vater gehen. Sein irdisches Wirken war begrenzt, an Raum und Zeit gebunden. Es überschreitet diese Grenze erst und wird ewig, wenn er zum Vater gegangen sein wird. Danach kann es sich überall und immer ereignen, wo Jünger an ihn glauben. In den Glaubenden und mit ihnen gemeinsam wirkt Jesus weiter und in ihm der Vater (vgl. 4,36-38). Das wird in den beiden Schlußsätzen eindringlich erläutert: "*Was immer*" die Jünger dann von Jesus erbitten werden, wird *er* tun (14,13.14). Auf diesem Wege werden seine Werke zu ihren Werken. Das Ziel des neuen Wirkens Jesu durch die Jünger nach seinem *Weggang* ist das gleiche wie das seiner irdischen Wirksamkeit: Gottes Verherrlichung im Sohn (13,31; vgl. 11,4; 12,28; 17,4). Daran wirken die Glaubenden dann mit.

3.5 Die bleibende Erfahrbarkeit Gottes: 14,15-24

[15]"Wenn ihr mich liebt, werdet ihr meine Gebote halten.
[16]Und ich werde den Vater bitten,
und er wird euch einen anderen Anwalt geben,

damit er in Ewigkeit bei euch ist, [17]den Geist der Wahrheit,
den die Welt nicht empfangen kann,
weil sie ihn nicht sieht und nicht kennt.
Ihr kennt ihn, weil er bei euch bleibt und in euch sein wird.

[18]Ich werde euch nicht als Waisen zurücklassen;
ich komme zu euch.
[19]Noch kurze Zeit, und die Welt sieht mich nicht mehr,
ihr aber seht mich, denn ich lebe und ihr werdet leben.
[20]An jenem Tage werdet ihr erkennen:
Ich in meinem Vater und ihr in mir und ich in euch!
[21]Wer meine Gebote hat und sie hält, der ist es, der mich liebt.
Wer mich aber liebt, wird von meinem Vater geliebt werden;
auch ich werde ihn lieben und mich selbst ihm zeigen."

[22]Judas, nicht der Iskariote, sagt ihm:
"Herr, was ist geschehen,
daß du dich uns zeigen willst, nicht aber der Welt?"
[23]Jesus antwortete ihm:
"Wenn einer mich liebt, wird er mein Wort festhalten.
Und mein Vater wird ihn lieben,
und wir werden zu ihm kommen
und Wohnung bei ihm nehmen.
[24]Wer mich nicht liebt, hält meine Worte nicht fest.
Aber das Wort, das ihr hört, ist nicht meines,
sondern das des Vaters, der mich gesandt hat."

Die Komposition des Abschnitts ist eindrucksvoll. Jesu Verheißungen für die Zeit nach seinem *Weggang* zum Vater gelten den Jüngern, die ihn lieben (14,15); sie bleiben denen verschlossen, die ihn nicht lieben (14,24). Letztere sind "*die Welt*". Wer Jesus liebt, bewahrt seine *Gebote/Worte* (14,15.21.23) und erfährt Gottes Gegenwart in einer dreifachen Steigerung: in der Gabe des "*Geistes der Wahrheit*" (14,16-17), im Erscheinen des Auferstandenen (14,18-21) und im bleibenden Kommen Gottes (14,23). Die *Welt* kann Gottes Gegenwart dagegen nicht erfahren (14,17.19.24). Es ergibt sich eine klare Dreiteilung: 14,15-17; 14,18-21; 14,22-24.

14,15-17: Der Eröffnungssatz spricht die Jünger auf ihre Liebe zu Jesus an. Bisher war davon im JohEv nicht direkt die Rede. Dennoch war ihre Liebe selbstverständlich vorausgesetzt; sie ist mit ihrem Glauben an Jesus identisch (vgl. 14,1), der die Geburt aus Gott ist (1,12f). Wer aber Gott zum Vater hat, liebt Jesus (8,42). Weil die Jünger Jesus lieben, werden sie seine Gebote bewahren. Da Jesus so in der Abschiedssituation redet, weist er zugleich auf die Weise hin, wie die Jünger ihn auch nach seinem *Weggang* lieben können: durch Halten seiner Gebote.

Die *Gebote* Jesu: das sind alle seine Worte und Verheißungen, wie sie im JohEv aufbewahrt und zu lesen sind - dieses Buch ist somit allein durch seine Existenz bereits ein Beweis dafür, daß sich die Jünger in der Liebe bewährt haben -, einschließlich des "*neuen Gebotes*", das Jesus in 13,34f promulgiert hat. Ein Thema klingt hier schon an, das später in 15,1ff näher ausgeführt wird.

Den so bewährten Jüngern wird der Vater einen "*anderen Anwalt*" schenken, worum Jesus ihn bitten wird, sobald er zu ihm zurückgekehrt ist. Als "*anderer Anwalt*" ist er also Ersatz für Jesus selbst, der die erste Gabe des Vaters war (3,16; 6,32). Er ist nicht weniger als Jesus, sondern mehr, weil er "*in Ewigkeit bei euch bleibt*"; Jesus dagegen war nur eine "*kurze Weile*" da (vgl. 13,33; 14,9). Die Rede ist vom "*Geist der Wahrheit*", jener göttlichen Wirklichkeit, deren Träger der irdische Jesus war (1,32). Von ihm sollte der Geist auf die Glaubenden übergehen (7,38f) und sie zu *Geistgeborenen* machen (3,6.8), die als solche Gemeinschaft mit Gott haben (4,23f). Die Geschichte der Präsenz Gottes in der Welt endet nicht etwa mit dem *Weggang* Jesu, sondern fängt durch den "*Geist der Wahrheit*" neu an. Dieses Mal wird sie, anders als im Menschen Jesus, kein Ende nehmen. Denn der Geist wird *bei* den Jüngern sein, indem er "*in ihnen*" ist. Er wird ihnen kein "Fremder" sein wie Jesus, den sie erst mühsam kennenlernen mußten (14,9), sondern als "das Wie der gläubigen Existenz" (R. Bultmann) ist er ihnen innigst vertraut. Sie werden ihn durch und durch erkennen, weil sie in ihrem Glauben "*aus dem Geist geboren*" sind (3,6).

Anders dagegen die ungläubige *Welt*: Wie sie sich gegen das Wirken Gottes in Jesus verschlossen hat, bleibt sie auch von der Gabe des "*Geistes der Wahrheit*" ausgeschlossen. Das bedeutet nicht, daß die Welt nicht doch noch zum Glauben gelangen könnte oder sollte (vgl. 17,18.21.23), aber wenn sie glaubt und den Geist empfängt, hört sie im selben Augenblick auf, *Welt* zu sein: "*das aus dem Geist Geborene ist Geist*" (3,6)!

14,18-21: Wechselt Jesus das Thema? Ist die angekündigte bleibende Geistgabe wirklich schon ausreichend zur Sprache gebracht? Auf den ersten Blick könnte der Leser das vermuten, weil jetzt das Wort "Geist" nicht mehr fällt. Ein zweiter Blick zeigt allerdings: In 14,26; 15,26; 16,7f. 13f wird das Thema "Geist" weiter ausgeführt, ist somit offensichtlich für Jesus (und den Autor) von eminenter Bedeutung im Blick auf die Zeit der Jünger nach Jesu *Weggang*. Sollten daher Jesu Aussagen in 14,18-21 von diesem Thema völlig unberührt sein?

Bereits das tröstende Wort Jesu zu Beginn: "*Ich werde euch nicht als Waisen zurücklassen*" scheint dagegen zu sprechen. Der Leser ist versucht zu ergänzen: ... denn es wird euch der "*andere Paraklet*", der "*Geist der Wahrheit*" gegeben werden! Aber Jesus verweist auf sein *eigenes* Kommen. Ohne Zweifel weist er auf sein Erscheinen als Auferstandener hin an "*jenem Tag*", der in 20,19-29 dargestellt wird. Dann werden die Jünger ihn sehen - nicht jedoch die *Welt* -, und die in 13,33 angekündigte Situation zwischen Passion und Ostern, in der sie ihn suchen, ist damit beendet. Es ist - vom Standpunkt der Sprechsituation aus - bis zu diesem Tag nur eine "*kurze Weile*".

Auffällig ist die Reihe der Parallelen, die Jesus zwischen seinem Kommen als Auferstandener und der *Gabe* des Geistes herstellt. Wie die *Welt* den Geist nicht empfangen kann, ebensowenig kann sie Jesus *sehen*, denn für sie ist Jesus mit seinem Tod "erledigt". Die Jünger jedoch werden sowohl ihn als auch den Geist *erkennen*, und wie der Geist "*bei ihnen und in ihnen*" sein wird, so auch Jesus ("*ihr in mir und ich in euch*"). Hat Jesus somit von sich gesprochen, von seiner neuen geistigen Präsenz in/bei den Jüngern, wenn er vom Geist als dem "*anderen Parakleten*" sprach? Wird er nach seinem Weggang *im Geist* bei den Jüngern sein, wie der Geist während seines irdischen Wirkens *in Jesus* bei ihnen war? Wenn es so ist, dann spricht Jesus in 14,18-21 von nichts anderem als in 14,15-17, nur unter einem besonderen Aspekt: Ostern.

"*An jenem (Oster-)Tag*" wird den Jüngern der *Geist* erstmals *geschenkt*. Der vom Vater herkommende Auferstandene (vgl. 20,17) *haucht* ihn ein (20,22). Erst dann kann gesagt werden, daß "*auch sie leben*", nachdem Jesus sein "*Fleisch für das Leben der Welt*" hingegeben (6,51) und sein Leben wieder zurückgenommen hat (vgl. 10,11.15.17). "*An jenem Tag*" werden sie auch *erkennen*, was ihnen bisher verschlossen blieb (14,9f): Jesus ist im Vater. Thomas wird diese Glaubenserkenntnis aller Jünger ausdrücklich formulieren: "*Mein Herr und mein Gott!*" (20,28).

Warum redet Jesus in 14,20 nicht auch davon, daß der Vater "*in ihm*" ist (vgl. 14,10f)? Galt nur vom Menschen Jesus während seiner Erdentage, daß Gott in ihm irdisch erschienen ist? War der Vater in Jesus in der Welt, wie auch der Geist *in ihm* da war, und gilt später umgekehrt, daß der verherrlichte Jesus nach seiner Rückkehr zum Vater *im Vater* sein wird (1,18), wie er dann ebenso nur *im Geist* erfahren wird?

Der letzte Satz (14,21) deutet ein solches "Ineinander" an. Jesus kehrt den Eingangssatz um: Das Einhalten der Gebote Jesu ist die Weise, wie die Jünger ihn nach seinem *Weggang* noch lieben können. Ihrem Lieben wird Gegenliebe verheißen, nicht als Belohnung - der Vater hat sie ja vorweggeliebt (13,16), und Jesus genauso (13,1) -, sondern als Frucht einer dynamischen Bewegung, in der Lieben aus Liebe entsteht und zu neuem Geliebtwerden führt. Nicht Jesus wird jetzt als erster genannt, der auf die Liebe der Jünger antwortet, sondern der Vater. Gemeinsam mit dem Vater und *in ihm* erwidert auch Jesus die Liebe des Jüngers und wird sich "*ihm zeigen*". Schwerlich ist auf das Erscheinen des Auferstandenen angespielt, sonst müßte sich den Lesern die Frage stellen, ob denn sie keiner Offenbarung Jesu gewürdigt werden. Sie erfüllen doch wie die Jünger die hier genannten Bedingungen, halten an Jesu Geboten fest und lieben ihn dadurch. Können sie die Liebe des Vaters und Jesu dann ebenso darin erfahren, daß Jesus sich ihnen zeigt?

14,22-24: Die Antwort auf diese Frage, die sich die Leser angesichts der Verheißung Jesu in 14,21 stellen, ergibt sich von selbst, wenn die Frage des Judas beantwortet ist: "*Was ist geschehen, daß du dich uns zeigen willst, nicht aber der Welt?*" Doch Jesus geht auf sie nicht ein. Ist sie falsch gestellt oder eine Antwort Jesu überflüssig, weil die Leser sie selbst geben können?

Was wird geschehen sein, wenn eintritt, was Jesus in 14,21 verheißen hat? Jesus wird dann durch seinen Tod die Welt verlassen haben und durch seine Verherrlichung "*im Vater*" sein. Leiblich ist er nicht mehr wahrnehmbar. Deshalb kann er sich der *Welt* gar nicht mehr zeigen, weil die Welt *als Welt*, aus sich heraus nur das Äußere, das "*Fleisch*" sehen und beurteilen kann (vgl. 8,15). Einzig der Glaube sieht in die Tiefe. Darum kann nur der Jünger Jesu Präsenz erfahren. Es gilt somit für das Offenbarwerden des verherrlichten Jesus dasselbe, was für seine irdische Offenbarung galt (vgl. 7,4-8): Es ist keine Demonstration, die auch unbeteiligt wahrgenommen werden könnte - wie auch die Liebe nur vom Liebenden erfahren wird; wer nicht liebt, dem zeigt sich nichts. Wenn es das ist, was geschehen sein wird, daß nämlich Jesus nach seinem *Weggang* nur in einer durch den Geist vermittelten Begegnung sich zeigt und geschaut wird, ist den Lesern die österliche Begegnung mit Jesus ebenfalls möglich.

Von solcher Begegnung zwischen ihm, dem Vater und den Jüngern aller Zeiten redet Jesus nun: Er wiederholt zunächst die Bedingung dafür (vgl. 14,15.21). Die Gebote Jesu sind alle seine *Worte*, die er als Offenbarung Gottes geredet hat. Sie sollen in Liebe zu Jesus treu bewahrt werden. Auf diese Weise kann sich eine Dynamik entfalten, die in der Liebe des Vaters gründet und in der Einwohnung des Vaters und Jesu im treuen und damit liebenden Jünger zum Ziele kommt. Hier wird kein einmaliges Kommen Gottes im Sinne eines heilsgeschichtlichen Ereignisses angesagt, sondern das ständige Kommen und Wohnen Gottes in denen, die Jesus lieben. Die Jünger werden, indem sie Jesu Worte halten, zum Ort der Anwesenheit Gottes auf Erden. Sie haben die irdische Rolle Jesu übernommen (vgl. 1,14).

Natürlich konkurriert 14,23 nicht mit 14,2f: Das Kommen Jesu beim Tod der Jünger, um sie in die *Wohnungen* beim Vater abzuholen, bleibt ihnen für das Eschaton zugesagt und ist damit nicht aufgehoben. Das eschatologische Kommen Jesu zu den Jüngern und ihre Heimführung durch ihn ist die Vollendung des Geschehens, das schon jetzt im Jünger ständig sich ereignet, wenn er Jesu Worte hält. In 14,23 wird die Parusie durchaus nicht in die Jetztzeit verlegt, sie wird allerdings, wenn sie stattfindet, nur der endgültige Abschluß einer ständigen Bewegung des Kommens und Einwohnens Gottes in den Jüngern sein.

Ebensowenig konkurriert der Vers mit dem Hinweis auf die Erscheinung am Ostertag (14,18). Vielmehr ist es so: Die Jünger haben am Ostertag *erstmals* die Erfahrung von Jesu Erscheinen und Einwohnen in ihnen durch die Gabe des Geistes gemacht (14,19f). Von da an vermittelt der Geist ständig, daß der Vater und Jesus im liebenden Jünger *wohnen*, jedoch nur in ihm.

Jesus schließt den Bogen, indem er den Eröffnungssatz in negativer Wendung wiederaufnimmt. Er spricht nun über die *Welt*, die ihn nicht liebt und sein Wort nicht festhält. Deshalb kann sie Gott nicht erfahren. Denn Gott begegnet "*in seinem Wort*", das Jesus geoffenbart hat und das die Jünger bewahren. Indem sie es verinnerlichen (vgl. Jer 31,31-34), da es "*Geist und Leben*" ist (6,63), haben der Vater und Jesus in ihnen Wohnung genommen.

3.6 Ein erster Abschluß: 14,25-31

25"*Das habe ich zu euch gesagt, während ich noch bei euch bin.*
26*Der Anwalt aber, der Heilige Geist,*
den der Vater in meinem Namen senden wird,
er wird euch über alles belehren
und an alles erinnern, was ich euch gesagt habe.
27*Frieden lasse ich euch zurück. Meinen Frieden gebe ich euch.*
Ich gebe euch, wie die Welt nicht gibt.
Ängstigt euch doch nicht! Verzagt nicht!
28*Ihr habt gehört, daß ich euch gesagt habe:*
Ich gehe weg und komme zu euch.
Wenn ihr mich liebtet, würdet ihr euch freuen,
daß ich zum Vater gehe, denn der Vater ist größer als ich.
29*Und nun habe ich es euch gesagt, bevor es geschieht,*
damit ihr glaubt, wenn es geschieht.
30*Ich werde nicht mehr viel mit euch reden,*
denn es kommt der Beherrscher der Welt.

Aber an mir hat er keinen Teil,
[31]*sondern die Welt soll erkennen:*
Ich liebe den Vater und tue,
wie mir der Vater geboten hat.
Steht auf, wir wollen von hier weggehen!"

Der ganze Abschnitt ist eine einzige Schlußbemerkung. Fast jeder Satz hat abschließenden Charakter und rundet den ersten Teil der "Abschiedsrede" und ihre Gedanken ab. 14,25 blickt auf die Rede insgesamt zurück; 14,27 greift 14,1 auf; 14,28 verweist ausdrücklich auf 13,33 und 14,18.23; 14,30 führt wieder zur Ausgangssituation zurück (13,30), und 14,31 setzt danach einen deutlichen Schlußakzent.

14,25-26: Erneut weist Jesus voraus auf den *Heiligen Geist* als einen Beistand für die Jünger. Wie Jesus wird der Geist vom Vater *gesendet* und an Jesu Stelle treten. Wieder übernimmt er somit die Funktion, die Jesus während seiner Erdenzeit innehatte (vgl. 14,16f); er ist das Medium, in dem Jesus und der Vater in den Jüngern und damit in der Welt präsent bleiben (vgl. 14,20.23). Seine Wirkung wird der Prozeß ständiger Vergegenwärtigung und Neuerschließung (*"lehren und erinnern"*) der Worte Jesu in der Jüngerschaft sein, geradeso als ob Jesus selbst bei den Jüngern bliebe und ihnen sein Wort auslegte. Jesus kommentiert hier seine vorherigen Verheißungen und zeigt auf, wie die Jünger sein Wort, das Gottes Wort ist, halten und bewahren können (14,23f).

Zwar hält der Autor die Fiktion aufrecht, die bisherige Rede Jesu gehe wortwörtlich auf den irdischen Jesus und die Situation unmittelbar vor seinem *Weggang* zurück (14,25; vgl. 13,33), und doch ist ihm und dem Leser bewußt, daß die Rede bereits - wie die gesamte Darstellung des JohEv (vgl. 2,17.22; 12,16) - durch das hermeneutische Wirken des Geistes vermittelt ist.

Noch etwas soll hier bedacht werden; es betrifft den Tenor des gesamten ersten Teils der "Abschiedsrede": Betont wird das Reden Jesu während seiner Anwesenheit bei den Jüngern dem Wirken des Geistes gegenübergestellt. Die Worte des irdischen Menschen Jesus sind die Grundlage, sie waren *Worte Gottes*, aber durch den Geist wird ihre Lehre erst wirklich aufgenommen und in erinnerndem Durchdenken weitergegeben. Die Zeit nach Ostern ist also keineswegs defizient gegenüber der Zeit der leiblichen Anwesenheit Jesu. Die Leser des JohEv sind gegenüber den Jüngern hinsichtlich der Worte Jesu nicht im Nachteil.

14,27-29: Jesus hinterläßt den Jüngern *Frieden*, und zwar *seinen* Frieden! Was damit gemeint ist, muß der Kontext erweisen. Jesu eigener Friede wird vom Autor in 13,1.3 gezeigt. Sein Tod löst nicht Verzweiflung, sondern wahrhaftigen Trost aus, ist er doch das Verlassen der Welt und die Rückkehr zum Vater. Er ist nicht Abbruch seines irdischen Wirkens, sondern dessen Vollendung. Diesen Frieden hinterläßt Jesus auch den Jüngern. Wie hinterläßt er ihn aber?

Zweifellos kommt Jesu Friede mit dem *Heiligen Geist* zu den Jüngern. Der Geist ist ja ein Paraklet, ein Beistand und Tröster. Er wird ihnen den Sinn und die tiefste Bedeutung des *Weggangs* Jesu so erschließen, daß sie ihm zustimmen, sich gar darüber freuen können. Wenn es der Geist ist, der den Jüngern diesen Frieden Jesu vermittelt, versteht es sich von selbst, daß die *Welt* niemals etwas, am wenigsten aber solchen Frieden geben kann. Denn sie hat keinen Anteil am Geist; deshalb vermag sie immer nur das Augenscheinliche und Äußerliche zu vermitteln und zu geben. Für sie ist und bleibt Jesu Tod nichts als sein Ende und Verschwinden, Grund zu Schrecken und Verzagen für diejenigen, die ihn liebten.

Jesus wiederholt: Die Jünger brauchen nicht zu erschrecken und sich zu fürchten (vgl. 14,1)! Und er ruft seine bisherige Rede in Erinnerung. Sein *Weggang* ist kein Anlaß zur Trauer, sondern ein Grund zur *Freude*. Freuen können sich die Jünger allerdings erst, wenn sie Jesus wirklich lieben. Bisher lieben sie ihn noch nicht auf solche Weise, obwohl sie um ihn trauern; ihre Liebe ist auf den Menschen Jesus bezogen, von dem sie noch nicht erkannt haben (vgl. 14,9), woher er in Wahrheit ist, und vor allem nicht, wohin er zurückkehrt. Sie haben "gleichsam Gott über ihm vergessen" (R. Bultmann). Wirklich lieben werden sie Jesus, wenn sie sich darüber freuen können, daß er "*in den Schoß*" des Vaters (1,18) zurückgekehrt ist; dann ist ihre Liebe durch Jesus auf Gott bezogen.

Jesus muß zum Vater zurückkehren, "*denn der Vater ist größer*" als er. Zwar gilt, daß der Mensch Jesus der Offenbarer und Repräsentant des Vaters auf Erden war (14,9f), doch ist er nicht selbst der Vater, sondern bleibt der Sohn, und sein Ort ist beim Vater. Wenn er dorthin zurückgekehrt ist, woher er kam, ist das "*Werk Gottes*" vollendet. Noch können die Jünger die tiefe Bedeutung aller Worte und Ankündigungen Jesu nicht begreifen, noch kapituliert ihr Glaube vor dem ihnen unfaßbaren *Weggang* Jesu. Wenn alle Ereignisse wie angesagt *geschehen* sein werden, wird ihr Glauben anfangen.

14,30-31: Jesus schließt den ersten Teil seiner "Abschiedsrede" ab, indem er zur äußeren Situation zurücklenkt. In 13,30 hatte der Verräter Judas Iskariot und in ihm der Satan den Raum des Abschiedsmahles verlassen, um die Tötung Jesu in Gang zu setzen. Nun weist Jesus darauf hin, daß "*der Herrscher der Welt*" bereits auf dem Wege ist (vgl. 18,3). Es bleibt keine Zeit mehr, um noch *viel* mit den Jüngern zu reden. *Etwas* wird er ihnen gleichwohl noch sagen: Es folgt ja der zweite Teil der "Abschiedsrede" (Joh 15-16), bevor Jesus alles Gesagte im Gebet an den Vater zusammenfaßt (Joh 17).

Noch einmal bringt Jesus zum Ausdruck, daß er aus freiem Willen den Tod auf sich nimmt (10,11.15.17; 12,27; 13,1). Der "*Herrscher der Welt*", der "*Menschenmörder von Anfang an*" (8,44), hat auf ihn jedenfalls kein Anrecht, weil Jesus ohne Sünde ist (8,46) und wie der Vater das "*Leben in sich selbst*" hat (5,26). Kein Feind, auch Satan nicht, kann es ihm *rauben* (10,18), und darum ist sein Tod ein freiwilliges Sterben "*für seine Schafe*" (10,11.15), ja "*für das Leben der Welt*" (6,51). Er ist Ausdruck der größten Freundesliebe (15,13), und die *Frucht* des Sterbens Jesu ist das Leben der *Seinen* (12,24). So zu handeln hat der Vater ihm *geboten*, als er ihn *sandte* (3,16f; 10,18), und sein Gebot erfüllt Jesus getreu (4,34; 6,38; 8,28f). Darin erweist er seine Liebe zum Vater, weshalb er vom Vater geliebt wird (10,17). Auch in diesem Punkt ist Jesu Verhältnis zum Gebot des Vaters vorbildlich für die Jünger (vgl. 14,15.21.23).

Die Aufforderung: "*Steht auf, wir wollen von hier weggehen!*" setzt einen starken Akzent. Würde 18,1 unmittelbar folgen, wer könnte dann etwas vermissen? Aber die Frage stellt sich nicht und ist daher müßig, denn es folgen noch der zweite Teil der "Abschiedsrede" und das Gebet Jesu. In 14,30 hatte Jesus zwar gesagt, daß er den Jüngern "*nicht mehr viel*" werde sagen können, doch gerade deswegen erwartet der Leser noch etwas. Und vielleicht haben die ersten Leser damit gerechnet - die Gattung der "Abschiedsrede" eines Todgeweihten konnte solche Erwartungen wecken -, daß Jesus sich über die fernere Zukunft der Jüngerschaft, die *Zeit der Leser* und ihre Bewältigung ebenfalls äußern würde. Die Leser vermissen ja ebenso schmerzlich wie die Jünger die Anwesenheit Jesu und sehnen sich nach einer offenen Begegnung mit ihm und dem Vater.

Jesu Aufforderung zum Aufbruch dürfte daher signalisieren, daß der folgende Teil der "Abschiedsrede" zwar den Jüngern in der Situation des Abschieds Jesu gesagt wird, sich jedoch nicht an sie richtet, sondern andere Adressaten hat, nämlich eine spätere Generation von Jesusanhängern, eben die Leser des JohEv. Für die Jünger um ihn herum hat Jesus tatsächlich alles gesagt. Sie sind nur die Vermittler seiner weiteren Rede.

4. Die "Abschiedsrede". Zweiter Teil: 15,1-16,33

4.1 Die bleibende Frucht: 15,1-17

15[1]*"Ich bin der wahre Weinstock,*
und mein Vater ist der Winzer.
[2]*Jede Rebe an mir, die keine Frucht bringt, nimmt er weg,*
und jede, die Frucht bringt, reinigt er,
damit sie mehr Frucht bringt.
[3]*Ihr seid schon rein durch das Wort,*
das ich zu euch gesprochen habe.
[4]*Bleibt in mir und ich in euch!*
Wie die Rebe von sich aus keine Frucht bringen kann,
wenn sie nicht am Weinstock bleibt,
so auch ihr nicht, wenn ihr nicht in mir bleibt.
[5]*Ich bin der Weinstock, ihr seid die Reben.*
Wer in mir bleibt und in dem ich bleibe,
der bringt viel Frucht, denn ohne mich könnt ihr nichts tun.
[6]*Wenn einer nicht in mir bleibt,*
ist er herausgerissen wie die Rebe und verdorrt,
und man sammelt sie ein
und wirft sie ins Feuer, und sie verbrennt.
[7]*Wenn ihr in mir bleibt und meine Worte in euch bleiben,*
dann erbittet, was ihr wollt und es wird euch zuteil.
[8]*Dadurch ist mein Vater verherrlicht,*
daß ihr viel Frucht bringt und meine Jünger werdet.
[9]*Wie mich der Vater geliebt hat, so habe ich euch geliebt.*
Bleibt in meiner Liebe!
[10]*Wenn ihr meine Gebote haltet, dann bleibt ihr in meiner Liebe,*
so wie ich die Gebote meines Vaters gehalten habe
und in seiner Liebe bleibe.
[11]*Das habe ich euch gesagt, damit meine Freude in euch sei*
und eure Freude vollkommen werde.
[12]*Das ist mein Gebot, daß ihr einander liebt,*
so wie ich euch geliebt habe.
[13]*Es gibt keine größere Liebe als die,*
daß einer sein Leben hingibt für seine Freunde.
[14]*Ihr seid meine Freunde, wenn ihr tut, was ich euch gebiete.*
[15]*Ich nenne euch nicht mehr Knechte,*
denn der Knecht weiß nicht, was sein Herr tut.
Vielmehr habe ich euch Freunde genannt,
denn alles, was ich bei meinem Vater gehört habe,

habe ich euch kundgetan.
[16]Nicht ihr habt mich erwählt,
sondern ich habe euch erwählt und euch auferlegt,
daß ihr hingeht und Frucht bringt und eure Frucht bleibt,
damit der Vater euch gibt,
worum ihr ihn in meinem Namen bittet.
[17]Dieses gebiete ich euch, daß ihr einander liebt."

Der Abschnitt wird beherrscht von zwei Stichworten: "*Frucht(bringen)*" (8x) und "*bleiben*" (10x). Beide sind eng aufeinander bezogen: *Bleiben* ist Bedingung für das *Fruchtbringen*. In 15,16 werden am Ende beide Stichworte miteinander verbunden: "*damit ... eure Frucht bleibt*". Die von Jesus Angesprochenen sind auf der Ebene der Szene immer noch die ersten Jünger. Jedoch wissen die Leser durch 14,31, daß Jesu Rede sich jetzt, geradezu an den Jüngern vorbei, an eine spätere Jüngergeneration wendet.

Dem entspricht, daß die thematische Ausrichtung der "Abschiedsrede" Jesu sich verschiebt. Stand bisher im Vordergrund der Trost, daß Jesus nach seinem *Weggang* neu zu den Jüngern kommen und *bei/in ihnen* sein wird, so liegt der Ton jetzt auf der Mahnung, in Jesus zu *bleiben* und dadurch "*Frucht zu bringen*". Die früheren Aussagen von 14,15-24 sind allerdings vorausgesetzt: Die Jünger können in Jesus *bleiben*, weil er bzw. seine Worte *in ihnen* sind (15,4f.7; vgl. 14,20.23), und in Jesu Liebe *bleiben* sie dadurch, daß sie seine Gebote bewahren (15,9f; vgl. 14,21). Es geht um ein aktives Verhalten der Anhänger Jesu, aber als Folge des Wirkens Jesu. Die Alternative dazu ist eindeutig: Die Einheit mit Jesus und seine Liebe verläßt, wer Jesu Gebot der gegenseitigen Liebe nicht beachtet (15,12-17), und dieser Fall ist offensichtlich in Jesu Zukunftsschau bereits eingetreten, wie die eigenartigen Aoriste in 15,6 ("... *ist herausgerissen und verdorrt*") andeuten.

Die neue, auf das Verhalten der Anhänger Jesu zielende Ausrichtung des Abschnitts 15,1-17 wird auch daran sichtbar, daß jetzt das zweite Thema, das Jesus in 13,34f formuliert hatte, weiter ausgeführt wird (15,9f. 12.17). Wieder wird deutlich: Der zweite Teil der "Abschiedsrede" Jesu darf nicht literarkritisch vom ersten getrennt werden, auch wenn sich Perspektiven und Akzente verschieben. Die Verschiebung ist vielmehr vom Autor kalkuliert und Teil seines literarischen Plans.

Der Aufbau des Abschnitts zeigt sich, wenn man erkennt, daß das Rätselwort 15,1f in 15,3-8 und 15,9-17 in doppelter Durchführung gelöst wird. Dadurch entstehen zwei Unterabschnitte, die parallel aufgebaut sind. Sie beginnen jeweils mit einer Mahnung Jesu, "*in ihm*" oder "*in seiner Liebe*" zu *bleiben*, die durch einen nach- bzw. vorangestellten Vergleichssatz ("*wie*") begründet wird (15,4.9), und enden mit dem Ausblick auf die "*viele Frucht*" bzw. "*bleibende Frucht*" (15,8.16), die im Zusammenwirken der Jünger mit Jesus und dem Vater in Bitte und Erfüllung zustande kommt (15,7.16).

Der Unterabschnitt 15,3-8 führt aus, wie die am Weinstock Jesu *Bleibenden* - im Gegensatz zu den *Herausgerissenen* (15,6) - durch ihr Bleiben den Vater verherrlichen, auf diese Weise "*viel Frucht*" bringen und so zu Jüngern Jesu werden (vgl. 13,35). Der in 15,2 beschriebene Prozeß gelangt bei ihnen zum Ziel.

Der Unterabschnitt 15,9-17 erläutert näher, worin Fruchtbringen und Jüngerexistenz bestehen, nämlich im Nachvollzug der Liebe Jesu als Freundesliebe untereinander (vgl. 13,34). Er legt die Mahnung des ersten Unterabschnitts dahin aus, daß Bleiben und Fruchtbringen (15,4f) in der gegenseitigen Liebe der Jünger Jesu erfüllt werden. Sie wird als die bleibende Frucht der Jüngerschaft ausgewiesen (15,16f).

Es ergibt sich für den Aufbau folgendes Schema:

15,1f: Rätselwort: Über die Reinigung der Reben

15,3-8: Erste Durchführung 15,3: Rückblick 15,4: "*Bleibt in mir!*" "Wie" - Satz (15,4b) *Thema*: Bleiben am Weinstock Jesus = Fruchtbringen (15,5) (15,6: Der negative Fall) 15,7f: Bitte und Erfüllung *viel Frucht* als Verherrlichung des Vaters 15,8: "*damit ihr meine Jünger werdet*"

15,9-17: Zweite Durchführung 15,9a.15b: Rückblick 15,9: "*Bleibt in meiner Liebe*!" "Wie" - Satz (15,9a) *Thema:* Bleiben in der Liebe = Halten der Gebote Jesu = Freundesliebe (15,10-12) 15,16: *bleibende Frucht* als Erfüllung der Bitten durch den Vater 15,17: "*damit ihr einander liebt*"

15,1-2: Jesus eröffnet den zweiten Teil seiner "Abschiedsrede" mit einem rätselhaften Bildwort, in dem er sich als den eigentlichen und echten, den "*wahren Weinstock*" bezeichnet, an dem sein Vater weingärtnerisch tätig wird. Der Vater schneidet die Rebzweige heraus, die unfruchtbar sind, und *reinigt* die fruchtbaren. Weinstock, Rebzweige und Trauben sind bildmäßig zwar eine Einheit, lassen sich jedoch gleichwohl differenzieren. Der Vater beschneidet und reinigt eben nicht Jesus, sondern die Rebzweige an ihm, und nicht der Weinstock bringt die Trauben als Früchte hervor, sondern die Reben, freilich indem sie die Kraft dazu aus dem Weinstock ziehen. In diesem Sinne nennt Jesus sich einen Weinstock, und die fruchtbaren bzw. unfruchtbaren Rebzweige müssen andere Personen sein (vgl. 15,5).

Das Bild vom Weinstock ist den Lesern bekannt, weil sie auch Leser des Alten Testaments sind. Dort ist es ein beliebtes Bild dafür, was Israel hätte sein sollen und doch nicht war (Hos 10,1; Jer 2,21; Ez 17,6-10; vgl. Jes 5,1-7). Schon einmal hat Gott Rebzweige herausgerissen und verdorren lassen (Jer 5,10; Ez 19,12f), und erst für die Endzeit wird die volle Fruchtbarkeit des Weinstocks Israel erwartet (Jes 27,2-6; Ps 80,9.15f). Vor dem Hintergrund dieser Texte gewinnt es einen besonderen Sinn, daß Jesus sich den *wahren* Weinstock nennt: nicht daß Israel beiseite geschoben werden sollte, sondern in Jesus gehen die mit Israel verbundenen Erwartungen in Erfüllung. Die Leser sollen sich erinnern, wie durch das Wirken des Täufers sich die *wahren* Israeliten bei Jesus versammelt haben (1,31. 47), weil er der Ort der *wahren* Anbetung Gottes ist (1,51; 4,23f), wie auch das "*wahre Brot vom Himmel*" (6,32) und als der "*echte Hirt*" (10,11. 14) der Messias Israels (vgl. 10,24f). In ihm erfüllen sich Israels Feste (vgl. 6,4; 7,37ff) und die Tora (5,39.46f), denn als der göttliche Logos ist Jesus das "*wahre Licht*" der Menschen (1,9f) und hat "*Gnade und Wahrheit*" gebracht (1,17). Der kundige Leser soll sich in diesem Zusammenhang an Sir 24,17f erinnern, wo sich die *Weisheit* ebenfalls als *Weinstock* mit schönen und fruchtbaren Trieben vorstellt. Wer aber ist die Weisheit?

Jesus setzt jedoch voraus - und damit beginnt das Rätsel -, daß es *an ihm* auch Rebzweige gibt, die keine Frucht bringen und deshalb durch den Vater entfernt werden. Die Rebzweige haben die Fähigkeit, Frucht zu bringen, solange sie am Weinstock sind. Unfruchtbarkeit ist also Versagen oder Verweigerung. Allerdings bedarf es, um wirklich fruchtbar zu sein, dennoch der reinigenden Tätigkeit des Weingärtners: "*Mehr Frucht*" können die Rebzweige nicht von sich aus bringen. Wie ist das Verhältnis von *Frucht* zu "*mehr Frucht*" zu denken? *Frucht* ist mehr als nur Fruchtansatz oder Blüte, und "*mehr Frucht*" meint dementsprechend die den Winzer zufriedenstellende Qualität oder Menge der Trauben. Das Ziel des gärtnerischen Wirkens des Vaters an den Rebzweigen ist der Höchstertrag. Was ist damit gemeint? Und worin besteht jene *Frucht*, die die Rebzweige von sich aus erbringen können? Und schließlich: Wer sind die Reben, die unfruchtbar bleiben und deswegen vom Weinstock abgeschnitten werden?

15,3-8: Die von Jesus an den Jüngern vorbei angesprochenen Leser gehören jedenfalls nicht zu den fruchtlosen Rebzweigen, die herausgeschnitten werden. Sie sind vielmehr schon *rein* (vgl. 13,10), und zwar durch das Offenbarerwort Jesu. Die "Abschiedsrede" Jesu, ja das gesamte JohEv sind dieses *Wort* (vgl. 2,22; 4,41; 5,24; 8,31.37; 12,48), das Jesus gesprochen hat.

Es ist des Vaters eigenes Wort (14,24; vgl. 5,38), das in geistgewirkter Überlieferung dem Leser vermittelt wurde (14,26). Also hat durch Jesu Wort der Vater selbst die Leser schon *gereinigt* (15,2)! Als Leser des JohEv sind sie in der Tat in Jesu Wort *geblieben* (8,31), haben sich längst für Jesus entschieden und diese Entscheidung durchgehalten.

Jetzt ermahnt Jesus sie: "*Bleibt in mir und ich in euch!*" Eindeutig ist die nachösterliche Situation vorausgesetzt, in der die Angesprochenen *in Jesus* sein werden und er *in ihnen*. So hatte er es 14,20 für "*jenen Tag*" verheißen. Die innige Einheit mit dem Erhöhten gilt es nicht aufzugeben, sondern in ihr zu *bleiben*. Denn außerhalb dieser Lebenseinheit, getrennt vom Weinstock, gibt es keinerlei Frucht. Ohne Verbindung mit dem Weinstock, "*aus sich heraus*" kann kein Rebzweig Frucht hervorbringen, auch nicht die Jünger/Leser. Die Einheit mit Jesus ist für sie lebenswichtig, denn "*ohne mich könnt ihr nichts tun*". Gewiß können Menschen ohne Jesus etwas tun; die Welt ist voll von ihren technischen und geistigen Leistungen, die ohne Jesus zustande kamen. Doch von solchen Leistungen spricht Jesus hier nicht. Sie fallen für ihn unter das "*Nichts*", weil sie keinen Bestand haben und mit den Menschen dahinschwinden. Jesus geht es um die "*bleibende Frucht*" (15,16), und das *Bleibende* gelingt nur dem, der "*in Jesus bleibt*". Trennung von ihm ist tödlich, denn sie macht unfruchtbar, die Unfruchtbarkeit aber führt dazu, vom Vater herausgeschnitten zu werden (15,2). Dann muß das *Bleiben* in Jesus jene Frucht sein, die die Jünger/Leser von sich aus bringen können (15,4). Das *Bleiben* haben sie in der Hand, die Fülle der Frucht aber, die dadurch erst möglich wird, wirkt ein anderer in ihnen (15,5).

Deshalb ist es kein Widerspruch zu 15,2, wenn Jesus nun den negativen Fall so anspricht: "*Wenn einer nicht in mir bleibt, ist er herausgerissen wie die Rebe und verdorrt ...*" (15,6). Nach 15,2 führte die Fruchtlosigkeit zum Herausschneiden der Rebzweige, hier ist es das *Nicht-Bleiben* in Jesus, das jedes Fruchtbringen verhindert. Wenn jedoch das *Bleiben* bereits die Frucht ist, die die Jünger von sich aus erbringen können, dann entspricht die negative Aussage von 15,6 genau dem Rätselwort 15,2. Es zeigt sich ebenso, daß Herausgerissenwerden und Verdorren der fruchtlosen Rebzweige keine Strafe sind, die folgt, sondern die Konsequenz der selbstvollzogenen Trennung vom Weinstock: Sie haben sich von Jesus losgesagt, und darum werden sie vom Winzer aufgegeben. Zweifellos haben wir es mit Gerichtsaussagen zu tun ("*man wirft sie ins Feuer, und sie verbrennt*"), doch ist das Gericht auch hier die selbstgewählte Verweigerung (vgl. 3,19f; 8,24; 9,39; 12,47f).

Auffällig sind die beiden Vergangenheitsformen "... *ist herausgerissen und verdorrt*" (Aorist!), die nach dem einleitenden Konditionalsatz unerwartet folgen. Will Jesus damit eindringlich feststellen, daß im gleichen

Augenblick, wo einer nicht in ihm bleibt, er schon herausgerissen und verdorrt ist? Oder kommt durch die Erzähltempora zum Ausdruck, daß der im Vordersatz als Möglichkeit hingestellte Fall bereits eingetreten ist und "Jünger" nicht in Jesus geblieben sind, sondern sich von ihm losgelöst haben und verworfen wurden? In 6,60-71 und 8,31ff war von solchen "Jüngern", die in Wirklichkeit gar keine waren, zu lesen, und Judas Iskariot gehört ebenfalls zu ihnen. Die ersten Leser konnten die Aorist-Formen von ihrer eigenen Gemeindegeschichte her ohne weiteres auf "Jünger" beziehen, die in einem Schisma die Einheit der Jüngerschaft verlassen und sich damit vom Weinstock Jesus getrennt hatten.

Die von Jesus Angesprochenen sind jedoch *in ihm* geblieben, und deshalb sagt Jesus ihnen zu, auf welche Weise sie "*viel Frucht*" bringen werden (15,7f). Sie sind geblieben, weil Jesu Worte in ihnen *blieben*, d.h. sie haben sein Wort als Wort Gottes bewahrt (14,23f) und durch das Wirken des Heiligen Geistes in Erinnerung gehalten (14,26). Nun dürfen sie erbitten, *was sie wollen*, und es wird ihnen gewährt. Jesus wiederholt hier die Zusage von 14,13f. Freilich kann er die dortige Bedingung "*in meinem Namen*" jetzt durch "*was ihr wollt*" ersetzen; weil er durch sein Wort und den Geist in den Jüngern ist, sind ihre Bitten zugleich seine Bitten, und ihr Wirken ist sein Wirken (vgl. 14,12). Indem die Jünger/ Leser in Jesus *geblieben* sind, haben sie sein Wirken fortgesetzt und auf diese Weise bereits "*Gott verherrlicht*" (Aorist!) (15,8), wie Jesus es in 14,13 angekündigt hat. So bringen sie im Zusammenwirken mit dem Vater und mit Jesus "*viel Frucht*". Rätselhaft und wirkungsvoll endet der erste Unterabschnitt: "*... damit ihr meine Jünger werdet*". Die Angesprochenen, die in Jesus geblieben sind, sind Jünger und werden zu Jüngern, ebenso wie sie schon Frucht bringen und "*mehr/viel Frucht*" bringen sollen. Der rätselhafte Satz öffnet die Tür zum zweiten Unterabschnitt: Worin besteht die Jüngerexistenz?

15,9-17: Der zweite Unterabschnitt legt den ersten neu aus; allerdings wird der negative Fall nicht weiterverfolgt (vgl. 15,4.6). Jesus spricht zu denjenigen, die nach dem Reinigungsprozeß durch den Vater (15,2) *in ihm* geblieben sind, und zeigt auf, wie sie, nachdem sie es bereits sind, seine Jünger werden und bleiben (15,8). Ziel des Abschnitts ist, auf die *bleibende Frucht* der Jüngerschaft Jesu hinzuweisen, die darin besteht, das Gebot Jesu zu halten und als Freunde einander zu lieben (15,16f; vgl. 13,35).

Jesus wiederholt die Mahnung zum *Bleiben* (vgl. 15,4), variiert sie jedoch, indem er das "*in mir*" durch "*in meiner Liebe*" erläutert. Begründet ist die Mahnung in Jesu Liebe zu den Seinen, die in seinem Lebenswerk zur Erscheinung kam (13,1), das wiederum eine Wirkung der Liebe des Vaters ist (vgl. 3,16; 3,35; 10,17). Dieses umfassende Liebesgeschehen

(14,21) ist Grund und Maß für die Jüngerschaft: Sie soll bei der ihr durch Jesus und den Vater erwiesenen Liebe *bleiben*! Aber wie bleibt man?

Die Antwort gibt Jesus in 15,10 und knüpft darin an 14,15.21 an. Dort war das Halten der Gebote Jesu die Folge der Jüngerliebe zu Jesus, jetzt ist es die Bedingung für das Bleiben in der Liebe Jesu. Ist das ein Widerspruch? Oder lassen sich die Aussagen hintereinanderschalten: Wer Jesus liebt, hält seine Gebote und *bleibt* dadurch in seiner Liebe? Das entspräche der Bewegung von 15,2: Wer Frucht bringt, wird vom Vater *gereinigt*, um "*mehr Frucht*" zu bringen. Vorbildlich für diesen Zusammenhang ist das Verhältnis zwischen Jesus und dem Vater (15,10; vgl. 3,35; 10,17f).

Erneut greift Jesus eine Formulierung auf, die er schon im ersten Teil der "Abschiedsrede" verwendet hat: "*Dieses habe ich zu euch gesagt*" (vgl. 14,25). Dort verwies er auf seine Worte als Irdischer, bevor er zum Vater zurückgegangen war. In 14,28 folgte die Feststellung: "*Wenn ihr mich liebtet, würdet ihr euch freuen, daß ich zum Vater gehe...*" Demgegenüber ist in 15,11 die Perspektive verschoben, denn jetzt ist erfüllt, was in 14,28 noch angemahnt wurde: Jesu eigene *Freude* ist nun *in ihnen*. Angesprochen sind somit Jünger, die sich über Jesu Rückkehr zum Vater freuen, die Jesus also lieben. Es ist die nachösterliche Jüngerschar - einschließlich der Leser - im Blick. Ihnen sagt Jesus die Erfüllung ihrer Freude an, ebenso die Vollendung ihrer Liebe als die bleibende Frucht.

Von gemeinsamer Freude und vom Ernten ewiger Frucht war schon in 4,36 die Rede, wo das geheimnisvolle Zusammenwirken aller beim Bringen von Frucht, das in 15,1-17 im Bild des Weinstocks dargestellt wird, rätselhaft zur Sprache kam. Daran soll sich der Leser erinnern und dorthin eine Brücke schlagen. Die angekündigte gemeinsame Freude bei Jesus und den Jüngern ist jetzt - in der Situation der ersten Leser - da und wird sich vollenden.

Nun kann endlich auch gesagt werden, worin Jesu Gebote bestehen, durch deren Einhaltung man in der Liebe Jesu bleibt. In Wahrheit ist es nur *ein* Gebot, in das alle weiteren eingeschlossen sind, jenes "*neue Gebot*", das Jesus den Jüngern nach der Fußwaschung aufgetragen hat (13,34f): Die Jünger sollen sich untereinander so lieben, wie Jesus sie geliebt hat. Die Fußwaschung war ein Beispiel für Jesu Liebe (vgl. 13,15). Mit ihr hatte Jesus auf seine größte Liebestat verwiesen, die er jetzt nennt, seinen Tod als Sterben "*für die Freunde*" (15,13). Ein größerer Liebeserweis ist nicht vorstellbar, als daß jemand anstelle eines anderen, den er liebt, freiwillig stirbt. War Jesu Tod ein solches Sterben (vgl. 10,11.14.17f), dann leuchtet diese Tat aus sich selbst. Sie muß nicht gedeutet werden, sondern sagt unmittelbar, was sie ist: Erscheinung und Vollendung der Liebe. Wer solche Liebe erfahren hat, wer als Freund so geliebt wurde, ist zum

Schuldner geworden und muß diese Liebe erwidern. Er muß das Gebot der Freundschaft erfüllen und tun, was der will, der sich als wahrer Freund erwiesen hat: Seine Liebe unter den Freunden weitergeben bis zur letzten Konsequenz freundschaftlicher Liebe. Jesus will nicht, daß sein Tod als das Sterben eines "*Kyrios*" für seine Sklaven angesehen wird, denn dann könnte niemand ihn verstehen: "*Ein Knecht weiß nicht, was sein Herr tut*". Der Abstand zwischen Herr und Knecht wird durch das Denken entscheidend bestimmt. Jesus dagegen hat, obwohl "*Lehrer und Herr*" (13,13), seine Jünger zu *Freunden* gemacht und damit zu Gleichgesinnten, sodaß sie seinen Tod als Sterben für die Freunde von innen heraus begreifen können. Als Freunde sind sie nämlich befähigt worden, ebenso zu lieben.

Wann sind die Jünger zu Freunden Jesu geworden? In 13,16 hat Jesus sie doch noch als Knechte und Gesandte angesprochen. Das will er nun nicht mehr tun. Wieder wird der Perspektivenwechsel erkennbar, der sich zwischen den beiden Teilen der "Abschiedsrede" vollzogen hat. Jesus spricht jetzt so, als blicke er auf seinen Tod als den Erweis seiner Liebe bereits zurück. Im Tod hat er endgültig gezeigt, daß er die Jünger als Freunde ansieht. Die Einsetzung des *geliebten Jüngers* unter dem Kreuz an Sohnes Statt könnte Symbol dafür sein (19,26f). Er konnte nach Jesu Sterben diesen Tod begreifen und bezeugen (19,35f). Vorher wußten die Jünger dagegen nicht, was Jesus tun wollte; das hat der erste Teil der "Abschiedsrede" sehr deutlich werden lassen (vgl. 13,36-38; 14,5).

Und doch ist es nicht so, daß erst durch den Tod Jesu aus Knechten Freunde wurden. Freilich hat sich in ihm die Freundschaftsliebe Jesu zu den Jüngern vollendet. Aber als Freunde hat Jesus sie schon vorher behandelt, als er ihnen "*alles, was ich gehört habe beim Vater, kundgetan*" hat. Alles! Gottes ganze Offenbarung ist den Jüngern von Jesus vermittelt worden (vgl. 14,10). So verkehrt man nicht mit Knechten! Jedoch sind die Jünger nicht aus eigenem Entschluß zu Freunden Jesu geworden, sondern er hat sie *erwählt* (vgl. 6,37.39.44.70) und zu seinen Freunden gemacht, mit der Auflage, "*bleibende Frucht*" zu bringen (15,16). Im Kontext bedeutet das: Die Jünger/Leser können als die erwählten Freunde Jesu den Freundschaftsbund auch von sich aus bestätigen, wenn sie von nun an bleibende Taten der Freundschaft vollbringen, indem sie Jesu Liebe, die im Vater ihren Ursprung hat, in sich zur Wirkung kommen lassen (15,9). Deshalb verwendet Jesus hier erneut jene Formel, die das Tun der Jünger als das Werk eines anderen ausweist, der durch sie handelt (15,16; vgl. 15,7; 14,12f).

Wirkungsvoll wiederholt Jesus am Ende seinen Auftrag: Die Jünger sollen "*einander lieben*" (15,17; vgl. 15,10.12). Die Freundschaftsliebe untereinander ist die angemessene Antwort auf Jesu Freundschaftsliebe.

Sie ist die "*bleibende Frucht*" (15,16), die bewirkt, daß die Jünger "*in Jesu Liebe bleiben*" (15,10). Sie ist das Kennzeichen einer Jüngerschaft, durch die *der Vater verherrlicht* wird (15,8), weil in ihr sein Wirken als Winzer an den bleibenden Rebzweigen zum Ziele kommt (15,2). Der Kreis der eindringlichen Paränese Jesu hat sich damit geschlossen. Der Leser darf sich nun ausmalen, wie eine Jüngerschaft Jesu, eine Gemeinde oder Kirche aussehen könnte, in der alle in freundschaftlicher Liebe untereinander verbunden sind. Ob die ersten Leser dieses Ideal in ihrem Kreis schon verwirklicht hatten (vgl. 1Joh 2,9ff; 3,11-4,21)?

4.2 Der Haß der Welt: 15,18-16,4a

[18]"*Wenn die Welt euch haßt, so wißt:*
mich hat sie vor euch gehaßt.
[19]*Wenn ihr von der Welt wäret,*
so würde die Welt euch als ihr Eigenes lieben.
Weil ihr aber nicht von der Welt seid,
sondern ich euch aus der Welt ausgewählt habe,
darum haßt euch die Welt.
[20]*Erinnert euch des Wortes, das ich euch gesagt habe:*
Ein Knecht ist nicht größer als sein Herr.
Wenn sie mich verfolgt haben,
werden sie auch euch verfolgen,
wenn sie mein Wort bewahrt haben,
werden sie auch das eure bewahren.
[21]*Aber das alles werden sie euch antun*
um meines Namens willen,
weil sie den nicht kennen, der mich gesandt hat.
[22]*Wäre ich nicht gekommen und hätte zu ihnen geredet,*
so hätten sie keine Sünde.
Jetzt aber haben sie keine Entschuldigung für ihre Sünde.
[23]*Wer mich haßt, haßt auch meinen Vater.*
[24]*Hätte ich nicht die Werke unter ihnen getan,*
die kein anderer je getan hat, dann hätten sie keine Sünde.
Nun aber haben sie gesehen und haben gleichwohl gehaßt,
wie mich, so auch meinen Vater.
[25]*Aber das Wort sollte erfüllt werden,*
das in ihrem Gesetz geschrieben steht:
Ohne Grund haßten sie mich.
[26]*Wenn dann der Anwalt kommt,*
den ich euch vom Vater senden werde,

der Geist der Wahrheit, der vom Vater ausgeht,
dann wird er Zeugnis ablegen über mich.
27Aber auch ihr legt Zeugnis ab,
weil ihr von Anfang an bei mir seid.
16 *1Das habe ich euch gesagt, damit ihr nicht irre werdet.*
2Sie werden euch aus der Synagoge ausschließen.
Es kommt sogar die Stunde, daß jeder, der euch tötet,
meint, einen Gottesdienst zu vollziehen.
3Und das werden sie tun,
weil sie weder den Vater noch mich erkannt haben.
4Aber ich habe euch das gesagt,
damit ihr euch, sobald diese Stunde kommt,
daran erinnert, daß ich es euch gesagt habe."

Dieser Abschnitt der "Abschiedsrede" läßt sich in vier Gedankengänge gliedern. (1) Jesus kündigt den Angeredeten die gleiche Aufnahme und Resonanz an, die er gefunden hat: feindliche Ablehnung einerseits und Annahme ihrer Botschaft andererseits (15,18-20). Die Ablehnung begründet er (2) mit verstocktem Gotteshaß der *Welt* (15,21-25), die Annahme (3) mit dem Wirken des "*Geistes der Wahrheit*" durch die Jüngerschaft (15,26-27). (4) Den Abschluß bildet ein Ausblick auf die lebensbedrohende Ausgrenzung der Jesusanhänger (16,1-4a); die negativen Ankündigungen von 15,18.20 werden darin noch einmal wesentlich verstärkt.

15,18-20: Jesus spricht die Jünger/Leser auf schlimme Erfahrungen an, die sie gemacht haben. Der einleitende Konditionalsatz: "*Wenn die Welt euch haßt...*" kündigt keine künftige Möglichkeit an, die auch nicht eintreten könnte, sondern versichert im Sinne von 15,20: So wird es kommen! Aus der Perspektive der ersten Leser bedeutet das: Es ist so gekommen! Ihnen sind Haß und Feindschaft einer sie ablehnenden Gesellschaft entgegengeschlagen. In dieser Situation soll ihnen das *Wissen* helfen: Die *Welt* hat vor ihnen schon Jesus gehaßt. Auf welche Weise sich der Haß der Welt gegen Jesus ausgetobt hat, ist im JohEv dargestellt worden. Dieses Buch hat also für die ersten Leser mehr als nur Erinnerungswert; sie kommen selbst darin vor, Jesus war geradezu ihr Prototyp.

Mißverständnisse werden vermieden, wenn man den Begriff *Welt* hier - wie im gesamten JohEv - konsequent gesellschaftsbezogen versteht. Gemeint ist nicht die natürlich-kreatürliche Welt als bewohnbare Umwelt des Menschen, sondern die *Menschenwelt*, die zwar von Gott *geliebt* wird (3,16) und deren *Retter* Jesus ist (4,42), weil er "*sein Leben für das Leben der Welt*" hingibt (6,51), die sich aber von Gott entfernt hat (vgl. 1,5) und sich *als Welt* seinem Liebeswillen nicht öffnen will. Es sind die Menschen in ihrer gesellschaftlichen Verfaßtheit, insofern sie sich von Gottes Liebe nicht bewegen und verändern lassen. Sie werden *Welt* genannt. Jeder "manichäische" oder asketische Nebenton liegt fern. Dagegen formuliert das JohEv durchaus eine grundsätzliche Gesellschaftskritik.

Die Jünger/Leser sind nicht mehr "*aus der Welt*". Sie gehörten zur Welt, bis Jesus sie "*aus der Welt erwählt*" hat (15,16; vgl. 13,18; 6,70). Das war nicht Willkür, sondern sie sind an der Erwählung beteiligt, und zwar durch ihren Glauben. Seitdem gehören sie zu den *Seinen* Jesu, sind sie "*aus Gott geboren*" (1,12f). Denn *woher* jemand ist, offenbart sich an seinem Tun (vgl. 8,42-47). Täten die Jünger, was die Welt tut, gehörten sie zur Welt und würden von ihr *geliebt*. Sie tun dagegen, was der Welt zutiefst fremd ist, und deshalb haßt man sie: Sie halten an Jesu Gebot fest, einander zu lieben (15,16f). Gerade diese "Eigenart" der Jüngerschaft ist es, die den Haß der Welt hervorruft. Sie vollbringen damit etwas, was die Menschenwelt aus sich nicht vermag, sie müßte sich denn aufgeben. Um zu lieben, müßte sie "*aus Gott geboren*" sein; dann wäre sie nicht mehr, was sie bleiben will: *Welt*.

Jesus ruft den Jüngern/Lesern 13,16 in Erinnerung: Der Sklave hat keine bessere Behandlung zu erwarten als sein Herr. Damit nimmt er die Zusage von 15,15 nicht zurück, gilt der "Gleichheitsgrundsatz" unter Freunden doch um so mehr. Der Haß der Menschenwelt drückt sich gegenüber den Jüngern wie auch gegen Jesus in *Verfolgung* aus (vgl. 7,7; 5,16), in feindlichen Akten also, die auf Vernichtung zielen. Freilich, wie Jesus nicht nur Ablehnung erfahren, sondern auch Aufnahme gefunden hat (vgl. 1,12f; 14,23), so wird die Botschaft seiner Jünger auch angenommen und *bewahrt* werden. Um dieses Erfolges, um der *Ernte* willen (vgl. 4,38) müssen sie noch "*in der Welt*" bleiben (17,11.18).

15,21-25: Jesus deckt den wahren Grund und die tiefste Dimension des Hasses der Gesellschaft gegen die Jünger/Leser auf: Sie werden "*um meines Namens willen*", als Anhänger Jesu verfolgt, geächtet und getötet. Würden sie sich von ihm lossagen, hätten sie nichts zu befürchten: "*Die Welt würde sie als ihr Eigenes lieben*" (15,19). Scheinbar liegt der Grund der Verfolgung bei den Jüngern/Lesern, ist ihr Jesusbekenntnis Ursache der Bedrängnis (vgl. 9,22). Doch in Wirklichkeit ist es Gotteshaß (15,23): Die Menschenwelt kennt den nicht, der Jesus gesandt hat (vgl. 8,19.27). Ihre Unkenntnis ist kein Entschuldigungsgrund, sondern folgt aus der Verweigerung: Sie *will* von Gott gar nichts wissen! Das ist durch Jesu im JohEv dargestelltes Wirken und seine Ablehnung erwiesen worden.

Der Vorwurf des Gotteshasses richtet sich gegen eine jüdische Umwelt. Sie hat schon Jesu Wirken abgelehnt und drangsaliert danach auch die Jünger/Leser um Jesu willen. Jesus rekapituliert somit in 15,22ff sein gesamtes Wirken und seine Auseinandersetzungen mit den gegnerischen *Juden*. Deren Ablehnung war *Verstockung* (vgl. 12,37ff), denn ihre Argumente waren von Jesus längst widerlegt (vgl. 10,37ff): Niemals hat ein Mensch so geredet wie Jesus (7,46), und noch nie wurden Werke getan, wie er sie vollbracht hat (9,32). Für ihre Verweigerung gibt es daher keine andere Erklärung als Haß. Aus den Worten und Werken Jesu hätten die gegnerischen *Juden* erkennen müssen, daß *in* Jesus der Vater sprach und wirkte, weil er und der Vater *eines* sind (vgl. 10,30.38). Deshalb ist ihr Haß gegen Jesus in Wahrheit gegen Gott gerichtet, *grundlos*, wie es schon warnend in "*ihrem Gesetz*" steht (Ps 35,19; 69,4). Dieser Gotteshaß wirkt sich weiterhin aus, wenn die Jünger/Leser seitens einer jüdischen Umwelt verfolgt und getötet werden.

(Der Text legt die Annahme nahe, daß der Autor und seine Leser wegen religiöser Auseinandersetzungen unter den Gewalttätigkeiten einer jüdischen Mehrheit zu leiden hatten. Dafür suchen sie nach Gründen und finden keine. Aber Vorsicht vor Verurteilung! Nur etwa 200 Jahre später werden sich die Verhältnisse umgekehrt haben und eine friedliche jüdische Minderheit wird durch eine staatlich protektionierte christliche Mehrheit bedrängt werden, Jahrhunderte lang mißachtet, verfolgt und am Ende fast ausgerottet sein. Deshalb dürfte sich das Urteil Jesu im JohEv längst gegen die "Christen" gewendet haben und jetzt ihnen den Vorwurf *grundlosen Gotteshasses* entgegenhalten.)

15,26-27: Jesus hat in 15,22-24 noch einmal sein Wirken auf Erden in Wort und Tat in den Blick genommen, unter dem Vorzeichen von 15,20: Den Jüngern/Lesern wird es in der Welt wie ihm ergehen. Darum ist zu erwarten, daß er jetzt vom Wirken der Jüngerschaft sprechen wird.

Das ist der Fall, jedoch erst in 15,27. Zuvor redet Jesus erneut vom kommenden *Anwalt*, dem "*Geist der Wahrheit*" (vgl. 14,16f.25). Diesmal sagt er, daß er selbst es sein wird, der ihn sendet. Der Geist ist *sein* Gesandter; somit ist es *Jesus*, der durch ihn handelt. Allerdings stammt der Geist *vom Vater* her; wie Jesus geht er "*vom Vater aus*" (vgl. 6,46; 7,29; 9,33; 16,27f). Wieder tritt die nahe Verwandtschaft des Geistes mit Jesus hervor. Bisher war von ihm gesagt worden: Er ist im Verhältnis zu Jesus der *andere Anwalt* (14,16), das neue *Geschenk* des Vaters an die Jüngerschaft (14,16; vgl. 3,16); "*im Namen*" Jesu lehrt er alle Worte Jesu und ruft sie in *Erinnerung* (14,26). Nun heißt es: Der Geist wird auch dadurch die Rolle Jesu übernehmen, daß er Zeugnis über ihn ablegt (vgl. 8,14.18; 10,25).

Worin das Zeugnis des Geistes bestehen wird, muß aus dem Kontext erschlossen werden: Sein Zeugnis wird die Worte und Werke Jesu in der Welt präsent setzen (15,22ff; vgl. 14,26). Bei diesem Geschehen werden der Vater und Jesus die Sendenden und Auftraggeber (14,26; 15,26), der

Geist aber der Gesandte und Wirkende sein. Weil er jedoch die *unsichtbare und unbekannte* Wirklichkeit Gottes in der Welt sein wird (14,17), bedarf er eines Mediums, um nach außen wirken zu können. Seine Organe und Werkzeuge werden die Jünger sein, die ihn empfangen (7,37ff) und in denen er *bleiben* wird (14,17). Der Geist wirkt nicht anders als durch die Jünger.

In diesem Sinne schließt 15,27 an: Die Jünger werden ebenfalls Zeugnis über Jesus ablegen, und das wird nicht ein anderes Zeugnis neben dem des Geistes sein, sondern in ihm tut jenes sich kund. Die Legitimation der Jünger für ihr Zeugnis über Jesus leitet sich daraus ab, daß "*ihr von Anfang an mit mir seid(!)*". Auffällig ist das Präsens. Wird das Zusammensein mit Jesus "*von Anfang an*" trotz seines Abschieds kein Ende finden, sondern weiterbestehen (vgl. 14,20.23)? Dann kann mit dem Zeugnis der Jünger nicht nur das geschichtliche Wirken der ersten Jünger nach Ostern gemeint sein, sondern Jesus verweist auf ein andauerndes, die Leser einbeziehendes Zeugnisgeschehen, in dem die *Anfänge* des Zeugnisses ständig präsent bleiben.

Daß in diesem der "*Geist der Wahrheit*" wirkt, hat schon 14,26 deutlich gemacht. Nicht persönliche Belehrtheit und eigenes Erinnerungsvermögen derjenigen, die "*von Anfang an*" bei Jesus waren, kommen darin zum Tragen - der Leser hat gerade erst gelesen, wie wenig die Jünger von Jesus begriffen haben (vgl. 14,4f.8f) -, sondern die Belehrung und Erinnerung durch den Geist. Auch den Jüngern, die "*von Anfang an*" bei Jesus waren, mußte der Geist die Worte Jesu lehrend in Erinnerung rufen. Sie sind gegenüber den Lesern nicht im Vorteil, denn diese vernehmen im schriftlichen Zeugnis des JohEv (vgl. 21,24) die vom Geist in Erinnerung gerufenen Worte und die in Geistbelehrung erzählten Taten Jesu. Somit partizipieren sie am Zusammensein mit Jesus "*von Anfang an*". Sie sind gleichfalls legitimiert und befähigt, von Jesus ständig Zeugnis abzulegen.

16,1-4a: Jesus lenkt wieder zum Ausgangspunkt zurück, dem traurigen Geschick der Jünger/Leser in der Welt, das die Folge ihres Eintretens und Zeugnisses für Jesus sein wird (15,21.27). Wie er den ersten Jüngern den Verrat angekündigt hat, damit sie nicht zweifeln, sondern an ihn glauben (13,19), so hat er den im zweiten Teil seiner "Abschiedsrede" angesprochenen Jüngern/Lesern "*dieses*" gesagt - nämlich 15,18-20 -, damit sie "*keinen Anstoß nehmen*", wenn Haß und Verfolgung um Jesu Namen willen sie tatsächlich treffen (vgl. 16,4a).

Jetzt wird Jesus noch deutlicher: Man wird die Seinen aus der Synagogengemeinschaft ausschließen (vgl. 9,22; 12,42). Im Blick ist nicht eine zeitlich begrenzte Strafaktion, sondern eine endgültige Ächtung mit allen wirtschaftlichen und gesellschaftlichen Folgen (vgl. 12,42f). Diese

Behandlung der Jünger/Leser wird von Jesus als Akt der Verfolgung verstanden. Sie werden gewaltsam aus einer Gemeinschaft vertrieben, zu der sie von Haus aus und zu Recht gehören. Die Entfernung aus der Synagoge wird nicht als eine längst fällige Entwicklung eingestuft, die sich aus innerer ideologisch-praktischer Entfremdung heraus konsequent vollzogen hat, sondern als etwas nicht Notwendiges und ein durch Haß hervorgerufenes Unrecht. Die Jünger/Leser werden zwangsweise ausgestoßen, exkommuniziert und ausgebürgert.

Die Gegner sind "eigene Leute" (vgl. 1,11), nicht Fremde: Juden schließen Juden aus der Synagoge aus, und Bürger ächten Mitbürger gesellschaftlich. Was Jesus ankündigt, wird nicht der Ausbruch von Haß und Verfolgung zwischen einander immer schon fremd und feindlich gegenüberstehenden Gruppen je eigener Art sein, sondern der zwischen Mitgliedern einer Gemeinschaft, ein "Bruderzwist", ein Krieg der Konfessionen, bei dem sich die Stärkeren durch Gewalt und Ächtung durchsetzen werden.

Die Jünger/Leser werden von Jesus als Juden angesprochen, die bis zu dem anvisierten Zeitpunkt in den Synagogen integriert waren und seitdem von einem gegnerisch eingestellten Judentum, das durch die Pharisäer bestimmt wird (vgl. 1,24; 4,1; 7,32.45-52; 9,13ff.40f; 11,46f.57; 12,19.42), geschieden sind und verfolgt werden. (Heutige Leser können an dieser und an einigen anderen Stellen des JohEv durch die Darstellung hindurch einen Blick auf die Zeit und Verhältnisse der ersten Leser werfen: vgl. 5,43; 6,60-71; 8,31-58; 10,12f; 12,42f).

Es wird sogar zur gewaltsamen Tötung von Jesusanhängern kommen; auch darin gleicht das Schicksal der späteren Jünger dem Jesu. Der Wortlaut läßt kaum an rechtsstaatliche Prozesse denken, sondern eher an Mordanschläge aus religiösem Fanatismus (vgl. 5,18; 8,58; 10,30). Die Tötungen geschehen offenbar im Namen Gottes, wohl um angebliche Blasphemien zu rächen und die Heiligkeit Gottes zu schützen (vgl. 10,33; Num 25,6ff). Daß bei den Gewaltakten gegen die Jünger das christologische Bekenntnis des JohEv in seiner Hochform (vgl. 10,30.38; 14,10) eine Rolle gespielt haben dürfte, erweist 16,3: Es ist verblendeter religiöser Eifer, der sich in ihnen austobt und weder Gott noch Jesus kennt (vgl. 15,21; 8,19. 42).

Ein weiteres Mal nach 16,1 macht Jesus klar, warum er diese Ankündigungen in der Situation seines Abschieds macht, obwohl die *Stunde* der Verfolgung erst später kommen wird: Dann sollen sich die Jünger/Leser seiner Worte erinnern (der Autor und sein Werk leisten die Erinnerung). Im Wissen um Jesu Vorherwissen werden sie die Situation leichter bestehen können (vgl. 14,29). Die Formulierung deutet an, daß Jesus auf einen von der aktuellen Sprechsituation weit entfernten Zeitpunkt blickt, den die Jünger um ihn als Gruppe nicht mehr erleben werden. Jesus hat die zweite Jüngergeneration, die ersten Leser, im Blick.

4.3 Der Weggang Jesu und das Wirken des Geistes: 16,4b-15

"Ich habe es euch nicht von Anfang an gesagt,
weil ich bei euch war.
5 *Nun aber gehe ich weg zu dem, der mich gesandt hat,*
und keiner von euch fragt mich: Wohin gehst du weg?
6 *Aber weil ich das zu euch gesagt habe,*
hat Schmerz euer Herz erfüllt.
7 *Aber ich sage euch die Wahrheit:*
Es ist gut für euch, daß ich weggehe.
Wenn ich nämlich nicht wegginge,
käme der Anwalt nicht zu euch.
Da ich aber gehe, werde ich ihn euch senden.
8 *Und wenn er dann kommt, wird er die Welt überführen,*
bezüglich der Sünde und der Gerechtigkeit und des Gerichts.
9 *Bezüglich der Sünde:*
denn sie glauben nicht an mich.
10 *Bezüglich der Gerechtigkeit:*
denn ich gehe weg zum Vater, und ihr seht mich nicht mehr.
11 *Bezüglich des Gerichts:*
denn der Beherrscher dieser Welt ist schon gerichtet.
12 *Noch vieles habe ich euch zu sagen,*
aber ihr könnt es jetzt nicht tragen.
13 *Sobald aber jener kommt, der Geist der Wahrheit,*
wird er euch in die ganze Wahrheit einführen.
Denn nicht aus sich wird er reden,
sondern was er hört, wird er reden,
und das Künftige wird er euch verkünden.
14 *Er wird mich verherrlichen,*
denn aus dem Meinigen wird er nehmen
und euch verkünden.
15 *Alles, was der Vater hat, ist mein.*
Deshalb sagte ich: Er wird aus dem Meinigen nehmen
und euch verkünden."

Der Abschnitt hat für den zweiten Teil der "Abschiedsrede" Jesu die gleiche Funktion wie 14,25-31 für den ersten Teil (vgl. S. 267): Er blickt auf das zuvor Gesagte als eine Rede des abschiednehmenden Jesus zurück und verweist darauf, daß seine Worte, wie sie im JohEv *gelesen* werden, durch den "*Geist der Wahrheit*" vermittelt wurden. Zusammen mit 14,25f und 16,25 enthält 16,4b-15 somit die Hermeneutik des JohEv.

Es lassen sich drei Gedankenkreise unterscheiden: (1) Ausgangspunkt ist 16,4b-7: Jesus hebt den Nutzen seines *Weggangs* für die Jüngerschaft hervor, denn durch diesen Weggang wird das Kommen des *Anwalts* möglich. (2) 16,8-11 beschreibt das künftige Wirken des Geistes als Rechtfertigung Jesu vor der *Welt* und als Gericht. (3) 16,12-15 sagt an, daß durch den "*Geist der Wahrheit*" Jesus selbst als Offenbarer der *Wahrheit* ständig bei den Jüngern/Lesern präsent bleiben wird.

16,4b-7: Jesus erläutert, warum er von Haß, Verfolgung, Ausschluß und Tötung, die den Jüngern drohen (15,18-16,4a), erst beim Abschied und nicht "*von Anfang an*" gesprochen hat. In der Tat hat er im ersten Teil der "Abschiedsrede" zahlreiche Themen aufgegriffen, die er schon während seines öffentlichen Wirkens, also "*von Anfang an*" verhandelt hatte (vgl. 13,33; 14,2.9ff). Das Jüngergeschick war nicht darunter. Grund dafür ist, daß Jesus bisher persönlich bei den Jüngern war und deswegen kein Anlaß bestand, sie auf kommende Bedrängnisse vorzubereiten. Sein Auftrag war, die Jünger, die der Vater ihm gegeben hat, zu *bewahren* (vgl. 6,37.39; 17,12). Diesen Auftrag hat er erfüllt (vgl. 18,8f), und zwar so, daß er Haß, Verfolgung und Ächtung auf sich zog (5,16.18; 10,11-15). Diese Begründung gilt allerdings nur für die ersten Jünger, die mit Jesus zusammenlebten. Die zuletzt angekündigten Leiden dagegen kommen auf eine spätere Jüngergeneration zu, die nach den ersten Jüngern lebt.

Daß in 15,18-16,4a von Jesus eine noch ferne Situation der Jünger in den Blick genommen wurde, macht die Fortsetzung ebenfalls deutlich. Jesus kommt erstmals seit 14,28 wieder auf seinen *Weggang* zu sprechen, doch muß jetzt ein anderer Aspekt des *Weggangs* gemeint sein als bisher. In 13,33.36; 14,4 war der Weggang Jesu unter dem Aspekt seines Todes betrachtet worden. Durch das Kommen und Erscheinen des Auferstandenen vor den Jüngern würde diese Art Weggang aufgehoben werden (vgl. 14,18-21). Im ersten Teil der "Abschiedsrede" stand insbesondere die Situation der Jünger nach Jesu Tod vor Augen. Jetzt wird wie in 14,28 vom Weggang des *Auferstandenen*, also von seiner himmlischen Verherrlichung beim Vater gesprochen (vgl. 13,32). Die Situation der Jüngerschaft nach Jesu Rückkehr zum Vater ist im Blick, jene Zeit, die *nach* der im JohEv dargestellten Zeit liegt und die Zeit der Leser ist. Nun fragt keiner der Jünger mehr: "*Wohin gehst du weg?*" (vgl. 13,36; 14,5) - auch nicht die Leser -, wissen doch alle, daß Jesus als der Auferstandene dorthin zurückgekehrt ist, woher er kam (vgl. 1,18; 20,17). Nicht mehr *Jesu* Weg ist noch *die* Frage der Jüngerschaft, sondern ihr *eigener* wird jetzt zum Problem.

Ihn hat Jesus in düsteren Farben gemalt und dadurch Trauer in den Herzen der Jünger/Leser ausgelöst. Mag für die ersten Jünger als aktuelle Hörer Jesu der Grund für die Trauer darin liegen, daß *später* alles einmal so kommen wird (16,4a), so sind die Leser voller Trauer über die inzwischen eingetretene Notsituation. Sie sind die eigentlich von Jesus Angeredeten, weil sie dem Haß der *Welt* ausgesetzt sind und sich alleingelassen fühlen.

Gilt für sie denn 14,18.23 nicht mehr? Sie haben zwar weder den irdischen noch den auferstandenen Jesus leiblich gesehen, und doch können sie seine bleibende Präsenz erfahren. Sie sind keineswegs im Nachteil gegenüber den ersten Jüngern, und diese haben ihnen durch ihr Zusammensein mit dem irdischen Jesus nichts Wesentliches voraus. Eher umgekehrt! Das macht der scheidende Jesus nun klar: Sein Weggang ist paradoxerweise produktiv und hat einen *Nutzen*, den die ersten Jünger noch nicht erfahren konnten, während Jesus bei ihnen war. Der "Mehr-Wert" ist der *Anwalt*, der "*Geist der Wahrheit*", den Jesus senden wird (vgl. 15,26). In ihm kommt, wie 14,15-24 ausgeführt hatte, Jesus selbst gemeinsam mit dem Vater in neuer Weise zur Jüngerschaft und bleibt bei ihr, nicht mehr unter den Bedingungen irdisch-leiblicher Anwesenheit in Raum und Zeit, sondern überall und immer. Damit er so im Geist bei den Jüngern bleiben kann, muß der *irdische* Jesus gehen.

Das "historische" Wirken Jesu ist dadurch nicht abgewertet, war er doch als Mensch die Erscheinung Gottes in der Welt, hat Gottes Wort gesprochen und seine Werke getan (14,9f). Aber alles "Historische" vergeht, es sei denn, es wird zu einem bleibenden, immer gültigen Geschehen. "Der historische Jesus muß scheiden, damit sein Sinn, der Offenbarer zu sein, rein erfaßt werde. Er ist nur der Offenbarer, wenn er es bleibt. Er bleibt es aber nur dadurch, daß er den Geist sendet; er kann den Geist nur senden, wenn er gegangen ist" (R. Bultmann). Beide nun folgenden Gedankenkreise erläutern und vertiefen das.

16,8-11: Das Wirken des Geistes wird expliziert, zunächst bezüglich der *Welt*. Ihr gegenüber tritt der Geist in einem prozessualen Verfahren als *Anwalt* auf, als öffentlicher Ankläger und Verteidiger, der das Recht seines Mandanten gegenüber der *Welt* zur Geltung bringt. Mandant ist Jesus (und seine Jünger), wie 16,9f deutlich machen, Prozeßgegner sind die Menschenwelt und der "*Herrscher dieser Welt*" (16,9.11). Der Prozeß ist vorgestellt nach dem Muster alttestamentlicher Rechtsstreitverfahren zwischen Gott und Israel, in dem durch Erweis der Unschuld einer Seite zugleich die Schuld der anderen aufgedeckt wird (vgl. Ps 50,6).

In einem solchem Prozeß wird der Geist wie ein Untersuchungsrichter der *Welt* gegenüber den Nachweis führen, daß die Sünde auf ihrer

Seite, die Gerechtigkeit aber auf Seiten Jesu sind; der Prozeß ist somit bereits entschieden. Wieder übernimmt der Geist Jesu Rolle und setzt dessen eigenes Wirken fort (vgl. 14,16; 15,26). Denn das im JohEv dargestellte öffentliche Wirken Jesu war als Scheidung in Glaubende und Nichtglaubende ebenfalls ein Prozeß und zugleich der Vollzug des Gerichts (vgl. 3,19f; 5,45; 7,7; 8,46; 12,31.47f; 15,22-24).

Der Geist stellt nicht fest, *was* Sünde ist, sondern *wo*: Sünde ist nicht auf Seiten Jesu (vgl. 8,46), sondern derer, die nicht an Jesus glauben. Im Unglauben manifestiert sie sich im Sinne von 3,19f; 8,21-24; 9,41; 15,22-24: Der Unglaube selbst ist Sünde, weil er an den bösen Taten festhalten will. Der Jesus entgegenstehende Unglaube ist mit dem *Weggang* Jesu nicht aus der *Welt* verschwunden, sondern setzt sich fort. Er begegnet im Haß der *Welt* gegen die Jünger "*um Jesu Namen willen*" (15,18.21). In ihrem düsteren Geschick wird somit die Sünde der *Welt* sichtbar, und die Jünger müssen ihre Ablehnung ertragen, damit die ungläubige Menschenwelt im Prozeß bloßgestellt wird.

Liegt die *Sünde* bei der *Welt*, bedeutet das gleichzeitig, daß die *Gerechtigkeit*, also die Unschuld auf Seiten Jesu ist. Sein Tod war nicht der verdiente Untergang eines gottlosen Bösewichts (vgl. 18,30; 19,7), sondern als Rückkehr zum Vater seine *Rechtfertigung*. Auf sie hat Jesus schon früher hingewiesen (8,50.54; vgl. 8,29): Die Rückkehr ist zugleich seine *Verherrlichung* (12,23ff; 13,31f) und darum notwendig. Gerade sein Tod erweist seine Unschuld. Deshalb müssen die Jünger/Leser es aushalten, daß sie ihn für eine "*kurze Zeit*" nicht mehr sehen und von ihm getrennt sind (16,16ff).

Natürlich wird nicht der Ankündigung von 14,19 widersprochen: Den Auferstandenen haben die ersten Jünger im Gegensatz zur *Welt* leiblich gesehen. Jetzt ist eine spätere Situation im Blick, in der der Auferstandene nicht mehr sichtbar bei den Jüngern ist. Um des Prozeßausganges und der Unschuldserklärung Jesu willen müssen die Jünger/ Leser den *Weggang* Jesu ertragen und gemeinsam mit dem Geist Jesu Rechtfertigung vor der *Welt* bezeugen (vgl. 15,27).

Der Ausgang des Prozesses steht nicht in Frage, denn das *Gericht* hat bereits stattgefunden, zumindest an dem "*Herrscher dieser Welt*" (vgl. 12,31; 14,30). Der Geist wird bei seiner Klageerhebung auf Jesu im Tod abgeschlossene Wirksamkeit zurückblicken, durch die Satan entmachtet wurde. Aus diesem Grund kann das Perfekt stehen: "*... er ist gerichtet worden*". Mit ihm sind auch alle "*schon gerichtet*" (vgl. 3,18; 12,48), die sich seiner Herrschaft unterstellen, indem sie den Glauben an Jesus verweigern. Und doch sagt Jesus hier nicht, daß die *Welt* bereits gerichtet ist. Noch besteht - durch das Zeugnis und Wirken der Jüngerschaft - die Chance, daß die *Welt* zum Glauben kommt (vgl. 17,21.23) und gerettet wird (3,16; 4,42; 6,51). Auch um dieses Zieles willen müssen die Jünger/ Leser in einer feindlichen Umwelt ausharren.

16,12-15: In 14,30 hatte Jesus den ersten Teil seiner "Abschiedsrede" mit der Feststellung abgeschlossen, er könne nicht mehr viel mit den Jüngern reden, weil mit dem "*Herrscher dieser Welt*" seine Passion naht. Jetzt sagt er ihnen, daß noch vieles zu besprechen wäre, aber die Jünger das zu Sagende gar nicht tragen könnten. Offensichtlich handelt es sich bei dem Verschwiegenen, das eigentlich zu sagen wäre, um zukünftige Dinge (16,13), ähnlich denen von 15,18-16,4a. Den ersten Jüngern sind sie nicht deswegen unfaßbar, weil ihnen der nötige Verstand fehlte, sondern weil diese Zukunftsdinge sie gar nicht betreffen. Sie brauchen sie nicht zu ertragen, somit müssen sie sie auch nicht begreifen. Es ist unnötig, daß Jesus ihnen ein unverständliches apokalyptisches Geheimwissen über die ganze Zukunft mitteilt, weil gesichert ist, daß er selbst der Jüngerschaft aller kommenden Zeiten den Sinn der Zukunft jeweils unmittelbar erschließen wird. Deswegen ist 16,12 auch kein Widerspruch zu 15,15: Jesus hat *alles* gesagt, aber dieses "*Alles*" muß jeder Jüngergeneration neu erschlossen werden.

In 14,26 sollte die begrenzte Zeit des irdischen Offenbarerwirkens dadurch aufgefangen und kompensiert werden, daß der *Heilige Geist* die Worte Jesu in ständiger Belehrung und Erinnerung präsent hält. Nun wird dem "*Geist der Wahrheit*" die Funktion zugeschrieben, ein *Wegführer* in die "*ganze Wahrheit*" zu sein, eben auch von den "*zukünftigen Dingen*" Kunde zu geben. Die "*ganze Wahrheit*" ist nicht ein System von Dogmen, sondern die in Wort und Belehrung erfaßbare Wirklichkeit Gottes (vgl. 4,24; 8,32; 17,17; 18,37f u.a.), und die "*zukünftigen Dinge*" muß Jesus nicht in einer Apokalypse offenbaren, sondern der Geist erschließt sie jeweils aktuell.

Wieder übernimmt der Geist die Rolle Jesu: Wie Jesus *Weg* und *Wahrheit* ist (14,6), so wird der Geist *Wegführer* in die *Wahrheit* sein. Wie Jesus spricht auch er nicht "*aus sich selbst*", sondern sagt, "*was er hört*" (vgl. 3,32; 7,17f; 8,26.28; 12,49; 14,10). Wie Jesus durch sein Offenbarerwirken den Vater verherrlicht hat (7,18), so verherrlicht der Geist dann Jesus; er schöpft aus dem Fundus der Offenbarung Jesu (16,14), sodaß sich eine Dynamik zeigt: Jesus offenbart, was er vom Vater gehört, und der Geist *erschließt*, was er von Jesus empfangen hat. In dieser scheinbar doppelten Bewegung kommt gleichwohl nur die eine zum Ziel: die Heilsinitiative des Vaters und seine Selbsterschließung im Wort der Wahrheit (16,15).

Es ist also nichts Neues, was der Geist über Jesus hinaus sagen wird, sondern der Geist entschlüsselt, was Jesus schon gesagt hat, nämlich das beim Vater gehörte Wort. Aber er wird es neu und auf die zukünftige Situation der Jünger hin auslegen. Das in der Jüngerschaft wirksame Wort ist ein wirkliches Offenbarungswort, mit dessen Hilfe die Jünger/Leser ihre notvolle Gegenwart verstehen und bewältigen können. Sie sind durch den *Weggang* Jesu (16,5) nicht vom Offenbarungsgeschehen abgeschnitten, sondern durch den "*Geist der Wahrheit*" darin integriert. Die Leser des JohEv begreifen, was die ersten Jünger noch nicht erfassen konnten.

4.4 Eschatologischer Ausblick: 16,16-27

[16]*"Eine kurze Zeit, und ihr seht mich nicht mehr,*
und wiederum eine kurze Zeit, und ihr werdet mich schauen."
[17]*Einige seiner Jünger sagten nun zueinander:*
"Was bedeutet das, was er uns sagt:
Eine kurze Zeit, und ihr seht mich nicht,
und wiederum eine kurze Zeit und ihr werdet mich schauen?
Und: Ich gehe weg zum Vater?"
[18]*Sie sagten nun:*
"Was bedeutet die kurze Zeit, von der er spricht?
Wir wissen nicht, was er meint."
[19]*Jesus erkannte nun, daß sie ihn fragen wollten, und sagte ihnen:*
"Darüber beratet ihr miteinander,
daß ich sagte: Eine kurze Zeit, und ihr seht mich nicht,
und wiederum eine kurze Zeit, und ihr werdet mich schauen?

[20]*Amen, Amen, ich sage euch:*
Ihr werdet weinen und wehklagen,
doch die Welt wird sich freuen.
Ihr werdet voller Schmerz sein,
doch euer Schmerz wird zu Freude werden.
[21]*Wenn eine Frau niederkommt, hat sie Schmerzen,*
weil ihre Stunde gekommen ist.
Wenn sie aber das Kind geboren hat,
denkt sie nicht mehr an die Wehen aus Freude darüber,
daß ein Mensch zur Welt gebracht wurde.
[22]*Auch ihr habt nun zwar Schmerz,*
aber ich werde euch wiedersehen,
und euer Herz wird sich freuen,
und eure Freude kann euch niemand nehmen.
[23]*Und an jenem Tag werdet ihr mich nichts mehr fragen.*
Amen, Amen, ich sage euch:
Was immer ihr vom Vater in meinem Namen erbitten werdet,
wird er euch geben.

> [24]*Bis jetzt habt ihr nichts in meinem Namen erbeten.*
> *Bittet, und ihr werdet empfangen,*
> *auf daß eure Freude vollkommen sei.*
> [25]*Das habe ich in Rätseln zu euch gesprochen.*
> *Es kommt die Stunde,*
> *da ich nicht mehr in Rätseln zu euch spreche,*
> *sondern euch offen vom Vater verkünde.*
> [26]*An jenem Tag werdet ihr in meinem Namen bitten,*
> *und ich sage euch nicht,*
> *daß ich den Vater für euch bitten werde,*
> [27]*sondern der Vater selbst liebt euch,*
> *weil ihr mich geliebt habt*
> *und geglaubt habt, daß ich von Gott ausgegangen bin."*

Äußere Signale für eine Gliederung des Abschnitts sind die beiden Amen-Formeln 16,20.23 und das doppelte "*an jenem Tag*" 16,23.26. Hinzu kommt die auf das gesamte irdische Offenbarerwirken Jesu zurückblickende Bemerkung 16,25 (vgl. 14,25; 16,1.4.6). Den äußeren Akzenten entspricht die Gedankenführung: Nach ziemlich umständlicher Eröffnung (16,16-19) erläutert Jesus zuerst seine rätselhafte Ankündigung von 16,16 (16,20-23a); es schließt sich die Aufforderung an, um ihr Eintreffen zu bitten (16,23b-24); am Ende deutet Jesus an, daß "*an jenem Tag*" seine Mittlerfunktion beim Vater beendet ist und die Jünger zu einem neuen, *offenen* Gottesverhältnis gelangen werden (16,25-27).

16,16-19: Zum dritten Mal spricht Jesus innerhalb der "Abschiedsrede" von einer "*kurzen Zeit*" im Blick auf das Zusammensein mit den Jüngern, jetzt sogar in zweifacher Weise: Die Jünger werden ihn binnen kurzem "*nicht mehr sehen*", und sie werden ihn - wiederum in Kürze - *schauen*. Der erste Satz scheint 13,33 aufzugreifen, wo Jesus das baldige Ende des persönlichen Zusammenseins mit den Jüngern angesagt hatte; auf diese Weise hatte er seinen Tod verdeckt als ein *Weggehen* bezeichnet. Wenn es so wäre, müßte sich allerdings der zweite Satz auf jenes Wiedersehen beziehen, auf das Jesus in 14,19 hingewiesen hat, und die "*kurze Zeit*" wäre wie dort die Zeit zwischen Tod und Auferstehung Jesu.

Dagegen spricht jedoch bereits das Vokabular: In 14,19 wurde den Jüngern im Gegensatz zur *Welt* ein (leibliches) *Sehen* des Auferstandenen angekündigt (vgl. 20,19-29). In 16,16 ist von einem baldigen *Schauen* Jesu die Rede, während das leibliche *Sehen* in Kürze zu Ende sein wird. Des weiteren kann Jesu Ankündigung nach allem, was er inzwischen gesagt hat, schwerlich als einfache Wiederholung von 14,19 verstanden werden. Insbesondere die in 16,17f dargestellte Reaktion der Jünger wäre in diesem Fall unverständlich. Ihnen geht es jetzt in erster Linie um den Ausdruck "*kurze Zeit*", den sie nicht begreifen können, wie 16,18 nachdrücklich betont, nicht aber wie vorher um das Geheimnis von Sichtbarkeit und Unsichtbarkeit des Auferstandenen (vgl. 14,22). Weiterhin fällt auf, daß die Jünger in ihre unausgesprochene Rückfrage nicht nur Jesu Wort 16,16, sondern ebenso seine frühere Ankündigung einbeziehen (vgl. 16,5). Diese bringen sie mit der jetzigen Ansage in Verbindung. Das "*Weggehen zum Vater*", von dem 16,5 sprach, ist die Rückkehr des Auferstandenen zu Gott (vgl. 16,28; 17,5; 20,17). Unter diesem Aspekt hat Jesus in 16,16 davon gesprochen, daß ihn die Jünger "*in Kürze nicht mehr sehen werden*", weil er als Erhöhter zum Vater hinaufsteigt (vgl. 3,13; 6,62). Dann muß sich der zweite Teil seiner Ankündigung allerdings auf jenes endgültige und erneute *Schauen* Jesu am Ende aller Zeit beziehen. Sie gilt gar nicht den ersten Jüngern - ihnen hatte Jesus in 14,2f ein endgültiges Wiedertreffen mit ihm zugesagt -, sondern einer späteren Jüngergeneration (einschließlich der Leser), die ja generell im zweiten Teil der "Abschiedsrede" von Jesus angesprochen wird.

Die Szene wird somit erst aus nachösterlicher Perspektive verständlich. Die Jünger/Leser sind darüber ratlos, wie Jesus im zweiten Satz seiner Ankündigung ebenso von einer "*kurzen Zeit*" sprechen kann wie im ersten. Dort war der Ausdruck zutreffend, weil die Zeit zwischen der dargestellten Abschiedssituation und dem Abschluß der Erscheinungen des Auferstandenen in der Tat kurz war. Wie aber kann Jesus behaupten, die Zeit seiner Abwesenheit nach Ostern, bis ihn die Jünger/Leser schauen werden, sei ebenfalls kurz? Insbesondere aus der Sicht der Leser stellt sich diese Frage eindringlich: Ist nicht seit dem Abschied Jesu von den ersten Jüngern "eine lange Zeit" vergangen? Es sind daher eigentlich die Leser, die Jesus gern fragen würden, was es mit der "*kurzen Zeit*" bis zur endzeitlichen Schau Jesu auf sich hat. Ihnen wird nun Antwort zuteil, und zwar im Sinne von 16,13: Der Geist kündet ihnen die künftigen Dinge an.

16,20-23a: Jesus verweist auf die Drangsal, die er den Jüngern/Lesern schon angekündigt hat (15,18-16,4a.6). Der neue Tenor ist, daß die Zeit der Tränen in Kürze Vergangenheit sein wird; wie die Freude über ein Neugeborenes die gebärende Frau alle Wehen und Schmerzen vergessen läßt, so wird die Trauer der Jünger angesichts der künftigen Freude verblassen. Es ist, als würden die Jünger/Leser durch ihr trauriges Geschick wie unter Wehen Jesus neu erscheinen lassen. Wenn er sie dann *wiedersieht*, wird sich ihr Klagen in freudigen Jubel umkehren, in eine ewige Freude. Jesus hat seiner Verheißung eine neue Wendung gegeben. Waren es nach 16,16 die Jünger/Leser, die ihn bald schauen werden, so sagt er nun: "*Ich werde euch wiedersehen*". Er sehnt den Augenblick des Wiedersehens mit den Jüngern ebenso herbei wie sie (vgl. 14,3).

Daß "*an jenem Tag*" die Endzeit hereingebrochen sein wird, erweist sich gleichfalls dadurch, daß die Jünger Jesus dann "*nichts mehr fragen*" werden (vgl. 16,5.19). Sie brauchen keine Frage mehr an ihn zu richten, denn die "*ganze Wahrheit*" wird offen vor ihnen liegen. Auch die vermittelnde Tätigkeit des Geistes wird "*an jenem Tag*" ihr Ende haben. Deshalb wird der Geist gar nicht mehr erwähnt.

16,23b-24: Noch einmal macht Jesus den Jüngern nachdrücklich die Zusage, daß der Vater ihnen gewähren wird, worum sie ihn in seinem Namen bitten werden (vgl. 14,13f; 15,16). Bisher haben sie - gemeint sind die ersten Jünger - auf solche Weise nicht gebeten, wohl weil Jesus noch bei ihnen war (vgl. 14,25; 16,4b). Die Situation hat sich aus der Perspektive der Leser geändert, und Jesu Aufforderung zum Bittgebet in seinem Namen richtet sich jetzt an sie. Worum dürfen sie bitten? Der abschließende Finalsatz, der 16,22 (vgl. 15,11) aufgreift, verrät es: Die Bitte soll das endzeitliche Wiedersehen mit Jesus und das Ende der Trauer in der Welt zum Inhalt haben. Der Vater wird diese Bitte erfüllen: in Kürze!

16,25-27: Erneut spricht Jesus davon, was sich "*an jenem Tag*" in der eschatologischen *Stunde* für die Jünger ändern wird. Wie sie ihn nach nichts mehr fragen müssen (16,23a), so auch nicht nach dem Vater (vgl. 14,5.8). Im Unterschied zu allem irdischen Sprechen über den Vater wird Jesus dann nämlich von ihm in Offenheit zu den Jüngern reden. Seine bisherige Sprache, mit der er den Vater offenbar gemacht hat, war mißverstehbare *Rätselsprache* (vgl. 16,6), die nur dem "Eingeweihten", dem Glaubenden ihr Geheimnis preisgab. Auf Erden sind Jesus und seine Worte der einzige *Weg* zum Vater (14,6), die alleinige *Methode* seiner Erkenntnis (14,9f).

Jesus kennzeichnet an dieser Stelle sein gesamtes Offenbarungsreden im JohEv als verschlüsselte Rede, die ihren Gegenstand ebenso verbirgt wie kundmacht. Anders kann er vom Vater gar nicht sprechen, weil der Vater als jenseitiger Gott nicht anders erkannt werden kann. Der irdische Jesus und seine Worte vermitteln ihn. Erst "*an jenem Tag*", in der eschatologischen *Stunde* wandelt sich die Situation. Doch nicht der Inhalt der Rede Jesu, nicht ihr Gegenstand ändern sich dann, sondern seine Sprache und die Verstehensmöglichkeiten der Jünger. Jesus wird sie *offen* auf den Vater hinweisen und tritt nicht mehr für ihre Bitten beim Vater ein (vgl. 15,11; 16,23). Vielmehr werden sie selbst Zugang zum Vater haben, und der Vater wendet sich ihnen in Liebe unmittelbar zu.

Jesus beschreibt die himmlische Vollendung (vgl. 14,3) als Anschauung Gottes und freien Zugang zu ihm. Freilich bleibt die Vollendung an Jesus gebunden: Die Jünger/Leser werden sie gewinnen, weil sie Jesus *geliebt* (vgl. 14,15.24) und "*geglaubt haben*", daß er "*von Gott ausgegangen ist*". Der Kreis der Liebe wird dann geschlossen sein (vgl. 14,21): In Jesus ist den Jüngern die Liebe des Vaters entgegengekommen, und sie haben sie beantwortet, indem sie Jesus geliebt und sein Wort bewahrt haben (14,15; 15,10), und deshalb wird ihnen der Vater "*an jenem Tag*" mit endgültiger Liebe begegnen.

4.5 Endgültiger Abschluß: 16,28-33

28"Vom Vater bin ich ausgegangen und in die Welt gekommen.
Ich verlasse die Welt wieder und gehe zum Vater zurück."
29Die Jünger sagen:
"Ja, nun sprichst du offen und nicht in irgendeinem Rätsel.
30Jetzt wissen wir, daß du alles weißt
und nicht nötig hast, daß einer dich fragt.
Daran glauben wir: Du bist von Gott ausgegangen."
31Jesus antwortete ihnen:
"Jetzt glaubt ihr?
32Siehe, es kommt die Stunde und sie ist da,
daß ihr zerstreut werdet, jeder zu sich nach Hause,
und mich allein laßt.
Aber ich bin nicht allein, weil der Vater mit mir ist.
33Das habe ich euch gesagt, damit ihr in mir Frieden habt.
In der Welt habt ihr Drangsal;
aber habt Mut, ich habe die Welt schon besiegt."

Jesus faßt mit dem Satz 16,28, der seine gesamte Existenz und sein ganzes Wirken bündig umschreibt, die Abschiedsszene zusammen. Im gleichen Wissen hatte er sie 13,3 eröffnet. Ist das bereits die in 16,25 verheißene offene Rede Jesu, wie die Jünger meinen? Jesus hatte sie dort an die endzeitliche *Stunde* gebunden, die so schnell noch nicht gekommen ist. Zudem unterscheidet sich Jesu Redeweise hier durchaus nicht von seiner früheren (vgl. 8,42), die er Rätselsprache genannt hat. Will der Autor in 16,29 ein Mißverständnis der Jünger darstellen, oder soll zum Ausdruck kommen, daß der Glaubende Jesu Rätselsprache zu entschlüsseln vermag, sie für ihn mithin zur offenen Sprache wird? Das letztere ist wahrscheinlich. Die Jünger bringen jetzt ihr Vertrauen in Jesus zum Ausdruck, indem sie anerkennen, daß in Jesu Offenbarungswort tatsächlich alle ihre (möglichen) Fragen schon beantwortet sind. Sein abgeschlossenes Offenbarerwirken genügt ihnen, und im Vertrauen darauf kann jede Frage stumm bleiben (vgl. 16,18f). Das gilt auch für die Leser, die Jesu Wort im JohEv haben und in dieser Schrift alle Antworten auf ihre Fragen finden.

Dennoch mag ein Rest von Unverständnis in 16,30 mitschwingen: Die Jünger wiederholen glaubend nur die erste Hälfte des Satzes, mit dem Jesus seine Existenz umschrieben hat. Sein *Weggang* zum Vater bleibt ihnen noch immer dunkel. Die Leser dagegen können diesen Teil des Wortes Jesu, vor dem die Jünger kapitulieren, glaubend nachvollziehen.

Jesus spricht es deutlich aus: Noch ist der Jüngerglaube nicht vollendet! Für alle gilt, was er vorher dem Petrus sagen mußte (vgl. 13,36ff): Bevor Jesus nicht sein Werk im Sterben zu Ende gebracht hat, können die Jünger nicht wirklich nachfolgen und glauben. Zunächst müssen die Verheißungen eintreffen, die Jesus ihnen in der "Abschiedsrede" gegeben hat. Davor werden sich jedoch alle in der jetzt "*gekommenen Stunde*" der Passion (vgl. 13,31) "*nach Hause zurückziehen*" und ihn "*allein lassen*". Doch Jesus wird nicht allein sein: Der Vater verläßt ihn nicht (vgl. 8,29)!

Jesus macht den Jüngern keinen Vorwurf. Er selbst wird dafür sorgen, daß sie bei seiner Gefangennahme unbehelligt weggehen können (18,8). Sie brauchen sich über ihre Schwäche nicht zu grämen. In seinem Wort, das ihnen ihr Verhalten erschließt, sollen sie Trost und *Frieden* finden (vgl. 14,27).

Waren in 16,31-33a die bei Jesus versammelten Jünger angesprochen, so gilt das letzte Wort wieder den Jüngern/Lesern (16,33b). Noch einmal kündigt Jesus ihnen an, daß sie "*in der Welt Drangsal*" zu erleiden haben (vgl. 15,18-16,4a.20). Aber die *Welt* ist von Jesus schon *besiegt*! Die Leser blicken auf seinen Sieg zurück (16,8-11) und erwarten in Kürze seine endgültige Manifestation (16,16-23a).

5. Das Gebet Jesu: 17,1-26

17[1]Dies sprach Jesus. Und er hob seine Augen zum Himmel und sagte:
"Vater, die Stunde ist gekommen! Verherrliche deinen Sohn,
damit der Sohn dich verherrlicht,
[2]so wie du ihm Vollmacht gegeben hast über alle Menschen,
damit er all denen, die du ihm gegeben hast,
ewiges Leben schenkt.
[3]Dies aber ist das ewige Leben,
daß sie dich, den einzigen, wahren Gott, erkennen
und deinen Gesandten Jesus Christus.
[4]Ich habe dich auf Erden verherrlicht,
indem ich das Werk vollendete,
das du mir zu tun aufgegeben hast.
[5]Und nun, Vater,
verherrliche du mich bei dir mit der Herrlichkeit,

die ich bei dir hatte, bevor die Welt war.

6 *Ich habe deinen Namen den Menschen offenbart,*
die du mir aus der Welt gegeben hast.
Dein waren sie, und mir hast du sie gegeben,
und dein Wort haben sie bewahrt.
7 *Jetzt haben sie erkannt, daß alles,*
was du mir gegeben hast, von dir ist.
8 *Denn die Worte, die du mir gegeben hast,*
habe ich ihnen gegeben.
Sie haben sie angenommen und haben wirklich erkannt,
daß ich von dir ausgegangen bin,
und sie glauben, daß du mich gesandt hast.

9 *Für sie bitte ich.*
Nicht für die Welt bitte ich, sondern für sie,
die du mir gegeben hast, denn sie sind dein.
10 *Alles Meine ist dein und das Deine mein,*
und in ihnen bin ich verherrlicht.
11 *Ich bin nicht mehr in der Welt,*
doch sie sind in der Welt,
ich aber komme zu dir.
Heiliger Vater, bewahre sie in deinem Namen,
den du mir gegeben hast, damit sie eins sind wie wir.
12 *Während ich bei ihnen war,*
habe ich sie in deinem Namen bewahrt,
den du mir gegeben hast, und ich habe sie behütet,
und keiner von ihnen ging ins Verderben
außer dem 'Sohn des Verderbens',
denn die Schrift sollte erfüllt werden.
13 *Jetzt komme ich zu dir,*
dies aber rede ich in der Welt,
damit sie meine Freude vollkommen in sich haben.

14 *Ich habe ihnen dein Wort übergeben,*
aber die Welt haßt sie, denn sie sind nicht aus der Welt,
wie auch ich nicht aus der Welt bin.
15 *Ich bitte nicht, daß du sie aus der Welt herausnimmst,*
sondern daß du sie vor dem Bösen bewahrst.
16 *Sie sind nicht aus der Welt,*
wie auch ich nicht aus der Welt bin.

17Heilige sie in der Wahrheit! Dein Wort ist Wahrheit!
18Wie du mich in die Welt gesandt hast,
so habe auch ich sie in die Welt gesandt.
19Und für sie heilige ich mich,
damit auch sie geheiligt werden in der Wahrheit.

20Nicht nur für sie bitte ich,
sondern auch für die, die durch ihr Wort an mich glauben,
21damit alle eins sind, damit auch sie in uns sind,
wie du, Vater, in mir und ich in dir,
auf daß die Welt glaubt, daß du mich gesandt hast.
22Und die Herrlichkeit, die du mir gegeben hast,
habe ich ihnen gegeben, damit sie eins sind wie wir,
23ich in ihnen und du in mir,
damit sie vollkommen eins sind.
So soll die Welt erkennen, daß du mich gesandt hast,
und daß du sie so geliebt hast, wie du mich geliebt hast.

24Vater, ich will, daß jene, die du mir gegeben hast,
dort bei mir sind, wo ich bin,
damit sie meine Herrlichkeit schauen,
die du mir gegeben hast,
weil du mich geliebt hast vor Gründung der Welt.

25Gerechter Vater, die Welt hat dich nicht erkannt,
ich aber habe dich erkannt, und diese haben erkannt,
daß du mich gesandt hast.
26Ich habe ihnen deinen Namen kundgetan
und tue weiter kund, damit die Liebe,
mit der du mich geliebt hast, in ihnen sei
und ich so in ihnen."

Betend wendet sich Jesus an seinen Vater (vgl. 11,41f). Inhalt des Gebetes, in dem er Themen der "Abschiedsrede" aufnimmt, ist eine mehrfach gegliederte Fürbitte für die *Seinen* (zur Gliederung vgl. S. 268f).

17,1-5: Jesus weiß um die entscheidende *Stunde* (vgl. 2,4; 12,23); mit dem Hinweis auf dieses Wissen hatte der Autor das gesamte Bild eingeleitet (13,1), und jetzt, am Schluß, tut Jesus es betend kund: Die *Stunde* seines verlassenen Sterbens ist gekommen (16,32), die zugleich die der *Verherrlichung* Jesu und des Vaters ist (vgl. 11,4; 12,28). Jesus nimmt mit der Gebetseinleitung den Anfang der "Abschiedsrede" wieder auf (13,31f).

Seine nun vorgetragene Bitte: "*Verherrliche deinen Sohn, damit der Sohn dich verherrlicht*" zielt auf den Abschluß eines umfassenden dynamischen Geschehens, nicht nur auf einen bestimmten Akt darin. Im zurückliegenden Wirken hatte Jesus schon seine *Herrlichkeit* gezeigt (1,14; 2,11; 17,22) und war doch stets auf dem Weg zur *Verherrlichung* durch den Vater (7,39; 8,54; 11,4; 12,16), die erst mit seiner Rückkehr zu Gott vollendet ist (17,5.24). Ebenso hatte Jesu ganzes Wirken stets die *Verherrlichung* Gottes zum Ziel (17,4; vgl. 7,18; 11,4.40; 14,13). Gottes und Jesu *Herrlichkeit* sind ja ineinander verschränkt (11,4; 13,31f); insofern betet Jesus in 17,1 um nichts anderes als in 12,28.

Die *Verherrlichung* Gottes geschah in dem Wirken, das Jesus "*auf Erden*" in Erfüllung seines Auftrags *vollendet* hat (17,4; vgl. 4,34; 5,36). Mit dem Wort "*vollendet*" ist sein Tod in den Blick genommen (vgl. 19,30). Er spricht hier wie öfter im JohEv proleptisch (vgl. 13,31f). Von jeher weiß er um seinen Auftrag (vgl. 10,18), und es gibt keinen Zweifel, daß er ihn *vollenden* wird. Die Leser blicken ohnehin darauf zurück. Weil es nicht sein kann, daß sie mehr wissen als Jesus, deshalb muß Jesus proleptisch reden.

In anderer Weise als 17,4 und dennoch parallel dazu sagt Jesus in 17,2, wie die *Verherrlichung* des Vaters zum Ziel kommt: indem der Sohn "*jedem, den du ihm gegeben hast, ewiges Leben gibt*" (vgl. 10,28). Das "*ewige Leben*" ist letztlich die Wirkung der Lebenshingabe Jesu (vgl. 3,14f; 6,40. 51.54). Weil er aus eigener *Vollmacht* sein Leben hingibt (10,18), übt er *Vollmacht* über "*alle Menschen*" aus: Er eröffnet die Chance zu ewigem Leben für alle, die der Vater "*ihm gegeben hat*" (vgl. 6,37-40; 10,29). Das sind die, die an ihn glauben (6,47) und dadurch die *Vollmacht* erhalten haben, "*Kinder Gottes*" zu werden (1,12f).

Der kunstvolle Aufbau der Gebetseinleitung tritt deutlich hervor: Der Bitte Jesu um Verherrlichung, damit Gott verherrlicht wird (17,1f), entspricht in umgekehrter Reihenfolge der Rückverweis auf sein Wirken "*auf Erden*", mit dem er Gott verherrlicht hat (17,4). Daraus wird eine erneute Bitte um Verherrlichung abgeleitet (17,5). Sie hat jetzt eindeutig den Endpunkt des dynamischen Verherrlichungsgeschehens im Blick, Jesu Wiedereinsetzung in seinen präexistenten Status beim Vater (vgl. 1,1f; 17,24). Wie Jesus sein Wesen und Wirken den Jüngern gegenüber in dem Satz 16,28 zusammengefaßt hat, tut er es jetzt ebenso in seiner Bitte an den Vater. Wieder schauen die Leser auf ihre Erfüllung zurück (vgl. 1,18).

Beachtet man den ringförmigen Aufbau von 17,1f.4f, dann steht der Definitionssatz 17,3 im Zentrum. Um ihn dreht sich das Ganze. Dadurch erweist sich, daß es wie im ganzen Fürbittgebet so auch in seiner Einleitung um Soteriologie geht. Jesus erbittet nichts für sich allein, und der Vater erhält nichts für sich. Der Vorgang der gegenseitigen Verherrlichung ist kein nur innergöttliches "Geben und Nehmen", sondern will "*alle Menschen*" einbeziehen (17,22; vgl. 14,13; 15,8). Die *Seinen*, die der Vater ihm gegeben hat, sollen die Herrlichkeit Jesu beim Vater sehen (17,5.24), sie sollen "*dich, den einzigen, wahren Gott und deinen Gesandten Jesus Christus erkennen*" (17,3). Das ist das ewige Leben!

Erstaunlich ist, daß diese Definition ewigen Lebens sich nicht an dem orientiert, was Menschen bisher als Leben erfahren haben. Ewiges Leben ist nicht einfach das Leben der Menschen, insofern es nach dem Tod auflebt und ewig andauert. Auferstehen kann man auch zum Gericht (5,29)! Ewiges Leben wird vielmehr ausgewiesen als *Erkennen* Gottes und Jesu Christi. Dies ist ein einziger Erkenntnisvorgang: Wo Gott als Vater in Anspruch genommen wird, da muß Jesus als sein Gesandter anerkannt werden (vgl. 5,37f; 8,42), und wer Jesus gesehen hat, hat in ihm Gott erkannt (vgl. 8,19.27; 10,38; 14,7). Wenn darin das "*ewige Leben*" besteht, wird verständlich, warum Jesus es als präsentes Gut ansprechen kann, das der Glaubende bereits hat (vgl. 3,15.16.36; 5,24; 6,47 u.ö.). "*Ewiges Leben*" ist nicht per definitionem Leben nach dem Tode, und nicht erst die leibliche Auferweckung begründet es. Sie überwindet die Sterblichkeit des Menschen und ermöglicht die Fortdauer "*ewigen Lebens*", das schon im irdischen Leben erfahren werden kann (vgl. 11,24-26).

Noch etwas an 17,3 ist erstaunlich: der klare Monotheismus, der hier im Munde Jesu zum Ausdruck kommt. Er paßt zu 16,25ff und läßt sämtliche christologischen Hochaussagen im JohEv (vgl. 10,31.38; 14,7-10; 20,29) als Funktionen der Theo-Logie erscheinen. Sie müssen von 17,3 her interpretiert und mit dieser Aussage dialektisch in Einklang gebracht werden.

17,6-8: Vor den Fürbitten blickt Jesus noch einmal auf sein Wirken zurück (vgl. 17,4) und auf die Wirkung, die es hatte. Auf diese Weise stellt er diejenigen vor, für die er sich beim Vater einsetzt. Obwohl Gottes Liebe der ganzen Welt gilt (3,16) und Jesus Vollmacht über *alle* Menschen erhalten hat (17,2) und "*für das Leben der (ganzen) Welt*" sterben wird (6,51), sind es doch nicht *alle*, für die er eintritt. Nur ein Teil der Menschenwelt hat ihn angenommen (vgl. 1,11ff), die *Welt* als Ganzes hat ihn dagegen "*nicht erkannt*" (1,10; 17,25).

Wie in 17,2 (vgl. 6,37.39) sagt Jesus von den Menschen, für die er bittet, daß der Vater sie ihm "*aus der Welt gegeben*" hat; sie gehörten dem Vater. Gilt nicht von allen Menschen, daß sie Gottes Eigentum sind (vgl. 1,10f)? Warum hat der Vater nicht *alle* an Jesus übergeben? Hat er willkürlich wenige ausgewählt und zum Heil bestimmt? Daran kann an dieser Stelle so wenig wie im übrigen JohEv gedacht sein: Ziel der Liebe und Heilssorge Gottes ist die ganze Menschenwelt (3,16; 17,2; 17,18.21.23). Jedoch, um wirken zu können, muß Liebe angenommen werden! Die Menschen aber haben sich in ihrer Mehrheit Gott verweigert (vgl. 1,5.10f).

Die der Vater Jesus gegeben hat, sind somit jene, die sich nicht dem Anspruch Gottes entzogen, sondern "*sein Wort bewahrt haben*". Gemeint ist nicht nur das in Jesu Wort ergangene Wort Gottes (vgl. 14,24) - davon spricht erst 17,8.14 -, sondern ebenso das Gotteszeugnis, wie es bereits vor dem irdischen Wirken Jesu aus den "Heiligen Schriften" zu hören war (vgl. 5,38; 8,55; 10,35; 15,25). Das haben die Menschen bewahrt, die der Vater Jesus übergeben hat, als "*wahre Israeliten*" (1,31.47) und die *Seinen* (1,12; 10,1-5.26-29). Gottes erwählende Übergabe und die Entscheidung des Menschen zur Treue sind ein einziger Akt.

Ihnen hat Jesus Gottes *Namen* offenbar gemacht. Mit seinem Namen tritt der unbekannte Gott (vgl. 1,18; 4,22; 5,37; 8,19) aus der Verborgenheit (Ex 3,13ff; Jes 52,6; Ez 39,7) hervor; er erschließt sich und wird zugänglich. Wie hat Jesus Gottes Namen kundgemacht? Hat er nicht stets über sich selbst gesprochen und die Namen Gottes auf sich bezogen (vgl. 6,20; 8,28.58)? Erneut zeigt sich, daß alle christologische Rede Jesu ein Sprechen von Gott war. In Jesus hat sich Gott irdisch gezeigt (1,14; 8,19; 10,30.38; 14,7-10) und als der "*einzige, wahre Gott erkennen*" lassen (17,3).

Die Menschen, die der Vater Jesus gegeben hat, haben *erkannt*, daß Jesus alles "*von Gott*" erhalten hat. Nichts hatte er allein aus sich. Wird er nach rein menschlichen Kategorien erfaßt und beurteilt, wie es die gegnerischen *Juden* taten (vgl. 6,42; 8,15), kann er gar nicht erkannt werden. Alles an ihm weist auf Gott als seinen Ursprung hin (vgl. 3,34f; 5,19ff): seine Werke und Reden. Die *Seinen* haben es angenommen (1,11f) und sind so zu der Erkenntnis gekommen, daß er von Gott ausgegangen ist (vgl. 16,28.30). Sie haben den Glauben gefaßt, daß der Vater ihn gesandt hat (vgl. 6,69). Jesus zeichnet eine Erkenntnisbewegung nach, deren Ausgangspunkt sein Wirken war (17,7.8a). Wer erkannt hat, daß alles, was Jesus getan und geredet hat, aus Gott ist (vgl. 9,30-33), und dies annimmt und festhält, kann zu einem "wissenden" Glauben über Jesu wahre Herkunft gelangen, der sich in Glaubenssätzen ausformuliert (16,28.30; 17,8).

17,9-13: Jesus spricht seine erste Bitte aus. Nach dem zuvor Gesagten ist zu erwarten, daß er "*für die Welt*" nicht fürbittend eintreten kann. Worum sollte er für sie bitten? Auf Gottes Seite ist alles getan, damit die Menschenwelt gerettet werden kann; nichts ist mehr zu erbitten. Nun ist es an ihr, die Verweigerung gegenüber dem Wirken Gottes in Jesus aufzugeben und vielleicht doch noch zum Glauben zu kommen. Um einen solchen Schritt, den die Menschen selbst tun müssen, kann Jesus nicht Gott bitten! Oder wird die Welt etwa von Gott gehindert, diesen Schritt zu tun? Jesus müßte also die Welt beschwören. Aber sein Wirken in der Welt ist abgeschlossen, er ist quasi bereits "*nicht mehr in der Welt*", sondern geht zum

Vater. Sein Weggang eröffnet jedoch eine neue Chance zum Heil auch für die Welt (vgl. 17,18.21.23). Dazu müssen die Jünger "*in der Welt*" bleiben.

Deshalb betet Jesus jetzt für die *Seinen*, die der Vater ihm gegeben hat und die als Jünger Jesu Gott gehören (vgl. 16,15). In ihnen ist Jesus schon verherrlicht, weil sie das ewige Leben haben (vgl. 17,2f). Die Bitte zielt auf die *Bewahrung* der Jünger als einer Einheit "*in deinem Namen, den du mir gegeben hast*". Wenn der Name die Wirklichkeit Gottes ist und Jesus diese Wirklichkeit abbildet, dann geht Jesu Bitte auf nichts anderes als die Mahnung von 15,4-10. Durch ihren Glauben sind die Jünger ja der *Welt* entnommen und gehören als Kinder Gottes zu seiner Sphäre (vgl. 1,12f). In ihr soll der Vater sie bewahren.

Warum muß Jesus den Vater darum bitten? Weshalb sagt er nicht zu, er selbst werde als Erhöhter für die Bewahrung der Jünger aufkommen? Während er als der Irdische bei ihnen (vgl. 14,25; 16,4) war, hat doch er sie "*bewahrt und beschützt*", wie es sein Auftrag war (vgl. 6,37.39). Der innere Grund für die derart ausgesprochene Bitte ist, daß der Vater größer ist als Jesus (14,18). Nach seiner Rückkehr tritt Jesus hinter ihn zurück (vgl. 1,18). Dann wirkt er gemeinsam mit dem Vater (14,23), wie dieser während der Erdenzeit in Jesus tätig war (14,10f).

Jesus hat die Fürbitte zum Trost der Jünger ausgesprochen, die noch in der Welt bleiben müssen. Sie durften mithören (vgl. 11,42), wie er für sie bittet, und daraus Zuversicht schöpfen, daß er sie "*nicht als Waisen zurückläßt*" (14,18), sondern nach seinem Weggang beim Vater für sie eintritt (vgl. 14,16.26; 16,26). Das große Gebet Jesu in Joh 17 ist somit ein Gebet, das der irdische Jesus einmal gesprochen hat und das vom Verherrlichten ständig wiederholt wird. Durch dies Wissen, daß sie in der Obhut des Vaters und Jesu sind (vgl. 10,28f), sollen die Jünger von Jesu eschatologischer Freude erfüllt werden (vgl. 14,28; 15,11; 16,24).

17,14-16: Eine weitere Bitte Jesu um *Bewahrung* der Jünger schließt sich an: Weil die Jünger noch in der Welt verweilen müssen (17,11), obwohl sie wie Jesus "*nicht von der Welt*" sind (vgl. 8,23), soll der Vater sie vor "*dem Bösen*" schützen. Mit "*dem Bösen*" ist beides gemeint: der Böse, also Satan, der "*Herrscher dieser Welt*" (vgl. 13,2.27; 14,30), und das Böse, das er anrichtet (vgl. 16,33). Jesus erinnert daran, daß die Jünger von der Menschenwelt gehaßt sein werden (vgl. 15,18-16,4a.20), weil sie als seine Jünger die "*Worte Gottes*" gehört und angenommen haben (17,6.8) und damit erwiesen haben, daß sie "*aus Gott*" sind (vgl. 8,27). Aus dem Haß der *Welt* werden sie wie Jesus unbeschadet als Sieger hervorgehen (16,33).

17,17-19: Die dritte Jesusbitte nimmt die zweite auf. Jetzt wird verständlich, warum Jesus zuvor nicht erbitten konnte, daß Gott die Jünger "*aus der Welt herausnimmt*" (17,15): Sie haben eine Aufgabe in der Welt.

Weil die Jünger durch ihren Glauben (17,8) nicht mehr "*aus der Welt*", sondern "*aus Gott geboren*" (1,12f) sind, sollen sie wie Jesus in der Welt die Wirklichkeit Gottes repräsentieren. Deshalb bittet Jesus, daß der Vater sie *heilige* in der Wahrheit (vgl. 4,23; 8,32.40), die Jesus gebracht hat und die die Jünger als "*Wort Gottes*" angenommen haben (14,6). Als Geheiligte, also Repräsentanten des heiligen Gottes (17,11), müssen sie der Welt den göttlichen Anspruch vor Augen stellen und sie aufrufen, die Wahrheit anzuerkennen. Sie treten somit in die Rolle Jesu ein und übernehmen als seine *Gesandten* (vgl. 4,38; 20,19) die Mission, die er gegenüber der Menschenwelt hatte. Das können sie, weil sie durch sein Wirken *geheiligt* wurden: Er hat als das "*Lamm Gottes*" die Sünden weggetragen (1,29), indem er sein Leben "*für das Leben der Welt*" hingab (6,51) und sich so "*für sie heiligte*".

17,20-23: Der Horizont erweitert sich. Es kommen die späteren Jünger - einschließlich der Leser - in den Blick Jesu, die durch die vorher erwähnte Sendung der ersten Jünger gewonnen wurden. Für sie tritt Jesus ebenfalls fürbittend beim Vater ein.

Jesu Sprache ist außerordentlich gefüllt und drängend. Sechs Finalsätze türmen sich übereinander, vier von ihnen flehen um die Einheit der Jünger als Gemeinde und mit Gott, zwei bringen jeweils im Anschluß daran engagiert die Hoffnung zum Ausdruck, die Menschenwelt möge durch das Erscheinungsbild der Jüngerschaft schließlich doch noch zum *Glauben* und zur *Erkenntnis* gelangen (vgl. 17,8), daß Gott Jesus gesandt hat. Auf dieser Hoffnung liegt der Ton.

In doppelter, fast gleichlautender Fassung trägt Jesus seine Gedanken vor, zunächst als Fürbitte (17,20f), dann als Rechenschaftsbericht (17,22f; vgl. 17,4.6.14). Er bittet den Vater um die *Einheit* der Jüngerschaft untereinander (vgl. 13,34; 15,12-17). Vorbild dafür ist die Einheit zwischen ihm und dem Vater (vgl. 10,30.38; 14,10). In sie werden die Jünger hineingenommen, wenn sie untereinander einig bleiben. Durch ihre Einheit wird die innige Verbundenheit zwischen Jesus und Gott zur Erscheinung gelangen und vielleicht die Welt zum Glauben führen, daß Jesus aus Gott ist.

Wenn Jesus die Jünger/Leser gegenüber der Welt in seine Rolle einsetzt und ihnen Gottes Worte übergibt (17,8.14), dann hat er ihnen damit auch seine *Herrlichkeit* gegeben, die er auf Erden hatte und die in seinem Wirken aufgeschienen ist (1,14; 2,11; 11,4). Sie werden in jene Verherrlichungsdynamik aufgenommen, die zwischen dem Vater und ihm besteht (vgl. 11,4; 13,31f; 17,4f). So bilden sie irdisch die Einheit zwischen dem Vater und Jesus ab, und je überzeugender diese in ihrer gegenseitigen Liebe zur Darstellung kommt, um so größer wird die Wirkung auf die Menschenwelt sein: Die Menschen sollen darin eine Frucht der Liebe Gottes *erkennen*.

17,24: Die fünfte Bitte Jesu zielt auf die eschatologische Vereinigung der *Seinen*, die der Vater "*ihm gegeben hat*", mit ihm an dem Ort, wohin Jesus - erneut wird aus der Perspektive der Leser gesprochen - zurückgekehrt ist; das ist bei Gott. Bei ihm war Jesus "*von Anfang an*" (1,1f). Sind die Jünger/Leser als liebende Gemeinschaft bereits auf Erden in die Einheit zwischen dem Vater und Jesus aufgenommen (17,21), werden sie es auch eschatologisch sein (14,2f; 16,16.22f; vgl. 12,26). Sie werden an der *Herrlichkeit* Jesu teilnehmen und sie als die Herrlichkeit des ewigen Logos schauen. Die Bitte Jesu um Wiedereinsetzung in seine Herrlichkeit (17,5) war somit nicht Selbstzweck, sondern zielte wie Jesu ganzes Wirken auf die Teilhabe der *Seinen* am göttlichen Leben.

17,25-26: Den Abschluß des Gebetes bildet ein Rückblick auf Jesu Wirken (vgl. 17,6-8). Indem die Menschenwelt Jesus nicht erkannte (1,10), hat sie Gott nicht erkannt. Sie bleibt der Unkenntnis Gottes verhaftet (vgl. 5,37; 8,19.27.55), aus der Gottes Gesandter sie hätte befreien können (3,11.32; 4,22.24; 6,46; 8,55). Nur die Jünger/Leser sind durch den Glauben, daß Jesus der Gesandte Gottes ist (vgl. 16,30), zur Gotteserkenntnis gelangt (vgl. 10,30.38; 14,7ff; 20,28). Jesus hat ihnen die Wirklichkeit Gottes erschlossen - seinen *Namen* - und wird es weiter tun, durch den Heiligen Geist (vgl. 14,26; 16,13ff). Der Finalsatz: "*damit die Liebe, mit der du mich geliebt hast, in ihnen sei und ich so in ihnen*" beendet nicht nur das Gebet Jesu, sondern führt zum Ausgangspunkt des gesamten Bildes zurück (13,1) und zeichnet seinen Duktus nach (vgl. 14,20.21; 15,4.9; 16,27; 17,23).

Zehntes Bild: 18,1-19,42

I. Die Analyse

1. Abgrenzung

Es leuchtet unmittelbar ein, daß mit 18,1 ein neuer Großabschnitt des JohEv beginnt: Jesus verläßt mit seinen Jüngern den bergenden Raum der Abschiedsszene, um sich seinen Feinden und damit dem "*Herrscher dieser Welt*" (14,30) auszuliefern. Diese betreten nach und nach die Szene, zunächst - angeführt durch den "Satansträger" Judas (13,27) - die Soldaten und Büttel der Hohenpriester (18,3), danach die Hohenpriester selber (18,13. 24), dann Pilatus (18,29), und ihr feindliches Handeln gegen Jesus nimmt seinen Lauf. Die Schauplätze der Handlung sind dementsprechend: der Treffpunkt Jesu und der Jünger in einem *Garten* außerhalb Jerusalems (18,1), der Hof im Hause des Hannas (18,15), der Vorplatz *Gabbatha* und das Innere der Residenz des Pilatus (18,28; 19,13), der Hinrichtungsplatz *Golgotha* (19,17) und schließlich ein nahegelegener *Garten* mit einem Grab, in dem Jesus beigesetzt wird (19,41f). Erst am Grab Jesu endet der Handlungsbogen, und mit 20,1 beginnt ein neuer Abschnitt des JohEv, zunächst am gleichen Schauplatz, jedoch durch den Pascha-Sabbat vom Todestag Jesu deutlich getrennt.

Wie der Abschnitt 18,1-19,42 durch seinen letzten Schauplatz mit dem nachfolgenden eng verbunden ist, so bleibt er auch auf die vorausgehende Abschiedsszene zurückbezogen, etwa durch die einleitende Szenenangabe: "*Das sagte Jesus. Dann ging er mit seinen Jüngern hinaus...*" Jesus weiß alles, was auf ihn zukommt (13,1; 18,4); er hat die folgenden Ereignisse beim Abschied den Jüngern - ebenso den Lesern - mehrfach angedeutet und vorausgesagt, insbesondere das Verhalten des Petrus und der übrigen Jünger (13,18f.21.33.38; 14,30f; 16,32; 17,12). Die Figur des Judas (18,2f.5), der nun in Aktion tritt, verbindet den Abschnitt gleichfalls mit der Abschiedsszene (vgl. 13,2.26-30). Das zehnte Bild erweist sich somit als Teil eines umfassenderen Textzusammenhangs.

2. Rückverweise/Wiederaufnahmen/Echos: Was die Leserinnen und Leser schon wissen!

Rückverweise

Durch zahlreiche ausdrückliche *Rückverweise* kommen frühere Ereignisse oder Worte Jesu, also das ganze bisherige JohEv, wieder in den Blick. Meist ist es der Autor, der die Leser an Vorausgehendes erinnert und auf diese Weise verdeutlicht, daß zahlreiche Linien der Handlung jetzt zu ihrem Ziel gelangen. Er nennt in 18,2.5 Judas einen *Verräter* (vgl. 6,71; 13,2.11.21), denn Judas führt nun aus, wozu er längst entschlossen war (13,2.27.30): Er liefert Jesus seinen Feinden aus, indem er ihre Greifer an den geheimen Treffpunkt führt (18,2f).

Es erfüllt sich auch Jesu im Gebet antizipierte Zusicherung, keinen von den Jüngern - außer Judas, den "*Sohn des Verderbens*" - verloren zu haben (17,12; vgl. 6,39). Das betont der Autor in 18,9 nachdrücklich.

In 18,14 ruft er jene Szene in Erinnerung, in der das Synedrium auf den Rat des Kajaphas hin Jesu Tod beschlossen hat (11,49ff). Das hat der Leser gewiß noch nicht vergessen, und so stellt sich die Frage nach Funktion und Absicht dieses Rückverweises: Soll der Leser zu einer bestimmten Schlußfolgerung gedrängt werden?

In 18,32 erinnert der Autor an ein früheres Wort Jesu über die Art seines Todes. Es kann nur an 12,32 (vgl. 3,14f) gedacht sein. Dort hatte der Autor gleichfalls eine entsprechende Erläuterung gegeben (12,33): Jesu *Erhöhung* ist sein Tod am *Kreuz*. Dazu konnte allein die römische Staatsmacht verurteilen. Deshalb müssen die jüdischen Gegner von ihr ein Todesurteil gegen Jesus erwirken, um ihre eigene Tötungsabsicht (11,53) in die Tat umzusetzen.

Schließlich verweist der Autor in 19,39 auf Jesu ersten Aufenthalt in Jerusalem: Nikodemus, der damals in der Nacht zu ihm kam und nichts begriff (3,2ff), wirkt am Ende des Lebens Jesu bei der Bestattung mit. Hat er nun etwas verstanden?

Nicht nur der Autor, auch Jesus verweist innerhalb der Handlung auf sein zurückliegendes Wirken. In 18,20 erinnert er an sein öffentliches Lehren in der Synagoge (6,22-59) und im Tempel (5,14-47; 7,14-8,53; 10,22-39), für das es auf der Ebene der Handlung neben den Jüngern zahlreiche Zeugen gibt. Nochmals wird deutlich, was schon aus dem ersten Epilog 12,37-50 hervorging: Es ist eigentlich alles gesagt (vgl. 8,25; 10,25), und Jesus muß nichts mehr hinzufügen.

Daß die Hohenpriester und ihre Anhänger Jesu Worte durchaus mitbekommen haben, zeigen sie, wenn sie vor Pilatus in 19,7 endlich mit dem entscheidenden Vorwurf herausrücken: "*Er hat sich selbst zum Sohn Gottes gemacht.*" Darin rufen sie ihre früheren Vorwürfe gegen Jesus in Erinnerung (5,18; 8,53; 10,33) und beweisen so, daß sie Jesu Selbstzeugnis kennen (5,17; 8,58; 10,30.33). Hannas' Frage in 18,19 war also scheinheilig und hinterhältig.

Wiederaufnahmen

Wiederaufgenommen und erzählerisch ausgeführt wird das Thema der *Nachfolge* des Simon Petrus (13,36f) und der dreimaligen Verleugnung (13,38). Auffällig ist, daß kein Rückverweis auf Jesu Voraussage erfolgt

(18,15-18.25-27). Sicher klingt sie dem Leser noch im Ohr. Verzichtet der Autor darauf, um seinen Finger nicht in eine Wunde zu legen?

Gemeinsam mit Petrus tritt ein "*anderer Jünger*" auf, ein "*Bekannter des Hohenpriesters*" (18,15f). Weiß der Leser, wer der andere ist? Mit einem der zuvor namentlich erwähnten Jünger kann er nicht identisch sein. Warum bliebe er sonst namenlos? Zweimal ist allerdings bisher ein einzelner Jünger begegnet, der nicht mit Namen genannt wurde (vgl. 1,37.40; 13,23). In der Abschiedsszene bezeichnete ihn der Autor(!) als den "*Jünger, den Jesus liebte*". Petrus bittet ihn, von Jesus zu erfragen, wer der Verräter sei (13,24). Ist der "*andere Jünger*" in 18,15f mit dem *geliebten Jünger* identisch? Er verschafft dem Petrus Einlaß in den Hof des Hannas.

Unter dem Kreuz Jesu finden wir dann den *geliebten Jünger*, gemeinsam mit der Mutter Jesu und anderen Frauen (19,26). In einer letzten Verfügung vertraut Jesus ihm seine Mutter an, nachdem er ihr vorher den Jünger als Sohn zugewiesen hat. Der *geliebte Jünger*, der als engster Vertrauter Jesu "*in seinem Schoß*" lag (13,23; vgl. 1,18), wird auf diese Weise zum Stellvertreter Jesu eingesetzt. In 19,26 wird also die Szene 13,23ff aufgenommen und weitergeführt. Zugleich wird eine andere Szene wiederaufgenommen, die einzige, in der Jesu Mutter noch eine Rolle spielt: das Zeichen in Kana, das Jesus durch Vermittlung seiner Mutter wirkte (2,1-11). *Anfang* (2,11) und *Vollendung* (19,28.30) des Wirkens Jesu werden zusammengeschlossen. Die *Stunde*, von der Jesus in 2,4 gesprochen hat, ist jetzt gekommen; die Fülle des Heils kann sich über alle ausgießen (vgl. 19,34).

Damit hängt ein weiteres Thema eng zusammen: das "*wahrhaftige Zeugnis*" (19,35). Der *Augenzeuge*, der gesehen hat, wie Blut und Wasser aus der Seite Jesu flossen, wird (vom Autor!) als wahrer Zeuge ausgewiesen, und zwar für die Leser ("*damit auch ihr glaubt*"). Am Anfang des JohEv stand das wahre Zeugnis des Täufers. Er war ebenfalls *Augenzeuge* (1,32.34; vgl. 1,19; 5,32f), der den Personen innerhalb der Handlung bezeugte, daß Jesus der Geistträger ist und den Geist geben wird (vgl. 1,32f; 3,34). In der Handlung des JohEv war dann Jesus Zeuge der *Wahrheit* (8,14.45; 18,37), der kundgab, was er gesehen hat (3,11.32). Jetzt, am Ende des JohEv, tritt ein neuer *Augenzeuge* auf, der den Blut- und Wasserfluß aus Jesu Seite bezeugt (vgl. 7,37ff). Wer ist dieser ungenannte Zeuge? Ist er mit dem *geliebten Jünger* von 19,26 identisch?

Echos

Rückverweise und Wiederaufnahmen zeigen, wie eng und absichtsvoll der Abschnitt mit dem Gesamtwerk verknüpft ist. Das wird durch zahlreiche *Echos* bestätigt, in denen Elemente und Züge der bisherigen Darstellung anklingen. Jesus wird als der um seine Zukunft und sein Geschick Wissende gezeichnet (18,4; 19,28). Damit werden Erzählzüge aufgegriffen und fortgesetzt, aus denen Jesu Souveränität deutlich wurde. Er durchschaut nicht nur die Gedanken und Absichten der Menschen um ihn herum (1,47f; 2,24f; 4,1.17f; 6,15.64.71; 7,19; 8,40; 13,11.18.21-27.38), sondern weiß auch im voraus um sein Geschick (3,14f; 12,7.32; 13,1.3) und das der Jünger (13,36; 15,20; 16,2ff). Freiwillig geht er in den Tod (vgl. 10,18), und *vollendet* (19,28.30), was ihm der Vater zu *vollenden* aufgetragen hat (4,34; 5,36; 17,4.23).

Pilatus fragt danach, *woher* Jesus ist (19,9); die Antwort hatte Jesus ihm längst gegeben (18,37), indem er sich als den "*König der Wahrheit*" bekannte, der in die Welt gekommen ist (7,28; 9,39; 16,28), um die Wahrheit zu bezeugen (8,45; vgl. 3,11.29). Er ist tatsächlich der "*König Israels*" (1,48; 12,13; 18,37), jedoch nicht im Sinne der Frage des Pilatus (18,33). Pilatus hat freilich davon nichts begriffen, wenn er Jesus als Spottbild eines Königs und als erniedrigten *Menschen* (19,5) vorführt, um Mitleid zu erregen. Gewiß ist Jesus ein wirklicher Mensch (vgl. 1,14), dessen Verwandte man kennt (6,41f) und dessen Blut am Kreuz fließt (19,34). Aber in ihm ertönt die *Stimme* der Wahrheit (18,37). Da Pilatus nicht auf sie hört, zeigt seine Frage nach dem "*Woher*" Jesu (19,9) nur seinen Aberglauben.

Weist das Blut aus der Seitenwunde Jesu (19,34) auf 1,12.14 zurück, so ist das Wasser wohl ein *Echo* von 7,37ff. Dort hatte der Autor das Wasser als den "*Heiligen Geist*" gedeutet, den Jesus durch sein Wirken geben wird (vgl. 1,33; 3,5.34; 4,14). Wenn dieses Lebenswasser zugleich mit dem Blut aus Jesu totem Leib quillt, wird erkennbar, daß Jesus nicht nur ein Mensch war, sondern der göttliche Logos, der "*Mensch geworden ist*" (1,1f.14).

Weitere *Echos* betreffen die übrigen handelnden Personen. Erneut tauchen die "*Diener der Hohenpriester und Pharisäer*" (18,3) auf, die schon in 7,32.45ff Jesus festnehmen sollten, jedoch nicht konnten (vgl. 7,30; 8,20; 10,39). Jetzt liefert Jesus sich ihnen aus. Deshalb kann die lange gehegte Tötungsabsicht der gegnerischen *Juden* zum Zuge kommen (vgl. 5,18; 7,1.19f.25; 8,40.53; 10,31; 11,53), die sie vor Pilatus unverhohlen aussprechen (18,31; 19,7). Um zu ihrem Ziel zu gelangen, verleugnen sie sogar ihren eigenen Machtanspruch über "Gottes Volk" (11,48) und anerkennen den römischen Kaiser als legitimen König (19,15).

Daß Nikodemus bei seiner Tätigkeit 19,39ff im Lichte der früheren Begegnung mit Jesus gesehen werden soll, wurde bereits oben festgestellt. Ähnliches gilt für Josef von Arimathäa, der "*aus Angst vor den Juden*" nur ein heimlicher Jünger Jesu ist (19,38). Schwerlich wird uneingeschränkte Hochschätzung zum Ausdruck gebracht. Josef gehört vielmehr den zahlreichen halbherzigen Sympathisanten an, die der Leser schon kennengelernt hat (vgl. 7,13; 9,22f; 12,42).

3. Autorkommentare/Vorverweise/Leerstellen: Worauf die Leserinnen und Leser achten sollen!

In 19,24.36f liegen zwei *Autorkommentare* vor, die besagen, daß sich in der dargestellten Handlung die Schrift erfüllt. Sie lassen die Leser der tiefen, von Gott selbst vorausgeplanten Bedeutung des Geschehens innewerden. Die Kommentare sind kräftige Ausrufungszeichen des Autors.

Naturgemäß kann es am Ende des JohEv nicht mehr viele offene Vorverweise oder Leerstellen geben. Wie Jesus bereits alles gesagt hat (18,20), so *vollendet* er jetzt auch sein Handeln (19,28). Der Bogen schließt sich, nur wenige Linien führen noch weiter.

Die Funktion eines *Vorverweises*, der freilich über das JohEv hinaus auf eine Zeit nach Jesu *Erhöhung* vorausblickt, hat die Bemerkung 19,27b: "*Und von jener Stunde an nahm der Jünger sie (die Mutter Jesu) bei sich (zu Hause) auf*". Es kommen - wie in den Abschiedsreden - Zeit und Verhältnisse der ersten Leser in den Blick.

Eine *Leerstelle*, deren Auffüllung der Leser dagegen vom folgenden Text erwarten muß, enthält 18,15f: Was macht jener geheimnisvolle "*andere Jünger*" im Hof des Hannas? Steht er ebenfalls wie Petrus mit den Bütteln des Hohenpriesters am Feuer (18,18.25) und wird nach seinem Verhältnis zu Jesus gefragt? Es herrscht ein eigenartiges Schweigen um diese Gestalt, vergleichbar der Szene 1,36-40, wo der Leser über den anonymen Jünger neben Andreas gleichfalls nichts näheres erfährt.

Offen endet auch die Verleugnungsszene (18,15-18.25-27). Wird sie eine Fortsetzung bzw. Revision erfahren? Daß die Verleugnung nicht "das letzte Wort" des Petrus sein wird, ahnt der Leser. Er kann es der Rolle entnehmen, die Simon Petrus in der Handlung bisher gespielt hat (vgl. 1,41; 6,68f; 13,6.24). Er weiß es sogar aus den Verheißungen, die Jesus dem Petrus gegeben hat (vgl. 1,42: "*Du wirst Kephas heißen* ..."; 13,10: "... *er ist ganz rein! Auch ihr seid rein...*"; 13,38: "*Dein Leben wirst du für mich hingeben!*"). Deshalb braucht das Drama der Verleugnung unbedingt eine Lösung, und zwar auf der Ebene der Darstellung. Gleiches gilt für die Gestalt des *geliebten Jüngers* (19,26f). Noch steht seine Identifizierung aus und ebenso die Frage, ob er der "*andere Jünger*" von 18,15f und der *Augenzeuge* von 19,35 ist. Durch all diese Züge ist der Abschnitt offen für eine Fortsetzung.

4. Aufbau/Gliederung

Zeitangaben

Der Leser weiß an jedem Punkt der Darstellung um die Zeit. Sie wird ihm entweder an den Knoten der Handlung vom Autor ausdrücklich mitgeteilt, oder er kann sie leicht erschließen. Die erste Angabe ist 18,27; bis dahin spielt die Handlung in der Nacht des Abschieds Jesu (vgl. 13,1f.30). Die Soldaten und Büttel kommen "*mit Lampen und Fackeln*" (18,3), um Jesus zu verhaften, und wärmen sich während der Nacht im Hof an einem *Kohlenfeuer* (18,18.25). Die Szene endet mit dem *Hahnenschrei*, der den anbrechenden Morgen anzeigt (18,27).

In 18,28 wird diese Zeitangabe sofort aufgenommen: "*Es war frühmorgens.*" Der nachfolgende Prozeß dauert bis mittags; in der "*sechsten Stunde*" gibt Pilatus endlich seine Zustimmung zur Kreuzigung Jesu (19,14). Betont wird ebenfalls gesagt, daß die Verhandlung am Tag vor dem Paschafest stattfindet, an dem von der Mittagsstunde an im Tempel die Paschalämmer geschlachtet werden (vgl. 18,28; 13,1).

Gerade zu diesem Zeitpunkt, am Nachmittag des *Rüsttages* des Paschafestes, wird Jesus hingerichtet und bestattet (19,31.42). Eine genauere Tageszeitangabe erfolgt am Ende nicht, doch weil die eilige Bestattung Jesu in einem nahegelegenen Grab mit dem Rüsttag begründet wird (19,42), gewinnt der Leser den Eindruck, daß die Zeit drängt, es also rasch auf den Abend zugeht, mit dem der Rüsttag endet und der Pascha-Sabbat beginnt.

Unter zeitlichem Gesichtspunkt legt sich somit eine Dreigliederung nahe. Geschildert wird der Todestag Jesu von der Nacht der Verhaftung (18,1-27) über den Prozeß am Vormittag (18,28-19,16a) bis zur Hinrichtung und Bestattung am Nachmittag des Rüsttages (19,16b-42).

Ortsangaben

Auch die Ortsangaben des Abschnitts sind sehr präzise. Zweimal werden Ortsnamen direkt erwähnt (19,13.17), aber auch sonst verfügt die Darstellung über genaue Ortskenntnisse. Genannt werden der "*Winterbach Kidron*", den man überqueren muß, um in einen bestimmten *Garten* zu gelangen, der Jesus und den Jüngern als häufiger Treffpunkt diente (18,1f), dann der "*Hof des Hohenpriesters*" (18,15), das *Prätorium* im Pilatuspalast (18,28.33) und der Platz *Steinpflaster* davor (19,13), der Hinrichtungsplatz *Golgotha* (19,17) "*nahe bei der Stadt*" (19,20) und schließlich ein in der Nähe gelegener *Garten* mit einem unbenutzten Grab (19,41f). Es ergeben sich sechs Schauplätze, doch werden durch sie nicht sechs Unterabschnitte konstituiert. Vielmehr sind je zwei Schauplätze eng aufeinander bezogen. Das ist am deutlichsten beim Prozeß vor Pilatus erkennbar, der abwechselnd vor und im Prätorium stattfindet und aus diesem Hin und Her sein dramatisches Gefälle bezieht. Die auf zwei Schauplätze verteilte Handlung bildet gleichwohl eine Einheit (18,28-19,16a). Ebenso gehören die Ereignisse im *Garten* jenseits des Kidron und im "*Hof des Hohenpriesters*" eng zusammen: Die Aktion im *Garten* hat die Überstellung Jesu an seine Gegner zum Ziel (vgl. 7,30.32.45; 8,20), und es wird auf sie im "*Hof des Hohenpriesters*" zurückgeblickt (18,26). Die Begräbnisszene kann ebenfalls nicht von der Hinrichtung Jesu auf *Golgotha* abgegrenzt werden. Die neue Ortsangabe (19,41f) gibt das Ziel an, wohin der Leichnam weggeschafft wird, und in 19,41 wird die Hinrichtungsstätte noch einmal ausdrücklich erwähnt.

Da je zwei Schauplätze und die an ihnen sich abspielenden Ereignisse zusammengehören, legt sich auch aufgrund der Ortsangaben eine Dreigliederung des Abschnitts nahe.

Personen

Es ist von der leicht nachvollziehbaren Tatsache auszugehen, daß verschiedene Personengruppen und ihr Handeln eine Einheit bilden, so die Hohenpriester und ihre Diener. In 19,6 werden beide Personengruppen zwar gesondert aufgeführt, sind jedoch eine Einheit und werden "*die Juden*" genannt (19,7). Wo immer die Diener agieren, tun sie es im Auftrag und Dienst der Hohenpriester (18,3.10.12.18.26), deren Interessen sie wahrnehmen (18,22).

Gleiches gilt von Pilatus und den Soldaten, die einzig auf seinen Befehl handeln. Ihr Tun ist daher dem Pilatus zuzurechnen (19,2.23f.32f). Das wird auch für den Trupp und ihren Anführer von 18,3.12 anzunehmen sein, falls es sich um römisches Militär handelt, wofür jedoch die militärischen Fachausdrücke und die Tatsache sprechen, daß die Diener der *Juden* eigens erwähnt werden.

Jesus und seine Jünger bilden gleichfalls eine Einheit. Das zeigt bereits die Fürsorge Jesu für sie (18,8f): Die Jünger sind ihm vom Vater gegeben worden, und er hat niemanden(!) von ihnen *verloren*. Judas gehörte von vornherein nicht wirklich zu ihnen (6,64; vgl. 6,37.44.65). Dann ist auch Petrus nicht verloren, obwohl er aus der Einheit mit Jesus ausbricht und auf eigene Faust handelt, gegen Jesu Intention (18,10f) und gegen sein Wort (18,15ff.25ff): Jesus hatte ihm in der Abschiedsszene gesagt, daß er *jetzt* nicht nachfolgen kann, aber später (13,36)! Und in 18,8 hat Jesus ausdrücklich gewünscht, die Jünger sollten *weggehen*. Petrus handelt somit eigenmächtig und in völliger Selbstüberschätzung (vgl. 13,37), wenn er Jesus gleichwohl folgt. Deshalb muß er scheitern, doch er geht nicht *verloren* (18,9)!

Die Einheit Jesu mit den Jüngern wird besonders eindrucksvoll bei dem *anderen*, dem *geliebten Jünger* sichtbar. Obwohl auch von ihm gesagt wird, daß er Jesus *nachfolgt*, sogar gemeinsam mit ihm den Hof des Hohenpriesters betritt, verleugnet er seine Jüngerschaft nicht und bleibt bei Jesus. Ihm überträgt der sterbende Jesus seine eigene Rolle (19,26f), setzt ihn geradezu als seinen Repräsentanten ein. Der Jünger übernimmt sofort die Rolle als "*wahrer Zeuge*" (19,35), die Jesus bis zu seinem Tod selbst innehatte (18,36f; vgl. 8,14ff).

Es ergibt sich: Jesus ist durch die gesamte Darstellung hindurch präsent, noch nach seinem Tod in dem *geliebten Jünger*. Er beherrscht die Handlung; er *weiß*, was auf ihn zukommt (18,4), er überliefert sich in die Hände seiner Feinde (18,5), sorgt für seine Jünger (18,8f), gibt souverän dem Hohenpriester und dem Richter Antwort und erweist sich so als der eigentliche Richter (18,20f.23.36f; 19,11). Sterbend trifft er Verfügungen für die Zukunft seiner Mutter und des *geliebten Jüngers* (19,26f) und *vollendet* bewußt (19,28) sein Wirken (19,30).

Neben Jesus sind die Hohenpriester ständig handelnd gegenwärtig. Sie kommen ihrem längst beschlossenen Ziel näher, Jesus zu töten (18,31; 19,7.15; vgl. 11,47-53). Die Diener sind ihr verlängerter Arm, und Pilatus wissen sie ihrem Plan dienstbar zu machen (19,12.15). Auch sie vollenden ihr Werk, freilich um den Preis, daß sie Gott (und den Messias) als ihren König verleugnen und sich damit profanieren. Sie werden bald keine "Hohenpriester" mehr sein und in 19,21 zum letzten Mal so bezeichnet. In den *Juden* (19,7.31.38.40.42; vgl. 18,31.36.38; 19,12) bleiben sie allerdings innerhalb der Szene präsent.

Pilatus kommt erst ab 18,28 persönlich ins Spiel, aus dem er sich eigentlich heraushalten will: Die Hohenpriester sollen Jesus *nach ihrem Gesetz* verurteilen (18,31; vgl. 19,6). Er will sich nicht zum Handlanger der *Juden* machen lassen, nachdem er erkannt hat, daß Jesus unschuldig ist (18,38; 19,4.6). Dennoch ergreift er nicht eindeutig Partei für Jesus, sondern ist einzig am eigenen Machterhalt interessiert. Das macht ihn korrumpierbar, und so muß er schließlich widerwillig an Jesu Tötung mitwirken (19,12.15f). Gegen seine Überzeugung proklamiert er durch die Kreuzesinschrift Jesus weltweit als *König* (19,19-22), ordnet das *Knochenbrechen* an (19,31f) und läßt damit, ohne es zu ahnen, an Jesus ein wirksames Heilssymbol vollziehen (19,34f). Seine letzte Handlung ist, daß er die ehrenvolle Bestattung Jesu erlaubt (19,38).

Mittelbar wirkt Pilatus sogar von Anfang an mit, durch den Militärtrupp und seinen Anführer (vgl. 18,3.12). Der Autor ist nämlich gewiß der Meinung, daß die römische Einheit ihren Einsatz nicht ohne Anordnung des Pilatus durchführt. Haben die Hohenpriester bei ihm Militär angefordert und hat er es bereitgestellt, um den gegnerischen *Juden* behilflich zu sein, Jesus "*nach ihrem Gesetz*" verurteilen zu können (18,31)?

Am Anfang und am Ende des Abschnitts treten Nebenfiguren auf: Judas, der ehemalige Jünger und "*Sohn des Verderbens*" (17,12), hat sich auf die Seite der Feinde Jesu gestellt (18,5) und hilft ihnen, indem er Jesu Aufenthaltsort verrät (18,2f); Josef von Arimathäa, der *heimliche* Jünger (19,38) und Nikodemus, der sympathisierende Pharisäer (19,39; vgl. 3,2ff; 7,50f), stehen zwischen den Fronten; sie bestatten Jesus ehrenvoll und helfen damit doch nur den *Juden*, den Leichnam Jesu - das geschlachtete "Paschalamm" (vgl. 19,36f!) - noch vor dem Fest zu beseitigen (19,31).

Duktus

Für eine Gliederung des Abschnitts 18,1-19,42 lassen sich die Beobachtungen zur Personenführung nur bedingt auswerten, da alle Handlungsfiguren entweder persönlich oder durch Vertreter ständig präsent sind. Gleichwohl zeichnen sich einige markante Einschnitte ab: In 19,30 endet das irdische Leben Jesu; bis 18,27 geht die Handlungslinie des Petrus (18,10f.15ff.25ff), und ab 18,28 tritt Pilatus persönlich auf. Die Personenführung ist weniger für die innere Gliederung als für den Duktus des Abschnitts bedeutungsvoll. Wir treffen auf zwei durchgehende Handlungsträger, auf der einen Seite Jesus (und mit ihm Gott), auf der anderen als Gegenspieler die *Juden* (Pharisäer, Hohenpriester und deren Diener). Das Wirken Jesu und in ihm der Wille des Vaters (vgl. 4,34; 6,39; 10,18; 17,4) werden nun *vollendet*; ebenso die Schrift (19,28; vgl. 18,9; 19,24). Die festgesetzte *Stunde* ist gekommen (vgl. 2,4; 7,30; 8,12; 12,23; 13,1), in der Jesus *erhöht* wird (3,14; 8,28; 12,32f) und zum Vater zurückkehrt (16,28). Freiwillig und in vollem Wissen geht er in den Tod (18,4.11). Er sorgt noch für die Jünger und für seine Mutter (18,8; 19,26f). Dann gibt er als das "*Lamm Gottes*" (vgl. 1,29.35) "*für das Leben der Welt*" (3,16; 6,51) sein Leben hin: das wahre Paschalamm (19,36f)! Aus seinem getöteten Leib quillt das "*lebendige Wasser*" (7,38f; 19,34), der "Heilige Geist".

Auch das Wirken der Gegenspieler (vgl. 1,19.24; 2,18; 4,1; 5,16.18; 7,1.13.25.32; 8,20; 9,40f u.a.) kommt zu seinem Ziel. Die *Juden* setzen ihren Tötungsbeschluß gegen Jesus in die Tat um (11,45-53). Ihre früheren Anschläge gegen ihn haben jetzt Erfolg: Endlich können sie seiner habhaft werden (vgl. 7,30.32.44; 8,20; 10,39), und ihre Mordabsichten gelingen (5,18; 8,59; 10,31). Dadurch entweihen sie sich, obwohl sie rein bleiben wollen für das Pascha (18,28; 19,31). Vom wahren Pascha schließen sie sich dagegen aus (19,36f). Sie verleugnen Israels Hoffnung (19,15), wählen anstelle ihres *Königs* einen *Räuber* (18,40) und werden schuldig (19,10). Ihr feindliches Wirken läuft dem göttlichen Heilshandeln parallel; sie sind geradezu seine Werkzeuge.

Die übrigen Figuren der Handlung fungieren als Helfer. Sie dienen sowohl den gegnerischen *Juden* bei der Durchsetzung ihrer Absichten als auch Gott bei seinem Heilsplan. Zunächst ist da Judas, der den Feinden den geheimen Aufenthaltsort Jesu verrät (18,3.5). Er tut, was ihm der Satan "*ins Herz geworfen*" hat (13,2); aber damit wird die Schrift erfüllt (13,18). Josef von Arimathäa und Nikodemus (19,38f) sind Helfer auf zwei Seiten: Sie bestatten Jesu Leichnam ehrenvoll (19,40f), aber sie entsprechen dadurch den Absichten der *Juden* (vgl. 19,31.42).

Ein Helfer besonderer Art ist Pilatus. Er meint zwar, Herr des Verfahrens zu sein, dient aber gleichwohl in all seinen Aktionen nur einem fremden Willen. Nachdem er sich durch Beteiligung römischen Militärs bei Jesu Gefangennahme auf das Verlangen der Gegner Jesu eingelassen hat, muß er sich ihnen beugen. Immer wieder spielt er ihnen in die Hände, weil er nicht selbst entscheiden will. Er läßt sie den zu amnestierenden Gefangenen frei wählen (18,39f) und nimmt sich damit die Möglichkeit, Jesus zu entlassen (vgl. 19,12). Er hält am Titel "*König der Juden*" fest (18,39; 19,2f.15) und weiß doch, daß Jesu Königtum nicht politischer Natur ist (18,36f). Auf diese Weise bringt er sich in einen Loyalitätskonflikt mit dem römischen Kaiser, den die *Juden* bedenkenlos ausnutzen, um ihn zum Handeln in ihrem Sinn zu zwingen (19,12).

Pilatus dient nicht nur den gegnerischen *Juden*, er ist zugleich ein Werkzeug im Heilsplan Gottes. Damit Jesus am Kreuz *erhöht* wird, muß er die Hinrichtung veranlassen (18,32; vgl. 12,32f); das ist die ihm "*von oben*" zugedachte Rolle. Deshalb hat er geringere Schuld als die gegnerischen *Juden* (19,11). Er proklamiert, ohne um den tieferen Sinn zu wissen, Jesus zum "*König der Juden*" (19,19ff); seine Soldaten erfüllen mit ihrem Tun die Voraussagen der Schrift (19,23f); weil Jesus schon gestorben ist, unterbleibt bei ihm das von Pilatus befohlene "Knochenbrechen", vielmehr wird die Brust des toten Jesus mit einer Lanze geöffnet (19,31ff). Pilatus hat also daran mitgewirkt, Jesus als das wahre "Paschalamm" zu erweisen (19,36f).

Der in der Personenführung zum Zuge kommende Erzählduktus macht noch einmal deutlich, daß der Abschnitt als Handlungseinheit verstanden werden soll. Dennoch läßt er sich untergliedern.

Erster Abschnitt: 18,1-27

Zeit: in der "Nacht" (13,30) vor dem Rüsttag bis zum Hahnenschrei (18,27)

Zwei Szenen im *Garten* und *in dem Hof des Hohenpriesters*: Gefangennahme, Verleugnung und Verhör Jesu

Zweiter Abschnitt: 18,28-19,16a

Zeit: "frühmorgens" und am Vormittag des Rüsttages bis zur 6. Stunde (19,14)

Sieben Szenen vor/im *Prätorium*: Prozeß Jesu durch Pilatus (Soldaten) und der Hohenpriester (Diener)

Dritter Abschnitt: 19,16b-42

Zeit: am Nachmittag des Rüsttages bis zum Abend (19,42)

Sieben Szenen auf/bei *Golgotha*: Kreuzigung, Tod und Bestattung Jesu

II. Die Handlung

1. Gefangennahme, Verhör und Verleugnung Jesu: 18,1-27

18 *1Das sagte Jesus, dann ging er mit seinen Jüngern hinaus über
den Winterbach Kidron. Dort war ein Garten, in den er und seine
Jünger eintraten. 2Auch Judas, der ihn auslieferte, kannte aber
den Ort, weil Jesus dort oft mit seinen Jüngern zusammenge-
kommen war. 3Judas also führte die Kohorte und von den Ho-
henpriestern und den Pharisäern beauftragte Büttel dorthin mit
Laternen, Fackeln und Waffen. 4Jesus, der ja alles wußte, was auf
ihn zukam, trat vor und sagt zu ihnen: "Wen sucht ihr?" 5Sie
antworteten ihm: "Jesus von Nazaret." Er sagt ihnen: "Ich bin es."
Auch Judas, der ihn auslieferte, stand aber bei ihnen. 6Als er
ihnen nun sagte: 'Ich bin es', wichen sie zurück und fielen zu
Boden. 7Wiederum fragte er sie: "Wen sucht ihr?" Sie aber sagten:
"Jesus von Nazaret." 8Jesus antwortete: "Ich habe euch gesagt: 'Ich
bin es'. Wenn ihr also mich sucht, dann laßt diese weggehen." 9So
sollte sich das Wort erfüllen, das er gesagt hatte: Von denen, die
du mir gegeben hast, habe ich keinen verloren. 10Simon Petrus
nun hatte ein Schwert. Er zog es und schlug auf den Knecht des
Hohenpriesters ein und hieb ihm das rechte Ohr ab. Der Name
des Knechtes war Malchus. 11Da sagte Jesus zu Petrus: "Stecke
das Schwert in die Scheide! Der Kelch, den mir der Vater gegeben
hat, soll ich den etwa nicht trinken?"*

*12Die Kohorte und der Oberst und die Büttel der Juden nahmen
Jesus nun fest und fesselten ihn 13und führten ihn zuerst zu Han-
nas. Der war nämlich der Schwiegervater des Kajaphas, der
Hoherpriester jenes Jahres war. 14Kajaphas aber war es, der den
Juden geraten hatte: Es ist gut, daß ein Mensch stirbt anstelle des
Volkes.*

*15Es folgten Jesus aber Simon Petrus und ein anderer Jünger.
Jener Jünger aber war mit dem Hohenpriester bekannt, und er
ging mit Jesus in den Hof des Hohenpriesters. 16Petrus aber blieb
an der Tür draußen stehen. Da ging der andere Jünger, der Be-
kannte des Hohenpriesters, hinaus, redete mit der Pförtnerin und
führte Petrus hinein. 17Da sagte die Magd, die Pförtnerin, zu
Petrus: "Bist nicht auch du einer von den Jüngern dieses Men-
schen?" Er sagt: "Nein." 18Die Knechte und Büttel standen aber
an einem Kohlenfeuer, das sie gemacht hatten, weil es kalt war,
und wärmten sich. Auch Petrus stand bei ihnen und wärmte sich.*

*19Der Hohepriester befragte nun Jesus über seine Jünger und über
seine Lehre. 20Jesus antwortete ihm:*

"Öffentlich habe ich zur Welt geredet.

Stets habe ich in der Synagoge und im Tempel gelehrt,
wo alle Juden zusammenkommen.
Im Verborgenen habe ich nichts geredet.
[21]*Warum fragst du mich?*
Frag doch die, die gehört haben,
was ich zu ihnen geredet habe.
Diese wissen, was ich gesagt habe."

[22]*Als er das aber gesagt hatte, gab einer der dabeistehenden Büttel Jesus eine Ohrfeige und sagte: "So antwortest du dem Hohenpriester?"* [23]*Jesus antwortete ihm:*

"Wenn ich falsch gesprochen habe,
dann gib Zeugnis darüber, was falsch war.
Wenn aber richtig, warum schlägst du mich?"

[24]*Hannas schickte ihn nun in Fesseln zu Kajaphas, dem Hohenpriester.*

[25]*Simon Petrus aber stand da und wärmte sich. Da sagten sie zu ihm: "Bist nicht auch du einer von seinen Jüngern?" Er leugnete und sagte: "Nein."* [26]*Einer von den Knechten des Hohenpriesters, ein Verwandter dessen, dem Petrus das Ohr abgehauen hatte, sagt: "Habe ich dich nicht im Garten bei ihm gesehen?"* [27]*Da leugnete Petrus wieder. Und im selben Augenblick krähte ein Hahn.*

Der Abschnitt hat ein deutliches Gefälle: Jesus wird in der Nacht gefangengenommen, danach bis zum Morgengrauen festgehalten, von Hannas verhört und durch Petrus verleugnet. Die Handlung spielt an zwei Schauplätzen: Die erste Szene im *Garten* jenseits des Kidron (18,1-11), die zweite im *Hof* des Hohenpriesters Hannas (18,15-27). 18,12-14 leiten von der einen zur anderen Szene über.

Die Gefangennahme 18,1-11: Bevor die eigentliche Handlung beginnt, müssen alle beteiligten Personen zum Ort der Handlung gelangen. Jesus verläßt dafür mit seinen Jüngern den Raum der Abschiedsszene; dem Leser klingen noch die Worte im Ohr, mit denen er die Jünger auf das bald auf ihn Zukommende hinwies: den Verräter (13,18f.21.26), das Verhalten der Jünger (13,38; 16,32), das feindselige Kommen des "*Herrschers dieser Welt*" (14,30) und den Sieg, den er durch seine Passion hindurch erringen wird, weil er zum Vater zurückkehrt (16,33; vgl. 14,28.30; 16,28). Der Leser weiß also von vornherein, daß Jesus sein Schicksal freiwillig auf sich nimmt.

Jesus kommt mit seinen Jüngern zu einem alten Treffpunkt, einem *Garten* jenseits des Kidron, den Judas, "*sein Verräter*", ebenfalls kennt. Der hatte schon früher - in der *Nacht* (13,30) - den Raum der Abschiedsszene verlassen. Seitdem war er von Satan besessen (13,27), und so tritt in ihm der "*Herrscher dieser Welt*" (14,30) Jesus entgegen. Jetzt wird klar, worin der *Verrat* des Judas besteht: Er denunziert den Aufenthaltsort Jesu (vgl. 11,57) und führt den Trupp Soldaten und die "*Diener der Hohenpriester und Pharisäer*" (vgl. 7,32.45f) bei Nacht dorthin.

Nach den zahlreichen vergeblichen Versuchen, Jesus festzunehmen (vgl. 7,30.32.44f; 8,20; 10,39), wollen die Pharisäer und Hohenpriester - daß sie die Drahtzieher im Hintergrund sind, ist dem Leser bewußt - sicher gehen. Daher bieten sie eine große Militäreinheit auf: eine *Kohorte*, für unsere Vorstellungswelt ungefähr ein Bataillon, zumindest jedoch ein *Manipel*, für uns etwa eine Kompanie, viel zu groß für den Zweck! Sicherlich denkt der Autor an römisches Militär (vgl. 18,12); dann haben die jüdischen Gegner bereits mit Pilatus konspiriert und von ihm eine Militäreinheit angefordert. Haben ihm die *Juden* die Gefahr eines Staatsstreiches eingeredet?

Ironie liegt über der Szene: Jesus soll mit einem Riesenaufgebot an Bewaffneten festgenommen werden, das nicht nur völlig unnötig ist - gegen wen müssen sie die Aktion absichern? -, sondern auch ganz und gar unfähig, wie sich sofort zeigt. Jesus, der um alles Kommende weiß (vgl. 13,1.3), tritt nämlich selbst aus dem Garten heraus und stellt sich mit den Worten: "*Ich bin es!*" Der dem Polizeiaufgebot entgegentritt, ist nicht irgendein steckbrieflich Gesuchter (vgl. 11,57), sondern der "*aus dem Himmel herabgekommene*" Gottessohn, der Offenbarer des Vaters. Die Leser erinnern sich an Jesu Offenbarung auf dem See von Tiberias (6,29), an seine zahlreichen "*Ich bin*" - Worte (6,35.48; 8,12; 10,9.11; 11,25; 14,6) und seine Ankündigungen 13,19; 8,28. Jetzt, da Jesu Vorhersage von 13,18 eintrifft, können die anwesenden Jünger (und die Leser!) zu einem noch tieferen Glauben an Jesus gelangen (13,19; vgl. 20,30f).

Der Autor erwähnt an dieser Stelle den Verräter Judas ein weiteres Mal: "*Es stand aber auch Judas, sein Verräter, bei ihnen*" (18,5). Er "nagelt" ihn geradezu auf der Seite der Gegner fest. Was er tun wollte, hat er getan (vgl. 13,27). Bei der Identifizierung Jesu ist er nicht beteiligt. Jesus offenbart sich selbst!

Sein Wort löst einen "Gottesschrecken" aus: Das feindliche Militär und die Diener der Hohenpriester müssen zurückweichen und fallen kampfunfähig um (vgl. Ex 14,24f; Jos 10,10 u.a.). Erst nach dieser Demonstration ihrer Ohnmacht wird den Feinden durch die erneute Frage Jesu die Möglichkeit eröffnet, ihren Auftrag zu erfüllen. Jesus überläßt sich ihnen, indem er die Jünger vor ihrem Zugriff schützt. So erweist er sich als der gute Hirt, der das "*Leben für seine Schafe*" hingibt und sie vor dem *Wolf* bewahrt (vgl. 10,11-15). Beim Abschied hatte er den Jüngern auch gesagt, daß sie ihm vorläufig nicht dorthin folgen können, wohin er geht: in den Tod (vgl. 13,33.36). Dadurch werden sie entlastet, wenn sie bei Jesu Passion fehlen.

Der Autor macht die Leser ausdrücklich darauf aufmerksam, daß die Schonung der Jünger dem Willen Gottes entsprach: Sie sind Jesus vom Vater gegeben worden (6,39; 17,12), damit er sie *bewahrt* (17,12) und keiner von ihnen *verlorengeht* (6,39; 17,12). Würden sie denn verlorengehen, wenn sie *mit* Jesus oder gar *für* ihn sterben würden, wie Thomas (11,16) und Petrus (13,37) angeboten haben? Das würden sie gewiß, weil Jesus noch nicht sein Leben für sie hingegeben hat. Nur durch Jesu Tod erlangen sie Vergebung ihrer Sünden (1,29; 6,51), und erst der *Erhöhte* wird sie von den Toten auferwecken (6,39) und so endgültig *bewahren* (10,28f).

Simon Petrus begreift davon noch nichts; deshalb handelt er auf eigene Faust (18,10; vgl. 13,37). Vielleicht will er tatsächlich sein Leben für Jesus einsetzen und ihm gegen die Übermacht eine Fluchtmöglichkeit offenhalten. Jedenfalls schlägt er mit dem Schwert dem Knecht des Hohenpriesters, Malchus, das rechte Ohr ab. Warum das rechte? Hat er von hinten zugeschlagen? Autor und Leser wissen freilich, daß die Aktion des Petrus völlig unangemessen, ja sinnlos ist. Jesus tut freiwillig den Willen seines Vaters (6,38) und vollendet dessen Werk (17,4). Davon lebt er, das ist seine *Speise* (4,36). Der *Kelch* des bitteren Todes, den ihm der Vater gegeben hat (18,11), schreckt ihn nicht (vgl. 12,27). Aus freien Stücken folgt er dem Gebot des Vaters, sein "*Leben hinzugeben und es sich wieder zu nehmen*" (10,18).

Überleitung 18,12-14: Jesus wird von dem Militärtrupp und seinem Kommandeur, einem "*Tausendschaftsführer*", festgenommen, gefesselt und *zuerst* zu Hannas gebracht. Dessen Person kann höchstens dem historisch geschulten Leser ein Begriff sein. Deshalb wird er näher gekennzeichnet und sein Verhältnis zu einer wichtigen Figur der Handlung erläutert: Er ist der Schwiegervater des amtierenden Hohenpriesters Kajaphas, den die Leser aus 11,49f kennen. Da Hannas später ohne Einschränkung *Hoherpriester* genannt wird (18,15.19), versteht der Leser, daß er dieses Amt irgendwann vor Kajaphas innehatte. Tatsächlich war Hannas Hoherpriester der Jahre 6-15 n.Chr.; ihm folgten sein Schwiegersohn Kajaphas und noch fünf Söhne im Amt. Auch er gehört zu den bisherigen Feinden Jesu und war stets im Plural "*die Hohenpriester*" mitgemeint (vgl. 7,32; 11,47. 57; 12,10). Er steht hinter ihrem Tötungsbeschluß (11,53), der durch seinen Schwiegersohn Kajaphas begründet worden war (11,49ff). An dessen Rat werden die Leser erinnert (18,14). Jetzt erfüllt sich seine Prophetie auf allen Ebenen: Der Mensch Jesus stirbt *für* das Gottesvolk!

Verleugnung und Verhör 18,15-27: Die Szene hat zwei Zentren, zum einen Jesus und Hannas, zum anderen Petrus und die Bediensteten des Hohenpriesters. Die Vorstellung ist, daß die Handlungen beider Zentren parallel stattfinden, wie die eröffnende Bemerkung 18,15 gleich verdeutlicht: Petrus und ein "*anderer Jünger*" folgen dem verhafteten Jesus nach, und der andere betritt zusammen mit Jesus den Hof des Hohenpriesters. Das kann er ungehindert tun, weil er ein Bekannter des Hohenpriesters und als solcher dem Personal des Hauses nicht fremd ist. Petrus hingegen traut sich nicht hinein oder wird zurückgewiesen, bis der "*andere Jünger, der Bekannte des Hohenpriesters*" (18,16: betont zum zweitenmal so genannt!) interveniert und ihn in den Hof führt. Hier wird Petrus dreimal nach seiner Beziehung zu Jesus gefragt, gleichzeitig wird Jesus vom Hohenpriester verhört. Daß beides parallel geschieht, ist dem Autor offensichtlich wichtig.

Die Ereignisse um Petrus finden im Hof statt, zuerst beim Betreten des Hofes (18,17) und dann am Kohlenfeuer (18,18.25ff). Wo befinden sich indessen Jesus und Hannas? Der Text gestattet durch nichts, an das Innere des Hauses zu denken. Bisher war lediglich Jesu Eintritt in den Hof erwähnt worden (18,15). Das kurze Gespräch mit Hannas findet also im Hof statt, in unmittelbarer Nachbarschaft zu Petrus.

Sieht man die Szene in diesem Licht, gewinnt Jesu Aufforderung an Hannas, die Ohrenzeugen über seine Lehre zu befragen (18,21), eine überraschende Stringenz. In den zwei anwesenden Jüngern *und* in den Dienern (vgl. 7,45f) wären sie unmittelbar zur Hand.

Die Eröffnung der Szene ist von eigenartiger Umständlichkeit. Der "*andere Jünger*", der gemeinsam mit Petrus Jesus *nachfolgt*, geht zunächst mit Jesus in den Hof hinein, und holt erst dann Simon Petrus ebenfalls hinein. Warum hat er nicht gleich die Türhüterin überredet, Petrus einzulassen? Die umständliche Darstellung gibt dem Autor Gelegenheit, diesen Jünger zweimal als "*Bekannten des Hohenpriesters*" zu kennzeichnen. Daß er den Hof vor Petrus betritt, ist überhaupt das einzige, was von ihm erzählt wird. Was macht er, der dem verhafteten Jesus doch *nachgefolgt* ist, sonst noch im Hof?

Ebenso wichtig wie das wenige, was der Autor über den Jünger erzählt, ist offenbar das, was er nicht erzählt, aber stillschweigend voraussetzt. Der Jünger führt Petrus in den Hof hinein. Dabei wird Petrus von der türhütenden Magd gefragt: "*Bist nicht auch du ein Jünger dieses Menschen?*" Die Formulierung läßt ein "Ja" erwarten. Zugleich nimmt sie Petrus im Verhältnis zu dem anderen Jünger in den Blick. Ihn kennt die Magd als einen "*Jünger jenes Menschen*", und er bekennt sich dazu offen und ohne "*Angst vor den Juden*" (vgl. 12,42; 19,38). Petrus dagegen antwortet: "*Ich bin es nicht*". Und das im Beisein des "*anderen Jüngers*"! Der ist

Zeuge seines Versagens, versagt selbst jedoch nicht! Wer ist dieser "*andere Jünger*"? Die Frage wird erst von 19,26; 20,2.4ff; 21,7.20ff her zu beantworten sein, doch die hier bereits gegebene Charakterisierung läßt es als ziemlich sicher erscheinen, daß er mit dem *geliebten Jünger* von 13,23ff identisch ist. An jener Stelle waren die gleiche Umständlichkeit der Darstellung - warum fragte Petrus nicht selbst nach dem Verräter? - und subtile Zeichnung der Überlegenheit des *geliebten Jüngers* zu beobachten: Als Jesu Intimus erfuhr er, wer der Verräter ist, sagte es aber nicht weiter, so daß alle Jünger einschließlich Petrus nach wie vor rätseln mußten (13,25-29). In der jetzigen Szene ist der "*andere Jünger*" dem Petrus ebenfalls überlegen, ohne daß man dies gegen Petrus ausschlachten dürfte. Sein Versagen muß von 13,36ff her verständnisvoll betrachtet werden: Er *kann* Jesus noch nicht nachfolgen, wird es aber später tun! Das weiß der Leser. Der "*andere Jünger*" hat es zudem leichter als Petrus; er wird nicht wie Petrus ausgefragt und ist durch seine Bekanntschaft mit dem Hohenpriester vor offener Feindschaft geschützt. Weist die Kennzeichnung auf ein biographisches Merkmal des geheimnisvollen Jüngers? Stammt er womöglich aus Jerusalem, gar aus einer hohen Priesterfamilie? Ist seine Biographie den Lesern bekannt? Die Fragen stellen sich zwar, lassen sich aber erst am Ende des JohEv deutlicher beantworten (vgl. 21,24).

Petrus stellt sich im Hof zu den Haussklaven und den Bütteln, die Jesus gefangengenommen haben, an ein Kohlenfeuer. Der "*andere Jünger*" steht wahrscheinlich auch dabei. Was danach geschieht, läuft gleichzeitig ab, an den zwei verschiedenen Orten im Hof. Hannas befragt Jesus über seine Jünger und seine *Lehre*, als hätte er keine Gelegenheit gehabt, diese kennenzulernen. Doch das ist Vorwand: Jesus hat stets öffentlich geredet (vgl. 5,17-42; 6,26-59; 7,14-10,39; 12,20-36), nie geheim. Mehrmals hat er sein früheres Reden wiederaufgenommen und seine Lehre verdeutlicht (7,16 vgl. 5,30; 8,14ff vgl. 5,31ff; 8,25f; 10,24), aber die Hohenpriester haben ihm nie zugehört, obwohl Nikodemus dazu geraten hat (7,51). Jetzt ist die Zeit der öffentlichen Wirksamkeit Jesu vorbei. Wer von nun an seine Lehre hören will, muß sich an die Zeugen halten, die seine Worte gehört haben und wissen, was er gesagt hat (18,21). Solche Zeugen sind sogar im Hof anwesend, wenn ihnen Furcht nicht den Mund verschließt. Würde es Hannas ernsthaft um Jesu Lehre gehen, könnte er bei Petrus und dem "*anderen Jünger*" genug darüber erfahren. Dann würde er auch Jesu Jünger kennenlernen. Die Büttel könnte er gleichfalls über Jesu Lehre befragen. Bereits in 7,46 hatten sie ihren Auftraggebern bezeugt: "*Noch nie hat ein Mensch so geredet.*"

Dem Hohenpriester und seinem Handlanger geht es jedoch gar nicht existentiell um Jesu Lehre. Warum fragt er also? Stellt er ein prozessuales Verhör an, das im jüdischen Kapitalprozeß gar nicht vorgesehen war?

Eine Anklage mußte dort durch Zeugen erwiesen werden. Zudem haben die Pharisäer, Hohenpriester und das Synedrium Jesus den Prozeß doch bereits gemacht. Ihr Todesurteil steht längst fest (11,53). Will Hannas mit dem "interessanten" Gefangenen vielleicht lediglich plaudern (wie später Pilatus auch: 19,8ff), oder disputieren? Auch dabei beansprucht er den nötigen Respekt vor der Macht! Den will der Diener Jesus mit Schlägen einbleuen.

Unterdessen verleugnet Petrus zum zweiten und dritten Mal seine Bindung an Jesus: Er will kein Jünger Jesu sein und war im *Garten* bei der Festnahme Jesu nicht zugegen! Keiner der Anwesenden wird ihm glauben. Zu offensichtlich ist, daß er abstreitet, was auf der Hand liegt. Nur Panik, nicht Kalkül, kann derart reagieren, und so läßt es der Autor gnädig dabei bewenden: "*Sofort krähte der Hahn*". Die Prophezeiung Jesu ist in Erfüllung gegangen (13,38), und dem Petrus werden jetzt die Augen gewiß feucht werden, ohne daß der Leser dabei Zeuge sein muß.

2. Der Prozeß vor Pilatus: 18,28-19,16a

[28]Sie führten Jesus nun von Kajaphas in das Prätorium. Es war
aber frühmorgens. Sie selbst betraten das Prätorium nicht, damit
sie nicht unrein würden, sondern das Pascha essen konnten. [29]Da
kam Pilatus zu ihnen heraus und sagt:
"Welche Anklage erhebt ihr gegen diesen Mann?"
[30]Die Juden antworteten ihm:
"Wäre er kein Verbrecher,
hätten wir ihn dir nicht ausgeliefert."
[31]Pilatus sagte ihnen nun:
"Dann nehmt ihr ihn doch
und verurteilt ihn nach eurem Gesetz."
Die Juden sagten ihm:
"Uns ist es nicht erlaubt, jemanden zu töten."
[32]So sollte sich das Wort Jesu erfüllen, mit dem er angedeutet
hatte, auf welche Art er sterben werde.
[33]Da ging Pilatus wieder in das Prätorium hinein, rief Jesus zu
sich und sagte zu ihm:
"Du bist der König der Juden?"
[34]Jesus antwortete:
"Sagst du das aus dir selbst
oder haben es dir andere über mich gesagt?"
[35]Pilatus antwortete:
"Bin ich etwa ein Jude?

Dein Volk und die Hohenpriester haben dich mir ausgeliefert.
Was hast du getan?"
[36]Jesus antwortete:
"Mein Königreich ist nicht von dieser Welt.
Wäre mein Königreich von dieser Welt,
hätten meine Diener doch wohl gekämpft,
damit ich nicht den Juden ausgeliefert würde.
Aber mein Königreich ist nun einmal nicht von hier."
[37]Pilatus sagte ihm nun:
"Du bist also ein König!"
Jesus antwortete:
"Du sagst es: Ich bin ein König.
Dazu bin ich geboren und dazu in die Welt gekommen,
daß ich Zeugnis gebe für die Wahrheit.
Jeder, der aus der Wahrheit ist, hört auf meine Stimme."
[38]Pilatus sagt ihm:
"Was ist Wahrheit?"
Als er das gesagt hatte, ging er wieder hinaus zu den Juden und sagt zu ihnen:
"Ich finde an ihm keinerlei Schuld.
[39]Es ist aber Brauch bei euch,
daß ich euch einen zum Pascha freilasse;
wollt ihr also, daß ich euch den 'König der Juden' freilasse?"
[40]Da schrien sie wieder und riefen: "Nicht den, sondern den Barabbas!" Barabbas aber war ein Räuber.

19[1]*Daraufhin nun ließ Pilatus Jesus geißeln. [2]Und die Soldaten*
flochten einen Kranz aus Dornzweigen und setzten ihn auf sei-
nen Kopf. Sie warfen ihm auch einen Purpurmantel über, [3]traten
vor ihn hin und sagten: "Zum Gruße, König der Juden". Und sie
ohrfeigten ihn.
[4]Pilatus kam wieder heraus und sagt zu ihnen:
"Schaut, ich führe ihn heraus zu euch.
Ihr sollt erkennen,
daß ich nicht die geringste Schuld an ihm finde."
[5]Jesus kam nun heraus und trug die Dornenkrone und den Purpurmantel. Und er sagt zu ihnen:
"Seht da, der Mensch!"
[6]Als nun die Hohenpriester und die Diener ihn sahen, schrien sie:
"Kreuzige! Kreuzige ihn!"
Pilatus sagt ihnen:
"Nehmt ihr ihn und kreuzigt ihn!

Ich jedenfalls finde an ihm keine Schuld."
[7]Die Juden antworteten ihm:
"Wir haben ein Gesetz,
und nach dem Gesetz muß er sterben,
weil er sich zu Gottes Sohn gemacht hat."
[8]Als nun Pilatus dieses Wort hörte, fürchtete er sich erst recht,
[9]und er ging wieder in das Prätorium und sagt zu Jesus:
"Woher bist du?"
Jesus aber gab ihm keine Antwort. [10]Pilatus sagt ihm nun:
"Du redest nicht mit mir?
Weißt du nicht, daß ich Macht habe, dich freizulassen,
und Macht habe, dich kreuzigen zu lassen?"
[11]Jesus antwortete ihm:
"Du hättest keinerlei Macht über mich,
wenn es dir nicht von oben gegeben wäre.
Darum hat der, der mich dir auslieferte, eine größere Sünde."
[12]Daraufhin suchte Pilatus einen Weg, Jesus freizulassen. Die Juden aber schrien:
"Wenn du den da freiläßt, bist du kein Freund des Kaisers mehr.
Jeder, der sich zum König macht, stellt sich gegen den Kaiser."

[13]Als nun Pilatus diese Worte hörte, ließ er Jesus herausführen. Er setzte sich auf den Richterstuhl an dem Ort, der 'Steinpflaster', auf hebräisch jedoch Gabbatha heißt. [14]Es war aber Rüsttag des Pascha, ungefähr die sechste Stunde. Und er sagt zu den Juden:
"Da, euer König!"
[15]Die Juden schrien nun:
"Weg, weg, kreuzige ihn!"
Pilatus sagt ihnen:
"Euren König soll ich kreuzigen?"
Die Hohenpriester antworteten:
"Wir haben keinen König außer dem Kaiser."
[16]Daraufhin übergab er ihn ihnen zur Kreuzigung.

Gliederung: Der Prozeß Jesu vor Pilatus läßt sich in mehrere Einzelszenen untergliedern, die sich im Schauplatz und in den Akteuren unterscheiden. In drei Szenen sind jeweils alle Akteure versammelt (18,29-32; 19,4-7; 19,13-16a); sie spielen draußen vor dem Amtssitz des Pilatus. In zwei Szenen im Inneren des Prätoriums ist Pilatus mit Jesus allein (18,33-38a; 19,8-11), in zwei weiteren Szenen außerhalb verhandelt Pilatus mit den *Juden* in Abwesenheit Jesu (18,38b-40; 19,12); in 19,12 findet sich allerdings nicht wie sonst eine Szenenangabe, sondern die Szenerie muß erschlossen werden. 19,1-3 nehmen innerhalb des ganzen Ensembles eine Sonderstellung ein.

Eine formale Gliederung ist nicht leicht durchzuführen, zumal die Funktion von 19,1-3 und 19,12 häufig falsch eingeschätzt wird. Es empfiehlt sich, von der grundlegenden Beobachtung auszugehen, daß die letzte Szene 19,13-16a hervorgehoben wird: Ausdrücklich wird darauf hingewiesen, daß Pilatus nunmehr doch als Richter tätig wird: Er setzt sich am öffentlichen Gerichtsort *Gabbatha* auf seinen Richterstuhl, und zwar am "*Rüsttag des Pascha*" (19,14) zur "*sechsten Stunde*", d.h. am Mittag (vgl. 18,28: "*frühmorgens*"). Die Szene ist - anders als alles Vorausgehende - hochoffiziell. Endlich fügt sich Pilatus in seine Rolle als römischer Richter und durchkreuzt nicht länger die Pläne der gegnerischen *Juden*, sondern vollzieht, was sie von ihm erwarten. Die Hohenpriester und ihre Mitstreiter gelangen an ihr Ziel, Jesus zu töten. Jedoch um welchen Preis! Der Widerstand des Pilatus hat ihnen einiges abgefordert: Er präsentiert ihnen Jesus als den "*König der Juden*" und läßt ihnen keine andere Wahl, als Israels Hoffnung auf Gottes Königtum zu verleugnen und den Kaiser von Rom als König anzuerkennen (19,14f).

Die Urteilsszene 19,13-16a hat somit erhebliches Eigengewicht. Keineswegs mündet der Prozeßverlauf in diese Szene konsequent ein, er wird in ihr eher auf den Kopf gestellt: Gegen seine Überzeugung muß Pilatus Jesus der Hinrichtung am Kreuz preisgeben, und gegen ihre eigentlichen Intentionen (11,48) müssen die *Juden*, um an ihr Ziel zu kommen, den römischen Kaiser als ihren König anerkennen. Die Urteilsszene hat gegenüber den übrigen Szenen eine Sonderstellung.

Zwei prozessuale Durchgänge gehen voraus, die in Aufbau, Duktus und thematischer Durchführung weitgehend parallel gestaltet sind (18,29-40; 19,4-12). Sie bestehen jeweils aus drei Einzelszenen: eine öffentliche Verhandlung mit allen Beteiligten draußen (18,29-32; 19,4-7), ein privates Verhör Jesu durch Pilatus drinnen (18,33-38a; 19,8-11) und ein Freilassungsversuch des Pilatus, den die gegnerischen *Juden* verhindern (18,38b-40; 19,12). Beide Prozeßdurchgänge enthalten ein starkes retardierendes Moment, ja sie sind zum Gesamtduktus des Abschnitts geradezu gegenläufig: Pilatus überzeugt sich beide Male persönlich von Jesu Schuldlosigkeit und will ihn freigeben. Er widersteht durchaus dem Verlangen der *Juden*. Dennoch muß er sich ihrem Druck schließlich beugen, weil er Fehler macht und schuldig wird.

18,28 ist eröffnende Exposition des gesamten Abschnitts. Als solche enthält der Vers eine genaue Zeit- und Ortsangabe und einen Hinweis auf das bevorstehende Paschafest, weist also deutliche Entsprechungen zur Urteilsszene 19,13-16a auf. Die Szene 19,1-3 eröffnet nach dem ersten mißglückten Freilassungsversuch den zweiten Prozeßdurchgang und bereitet die neue Taktik des Pilatus vor (vgl. 19,5): Er will Jesus als mitleiderregende Karikatur eines Königs, als einen leidenden *Menschen* vorführen. Diese Szene hat ebenfalls Entsprechungen zur Urteilsszene 19,13-16a: In ihr huldigen die Soldaten Jesus ironisch als dem "*König der Juden*", in 19,14 proklamiert Pilatus: "*Da, euer König!*"

Exposition: 18,28 *Juden* führen Jesus vor den Richter *Orts- und Zeitangabe (vgl. 19,13.14)*	**Exposition: 19,1-3** Geißelung und Verspottung Jesu durch Pilatus/Soldaten
1. Szene: 18,29-32 **Erste Verhandlung:** Pilatus "*kommt heraus*" *Juden* fordern Jesu Verurteilung als *Übeltäter* Pilatus lehnt ab: "*...verurteilt ihr ihn nach eurem Gesetz*" "*...uns ist es nicht erlaubt, zu töten*" Autorkommentar	**4. Szene: 19,4-7** **Zweite Verhandlung:** Pilatus "*kommt heraus*" 1. Vorführung Jesu als unschuldiger Leidens*mensch* (2. Unschuldserklärung): "*Seht, welch ein Mensch!*" *Juden* fordern *Hinrichtung* Pilatus lehnt ab: "*Nehmt ihr ihn und kreuzigt ...*" (3. Unschuldserklärung) Nach *dem Gesetz* der *Juden* muß Jesus sterben
2. Szene: 18,33-38a **Erstes Gespräch Pilatus/Jesus:** Pilatus "*geht hinein*" Thema: Woher ist Jesu Königtum? "*nicht von dieser Welt*" Pilatus' Desinteresse: "*Was ist Wahrheit?*"	**5. Szene: 19,8-11** **Zweites Gespräch Pilatus/Jesus:** Pilatus "*geht hinein*" Thema: Woher ist Jesus? "*von oben*" Pilatus' Rolle und Schuld
3. Szene: 18,38b-40 **Erster Freilassungsversuch** Angebot (1. Unschuldserklärung), Jesus *freizulassen* Vereitelung durch *Juden*: Wahl eines *Räubers*	**6. Szene: 19,12** **Zweiter Freilassungsversuch:** Vereitelung durch *Juden*: "*wenn du diesen freiläßt ...*" *Juden* werden zu Interessenvertretern des römischen Kaisers

7. Szene: 19,13-16a
Pilatus als Richter:
Orts- und Zeitangabe

Zweite Vorführung Jesu durch Pilatus:
"*Da, euer König!*"

Juden verwerfen Jesus/Gott
und anerkennen den römischen Kaiser
als König

Exposition und erste Szene (18,28.29-32): Die Darstellung knüpft an 18,24 an: Jesus war als Gefangener von Hannas dem Kajaphas überstellt worden. Nun führen *sie* ihn zum Amtssitz des römischen Richters, um ein Todesurteil gegen ihn zu erwirken (18,28.30). Aus dem Zusammenhang wird die Identität der Handelnden klar: Es sind die Hohenpriester und die von ihnen engagierten Soldaten. Warum benennt der Autor sie nicht genauer? Erst in 18,31 erfolgt eine Identifizierung: die *Juden*. Ist die Darstellungsweise nur unpräzise, oder spricht aus ihr eine sublime Tendenz?

Bittere Ironie liegt über der Bemerkung, daß die mit Jesus vor Pilatus erscheinenden Gegner das Amtsgebäude nicht betreten, um sich nicht zu verunreinigen und vom Paschamahl am Abend ausgeschlossen zu sein. Sie tragen Mordgedanken im Herzen, sorgen sich aber um ihre kultische Reinheit! Sie legen Wert darauf, das jüdische Paschalamm zu essen, das jedoch nur ein Hinweis auf das echte Paschalamm Jesus ist (vgl. 1,29.35), "*das die Sünden der Welt wegträgt*", also wirklich Reinheit vor Gott erbringt. Am Mittag, wenn das Lämmerschlachten im Tempel beginnt, wird er am Kreuz sterben (vgl. 19,36f). Vom wahren Pascha haben die *Juden* sich losgesagt. Sie sorgen nur dafür, daß es "geschlachtet" wird.

Mit diesen wenigen Sätzen ist die das Folgende bestimmende Szenerie vorbereitet, die ständig zwischen draußen und drinnen wechselt. Pilatus kommt heraus - wohl ein Entgegenkommen - und fragt nach der Anklage, denn "wo kein Kläger, da auch kein Richter". Das entspricht dem römischen Prozeßrecht. Der Autor muß dem Leser nichts zur Person des Pilatus sagen (anders 11,49; 18,13; vgl. 3,1); sie ist ihm offensichtlich bekannt. Die Antwort der Gegner Jesu ist eine glatte Verweigerung. Obwohl sie Pilatus als Richter in Anspruch nehmen, sogar ein Todesurteil von ihm fordern, rücken sie nicht mit der Sprache heraus: Jesus sei einer, der Böses getan habe (vgl. 8,46; 18,23). Pilatus ahnt, daß er in eine religiöse Auseinandersetzung hineingezogen und als Richter mißbraucht werden soll. Darum verweist er die *Juden* auf *ihr* Gesetz als Maßstab der Beurteilung Jesu (vgl. 7,51; 8,17f). Aber dieses steht auf Jesu Seite (vgl. 5,39): Er ist ein durch Zeichen beglaubigter Prophet (vgl. 3,2; 7,51; 11,47f). Sie aber wollen ihn wegen Blasphemie töten (5,18; 10,31ff), und zum Töten brauchen sie den römischen Richter (18,31).

Das ist die eine Ebene der Darstellung. In einem Kommentar (18,32; vgl. 12,32) weist der Autor auf die andere hin: Jesu Tod ist zugleich seine *Erhöhung* von der Erde (vgl. 3,14f; 12,31), deshalb muß sie am Kreuz erfolgen, als römische Hinrichtung und nicht als Steinigung (vgl. 8,59; 10,31). Hinter dem Geschehen waltet geheimnisvoll Gottes Heilswille (3,16ff).

Die zweite Szene (18,33-38a): Eigentlich ist der Prozeß bereits zu Ende, und Pilatus müßte Jesus freilassen, weil gegen ihn keine Anklage vorgebracht wird. Da er aber seine Hand den gegnerischen *Juden* schon bei der Gefangennahme Jesu geliehen hat, als er ihnen einen Militärtrupp zur Verfügung stellte, kann er die Sache nicht einfach niederschlagen. Er war der Meinung, bei Jesus handele es sich um einen politischen Aufrührer, der ein "*König der Juden*" sein wollte. Deshalb greift er nun von sich aus die Angelegenheit auf und befragt Jesus.

Die Rückfrage Jesu hat Tiefendimension. Sie zeigt, wer in diesem Prozeß die entscheidenden Fragen stellt. Vordergründig gesehen fragt Jesus, ob Pilatus ihn als Privatmann angesprochen hat oder die offizielle Anklage vertritt. Beides muß Pilatus verneinen: Als Privatmann interessiert es ihn überhaupt nicht, ob Jesus der "*König der Juden*" ist, denn er ist ja kein Jude. Die offizielle Anklage bringt er jedoch auch nicht vor, denn "*dein Volk und die Hohenpriester*" haben Jesus ohne Anklage an Pilatus ausgeliefert. Der Richter hat also gegen Jesus nichts in der Hand! Deshalb die verlegene Frage: "*Was hast du getan?*" Auf einer höheren Ebene zielt Jesu Rückfrage auf etwas anderes, nämlich auf die Glaubensbereitschaft des Pilatus. Würde er "*von sich aus*" nach Jesu Würde fragen, könnte ihm Jesus zum Retter werden (vgl. 4,42), auch als "*König der Juden*", denn "*die Rettung kommt aus den Juden*" (4,22). Pilatus ist somit in die Entscheidung gestellt. Er ist zur Stellungnahme für Jesus aufgerufen; doch das weist er von sich: "*Bin ich denn ein Jude?*"

Jesus antwortet trotzdem auf beide Fragen des Pilatus. Zunächst spricht er von seinem *Königreich*, das nicht irdisch-politisch ist. Sonst hätte er bei seiner Festnahme doch wohl Gegentruppen aufgeboten! Stattdessen hat er die Gegenwehr des Simon Petrus im Keim erstickt (vgl. 18,10f) und sich den gegnerischen *Juden* selbst ausgeliefert, die ihn an Pilatus übergeben haben (18,35). Damit ist die Frage des Richters, ob er der politische "*König der Juden*" zu sein beanspruche, abgewiesen und widerlegt.

Pilatus versteht richtig: "*Also bist du doch ein König?*" Welche Chance, weiterzufragen nach dem *Reich* und dem *König*, die nicht "*aus dieser Welt*" sind, sondern sie transzendieren! In diesem Sinne hat sich Pilatus nicht geäußert. Seine Einlassung sollte die Sache schon ins Lächerliche ziehen: Jesus ist für ihn ein völlig uninteressanter "König" im Reich der Phantasie. Dennoch löst Pilatus Jesu Antwort auf seine zweite Frage aus, was er getan habe: Jesus ist ein König, und um diese Wahrheit zu bezeugen, wurde er geboren und ist (aus einer anderen) in diese Welt gekommen. Dieses Zeugnis hat er abgelegt (vgl. 3,11f; 3,32; 8,45ff; vgl. 1,17). Das also hat er getan. Schon die Formulierung zeigt an, daß die von Jesus bezeugte *Wahrheit* er selbst ist als der König aus dem Reich der Wahrheit. Die *Wahrheit* ist die Wirklichkeit Gottes (vgl. 8,26f), der nicht "*aus dieser Welt*" ist: Sein Zeuge *in* der Welt ist der Mensch Jesus (14,6f).

Jetzt wäre die *Stunde* da, in der Pilatus die *Stimme* des Sohnes Gottes hören und das Leben gewinnen könnte (vgl. 5,24f). Aber dazu müßte er "*aus der Wahrheit*" sein oder "*aus Jesu Schafen*", also "*von oben*" bzw. "*aus Gott geboren*", somit ein Glaubender (1,12f; 3,3.5-8; 3,33; 8,47; 10,4f.16.27). Seine Schlußfrage jedoch zeigt, daß er all das nicht ist. Die Frage "*Was ist Wahrheit?*" ist so abweisend und verständnislos wie die des Nikodemus: "*Wie soll das geschehen?*" (3,9) oder die der gegnerischen *Juden*: "*Wer also bist du?*" (8,25). Pilatus will von der *Wahrheit*, die Jesus ist und bezeugt, im Grunde nichts wissen. Er will neutral sein und sich heraushalten, draußenbleiben. Er sympathisiert nicht, und deshalb kann er nicht verstehen. Er will selbst über die Wahrheit urteilen und wird so zum Spielball der Unwahrhaftigkeit; das zeigt die Fortsetzung.

Die dritte Szene (18,38b-40): Die eigene Untersuchung des Richters hat ergeben: Es gibt keinen Grund zur Anklage gegen Jesus. Deshalb stellt Pilatus vor den *Juden* die Unschuld Jesu fest und bietet ihn zur Paschaamnestie an. Das würde nur dann einen Sinn ergeben, wenn Jesus zu Recht und aufgrund eines Verbrechens in Haft wäre. Pilatus muß daher die unausgesprochene Anklage gegen Jesus scheinbar aufrecht erhalten und nennt ihn - im Widerspruch zu sich selbst - den "*König der Juden*". Das ist gewiß ironisch und als Spott gemeint und deckt doch die innere Unwahrhaftigkeit des Pilatus auf. Er meint, mit den *Juden* spielen und sie übertölpeln zu können: Sie aber lösen sich lieber einen "echten" Kriminellen zur Amnestie aus.

Exposition und vierte Szene (19,1-3.4-7): Die Taktik des Pilatus ging nicht auf. Doch weil er sich nicht entschließen konnte, seinen unschuldigen Gefangenen freizulassen, muß er ihn wohl oder übel *nehmen*. Er möchte ihn gerne loswerden, darauf zielt seine folgende Aktion. Weil der Richter sich aber für die Wahrheit nicht interessierte, wundert es nicht, daß er nun willkürlich handelt: Er läßt Jesus geißeln, und aus ihm einen Narren machen, der Mitleid erregen oder Desinteresse hervorrufen soll. Gleichwohl spielt die unausgesprochene Anklage gegen Jesus weiterhin eine Rolle, freilich als Spott und Hohn. Willkür und Inkonsequenz des Pilatus zeigen, daß er längst zum Schuldigen geworden ist, auch in seinem verzweifelten Bemühen, sich Jesus "vom Halse" zu schaffen.

Er knüpft in der neuen Verhandlung mit den *Juden* an seine frühere Unschuldsfeststellung an (18,38): "*Damit ihr erkennt, daß ich keine Schuld an ihm finde*" (19,4). Um das zu unterstreichen, läßt er Jesus herauskommen, als Spottkönig und entwürdigten Menschen, über den sie feixen und sich lustig machen sollen. Nur der Glaube erkennt in dem Erniedrigten den König der Wahrheit (18,37) und in dem zerschlagenen *Menschen* den göttlichen Logos (1,14). Pilatus will sagen: Vor euch steht *ein Mensch*, und nichts als ein Mensch!

Wie sehr er sich auch bemüht, die gegnerischen *Juden* in ihrem Haß gegen Jesus zu besänftigen, die Ironie will es, daß er ihnen immer neue Stichworte gegen Jesus liefert. Die Hohenpriester und ihr Anhang bestehen auf seiner Kreuzigung, obwohl Pilatus aus der Sicht des römischen Richters noch einmal - schon zum drittenmal! - Jesu Unschuld feststellt. Erneut bietet er ihnen an, sie könnten doch selbst Jesus den Prozeß machen (vgl. 18,31) und ihn kreuzigen. Allerdings kann das nicht ernst gemeint sein, weil die Kreuzigung römische Tötungsart ist. Die *Juden*, denen vom Staat nicht erlaubt ist zu töten (18,31), berufen sich jetzt auf ihr Gesetz (18,31), nach dem Jesus sterben muß. Denn obwohl er nur ein Mensch ist, hat er sich zum Sohn Gottes gemacht (19,7; vgl. 10,33; 5,18). Damit ist heraus, worum es in diesem Prozeß in Wirklichkeit geht: um den religiösen Anspruch des Menschen Jesus, der Sohn und Gesandte Gottes zu sein, der Gottes Wort vermittelt (1,18; 3,11 u.ö.) und seine Werke tut (5,19ff u.ö.). Es geht um jenen Konflikt zwischen dem Gottgesandten und dem Teil des jüdischen Volkes, der ihn nicht aufnehmen will (vgl. 1,5.10f), wie ihn das JohEv dargestellt hat. In diesen Konflikt soll der Römer hineingezogen werden, soll ihn entscheiden und Jesus kreuzigen lassen.

Die fünfte Szene (19,8-11): Das Wort der *Juden* versetzt Pilatus in noch *größere* Angst. Erst an dieser Stelle sagt der Autor, daß das bisherige Verhalten des Pilatus von Furcht und Angst geprägt war: Seine Ironie, sein Lavieren, seine Unentschiedenheit waren nicht Ausdruck souveräner Selbstgewißheit, sondern Sorge um seine Person. Pilatus fürchtete, in diesem Konflikt beschädigt zu werden, deshalb wollte er sich heraushalten. Er gab Jesus nicht frei, obwohl er seine Unschuld erkannt hatte, und ließ ihn geißeln und verspotten, um die Lacher auf seiner Seite zu haben. Jetzt fürchtet er, sich an einer geheimen Gottheit zu versündigen. Darum wendet er sich im zweiten Gespräch wieder an Jesus und fragt ihn: "*Woher bist du?*" Es ist dies in der Tat die entscheidende christologische Frage (7,27f; 8,14; 16,28; 17,8; vgl. 2,9; 3,8), aber Pilatus müßte sie sich selbst beantworten. Bereits nach dem ersten Gespräch mit Jesus wäre er dazu in der Lage gewesen, sofern er sich der Wahrheit geöffnet hätte. Jesus hatte ihm das Wesentliche schon gesagt; mehr kann er nicht mitteilen. Überreden nützt nichts, wenn die Bereitschaft zum Hören fehlt (vgl. 8,25; 10,24). Deswegen schweigt Jesus, und sein Schweigen treibt den Dialog weiter, als ob er geantwortet hätte.

Pilatus wirft sich in die Brust: Er ist Vertreter der Staatsmacht, hat die Vollmacht, Jesus "*freizulassen oder zu kreuzigen*"! Hat er sie wirklich?

Die Möglichkeit einer Freilassung hat er längst verspielt (18,38-40; 19,4f). Zu sehr ist er in die Intrige der *Juden* bereits verstrickt. Er wird Jesu Kreuzigung vollziehen *müssen*, ob er will oder nicht. Er ist keineswegs mehr Herr über seine Entschlüsse, er ist mitnichten *vollmächtig*, sondern spielt nur die Rolle, die ihm übertragen wurde. Die *Juden* haben ihn mißbraucht, weil sie einen Vollstrecker ihrer Todespläne an Jesus benötigten (18,31). Doch im Heilsplan Gottes hat Pilatus ebenfalls eine Rolle wahrzunehmen: Jesu Tötung wird seine *Erhöhung* sein, deshalb muß Jesus am Kreuz und nicht durch Steinigung sterben (18,32; vgl. 12,32; 3,14f; 8,57; 10,30f). In diesem Heilsplan hat Pilatus einen festen Platz. Ihm ist die *Rolle*, Jesus zur Kreuzigung zu verurteilen, "*von oben gegeben*" worden; nur dazu darf er über Jesus Macht ausüben. Es geht in Jesu Wort an Pilatus also nicht darum, daß alle staatliche Macht "*von oben*" und somit göttlich legitimiert sei.

Dennoch hat Pilatus sich schuldig gemacht. Seine Schuld ist nicht die Tötung Jesu am Kreuz; er hat ja kein Interesse an einer Hinrichtung Jesu. Dazu haben andere ihn getrieben. Sie tragen die größere Schuld. Pilatus' Schuld ist vielmehr seine Angst um sich selbst und daß er die Wahrheit verleugnet. Das wird darin offenkundig, daß er nicht zu Jesus steht, wenngleich er ihn für unschuldig hält, daß er mit der Wahrheit Spott und Hohn treibt und Jesus als "*König der Juden*" zum Narren macht.

Die sechste Szene (19,12): Pilatus sucht einen Weg, Jesus freizulassen. Aber es ist zu spät! Er meinte, das Vorgehen der *Juden* gegen Jesus ironisieren zu können, statt ihm zu widerstehen, und hat ihm damit nachgegeben. Seine Haltung schlägt auf ihn zurück. Es ist, als ob die Stimmen der gegnerischen *Juden* von draußen in das Innere des Amtsgebäudes dringen und sich die Szenen so vermischen. Die *Juden* drohen mit der Denunziation des Pilatus beim Kaiser, auf dessen Wohlwollen er angewiesen ist, will er bleiben, was er ist. Hat er nicht Jesus gerade noch von seinen Soldaten geißeln und als "*König der Juden*" verhöhnen lassen? Warum läßt er ihn dann nicht auch hinrichten? Diese Inkonsequenz dürfte ausreichen, um ihn beim mißtrauischen Imperator in Verdacht zu bringen und in Ungnade fallen zu lassen. Seine *Vollmacht* hat er allein zu dem Zweck, *jeden* Widerspruch gegen die weltliche Macht des Kaisers gnadenlos auszumerzen.

Die siebte Szene (19,13-16a): Der Drohung der *Juden* ist Pilatus nicht mehr gewachsen. Er muß nun ausführen, was er soll, und der Hinrichtung Jesu zustimmen (18,32). Die siebte Szene könnte im Grunde unmittelbar an die erste anschließen. Der gesamte "Prozeß" dazwischen hat nichts geklärt, sondern die Handlung nur aufgehalten. So kommt es, daß Pilatus die Sache treiben läßt, und das Ende, das er setzen und verantworten muß, ist so willkürlich wie der Anfang, der auf das Konto der Gegner Jesu ging.

Wie in 19,4f führt Pilatus Jesus - weiterhin mit den Insignien eines Spottkönigs angetan - hinaus und nimmt Platz, um als Richter zu fungieren. Der Autor gestaltet eine hochoffizielle Szene, für die er ausdrücklich Ort und Zeit protokolliert: Es ist Mittag des Rüsttages zum Paschafest; im Tempel beginnt das Lämmerschlachten. Pilatus muß an der unausgesprochenen Anklage festhalten, obwohl er sie für widerlegt hält, und proklamiert: "*Da, euer König!*" Die Szene spitzt sich dramatisch zu. Pilatus treibt die *Juden* in die Enge: "*Euren König soll ich kreuzigen?*" Daraufhin sagen sich die Hohenpriester von der ureigensten, der konstituierenden Hoffnung Israels los: vom Königtum Gottes und seines Gesandten. "*Wir haben keinen König außer dem Kaiser!*" Dieser Ruf gilt von nun an: Weil sie den König der Wahrheit (18,37; vgl. 1,49; 12,13) ablehnen, haben sie keinen König mehr zu erhoffen. Sie sind ein profanes Volk geworden. Die Hohenpriester selbst haben herbeigeführt, wovor sie sich in 11,48 fürchteten: Sie haben den Römern das Volk und den Tempel ausgeliefert. Das dürften Autor und erste Leser hinter der Szene sehen.

Ein Urteil des Pilatus wird nicht berichtet. Der Römer *übergibt* Jesus zur Kreuzigung. Doch wem? Denen, die ihm Jesus ausgeliefert haben (18,28; 19,11)? Wie in 18,28 bleibt die Identität absichtsvoll offen. Natürlich sind es *Soldaten*, die später die Hinrichtung vollziehen (19,23f.32ff), wahrscheinlich dieselben, die schon in 18,4ff mit den *Juden* kooperierten; dann sind also die gegnerischen *Juden* an der Kreuzigung beteiligt. Weil sie nicht das Recht zu töten haben, bedienen sie sich der römischen Soldaten als Werkzeuge. Oder sind sie durch ihre Unterwerfungsadresse an den Kaiser bereits zu staatstreuen Untertanen geworden, die im Interesse des Kaisers jeden Widerspruch gegen ihn aktiv unterdrücken dürfen? Jedenfalls ist die Darstellung voll bitterer Ironie.

3. Kreuzigung, Tod und Bestattung Jesu: 19,16b-42

Sie übernahmen nun Jesus. [17]Er trug sein Kreuz selbst und ging hinaus an den Ort 'Schädelstätte', auf hebräisch Golgotha. [18]Dort kreuzigten sie ihn und mit ihm zwei andere, links und rechts, Jesus aber in der Mitte.
[19]Pilatus ließ aber auch eine Tafel schreiben und an das Kreuz anbringen. Sie lautete: Jesus von Nazaret, der König der Juden. [20]Diese Tafel lasen nun viele von den Juden, weil der Ort, wo Jesus gekreuzigt wurde, nahe bei der Stadt war. Sie war auf he-

bräisch, lateinisch und griechisch geschrieben. [21]*Da sagten die Hohenpriester der Juden zu Pilatus: "Schreibe doch nicht: Der König der Juden, sondern: Er hat gesagt, ich bin der König der Juden."* [22]*Pilatus antwortete: "Was ich geschrieben habe, bleibt geschrieben."*

[23]*Als die Soldaten Jesus gekreuzigt hatten, nahmen sie seine Kleider und machten vier Teile, jedem Soldaten ein Teil, - und den Leibrock. Der Leibrock war aber ohne Naht, von oben an in einem Stück durchgewebt.* [24]*Da sagten sie zueinander: "Wir wollen ihn nicht zerreißen, sondern um ihn losen, wem er gehören soll." So sollte die Schriftstelle erfüllt werden: Sie haben meine Kleider unter sich aufgeteilt und über mein Gewand das Los geworfen. Das also taten die Soldaten.*

[25]*Bei dem Kreuz Jesu standen aber seine Mutter und die Schwester seiner Mutter, Maria, die Frau des Klopas und Maria Magdalena.* [26]*Als Jesus die Mutter und bei ihr den Jünger, den er liebte, stehen sah, sagt er seiner Mutter: "Frau! Da, dein Sohn."* [27]*Darauf sagt er dem Jünger: "Da, deine Mutter." Und von jener Stunde an nahm der Jünger sie bei sich auf.*

[28]*Danach, im Wissen, daß schon alles vollendet ist, sagt Jesus, um die Schrift zu vollenden: "Ich habe Durst."* [29]*Es stand dort ein Gefäß voll Essig. Sie steckten nun einen Schwamm voll Essig auf ein Ysoprohr und hielten ihn an seinen Mund.* [30]*Als Jesus nun vom Essig genommen hatte, sagte er: "Es ist vollendet!" Und er senkte seinen Kopf und übergab den Geist.*

[31]*Weil Rüsttag war und damit die Leiber nicht während des Sabbats am Kreuz blieben - jener Sabbat war nämlich ein großer Festtag -, baten die Juden Pilatus, daß jenen die Knochen zerschlagen und sie herabgenommen würden.* [32]*Da kamen die Soldaten und zerschlugen dem ersten die Knochen und ebenso dem anderen Mitgekreuzigten.* [33]*Als sie aber zu Jesus kamen und wie sie sahen, daß er schon tot war, zerschlugen sie ihm die Knochen nicht.* [34]*Stattdessen stach einer der Soldaten mit einer Lanze in seine Seite, und sofort kam Blut und Wasser heraus.* [35]*Und der es gesehen hat, hat es bezeugt, und sein Zeugnis ist wahr, und er weiß, daß er die Wahrheit sagt, damit auch ihr glaubt.* [36]*Das geschah nämlich, damit die Schrift erfüllt werde: Kein Knochen von ihm soll zerbrochen werden.* [37]*Eine andere Schriftstelle wiederum sagt: Sie werden auf den schauen, den sie durchbohrt haben.* [38]*Danach aber bat Josef von Arimathäa, der ein Jünger Jesu war - aber nur heimlich, aus Furcht vor den Juden - den Pilatus, den Leichnam Jesu abnehmen zu dürfen. Und Pilatus*

gestattete es. Er kam nun und nahm seinen Leichnam ab. [39]Es kam aber auch Nikodemus, der einmal in der Nacht zu ihm gekommen war, und brachte eine Mischung von Myrrhe und Aloe, an die hundert Pfund. [40]Sie nahmen nun den Leichnam Jesu und wikkelten ihn mit den Duftstoffen in Leinentücher, wie es Begräbnissitte bei den Juden ist. [41]Dort, wo er gekreuzigt worden war, war aber ein Garten und in dem Garten ein neues Grab, in das noch niemand gelegt worden war. [42]Weil das Grab in der Nähe war, legten sie Jesus wegen des Rüsttags der Juden dahinein.

Gliederung: Der Abschnitt läßt sich in mehrere Szenen gliedern, die eng aufeinander bezogen sind. Zwei Szenen werden dadurch deutlicher hervorgehoben, daß sie mit *danach* eingeleitet werden (19,28-30; 19,38-42). Die eine schildert das *Sterben* Jesu, die andere sein *Begräbnis*. Die Szenen *vor* dem Sterben sind alle bezogen auf den Vorgang der Kreuzigung und seinen Ort, die beide immer wieder erwähnt werden (19,18.19.20.23.25; vgl. 19,41). Die Szenen *nach* dem Sterben sind durch die Zeitangabe *Rüsttag* (19,31.42) und den dargestellten Zeitdruck gekennzeichnet, hervorgerufen durch den unmittelbar bevorstehenden Pascha-Sabbat (19,31).

1. Szene: 19,16b-18
Ortsangabe: *Golgotha*
"ehrenvolle" Kreuzigung Jesu
"*in der Mitte*"

2. Szene: 19,19-22
(Ortsangabe)
Pilatus/Hohepriester
Proklamation Jesu als
"*König der Juden*"

3. Szene: 19,23-24
Soldaten
erfüllen die Schrift (Ps 22)

4. Szene: 19,25-27
Jesus setzt Stellvertreter ein
Mutter Jesu ist wieder anwesend
(vgl. 2,1-11)

5. Szene: 19,28-30 (*danach*)
Jesus *vollendet* die Schrift (Ps 22)
und sein ganzes Werk

6. Szene: 19,31-37
Pilatus/Juden
Demonstration Jesu als
wahres Paschalamm
der *wahre Zeuge*

7. Szene: 19,38-42 (*danach*)
Ortsangabe: *Garten nahe bei Golgotha*
Kreuzesabnahme Jesu
"ehrenvolle" Bestattung in einem "*neuen Grab*"

19,16b-18: Subjekt der Szene sind die Personen von 19,16a, also die Hohenpriester und die ihnen zur Verfügung stehenden Soldaten (19,23f.32. 34). Der Autor betont (gegen die Synoptiker?), daß Jesus *selbst* - allein! - das Kreuz trug, und läßt so die Kraft und den freien Willen Jesu hervortreten (vgl. 18,4f; 10,17f). Das Hinrichtungskommando nimmt - voll Ironie und beißendem Spott - auf Jesu "Würde" Rücksicht (vgl. 19,1-3.14) und kreuzigt ihn "*in der Mitte*" von zwei Verbrechern. Pilatus hatte ihnen Jesus ja als "*König der Juden*" zur Kreuzigung übergeben.

19,19-22: Pilatus hält an dem Titel fest, selbst nachdem die Hohenpriester den Kaiser als ihren König anerkannt haben. Daher hat er ein Schild schreiben lassen, das oben am Kreuz angebracht wird und den Gekreuzigten und seine Schuld kennzeichnet: "*Jesus der Nazoräer, der König der*

Juden!" Damit ist Pilatus - unbeabsichtigt - zum Missionar und Verkünder Jesu für Juden und Heiden geworden. Die Tafel ist nämlich für alle im Lande verständlich.

Die Hohenpriester intervenieren und verlangen eine Korrektur der Tafelaufschrift. Aber müßte dann nicht der Prozeß neu aufgerollt und revidiert werden? Sie wollen differenzieren: Jesus sei nicht wirklich, sondern nur angeblich der "*König der Juden*". Ihre Forderung ist eine Frechheit. Hatten sie nicht zuvor darauf bestanden, Jesus widersetze sich als "*König der Juden*" dem Kaiser (19,12), während Pilatus das *jenseitige* Königtum Jesu für harmlos hielt (18,37f)? Warum legen sie überhaupt solchen Wert auf differenzierte Formulierungen, wenn sie außer dem Kaiser gar keinen König anerkennen wollen (19,15)? Freilich haben sie dann keinen *eigenen* König, und Jesus hätte freigesprochen werden müssen. Daher beharrt Pilatus auf seiner Inschrift: Ist Jesus nicht der "König der Juden", dann ist er unschuldig, ist er es aber, muß er gekreuzigt werden! Natürlich will Pilatus die *Juden* ärgern; dennoch hat er recht, ohne es zu ahnen: Erhöht am Kreuz erweist sich Jesus als wahrer König.

19,23-24: Die hintergründige Darstellung setzt sich fort: Das Hinrichtungskommando macht sich über das her, was Jesus am Leib getragen hat, und teilt es - durch Zerreißen - unter sich auf. Nur über den *Leibrock* müssen sie würfeln, weil sie ihn nicht teilen können. Das alles wirkt rücksichtslos und brutal, und doch vollzieht sich noch in diesem derben, habgierigen Treiben der Plan Gottes, wie ihn die Schrift enthält (vgl. Ps 22,19).

19,25-27: Jetzt erst, nachdem die für die Handlung Verantwortlichen und die sie Ausführenden gezeigt worden sind, wendet sich der Blick Jesus selbst und den Seinen zu. Jesus ist nicht ganz allein (trotz 16,32). Bei ihm sind Frauen - sind es drei oder vier? -, von denen bisher nur die Mutter Jesu im JohEv in Erscheinung getreten war (vgl. 2,1ff.12). Maria Magdalena wird den Lesern als erste Zeugin des Auferstandenen später wiederbegegnen (20,1.11ff). Die dritte (und vierte?) Frau tritt nicht mehr auf. War(en) sie den ersten Lesern bekannt? Neben den Frauen ist der *geliebte Jünger* (13,23; 18,15f) unter dem Kreuz anwesend, als einziger von den Jüngern. Wo ist Petrus, der *Erste* im Zwölferkreis? Was bedeutet es für den *geliebten Jünger*, daß er da ist? Denn um ihn geht es jetzt, und um Jesu Mutter; die anderen Frauen sind nur Staffage. Der sterbende Jesus weist seine Mutter auf den *geliebten Jünger* hin: "*Frau! Da, dein Sohn*". Er, der beim Abschiedsmahl im Schoß Jesu lag (13,23; vgl. 1,18), wird der Mutter als *Sohn* zugewiesen: Damit tritt er an die Stelle Jesu! Und der Jünger soll Jesu Mutter als seine eigene Mutter ansehen und tut es: "*Von jener Stunde an*" nimmt er sie in seinem Hause auf.

Der Leser spürt, daß die kleine Szene hochbedeutsam ist. Doch was bedeutet sie? Zunächst gewiß, daß Jesus eine letztwillige Verfügung für seine Mutter trifft und für sie sorgt. Die Durchführung dieses Teils der Verfügung Jesu wird geschildert: Der *geliebte Jünger* nimmt Jesu Mutter bei sich auf. Wußten die ersten Leser noch etwas darüber, wo Jesu Mutter nach seinem Tod gelebt und wer sie versorgt hat? Denn bei aller Hintergründigkeit - die Mutter Jesu ist im JohEv eine konkrete Gestalt (vgl. 2,1.3.12)! Sie ist so wenig eine Symbolfigur - etwa für das Judenchristentum oder die Kirche - wie die übrigen erwähnten Frauen.

Was bedeutet die Szene hinsichtlich des *geliebten Jüngers*? Vielleicht ahnten die ersten Leser bereits, wer dieser Jünger ist. Für uns wird er erst am Ende der Darstellung identifizierbar (vgl. 21,24). Auf jeden Fall muß auch er eine geschichtliche Gestalt sein, keine Symbolfigur. Wie sollte wohl eine Symbolfigur für Jesu Mutter sorgen? Ist sie konkret, dann der Jünger ebenfalls! Was wird über ihn bestimmt? Er soll Jesu Stelle einnehmen. Jesus sagt es seiner Mutter, doch weil nicht erzählt wird, daß und wie die Mutter den letzten Willen Jesu erfüllt, gilt die Bestimmung Jesu nicht nur ihr. Auch Jesus gehörte als *Sohn* nicht seiner Mutter (vgl. 2,4), sondern allen. Das gilt vom neuen Sohn der Mutter genauso: Er hat die Stelle Jesu, der zu seinem Vater zurückkehrt, für alle inne. Jesu letzter Wille über den *geliebten Jünger* richtet sich also an den Leser: Der Jünger nimmt ihm gegenüber Jesu Stelle ein!

Noch etwas wird dem Leser nicht entgehen: Das Auftreten der Mutter Jesu läßt ihn an 2,1ff zurückdenken. Damals hat sie durch ihren Glauben das erste Zeichen Jesu veranlaßt, als sie auf den fehlenden Wein bei der Hochzeit hinwies, den Jesus dann wunderbar bereitstellte, obwohl seine *Stunde* noch nicht da war (vgl. 2,4). Jetzt ist die *Stunde* gekommen, in der Jesus verherrlicht wird und er den Vater durch die Vollendung seines Willens verherrlicht (vgl. 12,23.28; 13,1.31f; 17,1.4). In dieser *Stunde* ist Jesu Mutter wieder bei ihrem Sohn. Nun wird ihre Bitte: "*Sie haben keinen Wein*" (2,3) endlich und überfließend erfüllt werden. Denn Jesu Tod wird die Heilsgaben freisetzen und zum Strömen bringen, die Leben in Fülle bedeuten.

19,28-30: Die Darstellung setzt neu an: "*Danach, im Wissen darum, daß schon alles vollendet ist, sagt Jesus, damit die Schrift vollendet werde ...*" (19,28). Auf diese Weise wird zum Ausdruck gebracht, daß jetzt das Allerletzte folgt, was Jesus als der Gesandte Gottes auf Erden tun will, damit sein Wirken abgeschlossen und vollendet wird. Alles was zuvor dargestellt wurde, der engere Kontext (19,16b-27) und das gesamte Wirken Jesu im JohEv, werden als planvolles und gewolltes Geschehen ausgewiesen, als Wille und Werk Gottes, die Jesus erfüllen sollte (4,34; 5,19; 6,39f; 10,17f;

17,4). Darin ist auch das Vermächtnis Jesu für den *geliebten Jünger* und seine Mutter eingeschlossen. Mit ihm erwies Jesus die Liebe zu den *Seinen* "*bis zur Vollendung*" (13,1).

Nun bringt er noch aktiv die Schrift zur Vollendung, die prophetisch von ihm redet, wenn er ausruft: "*Ich habe Durst!*" In diesem Ruf und in der folgenden Essigtränkung kommen erneut der schon 19,23f ausdrücklich zitierte Psalm 22,16 und der Psalm 69,22 in den Blick. Ob der Autor auch an Ex 12,22 denkt, ist fraglich, obgleich er Jesu Sterben als die Erfüllung des Paschafestes ansieht. Jedoch nicht der lebende Jesus, der hier mit Essig noch einmal "erfrischt" wird, sondern der tote Jesus ist das wahre Paschalamm. Es ist daher unwahrscheinlich, daß die Benutzung des Ysopbüschels auf den Pascharitus hinweist.

Jesus lehnt das Essiggetränk nicht ab, sondern nimmt es an. Nur dadurch erfüllt er die Schrift wirklich. Wie die Vollendung des Willens Gottes seine *Speise* ist (4,34), ist die Vollendung der Schrift sein *Trank*. Damit ist alles *vollendet*! Wie ein Siegesruf wirkt Jesu letztes Wort (vgl. 16,33). Jetzt wird geschichtliche Realität, was Jesus im Gebet zum Vater vorweggenommen hat (17,4). In vollkommener Freiwilligkeit und Selbsthingabe "*übergibt er, indem er den Kopf neigt, den Geist*". Wem?

19,31-37: Den *Juden* ist der schnelle Tod Jesu wohl entgangen. Immer noch in Sorge um die Reinheit ihres Pascha-Sabbats (vgl. 18,28) werden sie nämlich bei Pilatus vorstellig und erbitten, daß das Sterben aller Hingerichteten beschleunigt wird, damit die Leichen noch vor Anbruch des Sabbats am Abend weggeschafft werden können und das Land nicht verunreinigt wird (vgl. Dtn 21,22f). So veranlassen sie, ohne es zu ahnen, daß Jesus als das wahre Paschalamm erwiesen wird und bezeugt werden kann. Die Henker führen an den beiden noch lebenden Mitgekreuzigten Jesu das grausame Geschäft des Knochenzerbrechens aus. Weil Jesus jedoch schon tot ist, stößt ein Soldat mit einer Lanze in seine Brust. Die Absicht dürfte vor dem Hintergrund des Knochenzerbrechens, mit dem der Tod der Mitgekreuzigten herbeigeführt wird, die amtliche Feststellung sein, daß Jesus längst tot ist. Das wird sogleich bestätigt: "*Sofort floß Blut und Wasser heraus*" (19,34). Damit wird der eingetretene Tod angezeigt. Ob dahinter die Vorstellung steht, daß beim Tod die Leibessäfte des Menschen sich voneinander scheiden, mag dahingestellt bleiben. Jedenfalls stellt der Soldat durch seinen Stich nur den bereits eingetretenen Tod fest; er tötet Jesus nicht erst.

Für den Autor hat die Darstellung 19,32ff allerhöchste Bedeutsamkeit; deshalb schließt er drei kommentierende Bemerkungen an. Die dritte deutet den Lanzenstich (19,37), die zweite bewertet die Tatsache, daß *Jesu* Knochen nicht zerbrochen wurden (19,36). Dann wird der erste Autorkommentar auf den Blut- und Wasserfluß aus Jesu Brust abzielen (19,35). Darin wird für den Autor und seinen *Augenzeugen* mehr sichtbar als nur der eingetretene Tod Jesu; der steht für sie seit 19,30 fest. Der *Augenzeuge* ist somit nicht der Soldat, der den Lanzenstich ausführt, sondern dürfte der *geliebte Jünger* von 19,26f sein, der - beim Kreuz Jesu stehend - ebenso wie der Soldat das Hervorquellen von Blut und Wasser aus Jesu Brust beobachten konnte. Das Geschaute hat er als heilswichtige Tatsache bezeugt (vgl. 1,34; 3,11.32), und "*wahrhaftig ist sein Zeugnis*" - das sagt der Autor! -, "*und er selbst weiß, daß er wahr redet*". Sein Zeugnis wurde Teil des JohEv; in 19,34f liegt es vor. Es gibt also zwei Bürgen für die Wahrheit des Zeugnisses (vgl. 8,17): den *Augenzeugen* und den Autor bzw. das literarische Werk des JohEv. Ihr doppeltes und deshalb wahrhaftiges Zeugnis gilt den Lesern: "*... damit auch ihr glaubt!*"

Woran sollen die Leser glauben? Sicher nicht an die Tatsache des Todes Jesu, wohl aber an seine Bedeutung und Wirkung. Sie wird im Blut- und Wasserfluß aus Jesu Brust erkennbar. Im Blut wird sichtbar, daß Jesus "*sein Fleisch für das Leben der Welt*" gegeben hat (6,51). In der eucharistischen Gabe des Weines wird es zum Heil getrunken (6,53f). So dürfte denn in dieser *Stunde* aus Jesu Brust der wahre *Wein* fließen, auf den die Weingabe in Kana als Zeichen hinwies (vgl. 2,4). Im *Wasser* sollen die Leser jene Quelle erkennen, aus der Jesus allen Lebensdurst stillen will (4,14), die "*Flüsse lebendigen Wassers*", die der *Heilige Geist* sind (7,38f). Aus dem "*Tempel seines Leibes*" (2,21) brechen die Quellen auf, und die Flüsse beginnen zu strömen (7,38), von denen die Schrift spricht (Sach 13,1; 14,8). Jetzt gibt Jesus den Geist, ohne kleinliches Maß (3,34).

Der zweite Kommentar (19,36) erweist Jesus als das wahre Paschalamm (vgl. 1,29.35), an dem "*kein Knochen zerbrochen*" wird (Ex 12,46; Num 9,12), als den wahrhaft Gerechten (Ps 34,21). Erst am Kreuz geschieht, worauf das jüdische Paschafest nach Meinung des Autors immer schon hingewiesen hat: Befreiung aus der Knechtschaft der Sünde.

Der dritte Kommentar nimmt den Lanzenstich in den Blick (vgl. Sach 12,10) und deutet ihn noch einmal, wie zuvor 19,34f, als Heilszeichen. Man muß ihn mit 3,14f; 8,28; 12,32 zusammensehen, dann ergibt sich eine geschlossene Anschauung.

19,38-42: Nachdem der Tod Jesu und seine Bedeutung eindrucksvoll festgestellt worden sind, wird nun die Absicht der *Juden* verwirklicht, die Leiber der Hingerichteten vor Anbruch des Pascha-Sabbats wegzuschaffen (19,31). Das übernimmt Josef von Arimathäa, dem später Nikodemus hilft. Josef erbittet von Pilatus den Leichnam Jesu zu einem ordentlichen Begräbnis, und Pilatus gestattet es ihm. Mit Jesus wird anders verfahren als mit den übrigen Hingerichteten. Für sie sind die Soldaten zuständig.

Josef tut den letzten Dienst an Jesu totem Leib, weil er ein Jünger Jesu ist. Sein Tun ist Hochschätzung. Er will nicht zulassen, daß Jesu Leiche wie die der beiden Verbrecher von den Soldaten weggeschafft wird. Gleichwohl handelt er im Interesse der gegnerischen *Juden*, denen daran liegt, daß um *ihres* Paschafestes willen das wahre Paschalamm verschwindet und die *Erhöhung* am Kreuz rückgängig gemacht wird.

Die Darstellung ist von eigenartiger Zweideutigkeit: Weder die beim Kreuz anwesenden Frauen noch der *geliebte Jünger* führen die Bestattung Jesu aus oder helfen bei ihr mit, sondern das tut ein heimlicher Jünger, der seine Jüngerschaft "*aus Furcht vor den Juden*" nicht offen bekennt. Obwohl Jünger, handelt er *als Jude*. Die *Juden* sollen annehmen, er sei in ihrem Sinne tätig.

Nach 7,13; 9,22 und insbesondere nach 12,42f wirft die obige Kennzeichnung einen Schatten auf Josef. Er ist kein entschiedener Jünger Jesu, sondern gehört zu einer Gruppe von Sympathisanten, die aus Rücksicht auf Ansehen und Stellung, und um nicht aus der Synagoge ausgeschlossen zu werden, ihre Zuneigung zu Jesus verheimlichen. Vielleicht haben die ersten Leser in ihrem Umfeld öfter Erfahrungen mit solchen unentschiedenen Jesusanhängern gemacht.

Auch gegen Nikodemus, der Josef beim Begräbnis Jesu unterstützt, ist ein Vorbehalt möglich. Ausdrücklich weist der Autor zurück auf jene Nacht nach dem ersten Paschafest, als Nikodemus mit Jesus ein Gespräch führte und nichts begriff (3,1ff). Zwar hat er sich bei seinen Kollegen dafür eingesetzt, Jesu Worte und Taten zumindest zur Kenntnis zu nehmen, ehe sie ihn verurteilen (7,50f), doch für sich hat er keine Konsequenzen gezogen. Er ist kein Glaubender und gehört nicht zu den *Seinen* Jesu. Über seine Jesusverehrung, die in der Szene zum Ausdruck kommt, liegt ein Schleier des Mißverstehens und Nichtbegreifens. Er schafft große Mengen (ca. 33 kg) eines Gemisches von Myrrhe (zerstampftes Duftharz) und Aloe (zerriebenes Duftholz) auf der Basis von Olivenöl herbei, das den Verwesungsgeruch überdecken soll. Seine Absicht ist wohlmeinend: Er will dem Leichnam Jesu damit letzte Ehre erweisen, daß der Verwesungsvorgang überdeckt wird. Seine Handlung macht sein Mißverständnis offenbar, Jesu toter Leib würde wirklich in Verwesung geraten. Der Leser dagegen weiß, daß der Aufwand, den Nikodemus treibt, gar nicht nötig ist. Er wird die Darstellung mit Befremden lesen, zumal er sich erinnert, daß Jesus bereits für den Tag seines Begräbnisses gesalbt wurde (12,7). Das wissen auf der Ebene der Darstellung auch der *geliebte Jünger* und (vielleicht) die Frauen, die womöglich gerade deswegen nichts zur Bestattung Jesu beitragen.

Das freundliche und pietätvolle Bemühen der beiden sympathisierenden *Juden* um den Leichnam Jesu, den sie nach jüdischer Sitte für ein langes Verbleiben im Grab behandeln, wirkt also unnötig und vergeblich. Es ist Ausdruck der Verlegenheit, wenigstens den toten Jesus zu ehren, nachdem der Mord an ihm nicht zu verhindern war. Echter Glaube liegt darin nicht, erst recht nicht das Wissen, wer Jesus war und woher er kam. In der Bestattung des Leibes Jesu in einem nahegelegenen neuen Grab wird somit nur die Intention der *Juden* erfüllt, vor Anbruch des Pascha-Sabbats den Leichnam Jesu wegzuschaffen (19,42; vgl. 19,31).

Elftes Bild: 20,1-29

I. Die Analyse

1. Abgrenzung

Die Abgrenzung nach hinten ist einfach: 20,30f ist ein weiterer Epilog (vgl. 12,37-50), durch den der zweite Darstellungsbogen des JohEv (13,1-20,29) wirkungsvoll abgeschlossen wird: Die Leser werden direkt angesprochen. Der darstellende Text endet mit 20,29, einer indirekten Seligpreisung der Leser durch Jesus. Eine Auflösung der Szenerie erfolgt nicht. Weder wird gesagt, daß der Auferstandene die Jünger verläßt (bleibt er unsichtbar in ihrer Mitte?), noch daß sie am Ende aus Haus und Stadt weggehen, was in 21,1f allerdings vorausgesetzt ist.

Der Abschnitt 20,1-29 ist deutlich auf die beiden vorausgehenden Abschnitte zurückbezogen. Die Handlung spielt zunächst am Grab (20,1-18; vgl. 19,41), womit eine Verbindung zum zehnten Bild hergestellt wird, danach in einem Haus, wo die Jünger ängstlich versammelt sind (20,19-29) und das mit dem Ort der Abschiedsgespräche identisch sein dürfte (vgl. 13,1ff). Auf diese Weise wird ein Bezug zum neunten Bild geschaffen. Die Verbindungslinien werden durch die handelnden Personen verstärkt: Maria Magdalena (20,1f.11-18), Petrus und der *andere*, der *geliebte Jünger* (20,2-10) sowie alle übrigen Jünger mit Thomas (20,18.19-23.24-29) kamen im engeren Kontext bereits vor (Maria Magdalena in 19,25; Petrus in 13,6ff.24.36ff; 18,10f.15ff.25f; der *geliebte Jünger* in 13,23ff; 18,15f; 19,26f; die Jünger in 13,1.5.22; 16,17f.29f; Thomas in 14,5; vgl. 11,16).

Trotz der Verbindungen ist der Abschnitt aber vom vorausgehenden Kontext erkennbar abgesetzt, insbesondere durch die Zeitangabe in 20,1: Die Handlung spielt "*am ersten Tag nach dem Pascha-Sabbat*". Der Tag des Paschafestes wird übersprungen (vgl. 19,42); an ihm ruht der tote Jesus im Grab. Damit ist ein markanter Einschnitt angezeigt.

Der in 20,1 aufgenommene Faden läuft zunächst bis 20,17: Die Handlung beginnt am frühen Morgen beim Grab Jesu. Eine weitere Szene folgt "*am Abend*" desselben Tages im Haus der Jünger (20,19-23). Die Überleitung bildet 20,18. Die letzte Szene (20,26-29) findet acht Tage später (dem ersten christlichen "Sonntag"!) am selben Ort statt. Sie wird durch 20,24-25 eng auf 20,19-23 zurückbezogen, kann somit von jener Szene nicht abgetrennt werden. Unbeschadet einer weiteren inneren Gliederung haben wir in 20,1-29 eine in sich gerundete literarische Einheit vor uns.

2. Rückverweise/Wiederaufnahmen/Echos: Was die Leserinnen und Leser schon wissen!

Obwohl der Abschnitt die beiden vorausgehenden Bilder des JohEv in szenischer Hinsicht (Zeit, Ort, Personen) unmittelbar aufgreift und fortsetzt, finden sich in ihm keine direkten *Rückverweise* auf die bisherige Darstellung oder auf frühere Worte Jesu, hingegen durchaus indirekte wie in 20,5.6, wo den Tüchern, die bei der Bestattung Jesu verwendet wurden (19,40), eine wichtige Funktion zukommt: Sie liegen geordnet im Grab und weisen auf Jesu Auferstehung hin. Der *geliebte Jünger* kommt bei ihrem Anblick bereits zum Glauben (20,8). Bedeutung gewinnen ebenfalls die Kreuzigungswunden und die geöffnete Brust Jesu (20,20.24; vgl. 19,16ff. 34): Der Auferstandene *zeigt* sie als Erkennungsmerkmal den Jüngern, und Thomas bekennt nach ihrem Anblick: "*Mein Herr und mein Gott!*" Der Abschnitt ist eng mit dem vorherigen verbunden und enthüllt dessen Bedeutung.

Das zeigt sich auch an zahlreichen *Wiederaufnahmen* und *Echos*, in denen sich Jesu Wirken und seine Worte erfüllen. Der Auferstandene sendet Maria Magdalena zu den Jüngern und läßt ihnen sagen: "*Ich gehe (jetzt!) hinauf zu meinem Vater...*" (20,17); er ist also noch nicht hinaufgestiegen. Maria ist die letzte Zeugin, die den *irdischen* Jesus sieht, allerdings als Auferstandenen. Aufstieg und Rückkehr zum Vater, wie Jesus sie den Jüngern in der Abschiedsszene angekündigt hatte (vgl. 14,2f.5f.12.28; 16,17.28), ereignen sich *nach* der Begegnung Jesu mit Maria, so daß "*am Abend*" Jesus vom Vater her als Erhöhter und Verherrlichter zu den Jüngern zurückkehrt (20,19ff), wie er es in 14,18.28 versprochen hatte: Er zeigt sich ihnen, nicht aber dem Kosmos (14,21; vgl. 20,19); er kommt mit den Heilsgaben des *Friedens* (20,19.21; vgl. 14,27) und der *Freude* (20,20; vgl. 14,28; 15,11), und bringt den *Heiligen Geist* (20,22). Jetzt erfüllt sich, worauf Johannes der Täufer in 3,34 und der Autor in 7,39 als Ziel des Wirkens Jesu hingewiesen haben; vor allem Jesu *eigene* Ankündigungen gehen nun in Erfüllung (vgl. 14,26; 15,26f; 16,13ff).

Jesus *sendet* die Jünger aus, wie ihn der "*Vater gesandt hat*" (20,21). Damit greift er auf, was er schon früher (4,38) und zuletzt im großen Gebet angekündigt hat (17,18; vgl. 13,20). Die Jünger sollen durch den *Heiligen Geist* die von Jesus erwirkte Sündenvergebung weitergeben (20,23), indem sie als seine Zeugen (vgl. 15,26f) die *Wahrheit* präsent halten und die Scheidung der *Welt* fortsetzen (vgl. 15,22-24). Im Auftrag, den die Jünger erhalten, klingt Jesu ganzes Wirken nach, wie es im JohEv dargestellt worden ist (vgl. 1,10-13; 3,18; 8,24; 9,39.41; 18,37).

Eine *Wiederaufnahme* besonderer Art ist 20,29: "*Weil du mich gesehen hast, glaubst du...*" Thomas wird als Augenzeuge angesprochen, der zum Glauben gekommen ist. Darin kommt kein Tadel zum Ausdruck - auch die anderen Jünger haben acht Tage zuvor Jesus gesehen: Das *Sehen* sollte zum Glauben führen (vgl. 1,14; 1,39.50f; 2,11; 4,48; 6,2; 11,45), jedoch bei den meisten Augenzeugen hat es keinen Glauben hervorgebracht (6,26.36; 15,24). Thomas dagegen steht mit den übrigen Jüngern in der Reihe derer, die *gesehen* und geglaubt haben (1,34; 9,37f; 19,35; 20,8). Das Besondere an dieser Stelle ist, daß Jesus indirekt andeutet, daß die Zeit der Augenzeugenschaft jetzt zu Ende geht. Er preist diejenigen selig, die nicht mehr sehen werden und trotzdem glauben (20,29). Das *sichtbare* Wirken Jesu ist abgeschlossen und die Darstellung des JohEv deshalb an ihr Ende gekommen. Das macht der Epilog 20,30f deutlich.

3. Autorkommentare/Vorverweise/Leerstellen: Worauf die Leserinnen und Leser achten sollen!

Mit 20,29: "*Selig, die nicht sehen und doch glauben werden*" sind die Leser in den Blick genommen. Der Auferstandene weist über die Augenzeugen seines irdischen Wirkens hinweg auf alle Glaubenden hin, "*die durch ihr Wort an mich glauben*" (17,20). Gleiches gilt für 20,21f: Die sündenvergebende Wirksamkeit der Jünger in der Welt kommt in den Blick. Sie liegt außerhalb der "erzählten Zeit" des JohEv, in der Zeit der Leser.

Der *Autorkommentar* 20,9 hat eine ähnliche Funktion. Er erklärt, warum Petrus im Gegensatz zu dem "*anderen Jünger*" beim Anblick der Leichentücher nicht zum Glauben kam (20,8): Er kannte noch nicht die Hinweise der Schrift auf die Auferstehung Jesu (vgl. 2,17.22). Der *geliebte Jünger* ist, obwohl auch er die Schriften noch nicht kennt, wegen seines Glaubens dem Petrus überlegen (vgl. 13,23ff), was aber Petrus nicht herabsetzt. Die Leser dagegen kennen (inzwischen!) gemeinsam mit dem Autor die einschlägigen Schriften. Sie haben wie der *geliebte Jünger* das Zeichen der Leichentücher im Grab längst verstanden. Obwohl sie nicht *gesehen* haben, begreifen sie doch, worauf diese hinweisen.

Die Identität des *geliebten Jüngers* bleibt nach wie vor offen, ebenso wird die Erwartung einer Rehabilitation des Simon Petrus noch nicht erfüllt, durch 20,8f sogar zugespitzt. Dies sind die *Leerstellen* des Textes, auf deren Auffüllung der Leser wartet. Der Abschnitt 20,1-29 ist somit, obwohl er das Ende der irdischen Wirksamkeit Jesu darstellt, auf eine Fortsetzung hin angelegt.

4. Aufbau/Gliederung

Das elfte Bild wird durch Zeit- und Ortsangaben klar gegliedert, die Personenregie läßt seinen Aufbau erkennen.

Zeitangaben
Alle Szenen bis auf die letzte finden "*am ersten Tag nach dem Pascha-Sabbat*" statt (20,1.19), zuerst "*am frühen Morgen*", als "*noch Finsternis war*" (20,1), dann "*am Abend*" (20,19), wiederum bei Dunkelheit. Die letzte Szene spielt eine Woche später, am ersten nachösterlichen "Sonntag" (20,26). Die Tageszeit wird hier nicht erwähnt, doch soll sie der Leser wohl aus 20,19 hineinlesen.

Ortsangaben
Zwei Szenen sind "*am Grab*" lokalisiert (20,1.3.11; vgl. 19,41) und zwei "*im Haus*", in dem sich die Jünger eingeschlossen haben (20,19.26). Die Botschaft der Maria Magdalena an die Jünger leitet von dem einen zum anderen Ort über (20,18). Das Haus als Aufenthaltsort der Jünger ist allerdings schon in der ersten Szene präsent: Maria holt Petrus und den *geliebten Jünger* von dort zum Grab (20,2), und dahin begeben sich die beiden nach der Besichtigung des Grabes wieder zurück (20,10).

Personen
Mit dem Gang der Maria Magdalena zum Grab setzt die Darstellung ein. Zweimal geht von ihr eine Initiative aus: Sie ruft anfangs die Jünger zum Grab (20,2) und berichtet ihnen später von ihrer Begegnung mit dem Auferstandenen und überbringt seine Botschaft (20,18). Petrus und der "*andere Jünger*" untersuchen gemeinsam das leere Grab und sehen die geordneten Leichentücher, reagieren aber unterschiedlich. Der *geliebte Jünger* glaubt, und im Glauben begreift er, was er noch nicht wissen kann. Bevor der Auferstandene sichtbar erschienen ist, ist der Osterglaube schon da, genauso wie der Leser ihn aufgrund der Schrift nachvollziehen kann. Man könnte also den *geliebten Jünger* als Repräsentanten des Lesers bezeichnen.

Mit 20,11f treten noch zwei Engel auf den Plan, die jedoch von Maria nicht erkannt werden. Durch sie ist die Erscheinung Jesu vorbereitet, aber nur für die Leser. Seine Begegnung mit Maria Magdalena bildet den Höhepunkt.

Danach schwenkt die Darstellung über zu allen Jüngern (außer Thomas: 20,24f). In ihrer Mitte wird der von Maria verkündete *Herr* als der Auferstandene sichtbar. Er kommt zu ihnen aber als der *Verherrlichte*, der inzwischen zum Vater hinaufgestiegen ist. Zwischen seinem Erscheinen "*am frühen Morgen*" vor Maria und "*am Abend*" vor den Jüngern ist die von Jesus angekündigte entscheidende Wende (vgl. 16,28) eingetreten.

Die Erscheinung vor Thomas nach acht Tagen dient nicht dem Glauben des Thomas allein. Sie erfolgt wegen eines anderen Personenkreises, der nun in den Blick kommt: Die nachösterlichen Leser werden geradezu in die Szene hineingenommen. Sie, die in der gleichen Lage sind wie Thomas und vielleicht ähnliche Wünsche haben wie er, werden von Jesus seliggepriesen, weil sie zum Glauben kommen werden, ohne den Auferstandenen gesehen zu haben (20,29). Thomas ist somit in gewisser Weise ebenfalls Repräsentant der Leser wie vorher der *geliebte Jünger*, der in 20,8 den Glauben, ohne gesehen zu haben, wie er den Lesern einzig möglich ist, bereits vorbildhaft realisiert hat.

Duktus

Zentrum der Darstellung sind die Begegnungen Jesu mit Maria Magdalena (20,11-17) und den Jüngern (20,19-23), die eng aufeinander bezogen sind (20,17f). Dazwischen ereignet sich die entscheidende Wende: Jesus kehrt zum Vater zurück, von dem er ausgegangen war (16,28), und kommt als der *Verherrlichte* neu zu den Jüngern. In den beiden Szenen geht es somit um den Abschluß des Heilswirkens Jesu, der als irdischer Mensch die Welt verläßt, und um sein Weiterwirken als himmlischer Kyrios in den Jüngern.

Vor und nach den zentralen Szenen wird jeweils der Glaube an die Auferstehung und an den Auferstandenen dargestellt und über seine Bedingungen reflektiert. In der ersten Szene findet der *geliebte Jünger* zu einem Glauben, der für den Leser beispielhaft ist (20,8f). Die letzte Szene bietet im Munde des Thomas die Höchstform des Bekenntnisses: "*Mein Herr und mein Gott!*" (20,28; vgl. 1,1f), die auch der Leser nachsprechen soll, freilich nicht unter den gleichen Bedingungen, wie sie Thomas hatte (20,29). Die gesamte Darstellung zielt also auf den Leser. Um seines Glaubens willen wurde alles erzählt (vgl. 20,30f).

1. Szene: 20,1-10
"*am ersten Tag der Woche*"
frühmorgens am Grab

Personen: Maria Magdalena, Simon Petrus und der *geliebte Jünger*
Untersuchung des Grabes (20,3-7)
Glaube des "*anderen Jüngers*" (20,8) als Repräsentant der Leser

Autorkommentar: Leser kommen in den Blick (20,9)

2. Szene: 20,11-17
frühmorgens am Grab

Personen: Maria Magdalena und Jesus
Untersuchung des Grabes: Engel (20,11-13)
Begegnung mit Jesus (20,14f) und Bekenntnis (20,16)
Auftrag Jesu an die Jünger (20,17)

Überleitung: 20,18
Maria geht zu den Jüngern

3. Szene: 20,19-23
am Abend im Haus

Personen: Jünger und Jesus
Kommen Jesu (20,19b)
Wiedererkennen Jesu und Freude der Jünger (20,20)
Auftrag und Geistgabe (20,21-23)

4. Szene: 20,24-29
nach acht Tagen

Personen: Thomas und Jesus
Wiedererkennen Jesu durch Thomas (20,27)
Bekenntnis des Thomas (20,28) als Repräsentant der Leser

Kommentar Jesu mit Seligpreisung der Leser (20,29)

II. Die Handlung

1. Verwirrung und Glaube am leeren Grab: 20,1-2.3-10

20[1] Am ersten Tag der Woche aber kommt Maria Magdalena in aller Frühe, als es noch dunkel war, zum Grab und sieht, daß der Stein vom Grab weggewälzt ist. [2]Da läuft sie und kommt zu Simon Petrus und zu dem anderen Jünger, den Jesus liebte, und sagt zu ihnen: "Sie haben den Herrn aus dem Grab genommen, und wir wissen nicht, wohin sie ihn gelegt haben." [3]Da kamen Petrus und der andere Jünger heraus und gingen zum Grab. [4]Sie rannten aber beide miteinander, und der andere Jünger lief schneller als Petrus und kam als erster zum Grab. [5]Und als er sich vorbeugt, sieht er die Leinentücher daliegen, doch ging er nicht hinein. [6]Da kommt auch Simon Petrus nach ihm an und ging in das Grab hinein und sieht die Leinentücher daliegen. [7]Das Schweißtuch aber, das um seinen Kopf gebunden war, lag nicht bei den Leinentüchern, sondern gesondert zusammengelegt an einem eigenen Platz. [8]Danach trat auch der andere Jünger ein, der als erster beim Grab angekommen war; er sah es und glaubte. [9]Denn noch verstanden sie nicht die Schrift, daß er von den Toten auferstehen muß. [10]Die Jünger gingen dann wieder weg nach Hause.

Der Autor eröffnet den Abschnitt mit der Angabe des Tages: Es ist "*der erste Tag der Woche*". Zuvor hatte 19,31.42 Tod und Bestattung Jesu auf den Rüsttag datiert. Am Tag dazwischen, dem Paschasabbat, lag der tote Leib Jesu im Grab. In aller Frühe geht Maria Magdalena, die beim Kreuz Jesu gestanden hat (19,25), zum Grab, "*als es noch dunkel war*". Sie findet das Grab geöffnet, den Verschlußstein weggenommen (vgl. 11,39.41).

Die Darstellung ist hochsymbolisch und an vordergründigen Motivationen nicht interessiert. Der Leser ahnt, daß Maria aus keinem anderen Grund zum Grabe geht als aus Liebe zu ihrem *Herrn* und *Lehrer* (vgl. 20,16f). Sie trägt den gekreuzigten Jesus immer noch glaubend im Herzen. Hat sie dann nicht das *Licht* in sich (8,12; vgl. 11,10) und geht gar nicht in *Finsternis* umher (12,35.46)? Der Leser begreift, daß die dargestellte Finsternis die natürliche Dunkelheit ist und zugleich jene *Finsternis* meint, die durch den Tod Jesu hereingebrochen war (9,4; 11,9f; 12,34). Sein nachösterliches Vorwissen hat ihn auch längst die Bedeutung des offenen Grabes erfassen lassen: Jesus ist auferstanden und befindet sich nicht mehr im Grab. Das *Licht* leuchtet bereits wieder in der *Finsternis* und macht den Weg der liebenden Maria hell (vgl. 1,5; 8,12); sie aber ahnt davon noch nichts.

Der Leser weiß von Anfang an mehr als die handelnden Personen.

Er ist nicht ahnungslos wie Maria Magdalena und kann deren Verwirrung beim Anblick des geöffneten Grabes gelassen wahrnehmen, ohne selbst in diese Verwirrung hineingezogen zu werden. Er weiß von vornherein, daß der Ausgang der Handlung gut sein wird.

Maria jedoch denkt an Leichenraub. Ohne das Grab zu betreten, läuft sie zu Simon Petrus und dem *anderen* Jünger, "*den Jesus liebte*", mit der Nachricht: "*Sie haben den Herrn(!) aus dem Grab genommen, und wir wissen nicht, wohin sie ihn gelegt haben.*" Wen sie für den Leichenraub verantwortlich macht, bleibt ungesagt. Denkt sie an Machenschaften der Hohenpriester?

Damit ist die erste Szene eröffnet. Die beiden aufgeschreckten Jünger verlassen das Haus (20,3) und begeben sich zum Grab, und zwar rennend. So kommt es, daß der "*andere Jünger*" (zufällig?) vor Petrus beim Grab anlangt, weil er schneller läuft als der. Von einem Wettlauf sollte man nicht sprechen, sonst hätte Petrus ja verloren, und gerade das will der Autor am allerwenigsten zum Ausdruck bringen. Obwohl *zuerst* am Grab, geht der *geliebte Jünger* nicht hinein. Er beugt sich allerdings vor und sieht die leeren Leichentücher daliegen (20,5), doch wartet er, bis auch der ihm *nachfolgende*(!) Petrus angekommen ist und das Grab betreten hat. Jetzt geht auch er hinein (20,8).

Die Darstellung ist sorgfältig ausgewogen. Vorzüge und Nachteile gleichen sich auf beiden Seiten aus: Der *geliebte Jünger* ist schneller als Petrus, geht aber nicht als erster in das Grab, Petrus *folgt* dem anderen *nach*, betritt jedoch das Grab vor ihm! Also sind beide Jünger *gleichrangig*. Dem Petrus gebührt der Vortritt, der *geliebte Jünger* hat eine innigere und tiefere Bindung zu Jesus (vgl. 13,23; 19,26), die ihn zuerst schneller laufen und dann bereiter *glauben* läßt. Beim Anblick der Ordnung der Leichentücher (20,7) kommt er bereits zum Glauben (20,8), anders als Petrus. Dies "Zeichen" genügt ihm, um zu glauben, daß Jesus seine Vollmacht, "*sein Leben wieder zurückzunehmen*" (10,18), realisiert hat, daß er "*die Auferstehung und das Leben*" ist (11,25). Doch wie in 13,26ff teilt er dem Petrus davon anscheinend nichts mit.

Daß Petrus nicht zu einem solchen Glauben gelangt, der das leibhaftige Sehen des Auferstandenen nicht braucht (vgl. 20,29), wird ihm nicht als Fehler angekreidet. Der Autor erklärt es in einem Kommentar: Beide Jünger kannten die Schrift noch nicht, wonach Jesus von den Toten auferstehen mußte. An welche Schriftstelle der Autor denkt, sagt er nicht (Ps 16,10?). Er kann nur Stellen im Sinn haben, aus denen sich erst im Nachhinein erschließen ließ, daß Jesus von den Toten auferstehen mußte, deren wahrer Sinn somit vorher nicht offenlag (vgl. 2,17.22).

Auffällig ist, daß der Autor nicht auf Worte verweist, in denen Jesus seine Auferstehung angedeutet hatte (vgl. 2,19.21; 10,18; 13,32; 14,18f;

16,32). Auch sie sind so geartet, daß die Jünger sie nicht begreifen (16,12) und deshalb mit Jesu Auferstehung überhaupt nicht "rechnen" konnten. Dem Leser ist der Sinn der Schriftworte und der Worte Jesu durchaus zugänglich, weil er sie bedenken kann, nachdem erfüllt ist, was sie angekündigt haben (vgl. 13,19; 14,29; 16,4). Eine eigentümliche Auffassung des Autors über die Schrift kommt hier wie im gesamten JohEv zum Tragen: Gott hat das Kommen und Wirken seines Gesandten zwar in der Schrift angekündigt, aber in derart verhüllter Weise, daß sich der wahre Sinn der Schrift erst enthüllt, wenn eingetreten ist, worauf sie hinweist. Erst dann wird der Blick frei für das wirklich Gemeinte. Anders wäre Gottes Handeln auch nicht frei, und der Mensch könnte ein bestimmtes, definiertes Gotteshandeln einfordern. Aber nicht die Schrift legt Gottes Handeln fest, sondern Gottes Handeln bestimmt, was sie sagt.

Um so höher ragt der Glaube des *geliebten Jüngers* hervor, der ohne Hilfe der Schrift, die dem Leser zur Verfügung steht, und noch vor Jesu Erscheinen an die Auferstehung glaubt.

2. Die erste Auferstehungszeugin: 20,11-18

11 Maria aber stand draußen beim Grab und weinte. Wie sie nun weinte, beugte sie sich in das Grab hinein 12 und sieht zwei Engel in Weiß dasitzen, den einen an der Stelle, wo der Kopf, den anderen, wo die Füße des Leichnams Jesu gelegen hatten. 13 Sie sagen zu ihr: "Frau, warum weinst du?" Sie sagt ihnen: "Sie haben meinen Herrn weggenommen, und ich weiß nicht, wohin sie ihn gelegt haben." 14 Als sie das gesagt hatte, drehte sie sich um und sah Jesus dastehen, aber sie wußte nicht, daß es Jesus ist. 15 Jesus sagt zu ihr: "Frau, warum weinst du? Wen suchst du?" Sie meinte, er sei der Gärtner, und sagt zu ihm: "Mein Herr, wenn du ihn weggetragen hast, so sage mir, wohin du ihn gelegt hast, und ich will ihn holen." 16 Jesus sagt zu ihr: "Maria!" Sie dreht sich um und sagt auf hebräisch: "Rabbuni!" Das heißt: Lehrer. 17 Jesus sagt zu ihr:

"Berühre mich nicht,
denn ich bin noch nicht hinaufgegangen zum Vater.
Geh aber zu meinen Brüdern und sage ihnen:
Ich gehe hinauf zu meinem Vater und zu eurem Vater,
zu meinem Gott und zu eurem Gott."

18 Maria Magdalena kommt zu den Jüngern und verkündet ihnen: "Ich habe den Herrn gesehen!" und was er zu ihr gesagt hatte.

Der Autor wendet den Blick erneut Maria Magdalena zu. Sie stand während der Untersuchung des Grabes durch die Jünger vor dem Grab und weinte. Nach wie vor ist sie durch das Verschwinden des Leichnams verwirrt. Nicht einmal die beiden Engel (vgl. 1,51), die am Kopf- und Fußende der Grabstätte Jesu sitzen, lassen in ihr ein Ahnen aufsteigen. Deren Frage, warum sie weint, beantwortet sie weiterhin, wie schon in 20,2, mit der Vermutung, der Leichnam Jesu sei geraubt worden. Sie ist in ihre Trauer eingeschlossen und nimmt die "Zeichen" nicht wahr. So sehr sind ihre Augen von Tränen verschleiert, daß sie nicht einmal Jesus erkennt, der plötzlich hinter ihr steht und sie anspricht: "*Frau, warum weinst du, wen suchst du?*" Vor dem Leser entsteht eine Situation voll ergreifender Komik: Maria erbittet vom Auferstandenen einen Hinweis, wohin er den Toten weggeschafft habe. Sie möchte einen Leichnam zurückholen, obwohl der Lebende vor ihr steht.

Jesus beendet die anrührende Szene. Er ruft Maria beim Namen (vgl. 10,3.14), und jetzt erkennt sie ihn sofort. Nicht der *Anblick*, sondern die *Stimme* bewirkt das Wiedererkennen, nicht das *Sehen*, sondern das *Hören* führt Maria zum Glauben. Sie wendet sich dem Auferstandenen voll Liebe zu und will ihn mit vertrauter Geste begrüßen. Aber Jesus weist sie zurück. Sie darf ihn nicht mehr so umarmen, als stünde er in seiner alten Leibhaftigkeit vor ihr. Ihn in gewohnter Vertrautheit zu umfassen, hieße ihn aufzuhalten. Seine *Verherrlichung*, die mit der *Erhöhung* am Kreuz begann, darf nicht verzögert werden, sondern muß sich nun fortsetzen in seiner Rückkehr zum Vater.

Jesus ist Maria als der ersten Jüngerin nicht erschienen, damit sie wie früher mit ihm, ihrem *Lehrer*, zusammen sein kann, sondern um sie zu seiner Botin und Verkünderin zu machen. Sie soll seinen *Brüdern* mitteilen, daß er jetzt hinaufsteigen wird zu "*meinem Vater und zu eurem Vater, zu meinem Gott und zu eurem Gott*". Es geschieht nun, was Jesus in 14,2f.12.28; 16,7.28 angekündigt hatte.

Er nennt sie *Brüder*, behandelt sie somit alle wie den *geliebten Jünger* (vgl. 19,26). Schon bald werden sie seine Stelle einnehmen und sein Wirken fortsetzen (vgl. 14,28). Sein Vater und Gott ist deshalb auch ihr Vater und Gott. Beim Abschied hat Jesus diese enge Beziehung betend gestiftet (vgl. 17,6-23).

3. Die Sendung der Jünger: 20,19-23

19Es war am Abend jenes ersten Tages der Woche - die Jünger hatten, wo sie waren, die Türen aus Furcht vor den Juden verschlossen - da kam Jesus, trat in die Mitte und sagte zu ihnen:

"Friede euch!" [20]Und dabei zeigte er ihnen die Hände und die Brust. Da freuten sich die Jünger, daß sie den Herrn sahen. [21]Er sagte noch einmal:

"Friede euch! Wie der Vater mich gesandt hat,
so sende ich euch."

[22]Danach hauchte er sie an und sagt zu ihnen:

"Empfangt Heiligen Geist.
[23]Wem ihr die Sünden nachlaßt, dem sind sie nachgelassen,
wem ihr sie stehen laßt, dem bleiben sie stehen."

Maria, die am Morgen die Jünger mit der Nachricht vom geöffneten Grab aufgeschreckt hatte, hat ihnen die Botschaft des Auferstandenen überbracht (20,18). Sie war die erste Augenzeugin, die die Auferstehung Jesu denen verkündete, die ihn nicht gesehen haben. Haben die Jünger ihrem Wort geglaubt? Der Leser hat keinen Grund, daran zu zweifeln, weiß er doch bereits, daß der *geliebte Jünger* schon zum Glauben gekommen ist (20,8). Sodann wird ihm in Thomas später ausdrücklich ein *ungläubiger* Jünger vorgestellt (20,25.27). Weshalb sollte also der Autor einen Unglauben der Jünger verschweigen, wenn er ihn voraussetzen würde? Dann ist der Osterglaube der Jünger durch die Verkündigung der Maria begründet worden, und das Zeichen der Erscheinung Jesu folgte dem Glauben nach. Der Autor erwähnt den Glauben der Jünger gleichwohl nicht, um die dramatische Spannung zu erhalten.

20,19f: Es wird erneut eine paradoxe Szene dargestellt: Die Jünger wissen von Maria Magdalena, daß Jesus lebt, ihr Wissen hat jedoch keine Folgen. Sie tun nichts. Sie können auch gar nichts anderes tun als warten. Ohne Jesus können sie nichts tun (vgl. 15,5). Er hat ihnen durch Maria mitteilen lassen, daß er zu seinem Vater hinaufgeht. Hat er die Welt endgültig verlassen (16,28; 17,11) und ist dorthin zurückgekehrt, woher er gekommen ist (3,13; 6,62)? Zwar hat er den Jüngern verheißen, sie nicht allein zu lassen, sondern zu ihnen zu kommen (14,18; vgl. 14,3), sich ihnen *sichtbar* zu machen (14,21f) und gemeinsam "*mit dem Vater bei ihnen Wohnung zu nehmen*" (14,23), wann das aber sein würde, hat er nur geheimnisvoll angedeutet (14,19f). Der Leser der Abschiedsreden konnte es aus seiner Perspektive verstehen, nicht aber die Jünger in der Abschiedssituation.

Vor diesem Hintergrund wird die Situation von 20,19 verständlich: Die Jünger fühlen sich alleingelassen und fürchten sich vor den gegnerischen *Juden* (vgl. 15,18ff). Deshalb haben sie sich dort, "*wo sie waren*", eingeschlossen. Doch wo befinden sie sich? Zweifellos soll der Leser an jenes Haus und jenen Raum denken, in dem Jesus von ihnen Abschied genommen hat (13,1ff). Hier sind sie am Abend des Ostertages erneut versammelt. Warten sie auf die Erfüllung der Verheißungen Jesu?

In dieser Situation kommt Jesus zu ihnen, trotz der verschlossenen Türen, und tritt in ihre Mitte. Die Szene stellt dar, was eigentlich unanschaulich bleibt: Wie *kommt* Jesus denn, wenn er nicht auf den Wegen, die für fleischliche Menschen gelten, kommt? Er ist da, mitten unter den Jüngern, und macht sich sichtbar (vgl. 14,21f): Er erscheint als der *Verherrlichte*, der zum Vater zurückgekehrt ist (20,17), der wieder dort ist, wo er vorher war (6,62; vgl. 1,18; 6,46), *eins* mit dem Vater (10,30), weil er "*im Vater*" ist (vgl. 14,20). Also erscheint mit ihm der Vater (14,23)! Ereignet sich jetzt, wovon Jesus in 14,21ff gesprochen hatte?

Drei Aktionen des Auferstandenen werden genannt, jeweils durch einen neuen Redeeinsatz kenntlich gemacht (20,19b.20; 20,21; 20,22.23). Alle drei bleiben aufeinander bezogen und bilden letztlich eine Einheit. Jesus entbietet als erstes den Jüngern *Frieden* (vgl. 14,27). Weil er als der unter ihnen ist, der die gottfeindliche *Welt* besiegt hat, kann er den Frieden als Gottes Sphäre vermitteln (16,33). Seine Verherrlichung ist dieser Sieg: Sie umfaßt den Tod am Kreuz *und* die Rückkehr zum Vater. Deshalb stellt sich Jesus den Jüngern als der verherrlichte Gekreuzigte vor, wenn er ihnen seine verwundeten Hände und seine Brustwunde zeigt. Die Demonstration beweist nicht nur die Identität des Auferstandenen mit dem irdischen und getöteten Jesus, sie zeigt zugleich, daß der Auferstandene nach wie vor den Leib des Menschen Jesus besitzt (vgl. 19,5), freilich als verherrlichten Himmelsleib. Die Fleischwerdung des Logos (1,14) ist also nicht aufgehoben. Seine Rückkehr zum Vater hat seine Menschwerdung nicht rückgängig gemacht. Gott ist bleibend Mensch geworden!

Nun können sich die Jünger auch darüber *freuen*, daß Jesus zum Vater zurückgegangen ist; weil "*der Vater größer ist*" als der irdische Mensch Jesus, ist auch der Verherrlichte größer geworden (14,28). Folgerichtig wird der Auferstandene "*der Herr*" genannt (20,20).

20,21: Zum zweitenmal spricht Jesus den *Frieden* zu: Sein Friede befähigt die Jünger, sich der Menschenwelt, sofern sie nicht zur Gottesfeindschaft entschlossen ist, als Gesandte Jesu zuzuwenden. Es beginnt die Zeit *ihrer* Wirksamkeit in den Spuren Jesu. Nun werden sie *ernten*, was Jesus grundgelegt hat (4,38), treten in seine Arbeit ein und setzen sie fort. Dazu sendet er sie aus, und weil er selbst der Gesandte des Vaters war, sendet in ihm der Vater sie aus. Sie werden seine Werke weiterwirken und noch größere dazu (14,12), sie werden ihn vor der *Welt* bezeugen (15,26f), sein Wort weitergeben (17,14). In ihnen werden Jesus und der Vater künftig in der Welt präsent sein (13,20). Deswegen werden sie auch wie er und der Vater gehaßt und verfolgt werden (15,18ff; vgl. 17,14; 13,16).

20,22f: Das Wirken der Jünger in Jesu Spuren erfordert, daß sie "*von oben*", "*aus Gott geboren*" sind (vgl. 3,3; 1,13). Wie könnten sie sonst Jesu Werke tun und sein Wort weitergeben? Deshalb folgt der Akt der Neuschöpfung der Jünger, ihre Geburt "*von oben*": Der Auferstandene *haucht* sie an (vgl. Gen 2,7; Ez 37,9f) und übergibt ihnen auf diese Weise den *Heiligen Geist* (20,22). Der Leser denkt zurück an 19,30.35: Der Geist, den Jesus sterbend *übergeben* hat, der Lebensstrom, der aus seiner Brustwunde floß, kommt an. Im Tod Jesu ist diese Gabe begründet.

Das ist immer so: Der Geist eines großen Menschen kann erst umfassend wirken, nachdem der Mensch gestorben ist. Aber Jesu Geist ist nicht der eines Toten, sondern eines Lebendigen. Aus diesem Grund mußte Jesus vorher zum Vater zurückkehren und *verherrlicht* werden (vgl. 7,39). In 16,4b-7 hatte er dies den Jüngern so angekündigt, wie es sich jetzt vollzieht.

Von nun an wird der *Heilige Geist*, der vom Vater und von Jesus stammt (vgl. 14,26; 15,26; 16,7), in den Jüngern weiterwirken, für ihn Zeugnis ablegen (15,26), seine Worte in Erinnerung rufen (14,26) und die ganze *Wahrheit* als Gottes Wirklichkeit auf der Erde wachhalten (16,13). Darin bleibt die Wirkung Jesu präsent: die Scheidung der Menschenwelt in Glaubende und Nichtglaubende, in solche, deren Sünden vergeben sind und solche, denen sie festgeschrieben werden (20,23; vgl. 16,8-11). Wie Jesus sollen die Jünger der Menschenwelt sagen, daß sie in Sünden ist und in ihnen bleibt, wenn sie nicht glaubt (vgl. 8,21; 9,41). Wohl sind sie es, die das in Jesu Wirken begründete Werk der Sündenvergebung und des Gerichts fortsetzen werden (vgl. 3,19; 9,39), und doch wirkt in ihnen ein anderer, Jesu Geist. Ihr Tun ist "*von oben*" legitimiert und sanktioniert; darum ist es keine Willkür. Sie führen in ihrer Mission weiterhin jene *Scheidung* der Menschenwelt herbei, die schon mit Jesu Kommen eingesetzt hatte (vgl. 1,10-13).

An wen denkt der Autor, wenn er von *Jüngern* spricht? An wen sollen die Leser denken? Zweifellos an dieselben Personen wie in 13,1ff, nämlich an die "*Seinen in der Welt*". Jesus hat sie *ausgewählt* (vgl. 13,18; 15,16), doch die Auserwählung scheidet sie nur vom Verräter, nicht von anderen Jüngern, denen solche Zuwendung Jesu nicht vergönnt war. Daher können nicht nur ein innerer Kreis von "Amtsträgern", keineswegs nur die *Zwölf* gemeint sein, sondern alle, die als Glaubende Jesus angehören. Der Leser soll doch nicht annehmen, die Frauen unter dem Kreuz (19,25) oder Maria Magdalena, die erste Auferstehungsbotin, seien vom Kreis der Jünger und von der Erwählung Jesu ausgeschlossen. Jesu Erscheinen, seine Sendung und Geistgabe gelten nicht nur einer Gruppe von apostolisch Beauftragten, sondern *allen*! Auch die Leser sind eingeschlossen. So hatte es Jesus bei seinem Abschied allen Glaubenden, nicht nur den anwesenden Jüngern verheißen (vgl. 14,12). Dann erfolgt in unserer Szene nicht nur eine Beauftragung bestimmter Personen, sondern der gesamten Gemeinde der *Seinen*. Nicht nur in hervorgehobenen "Amtsträgern" wirkt Jesu Geist weiter, sondern in jedem Glaubenden und in deren Gemeinschaft.

Die Szene endet ebenso unanschaulich, wie sie begonnen hat: Daß Jesus die Jünger verläßt, wird nicht gesagt. Bleibt er unsichtbar, im Medium des Geistes, bei ihnen (vgl. 14,16f.18) und mit ihm der Vater (14,23)?

4. Vom Unglauben zum Glauben: 20,24-29

24Thomas aber, einer von den Zwölfen, 'Zwilling' genannt, war nicht bei ihnen, als Jesus kam. 25Die anderen Jünger sagten nun zu ihm: "Wir haben den Herrn gesehen." Er aber sagte zu ihnen: "Wenn ich nicht an seinen Händen das Mal der Nägel sehe und meinen Finger nicht in das Mal der Nägel und meine Hand nicht in seine Seite lege, so glaube ich nicht."

26Und nach acht Tagen waren seine Jünger wieder drinnen und Thomas bei ihnen. Jesus kommt, obwohl die Türen verschlossen waren, trat in die Mitte und sagte: "Friede euch!" 27Dann sagt er zu Thomas:

"Leg deinen Finger hierher und schau meine Hände an,
und nimm deine Hand und leg sie in meine Seite,
und sei nicht ungläubig, sondern gläubig."

28Thomas antwortete ihm: "Mein Herr und mein Gott."

29Jesus sagt zu ihm:
"Weil du mich gesehen hast, glaubst du.
Selig, die nicht sehen und doch glauben."

20,24f: Daß die Erscheinung Jesu inmitten der Jünger keine Priesterweihe, geschweige denn Bischofsweihe einzelner Personen war, macht auch die vierte Szene deutlich. Einer aus den *Zwölf* (vgl. 6,67.70), Thomas der Zwilling (vgl. 16,11; 14,5), fehlte an jenem Abend im Kreis der Jünger. Ist er vom Auftrag und von der Gabe des Auferstandenen ausgenommen? Die letzte Szene stellt dar, wie auch er (und die Leser) einbezogen wird.

Thomas sperrt sich allerdings gegen das Zeugnis seiner Mitjünger: "*Wir haben den Herrn gesehen.*" (20,25; vgl. 20,18). Er erhebt Anspruch, mit *eigenen* Augen zu sehen, mehr noch, zu fühlen und zu betasten, ehe er glaubt. Er will nur *seinen* Sinnen trauen, nicht fremdem Zeugnis. Ein Skeptiker in den Reihen der *Zwölf*? Es scheint, daß weder Autor noch Leser über das Ansinnen des Thomas "nervös" werden. Verlangt er nicht etwas, das den anderen Jüngern bereits gewährt worden ist? Selbst der *geliebte Jünger* hat *gesehen*, bevor er zum Glauben kam (20,8). Freilich, ihm genügte das Sehen der geordneten Leichentücher. Maria Magdalena *sah* den Auferstandenen, erkannte ihn aber erst an seiner Stimme (20,14. 16), und auch die übrigen Jünger *sahen* ihn und erkannten seine Wunden (20,20). Thomas will darüber hinaus auch noch den Leib des *Verherrlichten* befühlen, um nicht getäuscht zu werden.

20,26-29: Das Begehren des Thomas wird zwar im Verlauf der Szene von Jesus getadelt, doch nicht zurückgewiesen. Acht Tage später - die Jünger haben sich zum ersten christlichen "Sonntag" im geschlossenen Raum versammelt - erscheint Jesus erneut in ihrer Mitte. Das Kommen gilt Thomas; seine Forderung soll erfüllt werden. Der Auferstandene braucht eine empirische Untersuchung nicht zu scheuen, notwendig für den Glauben ist sie jedoch nicht. Thomas hätte auch ohne sie glauben *können*, auf das Zeugnis der Mitjünger hin, eigentlich hätte er glauben *müssen*. Seine Weigerung war Unglaube (20,27; vgl. 20,25). Dennoch gewährt der Auferstandene ihm in großzügiger Souveränität sein Verlangen.

In welchem Interesse wird die Szene dargestellt? Der Unglaube des Thomas ist ja längst überwunden. Er nimmt die verlangte Untersuchung der Wunden Jesu gar nicht vor, sondern bekennt sich zu Jesus als zu seinem "*Herrn und Gott*". Mit seinem Bekenntnis ist endlich der Bogen geschlossen und die der Darstellung des JohEv vorausgehende Spitzenaussage über den Logos eingeholt: "*Und Gott war Er, das Wort*" (1,1; vgl. 1,18). Vom Bekenntnis des Thomas her erweist sich, daß alle Hochaussagen über den Menschen Jesus auf diesen Höhepunkt ausgerichtet waren (vgl. 1,34; 3,35; 6,69; 9,33; 10,30.36.38; 14,7.9ff; 16,27; 17,11.21).

Thomas spricht das Hochbekenntnis zum Verherrlichten aus, ohne dessen bleibende Wunden berührt zu haben. Aber er hätte sie berühren *können*: Der himmlische Jesus bietet ihm seinen verherrlichten Leib zur Untersuchung an. Es werden skeptische Leser angesprochen; für sie stellt der Autor die Szene dar. Im Zweifel des Thomas kommt ihr Zweifel zu Wort. Das Bekenntnis des Jüngers soll ihr Bekenntnis werden, auch wenn sie keine Chance mehr haben, ihren Zweifel durch eine eigene Untersuchung am Auferstandenen auszuräumen. Ihnen muß genügen, daß Thomas die Berührung des verherrlichten Leibes hätte vornehmen können, jedoch vom Anblick und Wort des Auferstandenen überwältigt wurde. Somit soll die Szene den Lesern helfen, auf empirische Absicherung ihres Glaubens zu verzichten. "*Selig, die nicht sehen und doch glauben werden*" (20,29). Jeder Leser soll sich fragen, ob der Auferstandene in dieser Seligpreisung ihn mitgemeint hat. Genügt ihm das *erzählte* Zeichen, das Zeugnis der Augenzeugen und die Darstellung des JohEv, um zu glauben?

Zweiter Epilog: 20,30-31

20[30]Noch viele andere Zeichen tat Jesus vor seinen Jüngern, die nicht in diesem Buch aufgeschrieben sind. [31]Diese aber sind aufgeschrieben, damit ihr glaubt: Jesus ist der Christus, der Sohn Gottes, und damit ihr als Glaubende Leben habt in seinem Namen.

Am Ende zieht der Autor Bilanz: eine Bilanz des Glaubens. Das gesamte Wirken Jesu wird unter dem Begriff "*Zeichen*" gefaßt, die Jesus "vor den Augen seiner Jünger" getan hat zu dem Zweck, Glauben hervorzurufen und zu festigen (vgl. 2,11; 4,48; 10,41; 11,45.48; 12,18). Diesen Zweck haben die Zeichen bei den Jüngern erfüllt, die *gesehen* haben und zum Glauben gekommen sind (vgl. 20,28). Die Zeichen konnten sogar für Jesus stehen (vgl. 6,26.36), sodaß es gleichgültig war, ob jemand ein Zeichen sah (vgl. 2,23; 6,2.14) oder Jesus selbst (6,36; 9,37; 14,9; 15,24; 20,18.25).

Das "*vor seinen Jüngern*" sichtbare Zeichenwirken Jesu war umfangreicher als die Darstellung des JohEv (vgl. 2,23; 3,2). Das Buch gibt nur eine Auswahl der Zeichen wieder. Doch diese Auswahl genügt! Jesu sichtbares Wirken galt den Jüngern als Augenzeugen, das Buch darüber gilt den Lesern. Wie die Jünger als Augenzeugen der *faktischen* Zeichen zum Glauben gekommen sind, so sollen die Leser aufgrund der *geschriebenen* Zeichen zu dem gleichen Glauben gelangen: "*Jesus ist der Christus, der Sohn Gottes*" (vgl. 1,34; 1,41; vgl. 20,28). Der Autor behauptet, daß das möglich ist. Das Lesen der Zeichen ist ebenfalls *Sehen*, freilich ein geistiges. Es ist ein Sehen, das durch die Augenzeugen vermittelt wird. Dennoch kann der Leser den Satz mitsprechen: "*...und wir haben seine Herrlichkeit gesehen...*" (1,14). Die geschriebenen Zeichen sind so überzeugend wie die faktischen, das im Buch *dargestellte* Wirken Jesu stellt denselben Anspruch wie das geschichtliche, und der *bezeugte* Jesus fordert dieselbe Entscheidung wie der irdische. Die faktischen Zeichen haben den Glauben nicht erzwungen, der irdische Jesus ist auch abgelehnt und zurückgewiesen worden. Daraus folgt, daß die Glaubensentscheidung angesichts der Zeichen nicht einfacher war als beim Lesen. Auf den Glauben jedoch kommt es an! Denn nicht die in den Zeichen geschenkten Gaben waren schon die Heilsgabe Jesu, und nicht das Sehen der Zeichen als sinnliche Wahrnehmung (6,14.26) vermittelte bereits das "*Leben in seinem Namen*", sondern erst ihr gläubiges Sehen. Ebenso hat nicht das bloße Lesen des Buches eine Heilswirkung; das gläubige Lesen, das zum Bekenntnis zu Jesus als "*Herrn und Gott*" führt, vermittelt die Teilhabe an der göttlichen Wirklichkeit, die Jesus durch sein Kommen eröffnet hat (vgl. 1,12f). Wer als Leser "*an seinen Namen*" (1,12) glaubt, der hat das Leben "*in seinem Namen*" (20,31). Ein Kreis hat sich geschlossen!

Nachspiel: 21,1-24

I. Die Analyse

1. Abgrenzung

Die Abgrenzung des Stückes ist problemlos. Durch den zweiten Epilog 20,30f wird es eindeutig vom vorausgehenden Kontext abgetrennt. Die Situation der Jünger, dazu Ort und Zeit haben sich inzwischen vollständig geändert. Die einleitende Wendung "*...nach diesen (Ereignissen), danach*" (vgl. 3,22; 5,1; 6,1; 7,1) ist darüberhinaus ein starkes Indiz für einen literarischen Neueinsatz. Dennoch ist der Text auf die bisherige Darstellung zurückbezogen (vgl. 21,14) und greift aus ihr Züge und Themen auf (s.u.).

In 21,24 kommt der Abschnitt zu seinem Ziel: Das Geheimnis des *geliebten Jüngers* wird gelüftet, sein Verhältnis zu Petrus geklärt, und er als der wahre Zeuge und eigentliche Autor des vorliegenden Buches ausgewiesen.

21,25 muß als *Buchschluß* abgetrennt werden, zumal sich darin mit "*Ich*" der reale Autor zu Wort meldet, der schon in dem "*Wir*" von 21,24 versteckt war.

2. Rückverweise/Wiederaufnahmen/Echos: Was die Leserinnen und Leser schon wissen!

Gewöhnlich wird das ganze Kapitel 21 als ein literarischer Nachtrag angesehen, der erst, nachdem das Evangelium fertiggestellt war, von einer zweiten Hand hinzugefügt wurde. Diese These, die seit Forschergenerationen als Vorurteil übernommen und weitergeschleppt wird, ist unhaltbar. Die für sie angeführten Gründe tragen entweder in den Text ein, was sie beweisen wollen, oder sind reine Geschmacksurteile.

Viel zu wenig wird beachtet, daß 21,1-24 bestimmte Themen der vorausgehenden Darstellung nicht nur spiegelt, sondern geradezu aufnimmt und einer Lösung zuführt. Noch weniger wird in Betracht gezogen, daß der Autor in der bisherigen Darstellung bestimmte Fragen und Probleme des Lesers bewußt offengehalten hat, die in 21,1-24 beantwortet und geklärt werden. Nimmt man das jedoch ernst, kann das Urteil nur lauten, daß der Abschnitt in engster Beziehung zum Kontext steht und das übrige Evangelium in bestimmter Hinsicht auf ihn hingeordnet wurde. Die offenen Linien kommen darin zu ihrem Ziel, Leerstellen werden nun gefüllt. Der Autor, der den ganzen bisherigen Kontext kunstvoll und beziehungsreich schuf, ist auch für 21,1-24 verantwortlich. Allerdings hat er mit diesem Stück nicht einfach eine Fortsetzung der vorausgehenden

Darstellung geschaffen; das Wirken Jesu ist durch die Sendung der Jünger und die Geistgabe an sie abgeschlossen (20,19-29). Jetzt erfolgt nur noch die autoritative Rollenzuweisung durch Jesus an Simon Petrus und den anderen, den *geliebten Jünger* und die Aufklärung des Lesers über deren Verhältnis zueinander, über ihr künftiges Geschick und ihre Stellung gegenüber dem Leser.

Die Fäden, die den Abschnitt mit dem übrigen Evangelium verbinden, sind in der Tat zahlreich. Zweimal weist der Autor direkt zurück, zuerst auf die bereits erfolgten Erscheinungen des Auferstandenen, zu denen die jetzige als die *dritte* hinzukommt (21,14; vgl. 21,1), dann auf die Abschiedsszene, wo der *geliebte Jünger* zum ersten Mal hervortrat als jener Jünger im Schoße Jesu, der die Frage nach dem Verräter stellte (21,20; vgl. 13,23ff).

Hinzu kommen mannigfache *Echos*, die hier allerdings so zusammenklingen, daß sich drei Akkorde unterscheiden lassen, die jeweils einen Themenkreis der bisherigen Darstellung *wiederaufnehmen*. Wiederaufgenommen wird die Szene der Brotvermehrung 6,1-21. Wie diese spielt 21,1-24 am "*See von Tiberias*" (6,1; 21,1); die Jünger sind im Boot, Jesus dagegen befindet sich außerhalb des Bootes (21,3f; vgl. 6,16ff). *Brot* und *Fisch* haben in der letzten Szene ebenfalls Bedeutung (21,9.13; vgl. 6,9.11). Der von den Jüngern zunächst nicht erkannte Jesus (21,4; vgl. 20,14) fragt nach Speise (21,5; vgl. 6,5), um dann etwas später die Jünger mit eigenen Lebensmitteln zu verköstigen (21,9.13; vgl. 6,11). Im Mittelpunkt aber steht auch hier die Erkenntnis Jesu (vgl. 6,20), die durch den *geliebten Jünger* zuerst dem Petrus, danach allen Jüngern vermittelt wird (20,7.12).

Eine weitere *Wiederaufnahme* in 21,1-24 betrifft Person und Stellung des Petrus. Dadurch, daß Petrus in Verbindung mit Nathanael genannt wird (21,2f), übergreift das Stück die gesamte Darstellung des JohEv und weist auf den Anfang des Wirkens Jesu zurück, wo Simon als der *Erste* zu Jesus kam (1,41f), Nathanael danach (1,45ff). Auch damals hat Jesus den Petrus als "*Sohn des Johannes*" angesprochen (1,42; vgl. 21,15) und ihm den Beinamen *Kephas/Petrus* verheißen. Diese Verheißung geht jetzt in Erfüllung: Petrus wird zum Hirten der Schafe Jesu eingesetzt (21,15-17; vgl. 10,1ff). Dreimal bekennt er nachdrücklich, daß er den *Herrn* liebt. Welcher Leser wollte noch daran zweifeln? Damit ist Petrus endlich auch bezüglich seines dreimaligen Versagens im Hof des Hohenpriesters rehabilitiert. Auf diesen Moment mußte der Leser bis jetzt warten. Schon die Erwähnung des *Kohlenfeuers* am Ufer (21,9) war ein leises *Echo* auf die Verleugnungsszene 18,18.25. Noch eine Petrus-Szene wird wiederaufgenommen: die Verleugnungsansage durch Jesus bei seinem Abschied (13,36-38). Dort hatte Jesus dem Petrus gesagt, er könne "*jetzt nicht nachfolgen, später aber wirst du nachfolgen*". Dieses "*Später*" ist gekommen: Der

Auferstandene ruft Petrus nun in die Nachfolge (21,19.22). Petrus hatte damals seine Bereitschaft bekundet, sein Leben für Jesus hinzugeben. Jetzt wird er beim Wort genommen (21,18f).

Der dritte wiederaufgenommene Themenkreis betrifft den *geliebten Jünger*, dessen Identität und Verhältnis zu Petrus immer noch offen sind. Erst in 21,7 wird er erwähnt, muß aber schon in 21,2 mitgemeint sein. In 21,2 werden Zebedäussöhne genannt, von denen der Leser bisher nichts gehört hat, und zwei *andere* Jünger, ein *Echo* auf jene Stellen, wo der *geliebte Jünger* als *anderer* Jünger erschien (18,15f; 20,3; vgl. 1,35.39f). Im Boot auf dem See (vgl. 6,19f) erkennt er als einziger den *Herrn* (21,7). Wieder ist er der Überlegene, der mehr weiß als Petrus und eine tiefere Glaubenseinsicht hat als die anderen. Diesmal teilt er seine Erkenntnis mit (21,12), was vorher anscheinend nicht der Fall war (vgl. 13,23-28; 20,8). Und während Petrus von Jesus zur Nachfolge aufgefordert werden muß, *folgt* der *geliebte Jünger* bereits nach (21,20) - ein *Echo* auf 18,15(?). Jetzt stellt Petrus die entscheidende Frage: "*Was ist mit diesem?*" Es ist der Inhalt und Zweck des ganzen Abschnitts, auf diese Frage die Antwort zu geben. Sie ist mit weiteren *Echos* der bisherigen Darstellung gespickt. Von 1,39 her hat der Leser noch in Erinnerung, daß nur einer der beiden Jünger "*an jenem Tag*" bei Jesus *geblieben* ist, während Andreas seinen Bruder Simon zu Jesus rief. Spielt Jesu Wort: "*Wenn ich will, daß er bleibt, bis ich komme*" (21,22) darauf an? Und in 19,35 hatte der Autor die Wahrheit des Zeugnisses des *geliebten Jüngers* (19,26) bereits herausgestellt; das tut er in 21,24 - zusammen mit den Lesern - erneut.

Zahl und Art der zurückweisenden Elemente lassen eindrucksvoll erkennen, daß unser Abschnitt 21,1-24 ein integraler Bestandteil des literarischen Werkes JohEv ist.

3. Autorkommentare/Vorverweise/Leerstellen: Worauf die Leserinnen und Leser achten sollen!

Zwei *Vorverweise* Jesu und zwei auf sie bezogene *Autorkommentare* bestimmen den Abschnitt. Die Vorverweise betreffen Petrus und den *geliebten Jünger*. Sie sind orakelhaft und mißverständlich; deshalb klärt der Autor die Leser über ihren wahren Sinn auf. Die beiden Jesusworte sind wichtig, weil die Leser aus ihnen entnehmen können, welche Rolle und Bedeutung die Jüngergestalten für die Lesergemeinde haben werden.

Das erste Orakel Jesu betrifft die Zukunft des Petrus (21,18). Vorher ist er nachdrücklich zum Hirten der Schafe Jesu eingesetzt worden. Jetzt sagt ihm Jesus seinen Tod voraus, wie der Autor erläutert (21,19). Welcher Tod das sein wird, braucht er dem ersten Leser nicht zu sagen, der um das Martyrium des Petrus weiß, durch das dieser - wie Jesus selbst (vgl. 12,23.33; 17,4) - Gott verherrlicht hat. Petrus ist wirklich ein "*guter Hirt*" gewesen, der wie Jesus sein Leben für die Schafe eingesetzt hat (vgl. 10,11). Die ersten Leser schauen auf das gelungene Leben des Petrus in der Nachfolge Jesu zurück und wissen, daß alles eingetroffen ist, was Jesus über Petrus bestimmt hat.

Das zweite Orakel Jesu zielt auf die Rolle, die der *geliebte Jünger* spielen soll (21,22). Der in die Nachfolge des Martyriums gerufene Petrus fragt nach dem Schicksal des *anderen* Jüngers: "*Was aber ist mit diesem?*" Die Antwort Jesu ist eigentümlich verdreht. Auf der Ebene der dargestellten Handlung wird Petrus abgewiesen: Ihn geht gar nichts an, was Jesus mit dem anderen vorhat! Der *geliebte Jünger* untersteht nicht dem Petrus. Jeder von ihnen hat seine eigene Berufung; die des Petrus ist: "*Du, folge mir nach!*" Die Aufgabe des anderen ist dagegen, zu *bleiben*, bis Jesus wiederkommt. Der Sinn dieses Wortes schien eine Zeitlang völlig klar zu sein. Der Autor teilt mit, wie die Gemeinde der *Brüder* es gedeutet hat, wohl aufgrund der Tatsache, daß der *geliebte Jünger*, anders als Petrus, kein Martyrium erlitt, sondern am Leben *blieb*. Diese Deutung der *Brüder* kann von den Lesern aber nicht mehr geteilt werden. Warum nicht? Was ist geschehen? Der Autor setzt ihnen auseinander, daß das Verständnis der *Brüder* unmöglich der Sinn des Orakels Jesu sein konnte (21,23), und verdeutlicht dann in einem zweiten Schritt, daß Jesu Wort gleichwohl eingetroffen ist (21,24). Er definiert in authentischer Interpretation des Wortes Jesu die *wahre* Rolle und Funktion des *geliebten Jüngers* für die Gemeinschaft der Leser.

Beide *Vorverweise* Jesu (21,18.22) haben sich somit schon erfüllt, und der Autor kann in seiner Schrift die Erfüllung konstatieren und erläutern (21,19.23f). Die Erfüllung des vorausweisenden Wortes über den *geliebten Jünger* ist das Buch, das die Leser vor sich haben. Endlich sind die bisher offenen Fragen über die beiden Jünger geklärt.

Ein dritter *Autorkommentar* ist 21,14 (zugleich ein Rückverweis): Der Autor stellt fest, daß die Erscheinung des Auferstandenen am See von Tiberias *bereits* die dritte vor den Jüngern war (vgl. 2,11; 4,54). Warum stellt er das fest? Der Leser kann doch selbst zählen. Will er zum Ausdruck bringen, daß die Erscheinung eigentlich überflüssig war, jedoch notwendig wurde um der Klärung der noch offenen Fragen willen? Oder soll die Anmerkung darauf hinweisen, daß die Reihe der Erscheinungen damit zu Ende geht?

Da in 21,25 unmittelbar der Buchschluß folgt, kann unser Abschnitt naturgemäß nicht mehr viele *Leerstellen* enthalten. Eine findet sich dennoch in 21,11: Petrus zieht das Netz mit 153 großen Fischen ans Land. Was bedeutet die Zahl? Ist sie ein geheimes Symbol? Nirgends im vorliegenden Text wird sie entschlüsselt. Wußten die ersten Leser dieses Rätsel auf Anhieb zu lösen, das uns vielleicht für immer verschlossen bleibt?

4. Aufbau/Gliederung

Im Abschnitt 21,1-24 herrscht Einheit des Ortes, der Zeit und der handelnden Personen. Die gesamte Szenerie spielt am "*See von Tiberias*" (21,1), teils auf dem See im Boot (21,3.6.7) - "*nicht weit vom Ufer entfernt, etwa 200 Ellen (ca. 100m)*" (21,8) -, teils am Ufer (21,4f.9ff). Die Zeit der Handlung ist eine *Nacht* (21,3) - irgendwann nach Ostern - bis zum "*frühen Morgen*" (21,4), an dem die Jünger am *Kohlenfeuer* (21,9) mit ihrem *Herrn* frühstücken (21,12.15). Die Personen der Handlung sind die fünf in 21,2 namentlich genannten und die zwei anonymen Jünger, zu denen der *geliebte Jünger* zählt, der wie so oft Partner des Petrus ist (21,7). Ab 21,15 treten die übrigen Jünger (21,3f.9.12f) vollständig in den Hintergrund, und es bleiben nur Petrus und der *geliebte Jünger* in der Szene. Am Ende des Abschnitts wird einzig über letzteren gesprochen: Petrus fragt nach ihm (21,20f), Jesus antwortet (21,22) und der Autor interpretiert (21,23f). Das Gefälle der Personenregie des Abschnitts zielt also auf diesen Jünger, der vor dem Leser als der *Bleibende*, als "*wahrer Zeuge*" und eigentlicher Autor des vorliegenden Buches ausgewiesen wird.

Aus diesen Beobachtungen lassen sich gewisse Kriterien für eine Gliederung des Ganzen gewinnen. 21,1 bildet die Überschrift. Die Fischfangszene mit allen Jüngern einschließlich der Speisung durch Jesus ist eine in sich gerundete Einheit, die durch den Autorkommentar 21,14 abgeschlossen wird (21,2-14). Die Handlung des Fischfangs wird durch die Szene des Erkennens Jesu (21,7) unterbrochen. Die Erkenntnis geht vom *geliebten Jünger* aus und führt zur Aktion des Petrus. Diesmal ist Petrus eher bei Jesus (vgl. 20,4). Nach der Unterbrechung setzt sich die Handlung in der Bergung der gefangenen Fische fort. Erneut wird am Ende auf das durch den *geliebten Jünger* vermittelte Wissen der Jünger verwiesen. Beendet wird die Szene durch das Gemeinschaftsmahl.

Zwei Gesprächsgänge Jesu mit Petrus(!) schließen sich an. Sie gehören szenisch eng zusammen. Bei beiden Gesprächsgängen ist der *geliebte Jünger* zugegen - er "*folgt nach*" (21,20). Jeweils wird die Rolle eines der beiden Jünger besprochen. Die Wende vom einen zum anderen Gesprächsgang geschieht dadurch, daß sich Petrus in 21,20 *umdreht*. Beide Gesprächsgänge werden durch einen Autorkommentar beendet; neben den Kommunikationsvorgang auf der Handlungsebene tritt somit ein solcher zwischen dem Autor und den Lesern. Die Leser sollen verstehen, was Petrus und der *geliebte Jünger* ihnen bedeuten.

Einleitung: 21,1

Erste Szene: 21,2-14

1. Fischfang und Erkennen Jesu (21,2-7)

2. Bergung des Netzes und Gemeinschaftsmahl (21,8-13)

Autorkommentar (21,14)

Zweite Szene: 21,15-24

1. Die Rolle des Petrus und seine Zukunft (21,15-18)

Autorkommentar (21,19)

2. Verhältnis des *geliebten Jüngers* zu Petrus
   und seine Rolle (21,20-22)

Autorkommentar (21,23f)

II. Die Handlung

1. Einleitung und erste Szene: 21,1.2-14

21[1]Danach offenbarte sich Jesus erneut den Jüngern am See von Tiberias. Er offenbarte sich aber auf folgende Weise: [2]Es waren beisammen Simon Petrus, Thomas, 'Zwilling' genannt, Nathanael von Kana in Galiläa, die beiden Söhne des Zebedäus und zwei andere von seinen Jüngern. [3]Simon Petrus sagt zu ihnen: "Ich gehe fischen." Sie sagen: "Auch wir kommen mit dir." Sie gingen hinaus und bestiegen das Boot, aber in jener Nacht fingen sie nichts. [4]Als es aber schon Morgen wurde, stand Jesus am Ufer. Die Jünger wußten jedoch nicht, daß es Jesus war. [5]Da sagt Jesus zu ihnen: "Kinder, habt ihr nichts zu essen?" Sie antworteten ihm: "Nein." [6]Er aber sagte zu ihnen: "Werft das Netz auf der rechten Seite des Bootes aus, und ihr werdet fangen." So warfen sie es aus und konnten es nicht mehr einholen wegen der Menge der Fische. [7]Da sagt jener Jünger, den Jesus liebte, zu Petrus: "Es ist der Herr!" Als Simon Petrus nun hörte, daß es der Herr ist, gürtete er sich das Obergewand um, denn er war nackt, und warf sich ins Meer.

[8]Die anderen Jünger aber kamen mit dem Boot, sie waren nämlich nicht weit vom Ufer entfernt, nur etwa zweihundert Ellen, und sie schleppten das Netz mit den Fischen. [9]Als sie nun an Land gingen, sahen sie ein Kohlenfeuer am Boden, einen Fisch darauf gelegt und Brot. [10]Jesus sagt zu ihnen: "Bringt von den Fischen, die ihr jetzt gefangen habt." [11]Da stieg Simon Petrus hinab und zog das Netz an Land, voll mit einhundertdreiundfünfzig großen Fischen. Und obwohl es so viele waren, zerriß das Netz nicht. [12]Jesus sagt zu ihnen: "Kommt und frühstückt!" Es wagte aber keiner der Jünger ihn auszufragen: Wer bist du? Wußten sie doch: Es ist der Herr. [13]Jesus tritt hinzu, nimmt das Brot und gibt ihnen davon, ebenso den Fisch.

[14]Dies war schon das dritte Mal, daß sich Jesus den Jüngern als von den Toten Auferweckter offenbarte.

21,1-7: Noch einmal macht sich Jesus seinen Jüngern sichtbar, irgendwann und unerwartet am "*See von Tiberias*". Die Jünger haben Jerusalem verlassen und sind nach Galiläa gegangen. Bewegen sie sich schon in den Spuren Jesu, der bei seinem Wirken ständig zwischen Galiläa und Jerusalem wechselte (vgl. 2,1; 2,13; 4,43; 5,1; 6,1; 7,1f)? Sieben Jünger sind beisammen; drei werden mit ihrem Namen genannt, zwei mit Vaternamen, und zwei bleiben anonym. Der erste der Jünger ist Simon Petrus. Seine Erwähnung überrascht nicht; der Leser wartet auf eine Rehabilitation dieses

Ersten der Jünger, der einmal *Kephas/Petrus* heißen soll (1,41f). Neben ihm wird Thomas, der *Zwilling*, genannt, der zu den *Zwölfen* gehört. Seine Geschichte ist noch frisch im Gedächtnis: Nach ungläubiger Skepsis hat er zum höchsten Ausdruck des Glaubens gefunden mit dem Bekenntnis: "*Mein Herr und mein Gott!*" Am Ende der Darstellung des JohEv ausgesprochen ist es ebenso das Bekenntnis von Autor und Leser. Neben Thomas steht Nathanael, "*der von Kana in Galiläa*", ebenfalls ein Skeptiker (1,46), der sich überzeugen ließ. In ihm kommt der *Anfang* erneut in den Blick, als Nathanael Jesus als "*Sohn Gottes und König Israels*" bekannte und ihm verheißen wurde, den Himmel geöffnet zu sehen (1,49ff). Die Zeit des Sehens begann bei der Hochzeit zu Kana (2,1-11) und endet jetzt mit der dritten Erscheinung des Auferstandenen (21,14).

Woher kennen die Leser die "*Söhne des Zebedäus*"? In der bisherigen Darstellung kamen sie nicht vor. Wissen sie von ihnen aus den Synoptikern, woher der Autor sie wohl kennt (vgl. Mk 1,18f par)? Will der Autor denjenigen unter seinen Lesern, die die Synoptiker gelesen haben, durch Erwähnung der Zebedaiden zeigen, daß seine Darstellung mit jener vereinbar ist? Jedenfalls sind die "*Söhne des Zebedäus*" zwei Figuren aus einem anderen Überlieferungsstrom, als ihn der Autor vertritt. Sie erscheinen wie Fremde und bilden doch mit den übrigen Jüngern eine Einheit.

Eigenartig ist, daß zwei Jünger anonym bleiben (in 1,35-40 war es einer!), obwohl der Fortgang der Geschichte einen von ihnen schon bald als den *geliebten Jünger* identifiziert (21,7). Der ist - das ist das Ziel des ganzen Abschnitts - für die Leser eine Autorität: der wahrhaftige Zeuge und eigentliche Autor des vorliegenden Buches (21,24). Kennen die Leser damit auch den anderen Anonymus? Ist es vielleicht Andreas oder Philippus (vgl. 1,40.43)? Doch die beiden werden sonst immer mit Namen genannt (vgl. 6,5.8; 14,8). In jedem Fall kann man annehmen, daß der andere Anonymus neben dem *geliebten Jünger* eine mit den ersten Lesern verbundene Jüngergestalt ist, für sie ohne weiteres identifizierbar. Vielleicht hat die Auflistung der sieben Jünger in 21,2 den Sinn, eine Jüngergruppe zusammenzustellen, die sowohl die Lesergemeinde des Autors als auch weitere Gruppen und Gemeinden der nachösterlichen Zeit repräsentiert. Bei der dritten Begegnung mit dem Auferstandenen treten sie als *eine* Gemeinschaft auf, in der Petrus die führende Rolle innehat (vgl. 21,3) und in die der *geliebte Jünger* seine tiefere Glaubenserfahrung (21,7.12) einbringt.

Überhaupt spricht alles dafür, daß die Szene äußerst hintergründig und symbolisch ist. Die Leser sollen in ihr etwas über sich und ihre Gemeinschaft erfahren, und darüber, wie diese zu den beteiligten Personen steht. Deshalb dürfte bereits die Eröffnung der Szene in 21,2f mehr zur Sprache bringen als die simple Tatsache, daß die Jünger in Galiläa ihrem alten Beruf nachgehen. Im JohEv erfahren wir ohnehin an dieser Stelle zum ersten Mal davon, daß Petrus und die übrigen etwas von der Fischerei verstehen. Oder ist das Fischen doch nicht ihr Beruf, weil sie ja gar nichts fangen (21,3)? Würde eine Berufsausübung der Jünger geschildert, wäre die Bemerkung des Petrus auffällig: "*Ich gehe fischen*". So spricht niemand, der seinen gewohnten Alltagsberuf ausübt. So redet vielmehr einer, der endlich - nach langem Warten oder Zögern? - etwas Neues anfängt. Beginnen Petrus und die anderen Jünger hier symbolisch mit der Arbeit, zu der Jesus sie ausgesandt hat (vgl. 20,21; 17,18)? Ihre Aufgabe hatte Jesus folgendermaßen umschrieben: "*ernten, wo sie nicht gearbeitet haben*" (4,38) und "*Frucht bringen, die bleibt*" (15,16). In der Szene wird das Wirken der Jünger ein *Fischen* genannt, und es wird gezeigt, wie sie dabei zuerst allein sind und dann ein anderer ihnen das Netz füllt.

Zunächst müssen sie die Erfahrung machen, daß auf sich allein gestellt ihr Tun erfolglos bleibt. Ihre Mission gelingt nur als *gemeinsames* Werk (4,36-38; 15,5). Deswegen steht Jesus am Ufer - unerkannt (vgl. 20,14) - und lenkt ihre Aktion. Auf sein Wort hin handeln sie, und auf diese Weise wirkt er in ihnen (14,20). Sie *ernten* jetzt, was sie nicht erarbeitet haben, und fangen so zahlreich, daß sie das Netz kaum schleppen können.

Es ist ein Zeichen geschehen. Aber warum erkennt nur einer der Jünger in dem Fremden am Ufer den "*Herrn*"? Gilt jetzt, daß nicht mehr wie früher in der Zeit des Wirkens Jesu auf Erden (2,11; 4,48 u.a.) das Sehen den Glauben hervorruft, sondern der Glaube das Sehen? Nur der *geliebte Jünger*, der immer schon mehr wußte (13,23ff) und rascher zum Glauben bereit war (20,8), erkennt den Fremden und sagt es dem Petrus: "*Es ist der Herr!*" (21,7). Hatte er früher über sein Wissen und seinen Glauben stets geschwiegen (13,26; 20,8f), weil dies mitzuteilen Jesus oblag, so ist jetzt die Zeit gekommen, es den anderen zu bezeugen. Petrus nimmt sein Zeugnis an und reagiert sofort. Er hat keinen Zweifel, daß der *geliebte Jünger* recht hat. Dessen Glaube hat ihn angesteckt und darum beeilt er sich, zu Jesus zu kommen, schneller als die übrigen (vgl. 20,4).

21,8-14: Diese kommen mit dem Boot nur wenig später an - sie waren ja nicht weit entfernt - und schleppen das Netz nach. Jesus fordert sie auf, von den Fischen mitzubringen, die sie gerade gefangen haben (21,10). Warum? Das Gemeinschaftsmahl mit Brot und Fisch ist längst angerichtet (vgl. 6,9.11)! Tatsächlich wird von den gefangenen Fischen keiner verzehrt, nachdem Petrus das Netz aufs Land gezogen hat, sondern sie werden gezählt: Es sind 153 große Fische, die das Netz gehalten hat, ohne zu zerreißen (21,11).

Symbolisieren die Fische allgemein den umfassenden Missionserfolg der Jünger oder bezeichnen sie eine bestimmte Menschengruppe? Möglicherweise haben die ersten Leser den Sinn der Szene spontan verstanden. Ob dagegen wir ihn je zu ergründen vermögen? 153 ist die Summe der Zahlenreihe von 1 bis 17. Ein Zufall? Und 17 als Summe aus 7 und 10 ist vielleicht ein Symbol der Vollkommenheit. Dann wäre wirklich der vollkommene Missionserfolg der Jünger zur Darstellung gebracht. Jedoch, es könnte ebenso an eine konkrete Gruppe von Menschen gedacht sein. Weil die Fische *groß* genannt werden, sind mit ihnen vielleicht nicht Einzelpersonen, sondern Kleingruppen, Familien gemeint, über deren Identität die ersten Leser mehr gewußt haben dürften. Auffällig ist noch, daß die anderen Jünger - unter ihnen der *geliebte Jünger* - diesen Fang herbeibringen, Petrus ihn aber allein an Land schleppt. Er birgt den Fang und bringt ihn vor Jesus. In diese Darstellung könnte symbolisch das Schicksal der Gruppe, aus der der Autor und die ersten Leser stammen, eingegangen sein.

Nachdem der Fang eingebracht ist, lädt Jesus die Jünger zum Frühstück ein. Es ist ein Mal der Gemeinschaft mit dem auferstandenen *Kyrios*, ähnlich dem Mahl, das sie mit dem irdischen Jesus gehalten hatten (vgl. 6,1-13; 13,1ff), aber auch ein Mahl der Gemeinschaft untereinander. So verschieden die Jünger sind, sie alle stimmen in dem Glauben an den *Herrn* überein. Daß der Fremde der *Herr* ist, wissen inzwischen alle (21,12; vgl. 21,4). Durch wen wissen sie es, wenn nicht durch den *geliebten Jünger*, dessen Rolle auf diese Weise eindrucksvoll unterstrichen wird? Er vermittelt das tiefere Jesuswissen. Sein wahrhaftiges Zeugnis (19,35) macht jedes weitere Fragen: "*Wer bist du?*" (vgl. 8,25) unnötig. Im Mahl des Jüngerkreises, in dem der *Herr* selbst präsent ist, kann solch suchendes Fragen dem einsichtigen Wissen Platz machen.

2. Zweite Szene: 21,15-24

15 Als sie nun gefrühstückt hatten, sagt Jesus zu Simon Petrus:
"Simon, Sohn des Johannes, liebst du mich mehr als diese?"
Petrus sagt ihm:
"Ja, Herr, du weißt: ich liebe dich!"
Jesus sagt ihm:
"Weide meine Lämmer!"
16 Er sagt ihm ein zweites Mal:
"Simon, Sohn des Johannes, liebst du mich?"
Petrus sagt ihm:
"Ja, Herr, du weißt: ich liebe dich!"
Jesus sagt ihm:

"Hüte meine Schafe!"
[17]Er sagt ihm zum dritten Mal:
"Simon, Sohn des Johannes, liebst du mich?"
Da wurde Petrus betrübt, daß er ihn zum drittenmal fragte: Liebst du mich?, und er sagt zu ihm:
"Herr, du weißt alles, du erkennst doch:
Ich liebe dich!"
Jesus sagt ihm:
"Weide meine Schafe!
[18]Amen, Amen, ich sage dir:
Als du jung warst, hast du dich selbst gegürtet
und gingst, wohin du wolltest.
Wenn du aber alt geworden bist,
wirst du deine Hände ausstrecken,
und ein anderer wird dich gürten
und führen, wohin du nicht willst."
[19]Das sagte er, um anzudeuten, durch welchen Tod er Gott verherrlichen werde. Danach sagt er zu ihm: "Folge mir nach!"

[20]Petrus wendet sich um und sieht den Jünger nachfolgen, den Jesus liebte, der auch beim Mahl an seiner Brust gelegen und gesagt hatte: Herr, wer ist es, der dich verrät? [21]Als Petrus diesen nun sieht, sagt er zu Jesus:
"Herr, was ist mit dem da?"
[22]Jesus sagt ihm:
"Wenn ich will, daß er bleibt, bis ich komme,
was kümmert es dich? Du, folge mir nach!"
[23]Da verbreitete sich unter den Brüdern das Wort: Jener Jünger wird nicht sterben. Aber Jesus hatte zu ihm nicht gesagt: Er wird nicht sterben, sondern: Wenn ich will, daß er bleibt, bis ich komme, was kümmert es dich!
[24]Dieser ist der Jünger, der über all das Zeugnis ablegt und der dieses hier geschrieben hat, und wir wissen, daß sein Zeugnis wahr ist.

Was in der ersten Szene zum wiederholten Mal *dargestellt* wurde (vgl. 13,23ff; 18,15f; 20,4ff), wird jetzt *besprochen*: die Rolle des Petrus und des *geliebten Jüngers* und ihr Verhältnis zueinander. Jesus nimmt als höchste Autorität dazu Stellung und klärt diese Fragen in einem zweiteiligen Dialog mit Petrus (!), dessen stummer und entfernter Zeuge der *geliebte Jünger* ist (vgl. 21,20). Jesu Bestimmungen richten sich nicht an die übrigen Jünger, die völlig aus der Szene verschwinden. Das ist auffällig! Und doch ist noch ein Dritter anwesend, der alles hört und versteht: der Autor, und mit ihm der Leser, dem der Autor es in seinen Kommentaren erläutert (21,19.23f).

Sollen wir daraus schließen, die Frage nach der Rolle der beiden Jünger und ihrem Verhältnis zueinander sei für den damaligen Jüngerkreis Jesu ohne Relevanz gewesen und nur für den Autor und seine Leser von Bedeutung? Sagt der Auferstandene *ihnen* und niemandem sonst mit höchster Autorität, welche Funktion Petrus für sie hat und welche der *geliebte Jünger*? Schimmert somit die historische Situation des Autors und seiner Leser durch, für die diese Fragen geklärt werden mußten? Das hätte erhebliche Konsequenzen für unser Verständnis der Passage. Wenn hier die Rolle des Petrus im Blick auf die ersten Leser des JohEv definiert wird, der Autor also keineswegs alle damaligen christlichen Leser im Blick hat, sondern nur seine eigene Gruppe oder seinen Gemeindeverband, dann kann die Absicht der Darstellung nicht sein, den gesamtkirchlichen Primat des Petrus zu *begründen*, wohl aber, auch die ersten Leser und die durch sie repräsentierte Gruppe dem Primat des Petrus zu unterstellen. Und weil Petrus zum Zeitpunkt der Abfassung des JohEv, also zu der Zeit, als die Leser diese Darstellung lasen, längst das Martyrium erlitten hat (vgl. 21,19), kann das wiederum nicht bedeuten, daß die Leser der Autorität des historischen Petrus unterworfen werden, sondern nur, daß sie ebenfalls zu der *einen* Herde gehören, als deren Hirte Petrus eingesetzt worden ist. Sie anerkennen die dem Petrus von Jesus zugewiesene gesamtkirchliche Rolle, ohne jedoch damit die Sonderrolle des *geliebten Jüngers* zu verneinen und seine Hochschätzung aufzugeben.

21,15-19: Nach dem gemeinsamen *Frühstück* mit allen Jüngern wendet sich Jesus allein an Petrus. Dreimal fragt er ihn nach seiner Liebe, dreimal antwortet Petrus im gleichen Sinn bejahend, dreimal bestätigt Jesus das Hirtenamt des Petrus. Der Dreierrhythmus macht den Dialog bedeutsam. Jesus läßt nicht locker mit seiner Frage nach der Liebe und Freundschaft des Petrus. Denn dieser hatte sich in 13,36f zu weit vorgewagt und dann schmählich versagt (18,15-18.25-27). Deshalb muß er sich die pochenden Fragen Jesu gefallen lassen: "*Liebst du mich (mehr als diese)?*" Petrus hält sie aus und besteht auf seiner Liebe zu Jesus. Nicht Uneinsichtigkeit oder Trotz lassen ihn so antworten, sondern bescheidene Selbstgewißheit, die trotz allem darum weiß, daß seine Liebe zu Jesus niemals - auch im Versagen nicht - aufgehört hat. Petrus posaunt dies nicht selbstbewußt hinaus; seine Antwort appelliert an Jesu tiefes Wissen vom Menschen (vgl. 2,24f; 6,64.70; 13,38): "*Herr, du weißt alles, du erkennst doch: Ich liebe dich!*" Freilich, ein "*mehr als diese*" nimmt Petrus für sich nicht in Anspruch, und dennoch dürfte der Autor es ihm zugestehen. Stets hat er

Petrus vorneweg gezeigt (6,68f; 20,6; 21,7), der nur einen nicht übertroffen hat: den *geliebten Jünger*.

Jesus weist die dreimalige Antwort des Petrus nicht zurück, sondern akzeptiert sie. Petrus *liebt* den Herrn, das ist somit gewiß. In dieser Liebe ist sogar sein Versagen aufgehoben. Es braucht nicht mehr erwähnt oder besprochen zu werden. Petrus ist also rehabilitiert. Im tiefsten ist seine Liebe zu Jesus durch sein Versagen nicht getrübt worden. Das weiß Jesus. Und jetzt wissen es auch die Leser.

Dreimal beauftragt Jesus Petrus mit dem Hirtenamt: Er setzt ihn ein zum *Hirten* an seiner Statt (vgl. 10,11), wie er am Kreuz den *geliebten Jünger* zum *Sohn* seiner Mutter ernannt hatte (19,26). Petrus soll Jesu *Schafe* weiden (vgl. 10,4.14.16.27). Und zwar alle! Das wird durch den dreimaligen Auftrag unterstrichen. Also gehören die Leser bzw. die von ihnen repräsentierte Gemeinde dazu. Von ihnen wird Petrus als *Hirte* in der Nachfolge Jesu anerkannt. Auch sie unterstehen seiner Leitung. Er ist der *Erste* der Jünger, obwohl er nicht als erster bei Jesus war (1,41), er trägt den Namen *Kephas/Petrus* (1,42), ihm gebührt der Vortritt (20,6). Da Petrus längst tot, von einem Nachfolger aber keine Rede ist, kann dies nur bedeuten: Die ersten Leser und ihre Gemeinde gehören ebenfalls zu den Schafen Jesu, die Petrus leiten sollte. Sie sind ein Teil der *einen* Herde (10,16) und haben Gemeinschaft mit den anderen Schafen.

In einem Orakelwort kündigt Jesus das Martyrium des Petrus an. Zwei Lebensalter nimmt er dabei in den Blick. Das Jugendalter, in dem Petrus sein Handeln selbst bestimmt, ist wohl die dargestellte Gegenwart auf der Ebene der Handlung. Der Leser muß an die Abschiedsszene denken, in der Petrus aus eigenem Impuls Jesus nachfolgen und sein Leben für ihn hingeben wollte (13,36ff). Damals konnte er Jesus noch nicht in den Tod folgen, jetzt wird er beim Wort genommen: Nun soll er nachfolgen und, wenn er alt geworden ist, tatsächlich von einem anderen ins Martyrium geführt werden, also sein Leben hingeben (21,19). Deuten die ausgestreckten Hände an, daß er wie Jesus am Kreuz sterben wird? Die ersten Leser dürften die Todesart des Petrus wohl kennen, und der Autor ruft sie ihnen mit seinem Kommentar ins Gedächtnis.

21,20-24: Der zweite Teil des Dialogs wird von Petrus eröffnet: Er wendet sich um und sieht den anderen Jünger, "*den Jesus liebte*", *nachfolgen*. In 20,6 war es umgekehrt. Seit der Abschiedsszene ist dieser Jünger sein Schatten. Ist er auch sein Konkurrent, weil er beim Mahl an der Brust Jesu lag und dessen geheimes Wissen über den Verräter erfragte (21,20; vgl. 13,23ff)? "*Was ist mit dem da?*" lautet die Frage des Petrus. Erfragt wird beides, Rolle und Geschick des *geliebten Jüngers*. Ist Petrus der Hirt der gesamten Herde Jesu, welche Funktion hat dann der *geliebte Jünger*?

Ist Petrus den Märtyrertod gestorben, welches Schicksal wird dann er haben? Des Petrus Fragen sind zugleich die Fragen der Leser.

Petrus wird von Jesus zurückgewiesen: "*Was kümmert es dich? Du, folge mir nach!*" Der *geliebte Jünger* schränkt Petrus in seiner Rolle nicht ein. Er nimmt ihm nichts von seinem Amt, tritt mit ihm nicht in Konkurrenz. Er hat eine eigene Bestimmung und Funktion, die aber einzig Sache Jesu ist. Damit wird deutlich: Der *geliebte Jünger* untersteht nicht dem Petrus, ist nicht sein Untergebener, sondern er steht *neben* Petrus, in eigener Verantwortung gegenüber dem *Herrn*.

Wie das Martyrium des Petrus nicht selbstbestimmt sein, sondern "*ein anderer ihn führen*" wird, so ist gleichfalls das künftige Geschick des *geliebten Jüngers* einzig durch Jesu Wille bestimmt: "*Wenn ich will, daß er bleibt, bis ich komme ...*" (21,22). Dieses Wort Jesu ist wie 21,18 ein Orakel, dessen Bedeutung Petrus nichts angeht, dagegen wohl die Leser. Was sagt es über den *geliebten Jünger*? Was bedeutet hier *bleiben*?

Jesus muß innerhalb der Szene sein Rätselwort nicht auflösen, denn Petrus braucht keine Lösung. Doch Jesus hat eine geheimnisvolle Bestimmung über den *geliebten Jünger* angedeutet, die die *Brüder* beschäftigt hat. Sie haben Jesu Wort als Verheißung verstanden, daß jener Jünger am Leben bleiben, also "*nicht sterben*" wird, bis Jesus kommt. Das sagt der Autor, der ab jetzt spricht.

Das Verständnis der *Brüder* war naheliegend. Während Petrus starb, wurde der *geliebte Jünger* vermutlich sehr alt, so daß sich Jesu Orakel zu bestätigen schien. Solange dieser Jünger lebte, brauchten die *Brüder* nach einem anderen Sinn des Rätselwortes nicht zu suchen. Der Autor jedoch tut es (21,23f) und teilt seine Deutung dem Leser mit. Dann muß der *geliebte Jünger* inzwischen gestorben sein, und jene alte Deutung ist in sich zusammengebrochen.

Wer sind die *Brüder*? Der Autor und seine Leser können damit nicht direkt angesprochen sein, teilen sie doch das Verständnis der *Brüder* nicht mehr. Durch den Autor wird vielmehr eine korrektere Deutung des Wortes Jesu geboten. Freilich stehen Autor und Leser zu den *Brüdern* und ihrer Deutung in enger Beziehung; auch sie haben die alte irrtümliche Auffassung eine Zeitlang geteilt. Mit "*die Brüder*" (vgl. 20,17) ist also die Jüngergemeinschaft des Autors und seiner Leser gemeint, insofern sie zu Lebzeiten des *geliebten Jüngers* bestand. In ihr lebte und wirkte jener Jünger, und das Orakel Jesu über ihn wurde als Verheißung verstanden, daß er (wenigstens er!) nicht sterben und somit *bleiben* werde bis zu Jesu Kommen (vgl. 16,16ff). Er war für die Gemeinde Garant der Nähe Jesu. Nun ist er aber doch gestorben. War das Orakel Jesu damit hinfällig? Oder hat Jesus etwas ganz anderes über ihn gesagt, als die *Brüder* bisher angenommen haben? Der Autor vertritt vehement diese Auffassung: Nicht

Jesu Wort war Irrtum, sondern falsch war die Deutung, in der das Rätselwort "*Bleiben*" als "*Nicht-Sterben*" verstanden wurde. Gerade davon hat Jesus jedoch nicht gesprochen, sondern lediglich gesagt, daß "*er bleibt, bis ich komme*" (21,23). Ein anderer Sinn mußte gefunden werden.

War mit "*Bleiben*" überhaupt "*Nicht-Sterben*" gemeint? Jesus hatte ebenso über sich gesagt, daß er *bleiben* werde, obwohl er sterben sollte (15,4; vgl. 6,56). Gerade durch seine *Erhöhung*, also durch seinen Tod, "*blieb er in Ewigkeit*" (12,34). Mußte dann nicht das "*Bleiben*" jenes Jüngers den Tod transzendieren? Konnte nicht auch er, der so innig mit Jesus verbunden war (vgl. 13,23; 19,26), über seinen Tod hinaus *bleiben*?

In 21,24 gibt der Autor seine Auffassung über den Sinn des Jesusorakels kund: Der *geliebte Jünger* ist Zeuge und eigentlicher Autor all dessen, was in dem vorliegenden Buch aufgeschrieben worden ist. In diesem Zeugnis, von dem Autor und Leser wissen, daß es *wahrhaftig* ist, *bleibt* er. Der reale Autor, der sich in dem "*Wir wissen*" mit den Lesern und der durch sie repräsentierten Gemeinschaft zusammenschließt, tritt also hinter den eigentlichen Autor zurück. Der hat "*hierüber Zeugnis abgelegt*" und "*dieses geschrieben*". Wahrscheinlich hat somit der reale Autor bei der Abfassung der vorliegenden Schrift beides verwendet: das (mündliche) *Zeugnis* des *geliebten Jüngers* und von ihm verfaßte *Schriften*. Das Werk des realen Autors kann deshalb in einem wirklichen Sinn als ein Buch dieses "*wahren Zeugen*" angesehen werden (vgl. 19,35; 21,24), der in dem aufgeschriebenen Zeugnis *bleibt*, bis der *Herr* kommt.

Das Geheimnis um den *geliebten Jünger* (13,23ff; 18,15f; 19,26.35; 20,4ff; 21,7; vgl. 1,35ff) ist gelüftet - die ersten Leser haben es längst geahnt oder gewußt: Er ist *ihr* Jünger, der in ihrer Mitte lebte und lehrte und durch den ihnen das tiefe Geheimnis des Gottessohnes Jesus aufgeschlossen wurde. Seinem Zeugnis haben sie geglaubt. Es soll weiterhin ihren Glauben stärken (20,30f). Seine Erkenntnis geht tiefer als die der übrigen Jünger, selbst die des Petrus, den er im Glauben übertraf. War Jesus in Petrus als Hirte seiner Schafe präsent, so hat er durch den Mund des *geliebten Jüngers* weiter zu ihnen gesprochen und sie "*in die ganze Wahrheit eingeführt*" (vgl. 16,13). Diese Wahrheit ist nun aufgeschrieben und damit *bleibend* geworden. Dem vorliegenden Buch wird so höchste Autorität gesichert.

Buchschluß: 21,25

21[25]Es gibt aber auch noch vieles andere, was Jesus getan hat. Wenn es der Reihe nach aufgeschrieben würde, so könnte, glaube ich, die Welt die Bücher nicht fassen, die dann zu schreiben wären.

Zum zweitenmal nach 20,30f betont der Autor, daß das von ihm vorgelegte Buch nur einen (kleinen) Ausschnitt aus dem Wirken Jesu darstellt. Wollte man alle Taten und Worte Jesu aufschreiben, "*die Welt würde die dann zu schreibenden Bücher nicht fassen*". Selbstverständlich übertreibt der Autor, doch in der Übertreibung bringt er schön ins Bewußtsein, was wir leicht vergessen: Das *Zeugnis* über das Wirken Jesu ist nicht dieses Wirken selbst. Das Zeugnis wählt aus, faßt zusammen, pointiert. Die *Erzählzeit* hat immer ein anderes Maß als die *erzählte Zeit*. Das JohEv ist dafür ein schlagendes Beispiel: Jesu mindestens zweijähriges Wirken in Wort und Tat ist in einem Büchlein komprimiert, das der Leser bequem in drei Stunden lesen kann. Dennoch enthält es ein *wahres Zeugnis*, ist es die vollständige, ausreichende Wahrheit, die Jesus durch sein Wirken geoffenbart hat. Der Leser braucht gar nicht das *ganze* Wirken Jesu lesend wahrzunehmen. Er käme nie zu Ende und also nie zu einer Entscheidung. Das auswählende Zeugnis des *geliebten Jüngers*, sein Ausschnitt, seine Perspektive reichen aus, den Leser mit dem Geheimnis Jesu zu konfrontieren. Also reicht das vorliegende Büchlein aus!

Vielleicht setzt der Autor in diesem Buchschluß sein Werk von den übrigen Evangelien, die er kannte, ab. Die Leser brauchen nicht alle Evangelien, die es gibt, zu lesen. Sie dürfen sich beschränken, weil ihnen nichts Entscheidendes entgeht, denn kein Evangelium bietet mehr und alle zusammen bieten längst nicht das Ganze. Das Zeugnis des einen genügt; es ermöglicht den Glauben so gut wie das *Sehen* des Wirkens Jesu in seiner weltzeitlichen Dimension.

Angesichts der unüberschaubaren Bibliotheken von Büchern über Jesus, die inzwischen geschrieben wurden, kann der Buchschluß des JohEv trösten. Er macht Mut, entschlossen die Flut der Bücher beiseite zu lassen und sich dem einen zuzuwenden, das der "*wahre Zeuge*" durch die Hand des realen Autors geschrieben hat.

Anhang

1. Die Gattung des JohEv

Auffälligstes literarisches Merkmal des JohEv sind seine Dialoge. Sie geben Streitgespräche Jesu mit gegnerischen *Juden* und Schulgespräche mit Jüngern und Anhängern wieder. Zwar enthalten auch die synoptischen Evangelien dialogische Stücke, aber wirklich vergleichbar sind sie nicht. In den Synoptikern haben wir es mit kurzen, in sich gerundeten Anekdoten zu tun, die Jesu Leben und Wirken schlaglichtartig beleuchten, im JohEv dagegen mit großen dramatischen Szenen, die sich auseinander entwickeln, sich zuspitzen und in einem Höhepunkt, sei es Konflikt oder Lösung, enden. Bei den Synoptikern sind die Dialogstücke in die erzählte Handlung integriert, im JohEv bilden sie selbst eine fortlaufende Handlung. Aus erzählenden Stücken, etwa den *Zeichen*, entwickeln sie sich und münden in die erzählende Darstellung von Passion und Auferstehung Jesu ein. Aber die narrativen Stücke des JohEv sind nicht eigenständig, sondern stehen vollkommen im Dienst der Dialoge. Sie bieten Anknüpfungspunkte bzw. *berichten*, was in den Dialogen *besprochen* worden ist.

Fast 60% des Stoffes entfällt auf die großen Dialogszenen, die bis auf kurze Szenenangaben auf narrative Elemente ganz verzichten (3,1-21; 4,5-42; 5,16-47; 6,22-59; 7,1-8,59; 9,1-39; 9,40-10,18; 10,22-39; 12,20-36; 13,1-17,26; 18,18-19,16). Die am Dialog teilnehmenden Figuren werden nicht durch den Autor vermittelt, sondern stellen sich selbst dar; der Autor tritt nicht als distanzierter Erzähler auf, sondern ist in höchstem Maß beteiligt. Er ist in den Figuren. Seine Haltung ist die eines Protokollanten. Nur hin und wieder steht er kommentierend außerhalb der Szene. Der Leser hat den Eindruck, unmittelbarer Zeuge der Gespräche zu sein.

Vom übrigen Stoff des JohEv ist noch einmal mehr als die Hälfte durch kleinere Dialoge oder kurze Monologe gekennzeichnet, auf die es jeweils ankommt (1,19-28; 1,29-34; 1,45-51; 3,22-36; 6,60-71; 11,1-53; 13,1-30; 18,1-27; 20,19-29). Die narrativen Elemente sind untergeordnet. Nur bei rund 20% des Stoffes nimmt der Autor die Haltung eines unbeteiligten *Erzählers* ein (1,35-44; 2,1-12; 2,13-25; 4,43-54; 5,1-15; 6,1-21; 12,1-19; 19,16-42; 20,1-18; 21,1-14).

Aus diesen Beobachtungen ergibt sich als Schluß auf die Gattung: Das JohEv kann nicht *Erzählung* genannt werden. Dann bleibt nur übrig, es als *Drama* zu bezeichnen. Es ist aufgebaut wie ein Drama (s. S. 9ff), alle Teile in ihm funktionieren wie in einem Drama, und es kann als Drama gelesen und rezipiert werden.

Da nach Aristoteles "die Wirkung der Tragödie der Aufführung und der Schauspieler nicht bedarf" (Poetik 6), kann das JohEv Drama genannt werden, auch wenn es nicht für die Bühne geschrieben wurde, sondern für

Leser. Es ist ein Lese- bzw. Rezitationsdrama. Wahrscheinlich wurde es durch einen Sprecher vorgetragen.

Das JohEv enthält alle zum Drama gehörenden Stilmerkmale. "Das Trauerspiel stellt nicht Menschen dar, sondern ihr Handeln, ihr Leben" (Aristoteles, Poetik 6). Im Mittelpunkt des JohEv steht das Handeln Jesu und aller beteiligten Personen. Jesus wirkt in Wort und Tat. Am Kreuz kann er ausrufen: "*Es ist vollendet!*" Alle anderen Personen des JohEv handeln ebenfalls. Die Gegner z.B. führen feindliche Handlungen aus. Sie suchen Wege, Jesus zu beseitigen. Sie streiten und debattieren mit ihm und untereinander. Ihre Gesinnung kommt in ständigen aggressiven Aktionen zum Ausdruck. Die übrigen im JohEv auftretenden Personen sind hin- und hergerissen. Sie schwanken zwischen Zustimmung und Ablehnung. Der Jesus zuneigende Kreis wird im Verlauf der Handlung immer kleiner. Zuletzt sind alle bis auf die Jünger von den Gegnern auf ihre Seite gezogen worden. Das alles wird nicht erzählt, sondern vollzieht sich in dialogischen Szenen.

"Unser Begriff des Trauerspiels besagt, es sei die Darstellung einer vollkommenen und abgeschlossenen Handlung voller Größe ... Ein Ganzes ist eine Handlung, wenn sie Anfang, Mitte und Ende hat" (Aristoteles, Poetik 7). Diese Kennzeichnung trifft auf das JohEv zu. Sein *Anfang* ist das Erscheinen des göttlichen Logos im Menschen Jesus vor der Öffentlichkeit Israels. Sein *Ende* ist die Ablehnung und Tötung des Menschen Jesus durch die *Juden*. Jesus kehrt dorthin zurück, woher er gekommen ist. In diesem Geschehen ist alles geschehen. Leben, Gericht und Tod sind darin entschieden. Allerdings setzen sich die Wirkungen dieses Geschehens beim "Zuschauer" fort, hier beim Leser. Die *Mitte* des Dramas bildet die Darstellung und Entwicklung eines zentralen Konflikts. Es wird der Prozeß gezeigt, wie aus den Hörern Jesu allmählich Gegner, wie aus Galiläern und Jerusalemern die *Juden* wurden, und die Faktoren werden dargestellt, die den Prozeß in Gang gesetzt und entschieden haben. Hier wird schließlich auch gezeigt, wie aus einer großen vermeintlichen Anhängerschaft Jesu nur ein kleines verängstigtes "Häufchen" von Jesusjüngern wurde, das bei Jesus blieb. Somit ist das JohEv die Darstellung eines zentralen Konflikts und seiner Lösung. Nach dem Gesetz des Dramas wird in ihm der Knoten geschürzt und gelöst.

Die Entwicklung des zentralen Konflikts ist einfach und nicht verwickelt: In kontinuierlichem Ablauf ohne Wendepunkte oder große retardierende Momente wird der Höhepunkt des Dramas und seine Lösung herbeigeführt. Am Ende sind die Geister geschieden, haben sich die Welten getrennt, deren Grenzen sich anfangs ständig überschnitten: Dann stehen sich der gottlose *Kosmos* und die "*Kinder Gottes*" (1,12) gegenüber.

Die Leser sind an dem vor ihrem geistigen Auge abrollenden Geschehen beteiligt. Sie stehen auf der Seite des "Helden", teilen seine Perspektive und glauben an ihn. Das Drama JohEv erleuchtet ihnen ihre eigene Gegenwart. Es offenbart die tiefere Dimension der Entscheidung, die sie getroffen haben, will sie darin ermutigen, trösten, bestärken. Nicht Veränderung der Leser, nicht "Läuterung" oder "Reinigung" sind das Ziel, sondern Erhellung ihrer Existenz und Stärkung ihrer bereits gefällten Entscheidung.

2. Das JohEv als Lernprozeß

Bei einem Drama ist der Leser in die Lage versetzt, selbst Zeuge der Auseinandersetzungen und Belehrungen zu sein. Ihm wird von einem Streit Jesu mit den *Juden* nicht nur *berichtet*, sondern er nimmt daran teil. Dasselbe gilt für die Offenbarungsgespräche, die Jesus mit den Jüngern führt: Der Leser ist an ihnen beteiligt; die Worte Jesu gelten ebenfalls ihm, und er ist gefragt, ob er versteht und begreift, was den Jüngern dunkel bleibt.

Kennzeichen des Dramas ist, daß der Zuschauer häufig mehr versteht und durchschaut als die Figuren auf der Ebene der Darstellung. Die Leser des JohEv blicken anders als die Jünger bereits auf den Ausgang des Wirkens Jesu zurück und kommen schon vom Bekenntnis her, wie es im Prolog voransteht (1,14-18). Die Jünger in der Handlung des JohEv sind dagegen erst auf dem Weg zu diesem Bekenntnis.

Auch der Autor versetzt durch seinen Text die Leser sehr bewußt immer wieder in die Lage, beim Lesen mehr zu verstehen als die Figuren der Handlung. Das geschieht dadurch, daß er die Leser ausdrücklich auf die Schrift hinweist, die sich im dargestellten Geschehen erfüllt (2,17; 12,15.38-40; 19,24.36f). Insbesondere helfen ihnen jedoch zahlreiche Autorkommentare, Jesu Wirken und Worte eindeutig zu verstehen (2,21.24; 6,64.71; 12,16.33; 13,11) oder bestimmte Reaktionen richtig einzuordnen (6,6; 7,5; 8,27; 9,22f; 10,6; 11,13.51f; 12,6; 21,23). Häufig wendet sich der Autor direkt an die Leser, indem er ihnen fremde Ausdrücke übersetzt (1,38.41; 9,7; 20,16) oder aufklärende Informationen gibt (3,24; 4,2; 11,2; 19,35; 21,24). Ihm liegt daran, daß sie Jesu Wirken und Worte richtig und in ihrer tiefen Bedeutung verstehen. Sie sollen durch das Lesen des Werkes etwas lernen.

Die Gesamtanlage des JohEv weist in dieselbe Richtung. Denn in ihm wird ein Lernprozeß der Jünger dargestellt. Sie sind diejenigen, die "*vom Vater gehört und gelernt haben*" und zu Jesus kommen (6,45). Gott hat den Lernprozeß vorbereitet und in Gang gesetzt, indem er in den Schriften sein Zeugnis über Jesus kundgetan hat (5,39).

In 14,8f wird der Lernprozeß zwischen Jesus und Philippus *besprochen*: "*So lange bin ich schon bei euch, und du kennst mich noch nicht, Philippus? Wer mich gesehen hat, hat den Vater gesehen!*" Worauf bezieht sich der Tadel Jesu? Jesus hatte in 14,6f ausgeführt, daß er der einzige Weg zum Vater ist und daß die Jünger, wenn sie ihn erkannt haben, auch den Vater kennen. Allerdings sind sie damit noch nicht beim Vater angekommen. Sie haben immer noch Jesus vor sich, der in persona der Weg zum Vater ist. Weil der Vater das Ziel des Weges ist, ist er von Jesus unterschieden, insofern er sich in Jesus kundgibt und zeigt, ist er *in* Jesus, und Jesus ist *in ihm* (14,10a). Die Worte und Werke des Vaters sind nirgendwo anders zu hören und zu sehen als bei Jesus (14,10b; vgl. 1,17f; 5,37f; 6,32f.45f), und auf andere Weise werden irdische Augen und Ohren die Wirklichkeit Gottes nicht erfahren. Das hat Philippus noch nicht begriffen, obwohl er es eigentlich schon wissen sollte. Er fordert Jesus auf, den Vater zu zeigen, als sei dieser eine innerweltliche Größe (14,8).

Ähnlich hatten schon die Pharisäer reagiert. Sie hätten Gott, den Jesus als seinen Zeugen in Anspruch genommen hat, gern vor ihr Forum gezogen. Darum fragen sie: "*Wo ist dein Vater?*" und müssen erfahren, daß des Vaters Zeugnis nirgendwo sonst ergeht als in Jesu Selbstzeugnis (8,19). Wenn Jesus über sich spricht, redet er nämlich vom Vater (8,25-27). Und an der einzigen Stelle des JohEv, wo der Vater persönlich in die Handlung eingreift, versteht niemand der Ohrenzeugen, was er sagt (12,28f), außer Jesus (und der Autor).

Um die wesentlichen Stationen des im JohEv dargestellten Lernprozesses in den Blick zu nehmen, muß man bei Johannes dem Täufer beginnen. Von ihm haben die ersten Jünger Entscheidendes gelernt. Johannes war gesandt, um Jesus vor Israel bekannt zu machen (1,31): Er hat den nach ihm kommenden Menschen Jesus als den präexistenten (1,30) *Sohn Gottes* (1,34) öffentlich ausgerufen, als den "*von oben*" Kommenden, der über allen ist (3,31), als den Gesandten Gottes, der die Worte Gottes redet (3,34) und dem der Vater alles in seine Hand gegeben hat (3,35). Das Zeugnis des Täufers entspricht vollkommen dem Selbstzeugnis Jesu (vgl. 3,11-20), und von seinem Zeugnis kommen die ersten Jünger her. Aber sie durchschauen nicht von Anfang an die "hohe Christologie" des Täufers, sondern bewegen sich allmählich auf sie zu. Andreas, einer der beiden ersten, bekennt Jesus als den Messias (1,41); Philippus hat ihn als den erkannt, über den die Tora des Mose und die Propheten geschrieben haben (1,45; vgl. 5,39.46), Nathanael schließlich spricht das Glaubensbekenntnis aus: "*Du bist der Sohn Gottes, der König Israels!*" (1,49). Das alles wird im JohEv positiv und ohne Vorbehalte dargestellt. Freilich sprechen die Jünger damit nicht schon das Letzte aus, was über Jesus im Bekenntnis gesagt werden muß. Noch sind sie auf dem Weg zur wahren Erkenntnis

Jesu (vgl. 1,51). Wenn sie auch Schritt für Schritt seinem Geheimnis näherkommen (vgl. 2,11.17), zum vollen Verständnis werden sie erst nach seiner Auferstehung gelangen (2,22; vgl. 12,16).

Zuvor arrangiert Jesus für sie die Zeichen (6,3ff; 11,4ff.15), stellt sie auf die Probe (6,6), offenbart sich vor ihnen als der vom Himmel Herabgekommene (6,20) und führt sie zu noch tieferer Erkenntnis, die Petrus im Namen der Zwölf vorläufig so zusammenfaßt: "*Wir sind zu dem Glauben gelangt und wissen: Du bist der Heilige Gottes!*" (6,69). Die Jünger sind Zeugen der Auseinandersetzungen Jesu mit den *Juden* um seine Herkunft und Identität. Auch wenn sie längst nicht alles verstehen, wie ihre Mißverständnisse beim Abschied zeigen (vgl. 13,9.37; 14,5.8), bringen sie am Ende der "Abschiedsrede" doch ihren gewonnenen Glaubensfortschritt an Jesus zum Ausdruck: "*Du bist von Gott ausgegangen*" (16,30), indem sie Jesu Wort aufnehmen (16,28), und Jesus wertet ihr Bekenntnis positiv: In 17,8.25 greift er es im Gebet an den Vater auf.

Höhepunkt des Lernprozesses ist zweifellos 20,28: Thomas bekennt vom Auferstandenen, dessen Identität mit dem irdischen Jesus er geradezu empirisch feststellen durfte: "*Mein Herr und mein Gott!*" Er holt damit nach, was die übrigen Jünger bereits acht Tage zuvor stillschweigend anerkannt haben (vgl. 14,20). Der auferstandene Jesus, den Thomas mit seinen Sinnen leiblich identifizieren kann, ist die Erscheinung Gottes. In ihm ist Gott präsent.

Der *geliebte Jünger* ist der einzige, der an dem im JohEv dargestellten Lernprozeß offensichtlich nicht teilnimmt, sondern von Anfang an das Geheimnis Jesu tiefer durchschaut als die anderen. Er ist jener Anonymus, der - vom Zeugnis des Johannes herkommend - als erster Jünger bei Jesus *blieb* (1,39). Er wird als der Intimus Jesu dargestellt (13,23), dem der sterbende Jesus in einem letzten Vermächtnis seine Mutter anvertraut und den er auf diese Weise zum Sohn an seiner Statt einsetzt (19,26f). Er weiß durch Jesus um die Person des Verräters, die er jedoch - ganz im Sinne Jesu - nicht an Petrus preisgibt, um die Tat nicht zu verhindern (13,25ff). Er bezeugt beim Tod Jesu, daß im Menschen Jesus Gott anwesend war, denn er hat gesehen, daß aus dem toten Leib Jesu "*Blut und Wasser*" hervorkamen (19,34f), "Blut" für Jesu menschliche Abstammung (vgl. 1,12f), "Wasser" als Symbol des göttlichen Geistes (vgl. 4,14; 7,37ff), der von jetzt ab zu den Glaubenden überfließt. Sein Zeugnis soll für die Leser die Grundlage des Lernprozesses im Glauben sein.

Der *geliebte Jünger* kommt vor Petrus und noch ehe der Auferstandene sich gezeigt hat zum Glauben an die Auferstehung Jesu (20,8), wiederum als Vorbild für die Leser. War Jesus zu seinen Lebzeiten derjenige, der den Lernprozeß der Jünger steuerte, so löst am Schluß des JohEv der *geliebte Jünger* ihn ab. Er erkennt in dem Fremden am Ufer den

Herrn und sagt es dem Petrus, den diese Erkenntnis sofort in Bewegung setzt (21,7). Am Ende wissen alle anderen Jünger ebenfalls: "*Es ist der Herr!*" (21,12) - durch Vermittlung des *geliebten Jüngers*? -, so daß sie Jesus nicht mehr fragen müssen: "*Wer bist du?*" (vgl. 16,30), wie es die *Juden* taten (8,25; vgl. 1,19).

Zum Schluß wird der *geliebte Jünger* als der wahre Zeuge von Autor und Lesern anerkannt und als der eigentliche Autor des JohEv ausgegeben (21,24). Für den Lernprozeß der Jünger und Leser wurden somit folgende Zeugen aufgerufen: Gott/die Schriften - Johannes der Täufer - Jesus - der *geliebte Jünger* - das vorliegende Buch.

Der Lernprozeß der Jünger findet *vor den Lesern* statt. Sie sind Zeugen der Entwicklung des Jüngerglaubens. Sie selbst kommen vom Prolog her, der ihnen den Schlüssel zur Lektüre des JohEv in die Hand gegeben hat. Von dieser hohen Warte aus können sie den im Buch dargestellten Prozeß des Glaubens und Unglaubens wahrnehmen und beurteilen. Anfang und Ende des Prologs haben ihnen schon das wahre Sein und die wirkliche Herkunft Jesu angesagt: Der Logos-Gott war "*im Anfang bei Gott*" (1,1f), und: Der "*einziggeborene Gott*" hat die Gotteskunde gebracht (1,18). Dieses "Wissen" haben die Leser bereits ins Bekenntnis umgesetzt - auch davon zeugt der Prolog: "*Fürwahr, der Logos ist Fleisch (Mensch) geworden, und wir haben seine Herrlichkeit geschaut...*" (1,14).

Die Leser stehen bei Beginn des Lektürevorgangs schon dort, wohin die Jünger innerhalb der dargestellten Handlung erst gelangen: beim Bekenntnis des Thomas (20,28). Die Frage stellt sich, warum der Autor den Prozeß überhaupt vor den Lesern darstellt. Wegen des vorangestellten Prologs kann seine Absicht nicht sein, daß die Leser den Lernprozeß der Jünger mitmachen. Ihn haben sie schon hinter sich. In Jesu Abschiedsrede wird das direkt angesprochen und reflektiert. Jesu Voraussage, daß der *Heilige Geist* nach seinem Weggang die Jüngerschaft "*alles lehren*" und an alle seine Worte *erinnern* wird (14,25f), weist auf einen nachösterlichen Überlieferungsprozeß hin, von dem die Leser geprägt sind. In 16,12ff wird weiter bedacht, daß der Überlieferungsprozeß sich nicht darin erschöpfen wird, das Wirken Jesu in getreuer Erinnerung zu halten, sondern daß er ein ständiges, geistgewirktes Voranschreiten auf dem Weg zur Erkenntnis der heilbringenden *Wahrheit* sein wird (16,14f). Wenn die Leser bei Beginn des Lesevorgangs die Position des Prologs einnehmen können, dann überhaupt nur aufgrund des nachösterlichen Lernprozesses, den sie schon hinter sich haben.

Allerdings ist der Autor offensichtlich nicht der Meinung, daß die Leser bereits eine endgültige und sichere Glaubensposition erreicht haben und von ihr aus geradezu unberührt den Lernprozeß der Jünger rückschauend betrachten können. Er stellt durch sein Buch auch sie mitten in einen immer noch andauernden Lernprozeß hinein. Wie kann der beschrieben und von dem schon verwirklichten nachösterlichen Lernprozeß abgehoben werden? In 20,30f beschreibt der Autor seine Absicht: Er hat aus einer wesentlich größeren Zahl von faktischen Zeichen (vgl. 2,23; 3,2; 6,2) die im Buch *erzählten* Zeichen Jesu deshalb aufgeschrieben, damit die Leser mit ihrer Hilfe (und mit Hilfe der sie deutenden Reden Jesu) *glauben*. Weil die Leser aber schon Glaubende sind, ist genau auf den Wortlaut zu achten: Sie sollen zu dem Glauben kommen, der in dem Satz formuliert ist: "*Jesus ist der Christus, der Sohn Gottes*", und diesen Glauben mittels der aufgeschriebenen Zeichen gewinnen. Das kann nur bedeuten, daß der Autor seine Leser in ihrem schon gefaßten Glauben *versichern* und *vertiefen* will mit dem Argument, daß derjenige, der solche Zeichen hat wirken können, tatsächlich der *Christus/Sohn Gottes* ist. Es dürfte daher in 20,31 auf "*Jesus*" der Ton liegen, und zwar in dem Sinn, daß dieser Mensch Jesus von Nazaret der *Sohn Gottes* war und ist. Das vom Leser längst im Bekenntnis angenommene und ausgesprochene Wissen: "*Der Logos ist Mensch (Fleisch) geworden, und wir haben seine Herrlichkeit geschaut*" (1,14) wird durch die *erzählten* Zeichen Jesu als glaub-würdig erwiesen.

Nun spielen die Zeichen/Werke Jesu im Lernprozeß der Jünger ebenfalls eine wichtige, sogar die entscheidende Rolle. In ihnen offenbart Jesus seine Herrlichkeit (2,11; 11,4.40; vgl. 1,51); d.h. durch sie kann *gesehen* (bzw. an ihnen *abgelesen*) werden, wer Jesus wirklich ist (6,26). Auf ihrer Basis kann man ein *wahres* Urteil über Jesus fällen, das den Augenschein oder das Vor-Urteil überwindet (7,24; vgl. 7,51). Die Zeichen/Werke bezeugen, daß Jesus der Gesandte des Vaters (5,36) - eben der Christus (10,25) - ist, weil sie *unerhört* sind (9,32) und nur als Wirkung Gottes erklärt werden können (9,33). Nicht, daß sie (selten genug!) den Glauben wecken, ist das *Erstaunliche*, sondern, daß sie auf Unglauben stoßen: Aus ihnen beantwortet sich nämlich die Frage von allein, *woher* Jesus ist (9,30f) und *woher* seine Worte sind (10,21). Denn seine Werke sind Gottes eigene Werke (14,10); der Vater hat sie ihm gezeigt (5,19f).

Jesu Zeichen/Werke umfassen sein gesamtes Wirken einschließlich seines Kreuzestodes und seiner Auferstehung; sie sind das Werk Gottes, das er auf Erden *vollenden* soll (4,31; 17,4; vgl. 19,30) und im JohEv unter die Zeichen subsumiert (2,18f; 6,62; 8,28f), aus denen ersichtlich bzw. ablesbar wird, wer Jesus ist. Sein Tod ist ja der Erweis der größtmöglichen Liebe (15,13; vgl. 13,1)!

Die Zeichen/Werke sollen nicht nur auf Jesus aufmerksam machen, seine Glaubwürdigkeit unterstreichen, sondern erweisen aus sich und mit noch größerer Plausibilität als seine Worte den Anspruch Jesu als wahr, "*der Sohn*" zu sein, der in vollkommener Einheit mit dem Vater ist und wirkt. Entsprechend kann Jesus argumentieren: "*Wenn ich die Werke meines Vaters nicht tue, dann glaubt mir nicht! Wenn ich sie aber tue, so glaubt, wenn schon nicht mir, so doch den Werken, damit ihr erkennt und wißt: in mir der Vater und ich im Vater!*" (10,37f). Dieses Argument gilt nicht nur gegenüber den ablehnenden *Juden*, sondern auch für die zum Glauben bereiten Jünger: "*Glaubt mir: ich im Vater und der Vater in mir! Wenn aber nicht, so glaubt doch wegen der Werke!*" (14,11).

Die Einheit Jesu mit Gott wird im JohEv aufgrund des dargestellten Gesamtwirkens Jesu, letztlich aber seiner Zeichen/Werke als derart evident und verbindlich angesehen, daß jegliche Ablehnung Jesu und jede Feindschaft gegen ihn *grundlos* (15,25) und somit unentschuldbar ist. Das bedeutet nicht, die Zeichen/Werke könnten den Glauben erzwingen. Ihre Evidenz ist nicht die eines Naturgesetzes oder Experimentes im modernen Sinn und insofern nicht beliebig und unbegrenzt erfahrbar, sie ist hingegen eine Selbstevidenz, wie sie auch der Liebe eignet, die sich in Geschenken kundgibt. Wer sie nicht als solche erkennt, sie mißdeutet oder ablehnt, macht sich schuldig: "*Wäre ich nicht gekommen und hätte zu ihnen geredet, so hätten sie keine Sünde. Jetzt aber haben sie keine Entschuldigung für ihre Sünde... Hätte ich nicht die Werke unter ihnen getan, die kein anderer je getan hat, dann hätten sie keine Sünde. Nun aber haben sie gesehen und haben gleichwohl gehaßt, wie mich so auch meinen Vater. Aber das Wort sollte erfüllt werden, das in ihrem Gesetz geschrieben steht: Ohne Grund haßten sie mich*" (15,22-25).

Umgekehrt läßt sich aus diesen Formulierungen mit 20,30f schließen, daß das Wirken Jesu, insbesondere seine Zeichen/Werke den bekennenden Glauben an ihn als menschgewordenen *Logos/Gott* (vgl. 1,14) vertiefen und versichern können. Aber nicht nur die faktischen Zeichen/Werke vermögen das, sondern ebenso die durch den *Heiligen Geist* in Gang gesetzte, deutende Nacherzählung des Wirkens Jesu, und *diesem* Lernprozeß werden die Leser ausgesetzt.

3. Der Inhalt des JohEv

Der dargestellte Lernprozeß hat die Hauptfigur des JohEv zum Inhalt: Jesus von Nazaret. Allerdings muß niemand, weder die Jünger noch die Gegner, über Jesus *lernen*, daß er ein Mensch ist. Das ist vielmehr ein Faktum und der Ausgangspunkt des Lernprozesses.

Offen liegt es zutage und wird weder von Jesus noch vom Autor in irgendeiner Weise bestritten: Jesus ist ein wirklicher Mensch (1,14). Er stammt aus Nazaret in Galiläa (1,45f; 4,44; 7,41.52). Seine Eltern sind bekannt (1,45; 2,1.3.12; 6,42; 19,26), ebenso seine Brüder (2,12; 7,3.10). Er besitzt einen sterblichen Leib (2,21) aus Fleisch (6,51; vgl. 8,15) und Blut (19,34) - beides wird durch Jesus (6,55) und den Autor (19,35) ohne Abstriche festgehalten -, der durch eine anstrengende Wanderung ermüdet wird (4,6), Tränen hervorbringt (11,35) und dessen Gemüt erschüttert wird (12,27; 13,21). "*Noch keine fünfzig Jahre*" ist Jesus alt (8,57). Pilatus läßt ihn von seinen Soldaten durch Geißeln und mit Dornen foltern (19,1f), um dann geradezu amtlich zu bestätigen: "*Seht, der Mensch!*" (19,5). Einer aus dem Hinrichtungskommando stellt professionell fest, daß Jesus tatsächlich tot ist (19,33), von Amts wegen wird der Leichnam Jesu freigegeben (19,38), und bei seiner Bestattung soll der zu erwartende Leichengeruch durch Duftstoffe gebannt werden (19,39f). Die Jünger und zuletzt Thomas dürfen sich schließlich durch Augenschein davon überzeugen, daß der Leib des Auferstandenen mit dem des irdischen und gekreuzigten Jesus identisch ist (20,20.27).

Daß Jesus ein wirklicher Mensch ist, wird im JohEv überall vorausgesetzt. Es ist eine vorgegebene *Tatsache*, die deshalb auch gegen seinen Anspruch eingewandt werden kann (5,18; 7,27; 8,57; 10,33; 19,6). Einzig und allein dieser Anspruch ist Inhalt des Lernprozesses, und zwar in der Weise, daß die Jünger entgegen dem Augenschein (7,24), trotz seines Fleisches (6,63; 8,15), und obwohl er ein Mensch ist (10,33), Jesus als die Erscheinung Gottes auf Erden erkennen sollen.

In mehreren Aussagekreisen, die jedoch füreinander durchlässig sind, bringt das JohEv den Anspruch des Menschen Jesus von Nazaret zum Ausdruck. Da sind zunächst die Sendungsaussagen. Sie dürfen nicht isoliert werden, sondern stehen mit den übrigen Aussagekreisen in Verbindung, umgreifen sie alle. Von Jesus soll geglaubt werden, daß der Vater/ Gott ihn gesandt hat (5,36; 11,42; 17,8.21.23.25; vgl. 6,29.57; 7,28f; 8,42; 10,36 u.a.). Die Sendung Jesu ist Inhalt des Glaubens, ihre Erkenntnis das Ziel des Lernprozesses. Dadurch hat sie einen unvergleichlich höheren Stellenwert als die Sendung des Täufers Johannes (1,6.33), der durch seine Sendung zwar für sein Wirken legitimiert wurde, trotzdem aber nichts als ein Mensch war (vgl. 5,34). Seine Sendung hatte keine Geltung in sich, sondern war bezogen auf Jesus (3,28). Demgegenüber ist die Sendung Jesu ein Heilsgeschehen in sich (3,17; 17,3), denn mit ihr *gibt* Gott seinen Sohn der Welt als ein Liebesgeschenk (3,16; 6,32).

Das jüdische Gesandtenmodell, das im Hintergrund der Sendungsaussagen steht, ist geleitet von der Vorstellung: Der Gesandte ist wie der Sendende selbst; er repräsentiert "vor Ort" den Sendenden, überbringt dessen Worte, tut seinen Willen kund und vollzieht ihn. Er handelt anstelle des Sendenden, und sein Handeln hat die gleiche Gültigkeit wie das des

Sendenden. Dies alles wird im JohEv zum Ausdruck gebracht: Jesus redet als der Gesandte "*die Worte Gottes*" (3,34; 12,49.50; 14,24; vgl. 14,10); seine Lehre stammt nicht von ihm, sondern von dem, der ihn gesandt hat (7,16); sie ist "*aus Gott*" (7,17). Gleiches gilt von seinem Urteil (5,30; 8,16). Jesus tut, wenn er wirkt, nur die Werke dessen, der ihn gesandt hat (9,4); er handelt in dessen Namen (10,25) und nicht aus sich (5,19.30). Er kann gar nichts anderes tun, als was der Vater wirkt (5,19); dieser zeigt ihm alles (5,20.36). In Jesus wirkt also der Vater (14,10). Als Gesandter hat Jesus keinen eigenen Willen, sondern er sucht den Willen des Sendenden (5,30), setzt ihn durch (4,34; 6,38ff), befolgt sein Gebot (8,29; 10,18; 14,31) und vollendet sein Werk (4,34; 17,4).

Mit den Sendungsaussagen kommt zum Ausdruck: In dem Menschen Jesus, der redet, lehrt und wirkt, ist zugleich ein anderer präsent und redet, lehrt und wirkt: Gott! Wer glaubt, daß Jesus von Gott gesandt wurde, anerkennt die Präsenz Gottes in Jesus.

Die Gesandtenvorstellung ist aber im JohEv keineswegs derart vorherrschend, daß alle anderen christologischen Aussagen aus ihr abzuleiten wären. Es gilt umgekehrt: Daß Jesus von Gott gesandt wurde, muß nicht als *Voraussetzung* des "johanneischen" Jesusbekenntnisses angesehen werden - sonst würde sich Jesu Sendung von der der Propheten oder des Täufers nicht wesentlich unterscheiden -, sondern als eine *Folgerung*. Logisch ist ein anderer Aussagekreis den Gesandtenaussagen vorgeordnet, der von einer *Prae-Existenz* Jesu (als Logos: 1,1f) bei Gott handelt (1,30; 12,41; vgl. 8,58; 17,5). Aus dem Sein bei Gott ist Jesus herausgetreten, als er in "*diese Welt*" kam (16,28; vgl. 13,3; 8,42); er ist "*von oben*" gekommen, "*vom Himmel herabgestiegen*" (3,13.31; 6,33.38). Insofern sich in diesem Geschehen Initiative und Wille *Gottes* auswirkten, wird es Sendung genannt.

Jesus stammt "*von oben*" (3,31; 8,14.23); vor seinem Auftreten als Mensch war er "*bei Gott*" (6,46.62; 17,5), und darum kennt er Gott - als einziger (6,46; 7,28f; 8,55; 17,25). Er allein bringt authentische Kunde von den himmlischen Dingen, von Gottes Wahrheit, weil nur er ein Wissen davon besitzt und sie gesehen hat (3,11f.32). Er redet, was er beim Vater gehört (8,26.38.40), was der ihn gelehrt (8,28), ihm gegeben (5,36; 17,8) bzw. befohlen hat (12,49f). Gleichwohl ist er nicht nur das Sprachrohr Gottes, sondern er selbst ist es, der redet. Aber *was* er sagt, sind Worte Gottes. Er bezeugt auf Erden, was er oben gesehen hat (3,32); und was er den Vater tun sieht und der ihm zeigt, das tut auch er (5,19.20; vgl. 8,28).

Wie die Sendungsaussagen - doch eindringlicher als sie - machen die Präexistenzaussagen deutlich, daß Jesus im eigentlichen Sinn nicht "*von der Erde*", sondern "*von oben*" ist (3,31). Sein wahrer Ursprung ist Gott, von ihm ist er ausgegangen, er stammt "*vom Himmel*" und ist in die Welt *herabgestiegen*. Das bedeutet zugleich, daß alles, was er sagt, lehrt und tut, ebenfalls bei Gott seinen Ursprung hat, Gottes Worte, Lehre und Werke sind. Jesus ist Gottes Sprecher und Werkzeug.

Die Präexistenzaussagen sprechen von der himmlischen Vorgeschichte Jesu nicht um ihrer selbst willen. Sie sind an den Worten und Werken, die Jesus beim Vater gehört und gesehen hat, nicht als *himmlischen* Tatsachen interessiert, sondern insofern der Mensch Jesus sie *auf Erden* kundgetan hat. Anders - sagt Jesus - sind Gottes Worte und Werke, Gottes Wirklichkeit also, irdisch gar nicht wahrzunehmen als durch seine Worte und Werke. Die Präexistenzaussagen weisen daher auf *Jesus von Nazaret* und sein Wirken hin: In diesem Menschen, seinen Worten und Taten kommt Gott, der sich offenbaren und zum Heil der Welt wirken will, auf die Menschenwelt zu. Die Präexistenzaussagen unterstreichen den Anspruch des *Menschen* Jesus und erweisen, daß seine Worte zugleich die Worte Gottes, seine Werke zugleich die Werke Gottes sind, daß er als Mensch zugleich "*von oben*" ist.

An dieser Stelle ist eine dritte Aussagereihe zu besprechen, in der Jesus beansprucht, in *Einheit* mit dem Vater/Gott zu sein und zu wirken. Wenn niemand jemals Gott gesehen hat (1,18; 3,13; 5,37f; 6,46; 8,19) und seine Worte und Werke nur durch den Menschen Jesus erfahrbar sind, dann kennt, wer Jesus kennt, auch den Vater (8,19; 14,7), und es hat, wer Jesus gesehen hat, in ihm den Vater gesehen (14,7.9; vgl. 12,45). Dann ist in Jesus der Vater erschienen, und auf andere Weise wird er - jedenfalls auf Erden - nicht sichtbar (vgl. 8,19; 14,8).

Die Einheitsaussagen, die den Höhepunkt der Aussagereihe bilden, werden vorbereitet durch Äußerungen Jesu, daß er bei seinem Wirken "*nicht allein*", sondern der Vater bei ihm ist (8,16; 16,32; vgl. 8,29). Der Vater hat ihn mit ewiger Liebe geliebt (17,26; vgl. 15,9), und in dieser Liebe *bleibt* Jesus (15,10), durch sie empfängt er seine Vollmacht (3,35; 5,20). Sie hält ihn noch, wenn er sein Wirken in der Hingabe seines Lebens vollendet (10,17). Die Einheit zwischen Jesus und Gott ist Liebeseinheit. Aus ihr folgt gegenseitiges *Erkennen* (10,15) und vollkommene Teilhabe des einen am anderen: Alles, was der Vater besitzt, hat auch Jesus (16,15; 17,10). Daher kann der Mensch Jesus schließlich den höchsten Anspruch erheben: "*Ich und der Vater sind eines!*" (10,30; vgl. 17,21f), und ihn dadurch erläutern, daß der Vater *in ihm* und er "*im Vater*" ist (10,38; 14,10.11.20; 17,21.23), und zwar *bleibend* (14,10). Diese mythische Einheit gilt, obwohl der Mensch Jesus auf Erden ist, der Vater aber im Himmel, obwohl Jesus einst "*von Gott ausgegangen*" ist und später wieder "*zu ihm zurückkehren*" wird. Sie ist im raum-zeitlichen Sinne nicht objektivierbar. Es wird keine Identität behauptet, sondern ein Paradoxon. Jesus ist nicht der Vater, und doch kann er mit der Offenbarungsformel "*Ich bin*" (vgl. Jes 43,10f; Ex 3,14) geheimnisvoll auf sich hinweisen: In ihm ist Gott unter den Menschen in Zeit und Geschichte erschienen und anwesend (8,24.29.58; 13,9; vgl. 6,20). Folgerichtig bekennt Thomas von ihm: "*Mein Herr und mein Gott!*" (20,28).

Die bisher untersuchten Aussagen haben nicht nur eine *christologische* Ausrichtung, auch wenn sie in erster Linie dazu dienen, den Anspruch des Menschen Jesus pointiert herauszustellen. Sie sind ebenso *theologische* Aussagen in einer unerhörten Zuspitzung, weil sie Gott, insofern er sich der Menschenwelt heilvoll zuwendet, ganz an den Menschen Jesus und sein Wirken binden. Gott redet und wirkt *in Jesus* in einer exklusiven und unüberholbaren Weise. Nirgendwo anders ist sein Wort zu hören (5,39f), nirgendwo sonst sein Wirken zu erfahren (3,35; 5,20-22) als in dem Menschen Jesus.

Welch tiefgreifende Konsequenzen das Kommen des Menschen Jesus als Erscheinung Gottes für die Gottesanschauung und Gottesverehrung hat, macht eine weitere Aussagereihe deutlich. In ihr wird die wahre Anbetung Gottes ganz an Jesu Wirken gebunden, denn er allein ist es, der "*Geist und Wahrheit*" vermittelt (4,23). Durch sein Wirken hat er Gott "*auf der Erde*" verherrlicht (17,4; vgl. 7,18; 11,4; 12,38; 13,31f; 17,1) und damit erst den Prozeß wahrer Gottesverehrung in Gang gesetzt (15,8; 21,19; vgl. 5,44). Wer den Vater *ehren* will, muß auch Jesus ehren, und wer Jesus die Ehre verweigert, entehrt Gott (5,23; 8,49). Glaube an Jesus ist Gottesglaube (12,44): Im Hören des Wortes Jesu vollzieht er sich (5,24). Wer Jesus aufnimmt, nimmt den Vater auf (13,20). Christologie ist Theologie (14,7)! Das heißt umgekehrt: Wer Jesus haßt, haßt den Vater (15,23f).

Alle Aussagen münden in eine soteriologische Aussagereihe ein. Ständig kann es heißen: Wer an Jesus glaubt, hat das ewige Leben (3,15.16.36; 5,24; 6,40 u.ö.). Wie sich Jesus mit der absoluten Offenbarungsformel "*Ich bin*" als die irdische Erscheinung Gottes ausgeben kann, so identifiziert er sich in den prädikativen "*Ich bin*"-Worten mit den göttlichen Wirklichkeiten *Licht* (8,12; 9,5; 12,46; vgl. 3,19; 12,35f), *Wahrheit* (14,6) und *Leben* (11,25; 14,6), die der Glaube empfängt. Doch auch bei der Rettung der Glaubenden wirkt Jesus nicht allein, sondern gemeinsam mit dem Vater: Er ist der Weinstock und der Vater der Winzer (15,1f). Jesu Liebe zu den *Seinen* (13,1.3) wird vom Vater aufgegriffen (14,21), der darin auf die Liebe der Jünger zu Jesus antwortet (14,23). Und so wohnen Jesus und der Vater gemeinsam in den Jüngern (14,23; vgl. 14,20; 17,20.23). Diese sind in Jesu Hand so sicher wie in Gottes eigener Hand (10,28f).

Nachdem Jesus auf Erden den Willen Gottes getan und dessen Werk vollendet hat (4,34), kehrt er zum Vater zurück (7,33; 12,28; 13,1.3; 14,12; 17,11). Aus der Perspektive der Leser des JohEv ist er bereits wieder in den Himmel hinaufgestiegen, wo er vorher war und woher er gekommen ist (3,13; 6,62; vgl. 1,18). Schon diese Aussagen warnen davor, die oben besprochenen Einheitsaussagen in welthaften Raum-Zeit-Vorstellungen objektivieren zu wollen, oder man gelangt zu unauflösbaren Widersprüchen. In der Sprache des JohEv kann spannungslos nebeneinanderstehen, daß der Vater in Jesus ist und bleibt (14,10) und daß Jesus gleichwohl hinaufsteigt zu *seinem* Vater und zu *seinem* Gott (20,17). Was schon durch die Sendungsvorstellung generell ständig ins Bewußtsein gerufen und wach gehalten wurde, wird mit der Aussage über Jesu Rückkehr zum Vater direkt ausgesprochen: "*Der Vater ist größer als ich*" (14,28). Jesus und der Vater sind eben nicht in dem Sinne *eines* (10,30), daß der Vater in Jesus aufgeht; auch wenn er "*in Jesus*" ist, bleibt er doch er selbst. Das wird durch Jesu Rückkehr zum Vater deutlich: Der Vater ist der "*allein wahre Gott*" (17,3; vgl. 20,17). Er steht nicht nur als Auftraggeber *hinter* dem Menschen Jesus und seinem Wirken, sondern als Ziel dieses Wirkens ebenso *vor* ihm. Einzig *auf Erden* bildet Jesus den Vater ab, ist der Vater in Jesus verborgen anwesend, jenseits der Welt wird Gott selbst begegnen, und Jesu Mittlerschaft wird aufgehoben sein (16,26f).

4. Die Sprache des JohEv

Insofern Jesus zugleich über Gott spricht, wenn er über sich Zeugnis gibt, steht seine Rede unter einem Vorbehalt: Sie ist Rätselrede, die ihren Gegenstand ebenso verbirgt wie offenbart (vgl. 10,6; 16,25). Eine *offene* Rede über Gott wird erst möglich "*an jenem Tag*" (16,26) - gemeint ist das mit Jesu Parusie (16,16.22f) einsetzende Eschaton -, wenn der Vater den Jüngern nicht mehr durch Jesus vermittelt wird, sondern unmittelbar begegnet (16,27). Bis dahin kann über ihn nur in einer Sprache geredet werden, die sein Geheimnis wahrt, indem sie geheimnisvoll, also rätselhaft ist. Wenn Jesus in *Rätseln* vom Vater spricht, dann nicht aus Willkür oder in pädagogischer Absicht; er kann irdisch gar nicht anders reden, und Gott kann nicht anders zur Sprache kommen als im Mythos. Der Mythos aber hat, weil er von der Tiefe der Wirklichkeit erzählen will, die der Ein-Sicht nicht zugänglich ist, keine andere Sprache als die metaphorische Rätselsprache.

Tenor der Jesusreden im JohEv ist: Durch den Menschen Jesus wird Gottes Handeln erfahren, werden seine Worte gehört. In ihm wird der Vater gesehen und erkannt. Solches Sprechen wird in 16,25 Rätselrede genannt. Jesus warnt am Ende seines Wirkens in aller Deutlichkeit davor, sein Reden über sich als Repräsentanten des Vaters als *offene*, eindeutige und unmittelbar verständliche Rede einzuschätzen. Über den Vater kann Jesus nicht so reden wie über einen Gegenstand der Welt (vgl. 3,12). Das Irdische läßt sich klar und offen sagen (vgl. 3,31), das Überirdisch-Jenseitige dagegen nur in rätselhafter Sprache bezeugen (3,32; 10,24f). Jesu Aussage: "*Ich und der Vater sind eines!*" (10,30) ist folglich nicht im gemeinsprachlichen Sinn und nach innerweltlicher Logik zu verstehen. Wer Jesus gesehen hat, hat den Vater nicht in seiner himmlischen Wirklichkeit gesehen, sondern in seiner Verborgenheit auf Erden. Jesus ist nicht der Vater, sondern der Spiegel, in dem der Vater erscheint. Er ist das Symbol Gottes. Alles Reden Jesu über sich selbst als den irdischen Vertreter Gottes ist metaphorisches Reden. Dennoch betont das JohEv: Nur in ihm oder überhaupt nicht wird Gottes Wort auf Erden gehört, sein Handeln erfahren, seine Wirklichkeit gesehen und erkannt.

Die oftmals schwebende, scheinbar ungenaue, ja paradoxe Sprache des JohEv ist nicht das Ergebnis denkerischer Unfähigkeit oder krauser Begrifflichkeit. Sie wird vielmehr bewußt eingesetzt, um eine Wirklichkeit auszusagen und zu beschreiben, die sich nicht auf den Begriff bringen läßt. Die im JohEv verwendeten Bildworte versetzen sich gegenseitig in einen Schwebezustand, so daß sie gültig sind und doch nicht endgültig, veranschaulichen, aber nicht zur Anschauung bringen, bildhaft darstellen und gleichwohl nicht abbilden. Die Sprache Jesu im JohEv ist rätselhaft und geheimnisvoll, weil sie das Geheimnis und Rätsel seines Seins und Handelns zur Sprache bringt. Sie nähert sich dem unsagbaren Geheimnis so an, daß sie es bestehen läßt.

Vieles spricht dafür, daß der Autor sich der rätselhaften Sprache bewußt war. Absichtlich ließ er zu, daß die verwendeten Bilder und Topoi miteinander zu konkurrieren und sich gegenseitig aufzulösen scheinen. Dadurch weist er die Leser an, die Aussagen nicht vordergründig zu verstehen und nicht nach ihrem oberflächigen Sinn zu fragen, sondern sie mit anderen in Verbindung zu bringen und nach ihrem in der Tiefe liegenden Geheimnis zu suchen. Letztlich hinterfragt der Autor mit seinem Verfahren die verwendeten Vorstellungen kritisch und überwindet sie, ohne sie abzuschaffen. Sie dienen ihm, das eigentlich Unsagbare bildhaft, aber gültig zu veranschaulichen, ohne den Anspruch zu erheben, es eindeutig und endgültig zur Anschauung zu bringen.

Die christologischen Aussagen im JohEv sind zwar durchgehend von Raum- bzw. Zeitvorstellungen geprägt: "*Vom Vater bin ich ausgegangen und in die Welt gekommen. Ich verlasse die Welt wieder und gehe zum Vater zurück*" (16,28). Aber welcher Raum und welche Zeit sind gemeint? Der irdische Raum nicht, denn wo war Jesus dann, als er beim Vater war

(1,18; 6,46.62)? Woher kam er, als er "*von oben*" (3,31) kam und "*aus dem Himmel herabstieg*" (6,33.38.50; vgl. 3,13)? Und wohin geht er, wenn er die Welt wieder verläßt (13,33; 14,2.28; 16,5)? Die Zeit der Geschichte kann ebenfalls nicht gemeint sein, denn wann war der *Anfang* (1,1)? Wann war Jesus somit bei Gott? Daß die Aussagen ein Geheimnis zur Sprache bringen sollen, geht allein schon aus den Mißverständnissen der *Juden* (6,41f; 7,35f; 8,19.21) wie auch aus den Rückfragen der Jünger (13,36; 14,5; 16,29f) hervor.

Die Rede vom "*Herabkommen von oben*", "*vom Himmel*", vom "*Weggehen zum Vater*" und "*Hinaufsteigen zum Himmel*" ist keine objektivierende Rede. Niemand hat Jesu Herabkommen gesehen, keiner war Zeuge seines Hinaufsteigens. Es findet sich im JohEv darüber kein Bericht, einzig das verweisende und deutende Wort Jesu, das mit seinen Aussagen über die innige Gemeinschaft mit dem Vater zusammengehört werden muß. Beide Aussagereihen interpretieren sich gegenseitig. Wenn der Vater in Jesus ist und Jesus im Vater (10,38; 14,10f; 17,21), wenn Jesus und der Vater *eines* sind (10,30; 17,22f), dann stellt sich die Frage nach dem Woher, Wo und Wohin Jesu in neuer Weise. Und umgekehrt: Die innige Einheit zwischen Jesus und dem Vater muß als entfaltbar verstanden werden, wenn von ihr in räumlicher Metaphorik gesprochen werden kann. Es gilt das im letzten begrifflich nicht faßbare Paradoxon, daß Jesus einen Weg zum Vater geht, ihn seinen Jüngern weist (14,4) und doch selbst dieser Weg ist (14,6). Wenn in Jesus, in seinem Wort, in seinem Handeln der Vater anwesend ist, wohin müssen dann die Jünger gehen, um zum Vater zu kommen? Jesus ist ihnen Weg und Ziel zugleich. Und wenn gilt, daß sie in ihm sind und er in ihnen (14,20), wie ist dann das *Kommen* des Vaters und Jesu zu begreifen, um bei den Jüngern Wohnung zu nehmen (14,23)? Auch die Aussage über die Einheit der Jünger mit Jesus und dem Vater ist in keiner Weise räumlich zu verstehen. In Jesus ist, wer sein Gebot hält! Die Einheit mit Jesus ist der Gehorsam (14,20; 15,10).

Es finden sich noch andere mythologische Vorstellungen. Mit ihnen wird die Antwort des Menschen auf die Begegnung mit Jesus beschrieben. Von den ablehnenden *Juden* heißt es, daß sie keine "*Kinder Abrahams*" sind, obwohl sie von ihm abstammen (8,37), weil sie nicht Abrahams Werke tun (8,39). Sie sind keine *Kinder Gottes*, sonst würden sie Jesus lieben, d.h. seine Gebote halten (8,41f; vgl. 14,15.21; 15,9f). Wessen Gebot oder Verlangen der Mensch tut, von dem stammt er ab. Die gegnerischen *Juden* sind nach dem JohEv vielmehr "*Knechte der Sünde*", weil sie die Sünde tun (8,34). Sie stammen "*aus dem Vater Teufel*", weil sie "*die Gelüste ihres Vaters tun wollen*" (8,44) und Jesus zu töten suchen (8,40). Die mythologische Anschauung, daß Menschen seinshaft mit einer numinosen Macht durch Zeugung oder Geburt verbunden sein können, wird hier nicht als genealogische Theorie auf die *Juden* angewendet, sondern mythisch. Die Gegner stammen nicht genetisch aus dem "*Vater Teufel*", doch wird der Teufel zu ihrem Vater, sobald sie tun, wonach er verlangt. Der Mensch entscheidet sich durch sein Tun zum Bösen oder zum Guten, und die Entscheidung bestimmt sein Sein.

Das gilt genauso für den Glaubenden. Wer an Jesu Namen glaubt, erhält "*Vollmacht, Kind Gottes*" zu werden (1,12). Er ist dann nicht mehr durch seine fleischlich-irdische Geburt bestimmt, sondern "*aus Gott gezeugt*" (1,13), "*aus dem Geist geboren*" und damit Geist, obwohl er als ein fleischliches Wesen entstanden und nach wie vor fleischlicher Mensch ist (vgl. 3,6-8). Die Jünger, die bei Jesus bleiben und sein Gebot halten, sind nicht mehr "*von der Welt*" (15,19; 17,14.16); dennoch sind sie "*in dieser Welt*". Der "johanneische" Jesus schlägt selbst den Bogen zu seiner eigenen Existenz: "*...wie auch ich nicht aus der Welt bin*" (17,16). Obgleich er "*Fleisch geworden*" (1,14) und ein Mensch von Fleisch und Blut ist (6,51), dessen Eltern und Herkunft man kennt (6,42; 7,3.27.41), ist er für den Blick, der nicht an der Oberfläche stehenbleibt (8,15), sondern in die Tiefe schaut, der göttliche Logos (1,1f.14), der "*einziggeborene Gott*" (1,18; 3,16).

Was will der Autor durch seine mythische, metaphorische Rätselsprache bewirken? Wir haben oben (s. S. 405ff) gezeigt, daß er den Akzent ganz auf das geschichtliche Handeln des Jesus von Nazaret legt. Darin hat sich das göttliche Handeln zur Rettung der Menschenwelt ereignet, und zwar einzig und vollendet in ihm. Der Mensch Jesus ist somit die irdische Epiphanie Gottes und seines Handelns. Der Autor bezeugt, daß das menschliche Handeln Jesu das entscheidende und letztgültige Handeln Gottes war. Wer Jesus sieht, hat den Vater gesehen. Wer sein Wort hört, hört das Wort des Vaters. Sein Wirken ist Gottes eigenes Wirken. In ihm und nur in ihm begegnet Gott. Von der göttlichen Wirklichkeit im Menschen Jesus und in seinem Handeln kann nur in mythischen Kategorien gesprochen werden. Gleichwohl erzählt das JohEv keinen fiktiven Mythos, sondern berichtet ein geschichtliches Ereignis. Ein solches ist für sich betrachtet immer banal und oberflächig. Seine Bedeutung ist niemals offenkundig, sondern immer verborgen und nur mittels Deutung zu erfahren. Um seine Tiefe und Bedeutsamkeit für die Späteren zum Ausdruck zu bringen, eignet sich die Sprache des Mythos. Deshalb wird das geschichtliche Wirken Jesu, das in Raum und Zeit stattgefunden hat, im JohEv bewußt *als Mythos* erzählt, und dadurch wird ihm ewige Gültigkeit zugesprochen.

Von Gottes Anwesenheit auf Erden erzählen heißt, einen Mythos erzählen. Die mythische Rede ist unangemessen, wenn über innerweltliche

Dinge und Erscheinungen gesprochen wird, die dem Erkennen und Forschen zugänglich sind. Sie ist aber angemessen, um über das wahre Sein der Dinge und über Wirklichkeiten zu reden, die die Welt transzendieren. Der Mythos wird mißverstanden - auf diesem Mißverständnis beruht seine neuzeitliche Ablehnung als "unwahr" -, wenn ihm unterstellt wird, er wolle *objektivierend* vom Göttlichen als einem Innerweltlichen reden. Das will er gerade nicht, bringt er doch das *Göttliche* zur Sprache, das niemals *Objekt* der menschlichen Wahrnehmung werden kann, sondern sich kundgibt. Eine objektivierende Rede über Gott kann es nicht geben, weil Gott nicht *Gegenstand* der Wahrnehmung und Anschauung von Menschen sein kann. Seine geheimnisvolle Anwesenheit und sein Handeln in der Welt ereignen sich nur *hinter* den wahrnehmbaren Dingen, in einer den Sinnen unzugänglichen *Tiefe* und lassen sich deswegen nur bezeugen, niemals beweisen oder verifizieren. Dennoch sind sie Ereignis. Der sie bezeugende Mythos redet also wahr. Seine Wahrheit bezieht er jedoch aus der bezeugten Sache, und deshalb kann seine Wahrheit nur im Glauben erfaßt werden.

Gott ist nicht so in der Welt präsent, daß seine Anwesenheit nicht auch bestritten werden kann. Sein Wirken, Reden und Erscheinen muß sich, um für menschliche Erfahrung wahrnehmbar zu sein, verdinglichen in Raum und Zeit - davon *erzählt* der Mythos! Es muß eine Außenseite annehmen, an der der Unglaube stehenbleiben und Anstoß nehmen kann. Gottes Wort wird dann als reines Menschenwort, sein Wirken als Menschentat oder weltlicher Zufall, sein Erscheinen als Wahnvorstellung eines Verrückten abgetan und verleugnet.

Davon handelt das JohEv ständig. Die ungläubigen Gegner halten Jesus entgegen, er sei nur ein Mensch, dessen Herkunft man kenne (6,46; 7,27; 8,57; 10,33; 19,6f). Sie beurteilen ihn "*nach dem Fleisch*" (8,15), und daher ist sein Anspruch für sie Ausdruck wahnwitziger Anmaßung (5,18; 8,48; 10,20). Seine Worte gelten ihnen lediglich als Menschenworte (6,52.60; 7,12.15; 8,13). Aber das unbestrittene Menschsein Jesu kann im Horizont mythischen Sprechens kein Argument *gegen* seinen Anspruch sein. Mit *Fleisch* ist das Wesen Jesu nicht wirklich bestimmt. Als Sohn des Josef (1,46) ist er *zugleich* der *Sohn Gottes* und der himmlische Menschensohn (1,49.51). Wäre Jesus nur Mensch (Fleisch), hätte er für das Heil der Menschen keinen Nutzen (6,63); denn "*was aus dem Fleisch geboren ist, ist Fleisch*" (3,6). Weil er aber das Leben vermittelt, weil seine Worte Geist und Leben sind (6,63), muß auch er selbst "*aus dem Geist geboren*" sein (3,6). Handeln und Wirkung Jesu weisen auf seine wahre Herkunft hin (3,8). Wer der Mensch Jesus wirklich ist, zeigt sich in dem, was er tut: Weil er Gottes Werke tut, ist er "*aus Gott*" (vgl. 9,33; s. S. 400ff).

5. Die Absicht des JohEv

In der Tiefe der im JohEv erzählten Handlung soll nach der Absicht seines Autors ein göttliches Geschehen sichtbar werden, von dem nur im Mythos gesprochen werden kann. Sowohl Jesus in seinen Selbstaussagen (vgl. 3,13.16f.19; 6,32f; 16,28 u.a.) als auch der Autor bei seiner Darstellung (1,1-18; 13,1ff) setzen dies mythische Geschehen voraus. Im Prolog wird der Mythos *erzählt* (1,1-5). Hier zeigt sich, daß die im JohEv dargestellte Geschichte als Erscheinung der Wirklichkeit Gottes auf Erden nur als gläubiges Zeugnis und Bekenntnis zur Sprache gebracht werden kann (vgl. die "Wir"-Aussagen in 1,14-17). Der Glaubende kann davon nicht anders reden als mythisch. Solch bezeugendes und bekennendes Sprechen hat sein eigenes Ziel. Der Mythos argumentiert nicht, er wirbt nicht. Seine Wahrheit erschließt sich unmittelbar, oder sie bleibt fremd und rätselhaft. Diesen Zug teilt er mit der Metapher und dem Rätsel, Sprachformen, die sich nur dem "Eingeweihten" öffnen.

Im JohEv findet, wie wir gesehen haben, ein doppelter Lernprozeß der Jünger und Leser statt. Beide sollen im Verlauf des Prozesses *erkennen*, daß in Jesus die Wirklichkeit Gottes irdisch erschienen ist. Man könnte sogar sagen: Jünger und Leser müssen lernen, daß die tiefste Wirklichkeit des konkreten Menschen Jesus nur in mythisch-religiöser Sprache ausgesagt werden kann. Wer nicht sagt, daß in Jesus Gottes Wort, Gottes Handeln, ja Gott selbst in der Welt präsent geworden ist, hat diese Wirklichkeit überhaupt nicht erfaßt. Jedes andere Sprechen über ihn - und sei es noch so "theologisch" (vgl. 3,2) - bleibt an der Oberfläche (vgl. 7,24; 8,15), weil es Jesus nur als ein geschichtlich-zufälliges Phänomen besprechen kann.

Von Jesus in seinem tiefsten Sein zu sprechen heißt von Gott sprechen. Für das JohEv ist die Theologie bedeutsamer als die Christologie (17,3! vgl. 14,6f; 16,25; 17,6), die "johanneische" Christologie *ist* Theologie.

Lassen sich die christologisch-theologischen Aussagen des JohEv systematisch auswerten? Gewiß nur, wenn man sich des mythischen Charakters seiner Sprache bewußt bleibt, somit nur im Rahmen der dem Mythos eigenen Rationalität. Dann widersprechen die christologischen Aussagen des JohEv dem Monotheismus nicht nur nicht, sondern halten an ihm bewußt fest (17,3). Ihre primäre Funktion ist gar nicht, den Menschen Jesus zu *vergöttlichen* (das ist der Vorwurf der Jesusgegner: 5,18; 8,53; 10,33; 19,7), sondern die Anwesenheit Gottes im Menschen Jesus zu bezeugen. Jesus ist die Erscheinung Gottes *auf Erden*! Daraus *folgt* dann erst auf der Ebene mythischer, aber durchaus rationaler Reflexion, daß in Jesus der Logos-Gott Mensch geworden ist (1,14), der Mensch Jesus also Gott ist (20,28).

Das mythische Sprechen Jesu über sich selbst ist ein *bewußtes* Reden in rätselhafter, weil der sinnlichen Erfahrung nicht zugänglicher Sprache (16,25; vgl. 10,6). Sie ist bedingt durch die irdische Kommunikationssituation, in der die Sinne der Jünger nur die vordergründige Wirklichkeit wahrnehmen können und daher das tiefere Wissen Jesu um sich und den Vater für sie "unanschaulich" bleibt. "*An jenem Tag*" des eingetretenen Eschatons wird sich das ändern. Dann werden die Jünger in *Offenheit* vom Vater hören und eigenen Zugang zu ihm haben (16,26f). Bis dahin aber gilt die metaphorische Rätselsprache, die nur dem "Eingeweihten", dem Glaubenden sich erschließt. Das wird ausdrücklich von Jesus reflektiert. Das JohEv ist kein naives, sondern bewußtes Reden in Mythen und Rätseln. Autor und Leser wissen darum. Insofern das JohEv einen Lernprozeß zur Darstellung bringt, kann man sogar sagen, daß in ihm ein bewußtes *Einüben* solcher Sprache erfolgt. Jünger *und* Leser sollen durch das JohEv in die Rätselsprache Jesu eingeweiht, in seiner Sprachwelt heimisch werden. Sie sollen eine Sprache erlernen, mit der sie die mit Jesus in die Welt gekommene Wirklichkeit Gottes im tiefsten benennen können. Das mythische Verstehen des Menschen Jesus als Anwesenheit Gottes steht nicht am Anfang, sondern ist das Resultat dieses Prozesses. Das JohEv reflektiert durchgehend die hermeneutische Notwendigkeit einer eigenen religiösen Sprache, mit der das Geheimnis des Seins und Wirkens Jesu von Nazaret ausgelotet und bezeugt werden kann.

Sind die mythischen Ausdrucksweisen des JohEv eine *bewußte* religiöse Sprache, dann ist jedes objektivierende Verständnis solchen Sprechens von vornherein ausgeschlossen. Es soll mit ihm nichts mitgeteilt werden, was auch auf andere Weise, etwa historisch oder physiologisch festgestellt, nachgeprüft und mit einer anderen Sprache ausgedrückt werden könnte. Zu der in der mythischen Rätselsprache aufscheinenden Tiefendimension der Wirklichkeit gibt es vielmehr irdisch nur mittels dieser Sprache einen Zugang oder überhaupt nicht.

Das alles gilt zunächst für die Jünger als Augenzeugen. Der Augenschein brachte nur eine Außenseite zur Ansicht. Deshalb konnte jemand Jesus sehen und doch nicht *erkennen* (14,9), seine Zeichen miterleben und doch keines gesehen haben (6,14.26). Auch für die Augenzeugen kam es darauf an, mit den Augen des Glaubens durchzustoßen. Freilich, das Sehen mit den Sinnen war hilfreich (4,48; 20,29), doch führte es nicht automatisch zum glaubenden Erkennen, wofür die Gegner Jesu im JohEv schlagende Beweise sind. Der Glaube "sieht" in die Tiefe des Augenscheinlichen und macht das hier Geschaute mythisch kund: "*Mein Herr und mein Gott!*" (20,28).

Dann ist das Sehen der irdischen Außenseite der Jesuswirklichkeit letztlich verzichtbar; die ersten Jünger hatten den späteren Jesusnachfolgern nichts voraus. Die Tiefe des Jesusgeschehens können beide *nur* im Glauben erkennen und mythisch bezeugen. Dennoch ist die Zeugenschaft der ersten Jünger eminent wichtig, sahen sie doch mit ihren Augen, daß das Jesusereignis ein leibhaftes Geschehen war (1,14; vgl. 1Joh 1,1-4). Mit dem sinnenhaft geschauten Faktum ist noch *nichts*, mit dem mythisch gedeuteten *alles* gewonnen. Das sollen die Leser des JohEv lernen: Das Glaubens*bekenntnis* des Thomas können sie nachsprechen, auch wenn sie Jesus leiblich nicht gesehen haben (20,29), und die im JohEv *erzählten* und *gedeuteten* Zeichen sind für den Lernprozeß ebenso hilfreich wie die faktischen (20,13f).

6. Der Autor des JohEv

Im Buchschluß (21,25) läßt sich der reale Autor für einen Moment sehen in jenem "Ich", das meint, die Welt würde die Bücher nicht fassen können, wenn alle Taten Jesu aufgeschrieben würden. Wenn das "Ich" auch nicht sagt, was es mit dem vorliegenden Buch zu tun hat, legt doch der ganze Sinnzusammenhang nahe, dieses "Ich" mit dem JohEv in direkte Verbindung zu bringen: Es kennt noch mehr Taten Jesu, die nicht im JohEv erzählt werden, und hat eine vage Vorstellung über den Umfang der Bücher, wenn sie denn geschrieben würden. Vieles spricht dafür, das "Ich" nicht nur als Schreiber von 21,25, sondern als den realen Autor des vorliegenden JohEv anzusehen. Dann hat das "Ich" auch 21,24 geschrieben. In diesem Vers treten weitere Personen auf; neben das "Ich" tritt ein "Wir". Sind die "Wir" die Mitautoren des realen Autors oder seine Lesergemeinde?

Für die Vermutung, der Autor schließe sich in den "Wir" mit seinen Lesern zusammen, sprechen die übrigen "Wir"-Stellen des JohEv. Im Prolog begegnet ein hymnisches "Wir" (1,14.16): Autor und Leser sprechen "im Chor". In 3,11 sind in dem "Wir" Jesus und sein Kreis zusammengeschlossen, im "Ihr" demgegenüber Nikodemus und die *Juden*. Daß in dem "*wir wissen*" von 21,24 die Leser des JohEv mitgemeint sind, geht vor allem aus dem Inhalt hervor: Die "Wir" wissen um die Wahrheit des Zeugnisses des *geliebten Jüngers* (vgl. 19,35). Hier wird eine Überzeugung und Erfahrung zur Sprache gebracht, die die Leser mit dem realen Autor teilen. Für sie ist der *geliebte Jünger* eine bekannte Gestalt. Deshalb muß sie, anders als die übrigen Personen des JohEv, nirgends mit ihrem Namen genannt werden.

Der *geliebte Jünger* ist offenbar gestorben, und sein Tod wird von den

Brüdern als Problem empfunden (21,23). Trotzdem wird in 21,24 sein Zeugnis als ein gegenwärtiges, bleibendes Zeugnis angesehen ("*er bezeugt*": Präsens!). Da der *geliebte Jünger* nicht mehr persönlich Zeugnis ablegen kann, muß die Präsenz seines Zeugnisses darauf beruhen, daß es als von ihm geprägte Überlieferung präsent ist. Der *geliebte Jünger* wird als Zeuge Jesu ausgewiesen, der in seinem Zeugnis *bleibt*, obwohl er inzwischen gestorben ist. Die Wendung: "... *der dieses geschrieben hat*" weist in die gleiche Richtung. Anders als im eigentlichen Sinne kann sie schwerlich verstanden werden. Wird der *geliebte Jünger* darin als Autor des JohEv angesehen? Ist er nicht nur Zeuge, Garant oder Träger der in das JohEv eingegangenen Überlieferungen, sondern ebenfalls Autor, wie auch immer seine Autorschaft näher bestimmt werden kann?

Allerdings ist er nicht der Autor von 21,24, wo vielmehr ein anderer *über* ihn schreibt, der ihn gemeinsam mit den Lesern als "*wahrhaftigen Zeugen*" preist. 21,20-23 kann ebensowenig vom *geliebten Jünger* stammen, denn es wird eine Meinung wiedergegeben, die sich "*bei den Brüdern*" über ihn gebildet hat, und die nach seinem Tod richtiggestellt wird. Zuletzt wird man auf Grund des Charakters aller Stellen im JohEv, die vom *geliebten Jünger* handeln, damit rechnen müssen, daß diese Passagen sämtlich nicht von seiner Hand sind.

Der *geliebte Jünger* wird Autor genannt, doch war sich derjenige, der ihn so bezeichnet hat, im klaren darüber, daß er nicht Autor der vorliegenden Gestalt des JohEv ist. Dessen realer Autor tritt uns vielmehr in 21,25 entgegen. Offensichtlich konnte er mit dem Hinweis auf den *geliebten Jünger* seine eigene Autorschaft vereinbaren.

In welchem Sinn und Umfang der *geliebte Jünger* Autor ist und in welchem das "Ich" von 21,25, ist naturgemäß schwer zu sagen und hängt von der Aufhellung der literarischen Vorgeschichte des JohEv ab. Doch sollte man ernst nehmen, daß der *geliebte Jünger* "*dieses geschrieben hat*". Er muß Schriftliches verfaßt und hinterlassen haben.

Darauf weist vieles im JohEv hin, das zwar ein gelungenes dramatisches Werk darstellt, aber ohne Zweifel nicht originär ist, sondern erst durch ein redaktionelles Verfahren seine jetzige Gestalt gewonnen hat. In dem "Ich" von 21,25 dürfte uns der *Redaktor* anblicken. Diese Bezeichnung ist nicht abwertend. Schließlich hat der Redaktor den Endtext eines *Evangeliums* geschaffen und kann mit gutem Grund *Evangelist* genannt werden.

Für seine Arbeit hat er die schriftliche Hinterlassenschaft des *geliebten Jüngers* verwendet, den er deshalb Autor nennt. Sich mißt er nur eine abgeleitete Zeugen- und Autorschaft zu. Das braucht über seinen tatsächlichen schriftstellerischen Anteil an dem Werk nichts auszusagen, der durchaus hoch und eine eigenständige Leistung gewesen sein kann. Doch beurteilt er seine eigene Autorschaft als eine untergeordnete, von der

Autorität des *geliebten Jüngers* abgeleitete Autorschaft, die das *Zeugnis* des wirklichen Autors sichern sollte. Wir können in dem "Ich" von 21,25 einen Schüler des *geliebten Jüngers* sehen, der dessen Denken und Werk verpflichtet war. Das kommt auch in 21,24 zum Ausdruck, wo er gemeinsam mit den Lesern die Wahrheit des Zeugnisses des *geliebten Jüngers* bezeugt. Um seines wahren Zeugnisses willen wurde das JohEv in seiner uns vorliegenden Gestalt verfaßt (vgl. 19,35).

Der reale Autor nennt den "*wahrhaftigen Zeugen*" ganz selbstverständlich und ohne Erläuterung "*den Jünger, den Jesus liebte*". Die Leser verstehen ohne weiteres, wer gemeint ist; die Kennzeichnung drückt ihre eigene Einschätzung des Jüngers aus. Über ihn war bei den *Brüdern* das Wort im Umlauf, er werde bis zur Parusie nicht sterben (21,23). Die Erwartung wurde gespeist durch eine Verheißung Jesu (21,22). Sie ist im Kontext als Wort Jesu an Petrus und im Blick auf Petrus formuliert. In 21,23 wird das vordergründige Verständnis der Verheißung korrigiert. Deshalb ist anzunehmen, daß der Jünger inzwischen verstorben ist und sein Tod als Schock empfunden wurde.

Die Bezeichnung "*Jünger, den Jesus liebte*" kann keine Selbstbezeichnung des Jüngers gewesen, sondern muß ihm von außen gegeben worden sein. Erstmals tritt er uns so in 13,23 entgegen. Er ruht "*im Schoß Jesu*" (vgl. 1,18) und wird von Simon Petrus aufgefordert, Jesus zu fragen, wer der Verräter ist. Nur ihm macht Jesus den Verräter bekannt (13,26); den übrigen Jüngern bleibt dies Wissen verschlossen (13,28f). Er ist der Jünger, der Jesus besonders nahesteht und um die nur Jesus bekannten Zukunftsgeheimnisse weiß. Darin ist er dem Petrus überlegen.

Ausdrücklich wird er erst wieder in 19,26f erwähnt, jener Szene unter dem Kreuz, in der Jesus zwischen seiner Mutter und ihm ein Mutter-Sohn-Verhältnis stiftet. Als einziger der Jünger weilt er beim sterbenden Jesus. Von 19,26f her muß der *geliebte Jünger* der Augenzeuge von 19,35 sein, der gesehen hat, daß aus dem Leib Jesu "*Blut und Wasser*" hervorkamen (vgl. 6,53f; 7,37ff).

Am Ostermorgen tritt der *geliebte Jünger* gemeinsam mit Petrus auf (20,2-9). Beide *rennen* auf die Nachricht der Maria von Magdala zum Grab. Der *geliebte Jünger* ist eher als Petrus am Grab und blickt vor ihm hinein, läßt aber Petrus den Vortritt. Nach Petrus betritt dann auch er das Grab, sieht wie Petrus die geordneten Leichentücher und glaubt, obwohl den Jüngern noch nicht die Schrift bekannt war, nach der Jesus von den Toten auferstehen mußte (20,8f). Wieder ist der *geliebte Jünger* dem Petrus überlegen, doch anerkennt er den Vorrang des Petrus.

Die Überlegenheit des *geliebten Jüngers* wird in Joh 21 gleichfalls hervorgehoben. Er erkennt in dem Fremden am Ufer den "*Herrn*" und sagt es Petrus, der daraufhin in den See springt, um schnell zu Jesus zu kommen (21,7f). Erneut wird der Vorrang des Petrus nicht bestritten (vgl. 21,11), in der nachfolgenden Szene sogar im Beisein des *geliebten Jüngers* vom Auferstandenen bestätigt (21,15-20): Jesus setzt Petrus zum Hirten ein und sagt sein Martyrium voraus. Die Glaubensüberlegenheit des *geliebten Jüngers* wird jedoch festgehalten: Er soll *bleiben*, und zwar in seinem *Zeugnis*. Zwischen ihm und Petrus besteht kein Konkurrenzverhältnis. Petrus ist der Erste im Rang, der *geliebte Jünger* steht Jesus als sein Zeuge und Interpret besonders nahe.

Zwei Szenen sind noch zu betrachten, in denen der *geliebte Jünger* ebenfalls vorkommt, ohne mit seinem Ehrentitel bezeichnet zu werden. In 18,15ff tritt neben Petrus ein "*anderer Jünger*" auf, der dem Petrus Zutritt in den Hof des Hohenpriesters verschafft und ihn dorthin begleitet. Er wird also Zeuge des dreimaligen Versagens des Petrus. Der "*andere Jünger*" wird nicht schuldig, aber auch nicht in die gleiche Versuchung geführt wie Petrus. Sein überlegenes Verhalten wird zudem nicht erzählt. Darum sollte man aus dieser Szene keine Distanz zu Petrus herauslesen.

Auch jener ungenannte Jünger von 1,35ff dürfte der *geliebte Jünger* sein. Wieder wird seine Überlegenheit hervorgehoben. Er *bleibt*, anders als Andreas, wirklich bei Jesus. Simon Petrus aber wird als "*Erster*" von Andreas zu Jesus geführt, und ihm wird von Jesus der Name *Kephas/Petros* verheißen, der seinen Vorrang zum Ausdruck bringt.

Es stellt sich die Frage, wer der *geliebte Jünger*, der in 21,24 Autor genannt wird, gewesen ist. Nach 1,35ff war er Täuferjünger, ehe er ein Jünger Jesu wurde. Von Anfang an war er bei Jesus und somit Augenzeuge des gesamten Jesusgeschehens (19,35). Aber er gehörte nicht zu den *Zwölfen*, die nur 6,67.71 (vgl. 20,24) in den Blick kommen. Die *Zwölf* umfassen keineswegs alle Jesusjünger, sondern sind ein spezieller Kreis aus ihnen, der von Jesus ausgewählt worden ist. Nirgendwo wird der *geliebte Jünger* mit einem Mitglied des Zwölferkreises identifiziert, schon gar nicht mit dem Zebedaiden Johannes (21,2). Sonst wäre unverständlich, warum er nicht "Johannes" genannt wird. Er muß mit einem der beiden ungenannten "*anderen Jünger*" von 21,2 identisch sein.

Überhaupt läßt sich weniger darüber ausmachen, wer der *geliebte Jünger* war, als welche Geltung er in seiner Gemeinde hatte. Schon sein Ehrentitel weist darauf hin, daß er nicht zu den *Zwölf* gerechnet wurde. Der besondere Titel will gegenüber anderen anerkannten Persönlichkeiten des frühen Christentums die Würde und Autorität des eigenen Jesuszeugen hervorheben. Das wäre nicht nötig, wenn er ein Mitglied des Zwölferkreises oder der Zebedaide Johannes war. Trotzdem gilt er seinem Kreis als Augenzeuge des Wirkens Jesu, als berufener Jünger und authentischer Interpret Jesu, doch nicht in Konkurrenz zu Petrus und den *Zwölf*.

Der Primat des Petrus wird vom *geliebten Jünger* und mit ihm auch vom realen Autor und den ersten Lesern des JohEv anerkannt; ebenso die Erwählung der *Zwölf* (6,70). Die Überlegenheit des *geliebten Jüngers* beruht nicht auf seinem besonderen Amt, sondern auf seinem Charisma: Er ist bei Jesus *geblieben* (1,39; 21,22), er hat gesehen, daß der Mensch Jesus wirklich Gottes Sohn war (1,18; 19,35), er ruhte im Schoß Jesu (13,23) und wurde von Jesus durch besondere Weisungen ausgezeichnet (13,25f; 19,26f; 21,22).

Er galt seiner Gemeinde als Jesuszeuge, der Jesu geschichtliches Wirken in Wort und Tat in tiefer Einsicht vermittelt und ausgelegt hat. Durch ihn ist sie mit dem vergangenen Jesusgeschehen verbunden und kann deshalb in den "Wir"-Aussagen von *ihrem* Sehen und Hören des menschgewordenen Offenbarers sprechen (1,14; vgl. 1Joh 1,1ff). Der reale Autor trat nach dem Tod des *geliebten Jüngers* (21,23) seine Nachfolge an und gab seine *Schriften* in authentischer Neuinterpretation heraus, indem er das JohEv in der vorliegenden Gestalt abfaßte.

7. Die Leser des JohEv

Die ersten Leser des JohEv waren Christen. Das JohEv ist eine Schrift zur internen Verwendung in einer christlichen Gemeinschaft. Es diente keinem missionarisch-propagandistischen Zweck. Seine Intention ist, den Glauben seiner Leser zu stärken (s. S. 415ff). Die Scheidung zwischen den Glaubenden und der *Welt* erscheint als abgeschlossen. Zwar wird von Jesus im JohEv die Hoffnung geäußert, daß die *Menschenwelt* noch zum Glauben kommt, aber nicht aufgrund einer Mission, sondern wegen der vollkommenen Einheit der Jünger in geschwisterlicher Liebe (vgl. 17,21.23; vgl. 13,35; 15,12-17). In der Handlung des JohEv, besonders in den Kontroversen Jesu mit den gegnerischen *Juden*, spiegelt sich ständig die Situation der ersten Leser. Daraus läßt sich folgern: Zur Leserschaft gehörten überwiegend Judenchristen. Deren Gegner war das sie umgebende, pharisäisch geprägte Judentum der Zeit nach 70 n.Chr. Von ihm ist die "johanneische" Gruppe mit Haß und Feindschaft verfolgt und schließlich aus der Synagoge ausgeschlossen worden (vgl. 9,1-39; speziell 9,22f; 16,2). Die Gegner sind wirklich Juden. Die Bezeichnung "*die Juden*" für sie ist kein Symbolwort für die ungläubige Welt insgesamt, doch werden sie der *Welt* zugeordnet.

Dann muß die "johanneische" Gruppe ursprünglich selbst zum Judentum gehört haben. Inzwischen ist sie jedoch von ihm getrennt und geschieden. Die Trennung wurde gewaltsam von jüdischer Seite durchgesetzt. Nach Auffassung des JohEv haben sich die gegnerischen Juden dadurch jedoch von Israel abgeschnitten und sind zu "*den Juden*" geworden. Sie sind zu einem im Kosmos aufgehenden, von Gott getrennten Judentum geworden, das in der Finsternis verbleibt.

Die "johanneische" Gemeinde hingegen versteht sich als Repräsentantin Israels (1,31). Ihr hat sich der Gesandte des Vaters offenbar gemacht, und sie hat ihn glaubend angenommen. In ihr sind die *Eigenen* versammelt, die den göttlichen Logos aufgenommen haben (1,11). Zur "johanneischen" Gruppe gehören auch ehemalige Johannesjünger, die dem Zeugnis des Täufers gefolgt sind (1,35-51; 3,21-36). Überhaupt sind in ihr die "*wahren Israeliten*" zusammengeschlossen (1,47), die sich durch die Zwangsmaßnahmen der Pharisäer/*Juden* nicht vom Bekenntnis zu Jesus haben abschrecken lassen (vgl. 9,22.35-38; 10,41; 11,45; 12,11.42).

Sodann waren vermutlich Samaritaner ebenfalls Mitglieder der "johanneischen" Gruppe (vgl. 4,39ff), Nachkommen der ehemals im Nordreich zusammengeschlossenen Stämme Israels. Durch welche Mission sie zur "johanneischen" Gemeinde gestoßen sind und von ihr integriert wurden, läßt sich nur vermuten (4,35-38). Auch sie zählen zu den "*wahren Israeliten*" (vgl. 4,12.19f.25). Außerdem rechnet das JohEv im Umfeld der "johanneischen" Gruppe mit zahlreichen Sympathisanten unter den jüdischen Mitbürgern, die sich aber aus "*Furcht vor den Juden*" bzw. den Pharisäern nicht offen zu Jesus bekennen (7,13; 12,42; 19,38). Die Hoffnung ist gering, daß die "heimlichen" Sympathisanten noch zur Gemeinde stoßen (12,43).

Der Autor hat zudem offensichtlich Leser vor Augen, die vormals Heiden waren, aber zur "johanneischen" Gruppe gehören. Ihnen muß er aramäische Ausdrücke übersetzen (1,38.41.42; 9,7) oder jüdische Bräuche und Feste erklären (2,6; 4,9; 5,2f; 6,4; 19,17; 20,16). Auf sie verweist Jesus in 10,16: Sie sind die "*anderen Schafe*", die nicht zu "*diesem Hof*" (Israel) gehören. Sie werden von Jesus gleichfalls geführt, damit werde: "*eine Herde, ein Hirt!*" Auch für sie hat er sein Leben hingegeben (10,11; 11,51f; 12,20-26.32), und betet er zum Vater (17,20f). Doch dürften die Heidenchristen in der Gemeinde nicht sehr zahlreich und erst in einem späteren Stadium hinzugekommen sein. Zumindest in der Anfangsphase hat die "johanneische" Gruppe fast ausschließlich aus Juden bestanden. Dafür spricht der Charakter des JohEv und die darin eingegangenen Stoffe. Sie sind geprägt von jüdischer Tradition und jüdischem Denken. Die Perspektive des JohEv ist jedoch universal: Jesus wird *alle* an sich ziehen (12,32), die Felder werden bald abgeerntet (4,35.38), die Gemeinde bringt die *Frucht* Jesu ein (12,24; 15,8). Allerdings repräsentiert die "johanneische" Gemeinde ein Judentum, das in den Augen der sich nach 70 n.Chr. herausbildenden jüdischen Orthodoxie pharisäischer Provenienz als heterodox galt. Schon ihre Sympathie für die Täuferjünger und ihr Werben um sie zeigt das an, ebenso ihre Unvoreingenommenheit gegenüber den verhaßten Samaritanern.

Obgleich sich die "erzählte Welt" des JohEv nicht in allem mit der realen Wirklichkeit des Autors und der ersten Leser decken muß, ist die Darstellung an vielen Stellen transparent für die sozial-politische Wirklichkeit der "johanneischen" Gruppe. Am deutlichsten kommt ihre Situation in der Abschiedsrede Jesu zur Sprache, besonders in den Passagen 15,18-21; 16,1-4; 16,20-23.33; 17,14. Den Jüngern wird in der Abschiedsstunde vorausgesagt, was die spätere Gruppe erleben wird oder bereits hinter sich hat. Die Leser sind die eigentlichen Adressaten der diesbezüglichen Worte Jesu: Sie werden von der *Welt* um seines Namens willen gehaßt (15,18f; 17,14) und verfolgt (15,20), aus den Synagogen ausgeschlossen (16,2), und es wird die *Stunde* kommen, in der jeder, der einen Jesusjünger tötet, meint, einen Gottesdienst zu verrichten (16,2). Die Formulierung läßt an tödliche Auseinandersetzungen denken. Die Christenmörder sind andere Juden, die mit der Tötung eines Jesusbekenners dem gemeinsam verehrten Gott einen Dienst zu leisten meinten. Auf eine Verfolgung durch Heiden paßt die Aussage nicht. Die Situation der Jesusbekenner ist bedrückend und notvoll. Sie sind eine von ihrer jüdischen Umwelt unterdrückte Minderheit (16,20.22). Ihre Verfolger sind Juden, und zwar speziell Pharisäer.

Darauf weist 15,18-21 hin, wo das Jüngergeschick eng mit dem Geschick Jesu gekoppelt wird. Diejenigen, die Jesus gehaßt und verfolgt haben und die die Jünger hassen und verfolgen werden, sind identisch. 15,18-21 ist somit ein Schlüssel für das Verständnis der im JohEv dargestellten mörderischen Auseinandersetzungen. Die Gemeinde erkennt in Jesu Streitreden mit den gegnerischen *Juden* ihre eigenen Kontroversen mit den gleichen Gegnern wieder, durch die sie hindurchgegangen ist.

Verweisen 15,18-16,4 auf die Zukunft, so wird in 9,22.34; 12,42 die Zeitebene des irdischen Jesus verlassen, wenn der Ausschluß des Blindgeborenen erzählt und der Synagogenausschluß allen Jesusbekennern angedroht wird. Sowohl die Tatsache dieser Maßnahme als auch ihre Durchführung durch Pharisäer sind auf der Ebene der Handlung des JohEv anachronistisch. Zur Zeit Jesu gab es den Ausschluß aus der Synagoge als Maßnahme gegen Ketzer noch nicht, und die Pharisäer waren damals noch keineswegs in der Machtposition, solche Strafen zu verhängen. Verständlich wird die Darstellung nur als Reflex der negativen Erfahrungen der "johanneischen" Gruppe. Sie wurde von einem pharisäisch geprägten Judentum mit dem Synagogenausschluß bedroht. Die aus der Synagoge Ausgeschlossenen waren dadurch gebrandmarkt und sozial entwurzelt, weil mit dem Synagogenausschluß zugleich wirtschaftliche und gesellschaftliche Nachteile verbunden waren.

Der Synagogenausschluß war die letzte und schärfste Sanktion gegen die "johanneischen" Christen in einer länger dauernden Auseinandersetzung. In Joh 7-10 hat der Autor den Konflikt dramatisch nachgezeichnet. In diesen Kapiteln ist die Betroffenheit über die Verhärtung der Fronten und den Ausgang des Konflikts deutlich spürbar. Die Pharisäer werden als die entschiedensten Gegner Jesu (vgl. 3,1; 4,1; 7,32.45.47; 8,13; 18,3) *und* der Jünger (vgl. 1,24; 9,13.15.16.40) aus den übrigen Juden hervorgehoben. Sie bestimmen vollständig das Handeln der hohenpriesterlichen Führungsschicht (vgl. 7,48-52; 11,46f.57; 12,19.42f). Auf diese Weise wird angezeigt, auf wen das Kesseltreiben gegen die Jesusbekenner zurückging. Denkbar ist, daß infolge der Zerstörung Jerusalems im Jahr 70 n.Chr. judäische und Jerusalemer Pharisäer in das abgelegene Gebiet der "johanneischen" Gemeinde kamen und dort mit einer "Säuberung" und Reorganisation des Judentums begannen. In diesem Zusammenhang könnte ein bereits länger in Gang befindlicher kontroverschristologischer Dialog der "johanneischen" Gemeinde mit dem sie umgebenden Judentum in einen scharfen Konflikt umgeschlagen sein.

Gegenstand der Kontroverse war die hohe Christologie, die in der "johanneischen Schule" um den *geliebten Jünger* entwickelt worden war. Sie stellte Jesus als den einzigen und exklusiven Offenbarer Gottes und seines Willens dar, mit der Konsequenz, daß Mose und die Sinaioffenbarung abgewertet wurden. Die Aussagen über die Einheit Jesu mit dem Vater, über die Präexistenz und Inkarnation des göttlichen Logos im Menschen Jesus mußten als Angriff auf den Monotheismus erscheinen (s. S. 405ff). Mit ihnen war in den Augen der Gegner die Grenze überschritten, die jüdische Theologie von der heidnischen trennte. Die "johanneischen" Christen bzw. ihre Theologen hatten nach Auffassung der Gegner mit dieser Christologie das Band zerschnitten, das sie bislang noch mit dem Judentum verband. Es kam zu "lehramtlichen" Prozessen, die mit dem Synagogenausschluß derjenigen endeten, die an dem Bekenntnis festhielten, Jesus sei der inkarnierte göttliche Logos.

Daß der Konflikt im JohEv in die Zeit Jesu zurückverlegt wird, weist auf einen gewissen zeitlichen Abstand hin. Bei der Abfassung des JohEv ist er wahrscheinlich abgeschlossen. Das Band zwischen der "johanneischen" Gruppe und dem Judentum ist zerschnitten, die Gemeinde endgültig aus dem Judentum herausgedrängt worden. Sie steht außerhalb und kann deshalb die *Juden* aus der Außenperspektive darstellen und beurteilen.

Die heftigen christologischen Auseinandersetzungen mit dem Judentum hatten auch Auswirkungen nach innen. Vor dem Synagogenausschluß oder den im Vorfeld notwendigen Verhören und Untersuchungen schreckten gewiß viele Gemeindemitglieder zurück (vgl. 9,23; 12,42f). Ein Ausschluß brachte nicht nur wirtschaftliche Nachteile und gesellschaftliche Ächtung im jüdisch geprägten Umfeld mit sich, er bedeutete auch eine Trennung von der Religion der Väter und ihren Werten und Garantien. Es muß bedacht werden, daß der Glaube an Jesus für die frühen Judenchristen keineswegs eine Abkehr vom Judentum einschloß. Vielmehr praktizierten sie ihre jüdische Lebensweise mit tiefem Ernst weiter und standen bei ihren Mitbürgern oft im Ansehen, fromme Juden zu sein. Wenn gegen die "johanneische" Gemeinde und ihre Theologen von Seiten ihrer Gegner der Ausschluß aus der Synagoge mit Gewalt durchgesetzt wurde, dann zeigt gerade diese Tatsache an, daß die "johanneischen" Christen von sich aus gar keinen Anlaß sahen, die jüdische Gemeinschaft zu verlassen oder ihr Judesein zu verleugnen. So liegt es nahe, daß viele von ihnen die Zwangsmaßnahmen zu vermeiden trachteten, indem sie sich in Fragen der Bekenntnisformulierungen kompromißbereit zeigten oder ihren Christusglauben verheimlichten.

Man darf die Vermutungen sogar noch weitertreiben. Die pointierte Hochchristologie des JohEv (s. S. 400ff) war in der "johanneischen" Gemeinde nicht von Anfang an ausformuliert, sondern in einem längeren Reflexionsprozeß mit dem "*wahren Zeugen*" erst allmählich durchbuchstabiert worden. In gewisser Weise stellt sie eine unerhörte Neuerung und Zuspitzung dar. Die Einwände, die die *Juden* im JohEv gegen sie vorbringen, schienen deshalb berechtigt zu sein. Manchen Mitgliedern der Gemeinde ging diese Christologie vielleicht ebenfalls zu weit, weil sie den Monotheismus und Gottes Transzendenz gefährdete. Reichte es nicht aus, Jesus von Nazaret als einen von Gott gesandten *Propheten* und *Lehrer* zu verehren (vgl. 3,2)? Warum sollte man von ihm, der doch unbestritten ein Mensch von "Fleisch und Blut" war, so aufreizend provokativ bekennen, er sei *Gottes Sohn*, der "*vom Himmel herabgestiegene*" göttliche *Logos*? Mußte ein solches Bekenntnis die Abwehrreaktionen des Judentums, das an Jesus nicht glauben wollte, nicht geradezu herausfordern?

Wenn zutrifft, daß das JohEv seinen Lesern einen Lernprozeß abverlangt und ihnen die Notwendigkeit und Plausibilität seiner christologischen Sprache vermitteln will (s. S. 415ff), dann zeigt sich auch darin, daß die spezifische Hochform des "johanneischen" Bekenntnisses zu Jesus Christus in der Gemeinde nicht selbstverständlich war, sondern umstritten gewesen sein könnte. Viele Mitglieder könnten nach der kontroverschristologischen Zuspitzung aufgrund jüdischer Einsprüche diese Form des Bekenntnisses zurückgewiesen und abgelehnt haben. Vermutlich ist es infolge der Kontroversen zu inneren Spannungen und lehrmäßigen Auseinandersetzungen und schließlich zu einem Schisma in der Gemeinde gekommen. Manche "johanneischen" Christen - eher ihre Mehrheit - lehnten die

Hochchristologie ab, wie sie der "*wahre Zeuge*" und der Autor des JohEv vertraten, gaben den jüdischen Einsprüchen gegen sie recht und näherten sich der pharisäischen Position, indem sie entweder das Bekenntnis zu Jesus ganz verließen oder es in einer "gemäßigteren" Ausformung vertraten. Blieben sie weiterhin Christen, dann nicht mehr nach der "johanneischen" Richtung, sondern sie bildeten eine eigene "Konfession". Als Zeugnisse dieser innerchristlichen Krise und des Schismas lassen sich die drei Johannesbriefe lesen (vgl. 1Joh 2,18-27; 4,1-6). Auf diese Texte kann nicht näher eingegangen werden, doch sollen sie zumindest zitiert werden.

1Joh 2[18]*Kinder, es ist letzte Stunde;*
und wie ihr gehört habt, daß ein Antichrist kommt,
so sind jetzt viele Antichristen geworden.
Daraus erkennen wir, daß es letzte Stunde ist.
[19]*Von uns sind sie ausgegangen, aber sie waren nicht von uns.*
Wenn sie von uns gewesen wären, wären sie bei uns geblieben.
Vielmehr sollte offenkundig werden, daß sie alle nicht von uns sind ...
[22]*Wer ist der Lügner, wenn nicht der,*
der leugnet, daß Jesus der Christus ist?
Derjenige ist der Antichrist, der leugnet den Vater und den Sohn.
[23]*Jeder, der den Sohn leugnet, hat auch den Vater nicht.*
Wer den Sohn bekennt, hat auch den Vater.
[24]*Ihr aber: Was ihr gehört habt von Anfang an, das soll in euch bleiben.*
Wenn in euch bleibt, was ihr von Anfang an gehört habt,
werdet auch ihr im Sohn und im Vater bleiben.
[25]*Und das ist die Verheißung,*
die er selbst uns verheißen hat: das ewige Leben.
[26]*Das habe ich euch geschrieben über die, die euch verführen.*
[27]*Ihr aber: Die Salbung, die ihr von ihm empfangen habt,*
bleibt in euch. Und ihr habt es nicht nötig,
daß irgend jemand euch belehrt,
sondern wie seine Salbung euch über alles belehrt und wahr ist
und keine Lüge, und wie sie euch belehrt hat, so bleibt in ihm!

1Joh 4[1]*Geliebte, glaubt nicht jedem Geist,*
sondern prüft die Geister, ob sie aus Gott sind,
denn viele Pseudopropheten sind in die Welt hinausgegangen.
[2]*Daran erkennt ihr den Geist Gottes:*
Jeder Geist, der Jesus als den im Fleisch gekommenen Christus bekennt,
ist aus Gott. [3]*Und jeder Geist, der Jesus nicht bekennt,*
ist nicht aus Gott. Und dies ist der Geist des Antichristen,
in Bezug auf den ihr gehört habt, daß er kommt,

und jetzt ist er schon in der Welt.
[4]Ihr seid aus Gott, Kinder, und ihr habt sie besiegt,
weil der in euch größer ist als der in der Welt.
[5]Sie sind aus der Welt. Deshalb reden sie aus der Welt,
und die Welt hört auf sie.
[6]Wir sind aus Gott. Wer Gott erkennt, hört auf uns.
Wer nicht aus Gott ist, hört nicht auf uns.
Daraus erkennen wir den Geist der Wahrheit
und den Geist der Täuschung.

Im Rahmen dieses Kommentars reicht es aus, auf einige Passagen des JohEv zu verweisen, in denen die innere Krise der Gemeinde ebenfalls im Hintergrund zu stehen scheint. Davor gelesen werden die Situationen, die ausgesprochenen Warnungen und impliziten Wertungen plausibel.

- In 6,60-71 wird nach der scharfen Auseinandersetzung Jesu mit den *Juden* ein Schisma im Jüngerkreis dargestellt, das durch Jesu Anspruch ausgelöst wird und bei dem "*viele Jünger*" von Jesus und seinen "*Worten ewigen Lebens*" (6,68) abfallen. Ihr Einspruch gegen Jesus ist derselbe, wie ihn zuvor die *Juden* erhoben haben. Jesus entkräftigt ihn mit einem Hinweis auf seine Auferstehung, die sie *sehen* werden (6,62). Es muß sich somit bei den Angeredeten um Christen handeln, die an Jesu Auferwekkung festhalten, aber daraus andere christologische Schlüsse ziehen als der Autor.

- In 8,28-58 entwickelt sich zwischen Jesus und solchen *Juden*, die an ihn geglaubt haben, aber nicht bei seinem Wort geblieben sind, die schärfste und polemischste Kontroverse des JohEv überhaupt. Diese "Glaubenden" spielen gegen Jesus ihr jüdisches Selbstverständnis aus und widersetzen sich seinem Anspruch.

- Gestalt und Verhalten des *Lohnarbeiters* in 10,12f läßt sich gleichfalls in die vermutete Situation einer äußeren und inneren Krise der "johanneischen" Gemeinde gut einordnen.

- Schließlich könnte die Warnung Jesu in 5,41-44 darauf zielen, daß viele Mitglieder der Gemeinde die pharisäischen Vertreter jüdischer Orthodoxie ernst nahmen und dem Einspruch gegen das hohe christologische Bekenntnis recht gaben (vgl. 15,6).

Wenn das JohEv die innere Krise der Gemeinde und ihr Schisma in die Zeit Jesu versetzt, ist indirekt angezeigt, daß die Ereignisse, wie schon die Kontroversen mit dem Judentum, bereits hinter den Lesern liegen. Sie spüren höchstens noch ihre Nachwirkungen: Durch die Maßnahmen der *Juden* sind sie von ihrer jüdischen Umwelt ausgeschlossen und infolge des Schismas von den damaligen jüdischen Mitchristen getrennt. Die Leserschaft ist eine kleine marginalisierte Gruppe derer, die "übriggeblieben" und ganz auf sich als einen geschwisterlichen Kreis von "Freunden" Jesu (vgl. 15,15) zurückgeworfen sind.

(Was hier im hypothetischen Konjunktiv vorgestellt wurde, läßt sich lebendiger und anschaulicher *erzählen*. Das habe ich versucht in "Das Buch Johannes. Roman des vierten Evangeliums", Patmos, Düsseldorf 1997.)

8. Die "Juden" im JohEv

Das JohEv wird gelegentlich als "antijüdische Kampfschrift" empfunden. Sein Autor steht im Verdacht, der Vater des Antisemitismus der Christen zu sein, ja im Blick auf die Juden geradezu eine "protorassistische Doktrin" zu entwickeln. Dabei wird nicht beachtet, daß der Autor selbst Jude war und die Mehrheit seiner ersten Leser ebenfalls (s. S. 421ff).

Die schlimmen Vorwürfe finden ihre Nahrung in der scheinbar undifferenzierten und vorurteilsvollen Ausdrucksweise, mit der das JohEv immer wieder pauschal von "*den Juden*" spricht und sie mit der gottfeindlichen *Welt* und Gesellschaft zu identifizieren scheint. Als "rassistische" Entgleisung wird die Passage 8,42-47 empfunden, wo den Gesprächsgegnern von Jesus vorgeworfen wird, sie seien "*nicht aus Gott*", sondern "*aus dem Teufel*".

Wie berechtigt ist diese Sicht auf das JohEv? Kommt in ihm tatsächlich ein Antijudaismus oder gar Antisemitismus zum Ausdruck, der das Judentum generell für minderwertig erklärt? M.E. erweist sich eine solche Einschätzung bei genauer Betrachtung als völlig unhaltbar. Schon die "rassistische" Interpretation von 8,44 ist abwegig, weil die Alternative zu ihr in gar keiner Weise rassistisch interpretiert werden kann: Wenn Jesu Gesprächspartner Gott ihren Vater nennen, ist das ja nicht genealogisch gemeint (8,41). Auch daß die an Jesus Glaubenden "*Kinder Gottes*" und "*aus Gott geboren*" werden (1,12), ist keine Aussage über eine neue und höhere "Rasse", sondern bringt zum Ausdruck, daß die Glaubens*entscheidung* dem Menschen einen neuen Ursprung gibt. Ebenso deckt die Verweigerung des Glaubens auf, daß der Nichtglaubende seinen Ursprung in der widergöttlichen Verweigerung hat, dessen Exponent Satan ist. Der Nichtglaubende ist nicht ein aus einem mythologischen Zeugungsakt stammendes Satanskind, das "von Natur aus" gar nichts anderes kann, als den Glauben zu verweigern. Vielmehr ist der Unglaube die freie Tat eines Menschen, mit der er die Verweigerung gegen Gott zu seinem Ursprung macht.

Daß der Autor des JohEv das Gegenteil eines rassistischen Denkers ist, macht eine andere Stelle im unmittelbaren Kontext vollends deutlich

(8,37.39): Jesus gesteht den Gegnern zu, leiblich von Abraham abzustammen. Sie sind "*Same Abrahams*", doch kommt es darauf an, ein "*Kind Abrahams*" zu sein, und das ist nur, wer tut, was Abraham tat. Im Tun, nicht in der "Rasse" zeigt sich, wessen Kind der Mensch ist, woher er wirklich stammt: Tötet er, erweist er sich als Kind des "*Menschenmörders von Anfang an*".

Gegen wen richten sich eigentlich die erschreckenden Worte Jesu? In 8,48.52.57 werden die Gesprächsgegner Jesu zwar *Juden* genannt, aber gemeint sind mit dieser Bezeichnung nicht das Judentum allgemein, nicht einmal alle zur Zeit des Gesprächs in Jerusalem anwesenden Juden, sondern eine ganz bestimmte Gruppe. Sie werden in 8,30f als solche beschrieben, die durch Jesu Rede zum Glauben gekommen waren und daraufhin von Jesus aufgefordert werden, bei seinem Wort zu *bleiben*, um zu wahren Jüngern zu werden. Der Fortgang des Dialogs zeigt, daß sie der Aufforderung nicht Folge leisten, sondern am Ende Jesus steinigen wollen (8,59). Die Angesprochenen verdanken ihr Image somit nicht einem antijüdischen Affront des Autors, sondern der Tatsache, daß aus ihnen, obwohl sie einmal an Jesus geglaubt haben, gegnerische *Juden* werden, die Jesus zu töten beabsichtigen. Nicht ihr "Judesein" - als Glaubende waren sie christliche Juden -, sondern ihr Abfall von Jesus ist der Grund für die harten Worte Jesu gegen sie. Bevor gegen das JohEv der Vorwurf des Antijudaismus erhoben wird, sollte deshalb genau wahrgenommen werden, welcher Konflikt in ihm zur Darstellung kommt (s. S. 421ff).

Nur auf den ersten Blick sind die *Juden* im JohEv eine globale Größe von Gegnern Jesu. Sie treten Jesus feindlich entgegen (2,18), verfolgen ihn (5,16) und wollen ihn töten (5,18; 7,19.25; 8,37.40.59; 10,31; 18,31). Sie erreichen ihre Absicht schließlich, indem sie Pilatus in einen Loyalitätskonflikt manövrieren (19,12). Sie stehen nicht nur Jesus feindlich gegenüber, sondern ebenso seinen Anhängern, die sich "*aus Furcht vor den Juden*" versteckt halten (20,19). Aus Furcht vor ihren Repressalien lassen sich auch viele davon zurückhalten, Jesus als Messias zu bekennen (vgl. 7,13; 9,22), denn die *Juden* drohen ihnen mit dem Ausschluß aus der Synagoge. Die angedrohte Sanktion der *Juden* richtet sich gegen *andere* Juden, denen die Synagogengemeinschaft aufgekündigt wird, falls sie sich in ihrer Einschätzung Jesu nicht von der Meinung der *Juden* bestimmen lassen. Es wird also ein innerjüdischer Konflikt zur Darstellung gebracht, und "*die Juden*" sind darin jene Konfliktpartei, die über die Machtmittel verfügt.

Ist das erst erkannt, wird der Blick dafür frei, daß das JohEv in sehr differenzierter Weise von den *Juden* spricht. Keineswegs alle *Juden* sind erklärte Feinde Jesu. Es gibt zahlreiche Jerusalemer und Galiläer, die Jesu

Zeichen gesehen haben und zumindest den ersten Schritt zu seiner Anerkennung tun (2,22ff; 4,45). Viele aus dem Volk halten ihn für einen guten Menschen (7,12), er könnte immerhin der Messias sein (7,31.40), er gilt ihnen als der erwartete Prophet (7,41; vgl. 6,14). Manche lehnen es ab, Jesus für *besessen* zu halten (10,21). Gespannt erwarten sie ihn zum Pascha in Jerusalem und begrüßen ihn bei seinem Kommen als den "*König Israels*" (12,13). Der Zulauf zu Jesus ist so groß, daß den Pharisäern angst wird (11,48; 12,19).

Allerdings sind diejenigen, die für Jesus Partei ergreifen, ständigem Meinungsdruck ausgesetzt. Es fehlt nicht an Stimmen, die Jesus für einen "Verführer" (7,12) oder "Verrückten" (8,48; 10,20) halten, die aus seiner Biographie beweisen wollen, daß er nicht der Messias oder Prophet sein kann (7,25f.42; vgl. 6,41f). Immer wieder gibt es Spaltungen unter den Leuten, und der Meinungskampf über Jesus wogt hin und her.

Eine Gruppe behauptet von sich, daß von ihnen niemand an Jesus glaubt: die Pharisäer (7,48). Nicht einmal das trifft zu: In ihren Kreisen gibt es ebenfalls heimliche Anhänger, zumindest Sympathisanten Jesu (3,1f; 7,50f; 12,42f; 19,38f). Diese Gruppe ist somit genauso in sich gespalten (9,16) wie das Volk. Doch die "Hardliner" in ihr setzen sich durch. Als jüdische Führungselite stehen sie Jesus von vornherein mißtrauisch, ja feindlich gegenüber (1,24; 2,18; 4,1); ihre Todfeindschaft ist bekannt (7,25). Gemeinsam mit den Hohenpriestern versuchen sie, Jesus festnehmen zu lassen (7,32), beschließen ohne Verfahren seinen Tod (11,46ff) und treiben die Hohenpriester zum Handeln an (12,19). Sie agieren wie eine Behörde, haben Spitzel unter den Leuten (7,13), die Tempelpolizei steht ihnen zur Verfügung (7,32.45ff), sie lassen Jesus steckbrieflich suchen (11,57), verhören seine Anhänger (9,13.18) und drohen ihnen mit Sanktionen (9,22; 12,42). Die Pharisäer sind die treibenden Kräfte hinter den gegnerischen *Juden*; sie sind ständig darauf aus, ihren Einfluß auf die Sympathisanten und Anhänger Jesu zur Geltung zu bringen und sie Jesus abspenstig zu machen. Wo das JohEv von "*den Juden*" als Feinden Jesu spricht, dürften stets die Pharisäer als die entscheidenden Anführer und verantwortlichen Kräfte mitgemeint sein.

Der Ausdruck "*die Juden*", wenn er Feinde Jesu und seiner Anhänger umschreibt, meint somit keineswegs das gesamte Judentum, sondern bezieht sich vor allem auf den Teil der *Juden*, der sich durch die Pharisäer zur Feindschaft gegen Jesus und seine Anhänger bewegen läßt. Es geht dem Autor nicht um eine Abqualifizierung des Judentums insgesamt. Im Gegenteil, häufig wird der Ausdruck "*die Juden*" derart positiv verwendet, daß man sich über die Behauptung einer antijüdischen Tendenz fast wundern muß. Immer wieder kann das JohEv mit dem Ausdruck "*die Juden*" auch

Menschen bezeichnen, die in echter Weise an Jesus glauben (10,40-42; 11,45; 12,11). Sie sind dann wie die Jünger Jesu "*wahre Israeliten ohne Falsch*" (1,47), erkennen in Jesus den "*König Israels*" (1,49; 12,13.15). Sie gehören zu *Israel*, dem Johannes der Täufer Jesus als Gottessohn und Messias kundmachen sollte (1,31). Sie sind diejenigen aus dem "Eigentum", die den menschgewordenen Logos aufgenommen haben (1,10ff). Im JohEv kommt eine uneingeschränkte Hochschätzung Israels zum Ausdruck. Zu diesem Volk ist Jesus zuerst gesandt worden (vgl. 1,10; 10,1-5). Jesus drückt die Hochschätzung der Samaritanerin gegenüber so aus: "*Ihr betet an, was ihr nicht kennt, wir beten an, was wir kennen. Denn die Rettung kommt aus den Juden*" (4,22).

Die im JohEv dargestellte Auseinandersetzung zwischen dem Juden Jesus - gemeinsam mit seinen Anhängern, die ihn als *Messias* und "*Sohn Gottes*" (1,41.49) bekennen - und den *Juden*, die nicht an ihn glauben wollen, spiegelt zugleich die Kontroversen der judenchristlichen "johanneischen" Gemeinde mit dem sie umgebenden Judentum und den Streit innerhalb der Gemeinde wider (s. S. 421ff). Dabei handelte es sich um innerjüdische Auseinandersetzungen, geradezu Konfessionsstreitigkeiten. Sie waren hart und aggressiv, wie ein ideologischer Streit es oft an sich hat. Die "johanneische" Gruppe war im Streit unterlegen und wurde von anderen Juden - vielleicht sogar von ehemaligen Glaubensbrüdern - verfolgt, geächtet und marginalisiert. Die ersten Leser des JohEv waren die Verlierer, nicht die Sieger. Aus ihrer Perspektive haben sich die meisten Juden im Unglauben gegen Jesus verhärtet oder sind - wie die Schismatiker - von ihm wieder abgefallen. Sie hören weder auf Gottes Wort noch tun sie seinen Willen. Durch ihr Verhalten haben sie sich zu "*den Juden*" gewandelt: Aus dem erwählten Eigentum des Logos sind seine Feinde geworden (1,10f).

Warum der Autor die Gegner Jesu und der "johanneischen" Gemeinde "*die Juden*" nennt, obwohl Jesus, die Jünger, der Autor und die Mehrheit seiner ersten Leser ebenfalls aus dem jüdischen Volk stammten, läßt sich so erklären, daß die vom Synagogenausschluß betroffene Gemeinde sich als inzwischen von der Volks- und Religionsgemeinschaft der Juden Getrennte erfahren haben. Sie stehen außerhalb des Synagogenverbandes und sehen deshalb "*die Juden*" von außen.

Man kann diese Darstellungsweise des JohEv nicht "Antijudaismus" nennen. Möglicherweise ist vor dem Hintergrund der christlich-jüdischen Nachgeschichte über zwei Jahrtausende bis hin zur Katastrophe unseres Jahrhunderts der Autor dafür zu tadeln, daß er immer wieder scheinbar pauschal von "*den Juden*" spricht und dadurch späteren Antisemiten einen Anhaltspunkt gab, sich unberechtigt auf ihn zu berufen. Aber niemand kann ihn für das verantwortlich machen, was Christen in den folgenden

Jahrhunderten ihren jüdischen Nachbarn oder rassistische Ideologen dem jüdischen Volk angetan haben. Dem JohEv und seinem Autor kann niemand eine Mitverantwortung an seinen eigenen Verbrechen oder denen seiner Väter zuschieben. Wer das JohEv nicht oberflächlich, sondern sorgfältig und ernsthaft liest, wird unmöglich auf die Idee gebracht, Juden hassen oder verfolgen zu müssen.

9. Das JohEv und die Synoptiker

Das vielbehandelte und facettenreiche Problem kann hier nicht umfassend dargestellt und gelöst werden. Es hätte sich aber nie als derart dornenreich erwiesen, wenn es stets nur auf der Ebene des vorliegenden Textes des JohEv diskutiert worden wäre. Nimmt man konsequent den Endtext des Werkes in den Blick, wie in diesem Kommentar geschehen, bezeichnet man ihn und nicht eine hypothetische literarische Vorstufe als das JohEv und den für den Endtext redaktionell Verantwortlichen als seinen Autor (s. S. 417ff), dann vereinfacht sich das Problem und läßt sich durch folgende Hypothese lösen: Das JohEv, wie es uns vorliegt, ist in Kenntnis und unter Verwendung aller Synoptiker abgefaßt worden.

Damit ist vorläufig nur soviel gesagt: Es gibt einige konkrete Textpassagen und Formulierungen des JohEv, die mit ausreichender Sicherheit zeigen, daß der für den Endtext verantwortliche Autor die drei synoptischen Evangelien kannte und auf ihren Wortlaut zurückgreifen konnte. Er gestaltet seinen Text öfter mit Wendungen oder Sätzen, die wörtlich mit entsprechenden Passagen der Synoptiker übereinstimmen. Manchmal scheint er sogar die synoptische Darstellung korrigieren oder zurechtrücken zu wollen. Das alles erfolgt allerdings stillschweigend und ohne direkten Hinweis und fällt nur dem Leser auf, der die Synoptiker genau kennt. Ob der Autor solche Kenntnis bei *allen* seinen Lesern voraussetzt, ist fraglich. Die betreffenden Passagen sind aus sich verständlich; an keiner Stelle hat sich im Kommentar die Notwendigkeit ergeben, zum Verstehen des Textes die Synoptiker heranzuziehen. Wohl wird man sagen können, der Autor rechne *auch* mit Lesern, denen die Synoptiker geläufig waren.

Im folgenden sollen Textstellen, die wörtliche Anklänge oder Übereinstimmungen mit den Synoptikern aufweisen, lediglich aufgezählt, nicht besprochen werden. Mit Hilfe einer Synopse lassen sie sich leicht kontrollieren.

1,26f vgl. Mt 3,11; Lk 3,16;
1,32f vgl. Mk 1,8.10 par; Lk 3,16;
4,44 vgl. Mk 6,4 par;
6,1-15 vgl. Mk 6,32-44 parr;
6,16-21 vgl. Mk 6,45-51 par;
6,68f vgl. Mt 16,16; Lk 9,20;
12,1-8 vgl. Mk 14,3-8 par; Lk 7,36-39;
12,12-15 vgl. Mk 11,1-10 parr;
12,25 vgl. Mt 16,25; Mk 8,35;
13,2 vgl. Lk 22,3;
13,16 vgl. Mt 10,24;
13,20 vgl. Mt 10,40 par;
13,21 vgl. Mk 14,18 par;
13,26 vgl. Mk 14,20 par;
13,36-38 vgl. Lk 22,33f parr;
18,1-9 vgl. Mk 14,43-46 parr;
18,10f vgl. Mk 14,36.47;
18,15-18.25-27 vgl. Mk 14,54.66-72 parr;
18,33 vgl. Mk 15,2 parr;
18,38; 19,4 vgl. Lk 23,4.14;
18,39-19,3 vgl. Mk 15,6-11.17f parr;
19,16 vgl. Mk 15,15 parr;
19,38-42 vgl. Mk 15,42-46 parr;
20,1 vgl. Mk 16,1-4; Lk 24,1f;
20,19-20 vgl. Lk 24,36-41

Obwohl die wörtlichen Übereinstimmungen mit den Synoptikern nicht sehr zahlreich sind, reichen sie aus, die obige Hypothese zu stützen. Sie lassen sich nämlich nicht mit der Annahme erklären, das JohEv habe eine mit den Synoptikern gemeinsame Überlieferung benutzt, weil sie auch Textpassagen und Formulierungen betreffen, die auf Redaktionsarbeit der drei ersten Evangelisten zurückgehen. Die synoptischen Evangelien werden in ihrer literarischen Endgestalt zitiert. Der Autor des vorliegenden JohEv muß somit die fertigen Evangelien gelesen haben.

Umgekehrt macht die - bezogen auf den Gesamtumfang des JohEv - geringe Anzahl von Übereinstimmungen deutlich, daß die Synoptiker vom Autor des JohEv zur Abfassung seines Werkes nicht so benutzt worden sind, wie Matthäus oder Lukas das Markusevangelium als Vorlage verwendet und redaktionell neu gestaltet haben. Weder der Aufbau des JohEv noch die Mehrheit seiner Stoffe - Werke und Worte Jesu - haben Parallelen in den synoptischen Evangelien. Das JohEv hat eine völlig eigene Prägung und stellt das Wirken Jesu aus einer spezifischen Perspektive dar. Der Autor sagt, aus welcher (21,24): Im JohEv ist das Zeugnis des *geliebten Jüngers* erhalten und aufgeschrieben worden (s. S. 417ff), wie es sich in den synoptischen Evangelien gerade nicht findet. Vor diesem Hintergrund müssen die Anklänge an die Synoptiker und die wörtlichen Übereinstimmungen mit ihnen gewertet werden.

Ebenso signifikant und bedeutsam wie die Anklänge und Übereinstimmungen sind für das anstehende Problem solche Passagen des vorliegenden JohEv, die der synoptischen Darstellung zu widersprechen oder sie zu korrigieren scheinen. Sie setzen ebenfalls die Synoptiker als literarische Werke voraus und beweisen, daß der Autor des Endtextes des JohEv sie kannte.

1,32f: Im Gegensatz zu Mk 1,10 betont der Autor, ohne eine Taufe Jesu zu erwähnen, daß Johannes der Täufer das Herabkommen des Hl. Geistes auf Jesus gesehen hat.

1,35ff: Im Gegensatz zu Mk 1,16f wird Andreas nicht gemeinsam mit Simon Petrus am Ufer des Sees Genezareth berufen, sondern von Johannes dem Täufer auf Jesus aufmerksam gemacht. Andreas führt seinen Bruder Simon zu Jesus.

3,24: Ausdrücklich macht der Autor darauf aufmerksam, daß die Gefangennahme des Täufers (vgl. Mk 1,14) noch nicht erfolgt ist.

6,7: Entgegen Mk 6,37 reicht Brot für zweihundert Denare bei weitem nicht zur Sättigung der Volksmenge aus.

12,27: Der Vers liest sich wie eine Gegendarstellung zu Mk 14,34ff parr.

13,21ff: Entgegen der synoptischen Darstellung wird wenigstens ein Jünger über die Identität des Verräters informiert.

16,32: Anders als in Mk 14,27.50 par gilt die "Flucht" der Jünger nicht als Versagen.

18,5: Judas hat bei der Gefangennahme Jesu nicht die Aufgabe, Jesus durch einen Kuß als den Gesuchten zu bezeichnen, sondern Jesus stellt sich selbst (vgl. Mk 14,44f parr).

19,17: Es wird betont, daß Jesus sein Kreuz allein getragen hat, entgegen Mk 15,20 parr.

19,26: Anders als bei den Synoptikern ist wenigstens einer der Jünger Jesu bei der Kreuzigung anwesend.

19,28ff: Der Essigtrank, der Jesus am Kreuz gegeben wird, hat eine ganz andere Funktion als bei den Synoptikern (vgl. Mk 15,35ff par): Jesus fordert ihn und nimmt ihn an.

Übereinstimmungen mit den Synoptikern und "Gegendarstellungen" zu ihnen betreffen entweder nur marginale Szenen und Themen oder sie ranken sich um die beiden großen Jüngergestalten: Simon Petrus und den *geliebten Jünger*. Der Eindruck entsteht, als wolle das JohEv nur wenige Punkte gegenüber der Sicht der Synoptiker zurechtrücken, insbesondere das Verhältnis der beiden Jünger zueinander, deren Bedeutung für die Leser geklärt werden soll.

Aus diesem Befund lassen sich vorsichtig Folgerungen ableiten:

- Das JohEv in seiner vorliegenden Gestalt bezieht sich nur beiläufig auf die synoptischen Evangelien, sei es durch vage Anklänge an deren Darstellung oder auch durch wörtliche Übereinstimmungen. Die Masse der Taten und Reden Jesu, die in ihm wiedergegeben werden, enthält keinerlei Bezüge zu den Synoptikern, ist völlig originär und eigenständig. Bringt man diesen Befund mit den Überlegungen zum Autor (s. S. 417ff) zusammen, läßt sich vermuten, daß nur der "reale Autor" (21,24f) bei der Gestaltung des Endtextes die Synoptiker im Blick hatte, wohingegen der von ihm als "Autor" bezeichnete *geliebte Jünger* bei seinem Zeugnis, ob in mündlicher oder schriftlicher Gestalt, die Synoptiker nicht kannte oder nicht zur Kenntnis genommen hat.

- Aus der beiläufigen Bezugnahme auf die Synoptiker folgt, daß der "reale Autor" durch sein Werk die Synoptiker nicht verdrängen wollte, wie etwa das MtEv seine Vorlagen und ihre Verwendung ersetzt hat. Er will das JohEv als ein christologisches *Zeugnis* und literarisches Werk eigener Prägung neben die vorhandenen Synoptiker stellen.

- Das JohEv will die Synoptiker nicht *ergänzen*, sonst müßte es die Lektüre der Synoptiker bei seinen Lesern voraussetzen. Dazu würde aber nicht passen, daß das JohEv zahlreiche Stoffe kennt, die auch bei den Synoptikern vorkommen. Vor allem spricht dagegen, daß das JohEv ein in sich geschlossenes Ganzes ist, dem nichts fehlt. Der Leser muß keineswegs, um es verstehen zu können, die Synoptiker kennen, vielmehr bietet es alles selbst, was zu seinem Verständnis nötig ist. Es enthält allerdings nicht sämtliche Taten und Worte Jesu (21,25); insofern haben neben dem JohEv noch andere Bücher über Jesus ein Recht. Nochmals wird deutlich, daß das JohEv ganz bewußt als eine eigene literarische Größe neben die Synoptiker gestellt wird. Wer das JohEv kennt und liest, braucht weitere Bücher nicht. Im JohEv hat er das Ganze.

- Anklänge und wörtliche Übereinstimmungen mit den Synoptikern wollen darauf hinweisen, daß im JohEv dasselbe Wirken des Jesus von Nazaret dargestellt wird, wie es auch die Synoptiker kennen, jedoch aus der Sicht des *geliebten Jüngers*. Sein Zeugnis hat einen besonderen Rang neben dem Zeugnis anderer Jesuszeugen; der Lesergemeinde des JohEv gilt es als das innigste und tiefste Eindringen in Jesu Worte und Taten.

- Die "Gegendarstellungen" zu den Synoptikern betonen gegenüber Lesern, die die synoptische Version kennen, daß der Autor des JohEv auf seiner Sicht und Perspektive der Darstellung besteht. Sie konkurriert nicht mit den Synoptikern und wird durch sie nicht aufgehoben. Das wird in 6,68 bestätigt, wenn Petrus als Vertreter der "Zwölf" die Worte Jesu, wie sie das JohEv bietet, als "*Worte ewigen Lebens*" anerkennt. Vom höchsten Repräsentanten der Jünger wird auf diese Weise die "johanneische" Version eines Evangeliums feierlich bestätigt. Offensichtlich rechnet der Autor unter anderen mit Lesern, die - von den Synoptikern herkommend - die Verschiedenheit der Darstellungen wahrnehmen. Ihnen wird das JohEv als *wahres Zeugnis* über Jesus neben den Synoptikern empfohlen, und der *geliebte Jünger* wird als wahrer Zeuge neben Simon Petrus gestellt.

Das ambivalente Verhältnis des JohEv zu den Synoptikern dürfte seinen Grund darin haben, daß dieses Werk als *wahres Zeugnis* etabliert werden soll, nicht nur in der "johanneischen" Gemeinde, sondern auch für andere christliche Gruppen, in denen die Synoptiker gelesen wurden. Bei ihnen wird um Anerkennung der "johanneischen" Darstellung gerungen. Ihr soll ein Platz neben den anderen Evangelien zuerkannt werden. Den Lesern der eigenen Gemeinde dagegen wird mit 21,25 das Zeugnis des *geliebten Jüngers* als verbindlich und ausreichend ausgegeben.

10. Der Ort des JohEv

Wo die "johanneische" Gemeinde beheimatet war und wo das JohEv abgefaßt wurde, läßt sich nur vermuten. Nach allem, was oben über den Autor des JohEv und die Situation der ersten Leserschaft gesagt worden ist, ist es fraglich, ob man überhaupt mit einem Ort auskommt. Es lassen sich von den vorausgehenden Darlegungen her Bedingungen an den Lebensraum der "johanneischen" Gemeinde stellen. Bei diesem muß es sich um ein Gebiet mit überwiegend jüdischer Bevölkerung gehandelt haben. Nur dort waren die Auseinandersetzungen, deren negative Folgen und die durch eine Spaltung entstandene Krise möglich. Einzig in einer überwiegend jüdischen Umwelt konnte der Ausschluß aus der Synagogengemeinschaft derart negative soziale Folgen für die Betroffenen haben, wie sie das JohEv voraussetzt. Die Stilisierung der gegnerischen *Juden* als Repräsentanten einer ungläubigen Menschenwelt ist ebenfalls leichter erklärbar, wenn die Umwelt der "johanneischen" Gruppe überwiegend aus Juden bestand.

Judäa kommt aber als Lebensraum der "johanneischen" Gemeinde nicht in Frage. Judäa war Tempelland, unterstand bis zur Zerstörung Jerusalems in religiösen Fragen dem Jerusalemer Synedrium und wurde von Cäsarea aus verwaltet. Nach dem Jüdischen Krieg war die römische Verwaltung allzuständig, und nur zögernd ließen die Römer wieder jüdische Selbstverwaltungsorgane zu. Deshalb paßt die beschriebene Situation der "johanneischen" Gemeinde nicht nach Judäa. Die bemerkenswert gute Kenntnis der Geographie Judäas und Jerusalems im JohEv braucht nicht auf seine Entstehung in diesem Raum hinzuweisen, sie kann durch Personen vermittelt sein, die aus Judäa oder Jerusalem stammten.

Sprache, Gedankenwelt und Vorstellungen des JohEv machen es wahrscheinlich, daß die "johanneischen" Christen griechisch-sprechende, hellenistische Juden waren. Dann scheidet auch Galiläa als deren Heimat aus, wofür im übrigen der gegenüber den synoptischen Überlieferungen eigenständige Charakter der "johanneischen" Stoffe spricht.

Mit letzterem ist eine weitere Bedingung für die Heimat des "johanneischen" Christentums genannt. Der Charakter seiner Traditionen und Christologie legt es nahe, dafür ein verhältnismäßig entlegenes Gebiet abseits der großen Verkehrswege anzunehmen. Nur unter solchen Bedingungen konnte sich eine Überlieferung herausbilden, die anscheinend unberührt ist von der übrigen Entwicklung im Neuen Testament und später von der "Großkirche" lange als fremd empfunden wurde.

Da die "johanneische" Gemeinde zumindest am Anfang in Kontakt zu Johannesjüngern stand und unter ihnen missioniert hat, muß ihre Heimat zugleich ein Ort der Täuferjünger gewesen sein. Von ihm aus muß gleichfalls eine Samaritanermission möglich gewesen sein, die den Jüngern in 4,35-38 als Aufgabe von Jesus zugewiesen wird.

Alle Bedingungen werden erfüllt durch Transjordanien, speziell durch die Landschaften Gaulanitis und Batanäa nordöstlich des Sees Genezareth. Sie gehörten zum Herrschaftsgebiet des jüdischen Fürsten Agrippa II. (50-93 n.Chr.), hatten eine überwiegend jüdische Bevölkerung, die im Landesherrn einen Förderer besaß. Die Siedlungen und Städte der relativ abseits gelegenen, z.T. schwer zugänglichen Berglandschaften verwalteten sich weitgehend selbst. In ihnen wurde griechisch gesprochen. Im Westen grenzte die Gaulanitis an den Oberlauf des Jordan. Der Weg nach Samarien war kurz. Wahrscheinlich wurden in dieser Region die traditionellen Vorbehalte der judäischen und galiläischen Bevölkerung gegen Samaritaner gar nicht geteilt; Samaritaner könnten sogar dort gewohnt haben, lebte doch die Mehrheit der samaritanischen Juden wie das Judentum in einer Diaspora verstreut.

Diese Überlegungen decken jedoch nur einen Teil der Geschichte der "johanneischen" Gemeinde ab. Gaulanitis und Batanäa könnten ihre *ursprüngliche* Heimat gewesen sein, wo jenes mündliche und schriftliche Zeugnis des *geliebten Jüngers* entstanden sein dürfte, auf das der reale Autor in 21,24 verweist, nicht aber das JohEv in seiner vorliegenden Gestalt. Sein Endtext setzt die Kenntnis der synoptischen Evangelien voraus. Zugleich gewinnt erst auf dieser Ebene Simon Petrus sein spezifisches Profil. Er ist dem *geliebten Jünger* als Inhaber des kirchlichen Leitungsamtes vorgeordnet, wird aber von ihm in der geistlichen Tiefenschau des Christusgeheimnisses übertroffen. Die Gegenüberstellung der beiden führenden Jüngergestalten wird dann wirklich verständlich, wenn sie als Repräsentanten verschiedener christlicher Gemeinschaften gelten müssen: eines auf Petrus und die "Zwölf" sich beziehenden Judenchristentums und des "johanneischen Kreises", der sich auf das Zeugnis des *geliebten Jüngers* berief.

Trifft dies zu, dann stellt sich die Frage nach dem Abfassungsort des JohEv neu. Wer sollte nämlich am Ursprungsort der "johanneischen" Gruppe und zu Lebzeiten des *geliebten Jüngers* auf grundsätzliche Anerkennung des Vorrangs des längst den Märtyrertod gestorbenen Petrus (21,18f) gepocht haben? Verständlich wird das erst unter der Voraussetzung, daß die "johanneische" Gruppe später und anderswo mit dem Anspruch auf Vorrang eines auf Petrus sich berufenden Christentums konfrontiert wurde. Wann und wo ist das denkbar?

Bevor eine Antwort versucht wird, kann das Problem von einer anderen Seite her noch verschärft werden. Die altkirchliche Tradition bringt das JohEv und seinen Autor mit Ephesus in Kleinasien in Verbindung. Irenäus weiß zu berichten, der Autor des JohEv habe in Ephesus gelebt "bis in die Zeit Trajans" (98-117 n. Chr.; adv. haer. II 33,3; III 1,2; III 3,4). Er stützt seine Überzeugung auf die "Presbyter" von Kleinasien, unter denen der Autor des JohEv geweilt habe, besonders auf den Bischof Polykarp von Smyrna (gestorben 156 n.Chr.). Die Überlieferung von einer Anwesenheit der "johanneischen" Gruppe mit ihrem Schulhaupt in Ephesus ist nicht unglaubwürdig. Ohne einen Anhalt an Fakten kann sie nicht entstanden sein.

Der Widerspruch läßt sich unter der Annahme auflösen, daß die "johanneische" Gemeinde gezwungen war, ihre ursprüngliche Heimat zu verlassen, und in Begleitung des *geliebten Jüngers* nach Ephesus ausgewandert ist. Nach dem Synagogenausschluß und infolge des Schismas in der Gemeinde konnte sie sich in ihrer Heimat nicht mehr halten. Möglicherweise ist sie auch wegen Störung des Landfriedens durch die Behörden ausgewiesen worden. In oder bei Ephesus könnte sie sich niedergelassen haben, inmitten kleinasiatischer Gemeinden von Judenchristen, die petrinisch geprägt waren. Ihnen galt Petrus, der Kopf der "Zwölf", entsprechend der Regelung des Apostelkonzils (vgl. Gal 2,9) als entscheidender Apostel, dem vom Auferstandenen die Leitung der judenchristlichen Kirche übertragen worden war (vgl. Mt 16,18). In diesem Umfeld dürfte der Autor des JohEv dann die synoptischen Evangelien kennengelernt haben.

Wanderungen und Fluchtbewegungen größerer Gruppen waren in damaliger Zeit keine Seltenheit. Nach der Ermordung des Stephanus mußte die Gruppe der Jerusalemer "Hellenisten" aus Jerusalem fliehen. Ein Teil von ihnen gründete die Gemeinde von Antiochien (Apg 11,19f; 13,1). Während des Jüdischen Krieges ist nach altkirchlicher Tradition die Jerusalemer Urgemeinde nach Pella in Transjordanien ausgewandert. Zahlreiche Juden und Judenchristen waren nach der Katastrophe von 70 n.Chr. gezwungen, ihre Heimat zu verlassen, und sind in die jüdische Diaspora ausgewandert. In Apg 19,1-7 hören wir von Täuferjüngern in Ephesus. Ihre ursprüngliche Heimat war sicherlich die Jordangegend, aus der sie verdrängt worden sind. Diese Hinweise könnten die Wanderung der "johanneischen" Gruppe von dort nach Kleinasien plausibel machen, insbesondere vor dem Hintergrund des schweren Konfliktes mit dem Judentum und der Spaltung der Gemeinde. Der dritte Johannesbrief vermag die Situation der um den *geliebten Jünger* gescharten Restgruppe unmittelbar vor ihrem selbstgewählten oder erzwungenen Exil gut zu illustrieren. Der *geliebte Jünger*, der sich in den Johannesbriefen als "Presbyter" bezeichnet, könnte die Wanderung ins Exil noch mitgemacht haben und dann in Ephesus gestorben sein.

Die Gruppe um den *geliebten Jünger* war im Konflikt mit dem Judentum und den Schismatikern aus den eigenen Reihen unterlegen. Vieles deutet darauf hin, daß nach dem Schisma nur eine kleine Gruppe übrigblieb, die treu am Zeugnis des *geliebten Jüngers* festhielt. Von den Schismatikern wurde sie als ketzerische "Sekte" beurteilt und gemieden. Dem offiziellen Judentum galten ihre Mitglieder als Apostaten und "Samaritaner" (8,48); sie wurden entsprechend geächtet und aus der Synagoge entfernt. Die Folgen der religiösen und gleichzeitig wirtschaftlich-sozialen Ächtung waren schwerwiegend. Die Gruppe geriet in eine totale Isolation. Ablehnung und Verfolgung durch die jüdische Umwelt wurden von ihr als Haß der *Welt* empfunden und interpretiert (15,18.20; 16,20.35; 17,14). Die sie ablehnende Gesellschaft galt ihr als vom Satan beherrschte, gottfeindliche *Welt* (7,7; 12,31; 14,30), in der sie zwar leben mußte (13,1), von der sie aber geschieden war (15,19; 17,14f).

Besonders betroffen waren die "johanneischen" Christen über den Haß und die Ablehnung, die ihnen seitens der Schismatiker entgegenschlugen. Diese haben sich ebenfalls als Christen verstanden und behaupteten, "*Gott zu lieben*" (1Joh 4,20), ihn zu kennen (1Joh 4,8), "*Gottes Kinder*" (1Joh 4,10) und "*im Licht*" zu sein (1Joh 2,9). Um so unverständlicher waren Feindschaft und Haß, mit denen sie der "johanneischen" Gruppe begegneten. Ihr Haß bewies, daß sie keineswegs "*im Licht*" waren (1Joh 2,9-11), daß sie nicht "*Kinder Gottes*", sondern "*Kinder des Teufels*" waren (8,44.47; vgl. 1Joh 3,10.14-17), "*Gott nicht erkannt*" hatten (1Joh 4,8) und ihn nicht liebten (1Joh 4,20). Die "johanneische" Gemeinde brachte die Schismatiker gar mit dem Brudermörder Kain in Verbindung (1Joh 3,12. 15). In den feindseligen und gehässigen Auseinandersetzungen müssen schlimme Dinge vorgekommen sein. Wie immer im Konfessionsstreit dürfte die Minderheit schwerer zu leiden gehabt haben.

In der Notsituation der Spaltung und allgemeinen Ablehnung entwickelte und vertiefte die Gemeinde ihr Selbstverständnis als eine christliche "Bruderschaft". Der Auferstandene selbst hatte die Anrede "*Bruder*" eingeführt (20,17; 21,23); wir werden heute lieber von einer geschwisterlichen Gemeinde sprechen. Geschwisterlich war sie, weil ihre Mitglieder durch Geburt "*von oben*" zu "*Kindern Gottes*" geworden waren (1,12; 21,5; vgl. 1Joh 3,1f.9f). Das in ihr geforderte Ethos war die geschwisterliche Liebe. Sie wird als ein Gebot eingeschärft, das auf Jesus zurückgeht (13,34f; 15,11-17), somit von Anfang an galt (1Joh 3,11) und in der Situation des Schismas sich neu und konkret bewähren mußte. Die gegenseitige Liebe ist nicht Gefühl oder Gesinnung, sondern Verpflichtung zu konkretem Sozialverhalten. Wie Jesus seinen Jüngern die Füße gewaschen hat, so müssen sich die Jünger untereinander verhalten (13,15-17). Wie er sein Leben für sie hingegeben hat, müssen auch sie füreinander gegebenenfalls ihr Leben hingeben (15,13; vgl. 1Joh 3,16) und sich in ihren Nöten beistehen (1Joh 3,17). Geschwisterliche Liebe muß sich in "*Werk und Wahrheit*" bewähren (1Joh 3,18; 4,20). Es gibt genügend Belege dafür, daß das

JohEv einen klaren Heilsuniversalismus vertritt (1,29; 3,16; 10,17; 12,25.47; 15,13; 17,18.21.23; vgl. 1Joh 2,2; 4,9.14): Die Heilssorge des Vaters und Jesu zielt auf die ganze Menschenwelt. Deshalb darf die Aufforderung zur geschwisterlichen Liebe nicht als Konventikelethik, die sich vor der *Welt* abschotten will, mißverstanden werden. Sie ist in der realen Situation der "johanneischen" Gruppe die naheliegendste und notwendigste Form der Nächstenliebe überhaupt.

Die Situation brachte es mit sich, daß der isolierten Gemeinde die Möglichkeit genommen war, nach außen zu wirken. Religiös und sozial war sie an den Rand gedrängt und auf sich selbst zurückgeworfen. Aus diesem Grund wurde sie zur "Bruderschaft", von außen gesehen zur "Sekte". Von der ungläubigen *Welt* wußte sie sich geschieden. Die Welt war nicht ihre "Heimat". Die lag vielmehr in einer Sphäre außerhalb und wird mythologisch in räumlichen Kategorien vorgestellt: als *Wohnung* und Ort bei Gott (14,1-4; 17,24ff). Mit zeitlichen Kategorien wird sie als Wiederbegegnung mit Jesus "*an jenem Tage*" (16,22-24) beschrieben und in personalen Kategorien als Gemeinschaft und Einheit mit dem Vater und mit Jesus (14,23; 17,22f) zum Ausdruck gebracht. Noch in diesen Aussagen wird die universale Heilsperspektive festgehalten (17,21.23). Die "johanneische" Gruppe gibt die Hoffnung nicht auf, daß die Menschenwelt doch noch zum Glauben kommt und zum Leben gelangt. Die negativen Aussagen über die *Welt* sind somit nicht im Sinne eines kosmologischen Dualismus zu verstehen.

Die Menschenwelt ist für ihren gottfernen Zustand verantwortlich. Er beruht auf der freien Entscheidung der Menschen, die der *Welt* angehören. Deshalb ist die oben beschriebene Haltung der "johanneischen" Gemeinde nicht "Weltflucht" oder Askese. Sie ist Leiden in und an einer Gesellschaft, die sich Gott entfremdet hat und bei ihrer Entscheidung bleiben will. Entsetzt und ohnmächtig steht die Gemeinde einer Menschenwelt gegenüber, die sich Gott verschließt. Nicht überhebliches Erwählungsbewußtsein und besserwisserische Verachtung der unerleuchteten Menschen haben sie in ein selbstgewähltes inneres und äußeres Exil geführt, sondern Haß und Böswilligkeit seitens der Umwelt.

Literatur zum JohEv in Auswahl

Die folgende Auswahl ist subjektiv und orientiert sich an dem Ziel, den Leser dieses Kommentars auf ergiebige und weiterführende Zugänge zu Text und Theologie des JohEv aufmerksam zu machen.

Zur Einstimmung

SCHENKE, L., Das Buch Johannes. Roman des vierten Evangeliums, Düsseldorf 1997
THYEN, H., Art. Johannesevangelium, in: TRE 17 (1988) 200-225.

Literaturberichte

BECKER, J., Aus der Literatur zum Johannesevangelium (1978-1980): ThR 47 (1982) 279-301.305-347
BECKER, J., Das Johannesevangelium im Streit der Methoden (1980-1984): ThR 51 (1986) 1-78
THYEN, H., Aus der Literatur zum Johannesevangelium: ThR 39 (1975) 1-69. 222-252. 289-330; ThR 42 (1977) 211-270; ThR 43 (1978) 328-359; ThR 44 (1979) 97-134
UNTERGAßMAIR, F.G., Das Johannesevangelium, in: ThRv 90 (1994) 91-108

Kommentare

BARRETT, C.K., Das Evangelium nach Johannes, Göttingen 1990
BAUER, W., Das Johannesevangelium, Tübingen [3]1933
BECKER, J., Das Evangelium nach Johannes, 2 Bde., Gütersloh 1979-81
BLANK, J., Das Evangelium nach Johannes, 3 Bde., Düsseldorf 1977-81
BROWN, R.E., The Gospel According to John, 2 Bde., London 1971
BULTMANN, R., Das Evangelium des Johannes, Göttingen [20]1985
HAENCHEN, E., Das Johannesevangelium. Ein Kommentar (Hg. U. Busse), Tübingen 1980
LAGRANGE, M.J., Évangile selon Saint Jean, Paris [5]1936
LINDARS, B., The Gospel of John, London 1972
SCHNACKENBURG, R., Das Johannesevangelium, 4 Bde., Freiburg 1965-84
SCHNEIDER, J., Das Evangelium nach Johannes (Hg. E. Fascher), Berlin [2]1978
STIBBE, M.W.G., John. Readings Commentary, Sheffield 1993
WELLHAUSEN, J., Das Evangelium Johannis, Berlin 1908

Monographien und Aufsätze

BARTH, M., Die Juden im Johannes-Evangelium. Wiedererwägungen zum Sitz im Leben, Datum und angeblichen Anti-Judaismus des Johannes-Evangeliums, in: D. Neuhaus (Hg.), Teufelskinder oder Heilsbringer - die Juden im Johannes-Evangelium, Frankfurt 1990, 39-94
BAUM-BODENBENDER, R., Hoheit in Niedrigkeit. Johanneische Christologie im Prozeß vor Pilatus, Würzburg 1984
BEUTLER, J., Martyria. Traditionsgeschichtliche Untersuchungen zum Zeugnisthema bei Johannes, Frankfurt 1972
BLANK, J., Krisis. Untersuchungen zur johanneischen Christologie und Eschatologie, Freiburg 1964
BORGEN, P., Bread from Heaven. An exegetical study of the concept of Manna in the Gospel of John and the writings of Philo, Leiden 1965.

BROWN, R.E., The Community of the Beloved Disciple, London 1979
BÜHNER, J.-A., Der Gesandte und sein Weg im 4. Evangelium. Die kultur- und religionsgeschichtlichen Grundlagen der johanneischen Sendungschristologie sowie ihre traditionsgeschichtliche Entwicklung, Tübingen 1977
BULTMANN, R., Theologie des Neuen Testaments (UTB 630), Tübingen [8]1980
CULPEPPER, R.A., Anatomy of the Fourth Gospel. A Study in Literary Design, Philadelphia [2]1987
DETTWILER, A., Die Gegenwart des Erhöhten, Göttingen 1995
DIETZFELBINGER, C., Der Abschied des Kommenden, Tübingen 1997
DODD, C.H., The Interpretation of the Fourth Gospel, Cambridge [6]1963.
DODD, C.H., Historical Tradition in the Fourth Gospel, Cambridge [2]1965.
DUKE, P.D., Irony in the Fourth Gospel, Atlanta 1985
DUNN, J.D.G., Let John Be John - A Gospel for its Time, in: P. Stuhlmacher (Hg.), Das Evangelium und die Evangelien, Tübingen 1983, 309-339.
GRÄSSER, E., Die antijüdische Polemik im Johannesevangelium: NTS 11 (1964) 74-90
HASITSCHKA, M., Befreiung von Sünde nach dem Johannesevangelium, Innsbruck 1989
HENGEL, M., Die johanneische Frage. Ein Lösungsversuch, Tübingen 1993
HOEGEN-ROHLS, C., Der nachösterliche Johannes. Die Abschiedsreden als hermeneutischer Schlüssel zum vierten Evangelium, Tübingen 1996
KÄSEMANN, E., Jesu letzter Wille nach Joh 17, Tübingen [4]1980
KLAUCK, H.-J., Gemeinde ohne Amt? Erfahrungen mit der Kirche in den johanneischen Schriften: BZ 29 (1985) 193-220
KÜGLER, J., Der Jünger, den Jesus liebte, Stuttgart 1988
KYSAR, R., John's Story of Jesus, Philadelphia 1984
LEROY, H., Rätsel und Mißverständnis. Ein Beitrag zur Formgeschichte des Johannesevangeliums, Bonn 1968
MARTYN, J.L., History and Theology in the Fourth Gospel, Nashville [2]1979
MEEKS, W.A., The Man from Heaven in Johannine Sectarianism: JBL 91 (1972) 44-72.
NEUGEBAUER, J., Die eschatologischen Aussagen in den johanneischen Abschiedsreden, Stuttgart 1995.
ONUKI, T., Die johanneischen Abschiedsreden und die synoptische Tradition: AJBI 3 (1977) 157-268.
ONUKI, T., Gemeinde und Welt im Johannesevangelium, Neukirchen 1984
OVERBECK, F. Das Johannesevangelium. Studien zur Kritik seiner Erforschung (Hg. C.A. Bernoulli), Tübingen 1911
REBELL, W. Gemeinde als Gegenwelt. Zur soziologischen und didaktischen Funktion des Johannesevangeliums, Frankfurt 1987
REIM, G., Zur Lokalisierung der johanneischen Gemeinde: BZ 32 (1982) 72-86
RICHTER, G., Studien zum Johannesevangelium (Hg. J. Hainz), Regensburg 1977
SCHENKE, L., Das Johannesevangelium. Einführung - Text - dramatische Gestalt, Stuttgart 1992
SCHNELLE, U., Antidoketische Christologie im Johannesevangelium, Göttingen 1987
SCHOTTROFF, L., Der Glaubende und die feindliche Welt, Neukirchen-Vluyn 1970.
SCHWANKL, O., Licht und Finsternis. Ein metaphorisches Paradigma in den johanneischen Schriften, Freiburg 1995
SCHWEIZER, E., Ego eimi. Die religionsgeschichtliche Herkunft und theologische Bedeutung der johanneischen Bildreden, Göttingen [2]1965
STIBBE, M.W.G., John as Storyteller. Narrative Criticism and the Fourth Gospel, Cambridge 1992
STIBBE, M.W.G. (Hg.), The Gospel of John as Literature, Leiden 1993
STIBBE, M.W.G., Return to Sender. A Structural Analysis of John's Plot: Biblical Interpretation 1 (1993) 189-206

THEOBALD, M., Die Fleischwerdung des Logos. Studien zum Verhältnis des Johannesprologs zum Corpus des Evangeliums und zu 1 Joh, Münster 1988

THEOBALD, M., Im Anfang war das Wort. Textlinguistische Studie zum Johannesprolog, Stuttgart 1983

THEOBALD, M., Gott, Logos und Pneuma. "Trinitarische" Rede von Gott im Johannesevangelium, in: J. Gnilka/H.-J. Klauck (Hgg.): Monotheismus und Christologie, Freiburg 1992, 41-87

THYEN, H. Das Johannes-Evangelium als literarisches Werk, in: D. Neuhaus (Hg.), Teufelskinder oder Heilsbringer - die Juden im Johannes-Evangelium, Frankfurt 1990, 112-132

VOUGA, F., Antijudaismus im Johannesevangelium?: ThGl 83 (1993) 81-89

WEDER, H., Der Mythos vom Logos (Johannes 1). Überlegungen zur Sachproblematik der Entmythologisierung, in: H.H. Schmid (Hg.), Mythos und Rationalität, Gütersloh 1988, 44-75

WELCK, C., Erzählte Zeichen. Die Wundergeschichten des Johannesevangeliums literarisch untersucht. Mit einem Ausblick auf Joh 21, Tübingen 1994

WENGST, K., Bedrängte Gemeinde und verherrlichter Christus. Ein Versuch über das Johannesevangelium, München ³1990.

WENGST, K., Die Darstellung "der Juden" im Johannes-Evangelium als Reflex jüdisch-judenchristlicher Kontroverse, in: D. Neuhaus (Hg.), Teufelskinder oder Heilbringer - die Juden im Johannes-Evangelium, Frankfurt 1990, 22-38

WINDISCH, H., Der Johanneische Erzählungsstil, in: Studien zur Religion und Literatur des Alten und Neuen Testaments, FS H. Gunkel II, Göttingen 1923, 174-213

ZUMSTEIN, J., Zur Geschichte des johanneischen Christentums: ThLZ 122 (1997) 417-428

Zur Methode und Hermeneutik

ARISTOTELES, Poetik (Übers. u. Hg. M. Fuhrmann), Reclam 7828, Stuttgart 1982

FRANKEMÖLLE, H., Matthäus. Kommentar 1, Düsseldorf 1994, 34-76

FREUND, E., The Return of the Reader. Reader-Response-Criticism, London 1987

FREY, J., Der implizite Leser und die biblischen Texte: ThBeitr 23 (1992) 266-290

HÜBNER, K., Die Wahrheit des Mythos, München 1985

HÜBNER, K. u.a., Art. Mythos, in: TRE 23 (1994) 597-665

ISER, W. Der Akt des Lesens (UTB 636), München ³1990

ISER, W., Der implizite Leser (UTB 163), München ³1979

JAUß, H.R., Der Leser als Instanz einer neuen Geschichte der Literatur: Poetica 7 (1975) 325-344

LINK, H., Rezeptionsforschung. Eine Einführung in Methoden und Probleme, Stuttgart ²1980

RAGUSE, H., Der Raum des Textes, Stuttgart 1994

RICOEUR, P., Zeit und Erzählung, 3 Bde., München 1988-91

SCHMID, H.H. (Hg.), Mythos und Rationalität, Gütersloh 1988